수능 국어 대비

문법
N제

프리미엄 언매 문제집

전형태 편저

2025
개정판

megastudy

Contents

이 책의 순서

문법 N제

프리미엄 언매 문제집

Part _01

단어
[갈래]

1. 〈보기〉의 밑줄 친 부분에 해당하는 예로 적절하지 <u>않은</u> 것은?

───── 보기 ─────

'주는 만큼 받아 오다.'의 '만큼'과 '집을 대궐만큼 크게 짓다.'의 '만큼'은 단어의 형태는 같지만 단어가 수행하는 기능은 다르다고 할 수 있다. 앞 문장의 '만큼'은 관형어의 수식을 받는 의존 명사이지만, 뒤 문장의 '만큼'은 체언 뒤에 붙은 조사이기 때문이다. 이처럼 하나의 단어가 두 가지 이상의 품사로 처리되는 것을 <u>품사의 통용</u>이라고 한다.

① 그것은 쉬운 일<u>이</u> 아니다. / 작품 속에서 말하는 <u>이</u>가 누구지?
② 나는 오직 너<u>뿐</u>이다. / 어머니의 꾸중에 나는 그저 웃을 <u>뿐</u>이다.
③ 모든 일은 원칙<u>대로</u> 하는 것이 최고다. / 내가 아는 <u>대로</u> 대답하면 마음이 편할 것 같다.
④ 내 친구는 하나<u>만</u> 알고 둘은 모른다. / 그가 사흘 <u>만</u>에 집에 돌아왔다.
⑤ 벌써 <u>한</u> 세 시간쯤 지났다. / 옛날 <u>한</u> 마을에 효자가 살고 있었다.

2. 〈보기〉의 밑줄 친 '-겠-'의 용법 중 〈사전〉에서 확인할 수 있는 용법을 모두 고른 것은?

───── 보기 ─────

동생과 함께 바닷가로 놀러 왔다. 동생이 자기가 먼저 바닷물에 들어가<u>겠</u>다며 바닷물 속으로 뛰어들었다. 조금 뒤면 바닷물이 차가워지<u>겠</u>지 싶어 나도 얼른 바닷물에 뛰어들었다. 바닷물이 조금 깊었지만 내 수영 실력이라면 조금 멀리까지 충분히 갈 수 있<u>겠</u>다고 확신하여 한적한 곳까지 헤엄쳤다.

───── 사전 ─────

-겠-
「1」 ㉠ 미래의 일이나 추측을 나타내는 어미.
  ¶ 지금 떠나면 새벽에 **도착하겠구나.**
「2」 ㉡ 주체의 의지를 나타내는 어미.
  ¶ 나는 시인이 **되겠다.**
「3」 ㉢ 가능성이나 능력을 나타내는 어미.
  ¶ 그런 것은 삼척동자도 **알겠다.**
「4」 ㉣ 완곡하게 말하는 태도를 나타내는 어미.
  ¶ 들어가도 **좋겠습니까?**

① ㉡　　　② ㉡, ㉢　　　③ ㉠, ㉡, ㉢
④ ㉠, ㉢, ㉣　　　⑤ ㉡, ㉢, ㉣

3. 선생님의 설명을 참고할 때 ㉠~㉺ 중 밑줄 친 부분의 띄어쓰기가 올바른 것을 모두 고른 것은?

───── 보기 ─────

[학생의 질문] '그는 얼마나 부지런한지 세 사람 몫의 일을 해낸다.'에서 '지'는 붙여 쓰는데, '이곳에 이사 온 지 벌써 일 년이다.'에서 '지'는 왜 띄어 쓰는 것인가요?

[선생님의 설명] 첫 번째 문장의 '-ㄴ지'는 막연한 의문이 있는 채로 그것을 뒤에 나오는 사실이나 판단과 관련짓는 연결 어미입니다. 따라서 어간 '부지런하-'에 붙여 써야겠지요. 두 번째 문장의 '지'는 어떤 일이 있었던 때로부터 지금까지의 동안을 나타내는 의존 명사이므로 앞말과 띄어 써야 합니다. 자, 그럼 다음 예문 중에서 띄어쓰기가 올바른 것을 골라 볼까요?

[예문]
㉠ 그를 <u>만난지도</u> 꽤 오래되었다.
㉡ <u>헤어진지</u> 10년은 된 것 같구나.
㉢ 내가 얼마나 <u>힘든지</u> 아무도 모른다.
㉣ 할아버님께서 <u>괜찮으신지</u> 궁금합니다.
㉤ 외모만으로는 그가 <u>총각인 지</u> 알 수가 없다.
㉥ 강아지가 집을 <u>나간 지</u> 사흘 만에 돌아왔다.

① ㉠, ㉡, ㉢　　② ㉠, ㉣, ㉤　　③ ㉡, ㉢, ㉥
④ ㉢, ㉣, ㉥　　　⑤ ㉣, ㉤, ㉥

4. 다음 설명에 따라 예문 ㉠과 ㉡의 형태소를 분석한 것으로 적절하지 <u>않은</u> 것은?

───── 보기 ─────

뜻을 가진 가장 작은 말의 단위를 형태소라 한다. 형태소는 단독으로 쓰일 수 있는지에 따라 자립 형태소와 의존 형태소로 나눌 수 있는데, 체언, 수식언, 독립언으로 분류되는 형태소들은 자립 형태소이고, 용언의 어간과 어미, 조사, 접사로 분류되는 형태소들은 의존 형태소이다.
형태소들은 실질적인 의미를 가진 실질 형태소와 문법적인 의미를 가진 형식 형태소로 분류할 수도 있는데, 체언, 수식언, 독립언, 용언의 어간으로 분류되는 형태소들은 실질 형태소라 할 수 있고, 문법적 의미를 표시하는 어미나 조사는 형식 형태소라 할 수 있다.

[예문]
㉠ 날이 흐리고 풀이 눕는다.
㉡ 저 넓은 밭을 갈고 있는 사람은 이 마을에 오래 살았다.

① ㉠은 총 9개의 형태소로 이루어진 문장이다.
② ㉠의 의존 형태소는 '이, 흐리, 고, 이, 눕, 는, 다' 총 7개로, ㉡의 의존 형태소 개수보다 적다.
③ ㉠의 형식 형태소는 5개이고, ㉡의 형식 형태소는 8개이다.
④ ㉡의 자립 형태소는 6개로, ㉠의 자립 형태소 개수보다 4개 더 많다.
⑤ ㉠의 실질 형태소 개수보다 ㉡의 실질 형태소 개수가 5개 더 많다.

5. 다음은 '용언의 불규칙 활용'에 대한 설명 중 일부이다. ㉠~㉤에 해당하는 용례를 추가한 것으로 적절하지 <u>않은</u> 것은?

— 보기 —

용언의 불규칙 활용 중에서 어간이 바뀌는 경우는 대표적으로 다음과 같다.

㉠ 'ㄷ' 불규칙 : 어간의 'ㄷ'이 모음 어미 앞에서 'ㄹ'로 바뀜.
　예 내 말을 잘 <u>들어</u> 보아라.

㉡ 'ㅂ' 불규칙 : 어간의 'ㅂ'이 모음 어미 앞에서 '반모음 ㅗ/ㅜ'로 바뀜.
　예 날이 유난히 <u>더워</u> 힘들겠구나.

㉢ 'ㅅ' 불규칙 : 어간의 'ㅅ'이 모음 어미 앞에서 탈락함.
　예 이 다리는 섬을 육지와 <u>이어</u> 줍니다.

㉣ '르' 불규칙 : 어간의 '르'가 모음 어미 앞에서 'ㄹㄹ'로 바뀜.
　예 옥상에 <u>올라</u> 하늘을 바라보았다.

㉤ '우' 불규칙 : 어간의 '우'가 모음 어미 앞에서 탈락함.
　예 지하실에 고인 물을 <u>퍼</u> 날랐다.

① '짐을 잔뜩 <u>실어</u> 보냈다.'의 '실어'는 ㉠에 해당한다.
② '길에서 책을 <u>주워</u> 가방에 넣었다.'의 '주워'는 ㉡에 해당한다.
③ '밥을 <u>지어</u> 부모님을 봉양하다.'의 '지어'는 ㉢에 해당한다.
④ '그 사람과는 성격이 <u>달라</u> 같이 일하기 힘들다.'의 '달라'는 ㉣에 해당한다.
⑤ '개에게 먹이를 <u>줘서</u> 짖지 않게 해라.'의 '줘서'는 ㉤에 해당한다.

6. 다음 문장에서 밑줄 친 조사의 특성을 설명한 것으로 적절하지 <u>않은</u> 것은?

— 보기 —

㉠ 철수<u>가</u> 밥을 먹는다.
㉡ 영희는 얼굴<u>만</u> 예쁜 것이 아니라 마음씨도 곱다.
㉢ 그녀는 지금<u>까지와는</u> 다른 태도를 보여 나를 놀라게 했다.
㉣ 키는 커도 민수<u>가</u> 형이 아니다.
㉤ 이것은 내 책<u>이다</u>. 저것이 네 책<u>이야</u>.

① ㉠을 보니 조사는 체언에 결합하여 문장에서의 자격을 나타내는군.
② ㉡을 보니 조사는 특수한 뜻을 더해 주기도 하는군.
③ ㉢을 보니 여러 개의 조사가 한꺼번에 결합하기도 하는군.
④ ㉣을 보니 주격 조사는 앞 음절의 음운론적 조건에 따라 형태가 달라지는군.
⑤ ㉤을 보니 용언처럼 어미와 결합하여 활용하는 조사도 있군.

7. 학습 자료를 읽고 학습 과제를 해결한 것으로 적절하지 <u>않은</u> 것은?

— 보기 —

[학습 자료]
　용언으로 묶이는 동사와 형용사는 어미를 취하여 활용을 하며, 문장에서 주로 서술어로 쓰인다. 의미론적으로 보면 동사는 움직임을 나타내고, 형용사는 성질이나 상태를 나타내는 차이점이 있다. 동사와 형용사는 둘 다 활용을 하지만 활용의 방식에서는 차이를 보이기도 하는데, ⓐ '-ㄴ다/-는다(현재 시제 평서형 종결 어미), -는구나(현재 시제 감탄형 종결 어미), -는(현재 시제 관형사형 전성 어미), -아라/-어라(명령형 종결 어미), -자(청유형 종결 어미)' 등의 어미(혹은 어미 결합체)는 동사와만 결합하고 형용사와는 결합하지 않는다.

[학습 과제] 밑줄 친 ㉠~㉤에 대해 탐구해 보자.
· 가구가 ㉠ <u>커서</u> 방에 들어가지 않는다.
· 너 ㉡ <u>커서</u> 무엇이 되고 싶니?
· 대문에 태극기를 ㉢ <u>단</u> 집이 생각보다 적다.
· 나는 ㉣ <u>단</u> 음식보다 ㉤ <u>매운</u> 음식을 좋아한다.

① ㉠과 ㉡, ㉢과 ㉣은 형태는 같지만 품사는 다르다.
② ㉠의 어간은 ⓐ의 어미와 결합하여 활용이 불가능하므로 형용사이다.
③ ㉡은 '사람이 자라서 어른이 되다.'의 뜻으로 움직임의 의미가 있으므로 동사이다.
④ ㉢의 어간은 ⓐ의 어미와 결합하여 '단다, 다는구나, 다는, 달아라, 달자' 등이 가능하므로 동사이다.
⑤ ㉣의 어간은 ⓐ의 어미와 결합하여 활용이 불가능하므로 형용사이고, ㉤의 어간은 ⓐ의 어미와 결합하여 활용이 가능하므로 동사이다.

8. ㉠~㉤에 대한 설명으로 적절하지 <u>않은</u> 것은?

— 보기 —

　대명사는 명사를 대신하여 대상을 가리키는 말로 지시 대명사와 인칭 대명사가 있다. 지시 대명사는 사물이나 장소를 가리키는 말이며, 인칭 대명사는 일인칭, 이인칭, 삼인칭으로 사람을 가리키는 말이다. 대명사에는 모르는 대상을 가리키는 미지칭, 불특정한 대상을 가리키는 부정칭, 앞에 한 번 나온 명사나 대명사를 다시 가리킬 때 쓰는 재귀칭 등이 있다.

· A : ㉠ <u>어디</u>가 철수네 집이니? / B : 저기 이층집.
· A : 그가 ㉡ <u>누구</u>인지 아니? / B : 유명한 가수잖아.
· A : 여름방학이 ㉢ <u>언제</u>부터야? / B : 다음 주 수요일부터야.
· A : 누가 그 일을 했으면 좋겠어? / B : ㉣ <u>아무나</u> 상관없어.
· A : 아버지, 이 의자 할아버지께서 만드신 거예요?
　B : 응, 할아버지께서는 ㉤ <u>당신</u>의 손으로 직접 의자를 만드셨지.

① ㉠은 잘 모르는 곳을 가리키고 있으므로 미지칭이다.
② ㉡은 불특정한 대상을 가리키는 부정칭이다.
③ ㉢은 잘 모르는 때를 가리키고 있으므로 미지칭이다.
④ ㉣은 불특정한 대상을 가리키는 부정칭이다.
⑤ ㉤은 '할아버지'를 다시 가리키는 말이므로 재귀칭이다.

9. 〈보기〉는 둘 이상의 품사로 쓰이는 단어의 예를 보인 것이다. ㉠~㉺의 품사에 대한 설명으로 적절하지 **않은** 것은?

───── 보기 ─────

· 그 사람을 ㉠ <u>언제</u>부터 좋아했어요?
· 친구가 시험을 ㉡ <u>언제</u> 보니?
· 이 방이 ㉢ <u>밝다</u>.
· 날이 ㉣ <u>밝는다</u>.
· ㉤ <u>그</u> 일은 너무 어렵다.
· ㉥ <u>그</u>가 수학을 좋아한다.
· ㉦ <u>만세</u>, 우리가 이겼다.
· 그들은 ㉧ <u>만세</u>를 불렀다.
· ㉨ <u>한참</u> 뒤에 그가 왔다.
· 언니는 내 얼굴을 ㉺ <u>한참</u> 바라보았다.

① ㉠이 포함된 '언제부터'와 '그 사람을'이 자리를 바꿀 수 있으므로 ㉠은 대명사이고, ㉡은 동사 '보니' 바로 앞에서 꾸며 주어야 하므로 부사이다.

② ㉢은 현재 시제 평서형으로 '-다'를 썼으므로 형용사임을 알 수 있고, ㉣은 현재 시제 평서형으로 '-는다'를 썼으므로 동사임을 알 수 있다.

③ ㉤은 뒤의 체언을 꾸며 주는 관형사이고, ㉥은 조사가 붙고 '민수'와 같은 명사를 대신할 수 있으므로 대명사이다.

④ ㉦은 감정을 나타내고 문장의 나머지 부분과 독립적으로 쓰였으므로 감탄사이고, ㉧은 어떤 대상의 이름을 나타내고 격 조사가 결합되어 있으므로 명사이다.

⑤ ㉨은 어떤 대상의 이름을 나타내고 격 조사가 생략된 채 관형어로 쓰이므로 명사이고, ㉺은 서술어 '바라보았다'를 꾸며 주므로 부사이다.

10. 〈보기 1〉에 따라 〈보기 2〉의 문장에 있는 형태소를 분류하는 활동을 하였다. ㉠~㉢에 들어갈 말을 짝지은 것으로 적절한 것은?

───── 보기 1 ─────

형태소는 두 가지 기준으로 분류할 수 있다. 자립성이 있어 다른 형태소와 결합하지 않아도 되는 형태소를 자립 형태소라고 하고 반드시 다른 형태소와 결합하여야만 하는 형태소를 의존 형태소라고 한다. 실질적인 의미를 가지고 있으면 실질 형태소라고 하고 문법적인 의미를 가지고 있으면 문법 형태소라고 한다. 자립 형태소는 모두 실질 형태소이지만 의존 형태소에는 실질 형태소도 있고 문법 형태소도 있다.

───── 보기 2 ─────

금성은 저녁의 서쪽 하늘에서 볼 수 있다.

	자립 형태소	의존 형태소
실질 형태소	㉠	㉡
문법 형태소	-	㉢

	㉠	㉡	㉢
①	저녁, 서, 하늘, 수,	보, 쪽, ㄹ, 에서	금성, 은, 의, 다
②	금성, 저녁, 쪽, 하늘, 있	보, 서, 에서	은, 의, 수, ㄹ, 다
③	금성, 저녁, 서, 쪽, 하늘, 수	보, 있	은, 의, 에서, ㄹ, 다
④	저녁, 서, 하늘, 수, 보	쪽, 있, ㄹ, 다	금성, 은, 의, 에서
⑤	금성, 저녁, 서, 하늘, 있	보, 수	은, 의, 쪽, 에서, ㄹ, 다

11. 〈보기〉를 참고하여 ㉠에 해당하는 문장만을 바르게 짝지은 것은?

───── 보기 ─────

부사격 조사는 다른 격 조사에 비해 그 수효도 많고 하나의 부사격 조사가 다양한 의미를 지니는 경우도 많다. 또한 간혹 서로 다른 형태의 부사격 조사가 유사한 의미를 지니기도 하는데, ㉠ <u>'에'와 '(으)로'가 '원인' 혹은 '이유'의 의미를 나타내는 것</u>이 그러한 예이다.

① 동수는 1주일<u>에</u> 한 번씩 등산을 간다.
   어제 그 건물은 화재<u>로</u> 다 타 버렸다.
② 나는 밖의 요란한 소리<u>에</u> 잠을 깼다.
   우리는 학생 대표<u>로</u> 그 기관을 방문했다.
③ 그것은 시대<u>에</u> 뒤떨어지는 생각이다.
   그 물질이 액체에서 고체<u>로</u> 응고되었다.
④ 나는 대표 팀의 4강 진출<u>에</u> 환호했다.
   할머니께서 무릎 관절염<u>으로</u> 고생하신다.
⑤ 이 물약은 기침<u>에</u> 잘 듣는다고 한다.
   그 가게는 색종이를 낱장<u>으로</u> 팔지 않는다.

12. 〈보기 1〉과 〈보기 2〉의 ㉠~㉤ 중, 재귀 대명사의 사례로 적절하지 **않은** 것은?

———— 보기 1 ————

작은아들 : 엄마, 형 왜 저렇게 화가 났어요?

엄마 : 반에서 실장 할 사람이 없어서, 등 떠밀려서 실장이 된 모양이더라.

작은아들 : 실장 되면 나중에 자기소개서에도 적고 좋은데 왜 저럴까요?

엄마 : 엄마도 모르겠어. 고슴도치도 ㉠제 자식이 제일 곱다더니, 엄마는 형이 실장이 돼서 기쁘기만 해. 너희 형은 집에 오자마자 ㉡자기 방으로 들어가서 안 나오고 있다.

작은아들 : 그렇군요. 할아버지께서 생전에 ㉢당신의 큰손자를 예뻐하셨는데. 살아계셨더라면 축하한다고 하시며 형의 머리를 쓰다듬으셨을 거예요.

———— 보기 2 ————

작은아들 : 엄마, 할머니 어디 계세요?

엄마 : 할머니 밭에 농사지으러 가셨어. 너희들 유기농 채소 먹여야 된다고 하시면서.

작은아들 : 다리도 아프실 텐데 좀 쉬시지. 감사한 일이지만, 할머니는 결국 ㉣당신 고집대로 하시는군요.

할머니 : 어멈아, 나 돌아왔다. ㉤자기의 일은 스스로 하라는 말이 있듯이 너희들을 위해 내가 직접 가꾸고 싶구나.

① ㉠   ② ㉡   ③ ㉢   ④ ㉣   ⑤ ㉤

13. 〈보기 1〉의 (나)와 유사한 사례를 〈보기 2〉의 ㉠~㉤에서 고른 것은?

———— 보기 1 ————

'누구, 무엇, 어디' 등의 대명사는 모르는 대상을 묻기 위한 말로도 쓰일 수 있고 어떤 대상을 꼭 집어 가리키지 않으며 언급하는 말로도 쓰일 수 있다. 예를 들어 (가)의 '어디'는 화자가 모르는 장소를 청자에게 물을 때 쓰인 것이다. 이에 비해 (나)의 '어디'는 어떤 장소를 꼭 집어 가리키지 않을 때 쓰인 것이다.

(가) 수정 : 너 그거 어디에서 샀어?

　　 민호 : 시장에서 샀어.

(나) 네가 어디에 있든지 나는 널 찾을 것이다.

———— 보기 2 ————

여러분, 안녕하세요. 오늘은 저의 어렸을 적 꿈에 대해 이야기 해볼게요.

㉠저는 어렸을 때부터 큰 꿈을 갖고 있었습니다. 세계적인 발레리나가 되어, 아주 큰 무대에 서는 것이었지요.

그러나 평생 의사로 살아오신 ㉡저희 아버지께서는 저 또한 ㉢당신을 따라 의사가 되기를 원하셨습니다. 의사는 ㉣누구라도 좋게 생각하는 직업이라며, 오랫동안 할 수 있는 일을 하라며 저를 설득하셨습니다.

그래도 저는 제 꿈을 포기하지 않고 열심히 발레 연습을 했답니다. 그리고 저는 얼마 전 제 꿈을 이루게 되었습니다.

여러분, ㉤여러분은 지금 어떤 꿈을 꾸고 있나요? 오늘도 그 꿈을 위해 달려가고 있나요?

① ㉠   ② ㉡   ③ ㉢

④ ㉣   ⑤ ㉤

14. 〈보기 1〉을 참고하여 〈보기 2〉를 분석한 내용으로 적절한 것은?

———— 보기 1 ————

의미를 가지고 있으면서 더 이상 나눌 수 없는 말의 단위를 '형태소'라 한다. 형태소는 자립성의 유무에 따라 자립 형태소(문장에서 다른 형태소와 결합하지 않고 홀로 쓰일 수 있는 형태소)와 의존 형태소(문장에서 다른 형태소와 결합하지 않으면 쓰일 수 없는 형태소)로, 의미의 성격에 따라 실질 형태소(구체적인 대상이나 상태와 같은 실질적인 의미를 나타내는 형태소)와 형식 형태소(문법적인 의미만을 나타내는 형태소)로 나누어진다. 조사, 어미, 접사는 의존 형태소이자 형식 형태소에 속한다.

———— 보기 2 ————

첫눈이 내리자 사람들은 한낮에 산으로 갔다.

① '첫눈'은 한 개의 형태소로 이루어져 있다.
② '내리자'는 두 개의 형태소로 이루어져 있다.
③ '사람들은'은 두 개의 형태소로 이루어져 있다.
④ '한낮'은 한 개의 형태소로 이루어져 있다.
⑤ '갔다'는 두 개의 형태소로 이루어져 있다.

15. 〈보기〉의 ㉠~㉢을 주어진 탐구 과정에 따라 분류하고자 한다. A~C에 해당하는 사례를 바르게 짝지은 것은?

— 보기 —

날씨만 좋다면 ㉠ 바다는 어디든 ㉡ 아름답지만, 이곳은 눈물이 날 만큼 ㉢ 매섭게 파도가 ㉣ 몰아치던 날에도 아름다운 바다㉤였다.

[탐구 과정]

활용을 하는가?

↓예　　↓아니요

[　]　　[A]

↓

명사 뒤에 붙여 쓸 수 있는가?

↓예　　　　↓아니요

[B]　　　　[　]

↓

현재 시제 선어말 어미 '-ㄴ-/-는-'과 결합할 수 있는가?

↓예　　　　　　↓아니요

[C]　　　　　　[　]

	A	B	C
①	㉠	㉤	㉣
②	㉡	㉢	㉠
③	㉢	㉡	㉤
④	㉠	㉤	㉡, ㉢
⑤	㉡	㉠	㉤, ㉣

16. 〈보기〉의 자료를 탐구한 내용으로 적절하지 **않은** 것은?

— 보기 —

　용언의 활용 양상을 분류할 때, 활용 과정에서 어간의 형태가 변하는지, 어미의 형태가 변하는지, 어간과 어미의 형태가 모두 변하는지의 여부를 따져 볼 수 있다.

ㄱ. 웃다, 웃고, 웃은, 웃어

ㄴ. 짓다, 짓고, 지은, 지어

ㄷ. 푸르- + -어 → 푸르러

ㄹ. 하다, 하여, 하였다

ㅁ. 하얗- + -아 → 하얘

① ㄱ의 '웃-'이 '-은', '-어'와 결합할 때 어간과 어미 각각의 형태에는 변화가 생기지 않는군.

② ㄴ의 '짓-'이 '-은', '-어'와 결합하면 어간의 형태에 변화가 생기는군.

③ ㄷ의 '푸르-'는 '-어'와 결합하면 어간의 형태에 변화가 생기는군.

④ ㄹ의 '하-'는 '-아/-어'와 결합하면 어미의 형태에 변화가 생기는군.

⑤ ㅁ의 '하얗-'이 '-아'와 결합하면 어간과 어미의 형태 모두에 변화가 생기는군.

17. 사전에 제시된 내용을 파악한 것으로 적절하지 **않은** 것은?

— 보기 —

다르다

「형용사」

「1」【(…과)】 비교가 되는 두 대상이 서로 같지 아니하다.

「2」 보통의 것보다 두드러진 데가 있다.

¶ 전문가는 역시 다른 데가 있군.

다른

「관형사」

당장 문제되거나 해당되는 것 이외의.

¶ 다른 사람들은 어디 있지?

딴

「관형사」

「1」 아무런 관계가 없이 다른.

¶ 딴 이야기를 하다.

「2」 = 다른

¶ 그는 딴 사람 생각은 조금도 안 한다.

① '다르다'는 '다른'과 달리 활용이 가능하겠군.

② '다르다 「2」'의 '다른'은 '딴'으로 바꾸어 쓸 수 있겠군.

③ '딴'은 '다른'과 마찬가지로 활용이 불가능하겠군.

④ '다른'과 '딴'은 서술어로 사용될 수 없겠군.

⑤ '다른'과 '딴'은 체언을 수식하는 기능을 하는 단어로군.

18. 〈보기〉의 ㉠~㉤에 대한 학생들의 분석으로 적절하지 **않은** 것은?

— 보기 —

　어제 우리 집으로 ㉠ 친구가 놀러 왔다. 정말 오랜만에 ㉡ 우리는 영화관에서 영화를 보기로 했다. 표를 예매하고 ㉢ 시간이 남아서 친구에게 근처 오락실에 가자고 했다. 오랜만에 같이 오락을 하다 보니 ㉣ 옛날 추억이 떠올랐다. 영화를 다 보고 밥을 먹은 뒤, 다음에 만나면 ㉤ 초등학교를 같이 가보기로 약속했다.

① 예슬 : ㉠을 보니, '무엇이 어찌하다'의 '무엇이'에 해당하는 성분이 주어로군.

② 주은 : ㉡을 보니, 주격 조사가 생략되고 그 자리에 보조사가 붙기도 하는군.

③ 다경 : ㉠과 ㉢을 보니, 양성 모음과 음성 모음 뒤에 나타나는 주격 조사의 형태가 다르군.

④ 예준 : ㉣을 보니, 체언뿐 아니라 체언 구실을 하는 구에도 주격 조사가 붙을 수 있군.

⑤ 준호 : ㉤을 보니, 맥락을 통해 주어를 유추할 수 있는 경우 주어가 생략되기도 하는군.

19. 〈보기〉의 ㉠에 해당하는 예가 <u>아닌</u> 것은?

── 보기 ──

　대명사 중에는 한 문장 안에서 앞서 나온 사람을 대신하는 기능을 하는 것들이 있는데, 이를 가리켜 재귀 대명사라고 한다. 예를 들어, "철수는 자기가 가겠다고 나섰다."에 쓰인 '자기'는 앞서 나온 '철수'를 다시 나타내기 위해 쓰인 재귀 대명사이다. 그런데 ㉠ 동일한 형태의 단어가 재귀 대명사와 일반적인 대명사 둘 다로 쓰이는 것들도 있어서 이를 문맥을 고려하여 잘 구분해야 한다.

① ┌ 선생님께서 <u>저</u>도 함께 오라고 하셨어요.
　└ 소년은 <u>저</u>도 모르게 자리에 주저앉았다.

② ┌ 형님께서 <u>저희</u> 때문에 고생하시는군요.
　└ 동생들은 내가 <u>저희</u> 때문에 밥을 차린 줄 안다.

③ ┌ 이번에 <u>너희</u>는 어디로 가는지 알고 싶다.
　└ 누나가 <u>너희</u>는 모두 집에 있으라고 말했다.

④ ┌ 여보, 언제나 <u>당신</u>의 말에 귀를 기울일게요.
　└ 할머니께서는 생전에 <u>당신</u>의 장서를 아끼셨다.

⑤ ┌ 교실 유리창을 깬 사람은 <u>제</u>가 아닙니다.
　└ 그 꼬마는 <u>제</u>가 궁금한 것을 선생님께 여쭈었다.

20. 〈보기 1〉을 근거로 할 때, 〈보기 2〉의 ㉠~㉰ 중 문장 부사인 것만을 모두 고른 것은?

── 보기 1 ──

　성분 부사는 문장의 특정 성분만 수식하는 부사이며, 문장 부사는 문장 전체를 꾸며 주는 부사를 말한다. 문장 부사는 문장 맨 앞에 오는 것이 일반적이지만, 문장의 다른 곳에 위치하는 것도 가능하다. 말하는 사람의 심리적인 태도를 나타내는 양태 부사는 대부분 문장 부사이다.

── 보기 2 ──

• 우리는 물속으로 ㉠ <u>깊이</u> 들어갔다.
• 그때 그 고양이가 ㉡ <u>조용히</u> 들어왔다.
• ㉢ <u>과연</u> 지희가 그의 청혼을 받아들일까?
• ㉣ <u>아주</u> 귀한 손님이 내일 오신다고 한다.
• ㉤ <u>일찍</u> 일어나서 일출을 맞이하기로 했다.
• ㉥ <u>모름지기</u> 사람은 부끄러움을 알아야 한다.

① ㉡, ㉣
② ㉢, ㉥
③ ㉠, ㉡, ㉤
④ ㉠, ㉢, ㉣
⑤ ㉢, ㉣, ㉥

21. 〈보기〉의 ㉠~㉢에 대한 설명으로 적절하지 <u>않은</u> 것은?

── 보기 ──

　관형사는 체언 앞에 놓여서 체언을 꾸며 주는 단어로 이때 체언의 뜻을 제한해 준다. 관형사는 조사와 결합할 수 없으며 형태가 변하지 않는다. 관형사의 종류에는 어떤 대상을 가리키는 지시 관형사, 사물의 성질이나 상태를 꾸며 주는 성상 관형사, 수량이나 수 개념을 나타내 주는 수 관형사가 있다. 관형사가 여러 개 이어질 때에는 대체로 그중 체언에 대해 더 중심적인 정보에 가까운 관형사가 체언에 가깝게 위치한다.

㉠ <u>이</u> <u>새</u> 옷이 참 예쁘다.
㉡ <u>그</u> <u>세</u> 사람이 내 형제들이다.
㉢ 그가 <u>저</u> <u>두</u> <u>헌</u> 집을 곧 허물 것이다.

① ㉠, ㉡으로 보아 '새'에 비해 '이'가, '세'에 비해 '그'가 체언에 대한 더 중심적인 정보에 가깝다는 것을 알 수 있다.

② ㉠, ㉢으로 보아 '새, 헌'은 각각 '옷, 집'의 성질이나 상태를 꾸며 준다는 점에서 성상 관형사라 할 수 있다.

③ ㉡, ㉢으로 보아 '세, 두'는 각각 '사람, 집'의 수량을 나타내 준다는 점에서 수 관형사라 할 수 있다.

④ ㉠, ㉡, ㉢으로 보아 관형사는 조사와 결합할 수 없으며 형태가 변하지 않는다는 것을 알 수 있다.

⑤ ㉠, ㉡, ㉢으로 보아 '이, 그, 저'는 '옷, 사람, 집'이라는 대상을 각각 가리키는 지시 관형사라 할 수 있다.

22. 〈보기〉의 ㉠을 뒷받침할 수 있는 예로 적절하지 <u>않은</u> 것은?

── 보기 ──

　단어들 가운데에는 동일한 형태를 가지고 있지만 여러 가지 문법적 성질을 가지고 있어 서로 다른 품사로 사용되는 경우가 있다. 이처럼 동일한 형태의 단어가 여러 가지 품사로 쓰이는 경우를 ㉠ '품사의 통용'이라고 한다.

① ┌ 오늘 밤은 달이 <u>밝다</u>.
　└ 벌써 날이 <u>밝는다</u>.

② ┌ 나는 소문으로만 들었을 <u>뿐</u>이다.
　└ 이제 내가 믿을 것은 오직 실력<u>뿐</u>이다.

③ ┌ <u>어찌</u> 생각하면 네 말도 일리가 있다.
　└ 나도 <u>어찌</u> 그런 소문이 났는지 모르겠다.

④ ┌ <u>내일</u>에 대한 기대와 희망을 잃지 말자.
　└ 오늘은 이만하고 <u>내일</u> 다시 작업을 이어갑시다.

⑤ ┌ 이 책이 시리즈물의 <u>첫째</u> 권이다.
　└ 무엇보다도 신발은 <u>첫째</u>로 발이 편해야 한다.

23. 〈보기〉의 자료를 참고할 때, 밑줄 친 표현을 탐구한 결과로 적절하지 **않은** 것은?

─── 보기 ───

'데'와 '-ㄴ데'는 모양이 일부 동일하지만 의미와 쓰임에 차이가 있습니다. 의존 명사는 앞의 말과 띄어 쓰고, 연결 어미는 어간 뒤에 붙여 써야 합니다. 그 쓰임은 문맥적으로 파악해야 합니다. 이렇게 헷갈리는 표현을 몇 가지 소개합니다.

표현	구분	의미
데	의존 명사	'곳'이나 '장소', '일'이나 '것', '경우' 등의 뜻을 나타내는 말
-ㄴ데	연결 어미	뒤 문장에서 어떤 일을 설명하거나 제안하기 위해 그 대상과 상관되는 상황을 미리 말할 때 쓰는 말
지	의존 명사	어떤 일이 있었던 때로부터 지금까지의 동안을 나타내는 말
-ㄴ지, -(으)ㄹ지	연결 어미	막연한 의문이 있는 채로 그것을 뒤 문장의 사실이나 판단과 관련시키는 데 쓰는 말

	헷갈리는 표현 (띄어쓰기 미반영)	표기 방법
①	용돈을 받아서 책을 <u>사는데</u> 쓰다.	사는 데
②	날씨가 <u>추운데</u> 외투를 입고 나가라.	추운데
③	여기가 우리 <u>고향인데</u> 경치가 좋다.	고향인 데
④	그는 고등학교를 <u>졸업한지</u> 오래되었다.	졸업한 지
⑤	머슴 대길이는 얼마나 <u>부지런한지</u> 세 사람 몫의 일을 해낸다.	부지런한지

24. 〈보기〉를 참고할 때, 밑줄 친 단어 중 이형태와 관계가 **없는** 것은?

─── 보기 ───

의미를 가진 최소 단위인 형태소는 그 앞뒤에 어떤 말이 있느냐에 따라 둘 이상의 모습으로 나타나기도 한다. 이렇게 하나의 형태소가 다른 형태를 가지는 것을 이형태(異形態)라고 한다. 예를 들어, 목적격 조사는 앞말이 자음으로 끝나면 '을'로 나타나고 모음으로 끝나면 '를'로 나타나는데, 이 경우 '을'과 '를'은 이형태의 관계에 있는 것이다.

① ┌ 내 손을 꼭 <u>잡아라</u>.
  └ 넘어지지 않게 조심히 <u>걸어라</u>.

② ┌ 그는 지나가는 행인에게 <u>부딪혔다</u>.
  └ 파도가 바위에 철썩 <u>부딪쳤다</u>.

③ ┌ 책<u>이고</u> 책상이고 다 타 버렸다.
  └ 그 사람은 염치고 체면<u>이고</u>가 없다.

④ ┌ 그녀는 학교에 <u>가려고</u> 집을 나섰다.
  └ 막 밥을 <u>먹으려고</u> 하는데 손님이 왔다.

⑤ ┌ 나는 허겁지겁 남은 밥을 모두 <u>먹었다</u>.
  └ 내 앞으로 날아오는 공을 멋지게 <u>막았다</u>.

25. 〈보기 1〉을 바탕으로 〈보기 2〉의 ㉠~㉤을 분석한 것으로 적절하지 **않은** 것은?

─── 보기 1 ───

품사와 문장 성분은 단어를 서로 다른 관점에서 분류한 것으로 볼 수 있다. '민수 도시락 먹어.'라는 문장에서 '민수'가 사람의 이름을 나타내는 단어라는 점에 주목하여 품사의 하나인 '명사'로 분류할 수도 있고, '민수'가 문장에서 서술어 '먹어'가 나타내는 행위의 주체가 된다는 점에 주목하여 문장 성분의 하나인 '주어'로 분류할 수도 있는 것이다.

─── 보기 2 ───

• ㉠ 너 여기서 ㉡ 뭘 하니?
• ㉢ 적 사람이 새치기를 ㉣ 했다.
• 철수는 마음씨가 정말 ㉤ 곱다.

① ㉠은 품사로는 대명사이고, 문장 성분으로는 관형어이다.
② ㉡은 품사로는 대명사이고, 문장 성분으로는 목적어이다.
③ ㉢은 품사로는 관형사이고, 문장 성분으로는 관형어이다.
④ ㉣은 품사로는 동사이고, 문장 성분으로는 서술어이다.
⑤ ㉤은 품사로는 형용사이고, 문장 성분으로는 서술어이다.

26. 〈보기〉의 ㉮에 들어갈 수 **없는** 말은?

─── 보기 ───

선생님 : 동사와 형용사는 용언으로서 활용을 한다는 공통점이 있어. 그러나 활용의 양상은 다소 달라. 동사는 현재 일어남을 나타내는 선어말 어미 '-는-' 또는 '-ㄴ-'을 취할 수 있지만, 형용사는 그렇지 않아. 예를 들어 동사 '듣다'와 '보다'는 '소리를 듣는다.', '눈으로 본다.'와 같이 활용되지만, 형용사 '곱다'와 '예쁘다'는 '마음이 곱는다.', '손이 예쁜다.'라고 활용될 수 없지. 그럼, 잘 이해했는지 확인하기 위해 다른 동사나 형용사에 현재 시제의 선어말 어미를 붙여 설명해 보겠니?

학 생 : 그러니까 _____㉮_____ 라는 말씀이시군요.

㉠ '필통을 책상 위에 둔다.'로 활용되니까 '두다'는 동사

㉡ '얼음이 물이 된다.'로 활용하니까 '되다'는 동사

㉢ '주중에 쌓인 피로로 몸이 무겁는다.'로 활용하지 않으니 '무겁다'는 형용사

㉣ '운전이 초보치고는 괜찮는다.'로 활용하지 않으니 '괜찮다'는 형용사

㉤ '오늘밤에 유난히 별이 빛나는다.'로 활용되지 않으니 '빛나다'는 형용사

① ㉠　　　　② ㉡　　　　③ ㉢

④ ㉣　　　　⑤ ㉤

27. 〈보기〉는 보조사 '요'가 사용된 자료를 탐구하여 그 쓰임을 정리한 것이다. ⓐ에 들어가기에 적절하지 **않은** 것은?

─── 보기 ───

• 탐구 자료

(1) ㄱ. 엄마, 나 떡볶이 좀 사 줘.
　　ㄴ. 엄마, 나 떡볶이 좀 사 줘요.

(2) ㄱ. 내가 지금 바빠서 미안.
　　ㄴ. 제가요 지금 바빠서요 미안해요.

(3) ㄱ. 그렇게 해 주시면 정말 감사하겠습니다.
　　ㄴ. 그렇게 해 주시면요 정말 감사하겠습니다.

• 보조사 '요'의 쓰임

- '요'는 앞말에 특별한 의미를 더해 주는 보조사이다.
- _____ⓐ_____

① '요'가 없어도 문장이 성립할 수 있다.

② '요'는 종결 어미 뒤에 결합할 수 있다.

③ '요'는 청자에게 존대의 뜻을 나타낼 수 있다.

④ '요'는 항상 문장을 종결시키는 기능을 한다.

⑤ '요'는 연결 어미, 주어 등 다양한 요소 뒤에도 결합한다.

28. 〈보기 1〉을 참고하여 〈보기 2〉를 설명한 내용으로 적절하지 **않은** 것은?

─── 보기 1 ───

관형사와 부사는 모두 다른 말을 꾸민다는 점에서 수식언으로 묶이지만, 어떤 품사의 말을 수식하는지는 서로 다르다. 관형사는 명사, 대명사, 수사, 즉 체언을 수식하고, 부사는 동사, 형용사, 즉 용언을 수식하거나 다른 부사를 수식한다. 또한 관형사는 꾸밈을 받는 말 바로 앞에 위치해야 하지만, 부사는 비교적 위치가 자유로운 편이다. 관형사에는 조사가 붙을 수 없는 반면, 부사에는 보조사가 붙기도 하는 점 역시 다르다.

─── 보기 2 ───

• ㉠ 한 명의 친구도 소중해.

• 우리 ㉡ 더욱 자주 만나자.

• ㉢ 저 새 책이 누구의 것이지?

• ㉣ 다행히 큰 실수는 하지 않았어.

• 너를 만나서 ㉤ 무척이나 즐거웠어.

① ㉠을 보니, 관형사는 명사를 수식할 수 있군.

② ㉡을 보니, 부사는 또 다른 부사를 꾸밀 수 있군.

③ ㉢을 보니, 관형사는 또 다른 관형사를 수식할 수 있군.

④ ㉣의 위치를 옮겨서 '큰 실수는 다행히 하지 않았어.'라고 할 수도 있군.

⑤ ㉤을 보니, 부사에는 보조사가 붙을 수 있군.

29. 〈보기〉의 ㉠~㉤에서 밑줄 친 부사에 대해 탐구한 내용으로 적절하지 **않은** 것은?

─── 보기 ───

㉠ 과연 그녀가 제시간에 도착할까?

㉡ 저리 잘 안 웃는 아이는 처음이다.

㉢ 선물은 필요 없으니까 빨리만 와라.

㉣ 과수원의 사과가 정말 맛있게 익었다.

㉤ 사무실에서 인쇄 및 복사는 불가능합니다.

① ㉠을 보니, 문장 전체를 꾸며 주는 부사도 있구나.

② ㉡을 보니, 부사는 종류에 따라 일정한 배열 순서를 갖는구나.

③ ㉢을 보니, 부사 뒤에 조사가 결합될 수도 있구나.

④ ㉣을 보니, 부사가 또 다른 부사를 수식할 수도 있구나.

⑤ ㉤을 보니, 부사가 단어와 단어를 이어 주기도 하는구나.

30. 〈보기〉의 ㉠~㉢에서 밑줄 친 조사에 대해 탐구한 내용으로 적절하지 **않은** 것은?

— 보기 —

㉠ 나와 동생은 도서관에 간다.
㉡ 구청에서 시민들을 위한 음악회를 개최하였다.
㉢ 어머니께서 꿈만큼은 포기할 수 없다고 말씀하셨다.

① ㉠의 '은'은 주격 조사가 생략된 자리에 결합한 것으로 볼 수 있군.
② ㉡의 '을'과 '를'은 같은 문법적 기능을 하는 조사가 앞말의 음운 환경에 따라 다른 형태로 나타난 것이군.
③ ㉢의 '께서'는 앞말에 대한 존대의 의미가 담겨 있군.
④ ㉢의 '만큼은'을 보면 조사와 조사가 연속되어 쓰일 수 있군.
⑤ ㉡의 '에서'와 ㉢의 '께서'는 앞말이 각각 부사어, 주어의 역할을 하도록 하는군.

31. 〈보기〉를 참고할 때, 밑줄 친 말이 서로 다른 품사로 쓰인 예가 **아닌** 것은?

— 보기 —

한 단어의 품사는 반드시 하나로 고정되어 있는 것이 아니다. 어떤 단어가 여러 가지의 문법적 성질을 지닌다면 여러 가지 품사로 쓰일 수 있다. 예를 들어, '서로'라는 단어는 명사로 쓰이기도 하지만 부사로 쓰일 때도 있다.

- 명사로 쓰인 경우 : 우리는 서로를 깊이 이해한다.
- 부사로 쓰인 경우 : 우리는 서로 사랑한다.

① ┌ 오늘은 달이 참 밝구나.
　└ 이제야 날이 밝는구나.

② ┌ 어두운 방에 들어갔다.
　└ 동현이는 수학에 어둡다.

③ ┌ 앞일을 멀리 내다보다.
　└ 저 멀리서 그 사람이 보였다.

④ ┌ 네가 반말을 한 것은 큰 잘못이야.
　└ 말을 잘못 전하는 바람에 고생 좀 했어.

⑤ ┌ 휴가가 언제부터지?
　└ 언제 한번 만나자.

32. 〈보기 1〉의 ㉠~㉢에 해당되는 예를 〈보기 2〉의 ⓐ~ⓔ에서 찾아 올바르게 짝지은 것은?

— 보기 1 —

'이, 그, 저' 계열의 지시 표현은 주로 다음과 같은 대화 상황에서 쓰인다. 첫째, ㉠ 청자가 대화의 장면에서 그 지시 대상을 눈으로 확인하여 찾을 수 있는 경우이다. 둘째, ㉡ 앞서 말한 내용에서 그 지시 대상을 확인할 수 있는 경우이다. 셋째, ㉢ 명시적으로는 드러나지 않지만 화자와 청자가 공유하는 경험이나 지식을 바탕으로 추론을 통해 해당 지시 대상을 알 수 있는 경우이다.

— 보기 2 —

ⓐ ┌ A : 빵이 어디 갔지?
　└ B : 그거 아까 동생이 먹었는데.

ⓑ ┌ A : 점심은 뭐 먹을까?
　└ B : 어제 갔던 거기 또 가자.

ⓒ ┌ A : 우리 어떤 영화 볼까?
　└ B : 이거 보자. 전부터 보고 싶었던 거야.

ⓓ ┌ A : 중간고사 범위가 어디까지야?
　└ B : 아직 그것도 모르면 어떡하냐?

ⓔ ┌ A : 우리 내일 어디서 만날까?
　└ B : 저기서 만나자. 맛있는 집일 것 같아.

	㉠	㉡	㉢
①	ⓐ, ⓒ	ⓑ, ⓓ	ⓔ
②	ⓐ, ⓔ	ⓑ	ⓒ, ⓓ
③	ⓑ, ⓒ	ⓐ, ⓔ	ⓓ
④	ⓑ, ⓒ	ⓐ	ⓒ, ⓓ
⑤	ⓒ, ⓔ	ⓐ, ⓓ	ⓑ

33. 〈보기〉는 문법 문제 해결 과정을 나타낸 것이다. ㉠에 들어갈 내용으로 가장 적절한 것은?

───── 보기 ─────

문제 발견	'죽음'은 사전에 등재되어 있는데, '높음'은 사전에 등재되어 있지 않다. 그 이유는 무엇일까?
자료 수집 및 분석	1. '-음'을 사전에서 찾기 • -음09 「어미」 : ('ㄹ'을 제외한 받침 있는 용언의 어간이나 어미 '-었-', '-겠-' 뒤에 붙어) 그 말이 명사 구실을 하게 하는 어미. • -음10 「접사」 : ('ㄹ'을 제외한 받침 있는 용언의 어간 뒤에 붙어) 명사를 만드는 접미사. 2. '죽음'과 '높음'이 사용된 문장 분석하기 • 그녀의 **죽음**은 우리 모두에게 충격이었다. • *백두산의 **높음**은 누구나 아는 사실이다. • 백두산이 **높음**은 누구나 아는 사실이다. *는 비문법적인 문장을 나타냄.
문제 해결	(㉠)으로 보아, '죽음'은 명사를 만드는 접미사 '-음'이 사용되어 새로운 단어가 형성된 것이므로 사전에 등재된 것이고, '높음'은 명사 구실을 하게 하는 어미 '-음'이 사용된 용언의 활용형으로서 문장에서 명사처럼 사용되는 것이므로 사전에 등재되지 않은 것이다.

① '죽음'과 '높음'이 모두 '-음'이 결합하여 만들어진 것
② '죽음'과 '높음'이 모두 문장을 구성하는 성분으로 사용될 수 있는 것
③ '죽음'은 관형어의 수식을 받는 반면, '높음'은 관형어의 수식을 받지 못하는 것
④ '죽음'의 기본형 '죽다'는 동사인 반면, '높음'의 기본형 '높다'는 형용사인 것
⑤ '죽음'은 실질적 의미를 가지고 있는 반면, '높음'은 문법적 의미를 가지고 있는 것

34. 〈보기〉는 종결 어미의 특성을 파악하기 위해 찾은 자료이다. 〈보기〉를 바탕으로 '종결 어미'에 대해 탐구한 결과로 타당하지 <u>않은</u> 것은?

───── 보기 ─────

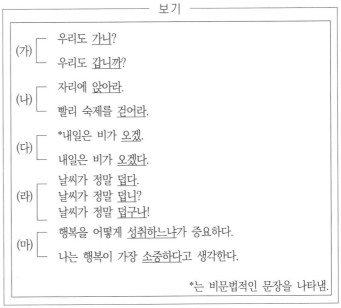

(가) ┌ 우리도 <u>가니</u>?
     └ 우리도 <u>갑니까</u>?

(나) ┌ 자리에 <u>앉아라</u>.
     └ 빨리 숙제를 <u>걷어라</u>.

(다) ┌ *내일은 비가 <u>오겠</u>.
     └ 내일은 비가 <u>오겠다</u>.

(라) ┌ 날씨가 정말 <u>덥다</u>.
     ├ 날씨가 정말 <u>덥니</u>?
     └ 날씨가 정말 <u>덥구나</u>!

(마) ┌ 행복을 어떻게 <u>성취하느냐</u>가 중요하다.
     └ 나는 행복이 가장 <u>소중하다고</u> 생각한다.

             *는 비문법적인 문장을 나타냄.

① (가)를 보니, 종결 어미를 통해 청자에 대한 높임이 달리 실현될 수 있네.
② (나)를 보니, 앞말의 품사에 따라 의미와 기능이 동일한 종결 어미가 다른 형태로 실현되기도 하네.
③ (다)를 보니, 종결 어미가 없으면 문장이 성립되지 않네.
④ (라)를 보니, 종결 어미를 통해 진술, 의문, 감탄 등의 의미를 나타낼 수 있네.
⑤ (마)를 보니, 종결 어미 뒤에 조사가 연결될 수도 있네.

35. 〈보기〉는 형태가 비슷한 '-던지'와 '-든지'의 용법을 알기 위해 찾은 자료이다. 〈보기〉를 바탕으로 '-던지'를 올바르게 사용한 문장으로 적절하지 **않은** 것은?

———— 보기 ————

• **-던지**

어미 1. 막연한 의문이 있는 채로 그것을 뒤 절의 사실과 관련시키는 데 쓰는 연결 어미.

· 얼마나 춥<u>던지</u> 손이 꽁꽁 얼었다.

· 동생도 피곤했<u>던지</u> 벌써 잠이 들었다.

· 철수는 얼마나 놀랐<u>던지</u> 등에 땀이 흥건했다.

• **-든지**

어미 1. 나열된 동작이나 상태, 대상들 중에서 어느 것이든 선택될 수 있음을 나타내는 연결 어미.

　　2. 실제로 일어날 수 있는 여러 가지 중에서 어느 것이 일어나도 뒤 절의 내용이 성립하는 데 아무런 상관이 없음을 나타내는 연결 어미.

· 무엇을 그리<u>든지</u> 자유롭게 그려라.

· 집에 가<u>든지</u> 공부를 더 하<u>든지</u> 해라.

· 어디에 있<u>든지</u> 부모님을 잊지 말아야 한다.

① 나를 믿어 주신 어머니께 어찌나 감사하<u>던지</u> 눈물이 났다.

② 이번 주말에는 정원을 가꾸<u>던지</u> 뭐라도 하자고 다짐하였다.

③ 추위에 떨고 있는 내가 가엾<u>던지</u> 친구가 옷을 벗어 주었다.

④ 동생이 아이스크림을 얼마나 먹<u>던지</u> 결국 배탈이 나게 되었다.

⑤ 아버지께서는 등산을 하셔서 숨이 가쁘셨<u>던지</u> 한참을 쉬고 계셨다.

36. 〈보기〉의 [가]에 들어갈 예로 적절하지 **않은** 것은?

———— 보기 ————

선생님 : 이번 시간에는 동사와 형용사의 올바른 쓰임에 주의하여 이번 학기 급훈을 만들어 봤습니다. 일반적으로 동사에는 명령형이나 청유형 어미가 붙을 수 있는 반면에 형용사에는 이러한 어미가 붙지 못한다는 특징을 반영하여 급훈을 잘 만들었는지 다 함께 살펴볼까요?

> • 항상 푸른 나무처럼 꿈을 ㉠ <u>지녀라</u>.
> • 내일을 대비하는 개미처럼 ㉡ <u>부지런해라</u>.

여러분이 만든 급훈 중에서 ㉠은 동사에 명령형 어미가 쓰인 예이고 ㉡은 형용사에 명령형 어미가 쓰인 예인데, ㉡처럼 쓰는 것이 적절하지 않으므로 평소 언어생활에서는 '부지런해져라'처럼 써야 해요. 이처럼 적절하지 않은 활용형을 사용한 급훈을 고친 예에는 어떤 게 있을까요?

학생 : 적절하지 않은 예와 이를 적절하게 고친 예로는 [가] 를 들 수 있어요.

① 서로의 성장을 지켜보며 모두 함께 <u>기쁘자</u>. → 기뻐하자

② 하루에 한 걸음씩, 오늘보다 내일 더 <u>새롭자</u>. → 새로워지자

③ 웃는 얼굴 고운 마음, 우리 좀 더 <u>아름답자</u>. → 아름다워지자

④ 한 송이 꽃처럼 예쁜 마음, 지금보다 더 <u>예뻐라</u>. → 예뻐져라

⑤ 친구를 향한 네 마음, 생각만으로도 <u>놀라워라</u>. → 놀라워져라

문법N제

37. 〈보기〉의 내용을 바탕으로 ㉠과 ㉡에 들어갈 적절한 예를 바르게 묶은 것은?

---- 보기 ----

하나의 격 조사가 문장에서 여러 의미로 사용되는 경우가 있다. 국어사전에서 조사 '에게'를 찾아보면 다음의 세 가지 의미로 쓰이는 다양한 용례를 확인할 수 있다.

에게 「조사」 (사람이나 동물 따위를 나타내는 체언 뒤에 붙어)
「1」 일정하게 제한된 범위를 나타내는 격 조사. 어떤 물건의 소속이나 위치를 나타낸다.
¶ _____㉠_____
「2」 어떤 행동이 미치는 대상을 나타내는 격 조사.
¶ 나는 철수에게 초대장을 주었다.
「3」 어떤 행동을 일으키는 대상임을 나타내는 격 조사.
¶ _____㉡_____

① ㉠ : 철수에게는 유산으로 받은 돈이 정말로 많았다.
　㉡ : 언니에게 보낼 물건을 챙겨 보니 꽤 많더라.
② ㉠ : 나는 서둘러 친구들에게 합격 사실을 알렸다.
　㉡ : 철수는 삼촌에게 놀림을 받았다고 어머니께 사실대로 말했다던데.
③ ㉠ : 과연 우리에게 재고품이 더 있는지 궁금하게 됐다.
　㉡ : 이것은 내가 너에게 주는 마지막 선물이야.
④ ㉠ : 너에게 노란색 색연필이 두 개나 있니?
　㉡ : 키우던 개에게 손을 물린 주인이 뉴스에 나왔다.
⑤ ㉠ : 돼지에게 먹이를 주는 일은 내가 맡았었다.
　㉡ : 나에게 약간의 돈이 있으니 네게 빌려줄게.

38. 〈보기 1〉 활동지의 ㉠, ㉡과 품사가 동일한 단어의 예를 〈보기 2〉에서 골라 바르게 묶은 것은?

---- 보기 1 ----

문장에 쓰인 단어의 형태가 같더라도 품사가 다른 경우가 있다. 품사 분류 기준을 바탕으로 아래 문장에 쓰인 '다른'의 품사가 무엇인지를 판단하여 (　　) 안에 써 보자.

• 나와 그의 얼굴이 ㉠ 다른 것은 그리 놀랄 일이 아니다.
• 그는 자기 일 밖의 ㉡ 다른 일에는 관심이 없다.

	㉠ 다른	㉡ 다른
기능상 차이	주어인 '얼굴이'에 대한 서술성을 지님.	체언인 '일' 앞에서 체언을 꾸며 줌.
형식상 차이	다른 어미와 결합하여 형태 변화가 가능함.	형태 변화를 할 수 없음.
의미상 차이	비교가 되는 두 대상이 서로 같지 아니하다.	당장 문제되거나 해당되는 것 이외의.
㉠의 품사는 (　　)이고, ㉡의 품사는 (　　)이다.		

---- 보기 2 ----

• 그는 왼쪽 다리를 ㉮ 바른 무릎에 올려놓고 앉아 있다.
• 그는 회사에서 가장 인사성이 ㉯ 바른 사람으로 소문이 났다.
• 나는 놀기도 잘하는 ㉰ 그런 친구가 좋다.
• 회사 사정이 ㉱ 그런 걸 내가 어찌할 수가 없네요.

	㉠	㉡
①	㉮, ㉯	㉰, ㉱
②	㉮, ㉱	㉯, ㉰
③	㉯, ㉰	㉮, ㉱
④	㉯, ㉱	㉮, ㉰
⑤	㉰, ㉱	㉮, ㉯

39. 〈보기〉는 국어사전 자료이다. ㉠~㉤의 예로 가장 적절한 것은?

─── 보기 ───

이

① 「대명사」

「1」 말하는 이에게 가까이 있거나 말하는 이가 생각하고 있는 대상을 가리키는 지시 대명사. ······················· ㉠

「2」 바로 앞에서 이야기한 대상을 가리키는 지시 대명사. ······· ㉡

「3」 (복수 접미사 '-들' 앞에 쓰여) '이 사람'을 가리키는 삼인칭 대명사. ······················· ㉢

② 「관형사」

「1」 말하는 이에게 가까이 있거나 말하는 이가 생각하고 있는 대상을 가리킬 때 쓰는 말. ······················· ㉣

「2」 바로 앞에서 이야기한 대상을 가리킬 때 쓰는 말. ············ ㉤

① ㉠ ┌ A : 사과 사 왔어. 어떤 걸로 먹을래?
　　　└ B : 이 사과가 맛있게 생겼네.

② ㉡ ┌ A : 또 연락이 온 거야?
　　　└ B : 응. 이들이 자꾸 왜 이러는지 모르겠어.

③ ㉢ ┌ A : 노력하는 사람은 실패하지 않아.
　　　└ B : 맞아. 이 점을 우리는 명심해야 해.

④ ㉣ ┌ A : 시험에 합격한 것 축하해. 지금 기분이 어때?
　　　└ B : 이보다 더 좋을 수는 없지.

⑤ ㉤ ┌ A : 여기 좀 봐. 사과나무에 검은별무늿병이 생겼어.
　　　└ B : 이 병을 없애는 약이 필요하겠다.

40. 〈보기〉의 ㉠에 들어갈 학생의 의견으로 적절하지 **않은** 것은?

─── 보기 ───

선생님 : 어떤 단어가 동사인지 형용사인지를 판별하는 데에는 몇 가지 기준이 있어요. 동사는 동작이나 작용을 나타내고 형용사는 성질이나 상태를 나타내기 때문에, 동작이나 작용에 대해서만 쓰일 수 있는 어미의 결합에서 차이를 보이게 되지요. 동사와 형용사에 결합할 수 있는 어미의 차이를 정리한 아래의 내용을 참고하여 주위에서 흔히 볼 수 있는 문법적 오류에 대해 함께 생각해 봅시다.

첫째, 명령형 종결 어미 '-아라/어라'와 '-십시오', 청유형 종결 어미 '-자'는 동사 어간에는 비교적 자유롭게 결합하지만 형용사 어간에는 결합하기 어렵다.

둘째, 현재 시제를 나타낼 때 동사 어간에는 선어말 어미 '-ㄴ-/-는-'이 결합되지만 형용사 어간에는 결합되지 않는다.

셋째, 현재 시제를 나타내는 관형사형 전성 어미로 동사 어간에는 '-는'이 결합하고 형용사 어간에는 '-(으)ㄴ'이 결합한다.

넷째, 목적이나 의도의 뜻을 나타내는 어미 '-(으)러', '-고자' 등은 동사 어간에는 결합할 수 있지만 형용사 어간에는 결합하기 어렵다.

학생 : 예를 들어, (　　　　　㉠　　　　　)

① "여름에는 날이 일찍 밝는다."에서 '밝는다'는 원칙적으로 적절하지 않은 표현입니다. '밝다'는 형용사인데 어미 '-는-'이 결합되어 있기 때문입니다.

② "저 둘은 서로 걸맞는 짝이 아니야."에서 '걸맞는'은 원칙적으로 적절하지 않은 표현입니다. '걸맞다'는 형용사인데 어미 '-는'이 결합되어 있기 때문입니다.

③ "항상 건강하십시오."에서 '건강하십시오'는 원칙적으로 적절하지 않은 표현입니다. '건강하다'는 형용사인데 어미 '-십시오'가 결합되어 있기 때문입니다.

④ "우리는 행복하러 한국에 왔다."에서 '행복하러'는 원칙적으로 적절하지 않은 표현입니다. '행복하다'는 형용사인데 어미 '-(으)러'가 결합되어 있기 때문입니다.

⑤ "아버지의 일이 이렇게 힘드는 일인지 몰랐다."에서 '힘드는'은 원칙적으로 적절하지 않은 표현입니다. '힘들다'는 형용사인데 어미 '-는'이 결합되어 있기 때문입니다.

41. 〈보기〉는 탐구 학습을 위해 찾은 사전의 일부이다. 이에 대한 이해로 적절하지 **않은** 것은?

─── 보기 ───

대로¹ 「 ㉠ 」
「1」 어떤 모양이나 상태와 같이.
  ¶ 들은 **대로** 이야기하다.
「2」 (어미 '-는' 뒤에 쓰여) 어떤 상태나 행동이 나타나는 그 즉시.
  ¶ 내일 동이 트는 **대로** 떠나겠다.
「3」 (어미 '-는' 뒤에 쓰여) 어떤 상태나 행동이 나타나는 족족.
  ¶ 틈나는 **대로** 찾아보다.

대로¹⁰ 「조사」
「1」 앞에 오는 말에 근거하거나 달라짐이 없음을 나타내는 보조사.
  ¶ 처벌하려면 법**대로** 해라.
「2」 따로따로 구별됨을 나타내는 보조사.
  ¶ 큰 것은 큰 것**대로** 따로 모아 두다.

① '대로¹'을 앞말과 띄어 쓰는 것을 보니 ㉠에는 '의존 명사'가 들어가겠군.
② '대로¹'과 '대로¹⁰' 모두 단독으로는 쓰이지 못하고 다른 말에 기대어 쓰이는군.
③ '대로¹'의 앞에는 관형어가 오는 반면, '대로¹⁰'의 앞에는 주로 체언이 오는군.
④ '나대로 생각이 있다.'에서 '대로'는 '대로¹⁰'에 해당하므로 '나'와 붙여 써야겠군.
⑤ '집에 도착하는 대로 편지를 쓸 것이다.'는 '대로¹「3」'의 예문으로 추가할 수 있겠군.

42. 〈보기 1〉을 바탕으로, 〈보기 2〉에서 ㉓와 품사가 같은 것만을 고른 것은?

─── 보기 1 ───

  수 관형사는 수사와 형태가 같은 경우가 많아 혼동하기 쉽다. 둘 다 활용을 하지 않고 사물의 수량이나 순서를 가리키지만, 수 관형사는 수사와 달리 단위를 나타내는 명사와 함께 쓰인다는 차이가 있다.

• 철수는 알파고와 바둑을 ㉓ **세** 판이나 두었다.

─── 보기 2 ───

• 이 일을 마치는 데 ㉠ **오** 개월 걸렸다.
• 구에 일을 더하면 ㉡ **십**이다.
• 나는 크리스마스에 ㉢ **두** 켤레의 장갑을 샀다.
• 정윤이가 고향을 떠난 지 ㉣ **팔** 년이 지났다.
• 희수는 시장에서 토마토를 ㉤ **하나** 사 왔다.
• 현진이는 달리기 시합에서 ㉥ **셋째**로 들어왔다.

① ㉠, ㉡, ㉣   ② ㉠, ㉢, ㉣
③ ㉡, ㉢, ㉤   ④ ㉢, ㉤, ㉥
⑤ ㉢, ㉣, ㉥

43. 〈보기〉는 국어사전 자료이다. ㉠~㉤의 예로 바르게 제시된 것은?

─ 보기 ─

그

[Ⅰ] 「대명사」

「1」 말하는 이와 듣는 이가 아닌 사람을 가리키는 삼인칭 대명사. 앞에서 이미 이야기하였거나 듣는 이가 생각하고 있는 사람을 가리킨다. ·································· ㉠

「2」 앞에서 이미 이야기하였거나 듣는 이가 생각하고 있는 대상을 가리키는 지시 대명사. ·································· ㉡

[Ⅱ] 「관형사」

「1」 듣는 이에게 가까이 있거나 듣는 이가 생각하고 있는 대상을 가리킬 때 쓰는 말. ·································· ㉢

「2」 앞에서 이미 이야기한 대상을 가리킬 때 쓰는 말. ·· ㉣

「3」 확실하지 아니하거나 밝히고 싶지 아니한 일을 가리킬 때 쓰는 말. ·································· ㉤

①	㉠	A : 선생님께 꾸중 들어서 기분이 안 좋겠다. 좀 어때? B : 그 무엇이라 말할 수 없는 기분이야.
②	㉡	A : 언제 출발하는 게 좋을까? B : 지금 출발하자는 의견이 있는데 그보다는 좀 더 기다리는 것이 좋겠어.
③	㉢	A : 혹시 김○○이라는 사람 알아? B : 그는 참 좋은 사람인데, 왜?
④	㉣	A : 네 옆에 있는 그 가방 좀 줘. B : 이 파란색 가방 말이지? 여기 있어.
⑤	㉤	A : 우리 동네 장기 자랑에서 김 씨가 1등 했어. B : 그 사람이 노래를 그렇게 잘한다며?

44. 〈보기〉의 ㉠~㉣에 대한 이해로 적절하지 **않은** 것은?

─ 보기 ─

단어들 가운데 공통된 성질을 기준으로 단어들을 갈래지은 것을 품사라고 한다. 단어는 하나의 품사로 사용되는 것이 일반적이지만, 둘 이상의 품사로 사용되는 경우도 있다.

단어	품사	의미	예문
㉠ 열	수사	아홉에 하나를 더한 수.	열을 셀 때까지 나와라.
	관형사	아홉에 하나를 더한 수의.	운동화 열 켤레가 있다.
㉡ 아무	대명사	어떤 사람을 특별히 정하지 않고 이르는 인칭 대명사.	아직 아무도 안 왔다.
	관형사	어떤 사람이나 사물 따위를 특별히 정하지 않고 이를 때 쓰는 말.	아무 종이나 가져오너라.
㉢ 밝다	동사	밤이 지나고 환해지며 새날이 오다.	새벽이 밝는다.
	형용사	불빛 따위가 환하다.	횃불이 밝다.
㉣ 가만	부사	움직이지 않거나 아무 말 없이.	가만 누워 있어라.
	감탄사	남의 말이나 행동을 막을 때 쓰는 말.	가만, 저게 무슨 소리지?

① ㉠~㉣은 모두 둘 이상의 품사로 쓰이고 있군.

② ㉠에 조사가 결합하면 수사로, ㉡에 조사가 결합하면 대명사로 쓰이는군.

③ ㉠과 ㉡이 관형사로 쓰일 때는 문장 내에서 쓰이는 위치가 자유롭겠군.

④ ㉢에 '-는-'이 결합 가능하면 동사, 결합이 불가능하면 형용사로 쓰이는군.

⑤ ㉣이 감탄사로 쓰일 때는 문장 속의 다른 성분에 얽매이지 않겠군.

45. 〈사전〉은 의존 명사 '것'에 대한 설명이다. 〈보기〉의 밑줄 친 '것'에서 확인할 수 있는 용법을 있는 대로 고른 것은?

───── 보기 ─────

것 「의존 명사」
　「1」 사물, 일, 현상 따위를 추상적으로 이르는 말. ·················· ㉠
　　　㉠ 마실 것 / 먹을 것 / 입을 것
　「2」 사람을 낮추어 이르거나 동물을 이르는 말. ·················· ㉡
　　　㉡ 이 강아지들 중에 점무늬 있는 것이 제일 예쁘다.
　「3」 그 사람의 소유물임을 나타내는 말. ·················· ㉢
　　　㉢ 이 우산은 언니 것이다.
　「4」 말하는 이의 전망이나 추측, 또는 주관적 소신 따위를 나타내는 말. ·················· ㉣
　　　㉣ 내일은 날씨가 좋을 것이다.

───── 보기 ─────

　올해도 어김없이 대청소를 하는 날이 올 <u>것</u>이다. 나는 대청소를 할 때 낡은 <u>것</u>을 모두 버릴 예정이다. 오래된 옷들을 다 정리해야겠다. 엄마는 아직 멀쩡한 <u>것</u>을 왜 버리려고 하는지 모르겠다고 말씀하시겠지만, 나에게는 분명히 필요 없을 <u>것</u>이다.

① ㉠, ㉣　　　　　　　② ㉡, ㉣　　　　　　　③ ㉠, ㉡, ㉣
④ ㉠, ㉢, ㉣　　　　　　⑤ ㉠, ㉡, ㉢, ㉣

46. 〈보기〉를 통해 형태소를 이해한 내용으로 적절하지 **않은** 것은?

───── 보기 ─────

선생님 : 국어에서는 뜻을 가진 가장 작은 말의 단위를 형태소라 하는데, 형태소는 자립성의 유무에 따라 자립 형태소와 의존 형태소, 실질적인 뜻의 유무에 따라 실질 형태소와 형식 형태소로 구분됩니다. 그럼, 다음 문장에 쓰인 형태소를 분석해 볼까요?

　　우리는 땀을 굉장히 흘려서 집에서 씻고 다시 모이기로 했다.

① '땀을'과 '집에서'는 실질 형태소 한 개와 형식 형태소 한 개의 조합으로 구성되었다.
② '굉장히'와 '다시'는 실질 형태소와 자립 형태소 한 개의 조합으로 구성되었다.
③ '우리는'과 '씻고'는 실질 형태소 한 개와 형식 형태소 한 개의 조합으로 구성되었다.
④ '모이기로'는 자립 형태소 없이 의존 형태소 네 개로 구성되었다.
⑤ '했다'는 실질 형태소 한 개와 형식 형태소 두 개의 조합으로 구성되었다.

47. 〈보기〉를 통해 명사를 탐구한 내용으로 적절하지 **않은** 것은?

───── 보기 ─────

　국어에서 명사는 사용 범위에 따라 보통 명사와 고유 명사, 자립성의 유무에 따라 자립 명사와 의존 명사로 나누어진다. 다음 밑줄 친 명사에 주목해 명사의 유형과 특성을 파악해 보자.

㉠ 나는 <u>제주도</u>에 가고 싶다. / *나는 제주도들에 가고 싶다.
㉡ <u>한라산</u>이 가장 아름답다. / *어느 <u>한라산</u>이 가장 아름답니?
㉢ 나는 앉은 <u>채</u>로 잠들었다. / *나는 <u>채</u>로 잠들었다.
㉣ 여기 과일이 잔뜩 있는데, 그중 맛있는 <u>것</u>을 골라 먹어라.
㉤ 이번 시간에는 학생 세 <u>사람</u>이 오기로 했습니다.

'*'는 비문을 나타냄.

① ㉠: 고유 명사는 특정 대상에 붙여진 이름이므로, 복수를 나타내는 접미사와 결합하기 어렵군.
② ㉡: 고유 명사는 유일성의 특성을 가지므로, 선택의 의미를 나타내는 관형어와 같이 쓰이기 어렵군.
③ ㉢: 의존 명사는 반드시 관형어와 함께 쓰여야 하는군.
④ ㉣: 의존 명사는 앞에 언급된 말을 대용하는 기능을 하기도 하는군.
⑤ ㉤: 자립 명사는 격 조사와 결합하여 보어 기능을 수행하기로 하는군.

48. 〈보기 1〉의 ⓐ~ⓒ에 해당하는 것을 〈보기 2〉에서 찾아 바르게 짝지은 것은?

───── 보기 1 ─────

우리 [대]

1. 말하는 이가 자기와 듣는 이, 또는 자기와 듣는 이를 포함한 여러 사람을 가리키는 일인칭 대명사. ···················· ⓐ

2. 말하는 이가 자기보다 높지 아니한 사람을 상대하여 자기를 포함한 여러 사람을 가리키는 일인칭 대명사. ·············· ⓑ

3. 말하는 이가 자기보다 높지 아니한 사람을 상대하여 어떤 대상이 자기와 친밀한 관계임을 나타낼 때 쓰는 말. ·········· ⓒ

───── 보기 2 ─────

(은지, 소연, 미주가 대화 중이다.)

은지 : 오늘 ㉠우리 언니네 학교에서 축제가 열린대.

소연 : 정말? ㉡우리 같이 구경 가는 거 어때?

미주 : 나는 약속이 있어서 안 될 것 같아. 둘이 다녀와.

은지 : 아, 정말? ㉢우리끼리 가기에는 너무 아쉬운데. 그럼 내일은 어때? 축제는 내일모레까지 한다고 했어.

미주 : 내일 학교 끝나고는 괜찮을 것 같아!

소연 : 우와! 다행이다. 그럼 내일 ㉣우리 같이 가자.

미주 : 좋아! 내일 학교 앞에서 떡볶이도 먹는 거 어때?

소연 : 저번에 ㉤우리 갔던 데 말이지? 거기 맛있더라.

은지 : 정말? 나도 가보고 싶어. 내일 같이 가자!

	ⓐ	ⓑ	ⓒ
①	㉠, ㉡, ㉢	㉣	㉤
②	㉠, ㉣	㉢, ㉤	㉡
③	㉡, ㉣, ㉤	㉢	㉠
④	㉡, ㉤	㉠, ㉣	㉢
⑤	㉠, ㉢, ㉣	㉡	㉤

49. 〈보기〉를 통해 부사를 탐구한 내용으로 적절하지 **않은** 것은?

───── 보기 ─────

㉠ 우리 학교 <u>바로</u> 옆에 공원이 있다.

㉡ 밥을 [<u>많이</u> / <u>많이도</u> / <u>많이는</u>] 먹었구나.

㉢ 오늘은 아이들의 표정이 <u>별로</u> 좋지 않았다.
  *오늘은 아이들의 표정이 <u>별로</u> 좋았다.

㉣ <u>설마</u> 그 사람이 우리를 정말 잊었겠느냐?
  *<u>설마</u> 그 사람이 우리를 정말 잊었다.

㉤ <u>확실히</u> 그는 든든한 사람이다. / 그는 <u>매우</u> 든든하다.

'*'는 비문을 나타냄.

① ㉠을 보니 부사는 주로 용언을 수식하는군.

② ㉡을 보니 부사는 보조사와 결합하여 쓰일 수 있군.

③ ㉢을 보니 특정 부사는 부정 표현과 쓰여야 하는 제약이 있군.

④ ㉣을 보니 특정 부사는 의문문의 문장과 쓰여야 하는 제약이 있군.

⑤ ㉤을 보니 문장을 수식하는 부사와 달리 성분을 수식하는 부사는 위치 이동에 제한이 있군.

50. 〈보기〉의 ⓐ에 해당하는 예로 적절하지 **않은** 것은?

───── 보기 ─────

  문법적인 성질에 따라 단어를 분류한 것을 품사라 한다. 일반적으로 하나의 단어는 하나의 품사에 속하지만, 하나의 단어가 두 가지 이상의 품사에 속하기도 한다. 이처럼 같은 형태의 단어가 두 가지 이상의 기능을 나타내는 것을 ⓐ품사 통용이라 한다.

① ㉠ : <u>어제</u>가 바로 그 축제였다.
  ㉡ : 숙제를 <u>어제</u> 끝냈어야 했다.

② ㉠ : 그 사람은 항상 <u>이기적</u>으로 행동한다.
  ㉡ : 나는 그 사람의 <u>이기적</u> 행동에 치를 떨었다.

③ ㉠ : 밤이 새도록 횃불이 <u>밝게</u> 타오르고 있었다.
  ㉡ : 그는 날이 <u>밝기</u>도 전부터 짐을 챙겨 떠났다.

④ ㉠ : 그것은 서로 <u>보다</u> 나아지려는 노력의 결과였다.
  ㉡ : 언니는 누구<u>보다</u> 잠이 많은 사람이다.

⑤ ㉠ : 형은 자기 일 밖의 <u>다른</u> 일에는 관심도 없었다.
  ㉡ : 그는 <u>다른</u> 곳에서 자라서 이곳 물정을 잘 모른다.

51. [A]에 들어갈 말로 적절하지 <u>않은</u> 것은?

──── 보기 ────

선생님 : 국어의 형태소는 뜻을 가진 최소의 단위를 말합니다. 이 때 형태소는 실질적 의미의 유무나 자립성을 기준으로 그 유형을 나눌 수 있습니다. 그럼 다음 자료를 통해 알 수 있는 형태소의 특성을 말해 볼까요?

┌─────────────────────────────┐
│ ㉠ 아버지는 방금 구운 고기를 나에게 줬다.
│ ㉡ 그녀만 정상에 다다라 깃발을 흔들 뿐이었다.
│ ㉢ 동생은 어제부터 배가 아파서 조퇴한다고 했다.
└─────────────────────────────┘

학 생 : _____[A]_____
선생님 : 잘했습니다.

① ㉠에서 '구운'은 실질 형태소 '굽-'과 형식 형태소 '-(으)ㄴ'으로 형태소를 분석할 수 있습니다.
② ㉠에서 '나에게'의 '에게'는 뜻을 가진 최소의 단위에 해당하므로 '에'와 '게'로 분리할 수 없습니다.
③ ㉡에서 '정상에'의 '에'와 '흔들 뿐'의 '뿐'은 모두 홀로 쓰일 수 없는 의존 형태소에 해당합니다.
④ ㉡에서 '다다라'와 ㉢의 '아파서'는 모두 실질 형태소 한 개와 형식 형태소 한 개로 분석할 수 있습니다.
⑤ ㉠에서 '줬다'의 '-었-'과 ㉢의 '했다'의 '-였-'은 다른 형태소와 반드시 함께 쓰여야 하며, 실질적인 의미는 없습니다.

52. 다음 중 어미를 탐구한 내용으로 적절하지 <u>않은</u> 것은?

①	· 고양이는 조용히 앉아 있었다. ➜ 보조적 연결 어미 '-아'가 본용언과 보조 용언을 이어 주며 완료의 동작상을 표현하고 있군.
②	· 나는 그녀의 순수한 웃음을 떠올렸다. ➜ 명사형 어미 '-(으)ㅁ'이 용언 어간에 결합하여 용언을 명사처럼 기능하게 하는 역할을 하고 있군.
③	㉠ 드디어 그가 책을 읽는구나. ㉡ 드디어 그가 책을 읽습니까? ➜ 종결 어미가 용언 어간에 결합하여 상대 높임법을 표현하는 동시에 감탄이나 의문의 문장 유형을 형성하기도 하는군.
④	㉠ 올해 안에 꼭 미술 작품을 완성하겠다. ㉡ 모레쯤이면 택배가 도착하겠구나. ➜ ㉠과 ㉡에서는 모두 선어말 어미 '-겠-'이 쓰였지만, ㉠에서는 주체의 의지를 나타내는 어미로, ㉡에서는 미래 상황에 대한 추측을 나타내는 어미로 쓰였군.
⑤	㉠ 형은 하교 후 집에 오자마자 다시 나갔습니다. ㉡ 가을이 되니 공원에 코스모스가 잔뜩 피었어. ➜ ㉠과 ㉡에서는 모두 선어말 어미 '-았/-었-'이 쓰였지만, ㉠에서는 과거 시제를 나타내는 어미로, ㉡에서는 과거의 일어난 일이 현재까지 지속되고 있음을 나타내는 어미로 쓰였군.

53. 〈보기〉의 ㉠~㉤에 대한 설명으로 적절하지 <u>않은</u> 것은?

──── 보기 ────

• 탐구 과제

국어에서 동사와 형용사는 모두 가변어이자 용언에 해당하므로, 그 구분이 쉽지 않다. 이때, 동사는 상태 변화를 전제하며 주체의 움직임이나 작용을 과정적으로 표시하고, 형용사는 특정 시점에서의 성질이나 상태를 표시한다. 이에 따라 관형사형 어미와의 결합 양상, 명령형·청유형과의 결합 여부에 차이가 생긴다. 이러한 특성을 바탕으로, 아래의 자료에서 밑줄 친 부분의 품사를 구분해 보자.

• 자료
㉠ 비가 적게 오면 나무가 <u>크지</u> 못한다.
㉡ 요즘 날씨가 좋아서 <u>붉은</u> 노을이 더 잘 보인다.
㉢ 이 제품은 질이 좋아서 값이 <u>비싸다</u>.
㉣ 이번에 새로 들어온 신입 사원은 항상 <u>늦는다</u>.
㉤ 내가 데리러 갈 테니 너는 학교에 그대로 <u>있어라</u>.

① ㉠ : 현재 시점에서 주체의 상태를 나타내므로, 형용사이다.
② ㉡ : 관형사형 어미 '-은'과 쓰여 현재 시제를 나타내므로, 형용사이다.
③ ㉢ : 청유형 어미 '-자'와 결합할 수 없으므로, 형용사이다.
④ ㉣ : 주체의 움직임이나 작용을 과정적으로 나타내므로, 동사이다.
⑤ ㉤ : 명령형 어미 '-어라'와 결합할 수 있으므로, 동사이다.

54. 〈보기 1〉을 바탕으로 〈보기 2〉 ㉠~㉤에 대해 이해한 내용으로 적절하지 **않은** 것은?

— 보기 1 —

국어에서는 두 개 이상의 용언이 연속적으로 나오는 서술어 구(句)가 흔히 쓰인다. 이러한 구성은 본용언과 본용언, 본용언과 보조 용언이 결합한 구성 혹은 합성 용언으로 나누어진다. 이때, 본용언과 보조 용언 사이에 '-서'와 같은 요소가 삽입될 수 있는지, 용언의 의미가 유지되는지에 따라 서술어 구의 구성을 구별할 수 있다. 합성 용언은 결합한 본용언의 의미 요소의 합과는 다른 새로운 의미를 나타낸다는 점에서 구분된다.

— 보기 2 —

· 일이 너무 바빠서 형과의 약속을 ㉠ 잊어 먹었다.
· 영화관에서는 옥수수로 팝콘을 ㉡ 만들어 팔았다.
· 그는 순댓국을 국물 한 방울 남기지 않고 ㉢ 먹어 버렸다.
· 나는 백화점에 가서 바지를 ㉣ 입어 보았다.
· 나는 그녀에게 마음을 고백하는 편지를 ㉤ 써 보냈다.

① ㉠은 '잊어 먹었다'의 '먹다'가 본래의 의미가 유지되지 않고 앞말의 행동을 강조하는 기능을 한다는 점에서 보조 용언으로 쓰였음을 알 수 있어.

② ㉡은 '만들어 팔았다'가 '만들다'와 '팔다'의 본래 의미가 각각 유지되고 있다는 점에서 모두 본용언으로 쓰였음을 알 수 있어.

③ ㉢은 '먹어 버렸다'의 '버리다'가 본래의 의미가 유지되지 않고 앞말의 행동을 강조하는 기능을 한다는 점에서 보조 용언으로 쓰였음을 알 수 있어.

④ ㉣은 '입어 보았다'는 '입다'와 '보다'의 본래의 의미가 각각 유지되고 있다는 점에서 모두 본용언에 해당한다고 할 수 있어.

⑤ ㉤은 '써 보냈다'가 '쓰다'와 '보내다'의 본래 의미가 각각 유지되고 있다는 점에서 모두 본용언으로 쓰였음을 알 수 있어.

55. 〈보기〉를 바탕으로 어미를 분류한 것 중 적절하지 **않은** 것은?

— 보기 —

국어의 용언은 어미와 결합하여 다양한 의미를 나타내며 활용된다. 어미는 선어말 어미와 어말 어미로 나눌 수 있는데, 선어말 어미는 시제나 높임의 뜻을 나타내며 어말 어미는 종결 어미와 연결 어미, 전성 어미로 다시 나누어진다.

① '선생님께서 오신다.'의 '오신다'에는 선어말 어미 두 개와 어말 어미 한 개가 쓰였다.

② '언니가 먹던 빵'의 '먹던'에는 동사 어간에 붙어 동사를 관형사처럼 기능하게 하는 전성 어미가 쓰였다.

③ '할머니가 도착하셨겠더구나.'의 '도착하셨겠더구나'에는 선어말 어미 세 개와 어말 어미 한 개가 쓰였다.

④ '아직 겨울이 오지 않았다.'의 '오지 않았다'에는 선어말 어미와 종결 어미, 본용언과 보조 용언을 이어 주는 보조적 연결 어미가 쓰였다.

⑤ '일을 끝내고서 놀러 가자.'의 '끝내고서'에는 선어말 어미 없이 문장과 문장을 종속적으로 이어 주는 종속적 연결 어미가 쓰였다.

56. 〈보기〉의 ⓐ~ⓒ에 해당하는 예로 적절한 것은?

— 보기 —

국어에서 용언은 어간에 다양한 어미가 붙어 활용할 수 있다. 이때, 용언의 형태가 동일한 환경에서 예외 없이 자동적으로 바뀌는 경우를 규칙 활용이라 하고, 그렇지 않은 경우를 불규칙 활용이라 한다. 불규칙 활용은 ⓐ어간이 바뀌는 경우, ⓑ어미가 바뀌는 경우, ⓒ어간과 어미가 모두 바뀌는 경우의 세 가지 유형이 있다.

① ⓐ : 그 아이는 우물에서 물을 <u>펐다</u>.
② ⓐ : 놀이공원에 있는 풍선이 내 얼굴보다 <u>컸다</u>.
③ ⓑ : 그 사람은 유명한 가곡을 많이 <u>지었다</u>.
④ ⓑ : 오늘따라 밤하늘의 색이 유난히 <u>까매</u> 보였다.
⑤ ⓒ : 우리는 호수에 <u>이르러</u> 잠시 걸음을 멈추었다.

57. 다음 탐구 과정에서 [A]에 들어갈 사례로 적절하지 <u>않은</u> 것은?

의문	• 간식을 줬다(O) / 문을 잠궜다(X) 위의 예에서 '줬다'와 달리 '잠궜다'의 표기가 어문 규정에 어긋난 이유가 무엇일까?
탐구	① '줬다', '잠궜다'가 어떻게 만들어진 것인지 분석해 본다. • 주- + -었- + -다 → 주었다 → 줬다 • 잠그- + -았- + -다 → 잠갔다 ② '잠갔다'와 같은 형태로 활용하는 사례를 찾아본다. [A]
결과	'잠그다'는 '주다'와 달리 어간이 'ㅡ'로 끝나기 때문이다. 어간이 'ㅜ'로 끝나는 '주다'와 달리 '잠그다'는 어간이 'ㅡ'로 끝나기 때문에 모음 어미 '-어/아'와 결합할 때 어간의 모음 'ㅡ'가 탈락한다.

① 나는 시장에 들러 과일을 잔뜩 샀다.
② 담가 놓은 수박이 물에 둥둥 떠서 신기했다.
③ 아버지를 따라 낚시터 구경을 갔다.
④ 합격했다는 소식을 들으니 너무 기뻐 소리를 질렀다.
⑤ 드론을 선물로 받았는데 사용법을 몰라 그냥 놔뒀다.

58. 〈보기〉의 ㉠~㉯에 대한 이해로 적절하지 <u>않은</u> 것은?

───── 보기 ─────

(나연과 유진의 대화 장면)
나연 : 내일 점심에 ㉠도서관에서 만나기로 한 거 잊지 않았지?
유진 : 응. 2시에 ㉡거기서 봐. 이번에 정말 공부 열심히 해서 꼭 백 점 맞을 거야.
나연 : 나도! 참, 은주가 ㉢자기도 아침 운동 끝나고 바로 오겠다고 하더라.
유진 : 그래? 좋아. 그런데 내가 오늘 선생님께 들었는데, ㉣교육부에서 발표한 자료에 따르면 아침밥을 챙겨 먹으면 기억력이 25%나 오른대.
나연 : 우와. 그럼 우리 같이 아침밥 먹고 도서관으로 갈까?
유진 : 도서관 근처에 새로 생긴 분식집이 있다. ㉤여기 알아?
나연 : ㉥거기 어딘지 알 것 같아. 엄청 맛있다고 소문났잖아.
유진 : 한번 가 보자! ㉦은주한테 연락해서 같이 가자고 하자.
나연 : 너무 좋지. 먹고 든든하게 공부하면 되겠다.

① ㉠, ㉣은 동일한 형태의 조사가 쓰였지만 문장 성분이 서로 다르군.
② ㉡은 '도서관'을 다시 가리키는 지시 대명사로, 대용 표현으로 쓰였군.
③ ㉢은 앞서 언급한 '은주'를 도로 가리키는 재귀칭 대명사로 쓰였군.
④ ㉤, ㉥은 같은 대상을 지시하는 대명사가 상황에 따라 형태가 달라질 수 있음을 보여 주는군.
⑤ ㉦은 체언에 결합하여 강조의 뜻을 더하는 보조사가 쓰였군.

59. 〈보기 1〉의 ⓐ, ⓑ에 해당하는 예를 〈보기 2〉에서 찾아 바르게 짝지은 것은?

───── 보기 1 ─────

국어의 용언 가운데 '있다'는 활용의 방식이 일정하지 않아 동사와 형용사로 품사를 구분하기가 어렵다. 이들은 ⓐ동사와 ⓑ형용사의 측면을 모두 가지고 있는데, '있다'가 소재(所在)나 상태의 유지라는 의미를 지닐 때는 동사에 가까우며 소유(所有)나 존재의 의미를 지닐 때는 형용사에 가깝다.

───── 보기 2 ─────

㉠ 이모에게 아들 같은 강아지가 한 마리 <u>있다</u>.
㉡ 그때 그 사람은 독특한 매력이 <u>있었다</u>.
㉢ 내가 저녁에 데리러 갈 테니까 기다리고 <u>있어라</u>.
㉣ 시간이 늦어서 무서우니 우리 같이 <u>있자</u>.
㉤ 선생님은 우리에게 떠들지 말고 <u>있으라고</u> 했다.

	ⓐ	ⓑ
①	㉠, ㉡	㉢, ㉣, ㉤
②	㉠, ㉣	㉡, ㉢, ㉤
③	㉠, ㉡, ㉢	㉣, ㉤
④	㉡, ㉢, ㉤	㉠, ㉣
⑤	㉢, ㉣, ㉤	㉠, ㉡

60. 〈보기〉를 통해 서술격 조사에 대해 탐구한 내용으로 적절하지 <u>않은</u> 것은?

───── 보기 ─────

㉠ 사촌 동생은 아직 중학생이다.
　사촌 동생은 아직 중학생이니?
㉡ 이번에 먹을 음식은 한식이다.
　이번에 먹을 음식은 한식이 아니다.
㉢ 그의 성공 비결은 바로 노력이었다.
　그가 일을 마친 건 6시가 넘어서이다.
㉣ 우리 동네에 심은 것은 은행나무이다.
　우리 동네에 심은 것은 은행나무다.
㉤ 사고 없이 일을 잘 마무리해서 정말 다행이다.

① ㉠을 보니, 서술격 조사는 다른 조사와 달리 동사나 형용사처럼 어미를 취해 활용하는군.
② ㉡을 보니, 서술격 조사의 부정은 동사나 형용사와 달리 어휘 '아니다'를 사용하여 이루어지는군.
③ ㉢을 보니, 서술격 조사는 체언뿐만 아니라 연결 어미에도 결합하여 서술어의 자격을 부여할 수 있군.
④ ㉣을 보니, 서술격 조사는 동사나 형용사와 달리 선행하는 체언이 모음으로 끝나면 '이'가 생략될 수 있군.
⑤ ㉤을 보니, 서술격 조사는 동사나 형용사처럼 자립하여 쓰이는군.

문법
N제

프리미엄 언매 문제집

Part _02

문장
[성분과 종류]

1. 〈보기 1〉의 ㉠~㉢에 해당하는 사례를 〈보기 2〉에서 찾아 묶은 것으로 알맞은 것은?

─── 보기 1 ───

선생님 : 여러분, 문장을 올바르게 쓰기 위해서는 문장에서 서술어와, 그와 호응해야 하는 문장 성분이 적절하게 쓰이고 있는지를 잘 살펴봐야 합니다. 왜냐하면 우리가 틀리는 문장 유형 중에는 ㉠ 서술어와 주어가 호응하지 않는 경우, ㉡ 서술어에 호응하는 목적어가 누락된 경우, ㉢ 서술어에 호응하는 필수적 부사어가 누락된 경우가 많기 때문입니다. 자 그럼 다음 문장은 ㉠~㉢ 중 어떤 유형의 오류에 해당하는지 분류해 봅시다.

─── 보기 2 ───

ⓐ 내 말의 요점은 지속 가능한 기후 환경을 위하여 우리 모두 열심히 노력하자.

ⓑ 나는 식사를 준비하는 어머니를 행복하게 하기 위해 가장 즐거운 시간으로 만들었다.

ⓒ 신부는 신혼방 안에서 밤새 기다리다가 안타깝게도 그만 잠이 들어 버렸다.

ⓓ 겁이 많았던 나는 혼자 해외로 여행을 가는 것이 못내 무서워 동행하였다.

ⓔ 우리와 함께 살아가는 동물은 사람을 경계하기도 하지만 때로는 기대기도 한다.

	㉠	㉡	㉢
①	ⓐ	ⓑ, ⓒ	ⓓ, ⓔ
②	ⓐ	ⓑ, ⓒ, ⓓ	ⓔ
③	ⓐ, ⓑ	ⓒ, ⓓ	ⓔ
④	ⓑ, ⓒ	ⓐ	ⓓ, ⓔ
⑤	ⓒ, ⓓ	ⓔ	ⓐ, ⓑ

2. 〈사전〉을 참고할 때 〈보기〉의 ㉠, ㉡에 해당하는 것은?

─── 보기 ───

학생 1 : '그는 체육 시간에 친구들과 공을 가지고 놀았다.'에서 '놀다'는 몇 자리 서술어일까?

학생 2 : '놀다' 앞에 '체육 시간에', '친구들과'가 있으니 세 자리 서술어이지 않을까?

학생 1 : 그런데 '체육 시간에', '친구들과'는 문장에서 필수적인 성분일까?

학생 3 : '놀다'는 사전에서 (㉠)의 뜻으로 쓰였으니까 (㉡)이겠네.

─── 사전 ───

놀다 「동사」

[1]

「1」 놀이나 재미있는 일을 하며 즐겁게 지내다.
¶ 우리 집에 **놀러** 오세요.

「2」 직업이나 일정히 하는 일이 없이 지내다.
¶ 그는 직장을 그만두고 **놀고** 있다.

「3」 어떤 일을 하다가 일정한 동안을 쉬다.
¶ 일이 많아 일요일에도 못 **놀았다**.

[2] 【…에】

들떠서 주책없이 행동하거나 경솔한 태도를 가지다.
¶ 생각 없이 남의 장단에 **놀지** 마라.

[3] 【…을】

어떤 구경거리가 되는 재주를 부리다.
¶ 곱사춤을 **놀다**.

	㉠	㉡
①	[1]「1」	한 자리 서술어
②	[1]「2」	두 자리 서술어
③	[1]「3」	한 자리 서술어
④	[2]	두 자리 서술어
⑤	[3]	두 자리 서술어

3. 〈보기〉의 [A]에 들어갈 내용으로 적절하지 **않은** 것은?

──────── 보기 ────────

- **탐구 목표** : 탐구 자료를 바탕으로 문장 성분 중 하나인 (가)와 (나)를 비교하여 그 특징을 파악해 보자.
- **탐구 자료**

문장 성분	(가)	(나)
용례	·어머니가 <u>새</u> 신발을 사 주셨다. ·<u>국가의</u> 미래는 우리에게 달려 있다. ·내가 실수로 <u>형</u> 책을 잃어버렸다. ·<u>착한</u> 사람은 복을 받는다.	·오늘은 내가 <u>제일</u> 먼저 일어났다. ·어머니가 <u>아주</u> 새 신발을 사 주셨다. ·모르는 것이 있으면 <u>항상</u> 질문해라. ·고모는 친구 딸을 <u>며느리로</u> 삼았다. ·<u>아무쪼록</u> 건강하게 지내라.

- **탐구 결과** : [＿＿＿＿＿[A]＿＿＿＿＿]

① (가)는 체언만을 수식하나, (나)는 다양한 성분을 수식한다.
② (가)는 바로 뒤에 오는 단어를 수식하지만, (나)는 문장 전체를 수식하기도 한다.
③ (가)와 (나)는 모두 부속 성분이나, (나)는 문장에서 필수적으로 요구되는 경우가 있다.
④ (가)가 (나)를 수식하는 경우는 없으나, (나)가 (가)를 수식하는 경우는 있다.
⑤ (가)와 (나)는 조사를 포함하지 않아야 한다는 점에서 공통적이다.

4. 〈보기〉를 참고하여 ㉢에 대해 설명한 것으로 적절한 것은?

──────── 보기 ────────

글을 쓸 때 문장의 길이를 줄이거나 표현의 효과를 높이기 위하여 두 개의 홑문장을 하나의 겹문장으로 만드는 경우가 있다. 이때 두 홑문장 중 중복되는 성분이 생략되기도 한다. 다음의 예가 이를 잘 보여 준다.

㉠ 아기가 곤히 잠을 잔다. + ㉡ 엄마가 아기를 안아 주었다.
→ ㉢ 엄마가 곤히 잠을 자는 아기를 안아 주었다.

① ㉠이 ㉡에 관형절로 안기는 과정에서 ㉠의 주어가 생략되었다.
② ㉠이 ㉡에 관형절로 안기는 과정에서 ㉡의 주어가 생략되었다.
③ ㉠이 ㉡에 명사절로 안기는 과정에서 ㉠의 목적어가 생략되었다.
④ ㉠이 ㉡에 명사절로 안기는 과정에서 ㉠의 주어가 생략되었다.
⑤ ㉠이 ㉡에 부사절로 안기는 과정에서 ㉡의 목적어가 생략되었다.

5. 〈보기〉 시의 ㉠~㉤에 대한 판단 중 적절하지 **않은** 것은?

──────── 보기 ────────

그 ㉠ <u>말</u>을 사용할 수조차 없게 하는 그 ㉡ <u>사랑</u>은
아픔을 낫게 하기보다는, 정신없이,
아픔을 함께 앓는 것임을
㉢ <u>한밤</u>, 약병을 쥐고 울어 버린 나는 알았지.
내가 살아야 할 ㉣ <u>이유가</u> 된 ㉤ <u>그대</u>는 차츰
내가 살아갈 미래와 교대되었다.

① ㉠은 관형절의 수식을 받으며 안긴문장에서 목적어 역할을 하고 있다.
② ㉡은 관형어의 수식을 받으며 주어 역할을 하고 있다.
③ ㉢은 시간을 나타내는 부사어이다.
④ ㉣은 뒤에 오는 동사와 함께 관형절을 이루며 그 절에서 주어 역할을 하고 있다.
⑤ ㉤은 관형절의 수식을 받으며 문장 전체의 주어이다.

6. 〈보기〉의 ㉠의 예문으로 적절하지 **않은** 것은?

──────── 보기 ────────

선생님 : 문장은 홑문장과 겹문장으로 나눌 수 있고, 겹문장은 이어진문장과 안은문장으로 나눌 수 있어요. 이어진문장은 다시 앞 절과 뒤 절의 의미가 대등한 관계에 있는 '대등하게 이어진 문장'과 앞 절의 의미가 뒤 절의 의미에 종속된 ㉠ <u>종속적으로 이어진 문장</u>'으로 나눌 수 있어요.

① 이번 경기에 지더라도 정당하게 싸워야 한다.
② 차라리 굶을지언정 더 이상 구걸은 못하겠다.
③ 이 소설은 읽을수록 새로운 감동을 준다.
④ 윗물이 맑아야 아랫물도 맑다.
⑤ 먹구름이 가득했지만 비는 오지 않았다.

7. 〈보기〉의 (가)에 들어갈 말로 적절하지 **않은** 것은?

— 보기 —

> **영호** : 지희야, 목적어는 체언에 목적격 조사 '을/를'이 붙어 실현되는 것 맞지?
>
> **지희** : 응. 그런데 선생님께서 '을/를'이 붙지 않아도 목적어가 되는 경우가 있다고 하셨잖아.
>
> **영호** : 맞다. 그럼 우리 문장에서 목적어가 실현되는 다양한 방식을 함께 찾아보자.

탐구 목표	문장에서 목적어가 실현되는 다양한 방식을 탐구한다.
탐구 자료	㉠ 점심시간에 친구들과 밥을 먹었다. ㉡ 나는 시간이 나면 책 읽는다. ㉢ 영희가 잠도 안 자고 열심히 공부한다. ㉣ 우혁이는 오직 운동만을 좋아한다. ㉤ 나는 즉석식품만은 먹지 않는다.
탐구 결과	(가)

① ㉠에서는 체언 뒤에 목적격 조사가 붙어 목적어로 쓰이고 있다.

② ㉡에서는 체언 뒤에 목적격 조사가 생략된 채 목적어로 쓰이고 있다.

③ ㉢에서는 체언 뒤에 목적격 조사 대신 다른 격 조사가 붙어 목적어로 쓰이고 있다.

④ ㉣에서는 체언 뒤에 보조사와 목적격 조사가 함께 붙어 목적어로 쓰이고 있다.

⑤ ㉤에서는 체언 뒤에 보조사가 연속해서 붙어 목적어로 쓰이고 있다.

8. 〈보기〉의 문장들을 대상으로 문장 성분에 대해 탐구 활동을 한 결과로 옳지 **않은** 것은?

— 보기 —

> (가) ㉠ 칠판의 글씨가 선명하게 보인다.
> ㉡ 그 아이가 불쌍하게 보였다.
> (나) ㉠ 그들은 황무지를 녹지로 만들었다.
> ㉡ 형이 종이로 공룡 모형을 만들었다.
> (다) ㉠ 우리는 국어와 수학을 공부했다.
> ㉡ 민호는 수지와 극장에서 만났다.
> ㉢ 진수는 동생과 공원에서 놀았다.

① (가)-㉠의 '보인다'와 (가)-㉡의 '보였다'는 모두 필수적 부사어를 요구하는 두 자리 서술어이다.

② (나)-㉠의 '녹지로'는 필수적 부사어이지만 (나)-㉡의 '종이로'는 필수적 부사어가 아니다.

③ (나)-㉠에서는 의미 변화 없이 목적어와 부사어의 순서를 바꿀 수 없지만 (나)-㉡에서는 그럴 수 있다.

④ (다)-㉠에는 주어, 목적어, 서술어만 있고 (다)-㉡에는 주어, 부사어, 서술어만 있다.

⑤ (다)-㉡의 '수지와'는 필수적 부사어이지만 (다)-㉢의 '동생과'는 필수적 부사어기 아니다.

9. 〈보기〉의 ㉠~㉤을 재료로 하여 (가)~(다)의 문장을 만들었다. 이에 대한 설명으로 적절하지 **않은** 것은?

— 보기 —

> ㉠ 민희가 마음씨가 착하다.
> ㉡ 민희가 인기가 많다.
> ㉢ 아빠가 케이크를 사 오셨다.
> ㉣ *나는 기대했다.
> ㉤ 영수는 케이크를 먹었다.
>
> (가) 마음씨가 착한 민희가 인기가 많다.
> (나) 나는 아빠가 케이크를 사 오시기를 기대했다.
> (다) 영수는 아빠가 사 오신 케이크를 먹었다.
>
> (*는 비문법적인 말임.)

① (가) : ㉠이 주어가 생략된 채로 ㉡에 관형절로 안겨 들어간 문장이다.

② (나) : ㉢이 주어가 생략되지 않은 채로 ㉣에 명사절로 안겨 들어간 문장이다.

③ (다) : ㉢이 주어가 생략되지 않고 목적어가 생략된 채 ㉤에 관형절로 안겨 들어간 문장이다.

④ (가), (다) : ㉠, ㉢이 각각 관형절로 안기면서 결합된 각각의 관형사형 어미는 형태가 같지만 나타내는 시제는 다르다.

⑤ (나), (다) : ㉢이 ㉣과 ㉤에 각각 필수 성분으로 안겨 들어간 문장이다.

10. 〈보기〉의 각 사례로 적절하지 **않은** 것은?

— 보기 —

> 문장을 이루는 요소를 문장 성분이라고 하는데, 문장 성분을 제대로 갖추지 않으면 어법에 어긋난 문장이 된다. 대표적으로 ㉠ 주어와 서술어가 호응하지 않는 경우, ㉡ 목적어와 서술어가 호응하지 않는 경우, ㉢ 서술어가 부적절하게 생략된 경우 등을 들 수 있다.

① ㉠ : 내가 꿈이 이루도록 노력하자.

② ㉡ : 경훈이는 축구를 차러 나갔다.

③ ㉡ : 내 친구는 떡볶이와 음료수를 마셨다.

④ ㉢ : 나는 수학을, 내 짝은 국어를 좋아한다.

⑤ ㉢ : 수학여행 계획과 중간고사를 잘 치르는 게 최우선이라고 생각해.

문법N제

11. 다음은 문장의 종류에 대한 탐구 과정과 결론이다. ⓐ~ⓒ에 들어갈 말로 적절한 것은?

───── 보기 ─────

[의문]
'㉠ 그가 범인이 아니다.'와 '㉡ 집이 마당이 넓다.'는 모두 홑문장일까?

[탐구 과정]
1. 홑문장과 안은문장에 대해 조사하기
  : 홑문장은 주어와 서술어의 관계가 한 번 맺어진 문장이고, 안은문장은 문장 내에 하나의 문장 성분으로 쓰이는 절을 포함한 문장이다.
2. ㉠, ㉡에서 주어 찾기
  : 주어는 '누가/무엇이'에 해당하는 말이다.
2-1. ㉠에서 '그가', '범인이' 모두 주어로 가정해 보자.
    (1) 그가 아니다.   (2) 범인이 아니다.
2-2. ㉡에서도 '집이', '마당이' 모두 주어로 가정해 보자.
    (3) 집이 넓다.   (4) 마당이 넓다.

[결론]
2-1의 (1)은 그가 '무엇이' 아닌지, (2)는 '누가' 범인이 아닌지를 보충해 주어야 한다. 즉 ㉠은 주어 외에 보충하는 성분이 하나 더 필요한 [ⓐ]이다. 하지만 2-2의 (3)과 (4)는 보충하는 성분 없이 문장이 성립한다. (3)은 집 자체가 넓다는 것으로 ㉡과 의미가 [ⓑ]. 따라서 ㉡에서 '넓다'의 주어는 '마당이'이고, '마당이 넓다'가 ㉡에서 [ⓒ] 역할을 하므로 ㉡은 안은문장이라 할 수 있다.

	ⓐ	ⓑ	ⓒ
①	홑문장	같다	주어
②	홑문장	다르다	서술어
③	홑문장	다르다	주어
④	안은문장	같다	서술어
⑤	안은문장	다르다	서술어

12. 〈보기 1〉을 참고하여, 〈보기 2〉를 이해한 것으로 적절하지 **않은** 것은?

───── 보기 1 ─────

의존 명사는 크게 형식성 의존 명사와 단위성 의존 명사로 나뉜다. 전자는 실질적 의미가 결여되어 있거나 희박하여 관형어가 필요한 의존 명사이고, 후자는 실질적 의미, 즉 수량 단위의 의미를 가지고 있는 의존 명사이다. 형식성 의존 명사는 의존 명사들이 어떤 문장 성분으로 기능하느냐에 따라 보편성, 주어성, 서술성, 목적성, 부사성 의존 명사로 나뉜다. 특히 보편성 의존 명사는 뒤에 어떤 격 조사가 붙느냐에 따라 여러 가지 문장 성분의 역할을 할 수 있다.

───── 보기 2 ─────

• 인재를 기르는 ㉠ 것이 중요하다.
• 그것은 그가 할 ㉡ 따름이다.
• 모자를 쓴 ㉢ 채 들어오지 마시오.
• 집에 도착하는 ㉣ 대로 전화해라.
• 그곳에는 사람 열 ㉤ 명이 서 있다.

① ㉠은 '이, 을, 이다' 등 다양한 조사가 붙을 수 있는 보편성 의존 명사이다.
② ㉡은 서술격 조사 '이다'가 붙어 서술어의 기능을 하는 서술성 의존 명사이다.
③ ㉢은 주격 조사가 붙어 주어의 역할을 할 수 있으므로 주어성 의존 명사이다.
④ ㉣은 뒤에 오는 서술어를 수식하므로 부사성 의존 명사이다.
⑤ ㉤은 수량 단위의 의미를 가지고 있으므로 단위성 의존 명사이다.

13. 〈보기〉의 예를 바탕으로 부사어의 특징에 대해 탐구한 내용으로 적절하지 **않은** 것은?

───── 보기 ─────

㉠ 그녀는 엄마와 닮았다.
㉡ 그는 밥을 안 먹었다.
㉢ 아빠가 용돈을 아이에게 주었다.
㉣ 지금까지 겨우 하나를 만들었다는 거야?
㉤ 경제 및 문화가 발달해야 선진국이다.

① ㉠을 보니 부사어는 서술어를 수식하니까 문장에서 생략이 가능하군.
② ㉡을 보니 부정의 의미를 갖는 부사어는 수식하는 문장 성분 앞으로 위치가 고정되는군.
③ ㉢을 보니 서술어의 행위가 미치는 대상을 가리키는 부사어는 문장을 구성하는 데 꼭 필요한 성분이 되기도 하는군.
④ ㉣을 보니 체언을 꾸며주던 부사어가 위치를 이동하면 수식하는 성분이 바뀌는 경우도 있군.
⑤ ㉤을 보니 단어를 이어주는 부사어는 위치를 자유롭게 이동할 수 없군.

14. 〈보기 1〉의 서술어의 자릿수 예문을 〈보기 2〉와 같이 학생들이 분석하였다. 다음 중 **잘못** 분석한 학생은?

───── 보기 1 ─────

- 그는 엉뚱한 곳에 딴눈을 ㉠ 팔았다.
- 선거 관리 위원회는 투표 결과를 ㉡ 발표하였다.
- 종수는 어제 아이들 방을 예쁜 벽지로 ㉢ 발랐다.
- 오랜만에 나간 모임의 분위기가 참으로 ㉣ 밝았다.
- 그녀는 어려서부터 온 데를 돌아다녀서 견문이 넓고 세상 물정에 ㉤ 밝았다.

───── 보기 2 ─────

	예문의 서술어	서술어의 자릿수
예온	㉠ 팔았다	세 자리 서술어
가온	㉡ 발표하였다	두 자리 서술어
예지	㉢ 발랐다	세 자리 서술어
희수	㉣ 밝았다	두 자리 서술어
유리	㉤ 밝았다	두 자리 서술어

① 예온
② 가온
③ 예지
④ 희수
⑤ 유리

15. 〈보기 1〉을 참고하여 〈보기 2〉의 ⓐ~ⓔ를 분류하고자 한다. ㉠~㉢이 사용된 용언을 올바르게 짝지은 것은?

───── 보기 1 ─────

㉠ 대등적 연결 어미와 ㉡ 종속적 연결 어미는 앞 문장과 뒤 문장을 연결해 주는 기능을 하고, ㉢ 보조적 연결 어미는 본용언에 보조 용언을 이어 주는 기능을 한다. 이때, 대등적 연결 어미는 두 문장을 '나열', '대조', '선택' 등의 의미 관계로 이어 주고, 종속적 연결 어미는 앞의 문장이 뒤의 문장의 '배경', '원인', '조건', '양보', '결과', '목적' 등의 의미를 가지도록 이어 준다.

───── 보기 2 ─────

선생님 : 안녕? 일찍 등교했구나.
학생 : 네. 달리기 ⓐ 연습하려고 일찍 왔어요. 체육 대회에서 8반에게 ⓑ 지지 않으려고요.
선생님 : 그래? 그러면 선생님이 시간이 조금 ⓒ 남았으니 좀 도와줄까?
학생 : 정말요? 안 그래도 기록 측정을 해 줄 사람이 없어서 ⓓ 고민하고 있었는데, 정말 감사합니다.
선생님 : 고맙긴. 너처럼 ⓔ 연습하고 준비하면 좋은 결과가 있을 거야. 그럼 초시계 가져올 테니, 잠깐 기다려.

	㉠	㉡	㉢
①	ⓑ	ⓐ, ⓔ	ⓒ, ⓓ
②	ⓓ	ⓐ, ⓒ	ⓑ, ⓔ
③	ⓓ	ⓑ, ⓒ	ⓐ, ⓔ
④	ⓔ	ⓐ, ⓒ	ⓑ, ⓓ
⑤	ⓔ	ⓒ, ⓓ	ⓐ, ⓑ

16. 〈보기〉의 문장들을 활용하여 절에 대해 탐구한 내용으로 적절하지 **않은** 것은?

───── 보기 ─────

- 지금은 ㉠ 집에 가기에 이르다.
- 나는 ㉡ 따뜻한 차를 마셨다.
- 철수는 선생님께 ㉢ "질문이 있습니다."라고 말했다.
- 그는 ㉣ 형과 달리 운동을 잘한다.
- 진달래가 ㉤ 빛깔이 곱다.

① ㉠은 문장에서 부사어 역할을 하고 있어.
② ㉡은 관형절의 주어가 관형절이 수식하는 명사와 중복되어 생략된 것이야.
③ ㉢을 간접 인용절로 바꾸어도 안긴문장에 나타난 상대 높임 표현은 변하지 않아.
④ ㉣을 생략하면 문장의 의미 변화는 있지만 문장이 어법에 어긋나지는 않아.
⑤ ㉤은 문장에서 주어에 대한 서술어 역할을 하고 있어.

17. ⟨보기⟩는 이어진문장과 안은문장에 대해 정리한 것이다. 탐구의 결과로 적절하지 **않은** 것은?

─── 보기 ───

- **이어진문장** : 둘 이상의 홑문장이 대등하거나 종속적으로 이어진 문장.
- ㄱ. 너는 밥을 먹든지, 빵을 먹어라.
  너는 빵을 먹든지, 밥을 먹어라.
  (너는 밥을 먹어라. / 너는 빵을 먹어라.)
- ㄴ. 나는 도서관에 가려고 집을 나섰다.
  나는 집을 나서려고 도서관에 갔다.
  (나는 도서관에 갔다. / 나는 집을 나섰다.)

- **안은문장** : 홑문장을 전체 문장의 한 성분으로 안고 있는 문장.
- ㄷ. <u>길을 지나던</u> 행인이 걸음을 멈추었다.
  (행인이 길을 지났다. / 행인이 걸음을 멈추었다.)
- ㄹ. 나는 <u>땀이 나도록</u> 달렸다.
  (나는 달렸다. / 땀이 났다.)

* 밑줄 표시 : 안긴문장임.

① ㄱ과 ㄴ으로 볼 때, 이어진문장은 두 문장이 '선택'이나 '목적'의 의미 관계로 연결되기도 하는군.
② ㄱ과 ㄴ으로 볼 때, 이어진문장은 어순을 바꾸어도 의미상 큰 변화가 없기도 하지만 의미가 크게 달라지기도 하는군.
③ ㄱ과 ㄹ로 볼 때, 이어진문장과 안은문장은 중복된 성분을 포함하는 두 문장을 결합시킬 때 생겨나는군.
④ ㄷ과 ㄹ로 볼 때, 안긴문장은 안은문장에서 명사를 꾸미거나 서술어를 꾸미는 등 다양한 역할을 하는군.
⑤ ㄷ과 ㄹ로 볼 때, 안긴문장과 안은문장의 주어는 같을 수도 있고 서로 다를 수도 있군.

18. ⟨보기 1⟩의 ㄱ~ㅁ에 대해 탐구한 내용으로 적절한 것을 ⟨보기 2⟩에서 모두 고른 것은?

─── 보기 1 ───

이어진문장은 두 절이 동등한 자격으로 이어지는 ⓐ <u>대등하게 이어진 문장</u>과 앞 절이 뒤 절에 종속적으로 연결되는 ⓑ <u>종속적으로 이어진 문장</u>으로 나누어진다.

ㄱ. 하늘도 맑고 바람도 잠잠하다. → 바람도 잠잠하고 하늘도 맑다.
ㄴ. 비가 와서 땅이 질다. ↛ 땅이 질어서 비가 온다.
ㄷ. 꽃이 피고 새가 운다. ↛ 새가 꽃이 피고 운다.
ㄹ. 그가 오면 나는 떠날 것이다. → 나는 그가 오면 떠날 것이다.
ㅁ. 낮말은 새가 듣고, 밤말은 쥐가 듣는다. → 낮말은 새가, 밤말은 쥐가 듣는다.

* A → B : 문장 A에서 문장 B로 바꾸어도 의미상 큰 차이가 없음.
  A ↛ B : 문장 A에서 문장 B로 바꾸면 의미상 큰 차이가 드러나거나 비문이 됨.

─── 보기 2 ───

가. ⓐ에서는 ⓑ와 달리 앞 절의 주어와 뒤 절의 주어가 일치해야 한다.
나. ⓑ에서는 ⓐ와 달리 앞 절이 뒤 절 속으로 이동해도 의미상 큰 차이가 없다.
다. ⓑ에서는 ⓐ와 달리 앞 절과 뒤 절의 자리를 바꾸어도 의미상 큰 차이가 없다.
라. ⓐ에서는 앞 절과 뒤 절의 서술어가 동일한 경우 앞 절의 서술어를 생략해도 의미상 큰 차이가 없다.

① 가, 나   ② 가, 다   ③ 나, 다
④ 나, 라   ⑤ 다, 라

19. ⟨보기⟩의 밑줄 친 관형어가 실현된 방식에 대해 탐구한 내용으로 적절하지 **않은** 것은?

─── 보기 ───

ㄱ. 서점에는 날마다 <u>새</u> 책이 쏟아져 나온다.
ㄴ. <u>남의</u> 물건을 함부로 만지지 마라.
ㄷ. 두 소녀는 <u>작은</u> 소리로 도란도란 이야기했다.
ㄹ. <u>내가 다닌</u> 학교 옆에는 기찻길이 있었다.
ㅁ. 할아버지께서는 소를 <u>세</u> 마리나 키우신다.

① ㄱ을 보니 관형사가 관형어로 쓰일 수 있군.
② ㄴ을 보니 명사에 조사 '의'가 결합하면 관형어로 쓰일 수 있군.
③ ㄷ을 보니 용언 어간에 어미 '-(으)ㄴ'이 결합하면 관형어로 쓰일 수 있군.
④ ㄹ을 보니 단어 이상의 단위가 관형어로 쓰일 수 있군.
⑤ ㅁ을 보니 체언이 관형격 조사가 생략된 채 그 자체로 관형어로 쓰일 수도 있군.

20. 〈보기〉를 참고하여, '보내다'가 요구하는 문장 성분에 대해 탐구한 내용으로 바르지 **않은** 것은?

─── 보기 ───

　서술어가 필수적으로 요구하는 문장 성분의 개수를 '서술어의 자릿수'라고 한다. 그런데 형태가 동일한 서술어라도 의미에 따라 필수적으로 요구하는 문장 성분의 개수가 다를 수 있다. 예를 들어, '보내다'의 경우 ㄱ~ㅁ에서와 같이 의미에 따라 요구하는 문장 성분의 개수가 달라진다.

> ㄱ. 그는 방학이면 아이를 시골에 <u>보냈다</u>.
> ㄴ. 그는 마지못해 사랑하는 여인을 <u>보냈다</u>.
> ㄷ. 그 노인은 쓸쓸한 시간을 <u>보내고</u> 있었다.
> ㄹ. 관중들은 선수들에게 열렬한 응원을 <u>보냈다</u>.
> ㅁ. 축구협회는 대표팀을 국제 대회에 <u>보낼</u> 예정이다.

① ㄱ을 보니, '보내다'가 '사람이나 물건 따위를 다른 곳으로 가게 하다.'의 의미로 쓰일 때에는 세 자리 서술어이다.

② ㄴ을 보니, '보내다'가 '놓아주어 떠나게 하다.'의 의미로 쓰일 때에는 두 자리 서술어이다.

③ ㄷ을 보니, '보내다'가 '시간이나 세월을 지나가게 하다.'의 의미로 쓰일 때에는 두 자리 서술어이다.

④ ㄹ을 보니, '보내다'가 '상대편에게 자신의 마음가짐을 느끼어 알도록 표현하다.'의 의미로 쓰일 때에는 두 자리 서술어이다.

⑤ ㅁ을 보니, '보내다'가 '운동 경기나 모임 따위에 참가하게 하다.'의 의미로 쓰일 때에는 세 자리 서술어이다.

21. 〈보기〉를 바탕으로 서술어의 자릿수에 대해 탐구한 내용으로 적절하지 **않은** 것은?

─── 보기 ───

돌다 「동사」
[1] 물체가 일정한 축을 중심으로 원을 그리면서 움직이다.
　¶ 바퀴가 돌다. / 물레방아가 돌다. / 팽이가 잘도 돈다.
[2] 【…에】【…에서】 눈물이나 침 따위가 생기다.
　¶ 그의 두 눈에 눈물이 돌았다. / 입에서 군침이 돌아서 혼났다.
[3] 【…으로】 방향을 바꾸다.
　¶ 역으로 가려면 저기 사거리에서 오른쪽으로 돌아 계속 가시오.
[4] 【…을】 무엇의 주위를 원을 그리면서 움직이다.
　¶ 사람들은 탑 주위를 빙빙 돌면서 소원을 빌었다.

① '돌다 [1]'은 주어만을 필수적으로 요구하는 한 자리 서술어이다.

② '돌다 [2]'는 주어와 두 개의 부사어를 필수적으로 요구하는 세 자리 서술어이다.

③ '돌다 [2]'와 '돌다 [3]'은 모두 부사어를 필수적으로 요구하지만, 부사어에 사용되는 부사격 조사는 서로 다르다.

④ '돌다 [3]'과 '돌다 [4]'가 주어 이외에 필수적으로 요구하는 성분은 다르지만, 서술어의 자릿수는 동일하다.

⑤ '돌다 [4]'에는 '달이 지구를 돈다.'와 같은 용례를 추가할 수 있다.

22. 〈보기〉의 ㉠에 해당하는 것끼리 올바르게 짝지어진 것은?

─── 보기 ───

　다른 말을 수식하는 성분 중 하나인 부사어는 일반적으로 문장에서 반드시 필요한 성분이 아니다. 그런데 서술어에 따라서는 부사어를 필수적으로 요구하는 경우가 있다. 이처럼 문장이 성립하기 위해 반드시 필요한 부사어를 ㉠ '필수적 부사어'라고 한다.

① 형은 <u>아버지와</u> 많이 닮았다.
　그는 <u>장난으로</u> 종을 울렸다.

② 그는 요즘 <u>병원에</u> 다닌다.
　나이가 드니 몸이 <u>예전과</u> 다르다.

③ 나는 <u>은행에서</u> 돈을 빌렸다.
　키가 <u>작년보다</u> 컸구나.

④ 그는 <u>샛길로</u> 빠졌다.
　우리가 <u>결승에서</u> 상대를 꺾었다.

⑤ 나는 <u>친구에게</u> 책을 선물했다.
　그는 <u>친구들과</u> 하루 종일 놀았다.

23. 〈보기〉의 ㉠~㉃에 대해 탐구한 내용으로 적절하지 **않은** 것은?

─── 보기 ───

　다른 문장에 들어가 하나의 성분처럼 쓰이는 절을 안긴문장이라고 하며, 이 절을 포함한 전체 문장을 안은문장이라고 한다. 안긴문장은 명사절, 관형절, 부사절, 서술절, 인용절로 나뉜다.

　㉠ : 그는 ㉡ [㉢ <u>내가 쓴</u> 보고서가 잘못되었음]을 지적했다.

　㉣ : 선생님은 ㉤ [㉥ <u>우리가</u> ㉦ <u>학생들의 의사를 잘 대변하는</u> 대표를 선출하기]를 바라신다.

① ㉢이 수식하는 명사는 주격 조사와 결합하였고, ㉦이 수식하는 명사는 목적격 조사와 결합하였다.

② ㉡과 ㉢의 주어는 동일하지 않지만, ㉤과 ㉦의 주어는 동일하다.

③ ㉢과 ㉦이 생략되어도 ㉠과 ㉣은 문장으로 성립할 수 있다.

④ ㉡은 명사형 어미 '-음'과, ㉤은 '-기'와 결합하여 명사절이 되었다.

⑤ ㉡과 ㉤은 목적격 조사와 결합하여 각각 ㉠과 ㉣의 목적어 역할을 하고 있다.

문법N제

24. 〈보기 2〉는 〈보기 1〉의 문장에 대한 학생들의 분석이다. 올바르지 **않게** 분석한 학생들을 고르시오.

─── 보기 1 ───

ㄱ. 민지는 착하고 슬기롭다.
ㄴ. 미영이가 고양이를 좋아하고, 지은이는 싫어한다.
ㄷ. 나는 아침마다 이를 닦지만, 동생은 안 닦는다.
ㄹ. 나는 책을 빌리려고 도서관에 갔다.
ㅁ. 그녀가 쓴 소설은 사람들에게 감동을 주었다.
ㅂ. 철수는 뺨에 흐르는 눈물을 조용히 닦았다.
ㅅ. 나는 길을 가던 친구를 붙잡고 설문지를 내밀었다.

─── 보기 2 ───

수혜 : ㄱ에서는 앞 절의 주어와 뒤 절의 주어가 공통되기 때문에 뒤 절의 주어를 생략하였군.
소정 : ㄴ에서는 앞 절의 목적어와 뒤 절의 목적어가 공통되기 때문에 뒤 절의 목적어를 생략하였군.
민수 : ㄷ을 보니 두 절의 공통되는 성분이 여러 개인 경우, 여러 개가 생략될 수도 있군.
우현 : ㄹ의 경우 현재의 주어를 '도서관에' 바로 앞으로 옮겨도 자연스러운 문장이 되는군.
성수 : ㅁ은 안긴문장의 부사어와 안은문장의 주어가 공통되기 때문에 안긴문장의 부사어를 생략하였군.
정호 : ㅂ은 안긴문장의 목적어가 안은문장의 목적어와 중복되어 생략되었군.
영우 : ㅅ은 안긴문장에서 생략된 문장 성분이 없군.

① 성수, 정호, 수혜　② 수혜, 우현, 성수　③ 성수, 정호, 영우
④ 소정, 민수, 우현　⑤ 민수, 정호, 영우

25. 제시된 자료에 대해 탐구한 내용으로 적절하지 **않은** 것은?

─── 보기 ───

[자료]

┌ ㉠ 동생은 경찰이 되었다.
└ ㉡ 동생은 얼굴이 변했다.
┌ ㉢ 그는 눈이 오기 전에 떠났다.
└ ㉣ 그는 눈이 오기를 기다렸다.
┌ ㉤ 저 사람이 진범임이 확실하다.
└ ㉥ 저 사람이 진범임은 틀림없다.
┌ ㉦ 형은 내가 늦었다는 소식을 들었다.
└ ㉧ 형은 내가 모르는 소식을 들었다.
┌ ㉨ 이 문제를 풀기 어렵다.
└ ㉩ 이 문제를 풀기 바란다.

① ㉠과 달리 ㉡은 서술절이 안겨 있는 겹문장이군.
② ㉢과 달리 ㉣의 명사절에는 조사가 결합되어 있군.
③ ㉤과 ㉥의 명사절은 서로 다른 기능을 하고 있군.
④ ㉦과 달리 ㉧에는 목적어가 생략된 절이 쓰였군.
⑤ ㉨의 명사절은 주어의 기능을 하고 ㉩의 명사절은 목적어의 기능을 하는군.

26. 〈보기 2〉는 〈보기 1〉의 문장에 대한 학생들의 분석이다. 올바르지 **않게** 분석한 학생들을 고르시오.

─── 보기 1 ───

• ㉠ 빨간 옷을 입은 산타클로스가 어젯밤에 오셨단다.
• ㉡ 서울 사는 쥐가 시골 쥐의 집에 불쑥 놀러 왔다.
• 민들레는 ㉢ 씀바귀와 비슷해서 잘 구분이 되지 않는다.
• 나는 어제 ㉣ 현지와 공원에 가서 1시간 동안 산책을 하였다.
• 모든 것이 ㉤ 재로 되었다. 모든 것이 ㉥ 재가 되었다.
• 그는 평생 모은 돈을 자신의 모교에 ㉦ 흔쾌히 기부해 ㉧ 모든 후배를 감동시켰다.

─── 보기 2 ───

민정 : ㉠은 절 형식의 관형어로서 그 안에 또 다른 관형어가 들어 있다.
희정 : ㉡은 ㉢과 마찬가지로 부사어의 예이다.
수정 : ㉢은 서술어가 요구하는 필수 성분이지만 ㉣은 그렇지 않다.
나정 : ㉤의 '재로'는 필수 성분이 아니고, ㉥의 '재가'는 보어라서 필수 성분이다.
유정 : ㉦은 부사가 부사어가 된 예이고, ㉧은 관형사가 부사어가 된 예이다.

① 민정, 유정　　　　② 희정, 수정
③ 희정, 나정　　　　④ 민정, 수정
⑤ 나정, 유정

27. 〈보기〉에 제시된 문장의 구조를 고려하여 분석한 것으로 적절하지 **않은** 것은?

─── 보기 ───

이 지역의 주민들은 사람 살기 좋은 세상이 오기 바란다고 말했다.

① '이'는 '지역'을 꾸며 주고 '사람 살기 좋은'은 '세상'을 꾸며 주는 관형어 역할을 한다.
② '사람'은 명사절 '사람 살기'에서 목적어 역할을 하고 있다.
③ '사람 살기 좋은 세상이 오기'는 '바란다고'의 목적어로서 명사절로 안겨 있다.
④ '주민들은'의 '은'은 주격 조사가 생략된 자리에 쓰인 보조사이다.
⑤ '사람 살기 좋은 세상이 오기 바란다'는 발화된 내용에 해당하는 것으로서, 인용절로 안겨 있다.

28. 〈보기〉의 ㉠~㉤에 대한 설명으로 적절하지 **않은** 것은?

─── 보기 ───

㉠ 이것은 안개꽃이고, 저것은 장미꽃이야.
㉡ 봄이 오면 그녀를 만나기로 했다.
㉢ *자기 동생은 열심히 공부했지만, 효주는 놀기만 했다.
㉣ *그녀는 친구를 만나고자 그는 약속 장소로 출발했다.
㉤ 그가 나를 (잊었더라도 / *잊겠더라도) 나는 그를 사랑한다.
(*는 문법적으로 잘못된 것임.)

① ㉠은 선행절과 후행절의 자리를 바꿔도 의미상 큰 차이가 없다는 점에서 대등하게 이어진 문장이다.
② ㉡은 '그녀를 봄이 오면 만나기로 했다.'와 같이 선행절을 후행절 속으로 자유롭게 이동시킬 수 있다는 점에서 종속적으로 이어진 문장이다.
③ ㉢이 성립하지 않는 이유는, 앞뒤 절이 독립적인 의미 관계를 지니고 있기에 후행절 요소를 선행절에서 재귀칭 대명사로 나타낼 수 없기 때문이다.
④ ㉣을 통해 '-고자'로 연결된 이어진문장에서는 선행절과 후행절의 주어가 다를 때, 평서형 종결 어미가 아닌 다른 종결 어미를 써야 함을 알 수 있다.
⑤ ㉤에서 볼 수 있듯이 어미 '-더라도' 앞에 미래 시제 선어말 어미 '-겠-'이 결합하지 못한다.

29. 〈보기〉에 제시된 문장들을 탐구한 내용으로 적절하지 **않은** 것은?

─── 보기 ───

ㄱ. 코끼리는 코가 길다.
ㄴ. 그녀가 동은이를 사위로 삼은 것은 잘한 일이다.
ㄷ. 지훈이는 고향에 돌아가기를 원했다.
ㄹ. 길을 가던 주형이가 걸음을 멈추었다.
ㅁ. 혜진이는 선생님께 "진심으로 존경합니다."라고 말했다.

① ㄱ에서 '코가 길다'는 주어 '코끼리는'과 호응하는 서술어 역할을 하고 있다.
② ㄴ의 '삼은'은 '사위로'라는 부사어를 필수적으로 요구하는 서술어이다.
③ ㄷ에서 '고향에 돌아가기를'은 문장의 서술어인 '원했다'의 목적어 역할을 하고 있다.
④ ㄹ에는 ㄷ과 달리, 주어가 생략된 안긴문장이 쓰였다.
⑤ ㅁ의 인용절을 '진심으로 존경한다고'로 수정하면 간접 인용절을 안은 문장이 된다.

30. 〈보기〉를 바탕으로 하여 문장을 탐구한 내용으로 적절하지 **않은** 것은?

─── 보기 ───

부사어는 용언, 관형어, 다른 부사어 혹은 문장 전체를 수식하거나, 단어나 문장을 이어 주는 문장 성분이다. 부사, 용언의 부사형, 체언+부사격 조사가 부사어로 쓰일 수 있으며, 일반적으로 부사어는 수의적 성분이지만, 생략하면 안 되는 필수적 부사어도 있다. 부사어의 종류에는 특정한 성분을 수식하는 성분 부사어, 문장 전체를 수식하는 문장 부사어, 단어나 문장을 이어 주는 접속 부사어 등이 있다.

① 오늘은 하늘이 매우 푸르다.
→ '매우'는 '푸르다'라는 용언을 수식한다는 점에서 부사가 부사어로 쓰인 경우라 할 수 있군.

② 진달래가 아름답게 피었다.
→ '아름답게'는 어미 '-게'에 의한 용언의 활용형이 부사어로 쓰인 경우라 할 수 있군.

③ 그는 사업에 실패했다. 그러나 희망이 사라진 것은 아니다.
→ '그러나'는 앞 문장과 뒤 문장을 이어 주는 접속 부사어이군.

④ 과연 그는 머리가 좋다.
→ '과연'은 '좋다'를 수식해 주는 성분 부사어이군.

⑤ 나는 그를 친구로 삼았다.
→ '삼았다'가 목적어 이외에 '친구로'를 필요로 한다는 점에서 '친구로'는 필수적 부사어라고 할 수 있군.

31. 〈보기〉의 문장을 대상으로 문장 성분에 대해 탐구 활동을 한 결과로 옳지 **않은** 것은?

─── 보기 ───

(가) ㄱ. 눈이 물이 되었다.
    ㄴ. 눈이 물로 되었다.

(나) ㄱ. 그는 이웃 나라를 속국으로 만들었다.
    ㄴ. 선배들이 동아리 회칙을 자세하게 만들었다.
    ㄷ. 우리는 지금까지 모은 글을 책으로 만들었다.

① (가)-ㄱ, ㄴ의 '되었다'는 모두 두 자리 서술어이다.
② (가)-ㄱ의 '물이'와 (가)-ㄴ의 '물로'의 문장 성분은 다르다.
③ (나)-ㄱ, ㄴ, ㄷ에는 모두 관형어가 있다.
④ (나)-ㄱ, ㄴ의 '만들었다'는 모두 두 자리 서술어이다.
⑤ (나)-ㄷ에는 필수적이지 않은 부사어가 있다.

32. 밑줄 친 부분이 〈보기〉의 ㉠에 해당하는 것끼리 올바르게 짝지은 것은?

보기

㉠ 형태가 동일한 서술어라도 문맥에 따라 필수적으로 요구하는 문장 성분이 다를 수 있다. 예를 들어, '그가 학교에 왔다.'의 서술어 '왔다'는 주어와 부사어를 필수적으로 요구하지만, '눈이 왔다.'의 서술어 '왔다'는 주어만을 필수적으로 요구한다.

① ┌교통 질서가 바르게 서다.
  └차렷 자세로 서다.

② ┌영희는 빵을 생각한다.
  └희영이는 명수를 악마로 생각한다.

③ ┌마당의 닭들이 모이를 쪼아 먹었다.
  └철수는 공포 영화로 인해 겁을 먹었다.

④ ┌그의 얼굴에 깊은 흉터가 생겼다.
  └역 주변에 새로운 가게가 생겼다.

⑤ ┌형은 이번 일로 큰 손해를 입었다.
  └형은 이번에도 낡은 양복을 입었다.

33. 〈보기〉를 참고할 때, 밑줄 친 서술어의 문형 정보로 적절하지 **않은** 것은?

보기

사전에서는 서술어의 필수적 문장 성분을 문형 정보의 형태로 제공한다. 문형 정보를 추출하는 과정을 서술어 '내리다'의 예로 제시하면 다음과 같다.

예문	• 우리는 서울역에 얼른 **내렸다**. • 비행기가 활주로에 천천히 **내린다**.
↓	
문장 성분 분석	• 주어 : 우리는, 비행기가 • 부사어 : 서울역에, 얼른, 활주로에, 천천히
↓	
필수적 문장 성분 분석	• 주어 : 우리는, 비행기가 • 필수적 부사어 : 서울역에, 활주로에
↓	← 주어 제외
문형 정보	【…에】

	예문	문형 정보
①	• 이번에는 서울로 간단다. • 선배 대신에 그녀가 다른 팀으로 간다.	【…(으)로】
②	• 친구와의 약속은 금과 같다. • 피부가 어찌나 부드러운지 솜털과도 같네.	【…와/과】
③	• 지후의 의견에 우리부터 나서서 찬성하자. • 운동장을 아침부터 개방하는 것에 찬성합니다.	【…부터】
④	• 배고픈데 밥이 없으니 우유를 마시자. • 여유 있는 삶을 위해 차를 마시는 것은 필수이다.	【…을/를】
⑤	• 세민이가 먼저 깃발을 산 정상에 꽂았다. • 옛날 여인들은 틀어 올린 머리에 비녀를 꽂아 기혼자임을 표시했다.	【…을/를 …에】

34. 〈보기〉의 ㉠~㉦에 대한 설명으로 적절하지 **않은** 것은?

보기

• 주전자의 물을 ㉠ 모두 쏟아서 ㉡ 모든 친구들이 나를 쳐다봤다.
• ㉢ 듣던 대로 ㉣ 짙푸른 바다가 ㉤ 일행의 눈앞에 펼쳐졌다.
• ㉥ 처음 겪은 일에 그녀는 ㉦ 너무나도 당황하여 얼굴이 붉어졌다.

① ㉠은 부사가 부사어로, ㉡은 관형사가 관형어로 쓰인 경우이다.
② ㉢은 관형어가 부사를, ㉣은 관형어가 명사를 수식하는 경우이다.
③ ㉤은 명사에 관형격 조사가 결합하여 관형어로 쓰인 경우이다.
④ ㉥은 하나의 문장이 다른 문장에 안겨 관형어로 쓰인 경우이다.
⑤ ㉦은 부사에 두 개의 보조사가 결합하여 부사어로 쓰인 경우이다.

35. ⓐ~ⓓ에 대한 설명으로 적절한 것을 모두 고르시오.

— 보기 1 —

ⓐ 지하철 2호선은 유동 인구가 많은 노선이다. 특히 ⓑ 출·퇴근 시간에 탑승객이 많다. 또한 ⓒ 탑승객이 1호선이나 4호선 등으로 노선을 바꾸면서 지하철역이 혼잡해진다. ⓓ 서울교통공사 관계자는 "오전에 인파가 몰릴 때 빚어지는 사고는 출근길 혼잡을 초래한다." 라고 밝혔다.

— 보기 2 —

ㄱ. ⓐ를 보니, 주어와 서술어가 절로 안겨 전체 문장의 관형어 역할을 할 수도 있군.

ㄴ. ⓑ를 보니, 주어와 서술어가 결합한 것이 문장의 서술어로 쓰이기도 하는군.

ㄷ. ⓒ를 보니, 홑문장들이 어미를 통해 대등한 관계로 이어지기도 하는군.

ㄹ. ⓓ를 보니, 다른 사람의 말이 인용절로 안길 수 있군.

ㅁ. ⓓ를 보니, 한 문장 안에 2개 이상의 절이 안긴 복잡한 문장구조가 존재할 수도 있군.

① ㄱ, ㄹ   ② ㄱ, ㅁ   ③ ㄴ, ㄷ   ④ ㄱ, ㄹ, ㅁ   ⑤ ㄴ, ㄷ, ㄹ

36. 〈보기 1〉을 바탕으로 문장에 대해 탐구한 결과를 〈보기 2〉와 같이 정리하였다. 이 중 올바른 것만을 고른 것은?

— 보기 1 —

선생님 : 다른 문장 속에 들어가 하나의 성분처럼 쓰이는 홑문장을 '절'이라고 합니다. 안은문장 속의 안긴문장은 명사절, 관형절, 부사절, 서술절, 인용절로 나눌 수 있지요. 다음 문장을 대상으로 안은문장의 구조를 알아봅시다.

ㄱ. 아버지도 우리가 읽던 책을 고르셨다.

ㄴ. 우리는 이번 주말에 볼 영화를 골랐다.

— 보기 2 —

가. ㄱ과 ㄴ의 안긴문장에서 각각의 목적어는 모두 생략되어 있다.

나. ㄱ과 ㄴ의 안긴문장에서 각각의 주어는 안은문장의 주어와 동일하다.

다. ㄱ과 ㄴ의 안긴문장 각각은 모두 안은문장의 부사어에 쓰인 명사를 수식하고 있다.

라. ㄱ의 안긴문장은 과거 시제를, ㄴ의 안긴문장은 미래 시제를 각각 어미를 통해 나타내고 있다.

① 가, 나   ② 가, 라   ③ 나, 다
④ 나, 라   ⑤ 다, 라

37. 〈보기〉의 ㄱ~ㅁ을 탐구한 내용으로 적절한 것은?

— 보기 —

ㄱ. 서양 고전 문학을 읽기는 힘들어.

ㄴ. 내 친구 세원이는 조심성이 없다.

ㄷ. 세민이는 마음이 정말 많이 넓구나.

ㄹ. 지후가 떡을 좋아함을 난 이제야 알았네.

ㅁ. 기분이 좋아진 지원이는 계속 노래를 불렀다.

① ㄱ과 ㄷ에서는 부사절이 문장의 서술어를 수식하고 있다.

② ㄱ과 ㄹ에서는 동일한 형태의 어미가 명사절을 만들고 있다.

③ ㄴ과 ㄷ에서는 문장의 서술어가 '주어 + 서술어'의 구성으로 쓰이고 있다.

④ ㄴ과 ㅁ에서는 관형절이 문장의 주어를 수식하고 있다.

⑤ ㄹ과 ㅁ에서는 '주어 + 서술어' 구성이 문장의 목적어로 쓰이고 있다.

38. 〈보기〉는 이어진문장의 특징을 추론한 것이다. A에 들어갈 말로 적절한 것은?

— 보기 —

이어진문장 중 일부는 문장 성분의 배열을 바꾸어도 의미가 변하지 않고 문장이 성립하지만, 일부는 의미가 변하거나 문장이 성립하지 않는다. 아래의 예에서 *는 비문을 뜻한다.

	(가)		(나)
ㄱ	여름이 와서 날씨가 덥다.	⇒	날씨가 여름이 와서 덥다.
ㄴ	물을 마시려고 컵을 꺼냈다.	⇒	컵을 물을 마시려고 꺼냈다.
ㄷ	여기는 높지만 저기는 낮다.	⇒	*저기는 여기는 높지만 낮다.
ㄹ	학교에 가는데 옛 친구를 봤다.	⇒	옛 친구를 학교에 가는데 봤다.
ㅁ	나는 숙제를 하고 동생은 그림을 그린다.	⇒	*동생은 그림을 나는 숙제를 하고 그린다. / *동생은 나는 숙제를 하고 그림을 그린다.

→ ㄱ~ㅁ을 통해, (A)은 앞 절이 뒤 절 안으로 들어갈 수 있으나, (A)이 아닌 문장은 앞 절이 뒤 절 안으로 들어갈 수 없다는 점을 추론할 수 있다.

① 뒤 절에 목적어가 있는 문장

② 앞 절과 뒤 절의 주어가 같은 문장

③ 앞 절과 뒤 절의 의미가 상반되는 문장

④ 앞 절과 뒤 절이 종속적으로 이어진 문장

⑤ 앞 절과 뒤 절에 모두 두 자리 서술어가 쓰인 문장

39. 〈보기〉를 참조하여 ㉠~㉤을 탐구한 결과로 적절하지 **않은** 것은?

──── 보기 ────

대등하게 이어진 문장은 앞 절이 뒤 절에 대해 나열, 대조 등의 의미를 지니며, 종속적으로 이어진 문장은 앞 절이 뒤 절에 대해 원인, 조건, 의도, 양보 등의 의미를 지닌다.

㉠ 아무리 비가 와도 우리는 출발한다.
㉡ 형도 고향을 떠났고 누나도 떠났다.
㉢ 네가 오지 않으면 모임이 재미가 없다.
㉣ 나는 시험공부를 하려고 일요일에도 학교에 갔다.
㉤ 아침부터 비가 와서 가을 체육 대회가 연기되었다.

① ㉠ : 대조의 관계로 대등하게 이어진 문장
② ㉡ : 나열의 관계로 대등하게 이어진 문장
③ ㉢ : 조건의 관계로 종속적으로 이어진 문장
④ ㉣ : 의도의 관계로 종속적으로 이어진 문장
⑤ ㉤ : 원인의 관계로 종속적으로 이어진 문장

40. 〈보기〉는 문장의 짜임에 대해 두 학생이 주고받은 대화의 일부이다. ㉠~㉤ 중, 적절하지 **않은** 것은?

──── 보기 ────

현우 : 글에서 '전쟁으로 흩어진 가족을 희망도 없이 기다리기란 너무나 괴롭구나.'라는 문장을 보았는데, 문장의 짜임을 어떻게 분석해야 할지 잘 모르겠더라.
미소 : 그 문장은 여러 개의 절을 포함하고 있는 안은문장이야. 먼저, ㉠'전쟁으로 흩어진'은 '가족이 전쟁으로 흩어지다.'라는 문장의 관형절로 안긴 거야. ㉡ 여기서 '가족이'의 생략은 이어지는 절에 '가족을'이 있어 '가족'이라는 말이 공통되기 때문에 가능하지.
현우 : 그럼 관형절 말고 또 다른 절은 뭐가 있어?
미소 : ㉢'가족을 희망도 없이 기다리기'는 '가족을 희망도 없이 기다리다.'라는 문장이 명사절로 된 것이야. ㉣ 이것은 홑문장이 절이 되며 안은문장의 일부가 된 것이라 할 수 있지. ㉤ '너무나 괴롭구나.'는 주어 '내가' 정도가 생략되어 있는 것으로 볼 수 있어.

① ㉠   ② ㉡   ③ ㉢   ④ ㉣   ⑤ ㉤

41. 〈보기〉의 ㉮와 ㉯를 이해한 것으로 적절한 것은?

──── 보기 ────

㉮ 이 물은 맛이 좋다.
㉯ 냉장고에 있던 물이 얼음이 되었다.

① ㉮와 ㉯는 모두 홑문장이다.
② ㉮는 홑문장이고, ㉯는 겹문장이다.
③ ㉮는 서술절을 안은문장이고, ㉯는 명사절을 안은문장이다.
④ ㉮에는 2개의 주어가 있지만, ㉯에는 1개의 주어만 나타났다.
⑤ ㉮의 서술어 '좋다'와 ㉯의 서술어 '되다'는 모두 한 자리 서술어이다.

42. 〈보기〉의 ㉠과 ㉡의 문장의 짜임에 대한 설명으로 적절한 것은?

──── 보기 ────

㉠ 영희는 눈이 가장 예쁘다.
㉡ 지금은 우리가 운동을 하기에 너무 늦었다.

① ㉠에는 부사어가 있지만, ㉡에는 부사어가 없다.
② ㉠은 명사절을 안고 있고, ㉡은 서술절을 안고 있다.
③ ㉠은 서술절을 안고 있고, ㉡은 명사절을 안고 있다.
④ ㉠은 부사절을 안고 있고, ㉡은 관형절을 안고 있다.
⑤ ㉠의 안긴문장에는 목적어가 있지만, ㉡의 안긴문장에는 목적어가 없다.

43. ㉮와 ㉯의 문장을 분석한다고 할 때, 이에 대한 설명으로 적절하지 **않은** 것은?

──── 보기 ────

㉮ 나무가 잘 자라도록 물과 거름을 충분히 주었다.
㉯ 나는 그녀가 진술한 내용이 사실과 다름없음을 잘 알고 있다.

① ㉮는 전체 문장의 주어가 생략되어 있다.
② ㉮의 안긴문장 내부에는 생략된 문장 성분이 없다.
③ ㉮에는 1개의 안긴문장이, ㉯에는 2개의 안긴문장이 있다.
④ ㉯에서 명사절로 안긴 문장에 생략된 문장 성분이 없다.
⑤ ㉯에서 관형절로 안긴 문장에 생략된 문장 성분이 없다.

44. 〈보기〉를 활용하여 의존 명사에 대해 이해한 것으로 적절하지 <u>않은</u> 것은?

─── 보기 ───

(1) ㄱ. 의지할 <u>데</u> 없는 사람은 모두 모여라.
　　ㄴ. *<u>데</u> 없는 사람은 모두 모여라.
(2) ㄱ. 그는 {일하는, 일한, 일할, 일하던} <u>데</u>가 많다.
　　ㄴ. 그를 {만난, *만나는, *만날, *만나던} <u>지</u>도 꽤 오래되었다.
(3) ㄱ. 그의 말이 옳았다는 것에 대해 두말할 <u>나위</u> 없다.
　　ㄴ. 그의 말이 옳았다는 것에 대해 두말할 *<u>나위 몰랐다</u>.
(4) ㄱ. 그는 사십 줄에 들어서야 결혼을 하게 되었다.
　　ㄴ. 나는 멧돼지를 보자 무서워서 어쩔 <u>줄</u> 몰랐다.
(5) ㄱ. 나도 너<u>만큼</u> 잘할 수 있다는 걸 꼭 보여 주겠어.
　　ㄴ. 어른이 되면 학창 시절에 네가 노력한 <u>만큼</u> 보상을 받을 수 있다.

*는 비문법적 표현.

① (1)을 보니, 의존 명사 '데'는 반드시 관형어의 수식을 받아야 문장에서 쓰일 수 있군.
② (2)를 보니, 특정한 관형사형 전성 어미를 요구하는 의존 명사와 그러한 제약이 없는 의존 명사가 있군.
③ (3)을 보니, 일부 의존 명사는 서술어와 함께 쓰일 때 제약을 받기도 하는군.
④ (4)를 보니, 의존 명사 '줄'은 조사 결합에 상관없이 여러 문장에서 부사어로 쓰이는군.
⑤ (5)를 보니, 조사와 형태가 동일한 의존 명사도 있군.

45. 〈보기〉의 ㉠에 해당하는 사례로 가장 적절한 것은?

─── 보기 ───

　주로 대등한 문장을 나열할 때 쓰이는 연결 어미 '-고'가 둘 이상의 행위나 상태를 대등하게 연결할 때는 앞 문장과 뒤 문장을 서로 바꾸어 쓸 수 있다. 하지만 ㉠ <u>앞뒤 문장이 원인과 결과의 관계로 이루어져 있거나 시간적인 차이를 두고 순서대로 일어나는 사건을 연결하는 경우에는 앞 문장과 뒤 문장을 서로 바꾸어 쓸 수 없다.</u>

예) 상한 음식을 먹었다. + 배탈이 났다.
　→ 상한 음식을 먹고 배탈이 났다. (○)
　→ 배탈이 나고 상한 음식을 먹었다. (×)

① 그는 운동도 잘하고 인기도 많았다.
② 이것은 책상이고, 저것은 의자이다.
③ 논밭에서 잡초도 뽑고 땅도 다졌다.
④ 나는 방문을 잠그고 밖으로 나갔다.
⑤ 한국 사람들은 소박하고 정이 많다.

46. 〈보기〉의 ㉠~㉣의 문장 성분과 문장 구조에 대한 설명으로 적절하지 <u>않은</u> 것은?

─── 보기 ───

㉠ 나는 떠나온 고향에 다시 돌아가기를 원한다.
㉡ 어머니께서 내가 고른 선물을 받고 기뻐하셨다.
㉢ 궁지에 몰린 그녀는 자신도 모르게 화를 내고 말았다.
㉣ 주인은 추위에 떠는 손님에게 얼른 안으로 들어오라고 말했다.

① ㉠과 ㉢에는 각각 두 개의 안긴문장이 있다.
② ㉡과 ㉣에는 관형어의 역할을 하는 안긴문장이 있다.
③ ㉠은 명사절 속에 부사어가 있고, ㉣은 인용절 속에 부사어가 있다.
④ ㉡에는 목적어가 생략된 안긴문장이 있고, ㉢에는 주어가 생략된 안긴문장이 있다.
⑤ ㉢에는 부사어의 역할을 하는 안긴문장이 있고, ㉣에는 목적어의 역할을 하는 안긴문장이 있다.

47. 〈보기〉의 ㉠~㉣에 대한 설명으로 적절하지 <u>않은</u> 것은?

─── 보기 ───

㉠ 동생은 내가 좋아하던 작가가 얼른 오기를 바란다.
㉡ 그녀가 시장에서 만난 사람은 인정이 많다.
㉢ 나는 나와 함께하기를 바라는 그의 마음을 몰랐다.
㉣ 친구는 내가 길을 잘 찾도록 약도를 그려 주었다.

① ㉠과 ㉡에서 체언을 꾸미는 안긴문장은 목적어가 생략되어 있다.
② ㉠과 ㉢에는 모두 관형어의 기능을 하는 안긴문장이 있다.
③ ㉡은 관형절 속에 부사어가 있고, ㉢은 명사절 속에 부사어가 있다.
④ ㉡과 ㉣에는 모두 부사어의 기능을 하는 안긴문장이 있다.
⑤ ㉠과 ㉣에서 안은문장의 주어는 안긴문장의 주어와 다르다.

48. 〈보기〉의 ㄱ~ㄹ에 대해 탐구한 내용으로 적절하지 <u>않은</u> 것은?

─── 보기 ───

　한 문장이 그 속에 다른 문장을 한 성분으로 안아서 겹문장을 이룰 때, 이를 안은문장이라고 한다. 안은문장 안에 한 성분으로 안겨 있는 문장을 안긴문장이라 하는데, 문장에서의 쓰임에 따라 '명사절, 관형절, 부사절, 서술절, 인용절'로 나뉜다.

ㄱ. 나는 도서관에 가던 친구를 만났다.
ㄴ. 눈치 빠른 그는 그녀가 천재임을 금방 알아챘다.
ㄷ. 청바지를 입은 동생은 등에 땀이 흥건하도록 뛰었다.
ㄹ. 상호는 그가 산 책이 두께가 얇다고 말했다.

① ㄱ과 ㄴ에는 체언을 수식하는 기능을 하는 절이 있다.
② ㄱ에는 주어가 생략된 절이, ㄷ에는 목적어가 생략된 절이 있다.
③ ㄴ에는 목적어 기능을 하는 절이, ㄹ에는 서술어 기능을 하는 절이 있다.
④ ㄷ에는 관형어 기능을 하는 절과 부사어 기능을 하는 절이 있다.
⑤ ㄹ에는 관형절이 들어 있는 인용절이 있다.

49. 〈보기〉는 관형어에 대해 탐구한 것이다. ㉮~㉺ 중 탐구 내용으로 적절하지 **않은** 것은?

─── 보기 ───

㉮	나는 온 힘을 다해 노력했다. ➔ 관형사 '온'이 체언 '힘'을 수식하는 관형어로 쓰였군.
㉯	그는 영희의 연락을 기다렸다. ➔ 체언에 관형격 조사가 결합한 '영희의'가 체언 '연락'을 수식하는 관형어로 쓰였군.
㉰	그는 우리가 돌아온 사실을 아직 모르고 있었다. ➔ 관형절인 '우리가 돌아온'이 체언 '사실'을 수식하는 관형어로 쓰였군.
㉱	㉠ 나는 사과 두 개를 먹었다. *나는 사과 개를 먹었다. ㉡ 두 아이는 장난감을 가지고 놀았다. 아이는 장난감을 가지고 놀았다. ➔ ㉠의 '두'와 ㉡의 '두'는 둘 다 관형어인데, ㉠의 '두'는 ㉡의 '두'와 달리 생략할 수 없군.
㉲	그가 저 두 헌 집을 곧 허물 것이다. *그가 두 헌 저 집을 곧 허물 것이다. ➔ '저', '두', '헌'과 같이 관형사 세 개가 연속적으로 나타날 때는 성상 관형사, 수 관형사, 지시 관형사 순으로 나타나는군.

*는 비문임을 나타냄.

① ㉮   ② ㉯   ③ ㉰   ④ ㉱   ⑤ ㉲

50. 〈보기 1〉의 ㉠~㉢과 〈보기 2〉 ⓐ~ⓔ의 밑줄 친 부분을 올바르게 짝지은 것은?

─── 보기 1 ───

관형절 속에서 주어, 목적어, 부사어 중 하나가 생략되는 경우가 있다. 안은문장과 관형절에 동일한 말이 중복되면 관형절의 문장 성분이 생략된다. 가령 아래 ㉾에서는 '학생'을 두 번 쓸 필요가 없기 때문에 관형절의 주어 '학생이'가 생략되었다.

㉾ 선생님께서는 <u>친구에게 선행을 베푼</u> 학생을 칭찬하셨다.
   = 선생님께서는 학생을 칭찬하셨다.
    + (학생이) 친구에게 선행을 베풀다.

위와 같이 관형절 내에서 ㉠ 주어가 생략되는 경우도 있지만, ㉡ 목적어가 생략되는 경우도 있고 ㉢ 부사어가 생략되는 경우도 있다.

─── 보기 2 ───

ⓐ 이것이 <u>우리가 멧돼지를 잡은</u> 몽둥이이다.
ⓑ 어제 나는 <u>그 소설가를 아는</u> 친구와 만났다.
ⓒ 형은 <u>내가 이름을 적어 놓은</u> 가방을 탐낸다.
ⓓ <u>양복을 입은</u> 남자가 우리 아버지이다.
ⓔ <u>아이들이 먹는</u> 음식의 위생은 더욱 중요하다.

	㉠	㉡	㉢
①	ⓑ	ⓐ, ⓒ	ⓓ, ⓔ
②	ⓑ	ⓒ, ⓔ	ⓐ, ⓓ
③	ⓐ, ⓓ	ⓒ	ⓑ, ⓔ
④	ⓑ, ⓒ	ⓓ, ⓔ	ⓐ
⑤	ⓑ, ⓓ	ⓔ	ⓐ, ⓒ

51. 〈보기〉를 참고할 때 밑줄 친 서술어의 문형 정보를 바르게 추출한 것은?

― 보기 ―

국어에서 서술어는 그 성격에 따라 필요로 하는 문장 성분의 개수가 다르다. 주어를 제외하고 서술어가 요구하는 필수적 문장 성분은 아래와 같이 사전의 문형 정보로 제시된다.

> **다투다** 【…과】
> : 의견이나 이해의 대립으로 서로 따지며 싸우다.
> 예 언니는 과자 때문에 **동생과** 다투었다.

	예문		문형 정보
①	· 그는 유리에 흠집을 만들었다. · 그는 그녀의 가슴에 상처를 만들었다.	→	【…에】
②	· 엎질러진 우유를 깨끗하게 닦았다. · 아무 말 없이 구두만 정성스럽게 닦았다.	→	【…게】
③	· 아버지는 아이를 손짓으로 계속 불렀다. · 그는 자기를 큰 소리로 부르는 소리를 들었다.	→	【…으로】
④	· 일손을 힘들게 빌려서 그 일을 처리했다. · 그녀는 지혜롭게 친구의 힘을 빌렸다.	→	【…게】
⑤	· 그는 월남전에 장교로 출전한 적이 있다. · 이번 올림픽에 그 선수가 대표로 출전한다.	→	【…에】

52. 〈보기〉를 통해 부사어를 탐구한 내용으로 적절하지 **않은** 것은?

― 보기 ―

㉠ 내게 가장 소중한 사람은 바로 너다.
㉡ 그녀는 회장으로서 의무를 다하였다.
㉢ 설마 지금 나를 피하는 것은 아니겠지?
㉣ 저녁밥을 먹기에는 조금 이른 시간이다.
㉤ 지문을 감식한 결과로 그가 진범임이 밝혀졌다.

① ㉠ : 부사 '바로'가 체언 '너'를 수식하여 부사어로 쓰였군.
② ㉡ : 부사어 '회장으로서'는 문장에서 필수 성분으로 쓰였군.
③ ㉢ : 부사어 '설마'는 문장 내에서 상대적으로 이동이 자유롭군.
④ ㉣ : 명사절 '저녁 밥을 먹기'에 부사격 조사 '에'가 붙어 부사어로 쓰였군.
⑤ ㉤ : 관형절 '지문을 감식한'에 명사 '결과'가 붙어 부사어로 쓰였군.

53. 다음은 관형어에 관해 탐구한 것이다. 탐구 내용으로 적절하지 **않은** 것은?

①	· 푸른 하늘을 보니 기분이 좋다. → '푸른'은 관형절로, 체언을 수식하는 관형어의 역할을 하는군.
②	· 그는 우연히 길에서 고향 친구를 만났다. → 체언 '고향'이 관형격 조사가 생략된 채 뒤에 오는 체언 '친구'를 수식하기도 하는군.
③	· 나는 그녀의 슬픔을 이해했다. / *나는 그녀 슬픔을 이해했다. → 체언에 결합한 관형격 조사 '의'는 관형어가 파생 명사를 수식하는 구성에서는 생략되기 어렵군.
④	㉠ 우리 집 앞에는 넓은 호수가 있다. ㉡ 언니는 내가 읽은 책을 찾아본다고 했다. → ㉠의 '넓은'과 ㉡의 '읽은'은 모두 용언 어간에 관형사형 어미 '-(으)ㄴ'이 결합한 것으로, 관형사형 어미가 붙어 과거 시제의 의미를 나타내고 있군.
⑤	㉠ 나는 그의 시를 좋아했다. / 나는 시를 좋아했다. ㉡ 나는 그를 본 적이 없다. / *나는 적이 없다. → ㉠의 '그의'와 ㉡의 '그를 본'은 둘 다 관형어인데, ㉡의 '그를 본'은 ㉠의 '그의'와 달리 의존 명사를 수식하므로 문장에서 생략되기 어렵군.

*는 비문을 의미함.

54. 〈보기〉의 문장 성분과 문장 구조에 대한 설명으로 옳은 것은?

― 보기 ―

㉠ 언니는 그가 결혼했다는 소식을 뒤늦게 들었다.
㉡ 나는 그 자리에서 도망가기는 이미 늦었음을 알았다.

① ㉠과 ㉡에는 모두 관형어가 있다.
② ㉠에는 부사절이 안겨 있지만 ㉡에는 서술절이 안겨 있다.
③ ㉠에는 인용절이 안겨 있지만 ㉡에는 관형절이 안겨 있다.
④ ㉠의 안긴문장 속에는 목적어가 있지만 ㉡의 안긴문장 속에는 목적어가 없다.
⑤ ㉠의 안긴문장 속에는 부사어가 있지만 ㉡의 안긴문장 속에는 부사어가 없다.

55. 〈학습 활동〉을 수행한 결과로 적절하지 **않은** 것은?

— 학습활동 —

안긴문장은 문장 속에서 하나의 문장 성분처럼 쓰이는 문장을 말한다. 이때 안긴문장은 기능에 따라 명사절, 관형절, 부사절, 인용절, 서술절로 나누어진다. 다음 예문을 통해 안긴문장의 기능을 파악해 보자.

㉠ 어려서부터 그는 음악적 재능이 있었다.
㉡ 형은 돈 없이 일주일을 더 견뎌야 한다.
㉢ 그녀가 나를 사랑했다는 말을 듣게 되었다.
㉣ 우리는 그녀가 잘못을 숨기고 있음을 느꼈다.
㉤ 농부들은 비가 내리기 전에 서둘러 씨앗을 뿌렸다.

① ㉠의 안긴문장은 서술절로 쓰이고 있다.
② ㉡의 안긴문장은 부사절로 쓰이고 있다.
③ ㉢의 안긴문장은 명사절로 쓰이고 있다.
④ ㉣의 안긴문장은 조사와 결합하여 주성분으로 쓰이고 있다.
⑤ ㉤의 안긴문장은 조사와 결합하지 않고 부속 성분으로 쓰이고 있다.

56. 〈보기〉의 ㉠~㉤을 이해한 내용으로 적절한 것은?

— 보기 —

서술어의 자릿수란 문장의 성립을 위해 서술어가 필수적으로 요구하는 문장 성분의 개수를 의미한다. 이때, 문장에서 서술어가 나타내는 의미에 따라 서술어의 자릿수가 다르게 나타나기도 한다.

서술어	의미	예문
쓰다	어떤 일을 하는 데에 재료나 도구, 수단을 이용하다.	농부가 농사에 퇴비를 ㉠쓴 결과 수확량이 늘어났다.
	어떤 일에 마음이나 관심을 기울이다.	선생님, 일부러 제게 마음을 ㉡쓰지 않으셔도 됩니다.
	몸의 일부분을 제대로 놀리거나 움직이다.	그는 교통사고로 한쪽 다리를 ㉢쓰지 못한다.
쌓다	물건을 차곡차곡 포개어 얹어서 구조물을 이루다.	그는 축대를 ㉣쌓아 길을 뚫었다.
	밑바탕을 닦아서 든든하게 마련하다.	그는 몇 년째 집에서 학문의 기초만 ㉤쌓고 있었다.

① ㉠은 주어만을 요구하는 한 자리 서술어이다.
② ㉡은 주어와 보어를 요구하는 두 자리 서술어이다.
③ ㉢은 주어와 부사어를 요구하는 두 자리 서술어이다.
④ ㉣은 주어와 목적어를 요구하는 두 자리 서술어이다.
⑤ ㉤은 주어와 목적어, 부사어를 요구하는 세 자리 서술어이다.

57. 〈보기〉의 [A]에 들어갈 학생의 말로 적절하지 **않은** 것은?

— 보기 —

선생님 : ⓐ대등하게 이어진 문장과 ⓑ종속적으로 이어진 문장은 통사적인 측면에서 차이를 보입니다. 전자는 앞뒤 절의 의미가 독립적이므로 서로 순서를 바꾸어도 의미상 큰 차이가 없지만, 후자는 앞뒤 절이 시간적 선후 관계를 이루므로 순서를 바꾸면 의미가 변화하거나 문장이 성립하지 않습니다. 다음 자료를 보고 이어진문장의 유형을 탐구해 봅시다.

㉠ 뒤늦게 언니가 왔고 우리는 그제야 안심했다.
㉡ 고통을 인내하는 시간은 쓰지만 그 열매는 달다.
㉢ 그 사람을 만나려고 여기까지 쉬지 않고 달려왔다.
㉣ 겨울이 되면 그는 캐나다로 혼자 여행을 떠날 것이다.
㉤ 갑자기 태풍이 와서 집으로 가는 비행기가 뜨지 못했다.

학생 : [A]
선생님 : 네, 맞아요.

① ㉠은 앞뒤 절의 순서를 바꿀 수 있으므로, ⓐ로 볼 수 있습니다.
② ㉡은 앞뒤 절이 독립적인 관계를 이루므로, ⓐ로 볼 수 있습니다.
③ ㉢은 앞뒤 절의 의미가 독립적이지 못하므로, ⓑ로 볼 수 있습니다.
④ ㉣은 앞뒤 절이 시간적 선후 관계를 이루므로, ⓑ로 볼 수 있습니다.
⑤ ㉤은 앞뒤 절의 순서를 바꿀 수 없으므로, ⓑ로 볼 수 있습니다.

58. 주어를 탐구한 내용으로 적절하지 **않은** 것은?

①	· 우리나라에서 최초로 금속 활자를 개발했다. → 단체를 나타내는 무정 명사에 '에서'가 붙어 주어로 쓰이기도 하는군.
②	· 선생님께서는 네가 찾아오기를 기다리고 계셔. → 높임의 대상이 되는 체언에 '께서'가 붙어 주어로 쓰이기도 하는군.
③	· 그녀의 머리가 좋다는 말은 거짓이 아니었군. → 체언에 주격 조사 '이'가 붙은 '거짓이'가 서술절의 주어로 기능하는군.
④	㉠ 민주는 자기 동생을 천재라고 생각한다. ㉡ *나는 자기 동생을 천재라고 생각한다. → ㉠은 한 문장에서 주어와 같은 말이 반복될 때 뒤에 오는 말이 '자기'로 나타날 수 있음을 보여 주지만, ㉡은 주어가 일인칭일 때 '자기'를 쓸 수 없음을 보여 주는군.
⑤	㉠ 이 영화를 보거라. / 네가 이 영화를 보거라. ㉡ 이 영화를 보면 참 슬프다. / 내가 이 영화를 보면 참 슬프다. → ㉠에서는 명령문의 주어는 항상 이인칭이므로 주어가 생략될 수 있고, ㉡에서는 일인칭 주어의 심리를 나타내는 형용사가 쓰였으므로 주어가 생략될 수 있음을 보여 주는군.

*는 비문을 의미함.

59. 〈보기〉는 명사절에 대한 탐구 내용이다. ㉠~㉤에 대한 설명으로 적절하지 **않은** 것은?

보기

국어에서 명사절은 단독으로 혹은 조사와 결합하여 문장 내에서 다양한 문장 성분으로 기능한다. 다음의 밑줄 친 명사절이 어떤 문장 성분으로 쓰이는지 탐구해 보자.

◦ ㉠그는 장차 큰일을 할 사람임이 틀림없다.
◦ 우리는 ㉡좋은 소식이 들려오기를 기다렸다.
◦ 그녀의 목표는 ㉢홀로 전 세계를 여행하기이다.
◦ ㉣비가 많이 오기 때문인지 도로가 매우 미끄럽다.
◦ 사람들은 ㉤그녀가 이 축제를 주도한 학생이기 바란다.

① ㉠ : 명사절이 조사와 결합하여 주어로 쓰였다.
② ㉡ : 명사절이 조사와 결합하여 목적어로 쓰였다.
③ ㉢ : 명사절이 조사와 결합하여 서술어로 쓰였다.
④ ㉣ : 명사절이 조사와 결합하지 않고 부사어로 쓰였다.
⑤ ㉤ : 명사절이 조사와 결합하지 않고 목적어로 쓰였다.

60. 〈보기〉를 통해 서술어를 탐구한 내용으로 적절하지 **않은** 것은?

보기

선생님 : 서술어는 그 성격에 따라 필요로 하는 문장 성분이 다른데, 이때 요구하는 문장 성분의 개수에 따라 서술어의 자릿수를 나눌 수 있습니다. 한편, 서술어는 특정한 종류의 체언만을 요구하기도 합니다. 가령 '마시다'는 주어와 함께 액체를 나타내는 명사를 목적어로 요구하는 두 자리 서술어지요. 그럼 다음 자료를 통해 서술어의 성격을 파악해 볼까요?

㉠ 강아지가 살금살금 걷는다. / *산이 살금살금 걷는다.
㉡ 아이는 입을 꼭 다물었다. / *아이는 눈을 꼭 다물었다.
㉢ 사람들은 성인을 존경한다. / *사람들은 명예를 존경한다.
㉣ 날이 추워서 스웨터를 입었다. / *날이 추워서 양말을 입었다.
㉤ 엄마는 나에게 도덕을 가르쳤다. / *산은 바위에게 도덕을 가르쳤다.

*는 비문을 의미함.

① '걷다'는 유정 명사를 주어로 요구하는 한 자리 서술어입니다.
② '다물다'는 특정한 신체 부위를 목적어로 요구하는 두 자리 서술어입니다.
③ '존경하다'는 행위의 대상이 되는 유정 명사를 목적어로 요구하는 두 자리 서술어입니다.
④ '입다'는 특정한 종류의 명사만을 목적어로 요구하는 두 자리 서술어입니다.
⑤ '가르치다'는 사람을 가리키는 유정 명사를 부사어로 요구하는 두 자리 서술어입니다.

61. 〈보기〉의 탐구 과제를 통해 자료를 탐구한 결과로 적절하지 **않은** 것은?

보기

• 탐구 과제

국어에서 체언을 수식하는 관형절은 관계 관형절과 동격 관형절로 그 유형을 나눌 수 있다. 전자는 관형절이 수식하는 체언과 동일한 성분이 빠져 있고, 후자는 한 문장의 필수 성분을 완전하게 갖추고 있다. 아래의 각 문장에서 밑줄 친 관형절의 유형을 파악하고, 생략된 문장 성분이 있다면 무엇인지 찾아보자.

• 자료
㉠ 영주가 작곡한 노래는 큰 인기를 얻었다.
㉡ 나는 그녀와 함께 밥을 먹은 기억이 없다.
㉢ 그들이 다음 주에 결혼한다는 소식을 들었다.
㉣ 어렸을 때 같이 놀았던 친구를 우연히 만났다.
㉤ 이번에 선출된 국회의원은 평범한 사람이었다.

① ㉠은 '노래를'이라는 목적어가 생략된 관계 관형절이다.
② ㉡은 문장 내에서 생략된 성분이 없는 동격 관형절이다.
③ ㉢은 문장의 필수 성분을 완전하게 갖춘 동격 관형절이다.
④ ㉣은 문장 내에서 생략된 성분이 없는 동격 관형절이다.
⑤ ㉤은 '국회의원으로'라는 부사어가 생략된 관계 관형절이다.

62. 〈보기〉는 '학습 활동'을 수행하기 위한 학생들의 대화이다. ㉠~㉢에 알맞은 말을 골라 바르게 연결한 것은?

보기

• 학습 활동 : 다음 직접 인용절을 간접 인용절로 바꿀 때, 밑줄 친 성분의 변화 양상을 파악해 보자.

어제 제주도로 떠난 서윤이는 나에게 "모레 이곳에 우리끼리 오자."라고 말했다.

학생 1 : 선생님께서 직접 인용절과 간접 인용절은 시간 표현, 지시 표현 등에서 관점의 차이가 있다고 하셨지?
학생 2 : 응. 인칭이나 종결 표현에서도 차이가 생길 수 있다고 하셨어. 이러한 차이는 간접 인용절에서 화자가 명제의 내용을 자신의 현재 관점으로 바꾸어 나타내기 때문에 발생해.
학생 1 : 좋아. 그럼 간접 인용절의 화자를 먼저 파악하는 게 중요하겠구나. 먼저 시간 표현부터 살펴보자. 밑줄 친 "모레"는 간접 인용절에서 (㉠)이 되겠구나.
학생 2 : 응. 지시 표현도 화자를 기준으로 살펴보아야 해. 밑줄 친 "이곳에"는 (㉡)가 될 거야.
학생 1 : 마지막으로 화자를 기준으로 "오자"는 어떻게 될까?
학생 2 : 화자의 관점에서 명제의 내용이 진술되니까, (㉢)야.
학생 1 : 좋아. 마지막으로 간접 인용절의 조사 '고'를 붙여주면 완벽하겠네.

	㉠	㉡	㉢
①	내일	그곳에	가자
②	내일	그곳에	오자
③	내일	저곳에	오자
④	오늘	저곳에	가자
⑤	오늘	그곳에	가자

63. 〈학습 활동〉을 수행한 결과로 적절한 것은?

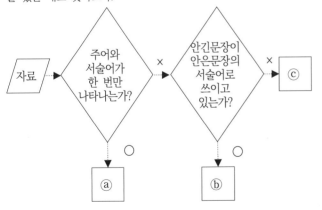

─────── 학습 활동 ───────

아래 그림에 따라 [자료]의 ㉮~㉰를 분류할 때, ⓑ에 해당하는 것만을 있는 대로 찾아보자.

[자료]

㉮ 서울은 인구가 매우 많다.
㉯ 저 사람은 아들도 똑똑하다.
㉰ 그는 말도 없이 유학을 떠나 버렸다.
㉱ 우리 마을에서 그 일은 연례행사가 되었다.

① ㉮
② ㉮, ㉯
③ ㉰, ㉱
④ ㉮, ㉯, ㉰
⑤ ㉯, ㉰, ㉱

64. 〈보기〉의 ㉠~㉤에 대한 설명으로 적절하지 **않은** 것은?

─────── 보기 ───────

국어에서 이어진문장은 문장을 연결하는 어미의 성격에 따라 여러 제약이 나타난다. 가령, 시제 선어말 어미와의 결합 제약, 주어 일치 제약, 어미가 결합하는 서술어 종류의 제약, 부정 요소와의 결합 제약, 문장 유형 제약 등이 있다. 다음 예문을 통해 이러한 제약을 파악해 보자.

㉠ 그는 여행을 [떠나면서 / *떠났으면서] 편지를 남겼다.
㉡ 그는 동생을 만나고자 도서관에 갔다.
　*그는 동생을 만나고자 동생은 도서관으로 갔다.
㉢ 그는 철학을 배우려고 독일로 떠났다.
　*그는 우수한 학생이려고 독일로 떠났다.
㉣ 그는 노래를 듣느라 내가 부르는 소리를 못 들었다.
　*그는 노래를 안 듣느라 내가 부르는 소리를 들었다.
㉤ 눈이 내릴 것 같아서 우산을 [가져가느냐? / *가져가십시오].

　　　　　　　　　　　　　　　*는 비문을 의미함.

① ㉠을 보니 이어진문장의 연결 어미 '-면서'는 시제 선어말 어미와 결합할 수 없는 제약이 있군.
② ㉡을 보니 이어진문장의 연결 어미 '-고자'는 앞 절과 뒤 절의 주어가 같아야 하는 제약이 있군.
③ ㉢을 보니 이어진문장의 연결 어미 '-려고'는 반드시 동사와만 결합하여 쓰이는 제약이 있군.
④ ㉣을 보니 이어진문장의 연결 어미 '-느라'는 부정 요소와 함께 쓰이지 못하는 제약이 있군.
⑤ ㉤을 보니 이어진문장의 연결 어미 '-아서'는 평서문과는 어울리지 못한다는 제약이 있군.

65. 〈학습 활동〉을 수행한 결과로 적절하지 **않은** 것은?

─────── 학습 활동 ───────

국어에서 겹문장은 다시 안긴문장으로 쓰일 수 있는데, 이때 겹문장은 문장 내에서 하나의 문장 성분으로 기능할 수 있다. 다음 밑줄 친 겹문장의 성격을 설명해 보자.

∘ ㉠물고기를 구하러 나무에 올라가기란 어리석은 일이다.
∘ ㉡이 집의 정원이 넓어서 마음에 든다고 하셨다.
∘ 할아버지는 ㉢날씨가 추워서 언 몸을 녹였다.
∘ 동생은 ㉣비가 내리거나 눈이 오기만 하염없이 기다렸다.
∘ 정부는 ㉤공원을 조성하고 조형물을 설치하는 정책을 추진했다.

① ㉠은 종속적으로 이어진 문장이 명사절로 쓰이고 있다.
② ㉡은 종속적으로 이어진 문장이 인용절로 쓰이고 있다.
③ ㉢은 종속적으로 이어진 문장이 부속 성분으로 쓰이고 있다.
④ ㉣은 대등하게 이어진 문장이 부속 성분으로 쓰이고 있다.
⑤ ㉤은 대등하게 이어진 문장이 관형절로 쓰이고 있다.

문법
N제

프리미엄 언매 문제집

Part _03

단어
[형성과 관계]

1. ㉠~㉢에 대한 이해로 적절하지 **않은** 것은?

— 보기 —

합성어는 구성 요소들의 관계에 따라 종속 합성어와 대등 합성어, 융합 합성어로 나눌 수 있다. ㉠ 종속 합성어란 '함박눈이 펑펑 내린다.'의 '함박눈'과 같이 앞의 성분이 뒤의 성분을 수식하는 관계로 형성된 것을 의미하고, ㉡ 대등 합성어란 '새로 산 책 앞뒤에다 이름을 썼다.'의 '앞뒤'와 같이 두 성분이 대등한 관계를 이루어 형성된 것을 의미한다. 이와 달리 ㉢ 융합 합성어는 '그는 미안한 마음이 쥐꼬리만큼도 없는 것 같다.'에서의 '쥐꼬리'와 같이 구성 요소들의 의미를 벗어나 새로운 의미를 획득한 것을 의미한다.

① '그녀는 손가락에 반지를 끼었다.'의 '손가락'은 ㉠에 해당하겠군.
② '그때는 고기반찬에 쌀밥을 먹는 것이 최고의 소원이었다.'의 '쌀밥'은 ㉠에 해당하겠군.
③ '시험이 내일모레로 눈앞에 다가왔다.'의 '눈앞'은 ㉡에 해당하겠군.
④ '그녀는 혼자서 아들딸을 모두 대학까지 공부시켰다.'의 '아들딸'은 ㉡에 해당하겠군.
⑤ '그 댁 바깥양반은 종이호랑이에 불과하다.'의 '종이호랑이'는 ㉢에 해당하겠군.

2. 다음은 합성어의 형성 방식에 대한 설명이다. ㉠에 해당하는 단어로 가장 적절한 것은?

— 보기 —

어근과 어근이 합쳐져서 만들어진 단어를 합성어라고 한다. 합성어에는 ㉠ 통사적 합성어와 비통사적 합성어가 있다. 어근과 어근의 연결이 우리말의 일반적 문장 구조에서 나타나는 방식으로 이루어진 것을 통사적 합성어라 하고, 이러한 구성 방식을 따르지 않고 이루어진 것을 비통사적 합성어라고 한다. 통사적 방식의 예는 다음과 같다.
  ○ 용언과 용언은 연결 어미로 이어진다.
      예 서 뛰어 가자. / 일단 뛰고 보아라.
  ○ 용언이 체언을 수식할 때는 관형사형 어미와 결합하여 쓰인다.
      예 예쁜 꽃이 피었다. / 오늘 할 일이다.

① 짧은 치마에 뾰족구두를 신고 한껏 멋을 부렸다.
② 여기에 꺾쇠를 박아라.
③ 친구는 초조하게 입술을 깨물고 있었다.
④ 뜬소문은 믿을 게 못 된다.
⑤ 넘어진 아이는 난간을 붙잡고 일어났다.

3. 제시된 단어를 ㉠~㉢으로 분류하여 설명한 것으로 적절하지 **않은** 것은?

— 보기 —

하나의 어근으로만 이루어진 단어를 ㉠ 단일어라 하고, 둘 이상의 형태소로 되어 있어 짜임새가 복잡한 단어를 복합어라 한다. 일반적으로 복합어는 둘 이상의 어근이 결합한 ㉡ 합성어와 어근에 접두사나 접미사가 결합한 ㉢ 파생어로 나눌 수 있다.
하늘, 새신랑, 구름다리, 뛰놀다, 오가다, 바닷가, 우물가, 먹히다

① '하늘'은 더 이상 나눌 수 없는 하나의 형태소로 이루어졌으므로 ㉠에 해당하겠군.
② '새신랑'과 '구름다리'를 이루고 있는 형태소들은 각각 어근이므로 ㉡에 해당하겠군.
③ '뛰놀다'와 '오가다'는 각각 '뛰-'와 '놀', '오-'와 '가-'가 결합하여 이루어진 단어이므로 ㉡에 해당하겠군.
④ '바닷가'와 '우물가'는 어근에 접미사 '-가'가 결합하였으므로 ㉢에 해당하겠군.
⑤ '먹히다'는 어근 '먹-'에 피동 접미사 '-히-'가 결합하였으므로 ㉢에 해당하겠군.

4. ㉠과 ㉡의 예문으로 적절하지 **않은** 것은?

— 보기 —

소리는 같으나 뜻이 다른 단어를 ㉠ 동음이의어라 하고, 두 가지 이상의 뜻을 지닌 단어를 ㉡ 다의어라 한다. 사전에서 동음이의어는 각각의 표제어로 다루어 뜻을 풀이하며, 다의어는 표제어 하나를 여러 가지 뜻으로 풀이한다.

① ㉠ : 선물을 예쁜 포장지에 싸서 준비해라.
        물건 값이 싸서 손님이 많구나.
② ㉠ : 형은 아침 일찍 서울로 갔다.
        그녀는 어제 만난 남자에게 무척 호감이 갔다.
③ ㉡ : 동생이 실수로 그릇을 깼다.
        그 선수가 결국 세계 기록을 깼다.
④ ㉡ : 번화가에 가게를 새로 냈다.
        아들이 본가 근처에 살림을 따로 냈다.
⑤ ㉡ : 거실에 놓을 의자를 이웃집에서 얻었다.
        내가 그토록 바라던 며느리를 얻었다.

5. 선생님의 지시에 따라 학생들이 설명한 내용으로 적절하지 <u>않은</u> 것은?

―――― 보기 ――――

선생님 : 학생들이 종종 혼동하는 개념인 '어간'과 '어근'에 대해 알아봅시다. 어간이란, 용언이 활용할 때 중심이 되는 부분으로 변하지 않는 부분입니다. 예를 들어, '먹다'의 '먹-', '먹히다'의 '먹히-'가 어간이지요. 활용할 때 어간에 붙어서 형태가 변하는 부분은 어미입니다. '먹고, 먹으니, 먹어서' 등은 어간 '먹-'에 '-고', '-으니', '-어서' 등의 어미가 붙어서 활용한 것이지요.
어근이란 파생이나 합성 등 조어 과정에 참여하는 요소 중 의미상 중심이 되는 부분을 말합니다. 즉 '먹히다'의 경우 '먹-'이 어근이지요. 이때 어근에 붙어서 문법적인 기능을 나타내거나 부분적으로 의미를 더해 주기도 하는 요소를 접사라고 합니다. '먹히다'의 '-히-'는 피동을 나타내는 접사이지요.
그럼 각자 단어들을 예로 들어 어간과 어근에 대해 설명해 봅시다.

① '입다'의 어간과 '입히다'의 어근은 같은 형태입니다.
② '들어가다'는 의미상 중심이 되는 어근 두 개가 결합한 것입니다.
③ '앞서다'의 어간은 '앞서-'이고, 어근은 '앞', '서-'입니다.
④ '날개', '덮개'는 어근 '날-', '덮-'에 접사 '-개'가 결합한 것입니다.
⑤ '할머니 품에 아기를 안기다.'에서 '안기다'의 어간은 '안-'이고, 어근은 '안기-'입니다.

6. 다음 설명을 읽고 탐구한 내용으로 적절하지 <u>않은</u> 것은?

―――― 보기 ――――

[설명]
단어를 만드는 데 쓰이는 형태소는 크게 어근과 접사로 구분된다. 어근은 의미상 중심이 되는 부분인 반면 접사는 어근에 붙어 문법적 기능을 나타내거나 부분적인 의미만 더해 주는 부분이다. 가령 '지우개'에서 중심적인 의미를 나타내는 '지우-'는 어근이고 '-개'는 '지우-'와 결합하여 파생 명사를 만들어 주는 접사이다. 어근끼리 결합하거나 어근에 접사가 결합한 말을 복합어라고 한다. 복합어를 둘로 쪼개었을 때 두 가지가 모두 어근이면 합성어이고, 둘 중 하나가 접사이면 파생어이다.

[탐구]
다음 단어들의 구조에 대해 탐구해 보자.
㉠ 짓밟히다, ㉡ 버드나무, ㉢ 되돌리다, ㉣ 비빔밥, ㉤ 오르막길

① ㉠은 두 개의 접사가 들어 있는 파생어이다.
② ㉡은 어근으로만 이루어져 있는 합성어이다.
③ ㉢과 동일한 접두사가 쓰인 파생어로 '되감다'를 들 수 있다.
④ ㉣과 동일한 구조로 된 합성어로 '웃음꽃'을 들 수 있다.
⑤ ㉤은 두 개의 어근과 하나의 접사로 된 파생어이다.

7. 다음은 '사전 활용하기' 학습 활동을 위한 자료이다. 이에 대한 이해로 적절하지 <u>않은</u> 것은?

―――― 보기 ――――

삼다01 〔삼아, 삼으니〕
「동사」【…을】
「1」 짚신이나 미투리 따위를 걸어서 만들다. / ¶ 짚신을 삼다.
「2」 삼이나 모시 따위의 섬유를 가늘게 찢어서 그 끝을 맞대고 비벼 꼬아 잇다. / ¶ 삼을 삼다.

삼다02 〔삼아, 삼으니〕
「동사」【…을 …으로】
「1」 어떤 대상과 인연을 맺어 자기와 관계있는 사람으로 만들다.
¶ 친구의 딸을 며느리로 삼다.
「2」 무엇을 무엇이 되게 하거나 여기다.
¶ 위기를 전화위복의 계기로 삼다.
「3」 (주로 '삼아' 꼴로 쓰여) 무엇을 무엇으로 가정하다.
¶ 그녀는 딸을 친구 삼아 이야기하곤 한다.

① 삼다01과 삼다02는 별개의 표제어로 수록된 것을 보니 동음이의어이겠군.
② 삼다01과 삼다02 모두 규칙 활용을 하는군.
③ 삼다02는 삼다01에 비해 필요한 문장 성분이 많겠군.
④ 삼다02의 「1」의 유의어로는 '정하다'가 있겠군.
⑤ 삼다02의 「3」의 용례로 '그것을 굳이 문제 삼을 것 없다.'를 추가할 수 있겠군.

8. 〈보기〉의 규정을 바탕으로 띄어쓰기를 탐구한 내용 중 적절하지 <u>않은</u> 것은?

―――― 보기 ――――

[띄어쓰기 기본 원칙]
제2항 문장의 각 단어는 띄어 씀을 원칙으로 한다.
[띄어쓰기의 하위 조항]
제41항 조사는 그 앞말에 붙여 쓴다.
제42항 의존 명사는 띄어 쓴다.
제47항 보조 용언은 띄어 씀을 원칙으로 하되, 경우에 따라 붙여 씀도 허용한다.
다만, 앞말에 조사가 붙는 경우 보조 용언은 띄어 쓴다.
앞말이 합성어나 파생어인 경우 보조 용언은 띄어 쓴다.
보조 용언의 중간에 조사가 들어갈 경우 보조 용언은 띄어 쓴다.

① '아이는 사랑한 만큼 자란다.'의 '사랑한 만큼'은 제41항에 따라 붙여 써야 하겠군.
② '사과나무 한 그루를 정성껏 심었다.'의 '한 그루'는 제42항에 따라 띄어 써야 하겠군.
③ '그는 건물 뒤에 숨어 버렸다.'의 '숨어 버렸다'는 제47항에 따라 붙여 써도 되겠군.
④ '고무신이 강물에 떠내려가고 말았다.'의 '떠내려가고 말았다'는 제47항에 따라 붙여 쓰면 안 되겠군.
⑤ '그에게서 편지가 올 듯도 하다.'의 '올 듯도'는 제41항에 따라 '듯도'로 붙여 쓰고, 제42항에 따라 '올 듯도'로 띄어 썼군.

9. 다음은 '사전 활용하기'의 학습 활동을 위한 자료이다. 이에 대한 이해로 적절하지 **않은** 것은?

───── 보기 ─────

이르다1 動 〔이르러, 이르니〕
【…에】
㉠ 어떤 장소나 시간에 닿다.
　¶ 목적지에 이르다.
㉡ 어떤 정도나 범위에 미치다.
　¶ 결론에 이르다.

이르다2 動 〔일러, 이르니〕
㉠【…에게 …을】, 【…에게 -고】 무엇이라고 말하다.
　¶ 아이들에게 주의하라고 이르다.
㉡【…을】, 【…에게 …을】, 【…에게 -고】, 【…에게 -도록】잘 깨닫도록 일의 이치를 밝혀 말해 주다.
　¶ 선생님은 아이들에게 싸우지 말라고 일러 주었다.

이르다3 形 〔일러, 이르니〕
【…보다】, 【-기에】
대중이나 기준을 잡은 때보다 앞서거나 빠르다.
　¶ 그는 여느 때보다 이르게 학교에 도착했다.

① 이르다1은 이르다2, 이르다3과 활용 형태가 다르게 나타난다.
② 이르다2 ㉡의 의미를 고려할 때 유의어로는 '타이르다'가 있다.
③ 이르다3은 이르다1, 이르다2와 달리 상태나 성질을 나타내는 품사이다.
④ 이르다1, 이르다2, 이르다3은 모두 부사어를 요구하는 두 자리 서술어이다.
⑤ 이르다1 ㉠의 예로 '신랑은 위풍당당하게 신부의 집에 이르렀다.'를 추가할 수 있다.

10. 다음은 '들다'의 의미 학습을 위해 활용한 사전의 일부분이다. 탐구 결과로 적절한 것은?

───── 보기 ─────

들다1 【…에】
㉠ 밖에서 속이나 안으로 향해 가거나 오거나 하다.
　¶ 사랑채에 들다.
㉡ 어떤 일에 돈, 시간, 노력, 물자 따위가 쓰이다.
　¶ 잔치 음식에는 품이 많이 든다.
[속담] 드는 줄은 몰라도 나는 줄은 안다 → 사람이나 재물이 붇는 것은 눈에 잘 띄지 않아도 그것이 줄어드는 것은 곧 알아차릴 수 있다는 말.
들다2 【…을】
㉠ 손에 가지다. ¶ 신부는 손에 꽃을 들고 앉아 있다.
[속담] 들고 나니 초롱꾼 → 초롱을 들고 있으면 초롱꾼(초롱을 들고 가며 밤길을 밝혀 주는 사람)이 된다는 뜻으로, 사람은 어떤 일이고 다 할 수 있다는 말.

① '들다1'과 '들다2'는 중심적 의미와 주변적 의미의 다의 관계로 볼 수 있겠군.
② '들다1' ㉠의 뜻을 살려서 '들어서다', '들어오다'와 같은 합성어가 만들어졌겠군.
③ '들다1' ㉡의 용례로 '전국에 풍년이 들다.'를 추가할 수 있겠군.
④ '들다2' ㉠의 유의어로는 '올리다'가 가능하겠군.
⑤ '들다1'과 '들다2'에서 쓰인 속담은 모두 '들다'와 '나다'의 반의 관계를 이용한 것이겠군.

11. 〈보기〉는 '우리말 바로 쓰기' 학습 활동을 위해 찾은 사전의 일부이다. 이에 대한 이해로 옳지 **않은** 것은?

───── 보기 ─────

붓다1 [붇 : 따] 〔부어, 부으니, 붓는〕
「1」 살가죽이나 어떤 기관이 부풀어 오르다.
「2」 (속되게) 성이 나서 뾰로통해지다.

붓다2 [붇 : 따] 〔부어, 부으니, 붓는〕
「1」【…에/에게 …을】 액체나 가루 따위를 다른 곳에 담다.
「2」【…에/에게 …을】 모종을 내기 위하여 씨앗을 많이 뿌리다.

붇다 [붇 : 따] 〔불어, 불으니, 붇는〕
「1」 물에 젖어서 부피가 커지다.
「2」 분량이나 수효가 많아지다.

① '붓다1', '붓다2'는 동음이의어이겠군.
② '붓다1'보다 '붓다2'는 필수적으로 요구되는 문장 성분이 더 많겠군.
③ '붓다1', '붓다2'와 달리 '붇다'는 규칙 활용 동사로 볼 수 있겠군.
④ 각 단어의 의미를 고려할 때, '물을 따르다'에서 '따르다'의 유의어는 '붓다2 「1」'이겠군.
⑤ '붇다 「1」'의 용례로 '오래되어 불은 국수는 맛이 없다.'가 가능하겠군.

12. 〈보기〉를 참고하여 단어를 분석해 본 결과로 옳지 <u>않은</u> 것은?

───── 보기 ─────

〈수업 게시판에 올라온 질문〉
'어근'과 '어간'이 항상 헷갈려요. 예를 들어, '짓밟다' 같은 단어에서 무엇이 어근이고 무엇이 어간인가요?

〈선생님의 답글〉
어근은 단어 형성 시 실질적인 의미를 나타내는 중심 부분을, 어간은 용언의 활용 시 변하지 않는 부분을 가리킵니다. (활용 시 어간의 형태가 변하는 경우도 있습니다.)
'짓밟다'는 '밟-'에 접두사 '짓-'이 결합되어 만들어진 단어로 이때 단어의 중심 부분은 '밟-'이고 이를 어근이라고 합니다. '짓밟다'는 '짓밟-'에 어미가 붙어 '짓밟아, 짓밟고'처럼 활용되므로 '짓밟-'이 어간입니다.

① '치솟다'는 어근이 '솟-'이고, 어간은 '치솟-'이다.
② '잡히다'는 어근이 '잡-'이고, 어간은 '잡히-'이다.
③ '설익다'는 어근이 '익-'이고, 어간은 '설익-'이다.
④ '검붉다'는 어근이 '붉-'이고, 어간은 '검붉-'이다.
⑤ '날아가다'는 어근이 '날-', '가-'이고, 어간이 '날아가-'이다.

13. 다음은 어떤 학생이 의문을 해결하는 탐구 과정을 나타낸 것이다. ⓐ에 들어갈 내용으로 가장 적절한 것은?

───── 보기 ─────

의문	'달리기'는 사전에서 찾을 수 있는데, '세우기'는 사전에서 찾을 수 없는 이유는 무엇일까?
탐구	[탐구 절차] 1. '달리기'와 '세우기'의 형태소 분석하기 • 달리기 → 달리- + -기 • 세우기 → 세우- + -기 2. '달리기'와 '세우기'가 문장에서 어떻게 사용되는지 살펴보기 • 꾸준한 달리기는 건강에 상당한 도움을 준다. • 그는 놀랍게도 달리기를 하였습니다. • 그들은 대책을 조속히 세우기로 결정했다.
결론	_____ⓐ_____으로 보아, '세우기'의 '-기'는 명사형 어미이다. 즉 '달리기'는 명사로서 하나의 단어이므로 사전에 등재되어 있지만, '세우기'는 명사가 아니라 동사의 활용형이므로 사전에 등재되지 않은 것이다.

① '달리기'와 '세우기'가 모두 어간에 '-기'를 결합하여 만들어진 것
② '달리기'는 목적어를 취하지만, '세우기'는 목적어를 취하지 못하는 것
③ '달리기'가 주동사 '달리다'에서, '세우기'가 사동사 '세우다'에서 비롯된 것
④ '달리기'는 목적어로 쓰이고, '세우기'는 조사와 결합하여 부사어로 쓰인 것
⑤ '달리기'가 관형어의 수식을 받지만 '세우기'는 관형어의 수식을 받지 않는 것

14. 〈보기〉의 ㉠에 들어갈 기호로 적절한 것은?

───── 보기 ─────

다음은 용언을 구성하는 형태소들을 그 특성에 따라 기호로 나타낸 것이다.
• 짐승들의 <u>우짖는</u> 소리만 산에 가득하다.
　　　　◎+◎+☆
• 그는 애원하듯 노인에게 <u>되묻고</u> 있었다.
　　　　◇+◎+☆
• 민수는 현관문을 <u>밀치는</u> 소리에 깜짝 놀랐다.
　　　　◎+◇+☆
• 채소밭이 사람들에게 <u>짓밟히며</u> 엉망이 되었다.
　　　　　㉠

① ◎+◇+☆
② ◇+◎+☆
③ ◎+◎+◇+☆
④ ◇+◇+◎+☆
⑤ ◇+◎+◇+☆

15. (가)의 내용을 참고하여 (나)의 ㉠, ㉡을 탐구한 내용으로 가장 적절한 것은?

───── 보기 ─────

(가) 한자음 '녀, 뇨, 뉴, 니'가 단어의 첫머리에 오면 두음 법칙에 따라 '여, 요, 유, 이'로 적고, 단어의 첫머리 이외의 경우에는 본음대로 적는다. 또한 '신여성(新女性)'의 '여성'과 같이 이미 두음 법칙이 적용된 자립적인 명사가 복합어의 뒷말로 쓰이는 경우에도 두음 법칙을 적용하여 적는 것이 원칙이다. 그러나 의존 명사에는 두음 법칙을 적용하지 않는다.
(나) ㉠ 출생 연도(○) / 출생 년도(×)
　　 ㉡ <u>남녀(○) / 남여(×)</u>

① ㉠은 '연'이 단어의 첫머리에 오므로 두음 법칙을 적용하였고, ㉡은 '녀'가 의존 명사이므로 두음 법칙을 적용하지 않았다.
② ㉠은 '연도'가 합성어의 뒷말에 쓰이므로 두음 법칙을 적용하였고, ㉡은 '녀'가 의존 명사이므로 두음 법칙을 적용하지 않았다.
③ ㉠은 '연'이 단어의 첫머리에 오므로 두음 법칙을 적용하였고, ㉡은 '녀'가 단어의 첫머리에 오지 않으므로 두음 법칙을 적용하지 않았다.
④ ㉠은 '연도'가 접두사 뒤에 쓰이므로 두음 법칙을 적용하였고, ㉡은 '녀'가 단어의 첫머리에 오지 않으므로 두음 법칙을 적용하지 않았다.
⑤ ㉠은 '연도'가 합성어의 뒷말에 쓰이므로 두음 법칙을 적용하였고, ㉡은 '녀'가 단어의 첫머리에 오지 않으므로 두음 법칙을 적용하지 않았다.

16. 〈보기 1〉을 바탕으로 〈보기 2〉와 같이 파생어를 분류하는 활동을 하였다. 이에 대한 설명으로 적절하지 **않은** 것은?

───── 보기 1 ─────

파생어는 어근에 접사가 붙어 이루어진 말이다. 파생어 형성의 결과는 다음과 같이 분류된다.

㉠ 품사와 문장 구조에 변화가 없음.

예 : 명사 '어머니'에 '시-'가 붙어 명사 '시어머니'가 된다.

㉡ 파생어가 되어 품사가 달라짐.

예 : 동사 '웃다'의 '웃-'에 '-음'이 붙어 명사 '웃음'이 된다.

㉢ 파생어의 사용으로 문장 구조가 달라짐.

예 : '잡다'에 '-히-'가 붙어 '잡히다'가 되면 '경찰이 도둑을 잡다'와 같은 문장이 '도둑이 경찰에게 잡히다'처럼 바뀐다.

㉣ 위의 ㉡과 ㉢ 모두에 해당함.

예 : 형용사 '낮다'에 '-추-'가 붙어 동사 '낮추다'가 되면 '방 온도가 낮다'와 같은 문장이 '내가 방 온도를 낮추다'처럼 바뀐다.

───── 보기 2 ─────

| 시어머니 웃음 잡히다 낮추다 |
| 새파랗다 달리기 지우개 열리다 읽히다 |

㉠	㉡	㉢	㉣
시어머니	웃음	잡히다	낮추다
⋮	⋮	⋮	⋮

① '파랗다'에 '새-'가 붙은 '새파랗다'는 ㉠에 들어간다.

② '달리다'의 '달리-'에 '-기'가 붙은 '달리기'는 ㉡에 들어간다.

③ '지우다'의 '지우-'에 '-개'가 붙은 '지우개'는 ㉡에 들어간다.

④ '열다'의 '열-'에 '-리-'가 붙은 '열리다'는 ㉢에 들어간다.

⑤ '읽다'의 '읽-'에 '-히-'가 붙은 '읽히다'는 ㉣에 들어간다.

17. 〈보기〉의 ㉠, ㉡에 해당하는 예로 적절한 것은?

───── 보기 ─────

합성어는 어근과 어근이 결합하여 만들어진 단어를 말한다. 합성어가 만들어질 때 결합하는 어근은 형태가 바뀌기도 하고 원래의 의미가 변하기도 하는데, 의미의 변화는 문맥 속에서 파악할 수 있다. 아래 표는 형태 변화와 의미 변화에 따라 합성어가 만들어지는 양상의 일부를 도식화한 것이다.

형태 변화	의미 변화	
+	-	…… ㉠
-	+	…… ㉡

※ '+' : 변화 있음. '-' : 변화 없음.

① ㉠ : 상황이 나빠진 게 <u>어제오늘</u>의 일이 아니다.

② ㉠ : 사람의 <u>안팎</u>을 속속들이 알 수는 없다.

③ ㉠ : 우리 집은 오랫동안 <u>마소</u>를 길렀다.

④ ㉡ : 서너 명이 모여 <u>모둠</u>을 만들었다.

⑤ ㉡ : <u>소나무</u>의 꽃은 5월에 핀다.

18. 〈보기〉를 통해 알 수 있는 내용으로 적절하지 **않은** 것은?

───── 보기 ─────

파생어에서 어근과 결합하여 그 뜻을 제한하는 부분을 접사라 하는데, 다음 (ㄱ)~(ㅁ)에서 밑줄 친 부분이 접사에 해당한다.

(ㄱ) 사기<u>꾼</u>, <u>덧</u>대다

(ㄴ) 믿<u>음</u>, 젊<u>음</u> / 공부<u>하다</u>, 행복<u>하다</u>

(ㄷ) <u>군</u>말 : 하지 않아도 좋을 쓸데없는 군더더기 말.

(ㄹ) 울타리가 <u>높다랗</u>다. / *높다<u>라</u>랗

(ㅁ) 길<u>이</u>, 깊<u>이</u>, *짧<u>이</u>, *얕<u>이</u> / 길게, 깊게, 짧게, 얕게

* : 비문법적 표현.

① (ㄱ)은 접사가 어근의 앞에 올 수도 있고 뒤에 올 수도 있음을 보여 주는군.

② (ㄴ)은 접사가 어근의 품사를 바꾸기도 한다는 것을 보여 주는군.

③ (ㄷ)은 접사가 어근의 의미를 한정하는 기능을 갖는다는 것을 보여 주는군.

④ (ㄹ)은 접사가 어미에 선행하여 나타난다는 것을 보여 주는군.

⑤ (ㅁ)은 어미가 접사와는 달리, 결합하는 어근에 제한을 받는다는 것을 보여 주는군.

19. 다음 중 직접 구성 요소가 〈보기〉의 '눈높이'처럼 단일어와 파생어로 이루어진 것은?

───── 보기 ─────

단어의 구조를 분석할 때에는 다음 그림과 같이 몇 단계를 거치게 된다. 이때 각 단계의 구성에 참여하는 요소를 그 구성의 직접 구성 요소라고 한다.

예를 들어, 위 그림에서 '눈높이'의 직접 구성 요소는 '눈'과 '높이'이다. 그리고 '높이'의 직접 구성 요소는 '높-'과 '-이'이다. '눈높이'는 그 직접 구성 요소가 단일어('눈')와 파생어('높이')로 이루어져 있다는 특징을 지닌다.

① 불고기

② 시누이

③ 겁쟁이

④ 헛손질

⑤ 볶음밥

20. 〈보기〉를 바탕으로 한 설명으로 적절하지 **않은** 것은?

─── 보기 ───

 합성어를 구성하고 있는 어근이 본래의 의미를 가지고 대등한 자격으로 결합된 합성어를 대등 합성어라고 하고, 두 어근 중 하나의 어근이 다른 어근에 종속되는 관계를 지닌 채 결합된 합성어를 종속 합성어라고 한다. 또 결합된 어근이 본래의 뜻을 잃어버리고 새로운 의미를 나타내는 합성어를 융합 합성어라고 한다.

① '아들이 물걸레를 빨아 오다.'의 '물걸레'는 '물'과 '걸레'라는 어근이 대등한 자격으로 결합된 것이므로 대등 합성어이다.
② '태풍으로 도시는 쑥밭이 되었다.'에서의 '쑥밭'은 결합된 어근이 본래의 뜻을 잃어버리고 새로운 의미로 사용된 것이므로 융합 합성어이다.
③ '밥그릇, 국그릇, 수저를 챙기다.'에서의 '국그릇'은 '국'이 의미 관계상 '그릇'이라는 말에 종속되어 있으므로 종속 합성어이다.
④ '친구들과 선물을 주고받다.'에서의 '주고받다'는 '주다'와 '받다'라는 어근이 대등한 자격으로 결합된 것이므로 대등 합성어이다.
⑤ '유럽 전역에서 르네상스가 꽃피었다.'에서의 '꽃피다'는 결합된 어근이 본래의 뜻을 잃어버리고 새로운 의미로 사용된 것이므로 융합 합성어이다.

21. 〈보기〉를 바탕으로 한 설명으로 적절하지 **않은** 것은?

─── 보기 ───

• 반의 관계의 성립 요건
 반의 관계는 두 단어 사이에 공통되는 의미 자질이 있으면서 오직 한 개의 자질만이 상반될 때 성립된다.
 예 : '남편'과 '아내'는 [인간, 부부]라는 공통된 의미 자질이 있으면서, [성(性)]이라는 오직 한 개의 의미 자질이 상반되므로 반의 관계가 성립된다.

• 반의 관계의 유형
 반의 관계는 두 단어 사이에 중간 개념이 없이 대립하는 '모순 관계'와 두 단어 사이에 중간 개념이 존재하는 '반대 관계'로 나눌 수 있다. 또 두 단어 사이에서 서로 상대적 관계가 성립하는 '상대 관계'도 있다.
 예 : '삶'과 '죽음'은 중간 개념이 존재하지 않는 모순 관계에 있으며, '많다'와 '적다'는 중간 개념이 존재하는 반대 관계에 있다. 그리고 '스승'과 '제자'의 경우는 X가 Y의 스승이면, Y가 X의 제자가 되므로 상대 관계가 성립된다.

• 다의어의 반의 관계
 다의어의 경우에는 그것이 지닌 다양한 의미에 따라 반의 관계에 있는 단어도 달라진다.
 예 : '(운동장을) 뛰다'의 반의어는 '걷다'이지만, '(물가가) 뛰다'의 반의어는 '내리다'이다.

① '남자'와 '여자'는 [사람]이라는 공통된 의미 요소가 있으면서, [성(性)]이라는 오직 한 개의 의미 요소가 상반되므로 반의 관계가 성립된다.
② '길다'와 '짧다'는 서로 대립되는 관계 속에서 두 단어 사이에 중간 개념이 존재하지 않으므로 반의 관계 중 모순 관계가 성립된다.
③ '춥다'와 '덥다'는 서로 대립되는 관계 속에서 두 단어 사이에 중간 개념이 존재하므로 반의 관계 중 반대 관계가 성립된다.
④ '(몸을 곧게 하여) 서다'의 반의어는 '앉다'이지만 '(시계가) 서다'의 반의어는 '가다'인 것처럼, 다의어에는 여러 반의어가 존재할 수 있다.
⑤ '부모'와 '자식'은 X가 Y의 부모이면, Y가 X의 자식이 되므로 반의 관계 중 상대 관계가 성립된다.

22. 다음은 '부치다'의 의미 학습을 위해 활용한 사전의 일부분이다. 탐구 결과로 적절하지 **않은** 것은?

─── 보기 ───

부치다¹ 「동사」
[1] 【…을 …에/에게】【…을 …으로】 편지나 물건 따위를 일정한 수단이나 방법을 써서 상대에게로 보내다.
 ¶ 아들에게 학비와 용돈을 부치다. / 편지를 부치다.
[2] 【…을 …에】
「1」 어떤 문제를 다른 곳이나 다른 기회로 넘기어 맡기다.
 ¶ 임명 동의안을 표결에 부치다. / 인권 침해 책임자를 재판에 부쳐 처벌하였다.
「2」 어떤 일을 거론하거나 문제 삼지 아니하는 상태에 있게 하다.
 ¶ 회의 내용을 극비에 부치다.

부치다² 「동사」
【…에/에게】 모자라거나 미치지 못하다.
 ¶ 그 일은 이제 기력이 부쳐 할 수 없다.
 ¶ 그는 긴 여행에 체력이 부쳐서 집에서 꼼짝하지 않고 쉬고 있었다.

① '부치다¹'과 '부치다²'는 별개의 표제어로 기술된 걸 보니 동음이의어이겠군.
② '부치다¹ [2]「1」'의 유의어로는 '회부하다'가 가능하겠군.
③ '부치다¹'은 목적어를 필수적으로 요구하지는 않는다는 점에서 '부치다²'와 다르군.
④ '부치다²'와 달리 '부치다¹'은 다의어에 해당하는군.
⑤ '부치다¹ [2]「2」'의 용례로 '그는 여행 계획을 비밀에 부친 채 침묵을 지켰다.'를 추가할 수 있겠군.

23. 〈보기〉의 ⒜~⒠와 구체적 사례를 연결한 내용으로 적절하지 **않은** 것은?

─ 보기 ─

　합성어의 구성 요소 A, B가 대등한 자격으로 결합 관계를 이룰 때, 그 어순은 고정되어 있다. 즉, A와 B가 합성될 때 'AB'형이나 'BA'형이 임의로 교체되는 것이 아니라 언중의 인지적 경향성에 따라 어느 한쪽으로 어순이 고정된다는 것이다. 합성어의 결합 양상에서 드러나는 특징을 보면 다음과 같다.

⒜ 시간과 시간의 흐름에 따른 동작에서 앞선 시간이나 사건이 앞자리에 놓인다.
⒝ 작은 수가 앞자리에, 큰 수가 뒷자리에 놓인다.
⒞ 근칭이 원칭 앞에 놓인다.
⒟ 힘이나 가치의 우열에 따른 대립적 요소에 대해, 더 현저하고 중요한 쪽, 즉 적극적인 요소가 소극적인 요소보다 앞자리에 놓인다.
⒠ 긍정이 부정보다 앞자리에 놓인다.

* : 비문법적 표현.

① ⒜ - 어제오늘 / *오늘어제
② ⒝ - 예닐곱 / *일곱여섯
③ ⒞ - 여기저기 / *저기여기
④ ⒟ - 천만리 / *만천리
⑤ ⒠ - 잘잘못 / *잘못잘

24. 〈보기〉의 ㄱ과 ㄴ, ㄷ과 ㄹ을 대비하여 추론할 수 있는 파생 접미사와 어미의 차이점으로 적절한 것은?

─ 보기 ─

　파생 접미사와 어미는 홀로 쓰이지 못한다는 공통점이 있지만 차이점도 존재한다.

　ㄱ. 새가 새끼에게 먹이를 물어다 주었다.
　ㄴ. 점심을 먹고 잠시 낮잠을 잤다.
　ㄷ. 태양이 높이 솟아 있다.
　ㄹ. 하늘은 높고 바다는 푸르다.

　ㄱ과 ㄷ의 파생 접미사인 '-이'와, ㄴ과 ㄹ의 어미인 '-고'를 대비하면 그 차이점을 알 수 있다.

① 어미는 품사를 변화시킬 수 있으나 파생 접미사는 그렇지 않다.
② 파생 접미사는 의미가 일정하지만 어미는 의미가 일정하지 않다.
③ 어미와 결합된 말은 사전에 등재되지만 파생 접미사와 결합된 말은 그렇지 않다.
④ 파생 접미사는 어근과 자유롭게 결합할 수 있지만 어미는 그 결합에 제약이 있다.
⑤ 파생 접미사는 새로운 단어를 만들 수 있는데 어미는 활용형을 만들 수 있을 뿐이다.

25. 〈보기〉의 ㉠~㉢에 해당하지 **않는** 것은?

─ 보기 ─

　다의어는 둘 이상의 의미를 지니고 있는 단어로서, 다의어의 의미는 '중심적 의미'와 이것이 확장된 '주변적 의미'로 나뉜다. 다의어의 의미 확장은 중심 의미의 용법을 다른 국면에 적용한 것으로, 다음과 같은 방식이 대표적이다.

첫째, 생물에 쓰이던 말이 무생물에도 쓰이는 경우 ·············· ㉠
둘째, 구체적인 것을 가리키던 말이 추상적인 것에도 쓰이는 경우 ················ ㉡
셋째, 공간과 관련된 말이 시간과 관련된 말로도 쓰이는 경우 ·· ㉢

	중심적 의미		주변적 의미
①	주현이가 밥을 맛있게 먹었다.	→	종이가 기름을 먹었다.
②	햇살이 눈부시게 밝다.	→	그 사람은 사리에 밝다.
③	집에서 버스 정류장까지는 매우 멀다.	→	동이 트려면 아직도 멀었다.
④	폭풍으로 인해 파도가 높게 쳤다.	→	그 집의 천장은 굉장히 높다.
⑤	논 옆에 길을 냈다.	→	그는 진정한 작가의 길이 무엇일지 고민했다.

26. 〈보기〉에 대한 설명으로 적절하지 **않은** 것은?

─ 보기 ─

-기[1] 「어미」
　('이다'의 어간, 용언의 어간 또는 어미 '-으시-', '-었-', '-겠-' 뒤에 붙어) 그 말이 명사 구실을 하게 하는 어미.
　¶ 그는 너무 빨리 달리기 때문에 아무도 그를 잡을 수 없다.
　　나는 그가 잠들기를 바랐다.

-기[2] 「접사」
　(일부 동사나 형용사 어간 뒤에 붙어) 명사를 만드는 접미사.
　¶ 그녀는 달리기 시합에 출전했다.
　　이 펜은 굵기 조절이 가능하다.

① '-기[1]'의 뒤에는 보조사가 올 수 있는 반면에 '-기[2]'는 뒤에 보조사가 올 수 없다.
② '-기[1]'은 선어말 어미를 활용해 시제를 드러낼 수 있는 용례가 가능하지만 '-기[2]'는 선어말 어미를 활용해 시제를 드러낼 수 있는 용례가 가능하지 않다.
③ '-기[1]'의 '달리기'는 주어 '그는'과 어울려 하나의 절을 이루는 반면에 '-기[2]'의 '달리기'는 주어 '그녀는'과 어울려 절을 이루지 않는다.
④ '-기[1]'은 용언의 활용형의 일부로 그 말의 품사를 바꾸지 않는 반면에 '-기[2]'는 접사로 원래 단어의 품사를 바꾼다.
⑤ '-기[1]'의 용례인 '달리기'는 사전의 표제어가 되지 못하는 반면에 '-기[2]'의 용례인 '달리기'는 사전의 표제어가 될 수 있다.

27. 〈보기〉의 ㉠~㉺에 대해 탐구한 내용으로 적절하지 <u>않은</u> 것은?

─── 보기 ───

파생 접사는 어근의 앞에 붙는 접두사와 어근의 뒤에 붙는 접미사로 나눌 수 있다. 일반적으로 접두사는 원래 단어의 품사를 바꿀 수 없지만 접미사는 원래 단어의 품사를 바꾸기도 한다. 또한, 접미사가 결합하여 피동이나 사동의 의미를 갖는 단어가 만들어지기도 한다.

파도의 ㉠ 높이를 재다.		가을 하늘이 ㉣ 드높다.
그는 ㉡ 높이 뛰었다.	높다	그의 사기를 ㉤ 드높이다.
벽이 ㉢ 높다랗다.		방의 온도를 ㉺ 높이다.

① ㉠과 ㉡은 모두 '-이'와 결합했지만 품사는 서로 다르구나.
② ㉠의 접미사는 원래 단어의 품사를 바꾸어 주지만 ㉺의 접미사는 그렇지 않구나.
③ ㉢의 '-다랗-'과 ㉣의 '드-'는 모두 원래 단어의 품사를 바꾸어 주지 않는구나.
④ ㉤에서는 어근에 결합하는 접두사와 접미사를 모두 확인할 수 있구나.
⑤ ㉤과 ㉺의 '-이-'는 사동의 의미를 더해 주는 접사이구나.

28. 〈보기〉의 (가)에 들어갈 설명으로 적절하지 <u>않은</u> 것은?

─── 보기 ───

국어의 문장에 흔히 나타나는 단어 배열법에 따라 어근을 결합한 합성어를 통사적 합성어, 그렇지 않은 합성어를 비통사적 합성어라고 한다. 예를 들어, 명사와 명사가 결합한 '쌀밥', 동사의 관형사형과 명사가 결합한 '굳은살', 동사의 연결형과 동사의 어간이 결합한 '갈아입다' 등은 국어 문장에서 흔히 나타나는 배열법으로서 통사적 합성어에 해당한다. 반면에 형용사의 어간과 명사가 결합한 '검버섯', 동사의 어간과 동사의 어간이 결합한 '굶주리다' 등은 국어의 문장 구성에는 없는 단어 배열법으로 비통사적 합성어에 해당한다. 다른 예를 들어 살펴보자면, _____(가)_____

① '밀대'는 동사의 어간과 명사가 결합한 비통사적 합성어의 예이다.
② '이른바'는 동사의 관형사형과 명사가 결합한 통사적 합성어의 예이다.
③ '곁눈'은 명사와 명사가 결합한 통사적 합성어의 예이다.
④ '풀어지다'는 동사의 연결형과 동사의 어간이 결합한 통사적 합성어의 예이다.
⑤ '알아보다'는 동사의 어간과 동사의 어간이 결합한 비통사적 합성어의 예이다.

29. 〈보기〉를 참고하여 단어를 분석할 때 적절하지 <u>않은</u> 것은?

─── 보기 ───

어간은 용언이 활용할 때 변하지 않는 부분을, 어근은 파생어나 합성어에서 실질적인 의미를 갖는 부분을 말한다. '놀다'의 어간과 어근이 모두 '놀-'인 것처럼 어간과 어근의 형태가 동일할 때도 있지만, 그렇지 않은 경우도 있다. 예를 들어, 합성어인 '뛰놀다'의 어근은 '뛰-', '놀-'이지만 어간은 '뛰놀-'이 된다.

① '눕히다'의 어근은 '눕-'이고 어간은 '눕히-'이다.
② '치솟다'의 어근은 '치-'이고 어간은 '치솟-'이다.
③ '얕보다'의 어근은 '얕-', '보-'이고 어간은 '얕보-'이다.
④ '꿇-'은 '꿇다'의 어간이기도 하면서 어근이기도 하다.
⑤ '잡히다'의 어근은 '잡-', 어간은 '잡히-'이고, '바로잡다'의 어근은 '바로', '잡-', 어간은 '바로잡-'이다.

30. 〈보기〉의 ㉠에 대한 분석으로 적절하지 <u>않은</u> 것은?

─── 보기 ───

형태소는 자립성의 유무에 따라 자립 형태소와 의존 형태소로 나눌 수 있다. 그리고 실질적인 의미의 유무에 따라 실질 형태소와 형식 형태소로 분류할 수도 있다. 자립 형태소는 대체로 실질 형태소와 일치하고 의존 형태소는 대체로 형식 형태소와 일치한다. 다만 용언의 어간은 의존 형태소이면서 실질 형태소에 속한다.
예문 : ㉠ 첫눈이 내리자 사람들은 한낮에 산으로 갔다.

① 자립 형태소는 '첫눈', '사람', '낮', '산' 4개이다.
② 실질 형태소이면서 의존 형태소는 '내리-', '가-'이다.
③ 의존 형태소인 접사는 '-들', '한-' 2개로 단독으로 쓰일 수 없다.
④ 의존 형태소인 어미는 '-자', '-았-', '-다' 3개로 단독으로 쓰일 수 없다.
⑤ 형식 형태소인 조사는 '이', '은', '에', '으로' 4개로 문법적인 의미를 지닌다.

31. 밑줄 친 단어 중, 〈보기〉의 ㉠에 해당하는 것은?

─── 보기 ───

합성어의 구성에서, 명사와 명사의 결합으로 이루어진 '김밥', '책상'과 같은 합성 명사는 흔히 볼 수 있다. 그런데 때로는 '어제오늘'과 같이, ㉠ <u>명사와 명사의 결합으로 이루어진 합성 부사</u>도 존재한다.

① 그는 <u>밤낮</u> 놀 생각만 한다.
② 촉촉한 <u>봄비</u> 소리도 우리를 즐겁게 한다.
③ 그는 보기와는 다르게 노래를 <u>곧잘</u> 한다.
④ 심판은 규칙을 <u>잘못</u> 적용하였다.
⑤ 친구들이 <u>한바탕</u> 법석을 떨었다.

32. 〈보기〉의 ㉠, ㉡에 들어갈 단어가 올바르게 짝지어진 것은?

─ 보기 ─

어근에 접미사가 결합하여 형성되는 파생어에서 접미사가 결합하기 전의 단어의 품사와 결합한 후의 단어의 품사는 동일할 수도 있고 달라질 수도 있다. 다음의 파생어들을 살펴보자.

걸음, 구경꾼, 먹이, 쌓이다, 가위질, 많이

위의 단어들 중 (㉠)은 접미사가 결합하기 전과 결합한 후의 단어의 품사가 바뀌지 않은 반면, (㉡)은 접미사가 결합하기 전과 결합한 후의 단어의 품사가 바뀌었다.

	㉠	㉡
①	구경꾼, 쌓이다, 가위질	걸음, 먹이, 많이
②	구경꾼, 쌓이다, 많이	걸음, 먹이, 가위질
③	걸음, 먹이, 많이	구경꾼, 쌓이다, 가위질
④	걸음, 쌓이다, 가위질	구경꾼, 먹이, 많이
⑤	구경꾼, 먹이, 가위질	걸음, 쌓이다, 많이

33. 〈보기〉에 대한 이해로 적절하지 **않은** 것은?

─ 보기 ─

덧-「접사」
「1」 (일부 명사 앞에 붙어) '거듭된' 또는 '겹쳐 신거나 입는'의 뜻을 더하는 접두사.
    ¶ 덧니. / 덧버선.
「2」 (일부 동사 앞에 붙어) '거듭' 또는 '겹쳐'의 뜻을 더하는 접두사.
    ¶ 덧대다. / 덧붙이다.

뒤-「접사」
 (일부 동사 앞에 붙어)
「1」 '몹시, 마구, 온통'의 뜻을 더하는 접두사.
    ¶ 뒤덮다. / 뒤섞다.
「2」 '반대로' 또는 '뒤집어'의 뜻을 더하는 접두사.
    ¶ 뒤바꾸다. / 뒤엎다.

군-「접사」
 (일부 명사 앞에 붙어)
「1」 '쓸데없는'의 뜻을 더하는 접두사.
    ¶ 군 것. / 군살.
「2」 '가외로 더한', '덧붙은'의 뜻을 더하는 접두사.
    ¶ 군사람. / 군식구.

① '덧-「1」'에 해당하는 용례로 '덧신'을 추가할 수 있겠군.
② '뒤-「2」'에 해당하는 용례로 '뒤엉키다'를 추가할 수 있겠군.
③ '군-「1」'에 해당하는 용례로 '군말'을 추가할 수 있겠군.
④ '덧-'은 '뒤-', '군'과는 달리 어근을 둘 이상의 품사로부터 취할 수 있는 접사에 해당하는군.
⑤ '덧-', '뒤-', '군'에 용례로 제시된 단어들은 접사가 결합하기 전과 결합한 후의 품사가 바뀌지 않았군.

34. 〈보기〉의 (가)를 참고할 때, (나)의 밑줄 친 부분에 대한 설명으로 적절하지 **않은** 것은?

─ 보기 ─

(가) 의미를 가진 최소의 언어 단위를 형태소라고 한다. 형태소는 문장 안에서 홀로 쓰일 수 있는지의 여부로 자립 형태소와 의존 형태소로 나눌 수 있다. 형태소는 의미의 성격에 따라 실질 형태소와 형식 형태소로 나눌 수도 있다. 실질 형태소가 구체적인 의미를 나타내는 것에 비해 형식 형태소는 문법적인 관계나 의미를 표시할 뿐이다.

(나) 가을이 오면 사람들의 마음에 여유가 생기기 마련이다.
      ㉠   ㉡   ㉢   ㉣   ㉤

① ㉠은 의존 형태소이자 형식 형태소이다.
② ㉡은 의존 형태소이자 실질 형태소이다.
③ ㉢은 자립 형태소이자 실질 형태소이다.
④ ㉣은 의존 형태소이자 실질 형태소이다.
⑤ ㉤은 의존 형태소이자 형식 형태소이다.

35. 〈보기〉의 설명을 참고할 때, ㉠~㉤ 중 부사인 것을 모두 고른 것은?

─ 보기 ─

접미사 '-적(的)'이 붙은 파생어는 대개 관형사가 되거나 명사가 되고 드물게는 부사가 된다. '-적'이 붙은 단어가 체언을 수식한다면 관형사로, 용언이나 문장 전체, 부사어, 관형어를 수식한다면 부사로 판단할 수 있다. 또는 격 조사와 함께 쓰인다면 명사라고 판단할 수 있다.

- 그의 견해는 오직 ㉠ 수학적 관점만 고려한 것이다.
- 그 가게에서는 학용품을 ㉡ 비교적 저렴하게 팝니다.
- 그들의 행위는 ㉢ 도덕적으로 문제가 있는 것이었다.
- ㉣ 가급적 식사를 집에서 해야 건강을 지킬 수 있다.
- 유령은 ㉤ 물리적인 현상이 아니라 심리적인 현상이다.

① ㉠   ② ㉠, ㉢   ③ ㉠, ㉤
④ ㉡, ㉣   ⑤ ㉢, ㉣, ㉤

36. 〈보기〉의 ㉠, ㉡에 해당하는 예를 바르게 짝지은 것은?

─ 보기 ─

용언 어간에 붙는 명사형 어미 '-(으)ㅁ', '-기'와 명사 파생 접미사 '-(으)ㅁ', '-기'는 형태가 같다. ㉠ 명사형 어미 '-(으)ㅁ', '-기'가 붙은 말은 어간의 원래 품사가 그대로 유지되지만, ㉡ 명사 파생 접미사 '-(으)ㅁ', '-기'가 붙은 말은 명사가 된다. 용언은 서술성이 있으므로 주어를 가져야 하며 부사어의 꾸밈을 받을 수 있는 반면, 명사는 서술성이 없으므로 주어를 가지지 않으며 관형어의 꾸밈을 받을 수 있다는 것으로 앞의 경우와 뒤의 경우를 구별할 수 있다.

① ┌ ㉠ 나는 경기장에서 결승전을 <u>보기</u>가 소원이었다.
  └ ㉡ 그는 고향에 대한 <u>그리움</u>으로 밤을 새웠다.

② ┌ ㉠ 그가 <u>범인이었음</u>이 만천하에 드러났다.
  └ ㉡ 토끼는 더 빨리 <u>달리기</u>가 어려웠다.

③ ┌ ㉠ 우리 아버지는 테니스 <u>치기</u>를 좋아하신다.
  └ ㉡ 형님은 담배를 <u>끊음</u>으로써 건강을 지키셨다.

④ ┌ ㉠ 그 화가는 전원적인 <u>그림</u>을 많이 남겼다.
  └ ㉡ 공손한 <u>말하기</u>는 언어 예절의 기본이다.

⑤ ┌ ㉠ 형이 방금 급한 <u>걸음</u>으로 지나갔다.
  └ ㉡ 할머니께서는 이상한 꿈을 꾸신다고 한다.

37. 다음 ㉠~㉢에 해당하는 예를 모두 올바르게 짝지어진 것은?

─ 보기 ─

단어를 구성하는 요소는 어근과 접사로 나눌 수 있으며, 이들은 복합어의 종류를 구분하는 데 중요하게 작용한다. 복합어를 둘로 나누었을 때 그 둘이 모두 어근에 해당하면 합성어가 되고, 둘 중 하나가 접사이면 파생어가 된다. 합성어의 가장 단순한 구조는 '어근+어근'으로 된 것이고, 파생어의 가장 단순한 구조는 '접두사+어근' 또는 '어근+접미사'로 된 것이다.

그런데 합성어나 파생어는 어근과 접사의 결합 방식에 따라 좀 더 다양한 구조를 가질 수 있다. 어근과 접사가 셋 이상 결합하여 합성어나 파생어를 이룰 때 그러하다. 가령 합성어는 '어근'과 '어근+어근'이 결합된 것, ㉠ '어근'과 '어근+접미사'가 결합된 것, ㉡ '어근+접미사'와 '어근'이 결합된 것 등이 있을 수 있다. 또한 파생어도 ㉢ '어근+어근'에 '접미사'가 결합된 것, '접두사+어근'에 '접미사'가 결합된 것 등이 있을 수 있다.

	㉠	㉡	㉢
①	비빔밥	바닷물고기	찜질
②	바닷물고기	찜질	눈가리개
③	눈가리개	비빔밥	나들이
④	찜질	나들이	비빔밥
⑤	나들이	눈가리개	바닷물고기

38. 〈보기〉를 활용하여 국어사전의 정보에 대해 탐구한 내용으로 가장 적절한 것은?

─ 보기 ─

다루다 [다루어(다뤄), 다루니] 「동사」

[1] 【…을】
㉠ 일거리를 처리하다.
  ¶ 무역 업무를 다루다. / 이 병원은 피부병만 다루고 있다.
㉡ 어떤 물건을 사고파는 일을 하다.
  ¶ 중고품을 다루다. / 이곳은 주로 전자 제품을 다룬다.
㉢ 기계나 기구 따위를 사용하다.
  ¶ 악기를 다루다. / 그는 공장에서 기계를 다룬다.
㉣ 가죽 따위를 매만져서 부드럽게 하다.
  ¶ 가죽을 다루다. / 짐승의 가죽을 다루어서 옷 따위를 만드는 일은 주로 여자들이 맡아 하였다.

[2] 【…을 …으로】 【…을 -게】
㉠ 어떤 물건이나 일거리 따위를 어떤 성격을 가진 대상 혹은 어떤 방법으로 취급하다.
  ¶ 그는 외과 수술을 전문으로 다룬다.
  장인은 자신이 맡은 일을 능숙하게 다룬다.
㉡ 사람이나 짐승 따위를 부리거나 상대하다.
  ¶ 코치는 여자아이를 남자아이처럼 다루었다.
  작은 미물이라 할지라도 소중히 다루어야 한다.
㉢ 어떤 것을 소재나 대상으로 삼다.
  ¶ 그는 다음 소설에서 이념 문제를 주제로 다룰 예정이다.
  기자들은 고위 관료들의 뇌물 수수를 크게 다루었다.

① [다루어(다뤄), 다루니]를 통해 '다루다'는 규칙 활용을 하는 용언임을 알 수 있다.
② 【 】안의 문형 정보를 통해 [1]은 한 자리 서술어, [2]는 두 자리 서술어임을 알 수 있다.
③ [2]-㉠의 용례로 '모든 신문에서 남북 회담을 특집으로 다루고 있다.'를 추가할 수 있다.
④ '[1]', '[2]'와 같은 기호를 통해 '다루다'가 표제어의 뜻이 서로 다르게 나타나는 동음이의어임을 확인할 수 있다.
⑤ 표제어 '다루다'의 어간에 명사형 어미 '-기'를 결합한 '다루기'를 사전에 새로 추가할 수 있다.

39. 〈보기〉에 대해 탐구한 내용으로 적절하지 **않은** 것은?

─── 보기 ───

둘 이상의 어근이 결합하여 만들어진 합성어에는 우리말의 일반적인 단어 형성 방법과 일치하는 통사적 합성어와 그렇지 않은 비통사적 합성어가 있다. 통사적 합성어는 명사와 명사, 관형사와 명사, 부사와 용언, 용언의 어간과 어미의 통합형 뒤에 다른 어간이 결합하는 방식으로 만들어진다. 반면에 비통사적 합성어는 부사와 명사, 용언의 어간과 명사, 용언의 어간과 다른 어간이 결합하는 방식으로 만들어진다.

① '반달'은 명사 '반'과 명사 '달'이 결합된 통사적 합성어이다.
② '다시없다'는 부사 '다시'와 용언 '없다'가 결합된 통사적 합성어이다.
③ '딱성냥'는 관형사 '딱'과 명사 '성냥'이 결합된 통사적 합성어이다.
④ '덮그물'은 용언의 어간 '덮-'과 명사 '그물'이 결합된 비통사적 합성어이다.
⑤ '헐뜯다'는 용언의 어간 '헐-'과 다른 어간 '뜯-'이 결합된 비통사적 합성어이다.

40. 선생님의 수업을 듣고 과제를 수행한 내용으로 적절하지 **않은** 것은?

선생님 : 오늘은 형태소에 대해 배워 보겠습니다. 형태소는 의미를 가진 가장 작은 말의 단위로 정의할 수 있습니다. 여기서 주의할 점은 의미라는 것이 문법적인 의미를 포함하고 있다는 것입니다. 실질적인 의미를 가지고 있는 형태소를 실질 형태소라 하고, 접사나 조사 등과 같이 문법적인 의미를 가지고 있는 형태소를 형식 형태소라고 하지요. 한편, 형태소는 다른 형태소와 결합하지 않고 홀로 쓰일 수 있는 자립 형태소와, 용언의 어간이나 어미, 접사처럼 홀로 쓰일 수 없는 의존 형태소로도 나눌 수 있습니다. 그렇다면 지금까지 배운 내용을 토대로 다음 문장에 쓰인 형태소를 분석해 볼까요?

형사는 밤이 지새도록 계속 귀를 기울이고 있었다.

① '형사'는 실질적인 의미를 가지고 있고, '는'은 문법적 의미만을 가지고 있으므로 '형사는'은 실질 형태소와 형식 형태소로 이루어졌다고 분석할 수 있습니다.
② '밤'과 '계속'은 모두 실질적인 의미를 가지고 있으며 독립적으로 쓰이므로 실질 형태소이자 자립 형태소라 할 수 있습니다.
③ '귀를'의 '를'은 실질적인 의미를 가지고 있지 않으며, 다른 단어와 결합하여 사용되고 있으므로 형식 형태소이며 의존 형태소라고 할 수 있습니다.
④ '지새-'는 실질적인 의미를 가지고 있고, '-도록'은 형식적 의미를 가지므로 '지새도록'은 실질 형태소와 형식 형태소를 하나씩 갖고 있다고 분석할 수 있습니다.
⑤ '기울이고'는 실질적 의미를 가지고 있는 '기울-'과 문법 의미를 가지고 있는 '-이-', '-고'로 이루어져 있으므로 하나의 실질 형태소와 두 개의 형식 형태소로 분석할 수 있습니다.

41. 〈보기〉의 ㉠~㉤에 각각 들어갈 말로 적절하지 **않은** 것은?

─── 보기 ───

합성어는 어근과 어근이 결합한 말이다. 합성어가 구성되는 방식과 예는 다음과 같다.

(1) 통사적 합성어 : 우리말의 일반적인 어순이나 단어 배열에 부합하는 합성어
• 명사와 명사가 결합하여 '밤낮'이 된다.
• 용언의 활용형과 명사가 결합하여 ' ㉠ '이/가 된다.
• 용언의 활용형과 용언이 결합하여 ' ㉡ '이/가 된다.
• 명사와 용언 사이의 조사가 생략돼 ' ㉢ '이/가 된다.

(2) 비통사적 합성어 : 우리말의 일반적인 어순이나 단어 배열에 부합하지 않는 합성어
• 부사와 명사가 결합하여 ' ㉣ '이/가 된다.
• 용언의 활용형에서 어미가 생략된 채 다른 명사와 결합하게 되면 '검버섯'이 된다.
• 용언의 활용형에서 어미가 생략된 채 다른 용언과 결합하게 되면 ' ㉤ '이/가 된다.

① ㉠ : 건널목
② ㉡ : 뛰어가다
③ ㉢ : 본받다
④ ㉣ : 산들바람
⑤ ㉤ : 깎아지르다

42. 〈보기〉를 바탕으로 ㉠과 ㉡에 해당하는 예를 바르게 나열한 것은?

─── 보기 ───

합성어는 구성 요소들의 관계에 따라 ㉠ 종속 합성어와 ㉡ 대등 합성어로 나눌 수 있다. '종속 합성어'는 '감자떡'과 같이 앞말이 뒷말의 의미를 한정하는 구조로 된 합성어를 뜻한다. 반면, '대등 합성어'는 '아들딸'과 같이 두 개의 성분이 대등하게 결합된 합성어이다.

	㉠	㉡
①	논밭	밤낮
②	물만두	홍고추
③	함박눈	덮밥
④	앞뒤	봄비
⑤	군고구마	마소

43. 〈보기〉의 ㉮~㉺ 중 ㉠, ㉡의 의미를 가지고 있는 단어를 바르게 분류한 것은?

― 보기 ―

접미사는 결합하는 단어에 따라 다양한 의미를 나타낼 수 있다. 명사 또는 동사 어근이나 동사구와 결합하여 명사를 만드는 파생 접미사 '-이'를 예로 들면, '-이'는 다음과 같이 다양한 의미를 나타낸다.
- ㉠ '사물'의 의미를 더해 줌. 예 옷걸이
- ㉡ '행위'의 의미를 더해 줌. 예 가슴앓이
- '사람'의 의미를 더해 줌. 예 젖먹이

| ㉮ 손잡이 | ㉯ 털갈이 | ㉰ 재떨이 |
| ㉱ 턱걸이 | ㉲ 쥐불놀이 | |

	㉠	㉡
①	㉮, ㉯	㉰, ㉱, ㉲
②	㉮, ㉰	㉯, ㉱, ㉲
③	㉮, ㉯, ㉲	㉰, ㉱
④	㉯, ㉰, ㉲	㉮, ㉱
⑤	㉰, ㉱, ㉲	㉮, ㉯

44. 〈보기〉의 수업 게시판에서 '선생님'의 답변을 읽은 후 학생이 찾은 예로 적절하지 **않은** 것은?

― 보기 ―

[수업 게시판]
학 생 : '큰집'은 복합어이고 '큰 집'은 복합어가 아닌 구(句)라고 하는데요. 이처럼 형태가 비슷한데 복합어일 때도 있고 구일 때도 있어서 구별이 어려워요. 어떻게 구별할 수 있을까요?
선생님 : 그 말의 의미를 생각해 보면 됩니다. '크기가 큰 집'에서와 같이 형용사 '크다' 본래의 의미 그대로 쓰이는 경우는 '크다'의 활용형 '큰'과 명사 '집'을 각각 써서 '큰 집'이 됩니다. 이것은 구(句)지요. 그러나 '종가(宗家), 즉 맏이가 사는 집'을 뜻하는 '큰집'에서 '크다'는 형용사 '크다'의 본래 뜻으로부터 멀어져 특수한 뜻으로 쓰이므로 '큰집'이 한 단어로 굳어진 것이지요. 이것은 복합어입니다. '큰집'처럼 어떠한 말이 관용적으로 한 단어처럼 굳어져 쓰이게 되면 복합어로 인정합니다. '큰 집'과 '큰집'처럼 의미가 달라서 구와 복합어로 나뉜 예를 더 찾아보세요.

① 특별 수당을 비유적으로 표현할 때는 구인 '떡 값', 떡의 가격을 뜻할 때는 복합어인 '떡값'이 쓰이겠군.
② 키나 몸집이 작은 언니를 뜻할 때는 구인 '작은 언니', 맏이가 아닌 언니를 뜻할 때는 복합어인 '작은언니'가 쓰이겠군.
③ '집 안 구석구석 청소를 했다.'에서는 구인 '집 안', '우리 집안에는 과학자가 많다.'에서는 복합어인 '집안'이 쓰이겠군.
④ 새의 가슴을 뜻할 때는 구인 '새 가슴', 겁이 많은 사람의 마음을 뜻할 때는 복합어인 '새가슴'이 쓰이겠군.
⑤ '손가락을 꼽으며 한 번, 두 번, 세 번 세었다.'에서는 구인 '한 번', '맛이 어떤지 어디 한번 먹어 봐.'에서는 복합어인 '한번'이 쓰이겠군.

45. 〈보기〉를 바탕으로, 관형사와 접두사의 특성을 ㉠, ㉡과 대조하며 파악한 내용으로 적절하지 **않은** 것은?

― 보기 ―

관형사와 접두사는 뒤에 오는 말의 의미를 한정한다는 점에서 유사한 기능을 한다. 즉 뒤에 오는 말을 꾸며 주는 것이다. 그러나 관형사와 접두사는 분포 면에서 차이를 보인다. 관형사는 ㉠ 주로 체언(명사, 대명사, 수사) 앞에 오며, ㉡ 비교적 여러 가지 말을 두루 꾸민다. 반면 접두사는 체언뿐 아니라 용언(동사, 형용사) 앞에도 붙지만, 비교적 일부의 말 앞에서만 쓰인다. 예를 들어, 명사 '먼저', '뒤', '왼쪽' 등의 앞에 오는 '맨'은 관형사이지만, '주먹', '발' 등의 일부 명사 앞에 오는 '맨-'은 접두사이다.

① '하늘이 드높다.'에서의 '드-'는 형용사 '높다' 앞에 붙었으므로 ㉠과 다르군.
② '깃발을 휘날리다.'에서의 '휘-'는 동사 '날리다' 앞에 붙었으므로 ㉠과 다르군.
③ '불성실을 반성하다.'에서의 '불-'은 명사 '성실' 앞에 붙었으므로 ㉠과 다르군.
④ '한낮, 한밤'에서의 '한-'은 '아침'이나 '저녁' 등 다른 때를 나타내는 말 앞에는 붙을 수 없으므로 ㉡과 다르군.
⑤ '풋감, 풋사과'에서의 '풋-'은 '수박'이나 '포도' 등 다른 과일이나 채소를 나타내는 말 앞에는 붙을 수 없으므로 ㉡과 다르군.

46. 〈보기〉를 참고하여 합성어와 파생어를 판단한 내용으로 적절하지 **않은** 것은?

― 보기 ―

셋 이상의 요소로 이루어진 단어들은 일정한 층위를 이루며 결합된다. 예를 들어, '맨손체조'는 '맨- + 손 + 체조'가 평면적으로 결합된 것이 아니라 먼저 '맨-'과 '손'이 결합되어 '맨손'을 형성하고 여기에 다시 '체조'가 결합된 합성어이다. 이는 '손체조'라는 말이 자연스럽지 않음을 통해서도 확인할 수 있다.

① '나들이'는 '나'와 '들이'가 결합한 합성어이겠구나.
② '집집이'는 '집집'과 '-이'가 결합한 파생어이겠구나.
③ '여닫이'는 '여닫-'과 '-이'가 결합한 파생어이겠구나.
④ '불꽃놀이'는 '불꽃'과 '놀이'가 결합한 합성어이겠구나.
⑤ '꽃목걸이'는 '꽃'과 '목걸이'가 결합한 합성어이겠구나.

47. 밑줄 친 말이 ㉮~㉺의 예에 해당하지 <u>않는</u> 것은?

─── 보기 ───

통사적 합성어는 '명사+명사', ㉮ '관형사+명사', ㉯ '<u>용언의 관형사형+명사</u>', ㉰ '<u>용언의 연결형+용언</u>', '체언과 용언 사이의 조사 생략'과 같이 우리말의 어순이나 단어 배열에 부합하는 합성어이다. 비통사적 합성어는 ㉱ '<u>용언의 어간+명사</u>', ㉲ '<u>용언의 어간+용언</u>', '부사+명사'와 같이 우리말의 어순이나 단어 배열에 부합하지 않는 합성어를 가리킨다.

① ㉮ : <u>새날</u>이 밝았으니 하루를 시작하자.
② ㉯ : <u>작은집</u>에 반찬거리 좀 갖다 주어라.
③ ㉰ : 서쪽으로 새들이 무리 지어 <u>날아가다</u>.
④ ㉱ : 호주머니에 넣기 좋게 <u>접칼</u>을 준비했다.
⑤ ㉲ : 오랜만에 만난 사이라서 감회가 <u>남다르다</u>.

48. 〈보기〉를 바탕으로 제시된 문장의 품사에 대해 이해한 것으로 적절한 것은?

─── 보기 ───

질문 : 안녕하세요, 저는 국어 과목을 열심히 공부하고 있는 고3 학생입니다. 품사 단원을 공부하다가 어려운 게 있어서 질문 올려요. 아래 문장에서 밑줄 친 부분의 품사가 서로 다르다고 하는데 왜 그런 것인지 궁금합니다.

• 그는 매우 빠른 ㉠ <u>걸음</u>으로 우리를 앞질렀다.
• 그가 매우 빨리 ㉡ <u>걸음</u>으로 인해 우리는 무척 지쳤다.

답변 : 안녕하세요, 저는 고등학교에서 국어를 가르치고 있는 국어 선생님이에요. ㉠은 동사의 어근 '걷-'에 명사를 만드는 접미사 '-음'이 붙어 만들어진 파생어로, 명사입니다. '빠른'이라는 관형어의 수식을 받고 있는 것이 보이죠? 반면 ㉡은 동사의 어간 '걷-'에 명사형 어미 '-(으)ㅁ'이 붙은 활용형입니다. 주어 '그가'를 가지는 서술어이지요. 또한 관형어의 수식을 받지 않고, '빨리'라는 부사어의 수식을 받고 있습니다. 이제 ㉠과 ㉡의 품사가 어떻게 다른지 이해했나요?

① '그녀가 환하게 <u>웃음</u>으로써 세상이 밝아졌다.'에서 '웃음'의 품사는 ㉠과 같다.
② '그는 강이 예상보다 <u>깊음</u>을 알렸다.'에서 '깊음'의 품사는 ㉠과 같다.
③ '그들이 격렬한 <u>싸움</u>을 시작했다.'에서 '싸움'의 품사는 ㉡과 같다.
④ '나는 깊게 <u>잠</u>으로써 피로를 회복했다.'에서 '잠'의 품사는 ㉡과 같다.
⑤ '나는 멋진 <u>춤</u>을 좋아한다.'에서 '춤'의 품사는 ㉡과 같다.

49. 〈보기〉는 단어의 관계를 파악하기 위해 찾은 자료이다. 이에 대해 탐구한 내용으로 적절한 것은?

─── 보기 ───

다리[01] 「명사」
「1」 사람이나 동물의 몸통 아래 붙어 있는 신체의 부분. 서고 걷고 뛰는 일 따위를 맡아 한다. 늑 각[09](脚)「1」.
  ¶ 다리가 굵다.
「2」 물체의 아래쪽에 붙어서 그 물체를 받치거나 직접 땅에 닿지 아니하게 하거나 높이 있도록 버티어 놓은 부분.
  ¶ 책상 다리.

손[01] 「명사」
「1」 사람의 팔목 끝에 달린 부분. 손등, 손바닥, 손목으로 나뉘며 그 끝에 다섯 개의 손가락이 있어, 무엇을 만지거나 잡거나 한다. ¶ 손으로 잡다.
「2」 = 손가락. ¶ 손에 반지를 끼다.
「3」 = 일손「3」. ¶ 손이 부족하다.

손[02] 「명사」
「1」 다른 곳에서 찾아온 사람.
「2」 여관이나 음식점 따위의 영업하는 장소에 찾아온 사람.
「3」 지나가다가 잠시 들른 사람.

① '다리[01]2」'와 '손[01]1」'은 의미가 서로 반대되는 반의 관계이다.
② '손[01]'은 기본 의미에서 분화된 여러 가지 의미를 가진 다의어이다.
③ '다리[01]「1」'과 '다리[01]「2」'의 관계는 '손[01]'과 '손[02]'의 관계와 같다.
④ '손[01]'과 '손[02]'는 같은 어원에서 나왔으나 뜻이 달라진 다의 관계이다.
⑤ '다리[01]「1」'과 '다리[01]「2」'는 형태는 같으나 의미의 관련성이 없는 동음이의 관계이다.

문법N제

50. 〈보기 1〉을 바탕으로 〈보기 2〉의 ㄱ~ㅁ을 분류한 것으로 적절한 것은?

― 보기 1 ―

단어들의 의미 관계는 주로 상하 관계, 반의 관계, 유의 관계로 드러난다. 상하 관계는 '곤충-개미'처럼 상위어와 하위어 관계를 뜻하며, 반의 관계는 단어의 뜻이 서로 정반대되는 관계를 뜻한다. 마지막으로 유의 관계는 '얼굴-안면'처럼 뜻이 비슷한 단어들의 관계이다. 이처럼 단어들은 다양한 관계에 따라 인간의 머릿속에 어휘망을 이루며 저장된다. 이 때문에 사람들은 '개미'라는 단어를 들으면 자연스럽게 '곤충'을 떠올리게 된다.

― 보기 2 ―

ㄱ 옷-의복
ㄴ 서점-책방
ㄷ 바지-치마
ㄹ 상의-하의
ㅁ 바지-반바지

	반의 관계	상하 관계	유의 관계
①	ㄷ	ㄱ	ㄴ
②	ㄷ	ㄴ	ㄱ
③	ㄹ	ㄷ	ㄴ
④	ㄹ	ㅁ	ㄱ
⑤	ㄹ	ㅁ	ㄷ

51. 〈보기〉는 유의 관계에 있는 말들의 쓰임을 탐구한 것이다. 〈보기〉를 통해 이끌어 낼 수 있는 내용으로 적절하지 **않은** 것은?

― 보기 ―

탐구 주제	유의 관계에 있는 동사들을 대상으로 함께 쓰이는 말들이 같은지 다른지 관찰해 보자.

↓

탐구 과정	1. 유의 관계에 있는 동사들이 쓰일 수 있는 맥락의 예문을 수집한다. 2. 각 문장이 자연스럽게 느껴지면 'O', 부자연스럽게 느껴지면 'x'로 표시한다.

		기르다	키우다	양육하다
ㄱ	꽃을	O	O	x
ㄴ	강아지를	O	O	x
ㄷ	아기를	O	O	O
ㄹ	4차 산업을	x	O	x
ㅁ	체력을	O	O	x

↓

탐구 결과	유의 관계에 있는 단어라도 어울려 쓰이는 말은 서로 다르다.

① ㄱ을 보니, 식물이 목적어일 때 '키우다'는 '기르다'를 대신하여 쓸 수 있군.
② ㄴ을 보니, '기르다'와 '키우다'는 동물을 목적어로 취할 수 있군.
③ ㄷ을 보니, '기르다', '키우다', '양육하다' 모두를 서로 바꾸어 쓸 수 있는 경우가 있군.
④ ㄹ, ㅁ을 보니, 추상적인 대상에 대해서는 '기르다' 혹은 '키우다'를 대신하여 '육성하다'를 쓸 수 있겠군.
⑤ ㄱ~ㅁ을 보니, '양육하다'는 사람만을 목적어로 취한다는 점에서 '기르다', '키우다'와 차이가 있군.

52. 〈보기〉의 ㄱ, ㄴ에 들어갈 말로 적절한 것은?

― 보기 ―

우리는 흔히 '열다'의 반의어를 '닫다'라고 생각하지만, '자물쇠를 열다.'와 같은 문장에서는 '열다'의 반의어로 '닫다'보다는 '잠그다'가 적절하다. 이처럼 여러 개의 뜻을 가진 다의어는 각각의 의미에 따라 대응되는 반의어도 상이하다. '벗다'를 통해 이에 대해 자세히 살펴보자.

	반의어	예문
벗다 ↔	입다	청년은 낡은 작업복을 <u>입고</u> 있었다.
	ㄱ	손에 장갑을 (ㄱ)
	쓰다	ㄴ
	신다	한복을 입을 때는 버선을 <u>신는다</u>.

	ㄱ	ㄴ
①	풀다	입에 쓴 약이 몸에 좋다.
②	풀다	머리에 면사포를 <u>쓴</u> 신부가 입장했다.
③	끼다	미세 먼지 때문에 마스크를 <u>썼다</u>.
④	끼다	영희는 조그마한 수첩에 일기를 <u>쓴다</u>.
⑤	넣다	빨래할 때 세제를 많이 <u>쓰면</u> 환경에 좋지 않다.

53. 〈보기〉를 참고하여 ㉠~㉢을 다의어와 동음이의어로 나눈 것으로 적절한 것은?

───── 보기 ─────

다의어와 동음이의어는 어떻게 구별할 수 있을까? 다의어와 동음이의어는 모두 말소리의 형태는 같지만, 의미적 연관성은 같지 않다. 다의어는 하나의 단어가 여러 의미를 가지고 있는 것으로, 이들 의미는 서로 관련을 맺는다. 반면 동음이의어는 우연히 소리는 같지만, 의미적으로는 관련성이 없는 두 단어를 의미한다. 예를 들어 '철수는 인사성이 매우 밝다.'에 사용된 '밝다'와 '횃불이 밝게 타오르고 있었다.'에 사용된 '밝다'는 의미상 관련이 있으므로 다의어 '밝다'가 서로 다른 의미로 두 문장에 쓰인 것이고, '두 손으로 깍지를 꼈다.'에 사용된 '끼다'와 '안개가 껴서 앞이 잘 보이지 않는다.'에 사용된 '끼다'는 의미상 관련이 없는 서로 다른 단어가 각각 사용된 것이다.

㉠ ⎡ ⓐ : 호주머니에서 동전을 <u>꺼내다</u>.
　 ⎣ ⓑ : 먼저 말을 <u>꺼낸</u> 쪽은 너였다.

㉡ ⎡ ⓐ : 천둥 <u>치는</u> 소리에 잠에서 깼다.
　 ⎣ ⓑ : 못을 박다가 망치로 손을 <u>쳐</u> 손이 퉁퉁 부었다.

㉢ ⎡ ⓐ : 어머니의 손은 투박하고 <u>거칠다</u>.
　 ⎣ ⓑ : 그는 <u>거친</u> 손길로 사람들을 뿌리쳤다.

㉣ ⎡ ⓐ : 벽난로에서 장작이 활활 <u>타고</u> 있었다.
　 ⎣ ⓑ : 썰매를 <u>타려면</u> 꼭 장갑을 껴야 한다.

	다의어	동음이의어
①	㉠, ㉡	㉢, ㉣
②	㉠, ㉢	㉡, ㉣
③	㉡, ㉢	㉠, ㉣
④	㉡, ㉣	㉠, ㉢
⑤	㉢, ㉣	㉠, ㉡

54. 〈보기〉의 ㉠의 예로 적절하지 <u>않은</u> 것은?

───── 보기 ─────

국어에서는 ㉠ <u>원래 어휘적 의미를 지니고 있었던 것이 문법적 의미로 확장되어 쓰이는 경우</u>를 찾아볼 수 있다. 가령 '버리다'의 경우 "가지거나 지니고 있을 필요가 없는 물건을 내던지거나 쏟거나 하다."라는 어휘적 의미를 지니고 있었는데, "앞말이 나타내는 행동이 이미 끝났음."을 나타내는 문법적 의미로 확장되어 쓰이게 되었다. 예를 들어 '종이를 휴지통에 버렸다.'의 '버렸다'는 종이를 가지고 있을 필요가 없어 휴지통에 내던졌다는 어휘적 의미를 나타내는 반면, '약속에 늦었더니 친구들이 떠나 버렸다.'의 '버렸다'는 친구들이 떠난 행동이 이미 끝났음을 의미하는 문법적 의미를 나타내고 있다. 앞엣것은 문장의 주체를 주되게 서술하면서 어휘적 의미를 지니는 본용언으로 쓰인 것이고, 뒤엣것은 본용언과 연결되어 그것의 뜻을 보충하는 역할을 하는 보조 용언으로 쓰인 것이다.

① 그는 친구의 밥을 대신 먹어 <u>주었다</u>.
② 그는 이 직장에서 30년간이나 일해 <u>왔다</u>.
③ 더우면 문을 열어 <u>놓아야</u> 시원해질 것 같다.
④ 방이 식어 <u>가는데</u> 보일러 온도를 높였으면 좋겠다.
⑤ 그는 친구를 그렇게 비참하게 <u>두고</u> 혼자 자리를 떴다.

55. 〈보기〉의 내용을 바탕으로 올바르게 표기된 파생어만을 묶은 것은?

───── 보기 ─────

학생 : 선생님, '아님, 아니함, 어긋남'을 뜻하는 접사인 '불(不)-'은 어떤 파생어에서는 '부-'로 쓰이는데, 왜 이렇게 다르게 쓰이나요?

선생님 : 국어에서는 앞뒤에 오는 음운이 무엇이냐에 따라서 말의 형태가 달라지는 경우가 있어요. 예를 들어 주격 조사의 경우 받침이 있는 말 뒤에는 '이'가, 받침이 없는 말 뒤에는 '가'가 쓰이는 것과 같이 말이죠. '불-'과 '부-'는 뒤에 오는 음운이 무엇이냐에 따라 달리 선택되는데, 'ㄷ', 'ㅈ'으로 시작하는 명사 앞에는 '부-'가 붙어서 '부도덕', '부정확'과 같은 파생어를 만들어요. 나머지 경우에는 '불-'이 결합되지요. 또 하나의 예를 들자면 '매우 짙고 선명하게'의 뜻을 더하는 접두사는 다음의 조건에서 네 가지로 실현되어 파생어를 만들지요.

접두사	뒷말의 첫음절의 음운상 특징	
	뒷말의 첫음절의 초성	뒷말의 첫음절의 중성
새-	거센소리, 된소리, 'ㅎ'	양성 모음 'ㅏ, ㅗ'
샛-	울림소리	양성 모음 'ㅏ, ㅗ'
시-	거센소리, 된소리, 'ㅎ'	음성 모음 'ㅓ, ㅜ'
싯-	울림소리	음성 모음 'ㅓ, ㅜ'

① 부균형, 샛까맣다, 시뻘겋다, 시멀겋다
② 부자유, 시꺼멓다, 새노랗다, 시뿌옇다
③ 불성실, 새뽀얗다, 시퍼렇다, 시빨갛다
④ 불완전, 시까맣다, 시커멓다, 싯누렇다
⑤ 불명예, 새하얗다, 샛말갛다, 시허옇다

56. 〈보기〉의 ㄱ~ㅁ에 들어갈 예로 적절하지 **않은** 것은?

― 보기 ―

학생 : 선생님, 동물의 하나를 일컫는 '개'라는 말과 형태가 같은 접사가 있는 게 신기했어요. '개꿈'에 쓰인 접두사 '개-'와 '덮개'에 쓰인 접미사 '-개'도 형태는 같은데 의미가 다른 것도 신기하고요. 이처럼 형태는 같은데 여러 의미와 기능을 지니고 있는 예에는 어떤 게 더 있을까요?

선생님 : '개'와 유사한 사례 중 하나로 '들'이 있는데, '들'은 명사, 조사, 접사 등으로 쓰여요. 보통 '편평하고 넓게 트인 땅'을 뜻하는 명사로 알고 있을 텐데, 형태는 같지만 의존 명사, 접사, 보조사 등으로 다양하게 쓰인답니다. 일상생활에서 쓰이는 '들'의 다양한 예는 다음과 같이 정리해 볼 수 있어요.

	의미나 기능	실례
의존 명사	두 개 이상의 사물을 나열할 때, 그 열거한 사물 모두를 가리키거나, 그 밖에 같은 종류의 사물이 더 있음을 나타냄.	ㄱ
보조사	(주어 이외의 체언, 부사어, 연결 어미, 문장의 끝 등 뒤에 붙어) 그 문장의 주어가 복수임을 나타냄.	ㄴ
접두사	'야생으로 자라는'의 뜻을 더함.	ㄷ
	'무리하게 힘을 들여', '마구', '몹시'의 뜻을 더함.	ㄹ
접미사	(셀 수 있는 명사나 대명사 뒤에 붙어) '복수(複數)'의 뜻을 더함.	ㅁ

① ㄱ : 나는 책상 위에 놓인 공책, 신문, 지갑 들을 가방에 넣었다.

② ㄴ : 이 방에서 텔레비전을 보고들 있어라.

③ ㄷ : 들개는 주인 없이 여기저기 돌아다니는 개를 말한다.

④ ㄹ : 형이 동생을 그렇게 들볶으면 형제애가 생기겠니?

⑤ ㅁ : 식사 때가 지나 많이 배고프지? 어서들 식사하렴.

57. 〈보기〉의 (가)에 들어갈 내용으로 적절하지 **않은** 것은?

― 보기 ―

• 학습 목표 : 파생어와 그 표기에 대한 '한글 맞춤법'의 규정을 이해한다.

• 학습 자료 : '한글 맞춤법' 규정

> 제19항 어간에 '-이'나 '-음/-ㅁ'이 붙어서 명사로 된 것과 '-이'나 '-히'가 붙어서 부사로 된 것은 그 어간의 원형을 밝히어 적는다.
> 1. '-이'가 붙어서 명사로 된 것
> 2. '-음/-ㅁ'이 붙어서 명사로 된 것
> 3. '-이'가 붙어서 부사로 된 것
> 4. '-히'가 붙어서 부사로 된 것
> 다만, 어간에 '-이'나 '-음'이 붙어서 명사로 바뀐 것이라도 그 어간의 뜻과 멀어진 것은 원형을 밝히어 적지 아니한다.
> [붙임] 어간에 '-이'나 '-음' 이외의 모음으로 시작된 접미사가 붙어서 다른 품사로 바뀐 것은 그 어간의 원형을 밝히어 적지 아니한다.

• 학생들 의견

(가)

① 제19항 1의 예로 용언 '먹다'의 어간에 '-이'가 붙은 '먹이'를 들 수 있겠군.

② 제19항 2의 예로 용언 '놀다'의 어간에 '-음'이 붙은 '노름'을 들 수 있겠군.

③ 제19항 3의 예로 용언 '많다'의 어간에 '-이'가 붙은 '많이'를 들 수 있겠군.

④ 제19항 4의 예로 용언 '익다'의 어간에 '-히'가 붙은 '익히'를 들 수 있겠군.

⑤ 제19항 [붙임]의 예로 용언 '넘다'의 어간에 '-어'가 붙은 '너머'를 들 수 있겠군.

58. 〈보기〉는 '한글 맞춤법'의 일부이다. ⓐ와 ⓑ에 해당하는 예로 적절한 것끼리 묶은 것은?

─── 보기 ───

제47항 보조 용언은 띄어 씀을 원칙으로 하되, 경우에 따라 붙여 씀도 허용한다. (ㄱ을 원칙으로 하고, ㄴ을 허용함.)

ㄱ	ㄴ
불이 꺼져 간다.	불이 꺼져간다.
내 힘으로 막아 낸다.	내 힘으로 막아낸다.
어머니를 도와 드린다.	어머니를 도와드린다.
그 일은 할 만하다.	그 일은 할만하다.
일이 될 법하다.	일이 될법하다.
비가 올 성싶다.	비가 올성싶다.
잘 아는 척한다.	잘 아는척한다.

다만, ⓐ 앞말에 조사가 붙거나 ⓑ 앞말이 합성 용언인 경우, 그리고 중간에 조사가 들어갈 적에는 그 뒤에 오는 보조 용언은 띄어 쓴다.

	ⓐ	ⓑ
①	집이 조용도 하다.	줄 끝에 돌을 매달아 놓았다.
②	비가 올 듯은 하다.	이런 일은 다시없을 듯하다.
③	그릇을 닦아만 두었다.	네가 덤벼들어 보아라.
④	이번 일은 알아는 둘게.	그들은 값을 물어만 보고 갔다.
⑤	가을밤이 깊어만 간다.	방이 깨끗은 하다.

59. 〈보기〉를 바탕으로, 파생어를 분류했을 때 적절한 것은?

─── 보기 ───

선생님 : 파생어는 어근에 접사가 붙어 이루어진 말입니다. 파생어 형성의 결과는 다음과 같이 분류할 수 있습니다.

⊙ 품사와 문장 구조에 변화가 없음.
　예 형용사 '하얗다'에 접사 '새-'가 붙어 형용사 '새하얗다'가 된다.
ⓛ 파생어가 되어 품사가 달라짐.
　예 동사 '지우다'의 어간 '지우-'에 접사 '-개'가 붙어 명사 '지우개'가 된다.
ⓒ 파생어의 사용으로 문장 구조가 달라짐.
　예 동사 '숨다'의 어간 '숨-'에 접사 '-기-'가 붙어 '숨기다'가 되면 '동생이 문 뒤에 숨었다.'라는 문장이 '내가 동생을 문 뒤에 숨겼다.'와 같이 바뀐다.
ⓔ 위의 ⓛ과 ⓒ 모두에 해당함.
　예 형용사 '높다'의 어간 '높-'에 접사 '-이-'가 붙어 동사 '높이다'가 되면 '방 온도가 높다.'라는 문장이 '내가 방 온도를 높이다.'와 같이 바뀐다.

선생님 : 자, 그렇다면 다음 단어들이 ⊙~ⓔ 중 어디에 속하는 예인지 생각해 볼까요?

시어머니	돌리다	울음	넓히다	맨손

① '어머니'에 접사 '시-'가 붙은 '시어머니'는 ⊙의 예이다.
② '돌다'의 어간 '돌-'에 접사 '-리-'가 붙은 '돌리다'는 ⓛ의 예이다.
③ '울다'의 어간 '울-'에 접사 '-음'이 붙은 '울음'은 ⓒ의 예이다.
④ '넓다'의 어간 '넓-'에 접사 '-히-'가 붙은 '넓히다'는 ⓒ의 예이다.
⑤ '손'에 접사 '맨-'이 붙은 '맨손'은 ⓔ의 예이다.

60. 〈보기 1〉을 참고하여 〈보기 2〉의 밑줄 친 ㉠~㉡에 대해 학습한 내용으로 적절하지 **않은** 것은?

─── 보기 1 ───

형태소는 '뜻을 가진 가장 작은 언어의 단위'이다. 형태소 가운데 문장에서 혼자 쓰일 수 있는 것을 자립 형태소라고 하고, 반드시 다른 말에 붙어서만 쓰일 수 있는 것을 의존 형태소라고 한다. 한편 형태소를 실질 형태소와 형식 형태소로 분류하기도 한다. 구체적인 대상이나 상태를 나타내는 형태소는 실질적인 의미를 가지고 있으므로 실질 형태소라고 하고, 형식적인 의미, 즉 문법적인 의미만을 나타내는 형태소는 형식 형태소라고 한다.

─── 보기 2 ───

그녀가 ㉠갑자기 ㉡발㉢을 헛디뎠는지, ㉣"어머!" ㉤하며 휘청했㉥다.

① ㉠은 독립적으로 사용되고 있으므로 자립 형태소로 볼 수 있다.
② ㉡과 ㉢은 둘 다 다른 말에 기대어 써야 하므로 모두 의존 형태소로 볼 수 있다.
③ ㉣은 '깜짝 놀랄 때 내는 소리'의 의미를 지니고 있으므로 실질 형태소로 볼 수 있다.
④ ㉤의 기본형 '하다'는 '인용하는 기능을 나타내는 말'의 의미를 지니고 있으므로 어간 '하-'는 실질 형태소로 볼 수 있다.
⑤ ㉥은 문장 종결이라는 문법적 의미만을 나타내고 있으므로 형식 형태소로 볼 수 있다.

61. 〈보기〉의 ㉠~㉤에 대한 이해로 적절한 것은?

─── 보기 ───

어떤 말을 둘로 나누었을 때 나누어진 두 요소를 직접 구성 요소라고 한다. 직접 구성 요소가 어근과 어근으로 분석되면 합성어, 어근과 접사로 분석되면 파생어이다. 가령, 예컨대 '밀어붙이다'는 직접 구성 요소가 어근과 어근으로 분석되므로 합성어이다. 그러나 '수줍음'은 어근과 접사로 구성되므로 파생어에 해당한다. 다음 예문의 밑줄 친 부분의 직접 구성 요소를 분석하고, 단어의 유형을 파악해 보자.

- 사소한 ㉠말다툼이 큰 싸움으로 번졌다.
- 그는 크고 작은 ㉡집안일을 모두 도맡았다.
- 그 사람의 도포 자락이 바람에 ㉢휘날렸다.
- 아이들은 목소리를 ㉣드높여 노래를 불렀다.
- 낡은 ㉤여닫이 방문이 덜컥 소리를 내며 닫혔다.

① ㉠은 그 직접 구성 요소 중 하나가 합성어인 파생어이다.
② ㉡은 그 직접 구성 요소 중 하나가 파생어인 합성어이다.
③ ㉢은 그 직접 구성 요소 중 하나가 파생어인 파생어이다.
④ ㉣은 그 직접 구성 요소 중 하나가 파생어인 합성어이다.
⑤ ㉤은 그 직접 구성 요소 중 하나가 합성어인 합성어이다.

62. 〈보기〉의 ㉠~㉤을 탐구한 내용으로 적절하지 **않은** 것은?

─── 보기 ───

선생님 : 국어의 단어는 형성 방식에 따라 크게 단일어와 복합어로 나누어집니다. 복합어는 다시 어근과 어근이 결합하는 ⓐ합성어와 어근과 접사가 결합하는 ⓑ파생어로 구분됩니다. 그럼, 아래 제시된 ㉠~㉤의 단어 형성 방식을 파악해 볼까요?

- 그는 ㉠오른손으로 장바구니를 들었다.
- 언니가 자연을 아끼는 마음은 ㉡남달랐다.
- 그는 ㉢군식구가 늘었다며 장난스레 말했다.
- 아이가 발을 ㉣헛디뎌 계단 아래로 떨어졌다.
- 그녀는 나가는 시합마다 이겨서 이름을 ㉤드날렸다.

① ㉠: 어근 '오른'과 어근 '손'이 결합하였으므로, ⓐ에 해당합니다.
② ㉡: 어근 '남'과 어근 '다르다'가 결합하였으므로, ⓐ에 해당합니다.
③ ㉢: 어근 '군'과 어근 '식구'가 결합하였으므로, ⓐ에 해당합니다.
④ ㉣: 접사 '헛-'에 어근 '디디다'가 결합하였으므로, ⓑ에 해당합니다.
⑤ ㉤: 접사 '드-'에 어근 '날리다'가 결합하였으므로, ⓑ에 해당합니다.

63. 〈보기〉의 ⓐ~ⓒ에 해당하는 예문으로 적절하지 **않은** 것은?

─── 보기 ───

국어에서는 명사와 동사가 결합하여 합성 용언을 형성할 수 있다. 합성 용언은 그 구성 요소들이 맺는 문법적 관계에 따라 ⓐ 주어와 서술어의 관계를 지닌 경우, ⓑ 목적어와 서술어의 관계를 지닌 경우, ⓒ 부사어와 서술어의 관계를 지닌 경우로 나눌 수 있다.

① '산 위에서 동트는 것을 보니 좋다.'의 '동트다'는 ⓐ에 해당한다.
② '나이가 드니 그 아이도 철들는구나.'의 '철들다'는 ⓐ에 해당한다.
③ '위험한 놀이를 하는 아이를 혼냈다.'의 '혼내다'는 ⓑ에 해당한다.
④ '지난날을 거울삼아 더 나아가겠다.'의 '거울삼다'는 ⓑ에 해당한다.
⑤ '나무를 베어서 개울에 가로놓았다.'의 '가로놓다'는 ⓒ에 해당한다.

64. 다음은 '사전 활용하기'의 학습 활동을 위한 한글 맞춤법 자료이다. 이에 대한 이해로 적절하지 **않은** 것은?

───── 보기 ─────

[제19항]
◦ 어간에 '-이'가 붙어서 명사로 된 것과 '-이'가 붙어서 부사로 된 것은 그 어간의 원형을 밝혀 적는다.
　예 땀받이, 다듬이, 굳이 ·· ⓐ
◦ 어간에 '-이'가 붙어서 명사로 바뀐 것이라도 그 어간의 뜻과 멀어진 것은 원형을 밝히어 적지 아니한다.

[제25항]
◦ '-하다'가 붙는 어근에 '-이'가 붙어서 부사가 되거나, 부사에 '-이'가 붙어서 뜻을 더하는 경우에는 그 어근이나 부사의 원형을 밝히어 적는다.
　예 깨끗이, 더욱이 ·· ⓑ

① '살림살이가 늘었다.'의 '살림살이'는 ⓐ의 '땀받이'를 표기할 때 적용된 규칙을 따른 것이군.
② '빈털터리가 됐다.'의 '빈털터리'는 ⓐ의 '다듬이'를 표기할 때 적용된 규칙을 따른 것이겠군.
③ '그는 실없이 웃어 보였다.'의 '실없이'는 ⓐ의 '굳이'를 표기할 때 적용된 규칙을 따른 것이군.
④ '어렴풋이 떠오르다.'의 '어렴풋이'는 ⓑ의 '깨끗이'를 표기할 때 적용된 규칙을 따른 것이겠군.
⑤ '일찍이 경험하지 못했다.'의 '일찍이'는 ⓑ의 '더욱이'를 표기할 때 적용된 규칙을 따른 것이겠군.

65. 〈보기〉의 ㉠, ㉡에 해당하는 예로 적절한 것은?

───── 보기 ─────

　합성어는 어근과 어근이 결합한 단어로, 어근의 배열이 우리말의 일반적인 문장 구성 방식에 맞는지에 따라 ㉠통사적 합성어와 ㉡비통사적 합성어로 나눌 수 있다.

① ㉠: 내 동생은 정말 밉상이다.
② ㉠: 그는 따뜻한 따로국밥을 보고 입맛을 다셨다.
③ ㉡: 살랑살랑 부는 산들바람을 느꼈다.
④ ㉡: 구부정하게 앉은 자세를 바로잡아야 한다.
⑤ ㉡: 세상에 값없는 물건이 어디 있겠습니까?

66. 〈학습 활동〉을 수행한 결과로 적절한 것은?

───── 학습 활동 ─────

　[자료]의 복합어 ㉮~㉣를 단어 형성 과정에 따라 아래 그림과 같이 분류할 때, ⓑ에 해당하는 단어만을 있는 대로 찾아보자.

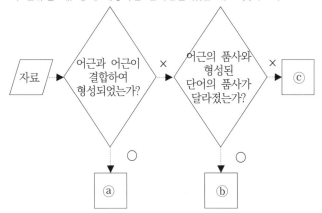

[자료]

㉮ 그 아이의 고운 눈매가 보였다.
㉯ 조카는 재미있는 놀이를 하자고 졸랐다.
㉰ 할머니는 아이의 뺨을 정답게 쓰다듬으셨다.
㉱ 젊은이에게는 용기가, 늙은이에게는 지혜가 있다.

① ㉮, ㉯　　② ㉯, ㉰　　③ ㉰, ㉱
④ ㉮, ㉯, ㉰　　⑤ ㉮, ㉰, ㉱

67. 〈보기〉의 [A]에 들어갈 말로 적절하지 **않은** 것은?

───── 보기 ─────

선생님 : 지난 시간에 단어의 짜임에 대해 배웠었죠? 다음 자료의 ㉠~㉤에서 각각 확인되는 단어의 공통점을 설명해 보세요.

　　㉠ 잘못, 곧잘, 이리저리
　　㉡ 새해, 첫사랑, 이것
　　㉢ 감싸다, 날뛰다, 얕보다
　　㉣ 선무당, 덧붙이다, 빗나가다
　　㉤ 들이닥치다, 넘어뜨리다, 놓치다

학　생 : 예. 제시된 단어들은 ＿＿＿[A]＿＿＿라는 공통점이 있습니다.

① ㉠에서는 부사와 부사가 결합한 통사적 합성어
② ㉡에서는 관형사와 명사가 결합한 통사적 합성어
③ ㉢에서는 어간과 어간이 직접 결합한 비통사적 합성어
④ ㉣에서는 접사가 결합하여 어휘적 뜻을 더하는 파생어
⑤ ㉤에서는 접사가 결합하여 어근의 품사를 바꾸는 파생어

68. 〈보기〉의 ⓐ~ⓒ에 해당하는 예로 적절하지 **않은** 것은?

─── 보기 ───

어근과 어근이 결합하여 형성되는 합성어는 구성 요소들의 의미 관계에 따라 대등 합성어와 종속 합성어, 융합 합성어로 나누어진다. ⓐ<u>대등 합성어</u>는 구성 요소가 대등한 관계를 이루고 있을 때, ⓑ<u>종속 합성어</u>는 하나의 성분이 다른 성분을 수식하는 형태를 이루고 있을 때, ⓒ<u>융합 합성어</u>는 구성 요소 각각이 원래의 의미를 잃어버리고 새로운 의미로 결합한 것을 말한다.

① '그는 괜히 손바닥을 비볐다.'의 '손바닥'은 구성 요소가 대등한 관계를 이루고 있으므로, ⓐ에 해당합니다.

② '대문을 여닫는 소리가 들린다.'의 '여닫다'는 구성 요소가 대등한 관계를 이루고 있으므로, ⓐ에 해당합니다.

③ '우리는 작은 돌다리를 건넜다.'의 '돌다리'는 하나의 성분이 다른 성분을 수식하고 있으므로, ⓑ에 해당합니다.

④ '그는 밤낮 놀 생각만 한다.'의 '밤낮'은 구성 요소가 결합해 새로운 의미를 형성하고 있으므로, ⓒ에 해당합니다.

⑤ '그분께서 돌아가신 지 몇 년이 지났다.'의 '돌아가다'는 구성 요소가 본래의 뜻을 잃어버렸으므로, ⓒ에 해당합니다.

69. 〈보기〉를 활용하여 국어사전을 만드는 활동을 하였다. 표제어 ⓐ와 예문 ⓑ, ⓒ에 들어갈 말로 적절한 것은?

─── 보기 ───

㉠ 자정을 훌쩍 <u>넘어</u> 드디어 집에 도착했다.
㉡ 그녀는 오늘도 산 <u>너머</u>로 산삼을 캐러 갔다.
㉢ 나는 지구 <u>너머</u>에 존재하는 것들이 궁금했다.
㉣ 장벽을 <u>넘어</u> 시내로 침투한 적군들이 보였다.

┌─────────────────────────────────┐
│ [ⓐ]   │
│ ① 높이나 경계로 가로막은 사물의 저쪽. 또는 그 공간. │
│ ¶ [ⓑ   ]   │
│   │
│ 넘다 [동]   │
│ ① 일정한 시간, 시기, 범위 따위에서 벗어나 지나다. │
│ ¶ [ⓒ   ]   │
│ ② 높은 부분의 위를 지나가다.   │
└─────────────────────────────────┘

	ⓐ	ⓑ	ⓒ
①	넘어	㉠	㉡
②	넘어	㉣	㉢
③	너머	㉡	㉠
④	너머	㉡	㉣
⑤	너머	㉢	㉣

70. 〈보기〉를 탐구한 내용으로 적절하지 **않은** 것은?

─── 보기 ───

파생어는 어근과 접사가 결합하여 이루어진 단어인데, 이때 접사는 그 기능에 따라 한정적 접사와 지배적 접사로 나눌 수 있다. 한정적 접사는 어근에 붙어 어휘적 의미를 더함으로써 어근의 의미를 한정하고, 지배적 접사는 어근의 품사나 문법적인 기능을 바꿈으로써 문장의 구조를 변화시키는 기능을 한다.

㉠ <u>사람다운</u> 삶을 살아야 한다.
㉡ 그는 아기에게 <u>이유식</u>을 먹였다.
㉢ 이 장미는 정말 <u>새빨갛게</u> 피었다.
㉣ 검은 연기가 하늘 위로 <u>치솟았다</u>.
㉤ <u>메마른</u> 땅에 기다리던 비가 내렸다.

① ㉠에는 어근의 품사를 바꾸는 지배적 접사가 쓰였겠군.

② ㉡에는 어근의 문법적 기능을 바꾸는 지배적 접사가 쓰였겠군.

③ ㉢에는 어근에 붙어 어휘적 의미를 더하는 한정적 접사가 쓰였겠군.

④ ㉣에는 어근에 붙어 어휘적 의미를 더하는 한정적 접사가 쓰였겠군.

⑤ ㉤에는 어근에 붙어 어근의 의미를 한정하는 한정적 접사가 쓰였겠군.

71. 〈학습 활동〉을 수행한 결과로 적절하지 **않은** 것은?

─── 학습 활동 ───

선생님 : 지난 시간에 단어의 형성 방식에 대해 배웠지요? 아래에 제시된 예문을 통해 단어의 유형을 파악해 봅시다.

┌─────────────────────────────────┐
│ 젊음이란 그 자체가 하나의 빛으로,   │
│ 빛이 없어지기 전에 열심히 달려가야 한다. │
└─────────────────────────────────┘

① '젊음'은 용언 어근에 명사 파생 접사가 붙은 파생어입니다.

② '하나'와 '빛'은 하나의 어근이 한 단어를 이루는 단일어입니다.

③ '없어지기'의 '없어지다'는 어근과 어근이 결합한 통사적 합성어입니다.

④ '열심히'는 명사 어근에 부사 파생 접사가 결합한 파생어입니다.

⑤ '달려가야 한다'의 '달려가다'는 어근과 어근이 연결 어미 없이 결합한 비통사적 합성어입니다.

72. 다음은 '사전 활용하기' 학습 활동을 위한 자료이다. 이에 대해 탐구한 내용으로 적절하지 **않은** 것은?

보기

늦다
 ① 동 【…에】 정해진 때보다 지나다.
  ¶ 그는 약속 시간에 자주 **늦는다**.
 ② 형
  ① 시간이 알맞을 때를 지나 있다. ¶ **늦은** 점심 / **늦은** 시간
  ② 곡조, 동작 따위의 속도가 느리다.
  반의어 ②① 빠르다②

빠르다 형
 ① 어떤 동작을 하는 데 걸리는 시간이 짧다. ¶ 걸음이 **빠르다**.
 ② 【…보다】 어떤 것이 기준이나 비교 대상보다 시간 순서상으로 앞선 상태에 있다. ¶ 그는 나보다 생일이 **빠르다**.

① '늦다'의 품사 정보와 뜻풀이를 보니, '늦다'는 동사로도 쓰이고 형용사로도 쓰이는 말이로군.
② '늦다'의 뜻풀이와 용례를 보니, '늦다①'의 용례로 '그는 다른 사람보다 문제를 푸는 속도가 늦다.'를 추가할 수 있겠군.
③ '늦다'와 '빠르다'의 뜻풀이와 용례를 보니, '개점 시간이 늦다.'의 '늦다'와 '학교 시계는 내 시계보다 5분 빠르다.'의 '빠르다'는 반의 관계로군.
④ '빠르다'의 문형 정보와 용례를 보니, '빠르다'는 한 자리 서술어로도 쓰일 수 있고, 두 자리 서술어로도 쓰일 수 있군.
⑤ '빠르다'의 뜻풀이와 용례를 보니, '빠르다①'의 용례로 '치료가 빠르게 이루어져 그는 간신히 살았다.'를 추가할 수 있겠군.

73. 〈보기〉의 ㉠, ㉡에 해당하는 예로 적절하지 **않은** 것은?

보기

 단어는 그 단어가 가진 ㉠ 중심적 의미로 쓰이다가 점차 추상적이고 비유적인 ㉡ 주변적 의미로 확장되어 쓰이기도 한다. 가령, '홍수'라는 단어에서 '비가 많이 와서 강이나 개천에 갑자기 크게 불은 물'을 지칭하는 것은 중심적 의미이고, 이러한 의미가 확장되어 '사람이나 사물이 많이 쏟아져 나옴을 비유적으로 이르는 말'을 지칭하는 것은 주변적 의미이다.

① ㉠ : 건물이 활활 **타고** 있다.
  ㉡ : 입술이 마르고 속이 **탔다**.
② ㉠ : 산에 **올라** 풍경을 바라보았다.
  ㉡ : 그녀가 드디어 왕위에 **올랐다**.
③ ㉠ : 그의 **넓은** 어깨가 마음에 든다.
  ㉡ : 우리 학교 운동장은 꽤 **넓은** 편이다.
④ ㉠ : 그는 떠나기 전에 머리를 **짧게** 깎았다.
  ㉡ : 제 지식이 **짧아서** 아직 잘 알지 못합니다.
⑤ ㉠ : 너무 **밝은** 조명 때문에 잠을 잘 수 없었다.
  ㉡ : 위대한 대통령이 되려면 사리에 **밝아야** 한다.

74. 〈보기〉의 ㉠~㉢에 대한 이해로 적절하지 **않은** 것은?

보기

 국어의 합성어는 어근의 결합 방식이 일반적인 문장 구성 방식과 같은 통사적 합성어와 그렇지 않은 비통사적 합성어로 나눌 수 있다. 어근의 구체적인 결합 양상은 다음과 같다.

∘ **통사적 합성어의 유형**
 ① 체언 + 용언 : ____㉠____
 ② 부사 + 용언 : ____㉡____
 ③ 용언의 관형사형 + 체언 : ____㉢____
 ④ 용언 어간 + 연결 어미 + 용언 어간

∘ **비통사적 합성어의 유형**
 ⑤ 용언 어간 + 체언 : ____㉣____
 ⑥ 용언 어간 + 용언 어간 : ____㉤____

① ㉠ : 본받다, 값싸다
② ㉡ : 그만두다, 몰라보다
③ ㉢ : 지난달, 건널목
④ ㉣ : 곶감, 묵밭
⑤ ㉤ : 뛰놀다, 얕보다

75. 〈학습 활동〉을 수행한 결과로 적절한 것은?

보기

• **학습 활동**
 국어에서 합성 용언은 단어 합성 과정에서 어근의 본래 의미가 사라지고 새로운 의미를 나타내기도 한다. 이때, 합성 용언은 새로운 의미를 획득함에 따라 서술어의 성격이 바뀌므로, 이전과 다른 문장 성분을 요구할 수도 있다. 다음 예문을 통해 합성 용언의 특성을 파악해 보자.

• **자료**
㉠ 그는 어딘가 **남다른** 데가 있었다.
㉡ 동생은 언니와 **똑같은** 모양으로 서 있었다.
㉢ 이번에 출시한 가전제품이 **불티나게** 팔렸다.
㉣ 그는 **다시없을** 큰 기회를 얻었다.
㉤ 어제 할아버지께서 **돌아가셨다**는 소식을 들었다.

① ㉠은 어근의 의미가 변하지 않고, 새로운 문장 성분을 요구하는군.
② ㉡은 어근의 의미가 변하지 않고, 새로운 문장 성분을 요구하는군.
③ ㉢은 새로운 의미를 획득하고, 새로운 문장 성분을 요구하는군.
④ ㉣은 새로운 의미를 획득하고, 새로운 문장 성분을 요구하지 않는군.
⑤ ㉤은 새로운 의미를 획득하고, 새로운 문장 성분을 요구하지 않는군.

문법
N제

프리미엄 언매 문제집

Part _04

문장
[표현]

1. 〈보기 2〉의 ⓐ~ⓔ 중, 〈보기 1〉의 밑줄 친 부분에 해당하는 것은?

—— 보기 1 ——

높임법에는 문장의 주체를 높이는 주체 높임법, 문장의 객체를 높이는 객체 높임법, 청자를 높이거나 낮추는 상대 높임법이 있다. 하나의 문장에는 한 가지 높임법만 실현되기도 하지만 경우에 따라서는 <u>세 가지 높임법이 모두 실현되기도 한다.</u>

—— 보기 2 ——

ⓐ 할아버지, 할아버지의 귀염둥이 손자 민수입니다. ⓑ 오늘 할머니께서 오셔서 함께 식사하시고, 조금 전에 가셨어요. ⓒ 할머니께 할아버지의 안부를 여쭸는데 할아버지께서 편찮으시다는 이야기를 들었어요. ⓓ 할아버지, 빨리 회복하셔서 다음에는 할머니와 함께 놀러 오시면 좋겠습니다. ⓔ 이번 시험이 끝나면 주말에 꼭 뵈러 갈게요.

① ⓐ　　② ⓑ　　③ ⓒ　　④ ⓓ　　⑤ ⓔ

2. 〈보기〉의 ㉠에 해당하는 것은?

—— 보기 ——

학생 : 선생님, 피동사와 사동사의 형태가 같은 경우가 있나요?
선생님 : 그럼. 가령 '보다'의 피동사와 사동사는 모두 '보이다'로 그 형태가 같아.
학생 : 아, 같은 용언의 어근에 형태가 동일한 형태의 피동 접미사와 사동 접미사가 붙으면 피동사와 사동사의 형태가 같아지는군요.
선생님 : 그렇지. 그런데 하나 주의할 것이 있어. ㉠ <u>피동사와 사동사의 형태가 같더라도 그 피동사와 사동사가 서로 다른 용언에서 파생된 경우가 있어.</u> 가령 '말리다'가 그런 예 중 하나야.
　㉐ 김밥이 보기 좋게 잘 **말리다**. ('말다'의 피동사)
　　　비에 젖은 옷을 햇볕에 **말리다**. ('마르다'의 사동사)

① 운동화 끈이 풀리다.
　오늘따라 문제가 잘 풀리다.
② 의견이 양쪽으로 갈리다.
　키가 큰 동생에게 형광등을 갈리다.
③ 어디서 음악 소리가 들리다.
　옷을 얇게 입어 감기가 들리다.
④ 유명한 화가의 그림이 벽에 걸리다.
　숙제를 하는 데 두 시간이 걸리다.
⑤ 친구들이 체육 시간에 넘어진 친구를 놀리다.
　학생들이 뛰어놀도록 운동장에서 학생들을 놀리다.

3. 〈보기 1〉의 ㉠, ㉡에 해당하는 사례를 〈보기 2〉에서 찾아 바르게 묶은 것은?

—— 보기 1 ——

부정문은 '안' 부정문과 '못' 부정문으로 나눌 수 있다. 일반적으로 '안' 부정문은 주체의 의지를 부정할 때 사용하지만, ㉠ <u>단순한 부정을 나타낼 때도 사용된다.</u> 한편, '못' 부정문은 주체의 능력이 부족할 때나 ㉡ <u>상황이 여의치 못해 어떤 행위를 할 수 없을 때</u> 사용된다.

—— 보기 2 ——

수혁 : 나 오늘 수영 연습 ⓐ 안 해.
사빈 : 왜? 벌써부터 게으름을 부리니?
수혁 : 아니. 수영장 청소를 해야 돼서 오늘은 문을 닫는대. 그래서 가고 싶은데도 ⓑ 못 가는 거야.
사빈 : 그렇구나. 난 수영하기 싫어서 일부러 ⓒ 안 가려고 그러는 줄 알고…….
수혁 : 그럴 일은 없지. 아직 접영도 제대로 ⓓ 못 하는데 계속 열심히 해야지.
사빈 : 나는 물 공포증을 ⓔ 못 이겨서 그만뒀는데, 다시 도전해 볼까?

	㉠	㉡
①	ⓐ	ⓑ
②	ⓐ	ⓓ
③	ⓐ	ⓔ
④	ⓒ	ⓑ
⑤	ⓒ	ⓔ

4. 〈보기〉의 ㉠, ㉡의 사례로 적절하지 <u>않은</u> 것은?

—— 보기 ——

주체를 높이는 방식은 주체를 직접적으로 높이는 ㉠ <u>직접 높임</u>과 간접적으로 높이는 ㉡ <u>간접 높임</u>으로 나눌 수 있다. 간접 높임은 직접 높임과는 달리 주체의 신체 일부분, 소유물, 가족 등이 주어일 때 이 주어를 높임으로써 주체를 간접적으로 높이는 방식을 말한다.
　• ㉠의 예 : 아버지는 낮잠을 주무신다.
　• ㉡의 예 : 아버지는 키가 크시다.

① ㉠ : 이모가 보약을 드셨다.
　㉡ : 이모가 손이 고우시다.
② ㉠ : 고모는 손자가 있으시다.
　㉡ : 고모는 지금 집에 계신다.
③ ㉠ : 선생님은 조금 편찮으시다.
　㉡ : 선생님은 따님이 예쁘시다.
④ ㉠ : 아버지는 일찍 귀가하셨다.
　㉡ : 아버지는 귀가 예민하시다.
⑤ ㉠ : 삼촌이 고향으로 돌아가셨다.
　㉡ : 삼촌이 눈이 나쁘시다.

5. 〈보기〉의 밑줄 친 문장과 같이 중의적으로 해석되는 사례로 적절하지 **않은** 것은?

─── 보기 ───

'엄마가 아이에게 우유를 먹였다.'라는 문장은 두 가지 의미로 해석할 수 있다. 즉 아이가 우유를 스스로 마시도록 엄마가 지시했다는 간접 사동의 의미로 해석할 수 있고, 엄마가 직접 아이의 입에 우유를 넣어 주었다는 직접 사동의 의미로 해석할 수도 있다.

① 누나가 동생을 거실에서 재웠다.
② 은수가 같은 반 친구의 머리를 감겼다.
③ 엄마가 앉아 있는 아이에게 장화를 신겼다.
④ 의사가 고통스러워하는 환자를 침대에 눕혔다.
⑤ 장군은 죽은 부하의 모자를 벗겼다.

6. 〈보기〉의 밑줄 친 부분의 예로 적절하지 **않은** 것은?

─── 보기 ───

동작상에는 진행상과 완료상이 있다. 진행상은 어떤 동작이 계속 이어져 가는 모습을 나타내고, 완료상은 동작이 끝났거나 끝난 상태가 지속되는 모습을 나타낸다. 주로 연결 어미 '-고' 뒤에 보조 용언 '있다'가 이어지면 진행상이나 완료상으로 실현되는데, 경우에 따라서는 진행상과 완료상의 두 가지 의미로 모두 해석되기도 한다.

① 아빠가 넥타이를 매고 있다.
② 동생이 빨간 옷을 입고 있다.
③ 누나가 안경을 쓰고 있다.
④ 형이 아빠 차에 타고 있다.
⑤ 언니가 식탁에서 밥을 먹고 있다.

7. (가)에 들어갈 사례로 적절한 것은?

─── 보기 ───

선생님 : 객체 높임법은 문장의 객체, 즉 목적어나 부사어가 지시하는 대상을 높임으로써 실현돼요. 만약 높여야 할 객체를 높이지 않으면 높임법에 어긋난 표현이 되기 때문에 주의해야 해요. 예를 들어, 다음 대화를 한번 보죠.

㉠ 언니 : 할머니 생신 때, 선물로 무엇을 드릴까?
　동생 : 할머니께 예쁜 가방을 주면 어때?

위의 대화에서 동생은 객체 높임법에 어긋나게 말했어요. 문장의 객체에 해당하는 '할머니'는 높여야 할 대상이기 때문에 '주면'이 아니라 '드리면'이라고 말해야 합니다. 이처럼 객체 높임법에 어긋난 예를 좀 더 찾아볼까요?

학생 : ┌─────── (가) ───────┐

① 영수 : 어제 어디 갔었어?
　은지 : 아버지를 모시고 병원에 갔었어.
② 윤서 : 도저히 이 수학 문제는 못 풀겠다.
　수지 : 그럼 선생님께 여쭤봐.
③ 선생님 : 선생님 보러 교무실로 한번 오너라.
　학생 : 네, 오후에 보러 갈게요.
④ 엄마 : 밥솥에 밥이 많이 남았네.
　아들 : 할아버지께서 안 먹었어요.
⑤ 선생님 : 금비야, 벌써 점심을 다 먹었니?
　금비 : 배가 아파 조금 남겼어.

8. ㉠~㉤에 대한 이해로 적절하지 **않은** 것은?

─── 보기 ───

[수업 목표]
우리말에는 명령을 완곡하게 표현하는 여러 가지 장치가 있음을 이해한다.

[학습 활동]
다음 문장을 완곡한 의미로 어떻게 표현할 수 있는지 말해 보자.

┌───────────────────────┐
│ "선생님, 이쪽으로 오십시오." │
└───────────────────────┘

㉠ 선생님, 이쪽으로 와 주십시오.
㉡ 선생님, 이쪽으로 오시겠습니까?
㉢ 선생님, 이쪽으로 오시지요.
㉣ 선생님, 괜찮으시다면 이쪽으로 오십시오
㉤ 선생님, 이쪽으로 와 주셨으면 합니다.

① ㉠은 보조 용언을 사용하여 완곡하게 표현하였군.
② ㉡은 의문문을 사용하여 완곡하게 표현하였군.
③ ㉢은 제안의 의미를 지닌 종결 어미를 사용하여 완곡하게 표현하였군.
④ ㉣은 상대방을 배려하기 위한 어휘를 추가하여 완곡하게 표현하였군.
⑤ ㉤은 명령형 종결 어미를 사용하되 화자의 의도를 숨겨 완곡하게 표현하였군.

9. 〈보기〉의 ㉠, ㉡에 해당하는 예로 적절하지 **않은** 것은?

───── 보기 ─────

피동사는 남에게 당하여 행해지는 동작을 나타내는 동사이고, 사동사는 문장의 주체가 자기 스스로 행하지 않고 남에게 그 행동이나 동작을 하게 함을 나타내는 동사이다. 그런데 특정 단어의 피동사와 사동사의 형태가 서로 다를 때도 있지만 같을 때도 있기 때문에 특정 단어가 ㉠ 피동사로 쓰였는지, ㉡ 사동사로 쓰였는지는 문장 속에서 사용된 의미를 통해 정확히 파악할 수 있다.

① ㉠ : 어젯밤 모기에게 코를 물렸다.
  ㉡ : 개에게 막대기를 물리다.
② ㉠ : 아이가 엄마 등에 업혀 잠이 들었다.
  ㉡ : 할머니에게 아이를 업혀 보냈다.
③ ㉠ : 땅을 파는 데는 곡괭이가 쓰인다.
  ㉡ : 그 사람은 아무래도 일용직으로 쓰일 것 같다.
④ ㉠ : 감긴 듯한 그의 눈에서 눈물이 흘러내린다.
  ㉡ : 차마 감지 못하고 간 그의 눈을 감겼다.
⑤ ㉠ : 어디서 음악 소리가 들린다.
  ㉡ : 아이들에게 재미있는 이야기를 들렸다.

10. 〈보기 1〉을 참고할 때 〈보기 2〉의 밑줄 친 부분에 대한 설명으로 적절하지 **않은** 것은?

───── 보기 1 ─────

달다
「1」 물건을 일정한 곳에 걸거나 매어 놓다.
「2」 어떤 기기를 설치하다.
「3」 글이나 말에 설명 따위를 덧붙이거나 보태다.
「4」 이름이나 제목 따위를 정하여 붙이다.
「5」 사람을 동행하거나 거느리다.
「6」 장부에 적다.
「7」 물건을 잇대어 붙이다.

───── 보기 2 ─────

㉠ 액자가 벽에 달리다.
㉡ 신혼 방에 전화가 달리다.
㉢ 논문에 각주가 많이 달리다.
㉣ 새 책에 제목이 잘 달리다.
㉤ 기관차에 객차가 달리다.

① ㉠에서는 '달다「1」'의 피동사가 쓰였군.
② ㉡에서는 '달다「2」'의 피동사가 쓰였군.
③ ㉢에서는 '달다「3」'의 피동사가 쓰였군.
④ ㉣에서는 '달다「4」'의 피동사가 쓰였군.
⑤ ㉤에서는 '달다「5」'의 피동사가 쓰였군.

11. 〈보기〉의 밑줄 친 부분에 해당하는 사례로 적절하지 **않은** 것은?

───── 보기 ─────

피동 표현 중에는 피동사에 의한 피동과 '-아/어지다'에 의한 피동이 중복되어 나타나는 경우가 있는데, 이를 '이중 피동'이라고 한다. 이중 피동은 그 형태가 주로 '-여/혀/겨/려지다'로 나타나지만, 이러한 형태라고 해서 모두 이중 피동인 것은 아니므로 이중 피동을 판단할 때 이 점을 유의해야 한다. 가령 '(보약을) 달다'의 피동형은 '(보약이) 달여지다'로서 '-여지다'의 형태를 취하지만 '-아/어지다'에 의한 피동일 뿐 이중 피동은 아니다.

① 나는 아직도 그 사실이 잘 안 믿겨진다.
② 이 소설은 여전히 사람들에게 널리 읽혀진다.
③ 요즘 간판 이름으로 외래어가 많이 쓰여진다.
④ 그는 우리 시대의 진정한 영웅이라 불려진다.
⑤ 학교 앞 교통 표지판이 현수막으로 가려진다.

12. 〈보기〉를 바탕으로 사동문에 대해 탐구한 결과로 적절하지 **않은** 것은?

───── 보기 ─────

④ 주동문의 서술어	® 주동문	© 사동사에 의한 사동문	⑩ '-게 하다'에 의한 사동문
형용사	길이 넓다.	인부들이 길을 넓혔다.	인부들이 길을 넓게 했다.
자동사	아기가 잤다.	형이 아기를 재웠다.	형이 아기가 자게 했다. / 형이 아기를 자게 했다.
타동사	아이가 옷을 입었다.	누나가 아이에게 옷을 입혔다.	누나가 아이가 옷을 입게 했다. / 누나가 아이에게 옷을 입게 했다.

① ④가 형용사일 때에는 ®에서 주어였던 것이 ©와 ⑩에서 모두 목적어로 나타나는군.
② ④가 자동사일 때에는 ®에서 주어였던 것이 ©에서 목적어로만 나타나는 것과 달리 ⑩에서는 주어로도 나타나고 목적어로도 나타나는군.
③ ④가 타동사일 때에는 ®에서 목적어였던 것이 ©와 ⑩에서 계속 목적어로 유지되는군.
④ ④가 형용사이든 자동사이든 타동사이든 상관없이 ®의 주어가 ©에서 목적어로만 쓰이는군.
⑤ ④가 형용사이든 자동사이든 타동사이든 상관없이 ®에 쓰인 서술어의 자릿수보다 ©에 쓰인 서술어의 자릿수가 한 자리 더 많군.

13. 다음은 '문장의 바른 표현 알기' 과제 수행 내용이다. 탐구한 내용으로 적절하지 **않은** 것은?

─── 보기 ───

[문장의 바른 표현 알기]
• 좋은 사람 있으면 소개시켜 줘.
→ 좋은 사람 있으면 소개해 줘.
- 수정 이유 : ① 불필요한 사동 표현이 사용되었다.
• 이것은 재활용으로 사용할 수 있는 물건이다.
→ 이것은 재활용할 수 있는 물건이다.
- 수정 이유 : ② 같은 의미의 단어가 중복 사용되었다.
• 그가 날 칭찬해 주다니 여간 기쁜 일이다.
→ 그가 날 칭찬해 주다니 여간 기쁜 일이 아니다.
- 수정 이유 : ③ 부사어와 서술어의 호응이 맞지 않는다.
• 나는 1월부터 지금까지 매일 한 시간씩 하고 있다.
→ 나는 1월부터 지금까지 매일 한 시간씩 운동을 하고 있다.
- 수정 이유 : ④ 필수적 문장 성분이 생략되었다.
• 누나는 나보다 엄마를 더 좋아한다.
→ 누나는 내가 엄마를 좋아하는 것보다 엄마를 더 좋아한다.
- 수정 이유 : ⑤ 수식 범위가 모호하여 문장의 의미가 중의적이다.

14. 〈보기〉의 ㄱ~ㅁ에 대한 설명으로 적절하지 **않은** 것은?

─── 보기 ───

ㄱ. 우리는 내일 가족 여행을 <u>간다</u>.
ㄴ. 날씨가 이렇게 안 좋으니 이번 농사는 다 <u>지었다</u>.
ㄷ. 철수는 이미 밥을 <u>먹었겠구나</u>.
ㄹ. 지금은 손님이 없지만 작년만 해도 이 식당엔 손님들이 장사진을 <u>쳤었다</u>.
ㅁ. 나는 어제 이 가게로 <u>들어가는</u> 사람을 <u>보았다</u>.

① ㄱ : '내일'이라는 시간 부사가 사용되었음을 고려할 때, '-ㄴ-'은 미래의 사건을 나타낼 때에도 쓰이는군.
② ㄴ : '-었-'은 발화시에서 볼 때 미래의 일을 이미 정해진 사실인 것처럼 표현하는 기능을 하고 있군.
③ ㄷ : '-었-'은 '-겠-'과 함께 사용된 것으로 보아 과거의 사건과 관련되는 것으로 볼 수 없겠군.
④ ㄹ : '쳤었다'는 '치었었다'의 준말로 '-었었-'은 작년의 일이 현재와 단절되어 있음을 나타내고 있군.
⑤ ㅁ : 사람이 가게로 들어가는 행위와 '내'가 그것을 본 행위는 모두 발화시 이전에 일어난 것이군.

15. 〈보기〉에 제시된 문장의 중의성을 [ ]에 제시된 의미나 상황에 맞게 해소하는 방법으로 적절하지 **않은** 것은?

─── 보기 ───

a. 이것은 아버지의 그림이다. [그림에 아버지가 그려져 있음.]
b. 내 친구와 그녀가 올해 결혼하였다. [올해 둘이 서로 결혼함.]
c. 사람들이 다 오지 않았다. [몇 사람은 오지 않았음.]
d. 그가 웃는 것이 이상하다. [그가 웃는다는 사실이 이상함.]
e. 그녀는 밝은 표정으로 환영하는 사람들에게 인사했다. [그녀의 표정이 밝음.]

① a : '의'를 '를 그린'으로 교체한다.
② b : '와'와 '가'를 서로 교체한다.
③ c : '않았다'를 '못했다'로 바꾼다.
④ d : '것'을 '-다는 것'으로 바꾼다.
⑤ e : '밝은 표정으로'를 '사람들에게'의 뒤로 옮긴다.

16. 〈보기 1〉을 바탕으로 〈보기 2〉에 대해 설명한 내용으로 적절하지 **않은** 것은?

─── 보기 1 ───

의문문은 말하는 이가 듣는 이에게 질문하여 대답을 요구하는 문장이다. 의문문은 듣는 이에게 일정한 설명을 요구하는 의문문도 있고, 단순히 긍정이나 부정의 대답을 요구하는 의문문도 있으며, 굳이 대답을 요구하지 않고 서술이나 명령, 청유, 감탄의 효과를 내는 의문문도 있다.

─── 보기 2 ───

ㄱ. 오늘 축구 시합은 어디에서 하지?
ㄴ. (급식소에서 나오는 친구에게) 밥은 맛있게 먹었니?
ㄷ. 설마 내가 이것도 못 들겠느냐?
ㄹ. (전화하는데 옆에서 시끄럽게 말하는 아이에게) 좀 조용히 하지 못하겠니?

① ㄱ은 듣는 이에게 구체적인 설명을 요구한다.
② ㄴ은 듣는 이에게 긍정이나 부정의 대답을 요구한다.
③ ㄷ은 듣는 이에게 함께 행동을 하도록 요청한다는 점에서 청유문과 같은 기능을 한다.
④ ㄹ은 듣는 이에게 조용히 하라는 의미를 담고 있다는 점에서 명령문과 같은 기능을 한다.
⑤ ㄷ, ㄹ은 굳이 듣는 이의 대답을 요구하지 않는다.

17. 〈보기 1〉의 ⊙과 ⓒ의 구체적 사례를 〈보기 2〉에서 골라 바르게 짝지은 것은?

———— 보기 1 ————

화자는 종결 어미에 따른 문장 유형을 통해 청자에게 자신의 의도를 표현한다. 그러나 실제의 발화에서는 문장 유형과 발화 의도가 일치하지 않는 경우가 많은데, 이를 간접 화행이라 한다. 예를 들어, ⊙ 의문문으로 표현된 문장이 평서의 의도를 담는 경우도 있고, ⓒ 청유문으로 표현된 문장이 명령의 의도를 드러내는 경우도 있는 것이다.

———— 보기 2 ————

a. 철수가 언제 집에 왔니?
b. 너한테 점심 한번 못 사 줄까?
c. 저와 같이 춤을 추시지 않을래요?
d. (밖에 나가기 싫다고 떼쓰는 아이에게 엄마가) 밖에 나가기 싫으면 나가지 마.
e. (반 친구들이 떠들 때 학급 회장이) 조용히 하자.

	⊙	ⓒ
①	a	e
②	b	d
③	b	e
④	c	d
⑤	c	e

18. 〈보기 1〉을 참고하여 〈보기 2〉에 쓰인 높임 표현을 탐구한 내용으로 적절하지 **않은** 것은?

———— 보기 1 ————

- **주체 높임법** : 서술의 주체(문장의 주어가 지시하는 대상)를 높이는 방법
- **상대 높임법** : 화자가 청자인 대화의 상대를 높이거나 낮추어 말하는 방법
- **객체 높임법** : 서술의 객체(목적어나 부사어가 지시하는 대상)를 높이는 방법

———— 보기 2 ————

ㄱ. 아버지께서 할아버지를 모시고 약속 장소로 오셨어요.
ㄴ. 영호는 모르는 문제를 선생님께 여쭤보았다.
ㄷ. 삼촌께서 밖으로 나가시는 모습이 보인다.
ㄹ. 선생님, 이번에는 제 말씀을 좀 들어 보십시오.

① ㄱ의 '모시고'와 ㄴ의 '여쭤보았다'는 객체를 높이기 위해 사용된 것이군.
② ㄱ과 ㄷ의 '께서'와 '-시-'는 주체를 높이기 위해 사용된 것이군.
③ ㄱ의 '요'는 청자인 상대방을 높이기 위해 사용된 것이군.
④ ㄴ의 '께'는 주체를 높이기 위해 사용된 것이군.
⑤ ㄹ의 '-십시오'는 청자인 상대방을 높이기 위해 사용된 것이군.

19. 다음은 시제에 대한 학습 활동지 중 일부이다. ⊙~ⓒ에 들어갈 내용으로 적절한 것은?

———— 보기 ————

말하는 이가 말하는 시점을 '발화시'라고 하고 동작이나 상태가 일어나는 시점을 '사건시'라고 하는데, 사건시와 발화시의 선후 관계는 '〉, =, 〈'를 사용하여 나타낼 수 있다. 예를 들어, 사건시가 발화시보다 먼저인 경우는 '사건시 〉 발화시'와 같이 나타낼 수 있다. 다음 문장의 경우는 어떠한지 부등호 혹은 등호로 표시해 보자.

(1) 지금 창밖으로 기차가 지나간다. → 사건시 (⊙) 발화시
(2) 내일도 비가 올 것입니다. → 사건시 (ⓒ) 발화시
(3) 지난주에 고향 친구가 나를 찾아왔다. → 사건시 (ⓒ) 발화시

	⊙	ⓒ	ⓒ
①	=	〉	〈
②	=	〈	〉
③	〈	=	〉
④	〈	〉	=
⑤	〉	=	〈

20. 〈보기 1〉을 바탕으로 〈보기 2〉를 설명한 내용으로 적절하지 **않은** 것은?

— 보기 1 —

발화시를 기준으로 동작이 일어나는 모습을 표현하는 것을 '동작상'이라 하는데, 그중 '진행상'이란 어떤 사건이 특정 시간 구간 내에서 계속 이어지고 있음을 나타내며, '완료상'이란 어떤 사건이 끝났거나 끝난 후의 결과 상태가 지속되고 있음을 나타낸다. 국어에서는 주로 일부 보조 용언 구성을 통해 동작상을 표현하는데, 특정 어미를 통해 표현할 때도 있다.

— 보기 2 —

ㄱ. 동생이 공부를 하고 있다.
ㄴ. 나는 밥을 먹고서 방을 청소했다.
ㄷ. 감이 잘 익어 있다.
ㄹ. 민수가 빨간 신발을 신고 있다.
ㅁ. 나는 음악을 들으면서 공부했다.

① ㄱ은 보조 용언 구성을 활용하여 진행상을 나타내고 있다.
② ㄴ의 어미 '-고서'는 완료상을 나타내고 있다.
③ ㄷ은 보조 용언 구성을 활용하여 완료상을 나타내고 있다.
④ ㄹ은 보조 용언 구성을 활용하여 진행상 혹은 완료상을 나타내고 있다.
⑤ ㅁ의 어미 '-면서'는 완료상을 나타내고 있다.

21. 〈보기〉를 참고할 때, '파생적 피동문'으로 바꿀 수 **없는** 것은?

— 보기 —

피동사에 의한 피동 표현을 파생적 피동문이라 하는데, 피동사는 주어가 제힘으로 행하는 동작을 나타내는 능동사에 피동 접미사 '-이-, -히-, -리-, -기-'가 붙어서 만들어진 것이다. 이와 같은 파생적 피동문은 다음과 같은 과정을 통해 만들어진다.

ㄱ. 능동사가 서술어로 쓰인 문장: 언니가 동생을 업었다.
        주어   목적어   서술어

ㄴ. 피동사가 서술어로 쓰인 문장: 동생이 언니에게 업히었다.
        주어   부사어   서술어

ㄱ의 목적어가 ㄴ의 주어가 되고 ㄱ의 주어가 ㄴ의 부사어가 된다. 그리고 ㄱ의 능동사 '업다'에 '-히-'가 붙어서 만들어진 피동사 '업히다'가 ㄴ의 서술어가 된다. 그렇지만 국어에서 어떤 능동사든지 다 피동사로 만들어지는 것은 아니다.

① 엄마가 아기를 안았다.
② 개구리가 파리를 먹었다.
③ 바람이 나뭇가지를 꺾었다.
④ 폭풍우가 배를 세차게 흔들었다.
⑤ 영수가 귀갓길에 소나기를 만났다.

22. 〈보기〉를 참고하여 피동 표현에 대해 학습한 내용으로 적절하지 **않은** 것은?

— 보기 —

주어가 동작을 제힘으로 하는 것을 능동이라 하고, 주어가 다른 주체에 의해서 동작을 당하게 되는 것을 피동이라고 한다. 피동 표현은 능동사에 피동 접미사 '-이-, -히-, -리-, -기-'가 붙어서 만들어지거나 '-어지다' 등에 의해 만들어진다.

① '도원경에 흐드러져 피는 꽃을 보았다.'에는 '-어지다'를 사용한 피동 표현이 쓰였군.
② '사람들에게 밀려서 넘어지다.'에는 피동 접미사 '-리-'를 사용한 피동 표현이 쓰였군.
③ '하수구가 막혀 물이 빠지지 않는다.'에는 피동 접미사 '-히-'를 사용한 피동 표현이 쓰였군.
④ '그는 경찰에게 쫓기는 신세가 되었다.'에는 피동 접미사 '-기-'를 사용한 피동 표현이 쓰였군.
⑤ '그에게 일을 맡겼더니 순서가 온통 뒤섞여 있었다.'에는 피동 접미사 '-이-'를 사용한 피동 표현이 쓰였군.

23. 〈보기 1〉을 참고하여 〈보기 2〉로부터 알 수 있는 바를 바르게 추론한 것은?

— 보기 1 —

주어가 남에게 동작을 하도록 시키는 것을 나타내는 표현을 사동 표현이라 하는데, 사동 접미사 '-이-, -히-, -리-, -우-, -구-, -추-'에 의해 사동 표현이 실현되는 것을 파생적 사동이라고 하고, '-게 하다'에 의해 사동 표현이 실현되는 것을 통사적 사동이라고 한다.

— 보기 2 —

• 높다 → 높게 하다 / 높이다, 깊다 → 깊게 하다 / *깊이다
• 피다 → 피게 하다 / 피우다, 솟다 → 솟게 하다 / *솟구다
• 먹다 → 먹게 하다 / 먹이다, 사다 → 사게 하다 / *사이다

* : 비문법적 표현.

① 파생적 사동은 통사적 사동에 비해 더 제한적이로군.
② 타동사는 자동사에 비해 파생 접미사와의 결합에 제약이 적군.
③ 타동사의 경우 어근에 둘 이상의 사동 접사가 결합하기도 하는군.
④ 형용사는 자동사나 타동사와는 달리 주로 파생적 사동에 의해 사동 표현을 만드는군.
⑤ 자동사는 타동사에 비해 통사적 사동에 의해 사동 표현을 만드는 데 제약을 많이 받는군.

24. 〈보기〉의 ㄱ~ㅁ은 의미가 분명하게 파악되지 않는 문장의 예이다. 이에 대한 설명으로 적절하지 **않은** 것은?

───── 보기 ─────

ㄱ. 그는 허리에 총을 차고 있다.
ㄴ. 그가 걷는 것이 이상하다.
ㄷ. 그녀는 나보다 영화를 더 좋아한다.
ㄹ. 학생들이 다 오지 않았다.
ㅁ. 아름다운 고향의 하늘을 생각한다.

① ㄱ : 허리에 총을 차는 동작의 '진행'인지 '예정'인지 분명하게 알 수 없는 문장이다.
② ㄴ : '걷는다는 사실' 자체가 이상한 것인지 '걸음걸이'가 이상한 것인지 명료하지 않은 문장이다.
③ ㄷ : 비교 대상이 '그녀'와 '나'인지 '나'와 '영화'인지 불분명하게 해석되는 문장이다.
④ ㄹ : 학생들 '전체'가 오지 않았다는 것인지 '일부'가 오지 않았다는 것인지 부정 표현의 범위가 명확하지 않은 문장이다.
⑤ ㅁ : '아름다운'의 대상이 '고향'인지 '하늘'인지 확실하지 않아 의미가 명확히 드러나지 않는 문장이다.

25. 〈보기〉의 ㉠~㉢에 대한 설명으로 적절한 것은?

───── 보기 ─────

㉠ 남편은 나에게 말을 높인다.
㉡ 누렁이가 새끼에게 젖을 물렸다.
㉢ 선생님께서 아이들을 집에 가게 했다.

① ㉠의 부사어는 목적어로 바꿀 수 있다.
② ㉠은 '-게 하다'에 의한 사동문으로 바꿀 수 있다.
③ ㉡의 목적어 앞에 재귀 대명사 '당신의'를 넣을 수 있다.
④ ㉢의 목적어를 주어로 한 주동문은 '아이들이 집에 갔다.'이다.
⑤ ㉡과 ㉢은 사동의 주체가 행위에 직접적으로 참여하는 직접 사동문이다.

26. 〈보기〉의 가~마 중, 제시된 부정 표현의 특징을 바탕으로 설명하기 **어려운** 것은?

───── 보기 ─────

ㄱ. 형용사를 부정할 때는 주로 '안' 부정문이 쓰인다.
ㄴ. 일부 부사들은 반드시 부정 표현을 포함한 서술어와 함께 쓰인다.
ㄷ. '어근 + -하다' 구성의 짧은 부정문에서는 어근과 '-하다' 사이에 부정 부사가 온다.

가. 그동안 얼굴이 그다지 안 변했네.
나. 앞으로 영화는 무조건 보지 않을래.
다. 촛불을 켰는데도 분위기가 안 사네.
라. 공부하거나 공부 안 하거나, 네가 선택해.
마. 지원이와 지후 없이는 기쁘지 않아.

① 가, 나   ② 가, 다   ③ 나, 다
④ 다, 라   ⑤ 라, 마

27. 〈보기〉의 (가)에 들어갈 말로 적절하지 **않은** 것은?

───── 보기 ─────

학생 : 저는 과거 시제를 나타내는 표현에 대해 조사해 보았습니다. 몇 개의 예문을 바탕으로 설명하겠습니다.

ㄱ. 동생은 어제 하루 종일 텔레비전을 보았다.
ㄴ. 그 귀엽던 아이가 어느새 늠름한 청소년이 되었다.
ㄷ. 내가 먹던 비빔밥은 어머니께서 만드신 것이다.
ㄹ. 어렸을 때 나는 심하게 아팠었다.
ㅁ. 너 지난주에 보니까 어딘가 바쁘게 가더라.

(가)

① ㄱ을 통해 선어말 어미 '-았-'이 과거 시제를 실현한다는 사실을 알 수 있습니다.
② ㄱ, ㅁ을 통해 '어제', '지난주에'와 같은 부사어도 문장의 시제가 과거 시제임을 분명하게 나타내는 역할을 한다는 사실을 알 수 있습니다.
③ ㄴ, ㄷ을 통해 형용사와 동사는 관형사형 어미 '-(으)ㄴ'과 결합하여 과거 시제를 실현할 수 있다는 사실을 알 수 있습니다.
④ ㄹ을 통해 '-았었-'은 아팠다는 과거 상태에 대한 단절감을 강조하고자 할 때 사용할 수 있다는 사실을 알 수 있습니다.
⑤ ㅁ을 통해 '-더-'는 과거에 직접 관찰한 사실을 표현할 때 사용할 수 있다는 사실을 알 수 있습니다.

28. 다음 중 〈보기〉의 밑줄 친 ㉠에 해당하지 **않는** 것은?

――― 보기 ―――

　문장의 유형은 주로 종결 어미에 따라 형식적으로 분류된다. 하지만 실제 발화에서는 ㉠ 문장의 유형과 기능이 일치하지 않는 경우도 있다. 예를 들어 교실에서 공놀이를 하는 학생에게 "공놀이는 운동장에서 하는 것이 좋지 않을까?"라고 말하는 경우, 이 문장의 형식은 의문문이지만, 실제로는 교실에서 공놀이를 하지 말라는 명령의 기능을 수행한다.

① (길에서 만난 사람에게) 덕수궁 가는 길을 알려주실 수 있나요?
② (파티에서 만난 사람에게) 저와 같이 춤추실래요?
③ (열심히 공부하고 있는 딸에게) 이거 좀 먹으면서 해라.
④ (정수기 근처에 있는 동생에게) 네가 물 한 잔만 떠주면 소원이 없겠어.
⑤ (TV를 가린 사람에게) 거 텔레비전 좀 봅시다.

29. 〈보기〉의 ㉠과 ㉡에 해당하는 문장이 바르게 짝지어진 것은?

――― 보기 ―――

　주어가 제힘으로 행동을 하는 것을 '능동'이라고 하고, 주어가 다른 주체에 의해 행동을 당하는 것을 '피동'이라고 한다. '벌이 나를 쏘았다.'는 능동문이고, '내가 벌에게 쏘였다.'는 이에 대응하는 피동문이다. 그런데 피동문 중에는 ㉠ 대응하는 능동문이 존재하지 않는 피동문이 있고, 능동문 중에도 ㉡ 대응하는 피동문을 만들기 어려운 능동문이 있다.

①
　㉠ 더위가 한풀 꺾였다.
　㉡ 희태가 잠자리를 잡았다.

②
　㉠ 자물쇠가 누군가에게 뜯겼다.
　㉡ 그는 그쪽 지리를 잘 알았다.

③
　㉠ 온 세상이 눈에 덮였다.
　㉡ 호랑이가 닭을 잡아먹었다.

④
　㉠ 내가 난처한 입장에 놓였다.
　㉡ 나는 할아버지에게서 바둑을 배웠다.

⑤
　㉠ 아이가 모기에게 잔뜩 물렸다.
　㉡ 건우는 새가 지저귀는 소리를 들었다.

30. 〈보기〉의 ㄱ~ㅁ을 높임법에 맞게 수정한 내용으로 적절하지 **않은** 것은?

――― 보기 ―――

ㄱ. 어머니께서는 다이어트 때문에 하루에 한 끼만 먹는다.
ㄴ. 학생 여러분, 궁금한 점이 있으면 언제든 질문해 주세요.
ㄷ. 손님, 주문하신 햄버거와 콜라 세트 나왔습니다.
ㄹ. 교장 선생님께 주고 싶은 게 있어요.
ㅁ. 제가 사장님을 데리고 출장을 다녀오게 되었습니다.

① ㄱ의 '먹는다'의 주체를 높이기 위해 '드신다'로 수정해야 한다.
② ㄴ의 '있으면'의 주체를 높이기 위해 '있으시면'으로 수정해야 한다.
③ ㄷ의 '나왔습니다'의 주체를 높이기 위해 '나오셨습니다'로 수정해야 한다.
④ ㄹ의 '주고'의 객체를 높이기 위해 '드리고'로 수정해야 한다.
⑤ ㅁ의 '데리고'의 객체를 높이기 위해 '모시고'로 수정해야 한다.

31. 〈보기〉를 바탕으로 주동문과 사동문에 대해 탐구한 내용으로 적절하지 **않은** 것은?

――― 보기 ―――

주동문	사동문
길이 넓다.	사람들이 길을 넓힌다.
아기가 잔다.	엄마가 아기를 재운다.
아기가 우유를 먹는다.	엄마가 아기에게 우유를 먹인다.
아이가 우유를 마신다.	엄마가 아이에게 우유를 마시게 한다.
달리던 차가 정지하였다.	경찰이 달리던 차를 정지시켰다.

① 주동문이 사동문으로 바뀔 때에는 새로운 주어가 생기는구나.
② 주동문이 사동문으로 바뀔 때, 주동문의 주어는 사동문의 목적어나 부사어로 바뀌는구나.
③ 형용사와 자동사는 사동사로 바꿀 수 있지만, 타동사는 목적어를 필요로 하므로 사동사로 바꿀 수 없구나.
④ '먹다'는 사동사로 사동문을 만들 수 있고, '마시다'는 '-게 하다'를 통해 사동문을 만들 수 있구나.
⑤ '-하다'로 끝나는 동사를 사동 표현으로 만들 때에는 '-시키다'를 사용하기도 하는구나.

32. 밑줄 친 말의 시제에 주목하여 〈보기〉의 문장을 탐구한 결과로 타당하지 **않은** 것은?

──────── 보기 ────────

㉠ 우리는 지금 학교에서 운동을 <u>한다</u>.
㉡ 그분은 내년에 유학을 <u>떠난다</u>고 한다.
㉢ 누나는 어제 사 온 원피스를 <u>입고 있다</u>.
㉣ 아이들이 운동장에서 축구를 <u>하고 있다</u>.
㉤ 커피를 석 잔이나 <u>마셨으니</u> 이제 잠은 다 <u>잤다</u>.
㉥ 아까 친구가 집에 <u>왔었다</u>. 지금 친구는 돌아가고 없다.
㉦ 연휴여서 그런지 서울역에 사람들이 정말 <u>많더라</u>.

① ㉠과 ㉡을 보니, '-ㄴ-'은 현재 시제를 나타내지만 미래의 사건을 나타낼 때도 쓰이는군.
② ㉢과 ㉣을 보니, '-고 있다'가 쓰인 문장은 중의성이 있는 경우도 있고 없는 경우도 있군.
③ ㉤에서는 '마셨다'와 '잤다'가 동시에 일어난 사건임을 나타내기 위해 같은 형태소 '-았/었-'을 썼군.
④ ㉥에서는 현재의 상황이 과거와 달라져 단절되었음을 나타내기 위해 '왔었다'에 '-았었-'을 썼군.
⑤ ㉦에서는 말하는 이가 과거에 직접 목격한 바를 나타내기 위해 '많더라'에 '-더-'를 썼군.

① ㉠과 달리 ㉡은 피동문의 부사어가 능동문의 주어가 될 수 없다.
② ㉢으로 보아 능동사의 어간에 따라 파생적 피동이 불가능한 것이 있다.
③ ㉢으로 보아 능동문이 피동문으로 바뀔 때 주어와 목적어가 서로 뒤바뀌어 쓰인다.
④ ㉠의 능동문과 달리 ㉣의 능동문은 파생적 피동과 통사적 피동 모두 불가능하다.
⑤ ㉤으로 보아 의지와 관련된 부사어가 있는 능동문은 피동문으로 바꿨을 때 어색한 경우가 있다.

33. 〈보기〉의 ㉠~㉤에 대한 이해로 적절하지 **않은** 것은?

──────── 보기 ────────

국어의 문장은 동작이나 행위를 누가 하느냐에 따라 능동문과 피동문으로 나뉘는데, 주어가 동작을 제힘으로 하는 것은 능동(能動)이라 하고, 주어가 다른 주체에 의해 동작을 당하게 되는 것을 피동(被動)이라 한다. 피동문을 만드는 방법으로는 능동사의 어간에 피동 접미사 '-이-, -히-, -리-, -기-'를 붙이는 파생적 피동과 '-어지다'를 붙이는 통사적 피동이 있다.

㉠ ┌─(피) 창문이 나에 의해 열렸다.
　 └─(능) 나는 창문을 열었다.

㉡ ┌─(피) 옷이 못에 걸렸다.
　 └─(능) *못이 옷을 걸었다.

㉢ ┌─(능) 인부들이 건물을 지었다.
　 └─(피) 건물이 인부들에 의해 지어졌다.

㉣ ┌─(능) 그가 나를 가르쳤다.
　 └─(피) *내가 그에게 가르쳐졌다.

㉤ ┌─(능) 경찰이 도둑을 열심히 잡았다.
　 └─(피) *도둑이 경찰에게 열심히 잡혔다.

*는 비문법적 표현.

34. 밑줄 친 말에 쓰인 어미 중 〈보기〉의 설명에 해당하지 **않는** 것은?

──────── 보기 ────────

과거 시제를 표현하는 주된 방법으로는 선어말 어미 '-았/었-'을 활용하는 방법이 있는데, 이 외에도 동사 어간에 관형사형 전성 어미 '-(으)ㄴ'을 붙이거나, 관형사형 전성 어미 '-던'을 활용하기도 한다. 그리고 선어말 어미 '-더-'와 '-았었/었었-'이 쓰이기도 하는데, 전자는 과거에 경험한 일을 회상할 때 주로 쓰이고, 후자는 과거의 사건 내용이 현재와 비교하여 다르거나 단절되어 있을 때 쓰인다.

① 그 빵은 영희가 <u>준</u> 것이다.
② 누가 <u>하더라도</u> 더 잘할 것이다.
③ 그땐 너무 기뻐서 눈물이 <u>났다</u>.
④ 이 저수지에는 물고기가 <u>많았었다</u>.
⑤ 그것은 내가 가장 <u>아끼던</u> 볼펜이다.

35. 〈보기 1〉을 바탕으로 〈보기 2〉의 ㄱ~ㄹ을 탐구한 내용으로 적절하지 **않은** 것은?

— 보기 1 —

주체가 제힘으로 움직이는 것을 능동(能動)이라 하고, 주체가 다른 힘에 의하여 움직이는 것을 피동(被動)이라 한다. 능동문이 피동문으로 바뀔 때에는 문장 성분이 바뀌기도 한다. 피동사는 일부의 능동사 어근에 피동 접미사 '-이-', '-히-', '-리-', '-기-'가 결합되어 만들어진다. 한편 피동문은 '-아/-어지다', '-게 되다' 등에 의해서도 표현된다. 피동사에 의해 표현되는 피동문을 파생적 피동문이라 하고, '-아/-어지다', '-게 되다'에 의해 표현되는 피동문을 통사적 피동문이라 한다. 이때, '잊혀지다'와 같이 파생적 피동과 통사적 피동 표현을 중복하여 쓰는 것은 잘못된 피동이다. 또한 동작의 유무에 따라 동작주와 피동작주를 구분할 수 있는데 능동문과 피동문은 동작주의 동작성에서 차이가 난다. 예를 들어 피동문 '사람이 개에게 물렸다.'에서는 피동작주인 '사람'에 초점이 가게 되어 동작주인 '개'의 행위가 적극적으로 표현되지 않는 것이다.

— 보기 2 —

ㄱ. 순경이 도둑을 잡았다.
　→ 도둑이 순경에게 잡혔다.
ㄴ. 흰 눈이 산봉우리를 덮었다.
　→ 산봉우리가 흰 눈에 덮였다.
ㄷ. 예술가가 조각품을 만들었다.
　→ 조각품이 예술가에 의해 만들어졌다.
ㄹ. 사냥꾼 네 명이 사슴을 잡았다.
　→ 사슴이 사냥꾼 네 명에게 잡히게 되었다.

① ㄱ, ㄴ은 피동 접미사를 사용하여 파생적 피동문을 만든 경우이다.
② ㄷ은 피동 접미사를 사용하지 않고 '-어지다'를 사용한 통사적 피동문이라 할 수 있다.
③ ㄹ은 능동문이 피동문으로 바뀌면서, 이중 피동이 쓰인 경우이다.
④ ㄱ, ㄴ, ㄹ에서는 주어는 부사어로, 목적어는 주어로 각각 문장 성분이 바뀌고 있다.
⑤ ㄱ~ㄹ에서 피동문은 능동문에 비해 주어로 나타나는 피동작주에 초점이 가기 때문에 동작주의 동작성이 잘 드러난다.

36. 〈보기 1〉을 참고하여 〈보기 2〉를 이해한 것 중 적절하지 **않은** 것은?

— 보기 1 —

국어의 높임법에는 주체 높임법, 상대 높임법, 객체 높임법이 있다. 주어가 나타내는 대상인 주체를 높이는 것이 주체 높임법, 대화의 상대인 청자를 높이거나 낮추는 것이 상대 높임법, 문장의 목적어나 부사어가 나타내는 대상인 객체를 높이는 것이 객체 높임법이다.

— 보기 2 —

형 : 민호야, 오늘 우리 집에 고모부께서 다녀가셨어?
동생 : 응. 고모부께서 오셔서 할아버지께 안부를 여쭙고, 따뜻한 겨울 코트를 선물로 드리고 가셨어.

① 형의 '다녀가셨어'라는 말에 동생에 대한 상대 높임법이 사용되었군.
② 형의 '고모부께서'라는 말에 고모부에 대한 주체 높임법이 사용되었군.
③ 동생의 '오셔서'라는 말에 고모부에 대한 주체 높임법이 사용되었군.
④ 동생의 '여쭙고'라는 말에 할아버지에 대한 상대 높임법이 사용되었군.
⑤ 동생의 '드리고'라는 말에 할아버지에 대한 객체 높임법이 사용되었군.

37. 〈보기 1〉의 내용을 바탕으로 〈보기 2〉의 ㄱ~ㄷ을 설명한 것으로 적절하지 **않은** 것은?

— 보기 1 —

시제는 기본적으로 발화시와 사건시의 시간적 선후 관계에 따라 파악된다. 발화시란 화자가 말하는 현재 시점을 가리킨다. 사건시란 어떤 사건이나 상태가 나타나는 시점을 가리킨다. 발화시와 사건시의 선후 관계는 사건시가 발화시보다 앞서는 경우, 사건시와 발화시가 같은 경우, 발화시가 사건시보다 앞서는 경우로 나눌 수 있으며, 이는 차례대로 과거, 현재, 미래가 된다. 시제는 대체로 선어말 어미, 관형사형 전성 어미 등을 통해 나타난다.

— 보기 2 —

ㄱ. 세원이는 앞으로 훌륭하게 자랄 거야.
ㄴ. 난 세민이와 도서관에 가는 꿈을 꿨어.
ㄷ. 초등학교 졸업식에 왔던 사람이 누구인지 여전히 기억하고 있어.

① ㄱ에는 시제를 나타내는 선어말 어미가 없다.
② ㄱ의 관형사형 전성 어미 '-ㄹ'은 사건시가 발화시보다 먼저임을 나타낸다.
③ ㄴ에는 과거 시제를 나타내는 선어말 어미 '-었-'이 포함되어 있다.
④ ㄴ의 관형사형 전성 어미 '-는'은 '꿈'을 꾸는 시점을 기준으로 현재 시제임을 나타낸다.
⑤ ㄷ에는 과거 시제를 나타내는 선어말 어미와 관형사형 전성 어미가 모두 쓰였다.

38. 〈보기〉의 ㉠, ㉡에 대한 설명으로 적절한 것은?

———— 보기 ————
- 벌써 수업이 끝났㉠겠다.
- 나는 이번 방학에 꼭 여행을 가㉡겠다.

① ㉠은 주체의 의지나 의도를 나타낸다.
② ㉡은 주체의 추측이나 추정을 나타낸다.
③ ㉡은 문장이 미래 시제일 때는 쓰일 수 없다.
④ ㉠과 ㉡은 과거 시제를 나타내는 '-었-'과 결합할 수 있다.
⑤ ㉠은 3인칭 주어와 함께 쓰일 수 있다.

39. 〈보기〉를 참고하여 설명할 수 있는 예로 적절하지 <u>않은</u> 것은?

———— 보기 ————
화자가 청자에게 어떠한 행동을 요청하고자 할 때, 평서문과 의문문으로 표현할 수 있다. 이 경우, 평서문은 일반적인 진술의 형식을 취하지만 실질적인 내용은 행위를 요청하는 것이고, 의문문은 질문의 형식으로 보이지만 실제로는 대답보다는 행동을 요구하는 것이다.

① ┌ A : 방 안이 너무 더워.
  └ B : 응. 창문 좀 열어 줄게.
② ┌ A : 혹시 네 숙제 좀 볼 수 있을까?
  └ B : 숙제가 어려웠나 보네. 여기 있어.
③ ┌ A : 오늘로 청소 당번이 끝나는 것이지?
  └ B : 응. 오늘이 마지막 날이야.
④ ┌ A : 자, 다 같이 큰 소리로 따라 읽어 볼까요?
  └ B : 네, 선생님!
⑤ ┌ A : 방에 발을 디딜 수가 없겠네.
  └ B : 아, 얼른 치울게요.

40. 다음 밑줄 친 말 중, 〈보기〉의 ㉠에 가장 가까운 것은?

———— 보기 ————
청유문은 화자가 청자에게 청유형 어미 '-자', '-(으)ㅂ시다' 등이 붙는 서술어가 표현하는 행동을 함께하도록 요청하는 문장이다. 그러나 간혹 청유문은 ㉠ 청자만 행동하기를 바라는 경우를 나타낼 때나, 화자만 행하려 하는 행동을 나타낼 때에도 쓰인다.

① (아빠가 아기에게 약을 먹일 때) 자, 이제 약 먹자.
② (혼잡한 버스 안에서 내리는 문을 향해 가면서) 여기 좀 내립시다.
③ (토론장에서 상대방이 자신의 발언을 중간에 끊었을 때) 말 좀 합시다.
④ (반 대항 구기 대회 선수 대표가 나머지 선수들에게) 자, 우리 모두 힘내자.
⑤ (점심시간에 친구와 식당에 가면서) 밥 빨리 먹고 나서 같이 도서관에 가자.

41. 다음 중 〈보기〉의 밑줄 친 ㉮의 예가 될 수 있는 문장끼리 바르게 묶은 것은?

———— 보기 ————
우리말의 문장은 종결 표현 방식에 따라 평서문, 의문문, 명령문, 청유문, 감탄문으로 나눌 수 있다. 이때, 각각의 의미는 대개 특정한 종결 어미를 통해 실현된다. 평서문의 '-다', 의문문의 '-ㄹ까', 명령문의 '-아라/-어라', 청유문의 '-자', 감탄문의 '-구나'가 대표적인 예이다. 그런데 경우에 따라 ㉮ <u>동일한 형태의 종결 어미가 둘 이상의 의미를 실현하기도 한다.</u>

①	나무가 정말 큰데.	어머니가 아주 미인이신데.
②	오늘은 내가 먼저 나갈게.	내가 나중에 다시 전화할게.
③	화단의 꽃들이 정말 탐스럽군.	올해도 과일이 많이 열리겠군.
④	우리 모두 지각을 하지 맙시다.	너무 힘드니까 천천히 좀 갑시다.
⑤	늦을 것 같으니까 어서 씻어라.	그 사람을 몹시도 만나고 싶어라.

42. 〈보기 1〉을 바탕으로 〈보기 2〉의 ㉠~㉤을 탐구한 내용으로 적절하지 <u>않은</u> 것은?

———— 보기 1 ————
말하는 이가 높이려는 대상이 누구인가에 따라 우리말의 높임법은 주체 높임법, 상대 높임법, 객체 높임법으로 나눌 수 있다. 주체 높임법은 주어가 나타내는 대상인 주체를 높이는 것이고, 상대 높임법은 대화의 상대방인 듣는 이를 높이거나 낮추는 것이며, 객체 높임법은 문장의 부사어나 목적어가 나타내는 대상, 즉 객체를 높이는 것이다.

———— 보기 2 ————
아버지 : ㉠ 진우야, 너는 할머니가 몇 세이신지 알고 있니?
진우 : 글쎄요. 지난번에 ㉡ 어머니께서 할머니 연세를 알려 주셨는데, 잊어버렸어요.
아버지 : 이 녀석, 안 되겠다. ㉢ 안부 전화도 드릴 겸 할머니께 여쭈어보아라.
진우 : 네. 그런데 ㉣ 지금은 경로당에 계실 것 같으니까, 이따 전화 드릴게요.
아버지 : 그래라. ㉤ 주말에 뵈러 간다는 말씀도 드려라.

① ㉠은 '-니'를 사용하여 대화의 상대인 진우를 낮추고 있다.
② ㉡은 '께서'와 '-시-'를 사용하여 주체인 '어머니'를, '연세'를 사용하여 '할머니'를 높이고 있다.
③ ㉢은 '드리다'와 '여쭈어보다'를 사용하여 객체인 '할머니'를 높이고 있다.
④ ㉣은 '계시다'를 사용하여 주체인 '할머니'를, '드리다'를 사용하여 객체인 '아버지'를 높이고 있다.
⑤ ㉤은 '뵈다'와 '말씀'을 사용하여 객체인 '할머니'를 높이고 있다.

문법N제

43. 다음 밑줄 친 말을 높임법에 맞게 수정한 내용으로 적절하지 **않은** 것은?

①	우리 학교 축제 때 부모님도 <u>오라고</u> 해도 될까?	➡	주체가 '부모님'이므로 '오시라고'로 수정해야 한다.
②	손님께서 찾으시는 상품이 지금은 <u>없으십니다.</u>	➡	주체가 '상품'이므로 '없습니다'로 수정해야 한다.
③	할머니께서 <u>자기가</u> 직접 기르신 것이라고 보내 주셨어.	➡	'할머니'를 높여야 하므로 '당신께서'로 수정해야 한다.
④	할아버지, 언제 집에 도착하시는지 형이 <u>물어보래요.</u>	➡	'할아버지'를 높이는 것이므로 '여쭈어보래요'로 수정해야 한다.
⑤	석호야, 선생님께서 숙제 걷어서 교무실로 <u>가져오라고</u> 하셨어.	➡	주체가 '선생님'이므로 '가져오시라고'로 수정해야 한다.

44. 〈보기 1〉을 참고하여 〈보기 2〉를 분석한 내용으로 적절한 것은?

──── 보기 1 ────

주체 높임법은 문장의 주체를 높이는 방법이다. 주로 서술어의 어간에 선어말 어미 '-(으)시-'를 붙이는 방법으로 실현되며, 때로는 높임의 주격 조사나 주체를 높이는 어휘가 사용되기도 한다. 주체를 직접적으로 높이는 표현을 직접 높임이라 하고, 주체와 밀접하게 관련된 대상을 높여 주체에 대한 높임을 실현하는 것을 간접 높임이라고 한다. 간접 높임의 경우에는 주체를 높이는 특수 어휘를 사용하지 않고 서술어에 '-(으)시-'를 붙인다.

──── 보기 2 ────

ㄱ. 우리 부모님은 잠을 적게 주무신다.
ㄴ. 할머니께서는 근심이나 걱정이 없으시다.
ㄷ. 할아버지께서는 젊었을 적에 항일 운동을 하셨다.
ㄹ. 나눔의 집에 계신 할머니들은 모두 정이 많으시다.

① ㄱ은 높임의 의미를 지닌 동사를 사용하여 주체를 간접적으로 높이고 있다.
② ㄴ은 주체와 연관된 대상을 모두 낮춤으로써 상대적으로 주체를 높이고 있다.
③ ㄴ과 ㄹ은 높임의 의미를 지닌 조사를 사용하여 주체를 높이고 있다.
④ ㄷ은 주체를 높이는 특수 어휘를 사용하여 주체를 직접적으로 높이고 있다.
⑤ ㄹ은 직접 높임과 간접 높임의 방법을 모두 사용하여 주체를 높이고 있다.

45. 〈보기〉의 ㉠~㉤에 들어갈 말로 적절하지 **않은** 것은?

──── 보기 ────

우리말의 높임법은 문장의 주체를 높이는 주체 높임과 문장의 객체를 높이는 객체 높임, 그리고 대화 상대방을 높이거나 낮추는 상대 높임으로 나눌 수 있다. 실제 언어생활에서는 이러한 높임이 복합적으로 실현되므로 이를 잘 파악하여야 한다. 주체 높임, 객체 높임, 상대 높임이 모두 실현된 아래 예문을 바탕으로 이에 대해 알아보자.

(학생이 선생님께)
<u>어머니께서 선생님께 여쭤보라고 하셨어요.</u>

높임법의 분류	높임 대상	높임법을 나타내는 요소
주체 높임	어머니	㉢
객체 높임	㉠	㉣
상대 높임	㉡	㉤

① ㉠ : 선생님
② ㉡ : 선생님
③ ㉢ : 께서, -시-
④ ㉣ : 께, 여쭤보다
⑤ ㉤ : -시-, 요

46. 〈보기〉의 ㉠~㉢에 해당하는 예문으로 적절하지 **않은** 것은?

──── 보기 ────

시간의 흐름 속에서 동작이 일어나는 모습을 나타내는 시간 표현을 동작상이라고 한다. 동작상은 진행상과 완료상으로 구분할 수 있다. 진행상은 ㉠ 발화시를 기준으로 동작이 진행되고 있음을 나타낸다. 완료상은 ㉡ 발화시를 기준으로 동작이 이미 완료됨이나 ㉢ 완료된 후 그 결과 상태가 지속됨을 나타낸다.

① ㉠ : 가은이가 이모와 그림을 그리고 있다.
② ㉠ : 지원이는 아침 일찍 학교에 가는 중이다.
③ ㉡ : 지후는 쉬는 시간에 책을 다 읽었다.
④ ㉡ : 한밤중인데도 윤혁이가 깨어 있다.
⑤ ㉢ : 길가에 코스모스가 피어 있다.

47. 〈보기〉의 ㉠과 ㉡에 해당하는 예문을 올바르게 짝지은 것은?

― 보기 ―

일반적으로 '-았/었-'은 과거 시제를 표현하는 선어말 어미로 알려져 있다. 그러나 '-았/었-'은 기본적으로 과거 시제를 나타내면서도, 상황에 따라 다양한 의미로 쓰일 수 있다. 예를 들어, ㉠ 사건이 완료된 후 그 결과의 상태가 현재까지 지속됨을 나타낼 때나 ㉡ 앞으로의 사건이나 일을 이미 정해진 사실인 것처럼 말을 할 때에도 '-았/었-'이 쓰인다.

	㉠	㉡
①	사흘 만에 물가가 두 배나 올랐다.	내가 너의 동생을 달래주었다.
②	우리는 작년만 해도 사이가 좋았다.	넌 저녁에 잡히 가면 엄마한테 혼났다.
③	형은 어제 하루 종일 노래만 불렀다.	비가 이렇게 안 오니 올해 농사는 글렀다.
④	나는 지난여름부터 운동을 시작했다.	운동을 많이 하니 온몸이 쑤셨다.
⑤	과수원의 사과가 탐스럽게 익었다.	발목을 다쳤으니 너는 수학여행은 다 갔다.

48. 다음 중 〈보기〉의 밑줄 친 부분에 해당하는 예로 볼 수 있는 것은?

― 보기 ―

동작상에는 진행상과 완료상이 있다. 진행상은 어떤 동작이 계속 이어져 가는 모습을 나타낸다. 완료상은 동작이 끝났거나 끝난 상태가 지속되는 모습을 나타낸다. 경우에 따라서는 한 문장이 진행상과 완료상의 두 가지 의미로 모두 해석되기도 한다.

① 빨래가 다 말라 간다.
② 시은이가 차에 타고 있다.
③ 지훈이가 의자에 앉아 있다.
④ 지원이가 고기를 먹는 중이다.
⑤ 강아지가 내 빵을 먹어 버렸다.

49. 〈보기〉의 ㉮~㉰에 들어갈 문장을 올바르게 짝지은 것은?

― 보기 ―

우리말의 시제는 대체로 선어말 어미와 관형사형 전성 어미를 통해 실현된다. 선어말 어미나 관형사형 전성 어미가 쓰인 문장 ⓐ~ⓔ를 다음의 표에 맞게 분류해 보자.

ⓐ 영수가 지금 도서관에서 책을 읽는다.
ⓑ 저쪽에서 손을 흔드는 사람이 영수이다.
ⓒ 동생은 자기가 먹은 것을 치우지 않았다.
ⓓ 아까 내가 만난 친구는 중학교 동창이다.
ⓔ 영수가 운동장에서 친구들과 축구를 한다.

	선어말 어미	관형사형 전성 어미
현재 시제	㉮	㉯
과거 시제	㉰	㉱

	㉮	㉯	㉰	㉱
①	ⓐ, ⓑ	-	ⓒ	ⓓ, ⓔ
②	ⓐ, ⓑ	-	ⓒ, ⓓ	ⓔ
③	ⓐ, ⓔ	ⓑ	ⓒ	ⓒ, ⓓ
④	ⓐ, ⓔ	ⓑ	ⓒ	ⓓ
⑤	ⓐ, ⓔ	ⓒ	-	ⓑ, ⓓ

50. 〈보기〉를 참고하여 ㉠~㉱을 탐구한 내용으로 적절한 것은?

― 보기 ―

능동(能動)은 주어가 서술어의 동작을 자신의 힘으로 하는 것을 말한다. 이에 반하여 피동(被動)은 주어가 다른 주체에 의해서 동작을 당하게 되는 것을 말한다. 피동 표현은 피동사나 접미사 '-되-', 통사적 피동 표현 '-어지다' 등을 통해 실현된다.

㉠ 들뜬 분위기가 정돈되었다.
㉡ 어디서 노랫소리가 들린다.
㉢ 이 건물은 벽돌로 지어졌다.
㉣ 창밖으로 파란 하늘이 보인다.
㉤ 드디어 범인이 밝혀졌다.

① ㉠의 피동 실현 방법으로 '어느덧 추운 겨울이 되었다.'와 같은 피동 표현을 만들 수 있다.
② ㉡을 통해 '들다'와 '들리다'는 능동-피동의 관계에 있다는 점을 알 수 있다.
③ ㉢에서는 '빵은 밀가루로 만들어진다.'에 사용된 피동 실현 방법을 찾아볼 수 있다.
④ ㉣을 통해 피동 접미사 없이도 피동 표현을 만들 수 있음을 알 수 있다.
⑤ ㉤을 통해 파생 접사에 의해 만들어진 피동사를 확인할 수 있다.

51. 〈보기〉는 '불리다'가 사용된 문장을 수집한 것이다. ㉠~㉤에 대한 설명으로 적절하지 **않은** 것은?

― 보기 ―

㉠ 철수는 그 일로 경찰에 불려 갔다.
㉡ 그는 사람들에게 몽상가라고 불렸다.
㉢ 콩국수를 만들려고 콩을 물에 불렸다.
㉣ 철수는 요즘 재산을 불리느라 정신이 없다.
㉤ 김밥 한 줄로 아이들의 주린 배를 불릴 수는 없었다.

① '경찰이 이번 일로 철수를 불러 왔다.'라는 문장과 비교해 보면, ㉠은 피동문이야.
② '사람들이 그를 몽상가라고 불렀다.'라는 문장과 비교해 보면, ㉡은 피동문이야.
③ '콩이 물에 불었다.'라는 문장과 비교해 보면, ㉢은 사동문이야.
④ '철수의 재산이 불었다.'라는 문장과 비교해 보면, ㉣은 사동문이야.
⑤ '김밥 한 줄로 아이들의 주린 배가 부를 수는 없었다.'라는 문장과 비교해 보면, ㉤은 피동문이야.

52. 〈보기〉를 참고했을 때, '이중 피동'으로 볼 수 **없는** 것은?

― 보기 ―

피동 접사 '-이-, -히-, -리-, -기-'가 결합된 피동사에 '-아/어지다'가 결합하여 피동이 중복되어 나타나는 표현들이 있는데, 이들을 이중 피동이라고 한다. 이중 피동은 과도한 피동 표현으로 규범적으로 수정의 대상이 되는데, 이때 피동사만을 사용한 문장으로 이중 피동을 수정하는 경우 원래 문장과 의미가 달라지지 않고 자연스럽게 사용된다. 한편, 사동사에 '-아/어지다'가 결합한 경우는 이중 피동이 아니므로 규범적으로 문제가 없다. 따라서 이를 사동사만을 사용한 문장으로 수정하는 경우 원래 문장과 의미가 달라지게 된다.

① 항소를 통해 누명이 <u>벗겨지게</u> 되었다.
② 나는 친구들에게 '곰탱이'로 <u>불려진다</u>.
③ 책이 너무 어려워서 잘 <u>읽혀지지</u>가 않는다.
④ 친구들이 영희 때문에 두 편으로 <u>나뉘어졌다</u>.
⑤ 그가 교통사고를 당했다는 사실이 도무지 <u>믿겨지지</u>가 않는다.

53. 〈보기〉의 ㉠과 ㉡에 해당하는 예문을 올바르게 짝지은 것은?

― 보기 ―

주어가 제힘으로 동작을 하는 것을 '능동'이라고 하고, 다른 대상에 의해 동작을 당하게 되는 것을 '피동'이라고 한다. 예를 들어, '고양이가 쥐를 잡다.'는 능동문이고, '쥐가 고양이에게 잡히다.'는 이에 대응하는 피동문이다. 그런데 ㉠ 대응하는 피동문이 없는 능동문이나 ㉡ 대응하는 능동문이 없는 피동문도 존재한다.

	㉠	㉡
①	우리는 구름 사이로 달을 보았다.	문에 빗장이 굳게 걸렸다.
②	누나가 김장 김치의 맛을 보았다.	흉악범에게 현상금이 걸렸다.
③	길에서 양복 차림의 형을 보았다.	모자가 나뭇가지에 걸렸다.
④	형이 지난주에 입사 시험을 보았다.	토끼가 덫에 걸렸다.
⑤	그들은 다른 친구의 책을 보았다.	낡은 자동차의 시동이 걸렸다.

54. 〈보기〉의 ㉠과 ㉡에 해당하는 예문으로 적절하지 **않은** 것은?

― 보기 ―

동사 중에는 피동사와 사동사의 형태가 동일한 것이 있다. 예컨대, '업다'에 접미사 '-히-'가 결합한 '업히다'는 ㉠ 피동사로도, ㉡ 사동사로도 쓰인다. 이런 경우에는 문맥을 통해 이 둘을 구별해야 한다.

㉠ : 아기가 엄마 등에 <u>업혔다</u>.
㉡ : 그녀가 할머니께 아이를 <u>업혔다</u>.

① ㉠ : 어젯밤 모기에게 콧잔등을 <u>물렸다</u>.
　 ㉡ : 형은 울고 있는 아이에게 사탕을 <u>물렸다</u>.

② ㉠ : 책상 위의 원고들이 바람에 <u>날렸다</u>.
　 ㉡ : 아이들은 옥상에서 종이비행기를 <u>날렸다</u>.

③ ㉠ : 다른 때와는 달리 글의 초안이 쉽게 <u>잡혔다</u>.
　 ㉡ : 감기가 낫자마자 아이에게 연필을 <u>잡혔다</u>.

④ ㉠ : 식사 시간임을 알리기 위해 그녀는 종을 <u>울렸다</u>.
　 ㉡ : 형이 장난감을 빼앗아서 아직 어린 동생을 <u>울렸다</u>.

⑤ ㉠ : 딱딱하기만 하던 경제 기사가 그날따라 쉽게 <u>읽혔다</u>.
　 ㉡ : 학교에서는 학생들에게 판소리계 소설을 <u>읽혔다</u>.

55. 〈보기 1〉의 @에 속하는 문장을 〈보기 2〉에서 모두 고른 것은?

─── 보기 1 ───

　　문장의 구조와 문장 성분을 정확히 이해하면 문법에 맞는 문장을 쓰는 데 큰 도움이 된다. @ 문장의 필수 성분이 빠져 있는 문장, 문장의 주어와 서술어가 서로 호응하지 않는 문장 등의 비문법적인 문장은 의미를 정확하게 전달하지 못한다.

─── 보기 2 ───

㉠ 형은 내가 형보다 형 친구들을 더 좋아하게 되기를 바란다고 하셨다.
㉡ 우리는 타인의 의견을 존중하고 나와 평등하다는 생각을 하여야 한다.
㉢ 제가 말하고 싶은 점은 주변 환경을 탓하는 생각을 버리시기 바랍니다.
㉣ 그분께서 우리에게 들려주신 이야기들은 잘 믿겨지지 않는 것밖에 없다.
㉤ 인류의 역사는 문자를 도구로 이용함으로서 발전할 수 있었다.

① ㉠, ㉡　　　　　　　　② ㉠, ㉣
③ ㉡, ㉢　　　　　　　　④ ㉢, ㉤
⑤ ㉣, ㉤

56. 〈보기〉의 ㉠~㉤에 대한 설명으로 적절하지 **않은** 것은?

─── 보기 ───

㉠ 어제 서울역 광장에 사람이 참 많더라.
㉡ 지금 춘천에는 비가 오고 바람이 불겠다.
㉢ 작년에 이 저수지에서는 물고기가 살았었다.
㉣ 아이들이 잘 놀고 있는 것을 보니 즐겁다.
㉤ 화단에는 장미가 아름답게 피어 있다.

① ㉠ : '-더-'를 씀으로써 자신이 과거에 직접 경험한 사실을 떠올리며 말하고 있군.
② ㉡ : '-겠-'을 씀으로써 미래의 일에 대해 추측한 사실을 말하고 있군.
③ ㉢ : '-았었-'을 씀으로써 현재의 상황이 과거와는 달라졌음을 말하고 있군.
④ ㉣ : '-고 있-'을 씀으로써 어떤 사건이 진행되는 상황임을 말하고 있군.
⑤ ㉤ : '-어 있-'을 씀으로써 어떤 사건이 끝나고 그 결과 상태가 지속됨을 말하고 있군.

57. 〈보기〉의 ㉠~㉤에 해당하는 예문으로 적절하지 **않은** 것은?

─── 보기 ───

　　주동문과 사동문은 서로 대응하고, 능동문과 피동문도 서로 대응하는 것이 보통이다. 일반적으로 ㉠ 대응하는 사동문이 있는 주동문, ㉡ 대응하는 주동문이 있는 사동문, ㉢ 대응하는 피동문이 있는 능동문, 대응하는 능동문이 있는 피동문이 존재한다. 그런데 ㉣ 대응하는 사동문이 없는 주동문, ㉤ 대응하는 주동문이 없는 사동문, 대응하는 피동문이 없는 능동문, 대응하는 능동문이 없는 피동문도 간혹 있다. 예컨대 능동사 '풀다'의 피동사는 '풀리다'이므로 능동문 "언니가 의심을 풀었다."에 대응하는 피동문 "의심이 풀렸다."가 있다. 그러나 "날씨가 풀렸다."에 대응하는 능동문은 없다.

① ㉠ : 오후 내내 낙엽이 탔다.
② ㉡ : 공사장에서 콘크리트를 굳혔다.
③ ㉢ : 길에서 우연히 대학 선배를 만났다.
④ ㉣ : 타협하자는 쪽으로 의견이 기울었다.
⑤ ㉤ : 부패한 언론이 진실을 숨겼다.

58. 〈보기〉의 ㉠에 들어갈 문장으로 적절한 것은?

─── 보기 ───

선생님 : 능동문의 목적어가 피동문의 주어가 되는 것이니까 피동문에는 목적어가 없는 것이 원칙이야. 그건 너도 잘 알고 있지?
정호 : 예, 선생님. 그런데 '원칙'이라고 하셨으면, 원칙의 예외가 되는 문장도 있다는 말씀이신가요?
선생님 : 응, 그래. 드물지만 피동문에 목적어가 나타날 때가 있어. 어떤 문장이 있을지 한번 생각해서 말해 볼까?
정호 : 네, "　　　　㉠　　　　"와 같은 문장이 그에 해당되겠네요.

① 그 형이 진희에게 아기를 안겼다.
② 명호가 그 무거운 돌을 움직였다.
③ 그 사람이 형에게 상해를 입혔다.
④ 수지가 버스 안에서 발을 밟혔다.
⑤ 동주가 책상 사이 간격을 넓혔다.

59. 〈보기〉의 부정 표현 ㉠~㉤에 대한 설명으로 적절하지 <u>않은</u> 것은?

───── 보기 ─────

㉠ 날이 흐려 해가 잘 보이지 않는다.
㉡ 지금 책상에는 아무것도 {없다, *안/*못 있다}.
㉢ 여기에서는 너무 {떠들지 마라, *안/*못 떠들어라}.
㉣ 나는 그 사실을 {몰랐다, 알지 못했다, *안/*못 알았다}.
㉤ 흥부네 집은 {넉넉하지 않다/못하다, *안/*못 넉넉하다}.

*는 비문법적 표현.

① ㉠ : 긴 '안' 부정문이 주체의 의지를 부정하는 데에 쓰였다.
② ㉡ : '있다'가 서술어로 쓰인 문장의 부정문은 짧은 부정문으로 바꿀 수 없다.
③ ㉢ : 명령문을 부정할 때는 '안', '못' 부정이 아닌 '말다' 부정을 사용한다.
④ ㉣ : 별개의 어휘를 쓰거나 긴 '못' 부정문을 사용하여 '알다'를 부정하였다.
⑤ ㉤ : '넉넉하다'는 '안' 부정문이든 '못' 부정문이든 짧은 부정이 사용될 수 없다.

60. 〈보기〉의 ㉠, ㉡에 해당하는 시간 표현이 나타내는 의미로 적절하지 <u>않은</u> 것은?

───── 보기 ─────

선생님 : 시간 표현과 관련된 개념 중에 '발화시'는 말하는 이가 말하는 시점을 뜻하고, '사건시'는 동작이나 상태가 일어나는 시점을 뜻해요. 과거 시제는 사건시가 발화시보다 앞서 있는 시제로, '-았/었-' 등이 쓰여요. 예를 들어 "오늘 아침에 나는 빵을 먹었다."에서 '-었-'은 지금 현재 말하고 있는 시점보다 '먹다'라는 사건이 과거에 일어났음을 나타내요. 한편 현재 시제는 발화시와 사건시가 일치하는 시제로, '-ㄴ/는-' 등이 쓰여요. 예를 들어 "나는 지금 밥을 먹는다."에서 '-는-'은 '먹다'라는 사건이 지금 현재 말하고 있는 시점에 일어나고 있음을 나타내요. 그런데 ㉠ '-았/었-'이 과거의 사건만 한정해서 나타내지 않거나 ㉡ '-ㄴ/는-'이 현재의 사건만 한정해서 나타내지 <u>않는</u> 경우도 있어요.

	문장의 예	시간 표현의 의미
①	㉠ : 나팔꽃이 예쁘게 <u>피었구나</u>.	과거에 일어난 사건의 결과 상태가 현재까지 지속됨.
②	㉠ : 비가 많이 오니 내일 나들이는 다 <u>갔구나</u>!	미래의 일을 확정적인 사실로 받아들임.
③	㉡ : 나는 항상 비타민을 <u>먹는다</u>.	특정한 시간에 사건이 일어날 예정임.
④	㉡ : 드디어 철수가 내일 <u>온다</u>.	가까운 미래의 일임.
⑤	㉡ : 사람은 때가 되면 반드시 <u>죽는다</u>.	진리라고 여겨지는 현상이나 사실임.

61. 〈보기〉에 대한 이해로 적절하지 <u>않은</u> 것은?

───── 보기 ─────

(건욱이 보늬에게 테니스를 가르치고 있다.)

보늬 : 건욱아, 나 라켓 휘두르는 것 좀 ㉠ 거기서 봐 줄래?
건욱 : (보늬를 보다가) ㉡ 이쪽에서 보니까 팔을 좀 더 크게 휘둘러야 할 것 같아.
보늬 : (팔을 움직이며) ㉢ 이렇게?
건욱 : ㉣ 그렇게 하지 말고 (직접 시범을 보이며) ㉤ 이렇게 팔을 더 크게 휘둘러 봐.
보늬 : 알았어. ㉥ 이번에는 스텝도 밟으면서 해 볼게. ㉦의 동작이 진짜 안 된다.
건욱 : 그래도 ㉧ 저번보다는 많이 나아졌네. 오늘은 ㉨ 그 동작만 집중적으로 연습해 보자.

① ㉠과 ㉡은 모두 '건욱'에게 가까운 곳을 가리키고 있군.
② ㉢은 발화와 함께 동작이 이루어지고 있음을 나타내고 있군.
③ ㉣은 청자의 동작을, ㉤은 화자 자신의 동작을 나타내는 것이군.
④ ㉥은 ㉧보다 시간상으로 앞서 일어난 때를 나타내고 있군.
⑤ ㉦이 가리키는 것은 ㉨이 가리키는 것과 같은 동작이군.

62. 〈보기〉의 ㉠과 ㉡의 예로 적절한 것끼리 묶은 것은?

───── 보기 ─────

어떤 말이 두 가지 이상의 의미로 해석될 수 있을 때 중의성을 띤다고 한다. 중의성이 생기는 원인으로는 여러 가지가 있다. 그중 단어 차원의 중의성은 단어가 둘 이상의 의미로 해석될 수 있을 때 생기는 것으로, 이 중의성은 다시 ㉠ 동음이의어에 의한 중의성과 다의어에 의한 중의성으로 나뉜다. 전자는 '(교통수단인) 배'와 '(사람의) 배'와 같이 전혀 관련이 없는 두 단어가 우연히 동음일 때 생길 수 있는 중의성이고, 후자는 '(사람의 팔목 끝에 달린) 손'과 '('일손'을 뜻하는) 손'과 같이 한 단어의 다의성에 의해 생길 수 있는 중의성이다. 한편, 하나의 표현이 두 가지 이상의 구조로 읽힐 수 있을 때 생기는 중의성을 구조 차원의 중의성이라고 한다. 예를 들어 '게으른 토끼와 거북이'라는 구절의 경우, '토끼'만 게으른 것으로 해석할 수도 있고 '토끼'와 '거북이' 모두 게으른 것으로 해석할 수도 있다. 한편 ㉡ 동작상과 관련된 중의성도 있는데, '-고 있-'에 의한 문장 중 일부는 '진행'으로 해석될 수도 있고 '완료'로 해석될 수도 있다.

	㉠	㉡
①	오늘은 감이 좋아.	영수는 한복을 입고 있다.
②	그는 스승을 따랐다.	형은 넥타이를 매고 있다.
③	그는 아이에게 옷을 입혔다.	동생은 과자를 먹고 있다.
④	날씬한 아버지와 어머니	지금 가고 있어.
⑤	다리가 길다.	그는 지금 책을 읽고 있다.

63. 〈보기〉의 ㉠의 예로 적절하지 **않은** 것은?

─── 보기 ───

　문장의 주체가 자기 스스로 행하지 않고 남에게 그 행동이나 동작을 하게 함을 나타내는 동사를 사동사라 하고, 문장의 주체가 다른 대상에 의해 당하게 되는 동작을 나타내는 동사를 피동사라 한다. ㉠ 동일한 동사의 어근에 사동 접사나 피동 접사를 덧붙여 각각 사동사와 피동사를 만들 수 있는데, 사동 접사와 피동 접사의 형태가 같아 사동사와 피동사의 형태가 같은 경우가 많다.

① 그녀는 자랑삼아 편지를 나에게 <u>보여</u> 주었다. / 멀리 건물 사이로 하늘이 <u>보인다</u>.
② 자전거가 논길에서 흙먼지를 <u>날리며</u> 지나갔다. / 봄에는 꽃가루가 <u>날려</u> 눈병에 걸리는 사람이 많다.
③ 기업주들이 은행에 토지를 담보로 <u>잡히고</u> 돈을 빌렸다. / 그의 집은 채권자에게 담보로 <u>잡혀</u> 있는 상황이다.
④ 임금은 제 배만 <u>불리는</u> 관리들을 색출하여 귀양을 보냈다. / 시상식에서 내 이름이 <u>불렸을</u> 때 나는 숨이 멎을 뻔했다.
⑤ 사실 줄곧 누이에게만 애를 <u>업히는</u> 엄마에게 슬그머니 불평 같은 것이 생겼다. / 어린애가 엄마의 등에 <u>업힌</u> 채 세차게 울고 있었다.

64. 〈보기〉의 문장에 대한 설명으로 적절하지 **않은** 것은?

─── 보기 ───

ㄱ. 여러분, 돈이라면 남기시겠습니까?
ㄴ. 아버지께 여쭤봐야 할 일이 생겼습니다.
ㄷ. 보라는 달리기 기록 단축을 달성하지 못했다.
ㄹ. 논바닥이 갈라지고 있는데도, 비가 내리지 않았다.
ㅁ. 곧 눈이 쏟아질 기세여서 서둘러 집으로 가고 있다.

① ㄱ과 ㄴ에는 모두 청자를 높이는 상대 높임이 실현되었다.
② ㄴ에서는 격 조사와 어휘를 통해 객체 높임을 실현하고 있다.
③ ㄷ은 능력 부족에 의한 부정이, ㄹ은 의지에 의한 부정이 나타나 있다.
④ ㄷ과 ㄹ은 모두 본용언 뒤에 보조 용언이 사용된 긴 부정문의 형태를 취하고 있다.
⑤ ㅁ의 '곧 눈이 쏟아질'에는 미래 시제가, '가고 있다'에는 진행상이 나타나 있다.

65. 〈보기〉의 ㉠~㉢에 해당하는 예로 적절하지 **않은** 것은?

─── 보기 ───

　하나의 언어 표현이 둘 이상의 의미를 나타내는 경우, 그 표현이 '중의성'을 가진다고 한다. 중의성은 크게 ㉠ <u>어휘적 중의성</u>, ㉡ <u>수식의 중의성</u>, ㉢ <u>작용의 중의성</u>으로 나눌 수 있다. 어휘적 중의성은 문장에 쓰인 단어가 둘 이상의 의미로 해석되어 중의적인 문장이 되는 경우이다. 이는 동음이의어나 다의어로 인해 발생한다. 수식의 중의성은 문장이 둘 이상의 구조로 분석될 수 있을 때 생겨나는 것이다. 이는 주로 수식어와 피수식어 사이의 관계가 여럿으로 해석되거나 비교 대상이 여럿으로 해석될 때 발생한다. 작용의 중의성은 어떤 단어가 영향을 미치는 범위가 둘 이상이 될 수 있는 경우에 발생하는 것인데, 수량을 나타내는 표현으로 인해 문장의 의미가 여럿으로 해석되거나 부정 표현에서 부정하는 대상이 여럿으로 해석될 때 발생한다.

① ㉠ : 철수야, 나는 차를 살 예정이야.
② ㉠ : 우리가 가야 할 길을 탐색해 보자.
③ ㉡ : 나는 탈을 쓴 청년과 아가씨를 보았다.
④ ㉡ : 어머니께서 사과와 귤 두 개를 주셨다.
⑤ ㉢ : 영희는 검은 신발을 신고 학교에 오지 않았다.

66. 밑줄 친 부분이 〈보기〉의 ㉠~㉤에 해당하는 예로 적절한 것은?

─── 보기 ───

　선어말 어미 '-았/었-'은 일반적으로 과거 시제를 표현할 때 사용된다. 하지만 그 외에 ㉠ <u>완료되어 현재까지 지속되거나 현재에도 영향을 미치는 상황</u>을 나타낼 때나, ㉡ <u>미래 상황에 대한 확신을 표현할</u> 때 등에도 사용된다. 선어말 어미 '-겠-'도 기본적으로는 미래 시제를 표현할 때 사용되지만, 그 외에 ㉢ <u>추측을 표현할 때나</u> ㉣ <u>의지를 드러낼 때</u>, 그리고 ㉤ <u>완곡한 태도를 표현할 때</u> 등에도 사용된다.

① ㉠ : 이렇게 바쁘니, 보나 마나 오늘도 저녁밥은 다 <u>먹었다</u>.
② ㉡ : 영희는 엄마를 무척이나 <u>닮았다</u>.
③ ㉢ : 경민이가 얼마나 마음이 <u>아팠겠니</u>?
④ ㉣ : 내가 이 빵을 먹어도 <u>괜찮겠니</u>?
⑤ ㉤ : 내일 저는 밀린 빨래를 <u>해야겠어요</u>.

67. 〈보기 1〉을 바탕으로 〈보기 2〉의 ㉠~㉤을 설명한 내용으로 적절하지 **않은** 것은?

———————— 보기 1 ————————

어떤 사건이 일어난 시간의 위치를 언어적으로 표현하는 문법 범주를 시제(時制)라 한다. 시제에서는 발화시(發話時)와 사건시(事件時)의 개념이 중요하다. 발화시는 화자가 말을 하는 시점이고, 사건시는 어떤 동작이나 상태가 일어나는 시점이다. 시제는 발화시와 사건시의 관계에 따라 과거 시제, 현재 시제, 미래 시제로 나뉜다.

시간 표현과 관련이 있는 또 다른 문법 범주로 동작상(動作相)이 있다. 동작상은 시간의 흐름 속에서 동작의 양상을 표현하는 것으로, 동작의 완료를 나타내는 완료상과 동작의 진행을 나타내는 진행상으로 나뉜다. 국어에서는 주로 보조 용언을 사용하여 동작상을 표현하지만 연결 어미를 사용하여 동작상을 나타내는 경우도 있다.

———————— 보기 2 ————————

㉠ 그녀가 그림을 다 <u>그려 간다</u>.
㉡ 그는 어제 그 연극을 재미있게 <u>보았다</u>.
㉢ 선수들이 지금 농구장에서 농구를 <u>한다</u>.
㉣ 동생이 배가 고파서 과자를 <u>먹어 버렸다</u>.
㉤ 내년에는 <u>대학생일</u> 친구의 모습을 상상해 본다.

① ㉠은 '-어 간다'를 사용하여 동작의 진행을 나타내는 진행상을 표현한 경우이다.

② ㉡은 '-았-'이라는 선어말 어미를 사용하여 발화시보다 사건시가 앞선 시제를 표현한 경우이다.

③ ㉢은 '-ㄴ-'이라는 선어말 어미를 사용하여 사건시와 발화시가 일치하는 시제를 표현한 경우이다.

④ ㉣은 '-어 버렸다'를 사용하여 동작이 이미 완료되었음을 나타내는 완료상을 표현한 경우이다.

⑤ ㉤은 '-ㄹ'이라는 선어말 어미를 사용하여 사건시보다 발화시가 앞선 시제를 표현한 경우이다.

68. 〈보기〉의 ㄱ~ㅁ의 시제에 대해 이해한 내용으로 적절하지 **않은** 것은?

———————— 보기 ————————

ㄱ. 철수는 건물로 <u>들어가는</u> 그를 <u>보았다</u>.
ㄴ. 비가 이렇게 계속 오니 소풍은 다 <u>갔다</u>.
ㄷ. 내일 우리는 제주도로 수학여행을 <u>간다</u>.
ㄹ. 작년만 해도 연못에 물고기가 <u>적었었다</u>.
ㅁ. 외식을 했으니 맛있는 음식을 많이 <u>먹었겠구나</u>.

① ㄱ : '그'가 건물로 들어가는 행위와 '철수'가 그것을 본 행위는 모두 발화시 이전에 일어난 것이군.

② ㄴ : '-았-'은 발화시에서 볼 때 미래의 일을 이미 정하여진 사실인 것처럼 표현하는 기능을 하고 있군.

③ ㄷ : '-ㄴ-'은 '내일'이라는 시간 부사어와 함께 쓰여 예정된 미래의 사건을 나타내고 있음을 알 수 있군.

④ ㄹ : '적었었다'의 '-었었-'은 현재와 단절되어 있는 과거의 일을 나타내고 있군.

⑤ ㅁ : '-었-'과 '-겠-'이 함께 사용됨으로써 앞으로 일어나게 될 행위를 추측하고 있군.

69. 〈보기〉의 ㉠~㉣ 중, 적절하지 **않은** 것만 골라 묶은 것은?

———————— 보기 ————————

선생님 : 오늘은 피동사와 사동사에 대해 탐구할 거예요. 피동사는 능동사의 어근에 피동 접미사를, 사동사는 용언의 어근에 사동 접미사를 붙여 만듭니다. 지금부터 사전에 제시된 단어를 활용하여 피동사나 사동사를 만들고, 이를 이용하여 문장을 완성하는 활동을 해 봅시다.

갈다¹ 〔동〕「1」 이미 있는 사물을 다른 것으로 바꾸거나 어떤 직책에 있는 사람을 다른 사람으로 바꾸다.
갈다² 〔동〕「1」 날카롭게 날을 세우거나 표면을 매끄럽게 하기 위하여 다른 물건에 대고 문지르다.
　　　「2」 윗니와 아랫니를 맞대고 소리를 내다.
갈다³ 〔동〕 쟁기나 트랙터 따위의 농기구나 농기계로 땅을 파서 뒤집다.

■ 수행 결과
㉠ '갈다¹「1」'을 피동사로 만들어 '지저분한 수건이 아침마다 새 수건으로 갈려 있다.'라는 문장을 만들었습니다.
㉡ '갈다²「1」'을 사동사로 만들어 '시장에 들렀다가 칼 장수에게 칼을 갈렸다.'라는 문장을 만들었습니다.
㉢ '갈다²「2」'를 피동사로 만들어 '가수가 무대에 오르자 팬들이 목이 갈리도록 함성을 질렀다.'라는 문장을 만들었습니다.
㉣ '갈다³'을 사동사로 만들어 '날이 가물어서 밭이 잘 갈리지 않는다.'라는 문장을 만들었습니다.

① ㉠, ㉡　　　　② ㉠, ㉢　　　　③ ㉡, ㉢
④ ㉡, ㉣　　　　⑤ ㉢, ㉣

70. 〈보기〉의 ㉠~㉤에 해당하는 예로 적절하지 <u>않은</u> 것은?

— 보기 —

국어의 부정문은 '안' 부정문과 '못' 부정문으로 나눌 수 있다. '안' 부정문은 ㉠주체의 의지와 무관한 단순 부정 혹은 주체가 행위의 의지를 가지지 않는 의지 부정을 나타낸다. '못' 부정문은 ㉡주체의 능력이 부족함을 보여 주는 능력 부정이나 외부의 원인 때문에 사태가 일어나지 못하는 가능성 부정을 나타내므로, 형용사에는 잘 쓰이지 않는다. 그런데, 서술어가 형용사라 하더라도 ㉢어떠한 상황이 기준이나 기대에 미치지 못함을 나타낼 때는 '못' 부정문이 쓰이기도 한다. 명령형과 청유형에 쓰이는 '말다' 부정도 ㉣화자의 희망이나 기원을 나타낼 땐 서술어로 형용사를 취할 수 있다. 한편, ㉤부정문은 부정 요소가 미치는 범위에 따라 중의적으로 해석되기도 한다.

① ㉠ : 오늘은 공휴일이어서 학교에 안 간다.
② ㉡ : 나는 민주가 결석한 사실을 알지 못했다.
③ ㉢ : 날이 너무 추워서 아직 꽃이 피지 못했다.
④ ㉣ : 내일은 소풍 가는 날이니 춥지만 말아라.
⑤ ㉤ : 그 사람은 그녀를 총으로 쏘지 않았다.

71. 〈보기〉를 통해 부정문에 대해 탐구한 내용으로 적절하지 <u>않은</u> 것은?

— 보기 —

㉠ 오늘 하늘이 새파랗다.
  *오늘 하늘이 안 새파랗다.
㉡ 우리 도서관에 가지 말자.
  *그 사람들에게 친절하지 말자.
㉢ 그 남자는 결국 사업에 실패했다.
  *그 남자는 결국 사업에 실패하지 못했다.
㉣ 우리 집 강아지는 못생겨서 더 귀여웠다.
㉤ 그는 예산이 넉넉하지 못해서 여행을 가기 어려웠다.
                                                    *는 비문을 의미함.

① ㉠ : 서술어가 파생어일 때는 짧은 부정문이 형성되기 어렵군.
② ㉡ : 서술어가 형용사일 때는 '말다' 부정문과 쓰이기 어렵군.
③ ㉢ : 능력이 있다면 당연히 피하고 싶은 상황과 관련한 서술어는 '못' 부정문과 쓰이기 어렵군.
④ ㉣ : 서술어가 부정 부사와 결합하여 관용적인 의미로 쓰이기도 하는군.
⑤ ㉤ : 서술어가 형용사일 때는 '못' 부정문과 결합하여 주체의 능력이 부족함을 나타내는군.

72. 〈보기 1〉의 ⓐ, ⓑ에 해당하는 것을 〈보기 2〉에서 찾아 바르게 짝지은 것은?

— 보기 1 —

국어의 문장 유형은 종결 표현에 따라 평서문, 의문문, 명령문, 청유문, 감탄문으로 나누어진다. 이때 문장 유형과 문장이 담고 있는 의미가 일치하는 경우는 ⓐ직접 화행, 일치하지 않는 경우는 ⓑ간접 화행이라고 한다. 가령, "문 좀 닫아 줄래요?"는 의문문의 종결 표현과 달리 요청의 의미를 전달한다는 점에서 간접 화행에 해당한다.

— 보기 2 —

㉠ (버스에서 내리며) 저 좀 내립시다.
㉡ (떠드는 친구들을 보며) 조용히 하자.
㉢ 이 얼마나 아름답고 평화로운 광경인가?
㉣ 이렇게 어려운 문제를 누가 풀 수 있겠어?
㉤ 이번에 그 영화가 재개봉한다는 소식 들었어?

① ㉠은 종결 표현과 문장의 의미가 일치하므로, ⓐ에 해당하겠군.
② ㉡은 종결 표현과 문장의 의미가 일치하므로, ⓐ에 해당하겠군.
③ ㉢은 종결 표현과 문장의 의미가 일치하므로, ⓐ에 해당하겠군.
④ ㉣은 종결 표현과 달리 서술의 의미를 전달하므로, ⓑ에 해당하겠군.
⑤ ㉤은 종결 표현과 달리 감탄의 의미를 전달하므로, ⓑ에 해당하겠군.

73. 〈보기〉의 ㉠, ㉡에 해당하는 예문으로 적절한 것은?

— 보기 —

국어의 시제는 과거, 현재, 미래 시제로 나누어진다. 현재 시제는 동사 어간에 어미 '-ㄴ/는-'이 붙어 실현된다. 과거 시제는 주로 어미 '-았/었-'이나 '-더-'를 통해 실현되는데, 간혹 '-았/었-'이 ㉠현재의 일을 나타내는 데 쓰이기도 한다. 미래 시제는 어미 '-겠-'이나 '-(으)ㄹ'을 통해 실현되고, 이때의 '-겠-' 역시 미래 시제를 나타낼 뿐만 아니라 ㉡과거의 사건을 추측하는 데도 쓰일 수 있다.

① ㉠ : 언니는 도서관에 <u>갔다</u>.
   ㉡ : 이 문제는 나도 풀 수 <u>있겠다</u>.
② ㉠ : 나는 그날따라 조금 피곤<u>하였다</u>.
   ㉡ : 태풍이 온다니 내일은 바람이 <u>심하겠군</u>.
③ ㉠ : 두 시에 출발<u>했으니</u> 지금쯤 도착했을 거야.
   ㉡ : 선생님은 어제 부산으로 출장을 <u>가셨겠습니다</u>.
④ ㉠ : 숙제를 하지 않다니 너는 이제 학교 가면 <u>혼났다</u>.
   ㉡ : 이번 주말에는 중부 지방에 비가 <u>내리겠습니다</u>.
⑤ ㉠ : 집에 돌아온 언니는 씻지도 않고 지금 침대에 <u>누웠다</u>.
   ㉡ : 이렇게 날이 추운 걸 보니 설악산에는 벌써 눈이 <u>내렸겠다</u>.

74. 밑줄 친 말에 주목하여 〈보기〉의 ㉠~㉤에 대해 탐구한 결과로 적절하지 **않은** 것은?

— 보기 —

㉠ 아이는 아버지의 모습을 <u>닮았다</u>.
㉡ 아버지는 어렸을 때 시골에 <u>살았었다</u>.
㉢ 지금까지 <u>읽은</u> 책이 몇 권이나 되세요?
㉣ 형은 운동장에서 친구들과 축구를 <u>하더라</u>.
㉤ 우리는 곧 비행기를 타고 제주도로 <u>떠난다</u>.

① ㉠을 보니, 선어말 어미 '-았/었-'은 과거에 일어난 사건의 결과가 현재까지 지속됨을 나타낼 때 쓰일 수 있군.
② ㉡을 보니, 선어말 어미 '-았었-'은 과거와 현재 상황이 단절되었음을 강조할 때 쓰일 수 있군.
③ ㉢을 보니, 선어말 어미 '-(으)ㄴ-'은 현재 시제를 나타낼 때 쓰일 수 있군.
④ ㉣을 보니, 선어말 어미 '-더-'는 화자가 주체의 행위에 대해 목격한 것을 회상할 때 쓰일 수 있군.
⑤ ㉤을 보니, 선어말 어미 '-ㄴ-'은 가까운 미래를 나타낼 때 쓰일 수 있군.

76. 〈보기〉를 참고하여 ⓐ~ⓒ를 이해한 내용으로 적절하지 **않은** 것은?

— 보기 —

선생님 : 국어의 동작상은 진행상과 완료상으로 구분됩니다. 이때, ⓐ <u>진행상</u>은 보조 용언 '-아/어 가다'를 통해 동작이 진행되고 있는 모습을, ⓑ <u>완료상</u>은 보조 용언 '-아/어 있다'를 통해 동작이 끝났거나 끝나서 그 결과가 지속되는 양상을 가리킵니다. 그런데 '-고 있다'는 문맥에 따라 ⓒ <u>진행상과 완료상의 의미를 모두 지니기도 합니다</u>. 그럼 동작상의 예문을 함께 살펴볼까요?

① '빨래가 다 말라 간다.'는 동작의 진행을 나타내므로, ⓐ에 해당합니다.
② '그녀는 지금 의자에 앉아 있다.'는 동작의 결과가 지속됨을 나타내므로, ⓑ에 해당합니다.
③ '학생들이 도서관에서 책을 읽고 있다.'는 동작의 결과가 지속됨을 나타내므로, ⓑ에 해당합니다.
④ '언니가 차에 타고 있다.'는 동작의 진행과 그 결과가 지속되는 양상을 모두 나타내므로, ⓒ에 해당합니다.
⑤ '아버지는 내가 사 준 넥타이를 매고 있다.'는 동작의 진행과 그 결과를 모두 나타내므로, ⓒ에 해당합니다.

75. 선어말 어미 '-더-'에 대해 탐구한 내용으로 적절하지 **않은** 것은?

①	· 어제 집에 손님이 찾아오셨더라. ➔ '-더-'는 과거 어느 시점에서 화자가 목격한 일을 회상할 때 쓰이는군.
②	· 내일 다시 기온이 영하로 떨어지더라. ➔ '-더-'는 화자가 특정 사실을 알게 된 시점이 과거임을 표시함으로써 미래의 일을 나타내기도 하는군.
③	· 조금 전에 [*내가 / 네가 / 형이] 짐을 챙기더라. ➔ '-더-'는 화자가 새롭게 알게 된 일에 쓰이므로, 평서문에서 1인칭 주어와 어울릴 수 없군.
④	· [나는 / *너는 / *형은] 공포영화를 보는 게 좋더라. ➔ '-더-'가 화자의 심리를 나타내는 형용사와 결합할 때는 1인칭 주어와만 쓰일 수 있군.
⑤	· 그 사람이 먹는 걸 봤는데, 나도 그 정도는 먹겠더라. ➔ '-더-'가 다른 선어말 어미와 결합하여 가능성의 의미를 나타내기도 하는군.

*는 비문을 의미함.

77. 〈보기〉의 ㉠~㉣에 대한 설명으로 적절한 것은?

— 보기 —

• 탐구 과제
　국어의 높임 표현은 주어가 나타내는 대상을 높이는 주체 높임, 목적어나 부사어가 나타내는 대상을 높이는 객체 높임, 담화 장면에서의 청자를 높이는 상대 높임으로 나누어진다. 이러한 높임 표현은 조사나 선어말 어미, 종결 어미, 높임의 어휘 등을 통해 이루어진다.

• 자료
㉠ 이모, 어머니께서는 방금 할머니 댁에 가셨어요.
㉡ 할아버지, 언니가 아버지한테 선물을 줬다고 했습니다.
㉢ 아버지는 형과 함께 할아버지를 모시고 영화관에 가셨다.
㉣ 할머니께서 편찮으시다는 소리를 듣고 할머니를 뵈러 왔어요.

① ㉠과 ㉡은 모두 주어가 나타내는 대상을 높이는 주격 조사가 쓰였다.
② ㉠과 ㉢은 모두 담화 장면에서 청자를 높이는 종결 어미가 쓰였다.
③ ㉢과 ㉣은 모두 주어가 나타내는 대상을 높이는 선어말 어미가 쓰였다.
④ ㉠은 ㉣과 달리 주어와 관련한 대상을 높이는 명사가 쓰였다.
⑤ ㉡은 ㉣과 달리 서술의 객체가 되는 대상을 높이는 어휘가 쓰였다.

78. 〈보기 1〉을 통해 〈보기 2〉의 자료를 이해한 내용으로 적절하지 **않은** 것은?

— 보 기 1 —

국어에는 부정문과 어울려 부정의 뜻을 강조하는 특정한 단어들이 있다. 이를 부정극어라고 하는데, '절대로, 결코' 등과 같은 부정극어는 부정 자질을 가져 긍정문과는 어울리지 않고 부정문에서 주로 쓰이므로 부정문을 검증하는 기준으로 작용하기도 한다.

— 보 기 2 —

㉠ 아무도 그 사실을 믿지 않는다.
㉡ 그곳에서 배운 지식은 비전문적이다.
  *그곳에서 배운 지식은 절대로 비전문적이다.
㉢ 누가 이 사태를 해결할 수 있겠는가?
  도무지 누가 이 사태를 해결할 수 있겠는가?
㉣ 영지야, 오늘은 집 밖에 나가지 마라.
  영지야, 오늘은 절대로 집 밖에 나가지 마라.
㉤ 확실히 그는 하루 종일 조금도 먹지 못했다.
  *확실히 그는 하루 종일 조금도 먹었다.

*는 비문을 의미함.

① ㉠을 보니, '아무도'가 부정의 뜻을 강조하는 단어임을 알 수 있다.
② ㉡을 보니, '비전문적이다'는 부정문을 형성할 수 없음을 알 수 있다.
③ ㉢을 보니, '도무지'가 부정의 의미를 지닌 수사 의문문에도 쓰일 수 있음을 알 수 있다.
④ ㉣을 보니, 부정극어 '절대로'가 '말다' 부정문에 쓰일 수 있음을 알 수 있다.
⑤ ㉤을 보니, '확실히'가 부정의 자질을 가진 부정극어임을 알 수 있다.

79. 〈보기〉의 ㉠에 해당하는 예로 적절한 것은?

— 보 기 —

국어의 피동 표현은 주어가 다른 주체에 의해 동작을 당하는 것을 나타낸다. 피동문은 능동문의 서술어에 피동 접미사를 결합한 형태 혹은 '-아/어지다', '-게 되다'의 보조 용언이 결합한 형태로 실현된다. 그런데, 피동문 중에서 ㉠대응하는 능동문이 없는 경우도 있다.

① 온 세상이 하얀 눈에 덮였다.
② 새로운 사실이 드러나게 되었다.
③ 선생님께서는 내게 임무를 맡겼다.
④ 그녀의 소식을 들으니 맥이 풀린다.
⑤ 아이들이 공원에 모여서 얼음을 녹인다.

80. 〈학습활동〉을 수행한 결과로 적절한 것은?

— 학습활동 —

아래 그림에 따라 [자료]의 ㉮~㉱를 분류할 때, ⓒ에 해당하는 것만을 있는 대로 찾아보자.

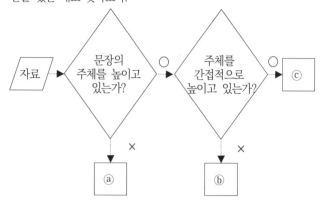

[자료]

㉮ 선생님께 내일 준비물을 여쭤보았다.
㉯ 아버지는 누나와 함께 진지를 잡수신다.
㉰ 할머니께서는 다리가 아프시다고 하셨다.
㉱ 요즘 어머니께서는 고민이 있으신 것 같다.

① ㉮, ㉯   ② ㉯, ㉰   ③ ㉰, ㉱
④ ㉮, ㉯, ㉰   ⑤ ㉮, ㉰, ㉱

81. 피동문에 대해 탐구한 내용으로 적절하지 **않은** 것은?

①	· 아이가 개에게 물렸다.
	➔ 용언 어근에 피동 접사 '-리-'가 붙어 피동문을 형성하였군.
②	· 학교에 있는데 교실 안이 갑자기 어두워졌다.
	➔ 형용사 어간에 '-어지다'가 붙은 문장은 피동의 뜻이 아니라 상태의 변화를 나타내기도 하는군.
③	㉠ 연수가 암호를 풀었다. ㉡ 암호가 연수에 의해 풀렸다.
	➔ ㉠과 ㉡을 보면 피동문은 능동문과 비교했을 때 기준이 되는 서술어의 자릿수가 변하지 않는군.
④	㉠ 나는 벽지를 뜯었다. ㉡ 나는 벽지를 일부러 뜯었다.
	➔ ㉡은 ㉠과 달리 주어의 의지와 관련한 부사어가 쓰였으므로, 대응하는 피동문을 설정하기 어렵군.
⑤	㉠ 아이들 열 명이 책 세 권을 읽었다. ㉡ 책 세 권이 아이들 열 명에게 읽혔다.
	➔ ㉠과 ㉡을 보면 능동문과 피동문에 수량 표현이 쓰일 때, 의미 차이가 나타날 수 있군.

82. 〈보기〉의 ㉠~㉤에 해당하는 예문으로 적절하지 <u>않은</u> 것은?

—— 보기 ——

국어의 사동문은 대응하는 주동문과 일정한 문법적 관련을 맺는다. 그중 사동문의 서술어는 주동문의 서술어에 사동의 문법 요소를 결합하여 만드는데, 결합 방식에 따라 ㉠<u>동사 어근에 사동 접사를 결합하는 파생적 사동문</u>과 ㉡<u>'-게 하다'를 이용한 통사적 사동문</u>으로 나눌 수 있다. 이때 파생적 사동문은 통사적 사동문과 달리 ㉢<u>직접 사동과 간접 사동으로 해석될 수 있는 중의성을 지니기도 한다.</u>

한편, 국어에서는 ㉣<u>사동문을 형성하지 못하는 문장</u>도 있다. 가령, 인위적으로 만들 수 없는 상태는 주체의 의도가 개입할 수 없다는 점에서 사동문을 형성할 수 없다. 반면, ㉤<u>주동문이 성립하지 않는 경우</u>도 있는데, 이는 동작을 당하는 주체가 무정 명사일 때 해당한다.

① ㉠: 민주는 도둑에게 돈을 다 빼앗겼다.
② ㉡: 언니는 아기가 생글생글 웃게 했다.
③ ㉢: 엄마는 민지에게 옷을 입혔다.
④ ㉣: 혁수는 매우 잘생겼다.
⑤ ㉤: 할아버지께서는 자식들에게 재산을 남겼다.

83. 〈보기〉의 ㉠~㉤에 대한 이해로 적절하지 <u>않은</u> 것은?

—— 보기 ——

국어에서 사동문은 사동 접미사를 활용한 파생적 사동문과 '-게 하다'를 활용한 통사적 사동문으로 나눌 수 있다. 이때, 파생적 사동문과 통사적 사동문은 통사적인 차이를 보이기도 한다.

㉠ 그는 동생을 자기 방에서 울렸다.
　 그는 동생을 자기 방에서 울게 했다.
㉡ 고모는 조카에게 옷을 빨리 입혔다.
　 고모는 조카에게 옷을 빨리 입게 했다.
㉢ 나는 [그 아이를 / *그 아이가] 울렸다.
　 나는 [그 아이를 / 그 아이가] 울게 했다.
㉣ 어머니께서 아버지에게 책을 읽히셨다.
　 어머니께서 아버지께 책을 읽으시게 하셨다.
㉤ 아이가 물을 잔에 가득 [채웠다 / 채워 보았다].
　 아이가 물을 잔에 가득 [차게 해 보았다 / 차 보게 하였다].
　　　　　　　　　　　　　　　　　*는 비문을 의미함.

① ㉠을 보니, 파생적 사동문과 통사적 사동문은 부사어의 수식 범위가 다르게 나타나는군.
② ㉡을 보니, 통사적 사동문은 파생적 사동문과 달리 중의적인 의미로 해석될 수 있군.
③ ㉢을 보니, 파생적 사동문과 달리 통사적 사동문은 동작을 당하는 대상에 주격 조사가 결합할 수 있군.
④ ㉣을 보니, 파생적 사동문과 달리 통사적 사동문은 주체 높임의 선어말 어미가 결합할 수 있는 위치가 다양하게 나타나는군.
⑤ ㉤을 보니, 파생적 사동문과 달리 통사적 사동문은 보조 용언이 결합할 수 있는 범위가 더 넓군.

84. 〈학습활동〉을 수행한 결과로 적절한 것은?

—— 학습활동 ——

국어에서 서술어는 접사, 어미와 결합하여 문장 내에서 다양한 기능으로 쓰일 수 있다. 이때, 접사는 어근에 붙어 피동이나 사동의 뜻을 더하기도 하고, 어미는 어간에 붙어 높임이나 시간 표현 등의 의미를 나타내기도 한다. 다음 밑줄 친 서술어의 어미를 분석해 보자.

㉠ 낙엽이 이리저리 <u>날린다</u>.
㉡ 마을이 거센 폭풍에 <u>휩쓸렸다</u>.
㉢ 졸업생들은 학사모를 하늘 높이 <u>날렸다</u>.
㉣ 그 강도에게 <u>털린</u> 집이 한두 집이 아니었다.
㉤ 이제 언니가 유치원에서 돌아온 조카를 <u>재우겠다</u>.

① ㉠: 사동 접사가 붙은 용언 어간에 현재 시제 선어말 어미가 쓰였다.
② ㉡: 사동 접사가 붙은 용언 어간에 과거 시제 선어말 어미가 쓰였다.
③ ㉢: 피동 접사가 붙은 용언 어간에 과거 시제 선어말 어미가 쓰였다.
④ ㉣: 피동 접사가 붙은 용언 어간에 현재 시제 선어말 어미가 쓰였다.
⑤ ㉤: 사동 접사가 붙은 용언 어간에 미래 시제 선어말 어미가 쓰였다.

문법
N제

프리미엄 **언매 문제집**

Part _05

음운 변동과 발음 규정

1. 〈보기〉의 ㉠~㉤을 발음할 때 일어나는 현상에 대한 이해로 적절하지 **않은** 것은?

── 보기 ──

집에서 키우던 ㉠ 닭을 삶아 먹기로 한 잔칫날이 밝았다. 나는 ㉡ 닭장에 있던 큰 ㉢ 닭만 골라서 솥에 넣고 ㉣ 삶아 사람들에게 골고루 나누어 주고 나서 내 ㉤ 몫까지 챙겼다.

① ㉠에서는 음운 변동이 일어나지 않는군.
② ㉡에서는 겹받침이 대표음으로 발음되는 탈락 현상과 둘째 음절 첫소리가 교체되는 현상이 일어나는군.
③ ㉢에서는 겹받침이 대표음으로 발음되는 탈락 현상이 일어난 후 이 대표음이 둘째 음절 첫소리의 영향을 받아 축약되는 현상이 일어나는군.
④ ㉣에서는 겹받침의 일부가 뒤 음절 초성으로 이어 발음되는군.
⑤ ㉤에서는 겹받침이 대표음으로 발음되는 탈락 현상이 일어나는군.

2. 〈보기〉의 설명을 이해하여 적용한 것으로 적절한 것은?

── 보기 ──

음절이란 하나 이상의 음운으로 이루어진 소리의 결합체로서 말소리의 단위를 말한다. 현대 국어의 음절 유형은 다음 네 가지로 나눌 수 있다.

㉠ '중성'으로 이루어진 음절 (예 아, 어, 오, 야)
㉡ '초성 + 중성'으로 이루어진 음절 (예 가, 너, 겨, 소)
㉢ '중성 + 종성'으로 이루어진 음절 (예 얼, 억, 양, 왕)
㉣ '초성 + 중성 + 종성'으로 이루어진 음절 (예 강, 산, 달, 물)

단어를 이루는 각각의 음절이 어떤 유형에 속하는지를 따질 때에는 음운 변동이나 연음 등이 적용되어 그 단어가 어떻게 발음되는지를 잘 살펴야 한다. 즉, 표기가 아닌 발음을 기준으로 음절 유형을 판단해야 한다.

① '청사'를 발음할 때 첫음절은 ㉡에 해당한다.
② '걸음'을 발음할 때 첫음절과 둘째 음절의 유형은 동일하다.
③ '융기'를 발음할 때 첫음절은 ㉣에 해당한다.
④ '길이'를 발음할 때 첫음절과 둘째 음절의 유형은 동일하다.
⑤ '여자'를 발음할 때 첫음절은 ㉡에 해당한다.

3. 〈보기〉의 ㉠, ㉡에 해당하는 것으로 적절한 것은?

── 보기 ──

음운 변동이 일어날 때에는 음운의 수에 변화가 생기는 경우가 있다. 일반적으로 첨가 현상이 일어나면 음운의 수가 늘어나고 탈락이나 축약 현상이 일어나면 음운의 수가 줄어든다. 예를 들어 '두통약 → [두통냑]', '식용유 → [시굥뉴]', '끝일 → [끈닐]' 등은 ㉠ 음운의 수가 늘어나는 경우이다. 이에 반해, '놓고 → [노코]', '먹히다 → [머키다]', '끓는 → [끌른]' 등은 ㉡ 음운의 수가 줄어드는 경우이다.

	㉠	㉡
①	닫지 → [닫찌]	안팎 → [안팍]
②	물약 → [물략]	굳이 → [구지]
③	늦여름 → [는녀름]	넓다 → [널따]
④	떡만 → [떵만]	맛없다 → [마덥따]
⑤	붙임 → [부침]	밭이랑 → [반니랑]

4. 음운 변동의 결과를 유형에 따라 정리한 것으로 적절하지 **않은** 것은?

	음운 변동 예시	음운 변동의 유형
①	짖는 → [진는]	교체
②	붓하고 → [부타고]	교체, 축약
③	넓고 → [널꼬]	탈락, 교체
④	외곬으로 → [외골쓰로]	탈락, 첨가
⑤	닳다 → [달타]	축약

5. 〈보기〉를 고려하여 사이시옷이 쓰인 단어들의 표준 발음에 대해 이해한 것으로 적절하지 **않은** 것은?

── 보기 ──

■ 사이시옷이 붙은 단어의 표준 발음
□ 'ㄱ, ㄷ, ㅂ, ㅅ, ㅈ'으로 시작하는 단어 앞에 사이시옷이 올 때에는 이들 자음만을 된소리로 발음하는 것을 원칙으로 하되, 사이시옷을 [ㄷ]으로 발음하는 것도 허용한다.
□ 사이시옷 뒤에 'ㄴ, ㅁ'이 결합되는 경우에는 사이시옷을 [ㄴ]으로 발음한다.
□ 사이시옷 뒤에 '이' 음이 결합되는 경우에는 사이시옷을 [ㄴ]으로 발음하고 뒤의 '이' 음에 [ㄴ]을 첨가하여 발음한다.

① '햇살'을 [핻쌀]로 발음하는 것은 표준 발음이다.
② '콧날'을 [콘날]로 발음하는 것은 표준 발음이다.
③ '들깻잎'을 [들깬닙]으로 발음하는 것은 표준 발음이다.
④ '뱃머리'를 [밴머리]로 발음하는 것은 표준 발음이다.
⑤ '고갯짓'을 [고개찓]으로 발음하는 것은 표준 발음이다.

문법N제

6. 〈보기〉를 참고하여 여러 발음 사례에 대해 설명한 내용으로 적절하지 **않은** 것은?

─── 보기 ───

조음 방법		조음 위치	입술소리 (양순음)	잇몸소리 (치조음)	센입천장소리 (경구개음)	여린입천장소리 (연구개음)	목청소리 (후음)
안울림소리	파열음	예사소리	ㅂ	ㄷ		ㄱ	
		된소리	ㅃ	ㄸ		ㄲ	
		거센소리	ㅍ	ㅌ		ㅋ	
	파찰음	예사소리			ㅈ		
		된소리			ㅉ		
		거센소리			ㅊ		
	마찰음	예사소리		ㅅ			
		된소리		ㅆ			ㅎ
울림소리	비음		ㅁ	ㄴ		ㅇ	
	유음			ㄹ			

① '높다'를 [놉따]로 옳게 발음했다면, '높'의 'ㅍ'을 같은 조음 위치에 있는 예사소리 'ㅂ'으로 교체하고, '다'의 'ㄷ'을 'ㄸ'으로 교체하여 발음한 것으로 볼 수 있다.

② '인구'를 [인구]가 아니라 [잉구]로 잘못 발음했다면, '인'의 'ㄴ'을 'ㄱ'과 조음 위치가 같은 'ㅇ'으로 교체하여 발음한 것으로 볼 수 있다.

③ '홑몸'을 [혼몸]으로 옳게 발음했다면, '홑'의 'ㅌ'을 같은 조음 위치에 있는 예사소리 'ㄷ'으로 교체하고, 그 'ㄷ'을 'ㅁ'과 조음 방법이 같은 'ㄴ'으로 교체하여 발음한 것으로 볼 수 있다.

④ '신발'을 [신발]이 아니라 [심발]로 잘못 발음했다면, '신'의 'ㄴ'을 'ㅂ'과 조음 방법이 같은 비음 'ㅁ'으로 교체하여 발음한 것으로 볼 수 있다.

⑤ '닭는'을 [당는]으로 옳게 발음했다면, '닭'의 'ㄲ'을 'ㄱ'으로 교체하고, 그 'ㄱ'을 'ㄴ'과 조음 방법이 같은 비음 'ㅇ'으로 교체하여 발음한 것으로 볼 수 있다.

7. 현대 국어 자음 체계의 일부인 〈보기 1〉을 참고하여 〈보기 2〉를 설명한 내용으로 적절한 것은?

─── 보기 1 ───

조음 방법	조음 위치	양순음	치조음	연구개음
파열음		ㅂ	ㄷ	ㄱ
비음		ㅁ	ㄴ	ㅇ
유음			ㄹ	

─── 보기 2 ───

㉠ : 침략 → [침냑]   ㉡ : 쌀눈 → [쌀룬]
㉢ : 신라 → [실라]   ㉣ : 국론 → [궁논]
㉤ : 입원료 → [이붠뇨]

① ㉠은 비음이 유음으로 바뀐 것이다.
② ㉡은 유음이 비음으로 바뀐 것이다.
③ ㉢은 'ㄹ' 앞에 오는 'ㄴ'의 조음 위치가 바뀐 것이다.
④ ㉣은 종성 'ㄱ'이 'ㄴ'과 같은 조음 위치의 음운으로 바뀐 것이다.
⑤ ㉤은 '입'의 'ㅂ'이 둘째 음절의 첫소리로 연음되고, 'ㄴ' 뒤에 오는 'ㄹ'의 조음 방법이 바뀐 것이다.

8. 〈보기〉의 (가)와 (나)에 나타나는 음운 변동의 유형이 모두 나타나는 단어로 적절한 것은?

─── 보기 ───

음운 변동의 유형은 '교체, 탈락, 축약, 첨가' 네 가지로 나눌 수 있는데, 다음 (가), (나)에서는 단어가 발음될 때 서로 다른 유형의 음운 변동이 나타난다.

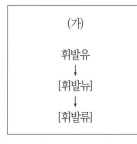

(가)

휘발유
↓
[휘발뉴]
↓
[휘발류]

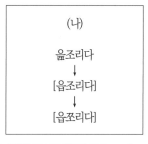

(나)

읊조리다
↓
[읍조리대]
↓
[읍쪼리대]

① 꽃덮개[꼳떱깨]
② 삯일[상닐]
③ 낮일[난닐]
④ 설익다[설릭따]
⑤ 급행열차[그팽녈차]

9. 〈보기〉의 ㉠, ㉡에 해당하는 사례로 적절한 것은?

— 보기 —

국어에서 'ㅎ'은 '학생, 효도'와 같이 초성에 오면 제 소리를 내지만 종성에 오는 경우에는 탈락하거나 ㉠ 다른 자음으로 교체되거나 ㉡ 다른 음운과 만나 축약된다. 예를 들어 '좋은 → [조은], 싫어서 → [시러서]'는 'ㅎ'이 탈락되는 예이다.

	㉠	㉡
①	놓고 → [노코]	뚫는 → [뚤른]
②	놓는 → [논는]	않네 → [안네]
③	곯아 → [고라]	않는 → [안는]
④	쌓네 → [싼네]	좋고 → [조코]
⑤	않던 → [안턴]	쌓지 → [싸치]

10. 〈보기 1〉의 ㉠, ㉡에 해당하는 사례로 적절한 것만 〈보기 2〉에서 고른 것은?

— 보기 1 —

음운 변동 현상에는 여러 유형이 있는데, '살 + 는 → [사ː는]'은 자음이 탈락한 예이고 '쓰 + 어 → [써]'는 모음이 탈락한 예이다. 한편, 자음의 축약과 ㉠ 모음의 축약, ㉡ 자음의 첨가와 모음의 첨가 등도 실제 사용하는 표현을 통해 그 사례를 찾아볼 수 있다. 예를 들어 '국화 → [구콰]'는 자음이 축약된 것이고 '아니 + 오 → [아니요]'는 반모음이 첨가된 것이다.

— 보기 2 —

	㉠	㉡
(가)	피 + 어 → [피여]	설 + 날 → [설랄]
(나)	쏘이 + 어 → [쐬어]	꽃 + 잎 → [꼰닙]
(다)	누이 + 어 → [뉘어]	물 + 약 → [물략]
(라)	나서 + 어 → [나서]	밥 + 물 → [밤물]

① (가), (나) ② (가), (다) ③ (나), (다)
④ (나), (라) ⑤ (다), (라)

11. 시 작품의 일부인 〈보기〉를 낭송한다고 할 때 ㉠~㉤에 대한 이해로 적절하지 **않은** 것은?

— 보기 —

㉠ 돌담에 속삭이는 햇발 ㉡ 같이
풀 아래 웃음 ㉢ 짓는 샘물같이
내 ㉣ 마음 고요히 고운 봄 길 위에
오늘 하루 ㉤ 하늘을 우러르고 싶다.

① ㉠에서 유음과 비음이 발음되겠군.
② ㉡에서 구개음이 발음되겠군.
③ ㉢에서 비음이 두 번 발음되겠군.
④ ㉣에서 비음이 두 번 발음되겠군.
⑤ ㉤에서 비음과 유음이 발음되겠군.

12. 〈보기〉의 ㉠~㉤에 대한 이해로 적절하지 **않은** 것은?

— 보기 —

㉠ 닳은[다른], 닿아[다아], 쌓이다[싸이다], 닳아도[다라도]
㉡ 꺾어[꺼꺼], 옷을[오슬], 쫓아[쪼차], 있어[이써]
㉢ 굵은[굴근], 없어[업서], 읊어[을퍼], 훑어[훌터]
㉣ 갇히다[가치다], 받히다[바치다], 돋히다[도치다]
㉤ 막는[망는], 국민[궁민], 듣는[든는], 입만[임만]

① ㉠ : 'ㅎ'이나 'ㅀ' 받침 뒤에 모음으로 시작되는 어미나 접미사가 결합되는 경우, 'ㅎ'은 탈락되어 발음되지 않는 것을 알겠군.
② ㉡ : 홑받침이나 된소리 받침 뒤에 모음으로 시작되는 조사나 어미가 결합되는 경우, 받침은 음절의 끝소리 규칙에 따른 후 음절의 첫소리로 옮겨 발음되는 것을 알겠군.
③ ㉢ : 겹받침 뒤에 모음으로 시작되는 어미나 조사가 결합되는 경우, 겹받침의 뒤엣것만이 뒤 음절 첫소리로 옮겨 발음되는 것을 알겠군.
④ ㉣ : 받침 'ㄷ' 뒤에 접미사 '히'가 결합됐을 때 [티]가 아니라 [치]로 발음되는 것을 알겠군.
⑤ ㉤ : 받침 'ㄱ, ㄷ, ㅂ'은 'ㄴ, ㅁ' 앞에서 각각 [ㅇ, ㄴ, ㅁ]으로 발음되는 것을 알겠군.

13. 〈보기〉의 내용을 바탕으로 'ㅢ'의 발음에 대해 이해한 내용으로 적절하지 **않은** 것은?

— 보기 —

- 'ㅢ'는 원칙적으로 이중 모음으로 발음한다. 다만 특별한 경우에는 아래처럼 발음하는 것에 유의해야 한다.
- 자음을 첫소리로 가지고 있는 음절의 'ㅢ'는 [ㅣ]로 발음해야 한다.
- 단어의 첫음절 이외의 '의'는 [ㅣ]로, 조사 '의'는 [ㅔ]로 발음함도 허용한다.

① '닐리리'의 'ㅢ'는 자음을 첫소리로 가지고 있으므로 [ㅢ] 또는 [ㅣ]로 발음할 수 있겠군.

② '의회'의 'ㅢ'는 단어의 첫음절에 쓰였기 때문에 [ㅢ]로 발음해야 하겠군.

③ '주의'의 'ㅢ'는 단어의 첫음절 이외에 쓰였으므로 [ㅢ] 또는 [ㅣ]로 발음할 수 있겠군.

④ '그의 책'의 '의'는 조사이므로 [ㅢ] 또는 [ㅔ]로 발음할 수 있겠군.

⑤ '강의의 제목'에서 '의의'는 [의의]나 [의에]나 [이의]나 [이에]로 발음할 수 있겠군.

14. 〈보기〉는 표준 발음법 조항의 일부이다. ㉠, ㉡에 들어갈 예로 적절하지 **않은** 것은?

— 보기 —

제17항 받침 'ㄷ, ㅌ(ㄾ)'이 조사나 접미사의 모음 'ㅣ'와 결합되는 경우에는, [ㅈ, ㅊ]으로 바꾸어서 뒤 음절 첫소리로 옮겨 발음한다.
　곧이듣다[고지듣따], _____㉠_____

제20항 'ㄴ'은 'ㄹ'의 앞이나 뒤에서 [ㄹ]로 발음한다.
　난로, 신라, 천리, 광한루, 대관령, 칼날, 물난리, 줄넘기, 할는지
[붙임] 첫소리 'ㄴ'이 'ㅀ', 'ㄾ' 뒤에 연결되는 경우에는 이에 준한다.
　닳는[달른], _____㉡_____

	㉠	㉡
①	미닫이[미ː다지]	핥네[할레]
②	밭이[바치]	뚫는[뚤른]
③	낱이삭[난ː니삭]	훑네[훌레]
④	굳이[구지]	꿇는[꿀른]
⑤	해돋이[해도지]	앓는[알른]

15. 〈보기〉는 표준 발음법 조항의 일부이다. ㉠~㉤에 대한 설명으로 적절하지 **않은** 것은?

— 보기 —

제15항 받침 뒤에 모음 'ㅏ, ㅓ, ㅗ, ㅜ, ㅟ'들로 시작되는 실질 형태소가 연결되는 경우에는, 대표음으로 바꾸어서 뒤 음절 첫소리로 옮겨 발음한다.
　밭 아래[바다래] ㉠ 늪 앞[느밥] 젖어미[저더미]
　㉡ 맛없다[마덥따] ㉢ 겉옷[거돋] ㉣ 헛웃음[허두슴]
다만, '㉤ 맛있다, 멋있다'는 [마신따], [머신따]로도 발음할 수 있다.

① ㉠은 [느밥]으로 발음될 때 받침이 대표음으로 바뀌는 교체, 연음이 일어난다.

② ㉡은 [마덥따]로 발음될 때 받침이 대표음으로 바뀌는 교체, 자음의 탈락, 된소리되기에 의한 교체, 연음이 일어난다.

③ ㉢은 [거돋]으로 발음될 때 받침이 대표음으로 바뀌는 교체, 연음이 일어난다.

④ ㉣은 [허두슴]으로 발음될 때 두 군데에서 받침이 대표음으로 바뀌는 교체가 일어난다.

⑤ ㉤은 [마딛따]로 발음될 때 받침이 대표음으로 바뀌는 교체, 된소리되기에 의한 교체, 연음이 일어난다.

16. 〈보기〉는 국어의 로마자 표기법 규정의 일부이다. 〈보기〉의 빈칸을 모두 알맞게 채운 것은?

─── 보기 ───

제1장 표기의 기본 원칙
제1항 국어의 로마자 표기는 국어의 표준 발음법에 따라 적는 것을 원칙으로 한다.

제2항 로마자 이외의 부호는 되도록 사용하지 않는다.

제2장 표기 일람
제1항 모음은 다음 각호와 같이 적는다.

ㅏ	ㅓ	ㅗ	ㅜ	ㅡ	ㅣ	ㅐ	ㅔ	ㅚ	ㅟ
a	eo	o	u	eu	i	ae	e	oe	wi

ㅑ	ㅕ	ㅛ	ㅠ	ㅒ	ㅖ	ㅘ	ㅙ	ㅝ	ㅞ	ㅢ
ya	yeo	yo	yu	yae	ye	wa	wae	wo	we	ui

[붙임 1] 'ㅢ'는 'ㅣ'로 소리 나더라도 'ui'로 적는다.

[붙임 2] 장모음의 표기는 따로 하지 않는다.

제2항 자음은 다음 각호와 같이 적는다.

ㄱ	ㄲ	ㅋ	ㄷ	ㄸ	ㅌ	ㅂ	ㅃ	ㅍ	ㅈ
g,k	kk	k	d,t	tt	t	b,p	pp	p	j

ㅉ	ㅊ	ㅅ	ㅆ	ㅎ	ㄴ	ㅁ	ㅇ	ㄹ
jj	ch	s	ss	h	n	m	ng	r,l

[붙임 1] 'ㄱ, ㄷ, ㅂ'은 모음 앞에서는 'g, d, b'로, 자음 앞이나 어말에서는 'k, t, p'로 적는다.

[붙임 2] 'ㄹ'은 모음 앞에서는 'r'로, 자음 앞이나 어말에서는 'l'로 적는다. 단, 'ㄹㄹ'은 'll'로 적는다.

제3장 표기상의 유의점
제1항 음운 변화가 일어날 때에는 변화의 결과에 따라 다음 각호와 같이 적는다.

1. 자음 사이에서 동화 작용이 일어나는 경우

종로[종노]	백마[㉠]	왕십리[㉡]	별내[㉢]	신라[실래]
Jongno	㉠′	㉡′	㉢′	Silla

	㉠	㉠′	㉡	㉡′	㉢	㉢′
①	[뱅마]	Baengma	[왕심니]	Wangsimni	[별래]	Byeollae
②	[뱅마]	Baengma	[왕심리]	Wangsimri	[별래]	Byeolrae
③	[백마]	Baekma	[왕심니]	Wangsimni	[별래]	Byeolre
④	[백마]	Baekma	[왕심리]	Wangsipri	[별래]	Byeollae
⑤	[뱀마]	Bamma	[왕심리]	Wangsimri	[별래]	Byeollae

17. 〈보기〉는 단어를 발음할 때 나타나는 음운 변동 현상을 정리한 표이다. ㉠~㉤에 들어갈 예로 적절한 것은?

─── 보기 ───

일상생활에서 쓰이는 단어	발음 시 나타나는 음운 변동 현상
낳아	'ㅎ' 탈락
싫어	
좋다	거센소리되기
㉠	
밝지	자음군 단순화, 된소리되기
㉡	
칼날	유음화
㉢	
미닫이	구개음화
㉣	
늦여름	음절의 끝소리 규칙, 'ㄴ' 첨가, 비음화
㉤	

① ㉠ : 낮추니 ② ㉡ : 넓게 ③ ㉢ : 얼굴

④ ㉣ : 닫니 ⑤ ㉤ : 색연필

18. 다음 〈보기〉의 밑줄 친 ㉠의 이유를 탐구한 결과로 가장 적절한 것은?

─── 보기 ───

'맛있다'의 표준 발음은 두 가지이다. [마딛따]로 발음할 수도 있고 [마싣따]로 발음할 수도 있다. [마딛따]와 [마싣따]의 차이는 '맛'의 받침을 어떻게 발음하느냐에 있다. ㉠ 두 가지 발음 중 원칙에 해당하는 것은 [마딛따]이다. [마싣따]는 현실 발음을 고려하여 표준 발음으로 허용한 것이다.

① 받침 'ㅅ'은 종성에서 제 음가대로 발음한다.

② 받침 'ㅅ'은 자음으로 시작하는 실질 형태소가 뒤에 오면 [ㄷ]으로 발음한다.

③ 받침 'ㅅ'은 모음으로 시작하는 문법 형태소가 뒤에 오면 연음시켜 발음한다.

④ 받침 'ㅅ'은 자음으로 시작하는 문법 형태소가 뒤에 오면 [ㄷ]으로 발음한다.

⑤ 받침 'ㅅ'은 모음으로 시작하는 실질 형태소가 뒤에 오면 [ㄷ]으로 발음한다.

19. 〈보기〉의 ㉠, ㉡에 공통으로 적용할 수 있는 설명으로 적절한 것은?

―――― 보기 ――――

㉠ 밖[박], 밭[받], 빗[빋]
㉡ 넋[넉], 값[갑], 삶[삼]

① 초성에 놓인 자음에 일어나는 음운 변동이다.
② 인접한 자음의 특성에 동화되는 음운 변동이다.
③ 예사소리를 그에 대응하는 거센소리로 바꾸어 주는 음운 변동이다.
④ 용언 어간 뒤에 어미가 결합하는 경우에만 적용되는 음운 변동이다.
⑤ 음절 끝에 올 수 있는 자음이 제한되어 일어나는 음운 변동이다.

20. 〈보기〉의 밑줄 친 ㉠의 예로 적절한 것은?

―――― 보기 ――――

　음운 변동의 종류에는 여러 가지가 있다. 한 음운이 다른 음운으로 바뀌는 교체, 한 음운이 없어지는 탈락, 새로운 음운이 생기는 첨가, 두 음운이 하나의 음운으로 합쳐지는 축약이 음운 변동의 대표적인 유형이다. 이러한 음운 변동은 한 유형만 적용되기도 하지만 때로는 ㉠ 두 가지 이상의 유형이 적용되기도 한다. 가령 '옮+는 → [옴ː는]'에는 탈락만 적용되었지만 '읽+고 → [일꼬]'에는 교체와 탈락이라는 두 유형의 음운 변동이 적용되었다.

① 잡+고 → [잡꼬]　　　② 훑+는 → [훌른]
③ 덮+고 → [덥꼬]　　　④ 깎+다 → [깍따]
⑤ 놓+는 → [논는]

21. 〈보기〉의 ㉠, ㉡의 예가 모두 올바르게 짝지어진 것은?

―――― 보기 ――――

　자음과 자음이 결합하면 음운 변동이 잘 일어난다. 이때 흔히 일어나는 음운 변동으로 자음 동화를 들 수 있다. 자음 동화는 한 자음이 인접한 자음의 특성에 닮아 가는 음운 변동이다. 자음 동화는 ㉠ 앞 자음의 특성에 뒤 자음이 닮는 것과 ㉡ 뒤 자음의 특성에 앞 자음이 닮는 것으로 나눌 수 있다.

	㉠	㉡
①	달+님 → [달림]	작+년 → [장년]
②	국+물 → [궁물]	칼+날 → [칼랄]
③	달+님 → [달림]	능+력 → [능녁]
④	국+물 → [궁물]	능+력 → [능녁]
⑤	권+리 → [궐리]	작+년 → [장년]

22. 〈보기〉의 (가)와 (나)를 참고하여 (다)의 ㉠~㉤을 탐구한 내용으로 적절하지 **않은** 것은?

―――― 보기 ――――

(가) 자음의 로마자 표기

ㄱ	ㄲ	ㅋ	ㄷ	ㄸ	ㅌ	ㅂ	ㅃ	ㅍ
g, k	kk	k	d, t	tt	t	b, p	pp	p

ㅈ	ㅉ	ㅊ	ㅅ	ㅆ	ㅎ	ㄴ	ㅁ	ㅇ	ㄹ
j	jj	ch	s	ss	h	n	m	ng	r, l

(나) 음운 변동의 로마자 표기
• 자음 동화는 로마자 표기에 반영한다.
• 'ㄴ'의 첨가는 로마자 표기에 반영한다.
• 구개음화는 로마자 표기에 반영한다.
• 'ㄱ, ㄷ, ㅂ, ㅈ'이 'ㅎ'과 합하는 거센소리되기는 체언에서 'ㄱ, ㄷ, ㅂ' 뒤에 'ㅎ'이 합하는 경우를 제외하고 로마자 표기에 반영한다.
• 된소리되기는 로마자 표기에 반영하지 않는다.

(다) 학생들의 로마자 표기 예
㉠ 독립[동닙] : dongnip
㉡ 담요[담뇨] : damnyo
㉢ 굳이[구지] : guji
㉣ 집합[지팝] : jipap
㉤ 박수[박쑤] : baksu

① ㉠ : 자음 동화를 로마자 표기에 반영했으므로 올바른 표기이다.
② ㉡ : 'ㄴ' 첨가를 로마자 표기에 반영했으므로 올바른 표기이다.
③ ㉢ : 구개음화를 로마자 표기에 반영했으므로 올바른 표기이다.
④ ㉣ : 거센소리되기를 로마자 표기에 반영했으므로 올바른 표기이다.
⑤ ㉤ : 된소리되기를 로마자 표기에 반영하지 않았으므로 올바른 표기이다.

23. 〈보기〉의 ㉠에 들어갈 내용으로 적절한 것은?

―――― 보기 ――――

　국어에는 '닭, 값, 여덟'과 같이 겹받침을 가진 형태소가 적지 않다. 이때 겹받침은 뒤에 오는 형태소의 종류에 따라 발음이 달라진다. 뒤에 모음으로 시작하는 문법 형태소가 결합하여 연음이 되면 겹받침이 모두 발음된다. 그러나 그 이외의 경우에는 겹받침 중 하나가 탈락하거나 또는 거센소리되기가 적용되어야 한다. 이 중 겹받침의 하나가 탈락하는 음운 변동을 흔히 자음군 단순화라고 한다. 자음군 단순화의 예로는 (㉠) 등을 들 수 있다.

① '끊고'를 [끈코]로 발음하는 경우
② '싫은'을 [시른]으로 발음하는 경우
③ '안팎'을 [안팍]으로 발음하는 경우
④ '값없이'를 [가법씨]로 발음하는 경우
⑤ '넓히다'를 [널피다]로 발음하는 경우

24. 〈보기〉는 사잇소리 현상에 대한 설명이다. 〈보기〉의 내용을 적용하여 이해한 것으로 적절하지 <u>않은</u> 것은?

───── 보기 ─────

[사잇소리 현상]
　합성어에서 일어난다. 즉 합성 명사를 이룰 때 나타나는 현상으로 그 유형은 다음과 같다.

㉠ 울림소리 뒤에서 안울림 예사소리가 된소리로 변하는 현상
　　예 냇가(내+가 → 냇가[내:까/낻:깨])
㉡ 선행 요소가 모음으로 끝나고 후행 요소가 'ㄴ, ㅁ'으로 시작할 때 'ㄴ'이 첨가되어 소리나는 현상
　　예 훗날(후+날 → 훗날[훈:날])
㉢ 모음과 모음 사이에 'ㄴㄴ'이 첨가되어 소리나는 현상
　　예 나뭇잎(나무+잎 → 나뭇잎[나문닙])

① '한+여름 → 한여름[한녀름]'과 같은 소리의 변화를 사잇소리 현상이라 할 수 있겠군.
② ㉠의 예로 '밤+길 → 밤길[밤낄]'을 추가할 수 있겠군.
③ ㉡의 예로 '시내+물 → 시냇물[시:낸물]'을 추가할 수 있겠군.
④ ㉢의 예로 '예사+일 → 예삿일[예:산닐]'을 추가할 수 있겠군.
⑤ 사잇소리 현상이 일어날 때 앞말이 모음으로 끝나면 표기에 변화가 생기기도 하는군.

25. 〈보기〉는 표준 발음법 조항의 일부이다. 이를 바탕으로 표준 발음을 탐구한 내용으로 적절하지 <u>않은</u> 것은?

───── 보기 ─────

제5항 'ㅑ, ㅒ, ㅕ, ㅖ, ㅘ, ㅙ, ㅛ, ㅝ, ㅞ, ㅠ, ㅢ'는 이중 모음으로 발음한다.
다만 1. 용언의 활용형에 나타나는 '져, 쪄, 쳐'는 [저, 쩌, 처]로 발음한다.
다만 2. '예, 례' 이외의 'ㅖ'는 [ㅔ]로도 발음한다.
다만 3. 자음을 첫소리로 가지고 있는 음절의 'ㅢ'는 [ㅣ]로 발음한다.
다만 4. 단어의 첫음절 이외의 '의'는 [ㅣ]로, 조사 '의'는 [ㅔ]로 발음함도 허용한다.

① '의사의 진찰을 받다.'에서 '의사의'는 [의사에]로 발음할 수 있다.
② '핵심 사항은 회의를 거쳐야 한다.'에서 '거쳐야'는 [거처야]로 발음해야 한다.
③ '실례지만 길 좀 물어보겠습니다.'에서 '실례'는 [실레]가 아닌 [실례]로 발음해야 한다.
④ '자동 개폐 장치를 설정했다.'에서 '개폐'는 [개폐]뿐만 아니라 [개페]로도 발음할 수 있다.
⑤ '학생들에게 희망과 용기를 불어넣다.'에서 '희망'은 [히망] 또는 [희망]으로 발음해야 한다.

26. 〈보기〉의 (가)를 참고하여 (나)의 밑줄 친 부분을 설명한 것으로 적절하지 <u>않은</u> 것은?

───── 보기 ─────

(가) 제5항 'ㅑ, ㅒ, ㅕ, ㅖ, ㅘ, ㅙ, ㅛ, ㅝ, ㅞ, ㅠ, ㅢ'는 이중 모음으로 발음한다.
　다만 3. 자음을 첫소리로 가지고 있는 음절의 'ㅢ'는 [ㅣ]로 발음한다.
　다만 4. 단어의 첫 음절 이외의 '의'는 [ㅣ]로, 조사 '의'는 [ㅔ]로 발음함도 허용한다.
　　주의[주의/주이] 협의[혀븨/혀비]
　　우리의[우리의/우리에]

(나) <u>지식의</u> 소중함

① '지식의'는 [지시계]로 발음해도 허용한다.
② '지식의'는 [지시긔]로 발음하는 것이 원칙이다.
③ '지식의'를 [지시기]라고 발음하면 잘못된 발음이다.
④ '지식의'를 '지혜의'로 바꾸면 '의'의 발음도 달라진다.
⑤ '지식의'에서 '의'의 발음은 '법칙의 발견'에서 '의'의 발음과 동일하다.

27. 〈보기〉에서 설명하는 오류의 사례로 볼 수 <u>없는</u> 것은?

───── 보기 ─────

　"거칠은 벌판으로 달려가자"라는 노래 가사가 있다. 여기에 보이는 '거칠은'은 어법상 '거친'으로 해야 옳다. 'ㄹ'로 끝나는 용언의 어간은 'ㄴ, ㅂ, ㅅ, ㅗ'로 시작하는 어미 앞에서 'ㄹ'이 탈락하므로 '거칠-' 뒤에 '-ㄴ'이 오면 '거친'이 어법상 옳은 표기이다. '거칠은'과 같이 어법상 잘못된 표현은 '내밀은 손, 물들은 은행잎, 시들은 꽃' 등에서도 발견된다. 이런 사례들은 모두 어미 앞에 '으'를 잘못 붙여서 발음하다 보니 생겨났다.

① 가을바람에 하늘을 가볍게 <u>날으는</u> 은행잎!
② 기자의 질문이 이해되지 않아 <u>되물은</u> 적이 있다.
③ 우리는 <u>부풀은</u> 꿈을 안고 내일의 희망을 노래했다.
④ 사람들이 많은 장소에서 큰 소리로 <u>울으니까</u> 부끄럽다.
⑤ 아버님은 오래 시간을 <u>끌으시다가</u> 어렵게 말문을 여셨다.

28. 〈보기 1〉의 밑줄 친 단어의 발음을 〈보기 2〉를 참고하여 탐구할 때, 적절하지 **않은** 것은?

───── 보기 1 ─────

- 그곳에는 ㉠ 밭이랑 산이 많다.
- 하루 종일 ㉡ 밭이랑을 일구었다.

───── 보기 2 ─────

제8항 받침소리로는 'ㄱ, ㄴ, ㄷ, ㄹ, ㅁ, ㅂ, ㅇ'의 7개 자음만 발음한다.

    넋[넉] 낮[낟] 낯[낟]

제17항 받침 'ㄷ, ㅌ(ㄾ)'이 조사나 접미사의 모음 'ㅣ'와 결합되는 경우에는 [ㅈ, ㅊ]으로 바꾸어서 뒤 음절 첫소리로 옮겨 발음한다.

    곧이듣다[고지듣따] 굳이[구지] 벼훑이[벼훌치]

제18항 받침 'ㄱ(ㄲ, ㅋ, ㄳ, ㄺ), ㄷ(ㅅ, ㅆ, ㅈ, ㅊ, ㅌ, ㅎ), ㅂ(ㅍ, ㄼ, ㄿ, ㅄ)'은 'ㄴ, ㅁ' 앞에서 [ㅇ, ㄴ, ㅁ]으로 발음한다.

    먹는[멍는] 닫는[단는] 밥물[밤물]

제29항 합성어 및 파생어에서, 앞 단어나 접두사의 끝이 자음이고 뒤 단어나 접미사의 첫음절이 '이, 야, 여, 요, 유'인 경우에는, 'ㄴ' 음을 첨가하여 [니, 냐, 녀, 뇨, 뉴]로 발음한다.

    솜-이불[솜:니불] 홑-이불[혼니불] 막-일[망닐]

① ㉠에서 '밭'의 'ㅌ'은 제8항의 규정이 적용되지 않겠군.
② ㉠에서 '밭'의 'ㅌ'은 제17항에 따라 '이랑'과 결합하면 [ㅊ]으로 바뀌어 뒤 음절 첫소리로 옮겨 발음하겠군.
③ ㉡에서 '밭'의 'ㅌ'은 제8항에 따라 '이랑'과 결합하기 전에 [ㄷ]으로 발음하겠군.
④ ㉡에서 '밭'과 '이랑' 사이에는 제29항에 따라 'ㄴ' 음이 첨가되겠군.
⑤ ㉡에서 '밭'의 'ㅌ'은 제18항과 제29항에 따라 '이랑'과 결합 후에 [ㅅ]으로 발음하겠군.

29. 〈보기〉의 ㉠~㉢에 제시된 음운 변동 유형에 대한 설명으로 적절한 것은?

───── 보기 ─────

㉠ 여덟 → [여덜], 넋 → [넉]
㉡ 곱돌 → [곱똘], 국밥 → [국빱]
㉢ 맏며느리 → [만며느리], 걷는다 → [건:는다]

① ㉠은 음운 축약에, ㉡은 음운 첨가에 속한다.
② ㉠과 ㉡은 모두 음절의 종성에 놓인 자음에 변동이 생기는 현상이다.
③ ㉠과 ㉢이 모두 일어난 예로 '값만 → [감만]'을 들 수 있다.
④ ㉡과 ㉢은 모두 음운의 수가 하나 늘어나는 결과에 해당한다.
⑤ ㉡에서는 예사소리가 된소리로, ㉢에서는 비음이 유음으로 바뀐 것이다.

30. 〈보기〉의 내용을 활용하여 발음 및 표기의 원리를 설명할 수 **없는** 것은?

───── 보기 ─────

    합성 명사에서, 앞말의 끝소리가 울림소리이고 뒷말의 첫소리가 안울림 예사소리면 뒤의 예사소리가 된소리로 변하는 현상을 사잇소리 현상이라고 한다. 또 앞말이 모음으로 끝나고 뒷말이 'ㄴ, ㅁ'으로 시작되면 앞말의 끝소리에 'ㄴ'이 덧나고, 앞말의 음운과 상관없이 뒷말이 모음 'ㅣ'나 반모음 'ㅣ[j]'로 시작되면 앞말의 끝소리와 뒷말의 첫소리에 'ㄴㄴ'이 덧나는 일이 있는데, 이러한 현상도 사잇소리 현상의 하나이다. 사잇소리 현상이 일어날 때 앞말이 모음으로 끝나는 경우에는 받침으로 사이시옷을 적기도 한다.

	단어 구조	발음	표기
①	길+가	[길까]	길가
②	첫+날	[천날]	첫날
③	코+물	[콘물]	콧물
④	장마+비	[장마삐/장맏삐]	장맛비
⑤	나무+잎	[나문닙]	나뭇잎

31. 〈보기〉는 표준 발음법 중 일부이다. 이를 활용하여 각 단어의 발음을 설명한 내용으로 적절하지 **않은** 것은?

───── 보기 ─────

제12항 받침 'ㅎ'의 발음은 다음과 같다.
1. 'ㅎ(ㄶ, ㅀ)' 뒤에 'ㄱ, ㄷ, ㅈ'이 결합되는 경우에는, 뒤 음절 첫소리와 합쳐서 [ㅋ, ㅌ, ㅊ]으로 발음한다. ·················· ㉠
  [붙임 1] 받침 'ㄱ(ㄹ), ㄷ, ㅂ(ㄼ), ㅈ(ㄵ)'이 뒤 음절 첫소리 'ㅎ'과 결합되는 경우에도, 역시 두 음을 합쳐서 [ㅋ, ㅌ, ㅍ, ㅊ]으로 발음한다. ·················· ㉡
  [붙임 2] 규정에 따라 'ㄷ'으로 발음되는 'ㅅ, ㅈ, ㅊ, ㅌ'의 경우에도 이에 준한다.
2. 'ㅎ(ㄶ, ㅀ)' 뒤에 'ㅅ'이 결합되는 경우에는, 'ㅅ'을 [ㅆ]으로 발음한다. ·················· ㉢
3. 'ㅎ' 뒤에 'ㄴ'이 결합되는 경우에는, [ㄴ]으로 발음한다.
  [붙임] 'ㄶ, ㅀ' 뒤에 'ㄴ'이 결합되는 경우에는, 'ㅎ'을 발음하지 않는다. ·················· ㉣
4. 'ㅎ(ㄶ, ㅀ)' 뒤에 모음으로 시작된 어미나 접미사가 결합되는 경우에는, 'ㅎ'을 발음하지 않는다. ·················· ㉤

① 닳지 : ㉠의 적용을 받아 [달치]로 발음된다.
② 읽히다 : ㉡의 적용을 받아 [일키다]로 발음된다.
③ 끊소 : ㉢의 적용을 받아 [끈쏘]로 발음된다.
④ 끊는 : ㉣의 적용을 받아 [끈는]으로 발음된다.
⑤ 낳아 : ㉤의 적용을 받아 [나아]로 발음된다.

32. 〈보기 1〉을 참고할 때, 〈보기 2〉의 각 단어에 대한 로마자 표기로 적절하지 **않은** 것은?

───── 보기 1 ─────

제1항 음운 변화가 일어날 때에는 변화의 결과에 따라 다음 각호와 같이 적는다.
1. 자음 사이에서 동화 작용이 일어나는 경우
2. 'ㄴ, ㄹ'이 덧나는 경우
3. 구개음화가 되는 경우
4. 'ㄱ, ㄷ, ㅂ, ㅈ'이 'ㅎ'과 합하여 거센소리로 소리 나는 경우
  다만, 체언에서 'ㄱ, ㄷ, ㅂ' 뒤에 'ㅎ'이 따를 때에는 'ㅎ'을 밝혀 적는다.
  [붙임] 된소리되기는 표기에 반영하지 않는다.

───── 보기 2 ─────

단어	음운 변동 미반영 / 반영
국민	gukmin / gungmin
학여울	Hakyeoul / Hangnyeoul
같이	gati / gachi
잡혀	japhyeo / japyeo
죽변	Jukbyeon / Jukbbyeon

① '국민'은 'gungmin'으로 적는다.
② '학여울'은 'Hakyeoul'으로 적는다.
③ '같이'는 'gachi'로 적는다.
④ '잡혀'는 'japyeo'로 적는다.
⑤ '죽변'은 'Jukbyeon'으로 적는다.

33. 〈보기〉는 문법 수업의 한 장면이다. 선생님의 질문에 대한 답변으로 적절한 것은?

───── 보기 ─────

선생님 : 음운의 변동은 크게 '교체, 탈락, 첨가, 축약' 네 가지로 나눌 수 있어요. 다음 중 이 네 가지 종류 중 두 가지 종류 이상의 음운 변동이 나타나지 않은 것은 무엇일까요?

㉠ 따뜻하다[따뜨타다]
㉡ 설익다[설릭따]
㉢ 꽃향기[꼬턍기]
㉣ 줄넘기[줄럼끼]
㉤ 백분율[백뿐뉼]

① ㉠   ② ㉡   ③ ㉢   ④ ㉣   ⑤ ㉤

34. 〈보기〉의 학습 활동의 결과가 모두 올바르게 짝지어진 것은?

─── 보기 ───

[학습 활동]

※ 다음에 제시된 활동을 수행해 보자.

(ㄱ) 'ㅗ'와 'ㅜ'가 서로 다른 음운임을 보여 주는 예를 찾아보자.

(ㄴ) 예사소리와 거센소리의 차이가 단어의 의미를 구별해 주는 예를 찾아보자.

	(ㄱ)	(ㄴ)
①	보리, 부리	불, 풀
②	노비, 나비	굴, 꿀
③	고성, 구성	날, 달
④	고을, 가을	달, 탈
⑤	오리, 우리	쌀, 찰

35. 〈보기 1〉을 바탕으로 〈보기 2〉를 이해한다고 할 때, ㉠과 ㉡에 적용되는 음운의 변동으로 적절한 것은?

─── 보기 1 ───

• **된소리되기** : 예사소리가 된소리로 바뀌는 현상.
• **유음화** : 비음 'ㄴ'이 'ㄹ'의 앞 또는 뒤에서 유음인 'ㄹ'로 바뀌는 현상.
• **자음군 단순화** : 음절 말의 겹받침 가운데 하나가 탈락하고 하나만 발음되는 현상.
• **비음화** : 비음이 아닌 자음이 비음의 영향을 받아 'ㄴ, ㅁ, ㅇ'으로 바뀌는 현상.
• **구개음화** : 'ㅣ' 또는 반모음 'ㅣ[j]'로 시작하는 형식 형태소 앞에서 'ㄷ, ㅌ'이 구개음 'ㅈ, ㅊ'으로 바뀌는 현상.
• **음절의 끝소리 규칙** : 음절의 끝소리(종성)에 'ㄱ, ㄴ, ㄷ, ㄹ, ㅁ, ㅂ, ㅇ' 이외의 자음이 오면 이 일곱 자음 중 하나로 바뀌어 발음되는 현상.

─── 보기 2 ───

삳샅이 → [삳샅이] → [삳싸치]
    ㉠   ㉡

	㉠	㉡
①	구개음화, 된소리되기	자음군 단순화
②	음절의 끝소리 규칙	된소리되기, 구개음화
③	음절의 끝소리 규칙, 구개음화	된소리되기
④	자음군 단순화, 유음화	구개음화
⑤	된소리되기	자음군 단순화, 비음화

36. 〈보기〉는 한 학생이 음운 현상 탐구를 위해 작성한 메모이다. 추가로 수집한 자료를 활용하기 위한 계획으로 적절하지 <u>않은</u> 것은?

─── 보기 ───

[탐구 과제]

• 'ㄹ'과 관련한 음운 현상에 대해 설명해 보자.

1. 'ㄹ' 탈락

 예 : 놀+니 → 노니, 알+니 → 아니

2. 유음화

 예 : 달님[달림], 핥는다[할른다]

	[수집한 자료]	[자료 활용 계획]
①	딸+님 → 따님 불+나비 → 부나비	'1'의 예로 추가하고, '1'은 어간과 어미의 결합뿐 아니라 단어 형성 과정에서도 나타날 수 있음을 설명해야겠어.
②	살+느냐 → 사느냐 칼+날 → 칼날[칼랄]	'1'의 예로 추가하고, '1'은 'ㄹ'로 끝나는 형태소 뒤에 'ㄴ'이 오는 경우에 나타날 수 있음을 설명해야겠어.
③	논리[놀리] 훈련[훌:련]	'2'의 예로 추가하고, '2'는 'ㄹ' 뒤에 'ㄴ'이 올 때뿐 아니라 'ㄹ' 앞에 'ㄴ'이 오는 경우에도 나타날 수 있음을 설명해야겠어.
④	잃는다[일른다] 밟는다[밤:는다]	'ㄹ'이 들어간 겹받침의 경우 탈락하는 자음에 따라 '2'의 적용 여부가 달라짐을 설명해야겠어.
⑤	老人(로인) → 노인 來日(래일) → 내일	'ㄹ'이 단어의 첫소리로 올 때 제약을 받는 현상을 새로운 항목 '3'으로 추가하고 '3'의 예로 제시해야겠어.

37. 〈보기〉는 국어의 로마자 표기법의 중요 내용을 정리한 것이다. 이를 적용하여 잘못 표기된 나라 이름을 수정하였을 때, 수정 근거가 적절하지 <u>않은</u> 것은?

─── 보기 ───

◉ 국어의 로마자 표기는 국어의 표준 발음법에 따라 적는 것을 원칙으로 한다.

• 'ㄱ, ㄷ, ㅂ'은 모음 앞에서는 'g, d, b'로, 자음 앞이나 어말에서는 'k, t, p'로 적는다. ·············· ㉠

• 'ㄹ'은 모음 앞에서는 'r'로, 자음 앞이나 어말에서는 'l'로 적는다. 단, 'ㄹㄹ'은 'll'로 적는다. ·············· ㉡

• 된소리되기는 표기에 반영하지 않는다. ·············· ㉢

• 고유 명사는 첫 글자를 대문자로 적는다. ·············· ㉣

	나라 이름	수정 전 → 수정 후	수정 근거
①	고려[고려]	golyeo → Goryeo	㉠, ㉣
②	발해[발해]	Parhae → Balhae	㉠, ㉡
③	백제[백쩨]	Paegje → Baekje	㉠
④	신라[실라]	Silra → Silla	㉡
⑤	옥저[옥쩌]	okjjeo → Okjeo	㉢, ㉣

38. 〈보기〉는 한글 맞춤법에 대한 설명이다. ㉠, ㉡의 원리가 반영된 한글 맞춤법 조항을 올바르게 짝지은 것은?

── 보기 ──

한글 맞춤법은 표준어를 ㉠ 소리대로 적되, ㉡ 어법에 맞도록 함을 원칙으로 한다. 표준어를 소리대로 적는다는 것은 표준어를 발음에 따라 적는다는 뜻이다. 그런데 표기 방식에 이 원칙만을 적용하기는 어렵다. '꼬치(꽃+이)', '꼰만(꽃+만)', '꼳빧(꽃+밭)'처럼 하나의 형태소가 여러 형태로 표기될 수 있기 때문이다. 이렇게 되면 그 뜻이 쉽게 파악되지 않고, 글을 읽는 능률도 크게 저하된다. 이 때문에 각 형태소가 지닌 뜻이 분명히 드러나도록 하기 위하여, 그 본모양을 밝혀 어법에 맞도록 적는다는 또 하나의 원칙이 추가된 것이다.

①	㉠이 반영된 조항	第6항 'ㄷ, ㅌ' 받침 뒤에 종속적 관계를 가진 '-이(-)'나 '-히-'가 올 적에는 그 'ㄷ, ㅌ'이 'ㅈ, ㅊ'으로 소리 나더라도 'ㄷ, ㅌ'으로 적는다. 예 맏이, 같이, 닫히다 등
②	㉠이 반영된 조항	第9항 '의'나, 자음을 첫소리로 가지고 있는 음절의 'ㅢ'는 'ㅣ'로 소리 나는 경우가 있더라도 'ㅢ'로 적는다. 예 무늬, 희망 등
③	㉡이 반영된 조항	第18항 다음과 같은 용언들은 어미가 바뀔 경우, 그 어간이나 어미가 원칙에 벗어나면 벗어나는 대로 적는다. 예 이어(잇- + -어), 이으니(잇- + -으니) 등
④	㉡이 반영된 조항	第22항 용언의 어간에 다음과 같은 접미사들이 붙어서 이루어진 말들은 그 어간을 밝히어 적는다. 예 넓히다, 돋우다, 갖추다 등
⑤	㉡이 반영된 조항	第28항 끝소리가 'ㄹ'인 말과 딴 말이 어울릴 적에 'ㄹ' 소리가 나지 아니하는 것은 아니 나는 대로 적는다. 예 다달이, 따님, 마소 등

39. 〈보기〉의 표준 발음법 규정을 바탕으로 할 때, 밑줄 친 단어의 발음이 적절하지 **않은** 것은?

── 보기 ──

제5항 'ㅑ, ㅒ, ㅕ, ㅖ, ㅘ, ㅙ, ㅛ, ㅝ, ㅞ, ㅠ, ㅢ'는 이중 모음으로 발음한다.
다만 1. 용언의 활용형에 나타나는 '져, 쪄, 쳐'는 [저, 쩌, 처]로 발음한다.
　　예 고치어 → 고쳐[고처]
다만 2. '예, 례' 이외의 'ㅖ'는 [ㅔ]로도 발음한다.
　　예 지혜[지혜/지헤]
다만 3. 자음을 첫소리로 가지고 있는 음절의 'ㅢ'는 [ㅣ]로 발음한다.
　　예 씌어[씨어]
다만 4. 단어의 첫음절 이외의 '의'는 [ㅣ]로, 조사 '의'는 [ㅔ]로 발음함도 허용한다.
　　예 협의[혀븨/혀비], 우리의[우리의/우리에]

① 개폐식 : [개폐]로 발음해도 되고, [개페]로 발음해도 상관없겠군.
② 민무늬 : 자음을 첫소리로 가지고 있으니 [무니]로만 발음해야겠군.
③ 우유가 희다 : [희다]로 발음해도 되고, [히다]로 발음해도 상관없겠군.
④ 나의 집 : [나의]로 발음해도 되고, [나에]로 발음해도 상관없겠군.
⑤ 쩌서 먹다 : [쩌서]로 발음해서는 안 되고, [쩌서]로 발음해야만 하겠군.

40. 〈보기〉의 ㉠, ㉡에 해당하는 예로 가장 적절한 것은?

── 보기 ──

용언의 활용 양상을 보면 환경에 따라 음운의 탈락이 일어나기도 하는데 ㉠ 자음이 탈락하는 경우도 있고 ㉡ 모음이 탈락하는 경우도 있다. 이때 음운 탈락이 이루어진 소리를 표기에 반영하는 경우도 있고, 발음에서만 탈락이 이루어지는 경우도 있다.

	㉠	㉡
①	졸- + -는 → [조:는]	크- + -어서 → [커서]
②	쌓- + -으니 → [싸으니]	싫- + -은 → [시른]
③	크- + -어서 → [커서]	기쁘- + -어서 → [기뻐서]
④	기쁘- + -어서 → [기뻐서]	쌓- + -으니 → [싸으니]
⑤	싫- + -은 → [시른]	졸- + -는 → [조:는]

41. 〈보기〉의 ㉠~㉤은 각각 공통된 음운 변동 규칙이 적용되는 말끼리 짝지은 것이다. ㉠~㉤에 대한 설명으로 적절하지 **않은** 것은?

— 보기 —

㉠ 낮익히다[난니키다], 긋하다[구타다]
㉡ 낚는[낭는], 있는[인는]
㉢ 많고[만:코], 앓지[알치]
㉣ 닭만[당만], 값나가는[감나가는]
㉤ 몫도[목또], 넓지[널찌]

① ㉠과 ㉡ : 음절 끝에서 발음되는 자음이 제한되는 현상이 일어난다.
② ㉠과 ㉢ : 'ㅎ'과 다른 음운이 결합하여 한 음운으로 축약되는 현상이 일어난다.
③ ㉡과 ㉣ : 한 음운이 인접한 음운의 영향을 받아 그것과 닮는 현상이 일어난다.
④ ㉢과 ㉤ : 예사소리였던 것이 된소리로 바뀌는 현상이 일어난다.
⑤ ㉣과 ㉤ : 받침 자음 중의 일부가 탈락하는 현상이 일어난다.

42. 〈보기〉에 따라 음운 변동 과정과 유형을 올바르게 표시한 것은?

— 보기 —

우리말의 음운 변동은 크게 다음과 같이 네 유형으로 나눌 수 있다.

㉠ 교체 : 한 음운이 다른 음운으로 변하는 현상
㉡ 첨가 : 새로운 음운이 생기는 현상
㉢ 탈락 : 한 음운이 없어지는 현상
㉣ 축약 : 두 음운이 하나의 새로운 음운으로 줄어드는 현상

① 겉모습 → (㉠) [걷모습] → (㉡) [건모습]

② 탓하다 → (㉠) [탇하다] → (㉣) [타타다]

③ 색연필 → (㉡) [색년필] → (㉣) [생년필]

④ 흙냄새 → (㉢) [흑냄새] → (㉠) [흥냄새]

⑤ 값하다 → (㉣) [갑하다] → (㉢) [가파다]

43. 〈보기〉에 대한 이해로 적절하지 **않은** 것은?

— 보기 —

국어의 단모음을 혀의 앞뒤 위치와 높낮이, 입술 모양에 따라 분류한 결과는 다음 표와 같다.

혀의 최고점 위치 / 입술의 모양 / 혀의 높낮이 (입을 벌리는 정도)	전설 모음		후설 모음	
	평순 모음	원순 모음	평순 모음	원순 모음
고모음(폐모음)	ㅣ	ㅟ	ㅡ	ㅜ
중모음(반개모음)	ㅔ	ㅚ	ㅓ	ㅗ
저모음(개모음)	ㅐ		ㅏ	

- 전설 모음은 혀의 최고점이 앞쪽에 놓이고 후설 모음은 혀의 최고점이 뒤쪽에 놓이는 모음이다.
- 고모음은 혀의 최고점이 가장 높고 저모음은 혀의 최고점이 가장 낮다. 혀의 위치가 낮을수록 입이 더 벌어진다.
- 원순 모음은 입술을 둥글게 오므려 내는 모음이고 평순 모음은 입술을 둥글게 오므리지 않고 내는 모음이다.

① 'ㅣ'에서 'ㅐ'로 발음을 바꾸려면 입을 크게 벌리고 혀의 높이를 낮추면 되겠군.
② 'ㅟ'에서 'ㅜ'로 발음을 바꾸려면 혀의 최고점을 뒤쪽으로 옮기면 되겠군.
③ 'ㅓ'에서 'ㅔ'로 발음을 바꾸려면 혀의 최고점을 앞쪽으로 옮기면 되겠군.
④ 'ㅓ'에서 'ㅡ'로 발음을 바꾸려면 입술을 둥그렇게 오므리면서 혀의 높이를 높이면 되겠군.
⑤ 'ㅜ'에서 'ㅗ'로 발음을 바꾸려면 입술을 둥그렇게 오므린 채 혀의 높낮이를 바꾸며 입의 벌어짐을 조절하면 되겠군.

44. 〈보기〉의 ㉠~㉢에 들어갈 내용이 올바르게 짝지어진 것은?

─── 보기 ───

학생 : '흙[흑]'과 '밖[박]'을 발음할 때 나타나는 음운 변동의 종류가 궁금해요.

선생님 : 두 단어 뒤에 각각 모음으로 시작하는 조사 '을'을 결합해 보세요. '흙[흑]'과 조사 '을'이 결합하면 연음이 일어나 '(㉠)'(으)로 발음하게 됩니다. 마찬가지로 '밖[박]'과 조사 '을'이 결합해도 연음이 일어나 '(㉡)'(으)로 발음하게 됩니다. 한편, 발음이 [흑], [박]임에도 각각 '흙', '밖'으로 적은 것은, 이들이 지니고 있던 원래 받침의 음운을 밝혀 적은 것이지요. 이를 통해 '흙[흑]'과 '밖[박]'을 발음할 때 (㉢)(이)가 일어남을 알 수 있습니다.

	㉠	㉡	㉢
①	흘글	바끌	'흙[흑]'은 음운의 탈락, '밖[박]'은 음운의 교체
②	흐글	박글	'흙[흑]'과 '밖[박]' 모두 음운의 탈락
③	흘글	바끌	'흙[흑]'과 '밖[박]' 모두 음운의 교체
④	흘글	박글	'흙[흑]'은 음운의 탈락, '밖[박]'은 음운의 교체
⑤	흐글	바끌	'흙[흑]'은 음운의 교체, '밖[박]'은 음운의 탈락

45. 〈보기〉에 대한 이해로 적절하지 **않은** 것은?

─── 보기 ───

[표준 발음법]

제6항 모음의 장단을 구별하여 발음하되, 단어의 첫음절에서만 긴소리가 나타나는 것을 원칙으로 한다.

　　눈보라[눈:보래]　　말씨[말:씨]　　밤나무[밤:나무]
　　첫눈[천눈]　　　　참말[참말]　　　쌍동밤[쌍동밤]

[붙임] 용언의 단음절 어간에 어미 '-아/-어'가 결합되어 한 음절로 축약되는 경우에도 긴소리로 발음한다.

　　보아 → 봐[봐:]　　되어 → 돼[돼:]　　두어 → 둬[둬:]

제7항 긴소리를 가진 음절이라도, 다음과 같은 경우에는 짧게 발음한다.

　1. 단음절인 용언 어간에 모음으로 시작된 어미가 결합되는 경우
　　감으니[가므니]　밟으면[발브면]　알아[아라]
　2. 용언 어간에 피동, 사동의 접미사가 결합되는 경우
　　감기다[감기다]　꼬이다[꼬이다]　밟히다[발피다]

① 제6항에 따라 '함박눈'의 '눈'은 짧게 발음한다.
② 제6항에 따라 '밤나무[밤:나무]'의 '밤'과는 달리 '군밤'의 '밤'은 짧게 발음한다.
③ 제6항의 [붙임] 규정에 따라, '멈추어'의 축약형 '멈춰'의 '춰'는 긴소리로 발음한다.
④ 제7항에 따라 '신다[신:따]'는 '신으니', '신어' 등의 활용에서 첫음절은 짧게 발음한다.
⑤ 제7항에 따라 '안다[안:따]'의 피동사인 '안기다'의 첫음절은 짧게 발음한다.

46. 〈보기〉의 ㉠, ㉡에 해당하는 음운 변동의 유형을 모두 찾을 수 있는 예로 적절하지 **않은** 것은?

─── 보기 ───

음운 변동의 유형은 교체, 첨가, 탈락, 축약으로 나누어 볼 수 있다. 그런데 실제로 음운 변동은 단어 내에서 어느 하나만 일어나는 것이 아니라 단계에 따라 여러 가지 유형의 변동이 일어나는 경우가 많다. 다음의 경우를 보면 이를 확인할 수 있다.

　색연필　㉠→　[색년필]　㉡→　[생년필]

① 물엿[물렫]
② 홑이불[혼니불]
③ 식용유[시굥뉴]
④ 솔잎[솔립]
⑤ 영업용[영엄뇽]

47. 〈보기〉의 ㉠~㉢에 해당하는 예로 가장 적절한 것은?

─── 보기 ───

용언의 어간 받침이 비음이 아닌 경우에 어미 '-는'이 결합되면 어간의 끝소리가 비음으로 교체되는 음운 변동을 보이는데 그 양상을 몇 가지로 나누어 볼 수 있다.

먼저 ㉠ 비음으로의 교체만 일어나는 경우로 '닫는[단는]'이 이에 해당한다. 다음으로 ㉡ 받침의 대표음으로의 교체와 비음으로의 교체가 모두 일어나는 경우로 '솟는[손는]'이 이에 해당한다. 그리고 ㉢ 겹받침 중 한 자음의 탈락과 비음으로의 교체가 모두 일어나는 경우가 있는데 '밟는[밤:는]'이 이에 해당한다. 또한 겹받침 중 한 자음의 탈락, 받침의 대표음으로의 교체, 비음으로의 교체가 모두 일어나는 경우도 있는데 '읊는[음는]'이 이에 해당한다.

	㉠	㉡	㉢
①	젓는[전:는]	쫓는[쫀는]	긁는[긍는]
②	잡는[잠는]	맞는[만는]	있는[인는]
③	뽑는[뽐는]	굳는[군는]	낚는[낭는]
④	먹는[멍는]	깎는[깡는]	읽는[잉는]
⑤	긋는[근:는]	꽂는[꼰는]	없는[엄:는]

48. 〈보기〉의 (가)에 들어갈 설명으로 적절하지 **않은** 것은?

─── 보기 ───

  '교체, 탈락, 첨가, 축약'과 같은 네 가지 유형의 음운 변동을 탐구해 보면, 한 단어 내에서 음운의 변동은 한 가지만 나타나지 않고 여러 유형이 나타날 수도 있다. '넓적하다[넙쩌카다]'와 '삯일[상닐]'에 일어나는 음운 변동의 공통점과 차이점을 비교해 설명하면 다음과 같다.

(가)

① '넓적하다'는 '삯일'과 달리 음운의 축약 현상이 일어난다.
② '넓적하다'와 달리 '삯일'은 음운의 첨가 현상이 일어난다.
③ '넓적하다'와 '삯일' 모두 음운의 탈락 현상이 일어난다.
④ '넓적하다'와 '삯일' 모두 세 번의 음운 변동이 일어난다.
⑤ '넓적하다'와 '삯일' 모두 음운의 변동이 일어나기 전보다 음운의 수가 줄어든다.

49. 〈보기〉의 ㉠~㉤에 대한 이해로 적절하지 **않은** 것은?

─── 보기 ───

로마자 표기법 주요 규정

◎ 국어의 로마자 표기는 국어의 표준 발음법에 따라 적는 것을 원칙으로 한다.

◎ 모음 표기 일람

ㅏ	ㅐ	ㅓ	ㅗ	ㅜ	ㅡ	ㅣ	ㅕ
a	ae	eo	o	u	eu	i	yeo

◎ 자음 표기 일람

ㄱ	ㅋ	ㄷ	ㅌ	ㅂ	ㅍ	ㅎ
g, k	k	d, t	t	b, p	p	h

ㄴ	ㄹ	ㅁ	ㅅ	ㅇ	ㅈ	ㅊ
n	r, l	m	s	ng	j	ch

[붙임] 'ㄱ, ㄷ, ㅂ'은 모음 앞에서는 'g, d, b'로, 자음 앞이나 어말에서는 'k, t, p'로 적는다. 'ㄹ'은 모음 앞에서는 'r'로, 자음 앞이나 어말에서는 'l'로 적는다. 단, 'ㄹㄹ'은 'll'로 적는다.

㉠ 자음 사이의 동화 작용이 일어나는 경우에 변화의 결과를 반영하여 표기한다.
㉡ 'ㄴ, ㄹ'이 덧나는 경우에 변화의 결과를 반영하여 표기한다.
㉢ 구개음화가 되는 경우에 변화의 결과를 반영하여 표기한다.
㉣ 'ㄱ, ㄷ, ㅂ, ㅈ'이 'ㅎ'과 합하여 거센소리로 나는 경우도 변화의 결과를 반영하여 표기한다. 다만, 체언에서 'ㄱ, ㄷ, ㅂ' 뒤에 'ㅎ'이 따를 때에는 'ㅎ'을 밝혀 적는다.
㉤ 된소리되기는 표기에 반영하지 않는다.

① ㉠에 따라 '국민'은 'gungmin'으로 적는다.
② ㉡에 따라 '한여름'은 'hannyeoreum'으로 적는다.
③ ㉢에 따라 '같이'는 'gachi'로 적는다.
④ ㉣에 따라 '놓다'는 'nohta'로 적는다.
⑤ ㉤에 따라 '압정'은 'apjeong'으로 적는다.

50. 〈보기〉의 ㉠~㉢을 참고하여 구개음화 현상에 대해 이해한 내용으로 적절하지 **않은** 것은?

———— 보기 ————

구개음화는 ㉠ 받침 자음 'ㄷ, ㅌ'이 ㉡ 'ㅣ'나 반모음 'ㅣ'로 시작하는 형식 형태소와 만날 때 각각 'ㅈ, ㅊ'으로 바뀌는 현상을 말한다. 그리고 ㉢ 자음 'ㄷ' 뒤에 형식 형태소 '히'가 올 때 'ㄷ'과 'ㅎ'이 결합하여 이루어진 'ㅌ'이 'ㅊ'이 되는 현상도 구개음화 현상으로 본다.

① '솥이' : 'ㅌ'은 ㉠에 해당되고 '이'는 ㉡에 해당되어 구개음화가 일어나겠군.

② '끝을' : 'ㅌ'이 ㉠에 해당되고 '을'은 ㉡에 해당되어 구개음화가 일어나겠군.

③ '굳히다' : ㉢이 일어나 구개음화가 되는 경우에 해당하는군.

④ '홑이불' : 'ㅌ'은 ㉠에 해당되지만 '이'는 ㉡에 해당되지 않기 때문에 구개음화가 일어나지 않겠군.

⑤ '굳어' : 'ㄷ'은 ㉠에 해당되지만 '-어'는 ㉡에 해당되지 않기 때문에 구개음화가 일어나지 않겠군.

52. 〈보기〉의 ㉠~㉢에 대한 설명으로 적절하지 **않은** 것은?

———— 보기 ————

㉠ 굳히다[구치다], 묻히다[무치다]
㉡ 읽고[일꼬], 넓다[널따]
㉢ 물약[물략], 할 일[할릴]

① ㉠은 모두 구개음화가 일어난 예에 해당한다.

② ㉡은 된소리되기와 자음군 단순화가 일어났다.

③ ㉢은 'ㄴ' 첨가가 일어난 후에 유음화가 일어났다.

④ ㉠, ㉡은 음운의 수가 줄어들었다는 공통점이 있다.

⑤ ㉡, ㉢은 탈락된 음운이 있다는 공통점이 있다.

51. 〈보기〉를 참조할 때 밑줄 친 말에서 된소리되기가 일어나지 **않는** 것은?

———— 보기 ————

[표준 발음법]
제23항 받침 'ㄱ(ㄲ, ㅋ, ㄳ, ㄺ), ㄷ(ㅅ, ㅆ, ㅈ, ㅊ, ㅌ), ㅂ(ㅍ, ㄼ, ㄿ, ㅄ)' 뒤에 연결되는 'ㄱ, ㄷ, ㅂ, ㅅ, ㅈ'은 된소리로 발음한다.
제24항 어간 받침 'ㄴ(ㄵ), ㅁ(ㄻ)' 뒤에 결합되는 어미의 첫소리 'ㄱ, ㄷ, ㅅ, ㅈ'은 된소리로 발음한다. 다만, 피동, 사동의 접미사 '-기-'는 된소리로 발음하지 않는다.
제25항 어간 받침 'ㄼ, ㄾ' 뒤에 결합되는 어미의 첫소리 'ㄱ, ㄷ, ㅅ, ㅈ'은 된소리로 발음한다.
제26항 한자어에서, 'ㄹ' 받침 뒤에 연결되는 'ㄷ, ㅅ, ㅈ'은 된소리로 발음한다.
제27항 관형사형 '-(으)ㄹ' 뒤에 연결되는 'ㄱ, ㄷ, ㅂ, ㅅ, ㅈ'은 된소리로 발음한다.

① 형은 식당으로 달려가서 내게 국밥을 사 주었다.

② 나는 친구가 말을 더듬지 않을 때까지 기다렸다.

③ 형은 어머니의 품에 안긴 동생을 바라보며 웃었다.

④ 종이 울리자 아이들이 운동장으로 일시(一時)에 뛰어나갔다.

⑤ 형은 이제 그 회사를 그만둘 것이라고 말했다.

53. 〈보기〉의 ㉠~㉢에 공통적으로 적용된 음운 변동에 대한 설명으로 적절하지 **않은** 것은?

———— 보기 ————

㉠ 빗+지 → [빋찌], 엎+다 → [업따]
㉡ 읽+다 → [익따], 밟+고 → [밥:꼬]
㉢ 훑+고 → [훌꼬], 핥+지 → [할찌]

① 예사소리를 된소리로 바꾸어 준다.

② 음절 초성에 놓인 자음에 적용된다.

③ 자음의 조음 위치는 바뀌지 않는다.

④ 음운 변동의 유형 중 첨가에 속한다.

⑤ 인접한 자음의 종류가 음운 변동의 조건이 된다.

문법N제

54. 〈보기〉의 ㉠~㉤에 대한 이해로 적절하지 **않은** 것은?

─── 보기 ───

[표준 발음법]

제29항
합성어 및 파생어에서, 앞 단어나 접두사의 끝이 자음이고 뒤 단어나 접미사의 첫음절이 '이, 야, 여, 요, 유'인 경우에는, 'ㄴ' 음을 첨가하여 [니, 냐, 녀, 뇨, 뉴]로 발음한다.
예 막일[망닐], 맨입[맨닙] ㉠

[붙임 1] 'ㄹ' 받침 뒤에 첨가되는 'ㄴ' 소리는 [ㄹ]로 발음한다. 예 물약[물략], 설익다[설릭따] ㉡

제30항
사이시옷이 붙은 단어는 다음과 같이 발음한다.
1. 'ㄱ, ㄷ, ㅂ, ㅅ, ㅈ'으로 시작하는 단어 앞에 사이시옷이 올 때는 이들 자음만을 된소리로 발음하는 것을 원칙으로 하되, 사이시옷을 [ㄷ]으로 발음하는 것도 허용한다. ㉢
예 빨랫돌[빨래똘/빨랟똘], 깃발[기빨/긷빨]

2. 사이시옷 뒤에 'ㄴ, ㅁ'이 결합되는 경우에는 [ㄴ]으로 발음한다. ㉣
예 아랫니[아랜니], 툇마루[퇸:마루]

3. 사이시옷 뒤에 '이' 음이 결합되는 경우에는 [ㄴㄴ]으로 발음한다. ㉤
예 나뭇잎[나문닙], 깻잎[깬닙]

① ㉠ : '송곳니'와 '덧니'의 경우는 '막일'과 달리 'ㄴ' 음의 첨가가 표기에 반영된 예라고 볼 수 있겠군.
② ㉡ : '물약'은 합성의 과정에서 'ㄴ' 소리가 첨가된 뒤, 유음화되면서 [물략]으로 발음된 것이군.
③ ㉢ : '빨랫돌'과 '깃발'은 원칙적으로는 [빨랟똘], [긷빨]이 아닌 [빨래똘], [기빨]로 발음해야 하는 것이군.
④ ㉣ : 사이시옷이 [ㄴ]으로 발음되는 추가적인 예로 '콧날', '혼잣말'을 들 수 있겠군.
⑤ ㉤ : '나무 + 잎', '깨 + 잎'에 삽입된 사이시옷은 실제 발음되는 소리를 그대로 표기한 것이라 볼 수 있겠군.

55. 〈보기〉의 표준 발음법을 적용한 예로 적절하지 **않은** 것은?

─── 보기 ───

제9항 받침 'ㄲ, ㅋ', 'ㅅ, ㅆ, ㅈ, ㅊ, ㅌ', 'ㅍ'은 어말 또는 자음 앞에서 각각 대표음 [ㄱ, ㄷ, ㅂ]으로 발음한다.
제10항 겹받침 'ㄳ', 'ㄵ', 'ㄼ, ㄽ, ㄾ', 'ㅄ'은 어말 또는 자음 앞에서 각각 [ㄱ, ㄴ, ㄹ, ㅂ]으로 발음한다.
제11항 겹받침 'ㄺ, ㄻ, ㄿ'은 어말 또는 자음 앞에서 각각 [ㄱ, ㅁ, ㅂ]으로 발음한다.
다만, 용언의 어간 말음 'ㄺ'은 'ㄱ' 앞에서 [ㄹ]로 발음한다.
제23항 받침 'ㄱ(ㄲ, ㅋ, ㄳ, ㄺ), ㄷ(ㅅ, ㅆ, ㅈ, ㅊ, ㅌ), ㅂ(ㅍ, ㄼ, ㄿ, ㅄ)' 뒤에 연결되는 'ㄱ, ㄷ, ㅂ, ㅅ, ㅈ'은 된소리로 발음한다.

① '닭다'는 제9항과 제23항을 적용하여 [닥따]로 발음한다.
② '꽃길'은 제9항과 제23항을 적용하여 [꼳낄]로 발음한다.
③ '없다'는 제10항과 제23항을 적용하여 [업:따]로 발음한다.
④ '읊고'는 제11항과 제23항을 적용하여 [읍꼬]로 발음한다.
⑤ '흙과'는 제11항과 제23항을 적용하여 [흘꽈]로 발음한다.

56. 〈보기〉를 활용하여 음운 변동에 대해 탐구 활동을 한 것으로 적절한 것은?

─── 보기 ───

선생님 : 국어의 음운 변동은 교체, 탈락, 첨가, 축약으로 구분됩니다. 다음의 음운 현상을 중심으로 음운 변동에 대해 이해해 봅시다.

㉠ 합성어 및 파생어에서, 앞 단어나 접두사의 끝이 자음이고 뒤 단어나 접미사의 첫음절이 '이, 야, 여, 요, 유'인 경우에는, 'ㄴ' 음을 첨가하여 [니, 냐, 녀, 뇨, 뉴]로 발음한다.
㉡ 'ㅎ(ㄶ, ㅀ)' 뒤에 'ㄱ, ㄷ, ㅈ'이 결합되는 경우에는, 뒤 음절 첫 소리와 합쳐서 [ㅋ, ㅌ, ㅊ]으로 발음한다.
㉢ 겹받침 'ㄺ, ㄻ, ㄿ'은 어말 또는 자음 앞에서 각각 [ㄱ, ㅁ, ㅂ]으로 발음한다.

① '맨입[맨닙]'은 ㉠의 사례로 첨가에 해당한다.
② '침략[침:냑]'은 ㉠의 사례로 첨가에 해당한다.
③ '놓다[노타]'는 ㉡의 사례로 탈락에 해당한다.
④ '닭[닥]'은 ㉢의 사례로 교체에 해당한다.
⑤ '참삶[참삼]'은 ㉢의 사례로 축약에 해당한다.

57. 〈보기〉의 ㉠~㉤에 대한 학생의 답변으로 가장 적절한 것은?

─── 보기 ───

선생님 : 음운은 놓이는 환경에 따라 발음이 달라지는 경우가 있습니다. 예를 들어 음운 'ㅊ'의 경우, '차[차]'에서와 같이 모음 앞에서는 원래의 소릿값을 유지하지만 '꽃[꼳]'에서와 같이 받침 위치에 오거나 '꽃만[꼰만]'에서와 같이 어떤 음운과 연결되면 다른 음운으로 바뀌어 발음됩니다. 자, 그럼 주어진 예를 발음하며 여기에서 나타나는 구개음화, 음절의 끝소리 규칙, 된소리되기 등의 음운 규칙을 말해 볼까요?

예	발음	적용된 음운 규칙
밭+이	[바치]	㉠
밭+은	[바튼]	㉡
밭+도	[받또]	㉢
밭+만	[반만]	㉣
밭+에	[바테]	㉤

학생 : _____

① '밭+이'는 [바치]로 발음되는 것으로 보아 ㉠은 음절의 끝소리 규칙입니다.
② '밭+은'은 [바튼]으로 발음되는 것으로 보아 ㉡은 구개음화입니다.
③ '밭+도'는 [받또]로 발음되는 것으로 보아 ㉢은 음절의 끝소리 규칙과 된소리되기입니다.
④ '밭+만'은 [반만]으로 발음되는 것으로 보아 ㉣은 음절 끝소리 규칙과 된소리되기입니다.
⑤ '밭+에'는 [바테]로 발음되는 것으로 보아 ㉤은 구개음화입니다.

58. 〈보기 1〉을 참고하여, 〈보기 2〉를 탐구한 내용으로 적절하지 **않은** 것은?

─── 보기 1 ───

두 음운이 마주칠 때, 그중 한 음운이 완전히 사라지는 음운 변동을 '탈락'이라고 한다. '탈락'은 체언과 용언에서 자주 발생하는데, 체언에서는 단어의 합성과 파생 과정에서 나타나고, 용언에서는 용언의 활용 과정에서 나타난다. 또 음운 탈락이 나타나는 경우, 일부는 음운 탈락의 결과가 표기에도 적용되지만, 일부는 표기에 적용되지 않는다.

─── 보기 2 ───

ㄱ. 나는 선생님의 <u>따님</u>을 보았다.
ㄴ. 우리는 뒷산에 <u>소나무</u>를 심었다.
ㄷ. 달이 <u>둥그니</u> 내 마음도 푸근하다.
ㄹ. 오랜만에 본 그의 모습이 <u>좋아</u> 보였다.
ㅁ. 선생님께서는 전등을 <u>꺼</u> 놓으라고 말씀하셨다.

① ㄱ : '따님'은 체언의 파생 과정에서 음운 'ㄹ'이 탈락한 것이라고 볼 수 있군.
② ㄴ : '소나무'는 체언의 합성 과정에서 나타난 음운 탈락의 결과가 표기에 반영되었군.
③ ㄷ : '둥그니'는 용언의 활용 과정에서 어미의 음운 중 일부가 탈락하였군.
④ ㄹ : '좋아'는 용언의 활용 과정에서 음운 탈락이 나타나지만 그 결과가 표기에 반영되지는 않았군.
⑤ ㅁ : '꺼'는 용언의 활용 과정에서 어간의 음운 중 일부가 탈락하였군.

59. 〈보기〉를 바탕으로 탐구한 내용으로 적절하지 **않은** 것은?

───── 보기 ─────

표준 발음법

[제12항]

㉠ 'ㅎ(ㄶ, ㅀ)' 뒤에 'ㄱ, ㄷ, ㅈ'이 결합되는 경우에는, 뒤 음절 첫소
리와 합쳐서 [ㅋ, ㅌ, ㅊ]으로 발음한다.

㉡ 'ㅎ(ㄶ, ㅀ)' 뒤에 'ㅅ'이 결합되는 경우에는, 'ㅅ'을 [ㅆ]으로 발음
한다.

㉢ 'ㅎ' 뒤에 'ㄴ'이 결합되는 경우에는, [ㄴ]으로 발음한다.

[붙임] 'ㄶ, ㅀ' 뒤에 'ㄴ'이 결합되는 경우에는, 'ㅎ'을 발음하지 않는
다.

㉣ 'ㅎ(ㄶ, ㅀ)' 뒤에 모음으로 시작된 어미나 접미사가 결합되는 경우
에는, 'ㅎ'을 발음하지 않는다.

[제20항]

• 'ㄴ'은 'ㄹ'의 앞이나 뒤에서 [ㄹ]로 발음한다.

① '가방을 놓고'에서 '놓고'의 표준 발음은 [노코]이다.
② '음식이 많소.'에서 '많소'의 표준 발음은 [만:쏘]이다.
③ '끓는 물'에서 '끓는'의 표준 발음은 [끌른]이다.
④ '벽을 쌓네.'에서 '쌓네'의 표준 발음은 [싼네]이다.
⑤ '알을 낳은 닭'에서 '낳은'의 표준 발음은 [나은]이다.

61. 밑줄 친 단어 중, 〈보기〉에서 설명하고 있는 음운 변동이 일어나지 **않은** 것은?

───── 보기 ─────

받침 'ㄷ, ㅌ'이 조사나 접미사의 모음 'ㅣ'와 결합하는 경우 구개음
[ㅈ, ㅊ]으로 바꾸어 뒤 음절 첫소리로 옮겨 발음하거나, 받침 'ㄷ'
뒤에 접미사 '-히-'가 결합되어 '티'를 이루는 것은 [치]로 발음한다.
그 예로는 '굳이'가 [구지]로, '뻗히다'가 [뻐치다]로 발음되는 것을 들
수 있다.

① 문이 닫히다[다치다].
② 낱낱이[난:나치] 밝혀라.
③ 땀받이[땀바지]를 입었다.
④ 벼훑이[벼훌치]에 이삭을 넣다.
⑤ 겉치레[걷치레]만 번지르르하다.

60. 〈보기〉의 ㉮와 ㉯를 바탕으로 음운 변동을 이해한 내용으로 적절하지 **않은** 것은?

───── 보기 ─────

㉮ 음절의 끝소리 규칙은 음절의 끝, 즉 받침 위치에서 'ㄱ, ㄴ, ㄷ,
ㄹ, ㅁ, ㅂ, ㅇ'의 경우 제 음가대로 발음되지만 나머지 자음들은
'ㄱ, ㄷ, ㅂ' 중 하나로 교체되어 발음되는 현상을 말한다. 이는
한 음운을 다른 음운으로 바꾸어 발음하는 교체 현상에 해당한다.

㉯ 자음군 단순화는 음절 끝의 겹받침 가운데 하나가 탈락하고 하나
만 발음되는 현상을 말한다. 이는 원래 있던 음운이 없어지는 탈
락 현상에 해당한다.

① '밖[박]'에는 ㉮에 해당하는 음운 변동이 있다.
② '무릎이[무르피]'에는 ㉮에 해당하는 음운 변동이 있다.
③ '여덟[여덜]'에는 ㉯에 해당하는 음운 변동이 있다.
④ '젊다[점따]'에는 ㉯에 해당하는 음운 변동이 있다.
⑤ '읊다[읍따]'에는 ㉮와 ㉯에 모두 해당하는 음운 변동이 있다.

62. 〈보기〉의 ㉠~㉢에 대한 설명으로 적절하지 **않은** 것은?

───── 보기 ─────

㉠ 굳- + -이 → [구지]
㉡ 값 + 도 → [갑또]
㉢ 팥 + 밥 → [판빱]

① ㉠에는 '같- + -이 → [가치]'에서처럼 자음의 조음 위치가 바뀌는 음운
변동이 있다.
② ㉡에는 '앉- + -는 → [안는]'에서처럼 음절 끝에 둘 이상의 자음이 오지
못하기 때문에 일어난 음운 변동이 있다.
③ ㉢에는 '닭- + -지 → [닥찌]'에서처럼 음절 끝에서 발음되는 자음이 7개
로 제한되어 있기 때문에 일어난 음운 변동이 있다.
④ ㉠과 ㉡에는 '잃- + -지 → [일치]'에서처럼 자음이 축약되는 음운 변동이
있다.
⑤ ㉡과 ㉢에는 '덮- + -지 → [덥찌]'에서처럼 예사소리가 된소리로 바뀌는
음운 변동이 있다.

63. 〈보기〉는 'ㄱ, ㄴ, ㄷ, ㄹ, ㅁ, ㅂ, ㅇ' 이외의 받침을 가지고 있는 단어의 발음을 알아보기 위해 찾은 자료이다. ㉠과 ㉡에 들어갈 발음 원리로 적절한 것은?

─── 보기 ───

• 자료 수집
- 계절이 바뀌면 입을 옷이[오시] 없다.
- 오솔길이 숲까지[숩까지] 연결되어 있다.
- 팥알이[파다리] 은근하게 씹히는 팥죽이[팓쭈기] 맛있다.
- 밑알을[미다를] 넣어야 암탉의[암탈긔] 알을 내어 먹는다.

• 받침의 발음 원리

(1) 어말 또는 자음 앞 : 대표음 [ㄱ, ㄷ, ㅂ]으로 교체하여 발음한다.
(2) 모음으로 시작하는 실질 형태소 앞 : (㉠)
(3) 모음으로 시작하는 형식 형태소 앞 : (㉡)

	㉠	㉡
①	대표음 [ㄱ, ㄷ, ㅂ]으로 교체한 후 뒤 음절의 초성으로 옮겨 발음한다.	받침을 탈락시켜 발음한다.
②	대표음 [ㄱ, ㄷ, ㅂ]으로 교체한 후 뒤 음절의 초성으로 옮겨 발음한다.	받침을 뒤 음절 초성으로 옮겨 본래 받침의 발음대로 발음한다.
③	받침을 탈락시켜 발음한다.	받침을 뒤 음절 초성으로 옮겨 본래 받침의 발음대로 발음한다.
④	받침을 뒤 음절 초성으로 옮겨 본래 받침의 발음대로 발음한다.	대표음 [ㄱ, ㄷ, ㅂ]으로 교체한 후 뒤 음절의 초성으로 옮겨 발음한다.
⑤	받침을 뒤 음절 초성으로 옮겨 본래 받침의 발음대로 발음한다.	받침을 탈락시켜 발음한다.

64. 〈보기〉를 참고할 때, 밑줄 친 단어의 발음이 적절하지 **않은** 것은?

─── 보기 ───

경음화란 평음(예사소리)이 일정한 환경에서 경음(된소리)으로 바뀌는 음운 현상으로, 다양한 환경에서 일어난다.

(가) 'ㅂ, ㄷ, ㄱ' 뒤의 경음화
　예) 입고[입꼬], 믿지[믿찌], 국부터[국뿌터]
(나) 용언 어간 말음인 비음 뒤의 경음화
　예) 감다[감:따], 안더라[안:떠라]
(다) 관형사형 어미 뒤의 경음화
　예) 먹을 것[머글껏], 갈 데[갈떼]

① 낮과[낟꽈] 밤은 반의 관계이다.
② 이제 더 이상 나도 젊지[점:찌] 않다.
③ 눈이 아파서 책을 볼 수[볼쑤]가 없다.
④ 집수리를 하면서 부엌도[부억또] 고쳤다.
⑤ 너무 배가 고파서 접시를 핥아[할따] 먹었다.

65. 〈보기〉를 참조하여 제시된 단어에 일어나는 음운 현상이 동화인지 여부를 판단한 내용으로 적절하지 **않은** 것은?

─── 보기 ───

특정 음운이 인접한 다른 음운의 영향을 받아 그것과 같은 음운으로 바뀌거나, 조음 방식이 같아지는 현상을 가리켜 동화라고 한다.

① '설+날[설:랄]'은 'ㄴ'이 'ㄹ'의 영향을 받아 'ㄹ'과 동일한 음운인 'ㄹ'로 변하기 때문에 동화입니다.
② '겹+말[겸말]'은 'ㅂ'이 'ㅁ'의 영향을 받아 'ㅁ'과 동일한 음운인 'ㅁ'으로 변하기 때문에 동화입니다.
③ '묻+는[문는]'은 'ㄷ'이 'ㄴ'의 영향을 받아 'ㄴ'과 동일한 음운인 'ㄴ'으로 변하기 때문에 동화입니다.
④ '쪽+문[쫑문]'은 'ㄱ'이 'ㅁ'의 영향을 받아 'ㅁ'과 조음 방식이 같은 'ㅇ'으로 변하기 때문에 동화입니다.
⑤ '맏+형[마텽]'은 'ㄷ'이 'ㅎ'의 영향을 받아 'ㅎ'과 조음 방식이 같은 'ㅌ'으로 변하기 때문에 동화입니다.

문법N제

66. 〈보기〉의 ㄱ~ㅁ에 나타나는 음운 변동에 대한 내용으로 적절한 것은?

보기

ㄱ. 천리마[철리마]
ㄴ. 않고[안코]
ㄷ. 갑옷[가볻]
ㄹ. 낳아서[나아서]
ㅁ. 솜이불[솜:니불]

① ㄱ, ㄴ에는 한 음운이 다른 음운으로 바뀌는 교체가 나타난다.
② ㄱ, ㄷ에는 한 음운이 다른 음운으로 바뀌는 교체가 나타난다.
③ ㄴ, ㄹ에는 두 음운이 만나 한 음운으로 합쳐지는 축약이 나타난다.
④ ㄷ, ㅁ에는 한 음운이 다른 음운으로 바뀌는 교체가 나타난다.
⑤ ㄹ, ㅁ에는 두 음운이 만나 한 음운으로 합쳐지는 축약이 나타난다.

67. 〈보기〉의 ㉠과 ㉡에 들어갈 말로 적절한 것은?

보기

학생 1 : '밥물'의 'ㅂ'이 'ㅁ' 앞에서 [ㅁ]으로 발음되어 [밤물]이 되는 것을 비음화라고 설명하는데, 'ㅂ'이 [ㄴ]으로 발음되는 경우는 없을까? 'ㄴ'도 비음이잖아.
학생 2 : '굳는다'의 'ㄷ'은 [ㄴ]이 되고 '녹는다'의 'ㄱ'은 [ㅇ]이 되는 것을 생각해 봐. 아래의 자음 체계표를 보면 비음화가 어떻게 나타날지를 예측할 수 있어.

조음 방식＼조음 위치	양순음	치조음	연구개음
파열음	ㅂ	ㄷ	ㄱ
비음	ㅁ	ㄴ	ㅇ

학생 1 : 아, 알겠다. 그러니까 파열음이 비음의 영향을 받을 때, 원래의 (㉠)은/는 그대로 유지하면서 (㉡)만 바뀌기 때문이구나.

	㉠	㉡
①	파열음	비음
②	양순음	비음
③	조음 위치	조음 방식
④	조음 방식	조음 위치
⑤	조음 방식	연구개음

68. 〈보기〉를 바탕으로 밑줄 친 단어의 음운 변동을 분석한 내용으로 적절한 것은?

보기

한 음운이 인접한 다른 음을 닮아 비슷하거나 같은 소리로 바뀌는 현상을 동화라고 한다. 동화는 그것이 일어나는 방향에 따라 두 가지로 분류된다.

ㄱ. 뒤의 음이 앞의 음의 영향을 받아 변화하는 순행 동화
    예 칼날 → [칼랄](ㄹ + ㄴ → ㄹ + ㄹ)
ㄴ. 앞의 음이 뒤의 음의 영향을 받아 변화하는 역행 동화
    예 국물 → [궁물](ㄱ + ㅁ → ㅇ + ㅁ)

① '밥만[밤만] 잘 먹어.'의 '밥만'에서는 순행 동화가 일어난다.
② '문 닫는[단는] 중이다.'의 '닫는'에서는 순행 동화가 일어난다.
③ '추우니 실내[실래]에 있자.'의 '실내'에서는 역행 동화가 일어난다.
④ '강릉[강능]에 갔어.'에서의 '강릉'에서는 역행 동화가 일어난다.
⑤ '생활에 곤란[골:란]을 겪었다.'에서의 '곤란'에서는 역행 동화가 일어난다.

69. 〈보기〉에서 선생님이 설명하는 음운 현상이 일어난 사례로 적절하지 **않은** 것은?

— 보기 —

선생님 : 사람에 따라서 '지팡이'를 [지팽이]로 발음하기도 합니다. 왜 그럴까요? 아래의 단모음 분류표를 참고하면 알 수 있습니다. 즉, 뒤 음절의 모음 'ㅣ'의 영향을 받아 앞 음절의 후설 모음 'ㅏ'를 전설 모음인 'ㅐ'로 바꾸어 발음하는 것인데요. 이런 현상이 일어나는 것은 후설 모음 'ㅏ'와 전설 모음 'ㅣ'를 이어서 발음하는 것보다 전설 모음 'ㅐ'와 전설 모음 'ㅣ'를 이어서 발음하는 것이 좀 더 편하기 때문입니다. 이러한 현상을 'ㅣ' 모음 역행 동화라고 하는데, 이는 표준 발음이 아니기 때문에 주의해야 합니다.

혀의 최고점 위치 입술의 모양 혀의 높낮이 (입을 벌리는 정도)	전설 모음		후설 모음	
	평순 모음	원순 모음	평순 모음	원순 모음
고모음(폐모음)	ㅣ	ㅟ	ㅡ	ㅜ
중모음(반개모음)	ㅔ	ㅚ	ㅓ	ㅗ
저모음(개모음)	ㅐ		ㅏ	

① '아기'를 [애기]로 발음하는 현상
② '어미'를 [에미]로 발음하는 현상
③ '보이다'를 [뵈다]로 발음하는 현상
④ '뜯기다'를 [띧끼다]로 발음하는 현상
⑤ '죽이다'를 [쥐기다]로 발음하는 현상

70. 〈보기〉의 예로 적절하지 **않은** 것은?

— 보기 —

앞뒤 형태소의 두 음운이 마주칠 때, 그중의 한 음운이 완전히 탈락하기도 한다. 예를 들어, 어간 '가'와 어미 '-아서'가 결합하면 어간의 'ㅏ'가 탈락하여 [가서]로 발음되는데 이는 'ㅏ, ㅓ'로 끝나는 어간이 'ㅏ, ㅓ'로 시작하는 어미와 만나면 중복되는 어간의 음운이 탈락하기 때문이다.

① '차- + -아서'가 [차서]로 발음되는 현상
② '보- + -아라'가 [봐:라]로 발음되는 현상
③ '건너- + -어'가 [건:너]로 발음되는 현상
④ '서- + -었- + -고'가 [선꼬]로 발음되는 현상
⑤ '만나- + -았- + -다'가 [만낟따]로 발음되는 현상

71. 〈보기〉를 참고하여 단어의 음운 변동을 분석한 것으로 적절한 것은?

— 보기 —

	변동 이전		변동 이후	음운 변동 유형
ⓐ	XaY	→	XbY	교체
ⓑ	XY	→	XaY	첨가
ⓒ	XabY	→	XcY	축약
ⓓ	XaY	→	XY	탈락

① '몫이[목씨]'는 ⓐ, ⓑ의 음운 변동이 일어난다.
② '늙지[늑찌]'는 ⓐ, ⓓ의 음운 변동이 일어난다.
③ '뜻깊다[뜯낍따]'는 ⓐ, ⓒ의 음운 변동이 일어난다.
④ '젖히다[저치다]'는 ⓐ, ⓒ의 음운 변동이 일어난다.
⑤ '놓이다[노이다]'는 ⓑ, ⓓ의 음운 변동이 일어난다.

72. 〈보기〉의 ㉠~㉤에서 발생하는 음운 현상에 대해 설명한 내용으로 적절하지 **않은** 것은?

— 보기 —

㉠ 있고[읻꼬], 낮도[낟또]
㉡ 묶는[뭉는], 바깥문[바깐문]
㉢ 맑다[막따], 밟지[밥:찌]
㉣ 끊기다[끈키다], 옳지[올치]
㉤ 닫히다[다치다], 굳히다[구치다]

① ㉠과 ㉡에서는 모두 음절 끝에서 발음되는 자음이 일곱 개로 제한되는 현상이 일어난다.
② ㉠과 ㉤에서는 모두 앞 음절의 종성에 따라 뒤 음절의 초성이 된소리가 되는 현상이 일어난다.
③ ㉡과 ㉤에서는 모두 한 음운이 다른 음운으로 교체되는 현상이 일어난다.
④ ㉢과 ㉣에서는 모두 받침 자음 중의 일부가 탈락하는 현상이 일어난다.
⑤ ㉣과 ㉤에서는 모두 앞 음절의 종성과 뒤 음절의 초성이 축약되는 현상이 일어난다.

73. 〈보기〉의 ㉠~㉤의 밑줄 친 말과 동일한 음운 현상이 일어나는 말로 가장 적절한 것은?

―― 보기 ――

㉠ 봄볕이 앞마당[암마당]으로 들다.
㉡ 천리[철리]를 거역해서는 안 된다.
㉢ 네 말을 곧이듣은[고지드른] 내가 잘못이지.
㉣ 삼촌은 그 많던[만ː턴] 돈을 모두 써 버렸다.
㉤ 누나는 목소리에 감정을 넣어[너어] 책을 읽었다.

① ㉠ : 눈요기, 섞는다
② ㉡ : 광한루, 밟는다
③ ㉢ : 붙이다, 굳히다
④ ㉣ : 옳고, 좋은
⑤ ㉤ : 끓이다, 잡히다

74. 밑줄 친 말 중, 〈보기〉의 ㉠, ㉡이 모두 나타나는 말이 **아닌** 것은?

―― 보기 ――

'의자에 앉고 싶다.'의 '앉고'는 음절의 끝소리 규칙이 일어나 [안고]가 되고 ㉠ 된소리되기가 일어나 [안꼬]가 되고 ㉡ 자음군 단순화가 일어나 [안꼬]가 된다.

① 영호는 닭장[닥짱] 안을 청소했다.
② 농부는 흙과[흑꽈] 비료를 섞었다.
③ 강아지가 바닥을 핥게[할께] 두었다.
④ 그가 하는 일은 옳지[올치] 않은 일이다.
⑤ 이 신발은 품질도 좋고 값도[갑또] 싸다.

75. 〈보기〉를 참고하여 음운 변동을 설명한 내용으로 적절한 것은?

―― 보기 ――

• 음절의 끝소리 규칙 : 음절 끝에 'ㄱ, ㄴ, ㄷ, ㄹ, ㅁ, ㅂ, ㅇ' 이외의 자음이 오면 이 일곱 자음 중의 하나로 바뀌어 발음되는 현상
• 비음화 : 'ㄱ, ㄷ, ㅂ'이 비음 'ㄴ, ㅁ'의 영향을 받아 비음 'ㅇ, ㄴ, ㅁ'으로 바뀌는 현상, 'ㅁ, ㅇ' 뒤의 'ㄹ'이 'ㄴ'으로 바뀌는 현상
• 유음화 : 'ㄴ'이 앞이나 뒤에 오는 유음 'ㄹ'의 영향으로 'ㄹ'로 바뀌는 현상
• 'ㄴ' 첨가 : 선행 요소가 자음으로 끝나고 후행 요소가 모음 'ㅣ'나 반모음 'ㅣ'로 시작할 때 'ㄴ'이 덧붙는 현상

① '천리마[철리마]'에서는 비음화와 유음화가 나타난다.
② '청량리[청냥니]'에서는 유음화와 'ㄴ' 첨가가 나타난다.
③ '영업용[영엄뇽]'에서는 'ㄴ' 첨가와 비음화가 나타난다.
④ '맨입[맨닙]'에서는 음절의 끝소리 규칙과 비음화가 나타난다.
⑤ '앞마당[암마당]'에서는 음절의 끝소리 규칙과 유음화가 나타난다.

76. 〈보기〉는 'ㅎ'의 발음을 규정한 표준 발음법의 조항을 정리한 것이다. ㉠~㉤을 적용하여 이해한 것으로 적절하지 **않은** 것은?

―― 보기 ――

㉠ 'ㅎ(ㄶ, ㅀ)' 뒤에 'ㄱ, ㄷ, ㅈ'이 결합되는 경우에는, 뒤 음절 첫소리와 합쳐서 [ㅋ, ㅌ, ㅊ]으로 발음한다.
㉡ 받침 'ㄱ(ㄺ), ㄷ, ㅂ(ㄼ), ㅈ(ㄵ)'이 뒤 음절 첫소리 'ㅎ'과 결합되는 경우에도, 역시 두 음을 합쳐서 [ㅋ, ㅌ, ㅍ, ㅊ]으로 발음한다.
㉢ 'ㅎ(ㄶ, ㅀ)' 뒤에 'ㅅ'이 결합되는 경우에는, 'ㅅ'을 [ㅆ]으로 발음한다.
㉣ 'ㅎ' 뒤에 'ㄴ'이 결합되는 경우에는, 'ㅎ'을 [ㄴ]으로 발음한다.
㉤ 'ㅎ(ㄶ, ㅀ)' 뒤에 모음으로 시작된 어미나 접미사가 결합되는 경우에는, 'ㅎ'을 발음하지 않는다.

① '한국에서는 아이를 낳고 미역국을 먹는다.'의 '낳고'의 발음은 ㉠을 적용하여 [나ː코]가 된다.
② '촛불을 밝혀 놓다.'의 '밝혀'의 발음은 ㉡을 적용하여 [발켜]가 된다.
③ '나는 어둠이 싫소.'의 '싫소'의 발음은 ㉢을 적용하여 [실쏘]가 된다.
④ '집에서 아이를 낳는 사람이 늘고 있다.'의 '낳는'의 발음은 ㉣을 적용하여 [난ː는]이 된다.
⑤ '간밤에 눈이 많이 쌓였다.'의 '쌓였다'의 발음은 ㉤을 적용하여 [싸엳따]가 된다.

77. 로마자 표기법의 주요 내용을 정리한 〈보기〉를 참조할 때, 표기가 적절하지 **않은** 것은?

―― 보기 ――

• 'ㄱ, ㄷ, ㅂ'은 모음 앞에서는 'g, d, b'로, 자음 앞이나 어말에서는 'k, t, p'로 적는다.
• 'ㄹ'은 모음 앞에서는 'r'로, 자음 앞이나 어말에서는 'l'로 적는다. 단, 'ㄹㄹ'은 'll'로 적는다.
• 자음 동화나 구개음화가 일어날 경우에는 로마자 표기에 반영한다. 단, 된소리되기는 표기에 반영하지 않는다.
• 'ㄱ, ㄷ, ㅂ, ㅈ'이 'ㅎ'과 합하여 거센소리로 소리 나는 경우에는 로마자 표기에 반영한다. 다만, 체언에서 'ㄱ, ㄷ, ㅂ' 뒤에 'ㅎ'이 따를 때에는 'ㅎ'을 밝혀 적는다.

① [가곡]으로 발음되는 '가곡'은 'gagok'으로 적는다.
② [울싼]으로 발음되는 '울산'은 'Ulssan'으로 적는다.
③ [무코]로 발음되는 '묵호'는 'Mukho'로 적는다.
④ [가치]로 발음되는 '같이'는 'gachi'로 적는다.
⑤ [날ː로]로 발음되는 '난로'는 'nallo'로 적는다.

78. 〈보기〉는 국어의 로마자 표기법 일부이다. ⓐ~ⓓ 중 〈보기〉를 바르게 이해한 내용끼리 묶은 것은?

─── 보기 ───

제1장 표기의 기본 원칙
제1항 국어의 로마자 표기는 국어의 표준 발음법에 따라 적는 것을 원칙으로 한다.
제2항 로마자 이외의 부호는 되도록 사용하지 않는다.

제2장 표기 일람					
제1항 모음은 다음 각호와 같이 적는다.					
단모음	ㅏ (a)	ㅓ (eo)	ㅗ (o)	ㅜ (u)	ㅡ (eu)	ㅣ (i)
	ㅐ (ae)	ㅔ (e)	ㅚ (oe)	ㅟ (wi)		
이중 모음	ㅑ (ya)	ㅕ (yeo)	ㅛ (yo)	ㅠ (yu)	ㅒ (yae)	ㅖ (ye)
	ㅘ (wa)	ㅙ (wae)	ㅝ (wo)	ㅞ (we)	ㅢ (ui)	

ⓐ '과, 왜, 궈, 궤'의 표기는 각각 'ㅏ, ㅐ, ㅓ, ㅔ'를 표기하는 글자 앞에 'w'를 붙인 것이구나.

ⓑ 'ㅑ, ㅕ, ㅛ, ㅠ'의 표기는 각각 'ㅏ, ㅓ, ㅗ, ㅜ'의 표기에 특정 글자를 더한 것이구나.

ⓒ 사람 이름 '예슬'을 적을 때, '예'는 'yae'로, '슬'의 'ㅡ'는 'eu'로 적으면 되겠구나.

ⓓ 우리말을 모르는 외국인은 '갈비구이'의 로마자 표기인 'galbigui'를 보고 [갈비괴]로 잘못 읽을 수 있겠구나.

① ⓐ, ⓑ ② ⓐ, ⓒ ③ ⓑ, ⓒ
④ ⓑ, ⓓ ⑤ ⓒ, ⓓ

79. 〈보기〉의 ㉠, ㉡에서 설명하는 음운 변동의 예가 올바르게 짝지어진 것은?

─── 보기 ───

국어의 된소리되기에는 여러 가지 종류가 있다. 그중 규칙적인 것으로는 두 가지가 있다. 하나는 ㉠'ㄱ, ㄷ, ㅂ'과 같은 자음 뒤에서 일어나는 된소리되기이다. '속지[속찌]', '뻗대다[뻗때다]', '밥도[밥또]'에서 보이는 된소리되기가 그 예이다. 이러한 된소리되기는 예외가 없으며, 조건이 충족되면 자동적으로 일어난다.

다른 하나는 ㉡'ㄴ, ㅁ'으로 끝나는 용언 어간 뒤에서 일어나는 된소리되기이다. '안고[안꼬]', '삼지[삼찌]'에서 보이는 된소리되기가 그 예이다. 이 된소리되기는 앞의 된소리되기와는 달리 조건이 까다롭다. '용언'이라는 문법적 정보가 필요할 뿐만 아니라 그 뒤에 오는 형태소도 형식 형태소 중 어미에만 국한된다. '안기다'와 같이 용언 어간 '안-' 뒤에 접미사 '-기-'가 올 때 된소리되기가 일어나지 않는 것은 이 때문이다.

	㉠	㉡
①	법치[법치]	신지[신찌]
②	국사[국싸]	담자[담짜]
③	입고[입꼬]	안방[안빵]
④	맏형[마텽]	잠자리[잠짜리]
⑤	국화[구콰]	숨고[숨꼬]

80. 〈보기〉의 ㉠, ㉡에 대한 설명으로 적절하지 <u>않은</u> 것은?

─── 보기 ───

㉠ 솟고[솓꼬], 엎지[업찌], 뱉다[밷따]
㉡ 훑는[훌른], 없네[엄네], 흙과[흑꽈]

① ㉠에는 교체가 두 번 일어났다.
② ㉡에는 교체와 탈락이 일어났다.
③ ㉠과 동일한 변동이 일어난 예로 '빗고[빋꼬]'를 들 수 있다.
④ ㉡과 동일한 변동이 일어난 예로 '꺾네[껑네]'를 들 수 있다.
⑤ ㉠, ㉡은 모두 종성에서 발음될 수 있는 자음을 제한하는 음운 변동이 적용되었다.

81. 〈보기 1〉을 참고하여 〈보기 2〉의 ㉠에 대해 탐구한 결과로 적절한 것은?

— 보기 1 —

국어의 단모음 체계

혀의 최고점 위치 입술의 모양 혀의 높낮이 (입을 벌리는 정도)	전설 모음		후설 모음	
	평순 모음	원순 모음	평순 모음	원순 모음
고모음(폐모음)	ㅣ	ㅟ	ㅡ	ㅜ
중모음(반개모음)	ㅔ	ㅚ	ㅓ	ㅗ
저모음(개모음)	ㅐ		ㅏ	

— 보기 2 —

표준어 규정

제9항 ㉠ 'ㅣ' 모음 역행 동화 현상에 의한 발음은 원칙적으로 표준 발음으로 인정하지 아니하되, 다만 다음 단어들은 그러한 동화가 적용된 형태를 표준어로 삼는다. (ㄱ을 표준어로 삼고, ㄴ을 버림)

ㄱ	ㄴ	ㄷ
-내기	-나기	서울-, 시골-, 신출-, 풋-
냄비	남비	
동댕이-치다	동당이-치다	

① 저모음이 고모음으로 바뀌는 음운 변동이다.
② 고모음이 저모음으로 바뀌는 음운 변동이다.
③ 원순 모음이 평순 모음으로 바뀌는 음운 변동이다.
④ 전설 모음이 후설 모음으로 바뀌는 음운 변동이다.
⑤ 후설 모음이 전설 모음으로 바뀌는 음운 변동이다.

82. 〈보기〉를 읽고 탐구한 결과로 적절하지 **않은** 것은?

— 보기 —

음운 변동이 일어나면 음운의 수에 변화가 생기기도 한다. 이것은 음운 변동의 유형이 무엇이냐에 따라 결정된다. 탈락이나 축약이 일어나면 음운의 수가 줄어들고, 첨가가 일어나면 음운의 수가 늘어난다. 반면 교체는 음운의 수에 변화가 생기지 않는다.

① '앞일'을 [암닐]로 발음할 때는 교체와 첨가가 일어나므로 음운의 수가 늘어나는군.
② '넓고'를 [널꼬]로 발음할 때는 교체와 탈락이 일어나므로 음운의 수가 줄어드는군.
③ '끓고'를 [끌코]로 발음할 때는 축약만 일어나므로 음운의 수가 줄어드는군.
④ '숱한'을 [수탄]으로 발음할 때는 축약만 일어나므로 음운의 수가 줄어드는군.
⑤ '숲만'을 [숨만]으로 발음할 때는 교체만 일어나므로 음운의 수에 변화가 없군.

83. 〈보기〉의 ㉠, ㉡에 해당하는 예들이 올바르게 짝지어진 것은?

— 보기 —

음운 변동이 일어날 때 음운 변동이 한 번만 일어나는 경우도 있지만 음운 변동이 두 번 이상 일어나는 경우도 있다. 음운 변동이 두 번 이상 일어날 때 그 유형이 ㉠ 동일한 경우도 있고 ㉡ 동일하지 않은 경우도 있다. 가령, '같다[갇따]'의 경우에는 교체라는 동일한 유형에 속하는 두 번의 음운 변동이 일어난다. 반면, '서울역[서울력]'의 경우에는 교체와 첨가라는 서로 다른 유형에 속하는 두 번의 음운 변동이 일어난다.

	㉠	㉡
①	맑는[망는]	흙과[흑꽈]
②	닭고[닥꼬]	읊다[읍따]
③	웃하고[오타고]	훑자[훌짜]
④	빗고[빋꼬]	핥이다[할치다]
⑤	밑이[미치]	꽃잎[꼰닙]

84. 〈보기 1〉을 참고하여 〈보기 2〉의 ㉠~㉢을 이해한 내용으로 적절하지 **않은** 것은?

───── 보기 1 ─────

음운 변동 중에는 한 음운이 인접한 음운의 특성을 닮아 가는 동화 현상이 있다. 가령 '국민[궁민]'과 같은 단어에서 '국'의 종성 'ㄱ'이 'ㅇ'으로 바뀐 것은 그 뒤에 오는 'ㅁ'의 조음 방식에 동화된 결과이다. 이러한 동화 현상에서는 동화음과 피동화음으로 구분할 수 있는데, 동화음은 다른 소리에 영향을 미쳐 동화를 일으키는 음이고, 피동화음은 동화음의 영향을 받아 동화를 당하는 음이다. 즉 동화음은 바뀌지 않으며, 피동화음이 동화음을 닮아서 바뀌게 된다. 동화 현상은 동화음과 피동화음의 종류, 순서, 거리 등에 따라 여러 가지로 분류할 수 있다.

───── 보기 2 ─────

〈동화의 예시〉
㉠ 설날[설랄], 월남[월람]
㉡ 권력[궐력], 천리[철리]
㉢ 굳이[구지], 같이[가치]

① ㉠과 ㉡은 동화음과 피동화음의 순서가 서로 반대이다.
② ㉠의 동화음, 피동화음과 ㉡의 동화음, 피동화음은 종류가 동일하다.
③ ㉡과 ㉢은 동화음과 피동화음의 순서가 동일하다.
④ ㉠과 ㉢은 피동화음이 동화음과 동일하게 바뀐다.
⑤ ㉠, ㉡, ㉢은 동화음과 피동화음이 인접하고 있다.

85. 〈보기〉의 ⓐ~ⓔ에 들어갈 내용으로 적절하지 **않은** 것은?

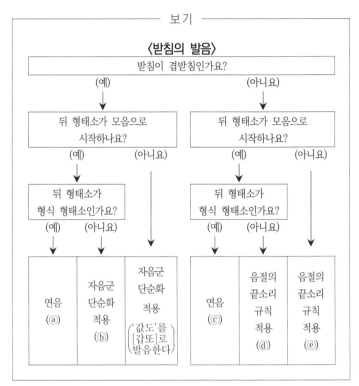

① ⓐ : '여덟이'를 [여덜비]로 발음한다.
② ⓑ : '흙얼개'를 [흐걸개]로 발음한다.
③ ⓒ : '밭은'을 [바튼]으로 발음한다.
④ ⓓ : '맛있다'를 [마싣따]로 발음한다.
⑤ ⓔ : '숲과'를 [숩꽈]로 발음한다.

86. 〈보기〉를 참고할 때, 적용된 음운 변동에 대한 설명으로 적절하지 **않은** 것은?

—— 보기 ——

- **유음화** : 'ㄴ'이 'ㄹ'의 앞 또는 뒤에서 유음인 'ㄹ'로 바뀌는 현상.
- **비음화** : 'ㄱ, ㄷ, ㅂ'이 비음 'ㄴ, ㅁ' 앞에서 각각 비음인 'ㅇ, ㄴ, ㅁ'으로 바뀌는 현상.
- **거센소리되기** : 'ㄱ, ㄷ, ㅂ, ㅈ'이 인접한 'ㅎ'과 결합하여 'ㅋ, ㅌ, ㅍ, ㅊ'으로 바뀌는 현상.
- **음절의 끝소리 규칙** : 음절 끝에 'ㄱ, ㄴ, ㄷ, ㄹ, ㅁ, ㅂ, ㅇ' 이외의 자음이 오면 이 일곱 자음 중의 하나로 바뀌어 발음되는 현상.
- **자음군 단순화** : 겹받침이 발음될 때, 두 자음 중 하나가 탈락하여 홑자음으로 소리 나는 현상.
- **구개음화** : 'ㄷ, ㅌ'이 'ㅣ'로 시작하는 형식 형태소와 만날 때 'ㅈ, ㅊ'으로 바뀌는 현상.

① '할는지[할른지]'는 유음화가 한 번 적용되었다.
② '걷히다[거치다]'는 거센소리되기와 구개음화가 각각 한 번씩 적용되었다.
③ '읽는[잉는]'은 음절의 끝소리 규칙과 비음화가 각각 한 번씩 적용되었다.
④ '밥맛만[밤만만]'은 음절의 끝소리 규칙이 한 번, 비음화가 두 번 적용되었다.
⑤ '붓하고[부타고]'는 음절의 끝소리 규칙과 거센소리되기가 각각 한 번씩 적용되었다.

87. 국어의 단모음을 분류한 다음 표를 바탕으로 모음 변동을 이해한 내용으로 적절하지 **않은** 것은?

혀의 최고점 위치 / 혀의 높낮이 (입을 벌리는 정도)	전설 모음		후설 모음	
입술의 모양	평순 모음	원순 모음	평순 모음	원순 모음
고모음(폐모음)	ㅣ	ㅟ	ㅡ	ㅜ
중모음(반개모음)	ㅔ	ㅚ	ㅓ	ㅗ
저모음(개모음)	ㅐ		ㅏ	

① '믈〉물'에서의 모음 변동은 입술 모양만 달라지는 변동이군.
② '보션〉버선'에서의 모음 변동은 입술 모양만 달라지는 변동이군.
③ '츩〉칡'에서의 모음 변동은 혀의 최고점 위치만 달라지는 변동이군.
④ '남비〉냄비'에서의 모음 변동은 혀의 최고점 위치만 달라지는 변동이군.
⑤ '호도〉호두'에서의 모음 변동은 혀의 최고점 위치만 달라지는 변동이군.

88. 〈보기 1〉을 참고하여 〈보기 2〉의 ㉠~㉤을 탐구한 내용으로 적절하지 **않은** 것은?

—— 보기 1 ——

음운 변동은 일반적으로 교체, 탈락, 축약, 첨가로 나누어진다. 교체는 한 음운이 다른 음운으로 바뀌는 현상이므로 변동 전후 음운의 수에 차이가 없다. 이에 반해 탈락, 축약, 첨가는 변동 전후 음운의 수가 다르다. 한 음운이 없어지는 탈락과 두 음운이 하나의 음운으로 합쳐져 제3의 음운으로 바뀌는 축약의 경우에는 음운의 수가 하나 줄어들고, 음운이 새로 생기는 첨가의 경우에는 음운의 수가 하나 늘어난다.

—— 보기 2 ——

㉠ 낯설다 → [낟썰대]
㉡ 물엿 → [물렫]
㉢ 꽃 한 송이 → [꼬탄송이]
㉣ 긁는 → [긍는]
㉤ 색연필 → [생년필]

① ㉠ : 'ㅊ'이 'ㄷ'으로 바뀌는 교체에 의해서는 음운의 수에 변화가 없지만, 'ㅅ'이 'ㅆ'으로 바뀌는 첨가에 의해서는 음운의 수가 늘었군.
② ㉡ : 'ㄴ'의 첨가에 의해서는 음운의 수가 늘었지만, 'ㄴ'이 'ㄹ'로 바뀌는 교체에 의해서는 음운의 수에 변화가 없군.
③ ㉢ : 'ㅊ'이 'ㄷ'으로 바뀌는 교체에 의해서는 음운의 수에 변화가 없지만, 'ㄷ'과 'ㅎ'이 합쳐져서 'ㅌ'으로 바뀌는 축약에 의해서는 음운의 수가 줄었군.
④ ㉣ : 'ㄹ'의 탈락에 의해서는 음운의 수가 줄었지만, 'ㄱ'이 'ㅇ'으로 바뀌는 교체에 의해서는 음운의 수에 변화가 없군.
⑤ ㉤ : 'ㄴ'의 첨가에 의해서는 음운의 수가 늘었지만, 'ㄱ'이 'ㅇ'으로 바뀌는 교체에 의해서는 음운의 수에 변화가 없군.

89. 〈보기〉를 참고하여 탐구한 내용으로 적절하지 **않은** 것은?

─── 보기 ───

　동화는 한 음운이 인접한 다른 음운의 성질을 닮아 가는 음운 현상을 가리킨다. 자음 동화에는 파열음인 'ㄱ, ㄷ, ㅂ'이 비음 'ㄴ, ㅁ' 앞에서 비음인 'ㅇ, ㄴ, ㅁ'으로 바뀌는 비음화와 'ㄴ'이 앞이나 뒤에 오는 유음 'ㄹ'의 영향으로 'ㄹ'로 바뀌는 유음화가 있다. 비음화와 유음화는 조음 위치가 같고 조음 방법만 바뀌는 '조음 방법 동화'에 해당한다. 한편 유음화는 'ㄹ'이 뒤에 오는 'ㄴ'에 영향을 주는 '순행적 유음화'와 'ㄹ'이 앞에 오는 'ㄴ'에 영향을 주는 '역행적 유음화'로 나뉜다.

① '곡물[공물]'은 'ㄱ'이 'ㅁ' 앞에서 'ㅇ'으로 바뀌는 비음화에 해당하는군.

② '설날[설랄]'은 'ㄴ'이 'ㄹ' 뒤에서 유음으로 바뀌는 순행적 유음화에 해당하는군.

③ '꽃망울[꼰망울]'과 '대관령[대괄령]'은 모두 뒤에 오는 소리의 영향으로 동화가 이루어졌군.

④ '맏며느리[만며느리]'의 'ㄷ'은 'ㅁ' 앞에서 파열음에서 비음으로 조음 방법이 달라지는군.

⑤ '권력[궐력]'과 달리 '국난[궁난]'은 조음 위치가 같고 조음 방법만 바뀐 경우에 해당하는군.

90. 〈보기〉의 음운 변동을 분석한 것으로 적절하지 **않은** 것은?

─── 보기 ───

㉠ 닭발 → [닥빨]　　㉡ 막일 → [망닐]
㉢ 숱한 → [수탄]　　㉣ 핥네 → [할레]

① ㉠에서는 ㉡과 달리 음운 변동 이후 음운의 수가 하나 줄어든다.

② ㉡과 ㉣에서는 자음의 조음 위치가 달라지는 음운 현상이 일어난다.

③ ㉡에서는 첨가 현상이 일어나는 반면, ㉢에서는 축약 현상이 일어난다.

④ ㉠~㉣에서는 모두 2회 이상의 음운 변동이 일어난다.

⑤ ㉠~㉣에서는 모두 자음이 교체되는 현상이 일어난다.

91. 〈보기〉의 음운 변동을 분석한 것으로 적절한 것은?

─── 보기 ───

㉠ 밤윷 → [밤:뉻]
㉡ 키읔만 → [키응만]
㉢ 콩엿 → [콩녇]

① ㉠~㉢은 모두 3회 이상의 음운 변동이 일어났다.

② ㉠과 ㉡에 공통적으로 일어난 음운 변동은 첨가이다.

③ ㉠과 ㉢에 일어난 음운 변동의 횟수는 같다.

④ 음운 변동의 결과 음운의 수가 줄어든 것은 ㉠이다.

⑤ ㉢에서 첨가된 음운은 ㉠에서 첨가된 음운과 다르다.

92. 〈보기 1〉을 바탕으로 〈보기 2〉의 ㉠~㉢을 분석한 것으로 적절하지 **않은** 것은?

─── 보기 1 ───

● 음운 변동 : 어떤 음운이 특정한 환경에서 변하는 현상

유형	개념
교체	한 음운이 다른 음운으로 바뀌는 현상
탈락	원래 있던 음운이 없어지는 현상
첨가	없던 음운이 새로 생기는 현상
축약	두 음운이 하나의 음운으로 줄어드는 현상

─── 보기 2 ───

㉠ 얇고[얄꼬]
㉡ 끝없이[끄덥씨]
㉢ 넓죽하다[넙쭈카다]

① ㉠과 ㉡에 일어난 음운 변동의 횟수는 같다.

② 음운 변동의 결과 음운의 수에 변화가 없는 것은 ㉡이다.

③ ㉠~㉢은 각각 2회 이상의 음운 변동이 일어났다.

④ ㉠~㉢에 공통적으로 일어난 음운 변동의 유형은 교체이다.

⑤ ㉠~㉢에 공통적으로 일어난 음운 변동 현상은 자음군 단순화이다.

93. 〈보기 1〉을 참고하여 〈보기 2〉의 ⓐ~ⓔ에 대해 설명한 것으로 적절하지 **않은** 것은?

— 보기 1 —

표준 발음법

제28항 표기상으로는 사이시옷이 없더라도, 관형격 기능을 지니는 사이시옷이 있어야 할(휴지가 성립되는) 합성어의 경우에는, 뒤 단어의 첫소리 'ㄱ, ㄷ, ㅂ, ㅅ, ㅈ'을 된소리로 발음한다.

제29항 합성어 및 파생어에서, 앞 단어나 접두사의 끝이 자음이고 뒤 단어나 접미사의 첫음절이 '이, 야, 여, 요, 유'인 경우에는, 'ㄴ' 음을 첨가하여 [니, 냐, 녀, 뇨, 뉴]로 발음한다.

제30항 사이시옷이 붙은 단어는 다음과 같이 발음한다.

1. 'ㄱ, ㄷ, ㅂ, ㅅ, ㅈ'으로 시작하는 단어 앞에 사이시옷이 올 때는 이들 자음만을 된소리로 발음하는 것을 원칙으로 하되, 사이시옷을 [ㄷ]으로 발음하는 것도 허용한다.
2. 사이시옷 뒤에 'ㄴ, ㅁ'이 결합되는 경우에는 [ㄴ]으로 발음한다.
3. 사이시옷 뒤에 '이' 음이 결합되는 경우에는 [ㄴㄴ]으로 발음한다.

— 보기 2 —

ⓐ 오늘은 <u>아침밥</u>을 먹지 못했다.
ⓑ 드디어 <u>나뭇잎</u>이 노랗게 물들었다.
ⓒ 그녀는 <u>고갯짓</u>으로 길을 가리켰다.
ⓓ 바람이 불어오는 쪽으로 <u>뱃머리</u>를 돌려라.
ⓔ 눈물은 추적추적 끝없이 <u>베갯잇</u>을 적셨다.

① ⓐ의 '아침밥'은 제28항에 따라 [아침빱]으로 발음해야 한다.
② ⓑ의 '나뭇잎'은 제29항에 따라 [나문닙]으로 발음해야 한다.
③ ⓒ의 '고갯짓'은 제30항-1에 따라 [고개찓/고갣찓]으로 발음할 수 있다.
④ ⓓ의 '뱃머리'는 제30항-2에 따라 [밴머리]로 발음해야 한다.
⑤ ⓔ의 '베갯잇'은 제30항-3에 따라 [베갠닏]으로 발음해야 한다.

94. 〈보기〉를 읽고 탐구한 내용으로 적절하지 **않은** 것은?

— 보기 —

표준 발음법

제12항

1. 'ㅎ(ㄶ, ㅀ)' 뒤에 'ㄱ, ㄷ, ㅈ'이 결합되는 경우에는, 뒤 음절 첫소리와 합쳐서 [ㅋ, ㅌ, ㅊ]으로 발음한다.

   [붙임 1] 받침 'ㄱ(ㄺ), ㄷ, ㅂ(ㄼ), ㅈ(ㄵ)'이 뒤 음절 첫소리 'ㅎ'과 결합되는 경우에도, 역시 두 음을 합쳐서 [ㅋ, ㅌ, ㅍ, ㅊ]으로 발음한다. ·········· ㉠

   [붙임 2] 규정에 따라 'ㄷ'으로 발음되는 'ㅅ, ㅈ, ㅊ, ㅌ'의 경우에도 이에 준한다. ·········· ㉡

2. 'ㅎ(ㄶ, ㅀ)' 뒤에 'ㅅ'이 결합되는 경우에는, 'ㅅ'을 [ㅆ]으로 발음한다. ·········· ㉢

3. 'ㅎ' 뒤에 'ㄴ'이 결합되는 경우에는, [ㄴ]으로 발음한다.

   [붙임] 'ㄶ, ㅀ' 뒤에 'ㄴ'이 결합되는 경우에는, 'ㅎ'을 발음하지 않는다. ·········· ㉣

4. 'ㅎ(ㄶ, ㅀ)' 뒤에 모음으로 시작된 어미나 접미사가 결합되는 경우에는, 'ㅎ'을 발음하지 않는다. ·········· ㉤

제20항 'ㄴ'은 'ㄹ'의 앞이나 뒤에서 [ㄹ]로 발음한다.

① ㉠에 따라 '책장에 책이 꽂히다.'에서 '꽂히다'는 [꼬치다]로 발음해야겠군.
② ㉡에 따라 '낮 한때 산책을 했다.'에서 '낮 한때'는 [나탄때]로 발음해야겠군.
③ ㉢에 따라 '다들 수고가 많소.'에서 '많소'는 [만:쏘]로 발음해야겠군.
④ ㉣에 따라 '벽을 뚫는 과정이 필요하다.'에서 '뚫는'은 [뚠는]으로 발음해야겠군.
⑤ ㉤에 따라 '약속을 했으니 가기 싫어도 갈 수밖에.'에서 '싫어도'는 [시러도]로 발음해야겠군.

95. 〈보기〉의 ㉠~㉢에 대한 설명으로 적절하지 **않은** 것은?

— 보기 —

㉠ 모으- + -아 → [모아], 파- + -아서 → [파서]
㉡ 놀- + -는 → [노는], 좋- + -은 → [조은]
㉢ 좁히다 → [조피다], 놓고 → [노코]

① ㉠과 ㉡은 탈락, ㉢은 축약에 해당한다.
② ㉠, ㉡은 ㉢과 달리 음운 변동의 결과가 표기에 반영된다.
③ ㉠과 ㉡은 어간과 어미가 결합되는 과정에서 음운 변동이 일어난다.
④ ㉢과 같은 음운 변동이 일어나기 위해서는 'ㅎ'이 있어야 한다.
⑤ 음운 변동의 결과 ㉠~㉢은 모두 음운의 개수가 하나씩 줄어든다.

96. [A]에 들어갈 말로 적절한 것은?

— 보기 —

학생 : 선생님, 겹받침의 발음에 관해 공부하다가 궁금한 점이 생겼어요. 어떨 때는 겹받침을 모두 발음하는가 하면, 겹받침을 대표음으로 바꾸어 발음하기도 하는데, 그 차이는 무엇인가요?

선생님 : 그건 표준 발음법 제13항과 제14항을 참고해 볼 수 있어요. 조사나 어미와 같은 형식 형태소는 앞말에 긴밀히 붙어 쓰이기에 모음으로 시작하는 조사나 어미 앞에서 겹받침은 모두 발음돼요. 반면 겹받침 뒤에 모음으로 시작하는 실질 형태소는 앞말과 분리되어 발음되기에 그 앞에 온 겹받침은 대표음으로 발음해야 하죠. 그런데 일상 발음에서는 겹받침을 잘못 발음하는 경우들이 많아요.

학생 : 그럼 [_____[A]_____] 발음해야겠군요.

선생님 : 네. 적절한 지적이에요.

① '봄이 되자 흙이 녹았다.'에서 '흙이'는 [흐기]로
② '닭에게 모이를 줘라'에서 '닭에게'는 [다게게]로
③ '넋이라도 있고 없고.'에서 '넋이라도'는 [넉씨라도]로
④ '무심코 시 구절을 읊었다.'에서 '읊었다'는 [으뻗따]로
⑤ '그곳에 값있는 물건이 있었다.'에서 '값있는'는 [갑씬는]으로

97. 〈보기〉의 ⊙과 ⓒ에 해당하는 예로 적절한 것은?

— 보기 —

음운의 교체 현상 중 동화는 조음 위치나 조음 방법 등 두 음운의 성격이 유사해지는 음운 현상을 말한다. 이때 다른 음운에 영향을 미치는 음운을 '동화주', 동화주의 영향을 받아 교체되는 음운을 '피동화주'라고 한다. 이러한 동화주와 피동화주의 위치에 따라 동화를 ⊙동화주가 선행하는 경우와 ⓒ피동화주가 선행하는 경우로 나눌 수 있다.

	⊙	ⓒ
①	믿는[민는]	밥물[밤물]
②	땔나무[땔라무]	편리[펼리]
③	실내[실래]	원심력[원심녁]
④	맏며느리[만며느리]	난리[날리]
⑤	붙이고[부치고]	앓는[알른]

98. 〈보기〉의 ㉮에 들어갈 말로 적절하지 **않은** 것은?

— 보기 —

선생님 : 다음은 여러 음운 변동의 특징을 확인하기 위해 수집한 사례들이에요. 그럼 ⊙~㉺의 예에서 나타나는 음운 변동의 공통점을 설명해 봅시다.

⊙ 놓아 → [노아], 맏형 → [마텽], 맨입 → [맨닙]
ⓒ 대관령 → [대괄령], 중력 → [중녁], 밥물 → [밤물]
ⓒ 솜이불 → [솜ː니불], 식용유 → [시굥뉴], 삯일 → [상닐]
㉣ 겉모습 → [건모습], 낚시 → [낙씨], 부엌 → [부억]
㉺ 문고리 → [문꼬리], 눈요기 → [눈뇨기], 강줄기 → [강쭐기]

학생 : 예, [_____㉮_____] 공통점이 있습니다.

① ⊙은 음운 변동의 결과로 음운의 수가 달라지는
② ⓒ은 인접한 음운의 조음 방법이 같아지는
③ ⓒ은 받침이 뒤의 첫소리로 옮겨가며 소리 난다는
④ ㉣은 종성에 올 수 있는 자음 종류의 제약이 작용한다는
⑤ ㉺은 복합어를 음운 변동의 발생 환경으로 요구한다는

99. 〈보기〉의 ⊙~ⓒ에 대한 설명으로 적절한 것은?

— 보기 —

⊙ 갓난애[간나내]   ⓒ 끝일[끈닐]   ⓒ 붙임[부침]

① ⊙, ⓒ은 음운 변동이 각각 두 번씩 일어난다.
② ⊙, ⓒ은 음절 끝에 오는 자음의 종류가 제한되어 발생하는 음운 변동이 일어났군.
③ ⊙, ⓒ은 인접한 자음과 조음 방법이 같아지는 음운 변동이 일어났군.
④ ⓒ, ⓒ은 음운의 개수가 달라지는 음운 변동이 일어났군.
⑤ ⓒ, ⓒ은 모음 'ㅣ'로 인해 동화되는 음운 변동이 일어났군.

100. 〈학습활동〉을 수행한 결과로 적절한 것은?

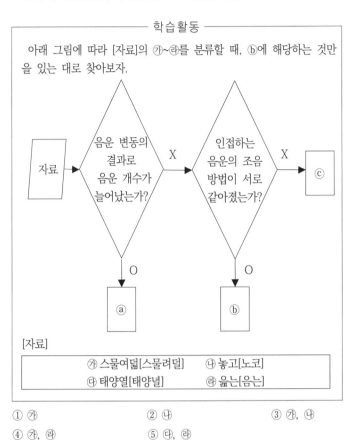

─── 학습활동 ───

아래 그림에 따라 [자료]의 ㉮~㉺를 분류할 때, ⓑ에 해당하는 것만을 있는 대로 찾아보자.

[자료]

| ㉮ 스물여덟[스물려덟] | ㉯ 놓고[노코] |
| ㉰ 태양열[태양녈] | ㉱ 읊는[음는] |

① ㉮
② ㉯
③ ㉮, ㉯
④ ㉮, ㉱
⑤ ㉰, ㉱

101. 〈보기〉의 ㉠~㉢의 각각에서 공통적으로 일어나는 음운 변동에 대한 설명으로 적절한 것은?

─── 보기 ───

㉠ 침략 → [침냑], 강릉 → [강능]
㉡ 밟히다 → [발피다], 끓다 → [끌타]
㉢ 흩더라 → [흗떠라], 읽기 → [일끼]

① ㉠에는 '막일 → [망닐]'처럼 후행하는 음운의 영향을 받아 선행하는 음운이 바뀌는 음운 변동이 일어났다.
② ㉠, ㉡에는 한 음운이 다른 음운의 조음 위치를 닮는 음운 변동이 일어났다.
③ ㉡에는 '옳지 → [올치]'처럼 하나의 음운이 다른 음운과 만나 새로운 음운으로 줄어드는 음운 변동이 일어났다.
④ ㉡, ㉢에는 음절 끝에 둘 이상의 자음이 오지 못해 발생하는 음운 변동이 일어났다.
⑤ ㉢에는 없던 음운이 새로 생기는 음운 변동이 일어났다.

102. 〈보기〉의 ㉠, ㉡에 해당하는 예로 적절한 것은?

─── 보기 ───

음운 탈락은 음운 자체의 성격에 따른 ㉠내재적 요인에 의한 것과 음운을 둘러싼 환경에 따른 ㉡외재적 요인에 의한 것으로 나누어 볼 수 있다. 음운 중에 'ㄹ'과 같이 소리의 성격이 약하거나 'ㅎ'과 같이 불명확한 것들은 다른 음운과 인접하였을 때 쉽게 탈락하곤 하는데, 이는 내재적 요인에 따른 음운 탈락에 해당한다. 한편, 음절 단위에서, 종성 위치에 자음이 둘 이상 올 수 없다거나 중성끼리 잇따르는 것을 회피하는 등의 제약이 존재하는데, 이는 음운 탈락의 외재적 조건을 이룬다.

	㉠	㉡
①	좋- + -아 → [조아]	닭- + -지만 → [담찌만]
②	읊- + -고 → [읍꼬]	맑- + -다 → [막따]
③	끓- + -이- + -다 → [끄리다]	얼- + -ㄴ → [언:]
④	치르- + -어도 → [치러도]	흙 + 얼개 → [흐걸개]
⑤	값 + -어치 → [가버치]	앉- + -고 → [안꼬]

103. 〈보기〉의 설명을 바탕으로 ㉠~㉤을 분석한 결과로 적절하지 **않은** 것은?

─── 보기 ───

여러 음운 변동이 복합적으로 나타나는 경우에 올바른 발음을 도출하는 데 음운 변동의 순서는 중요하다. 가령 '맑게'에서는 '된소리되기 → 자음군 단순화'의 순서로 음운 변동이 일어나는데, 이때 자음군 단순화가 먼저 일어난다면 '맑게'의 발음이 [말께]가 아닌 [말게]가 되어 버린다. 따라서 실현되는 발음을 근거로 음운 변동의 순서를 제대로 파악할 필요가 있다.

㉠ 꼬마가 입 주위를 혀로 핥더라[할떠라].
㉡ 그는 모든 것을 일일이[일리리] 기록했다.
㉢ 아이가 책을 읽게[일께] 텔레비전을 껐다.
㉣ 그 사람은 학력[항녁]에 대한 자부심이 가득했다.
㉤ 흙일[흥닐]을 하는 사람들의 얼굴에서 땀이 떨어졌다.

① ㉠의 '핥더라'는 자음군 단순화가 먼저 일어난 뒤에 된소리되기가 일어날 수 있으므로, 음운 변동의 순서가 고정되어 있습니다.
② ㉡의 '일일이'는 'ㄴ' 첨가가 먼저 일어난 뒤에 유음화가 일어날 수 있으므로, 음운 변동의 순서가 고정되어 있습니다.
③ ㉢의 '읽게'는 자음군 단순화가 먼저 일어나면 된소리되기가 일어날 수 없으므로, 음운 변동의 순서가 고정되어 있습니다.
④ ㉣의 '학력'은 'ㄹ'의 비음화가 먼저 일어난 뒤에 비음화가 일어날 수 있으므로, 음운 변동의 순서가 고정되어 있습니다.
⑤ ㉤의 '흙일[흥닐]'은 'ㄴ' 첨가가 먼저 일어난 뒤에 비음화가 일어날 수 있으므로, 음운 변동의 순서가 고정되어 있습니다.

104. 〈보기〉의 ㉠~㉢에 들어갈 예로 적절한 것은?

─ 보기 ─

우리말 음절 구성에서 모음은 음절을 이루는 중심이 된다. 그러나 모음은 소리에 장애를 동반하지 않기에 초성에 오는 자음 없이는 서로 다른 음절을 분별하기 어렵다. 따라서 우리말에는 모음끼리 연결되는 상황을 회피하려는 경향이 존재하는데, 이에 따라 아래와 같이 음운 변동이 발생하게 된다.

모음 연결 회피의 방식	사례
연결된 모음 중 하나가 반모음으로 교체됨.	㉠
연결된 모음 중 하나가 탈락함.	㉡
연결된 모음 둘이 제삼의 모음으로 축약됨.	아이 → 애, 사이 → 새
연결된 모음 사이에 새로운 음운이 첨가됨.	㉢

	㉠	㉡	㉢
①	피- + -어 → 펴:	자- + -아서 → 자서	살피- + -어 → 살펴
②	크- + -어도 → 커도	두- + -어 → 둬:	피- + -어 → 피여
③	두- + -어 → 둬:	배우- + -어 → 배워	견디- + -어서 → 견뎌서
④	배우- + -어 → 배워	쓰- + -어도 → 써도	되- + -어도 → 되여도
⑤	자- + -아서 → 자서	바꾸- + -어라 → 바꿔라	살피- + -어 → 살펴

105. 〈보기〉의 ㉠에 대한 설명으로 적절한 것은?

─ 보기 ─

최소 대립쌍이란 하나의 소리로 인해 뜻이 구별되는 단어의 짝으로, 음운을 판별하는 기준으로 작용할 수 있다. 그런데, ㉠최소 대립쌍을 이루기 위해서는 두 단어의 음운 개수가 같아야 하며, 오직 같은 자리에 있는 하나의 음운만이 달라야 한다. 따라서 두 단어가 최소 대립쌍인지 확인할 때는 표기가 아닌 발음을 기준으로 해야 한다.

① '없다'와 '있다'는 두 단어의 음운 개수가 같으므로, ㉠에 해당한다.
② '유학'와 '휴학'은 오로지 하나의 음운만이 다르므로, ㉠에 해당한다.
③ '외박'과 '우박'은 중성의 소리로 두 단어의 뜻이 구별되므로, ㉠에 해당한다.
④ '쌈'과 '삼'은 음운의 개수에 차이가 있으므로, ㉠에 해당하지 않는다.
⑤ '구슬'과 '구실'은 차이가 나는 하나의 음운이 같은 자리에 있지 않으므로, ㉠에 해당하지 않는다.

106. 〈보기〉에 대한 탐구 내용으로 적절하지 **않은** 것은?

─ 보기 ─

국어에는 음절의 구조와 관련한 여러 제약이 있다. 예컨대, 초성에는 'ㅇ'을 제외한 하나의 자음만이 올 수 있다. 종성도 하나의 자음만이 올 수 있으며, 이때 올 수 있는 자음의 종류 또한 정해져 있다. 이러한 제약은 외래어 표기에도 적용된다. 국어에서는 음절과 관련한 제약을 어기는 형태가 나타나면 이를 해소하기 위해 다양한 음운 변동이 일어난다.

① 'shop'을 [숖]이 아니라 [숍]으로 인식하는 것은, 음절 종성에 올 수 있는 자음의 종류를 고려한 결과겠군.
② '닭이'를 [달기]로 발음하는 것은, 음절 초성에 올 수 있는 자음의 종류가 정해져 있으므로 연음이 일어난 결과겠군.
③ '훑지'를 [훌찌]로 발음하는 것은, 음절 종성에는 한 개의 자음만이 올 수 있다는 제약 때문에 자음군 단순화가 일어난 결과겠군.
④ 'mint'를 [민ㅌ]가 아니라 [민트]로 인식하는 것은, 종성에는 한 개의 자음만이 올 수 있다는 제약 때문에 모음 'ㅡ'를 삽입한 결과겠군.
⑤ '놓는'을 [논는]으로 발음하는 것은, 음절 종성에 올 수 있는 자음의 종류가 정해져 있으므로 음절 끝소리 규칙이 일어난 결과겠군.

107. 〈보기〉의 ㉠~㉤의 밑줄 친 부분과 동일한 음운 변동이 일어난 예가 모두 바르게 제시된 것은?

─ 보기 ─

국어의 음운 변동에는 된소리되기, 자음군 단순화, 자음 축약, 유음화, 구개음화 등이 있다.

㉠ 뚜껑을 덮고[덥꼬] 삼 분간 기다리자.
㉡ 그는 늘 외곬[외골] 인생으로 살아왔다.
㉢ 각하[가카]께서는 그 일을 걱정하셨다.
㉣ 실낙원[실라권]에는 헬레니즘적 세계관이 등장한다.
㉤ 겉이[거치] 바삭바삭한 튀김 요리를 먹고 싶다.

① ㉠의 예 : 낯설다[낟썰다], 잊히다[이치다]
② ㉡의 예 : 많니[만니], 닳아[다라]
③ ㉢의 예 : 점잖고[점잔코], 읊지[읍찌]
④ ㉣의 예 : 핥네[할레], 설익다[설릭따]
⑤ ㉤의 예 : 벼훑이[벼훌치], 끝일[끈닐]

108. 〈보기〉를 바탕으로 음운 변동을 이해한 내용으로 적절한 것은?

───── 보기 ─────

음운 변동은 한 음운이 다른 음운으로 바뀌는 ⊙교체, 한 음운이 사라지는 ⓒ탈락, 없던 음운이 새로 생기는 ⓒ첨가, 두 음운이 하나의 음운으로 합쳐지는 ㉣축약으로 나누어진다.

① '없는[엄ː는]'은 ⊙의 음운 변동이 두 번 일어났군.
② '색연필[생년필]'은 ⊙과 ⓒ의 음운 변동이 일어났군.
③ '몫몫이[몽목씨]'는 ⊙과 ㉣의 음운 변동이 일어났군.
④ '꽃이삭[꼰니삭]'은 ⊙과 ⓒ의 음운 변동이 일어났군.
⑤ '여덟아홉[여더라홉]'은 ⓒ과 ㉣의 음운 변동이 일어났군.

109. 〈보기〉의 ⊙~㉤에 대한 설명으로 적절한 것은?

───── 보기 ─────

선생님 : 음운이 교체될 때, 한 음운이 다른 음운의 영향을 받아 그 음운의 음운론적 성질과 닮거나 같아지는 것을 동화 현상이라고 합니다. 이때, 음운론적 성질이란 조음 위치나 조음 방법을 가리킵니다. 그럼, 다음 자료를 통해 동화인지 아닌지를 판단해 보고 그 이유를 말해 볼까요?

⊙ 섞 + 는 → [성는]	ⓒ 앉 + 고 → [안꼬]
ⓒ 꽃 + 씨 → [꼳씨]	㉣ 밭 + 이 → [바치]
㉤ 만날 + 사람 → [만날싸람]	

① ⊙은 'ㄲ'이 후행하는 'ㄴ'의 영향을 받아 조음 위치나 조음 방법이 유사한 'ㅇ'으로 바뀐 것이 아니므로, 동화에 해당하지 않습니다.
② ⓒ은 'ㄱ'이 선행하는 'ㅈ'의 영향을 받아 조음 위치가 'ㅈ'과 유사한 'ㄲ'으로 바뀌었으므로, 동화에 해당합니다.
③ ⓒ은 'ㅊ'이 후행하는 'ㅆ'의 영향을 받아 조음 위치가 'ㅆ'과 비슷한 'ㄷ'으로 바뀌었으므로, 동화에 해당합니다.
④ ㉣은 'ㅌ'이 모음 'ㅣ'의 영향을 받아 조음 위치나 조음 방법이 유사한 'ㅊ'으로 바뀐 것이 아니므로, 동화에 해당하지 않습니다.
⑤ ㉤은 'ㅅ'이 선행하는 'ㄹ'의 영향을 받아 조음 위치나 조음 방법이 유사한 'ㅆ'으로 바뀐 것이 아니므로, 동화에 해당하지 않습니다.

110. 〈보기〉의 [A]에 들어갈 말로 적절한 것은?

───── 보기 ─────

학생 : 선생님, '꽃밭'을 [꼽빧]으로 발음하거나 '감기'를 [강ː기]로 발음하는 경우가 많은데, 왜 이렇게 발음하는 건가요?
선생님 : 좋은 질문이에요. '꽃밭'은 원래 음절 끝소리 규칙이 일어나 [꼳빧]으로 발음되는 게 원칙입니다. 그런데, 많은 사람이 [꼳빧]에서 한 번 더 음운 변동 과정을 거쳐 발음하곤 합니다. 그 이유는 [꼳빧]과 [꼽빧]의 차이를 들어 찾아볼까요?
학생 : 네. 이제 알겠습니다. 그 이유는 [A] 때문입니다.

① 음절 말에 올 수 있는 자음의 개수가 제한되어 있기
② 음절 말에 올 수 있는 자음의 종류가 제한되어 있기
③ 후행 음절의 초성 자음이 앞에 오는 자음의 영향으로 교체되었기
④ 선행 음절의 종성 자음이 뒤에 오는 자음의 조음 방법을 닮아 갔기
⑤ 선행 음절의 종성 자음이 뒤에 오는 자음의 조음 위치를 닮아 갔기

문법
N제

프리미엄 **언매 문제집**

Part _06

중세 국어

1. 〈보기〉의 ㉠, ㉡과 관련한 이해로 적절하지 **않은** 것은?

— 보기 —

우리 조상들은 '뜻'과 '음'을 모두 가지고 있는 표의 문자인 한자의 특성을 잘 알고 있었으므로 한자를 활용하여 고유 명사나 조사, 어미 등을 표현하기도 했다. 예를 들어 '~하고'라는 말을 표현할 때에는 한자 '~爲古' 등을 사용하였다. '~하'를 표현할 때 '爲(할 위)'를 쓴 것은 ㉠ 한자의 뜻을 활용한 것이고 '~고'를 표현할 때 '古(옛 고)'를 쓴 것은 ㉡ 한자의 음을 활용한 것이다.

① 지명 '안마을'을 표현하기 위해서 '內里(안 내, 마을 리)'를 활용했다면 ㉠의 예로 볼 수 있겠군.

② 식물명 '물푸레나무'를 표현하기 위해서 '水靑木(물 수, 푸를 청, 나무 목)'을 활용했다면 ㉠의 예로 볼 수 있겠군.

③ 인물명 '소나'를 표현하기 위해서 '素那(흴 소, 어찌 나)'를 활용했다면 ㉡의 예로 볼 수 있겠군.

④ 사물명 '고치'를 표현하기 위해서 '高致(높을 고, 이를 치)'를 활용했다면 ㉡의 예로 볼 수 있겠군.

⑤ 동물명 '거말이(거머리)'를 표현하기 위해서 '巨末里(클 거, 끝 말, 마을 리)'를 활용했다면 ㉠, ㉡이 모두 나타난 예로 볼 수 있겠군.

2. 〈보기 1〉의 ㉮, ㉯, ㉰가 모두 확인되는 예를 〈보기 2〉에서 찾아 묶은 것으로 적절한 것은?

— 보기 1 —

∘ ㉮ 첫소리를 어울워 뚫디면 글바 쓰라

[현대어 풀이] 초성 글자를 합하여 사용할 때에는 나란히 쓰라.

∘ ·와 ㅡ와 ㅗ와 ㅜ와 ㅛ와 ㅠ와란 ㉯ 첫소리 아래 브텨 쓰고 ㅣ와 ㅏ와 ㅓ와 ㅑ와 ㅕ와란 ㉰ 올흔녀긔 브텨 쓰라

[현대어 풀이] ·와 ㅡ와 ㅗ와 ㅜ와 ㅛ와 ㅠ는 첫소리 아래 붙여 쓰고 ㅣ와 ㅏ와 ㅓ와 ㅑ와 ㅕ는 오른쪽에 붙여 쓰라.

- 『훈민정음』 언해, 세조 5년(1459) -

— 보기 2 —

나랏 말ᄊᆞ미 中듕國귁에 달아 文문字ᄍᆞ와로 서르 ᄉᆞᄆᆞᆺ디 아니ᄒᆞᆯ씨 이런 젼ᄎᆞ로 어린 百빅姓셩이 니르고져 홇 배 이셔도 ᄆᆞᄎᆞᆷ내 제 ㉠ 뜨들 시러 펴디 몯홇 노미 하니라 내 이를 爲윙ᄒᆞ야 어엿비 너겨 새로 ㉡ 스믈여듧 字ᄍᆞ를 ᄆᆡᇰᄀᆞ노니 사ᄅᆞᆷ마다 ᄒᆡᅇᅧ ㉢ 수비 니겨 날로 ㉣ 뿌메 便뼌安ᅙᅡᆫ킈 ᄒᆞ고져 홇 ㉤ ᄯᆞᄅᆞ미니라

- 『훈민정음』 언해, 세조 5년(1459) -

① ㉠, ㉣   ② ㉣, ㉤   ③ ㉠, ㉡, ㉣

④ ㉠, ㉢, ㉣   ⑤ ㉡, ㉢, ㉣, ㉤

3. 〈보기 1〉을 바탕으로 하여 〈보기 2〉를 이해한 것으로 적절하지 **않은** 것은?

— 보기 1 —

∘ 15세기 국어의 특징

- 현재는 쓰이지 않는 'ㅸ', 'ㅿ' 등의 글자가 존재하였다.

- 관형격 조사로 '이/의', 'ㅅ' 등이 쓰였다.

- '-시-' 또는 '-샤-'가 주체를 높이는 기능을 수행하였다.

- 구개음화가 실현되지 않았다.

- 현대 국어에 비해 모음 조화가 잘 지켜진 편이었다.

— 보기 2 —

∘ 셔ᄫᅳᆯ 긔벼를 알씨 ᄒᆞᄫᆞᅀᅡ 나ᅀᅡ가샤 모딘 도ᄌᆞᆨ글 믈리시니이다

[현대어 풀이] 서울의 기별을 알므로 혼자서 나아가시어 모진 도적을 물리치셨습니다.

∘ 구러에 ᄆᆞᄅᆞᆯ 내샤 도ᄌᆞ기 다 도라가니 半 길 노ᄑᆡᆫᄃᆞᆯ 녀긔 디나리잇가

[현대어 풀이] 구렁에 말을 지나게 하시어 도적이 다 돌아가니, 半(반) 길 높이인들 다른 사람이 지나겠습니까?

- 『용비어천가』, 세종 29년(1447) -

① '셔ᄫᅳᆯ'과 'ᄒᆞᄫᆞᅀᅡ'에는 현대 국어에 존재하지 않는 글자가 쓰였군.

② '셔ᄫᅳᆯ'에서 종성에 쓰인 'ㅅ'은 현대어의 관형격 조사 '의'로 쓰였군.

③ '믈리시니이다'에 쓰인 '-시-'는 주체를 높이는 기능을 수행하였군.

④ '모딘', '도ᄌᆞ기', '디나리잇가'는 현대 국어에서와 달리 구개음화가 실현되지 않았군.

⑤ '긔벼를', '도ᄌᆞ글', 'ᄆᆞᄅᆞᆯ'은 모음 조화를 지켜 표기하였군.

4. 〈보기 1〉을 바탕으로 하여 〈보기 2〉의 ㉠~㉤을 이해한 것으로 적절한 것은?

— 보기 1 —

중세 국어에서 의문사가 실현되어 구체적인 설명을 요구하는 의문문에는 '-고', '-뇨', '-료', '-오' 등의 의문형 어미나 '고', '오' 등의 의문 보조사가 쓰였다. 이에 반해 의문사의 실현 없이 긍정이나 부정의 대답을 요구하는 의문문에는 '-가', '-녀', '-려' 등의 의문형 어미나 '가', '아' 등의 의문 보조사가 쓰였다. 의문형 어미는 용언의 어간에 붙어서 실현되는 것인 반면, 의문 보조사는 체언 뒤에 직접 붙어 실현된다는 특징이 있다. 한편 주어의 인칭에 따라 의문형 어미가 달라지기도 하는데, 예를 들어 주어가 2인칭일 때는 설명·판정을 요구하는 의문문에 상관없이 '-ㄴ다' 등이 쓰였다.

— 보기 2 —

㉠ 이 엇던 사름고
[현대어 풀이] 이 어떤 사람이냐?
㉡ 이 ᄯᆞ리 너희 종가
[현대어 풀이] 이 여자가 너희의 종이냐?
㉢ 네 엇뎨 안다.
[현대어 풀이] 너는 어떻게 아느냐?
㉣ 엇던 因緣으로 如來를 나ᄊᆞ시니잇고
[현대어 풀이] 어떤 인연으로 여래를 낳으셨습니까?
㉤ 山行 가 이셔 하나빌 미드니잇가
[현대어 풀이] 사냥 가 있으면서 할아버지를 믿었습니까?

① ㉠은 긍정이나 부정의 대답을 요구하는 문장으로 의문형 어미를 사용하였다.
② ㉡은 구체적인 설명을 요구하는 문장으로 의문 보조사를 사용하였다.
③ ㉢은 긍정이나 부정의 대답을 요구하는 문장으로 의문 보조사를 사용하였다.
④ ㉣은 구체적인 설명을 요구하는 문장으로 의문형 어미를 사용하였다.
⑤ ㉤은 구체적인 설명을 요구하는 문장으로 의문 보조사를 사용하였다.

5. 〈보기 1〉의 설명과 〈보기 2〉를 참고했을 때 주격 조사가 '이'로 실현된 예로 적절한 것은?

— 보기 1 —

현대 국어에서는 주격 조사로 '이', '가'가 쓰이는 반면, 중세 국어에서는 주격 조사가 음운론적 환경에 따라 '이', 'ㅣ', 'Ø'의 형태로 실현되었다. 조사가 쓰이는 환경 및 조사의 형태를 정리하면 다음과 같다.

쓰이는 환경		주격 조사의 형태
체언의 끝소리가 자음일 때		이
체언의 끝소리가 모음일 때	'이', 반모음 'ㅣ'가 아닌 모음 뒤	ㅣ
	'이', 반모음 'ㅣ'의 뒤	Ø

격 조사가 어떤 환경에서 실현됐는지를 알아보기 위해서는 조사 앞에 오는 체언의 형태가 무엇인지를 잘 살펴봐야 한다. 한편 주격 조사가 실현된 형태와 관형격 조사가 실현된 형태가 유사한 경우가 있으므로 조사 앞에 오는 체언이 문장에서 어떤 역할을 하는지를 잘 살펴봐야 어떤 격 조사가 실현된 것인지를 파악할 수 있다.

— 보기 2 —

중세 국어에서 체언으로 쓰인 단어의 예를 현대어 풀이와 함께 제시하면 다음과 같다.

중세 국어 단어	현대어 풀이
ᄂᆞᆷ	남, 타인
심	샘, 우물
쇼	소[牛]
불휘	뿌리[根]
머리	머리, 머리털

① ᄂᆞ미 ᄠᅳᆮ 거스디 아니ᄒᆞ거든 (남의 뜻 거스르지 아니하거든)
② 시미 기픈 므른 (샘이 깊은 물은)
③ 또 쇠 소리 ᄒᆞ거든 (또 소의 소리 내거든)
④ 불휘 기픈 남ᄀᆞᆫ (뿌리가 깊은 나무는)
⑤ 龍ᄋᆞᆯ 지스니 머리 열히러니 (용을 지으니 머리가 열이러니)

6. 〈보기 1〉의 설명을 바탕으로 했을 때 〈보기 2〉의 ㉠, ㉡에 들어갈 것을 묶은 것으로 적절한 것은?

— 보기 1 —

현대 국어의 부사격 조사 '에'에 해당하는 것으로 중세 국어에서는 '애, 에, 예' 등이 있는데 이는 앞에 오는 단어의 음운 조건에 따라 달리 쓰였다. 일반적으로 앞에 오는 단어의 끝 음절에 양성 모음이 나타나면 '애'가, 음성 모음이 나타나면 '에'가 쓰였다. 한편 앞에 오는 단어의 말음이 '이'나 반모음 'ㅣ'일 때에는 '예'가 쓰였다. 부사격 조사가 쓰인 예를 보이면 아래와 같다.

· 끝 음절의 모음이 양성인 경우 '애'
  : 바ᄅ래(바ᄅᆯ+애) 가ᄂᆞ니
[현대어 풀이] 바다에 가니

· 끝 음절의 모음이 음성인 경우 '에'
  : ᄭᅮ메(ᄭᅮᆷ+에) 부텻 모ᄆᆞᆯ 보ᅀᆞᄫᆞ니
[현대어 풀이] 꿈에 부처님의 몸을 뵈오니

· 말음이 '이'나 반모음 'ㅣ'인 경우 '예'
  : 져근 ᄇᆡ예(ᄇᆡ+예) 올오리라
[현대어 풀이] 작은 배에 오르리라

— 보기 2 —

· 狄人ㅅ 서리㉠ 가샤
[현대어 풀이] 적인(오랑캐들)의 서리(가운데)에 가시어
· 늘근 ᄇᆞᄅᆞᆷ㉡ 아니 뮐ᄊᆡ
[현대어 풀이] 나무는 바람에 안 움직이므로

	㉠	㉡
①	애	메
②	에	매
③	애	매
④	예	메
⑤	예	매

7. 〈보기 1〉의 ㉠~㉣을 바탕으로 하여 〈보기 2〉를 이해한 내용으로 적절하지 **않은** 것은?

— 보기 1 —

· 15세기 국어의 특징
㉠ 주격 조사가 음운론적 환경에 따라 '이', 'ㅣ', 'Ø'의 형태로 실현되었다.
㉡ 종성에서 'ㄷ'과 'ㅅ'이 다르게 발음되었다.
㉢ 'ㅿ', 'ㅸ', 'ㆆ' 등의 글자가 존재하였다.
㉣ 초성에 오는 'ㅳ'은 'ㅂ'과 'ㄷ'이 모두 발음되었다.
㉤ 연철 표기(이어 적기) 방식이 일반적이었다.

— 보기 2 —

四祖ㅣ 便安히 몯 겨샤 현 고ᄃᆞᆯ 마시뇨 **몃** 間ㄷ **지븨** 사ᄅᆞ시리잇고
九重에 드르샤 太平을 **누리싫** 제 이 **ᄠᅳ들** 닛디 마ᄅᆞ쇼셔
　　　　　　　　　　　　　- 『용비어천가』, 세종 29년(1447) -

[현대어 풀이]
사조(四祖)가 편안(便安)히 못 계시어 몇 곳을 옮으셨느냐? 몇 칸[間]의 집에 사시겠습니까?
구중(九重)에 드시어 태평(太平)을 누리실 적에 이 뜻을 잊지 마소서.

① ㉠을 보니 '四祖ㅣ'에는 주격 조사 'ㅣ'가 쓰였겠군.
② ㉡을 보니 '몃'의 종성은 'ㄷ'으로 발음되었겠군.
③ ㉢을 보니 '누리싫'에는 오늘날에는 쓰이지 않는 글자가 들어 있군.
④ ㉣을 보니 'ᄠᅳ들'을 발음할 때 첫 음절의 초성은 두 개의 자음으로 발음되었겠군.
⑤ ㉤을 보니 '지븨'는 '집'에 조사 '의'가 결합한 것이라면 연철 표기 방식의 예로 볼 수 있겠군.

문법N제

8. 〈보기 1〉을 바탕으로 〈보기 2〉의 ㉠~㉤에 대해 이해한 내용으로 적절하지 **않은** 것은?

— 보기 1 —

훈민정음이 창제된 중세 국어 시기에는 형태를 밝혀서 적기보다는 소리 나는 대로 적는 것이 일반적이었다. 다시 말해 받침이 있는 체언이나 용언의 어간에 모음으로 시작되는 조사나 어미가 붙을 때 받침을 다음 자의 초성 자리에 내려서 쓰는 연철 표기(이어 적기)를 하였던 것이다. 이에 반해, 분철 표기(끊어 적기)는 체언이나 용언의 어간 형태가 무엇인지를 밝혀서 적는 방식이다.

— 보기 2 —

나랏 ㉠ 말쓰미 中듕國귁에 달아 文문字쫑와로 서르 ᄉᆞᄆᆞᆺ디 아니ᄒᆞᆯᄊᆡ 이런 젼ᄎᆞ로 어린 百ᄇᆡᆨ姓셩이 니르고져 홇 배 이셔도 ᄆᆞᄎᆞᆷ내 제 ㉡ ᄠᅳ들 시러 펴디 몯홇 ㉢ 노미 하니라 내 이ᄅᆞᆯ 爲윙ᄒᆞ야 어엿비 ㉣ 너겨 새로 스믈여듧 字쫑ᄅᆞᆯ 밍ᄀᆞ노니 사름마다 ᄒᆡᅇᅧ 수ᄫᅵ 니겨 날로 ᄡᅮ메 便뼌安ᄒᆞᆫ킈 ᄒᆞ고져 홇 ㉤ ᄯᆞᄅᆞ미니라

— 『훈민정음』 언해, 세조 5년(1459) -

[현대어 풀이]

우리나라의 말이 중국과 달라 문자와 서로 통하지 아니하여서 이런 까닭으로 어리석은 백성이 말하고자 하는 바가 있어도 마침내 제 뜻을 능히 펴지 못하는 사람이 많다. 내가 이것을 위하여 가엾게 여겨 새로 스물여덟 자를 만드니, 모든 사람들로 하여금 쉽게 익혀 날마다 쓰는 데 편하게 하고자 할 따름이다.

① ㉠은 체언의 형태가 '말씀'이라면 연철 표기를 한 것이군.
② ㉡은 체언의 형태가 'ᄠᅳᆮ'이라면 분철 표기 방식으로 적을 때, 'ᄠᅳᆮ을'처럼 적을 수 있겠군.
③ ㉢은 체언의 형태가 '놈'이라면 연철 표기를 한 것이군.
④ ㉣은 용언의 기본형이 '너기다'라면 분철 표기 방식으로 적을 때, '넉여'처럼 적을 수 있겠군.
⑤ ㉤은 체언의 형태가 'ᄯᆞᄅᆞᆷ'이라면 연철 표기를 한 것이군.

9. 〈보기 1〉을 참고하여 〈보기 2〉의 ㉠~㉤에 대해 이해한 내용으로 적절하지 **않은** 것은?

— 보기 1 —

현대 국어에서는 목적격 조사로 '을'과 '를'이 쓰이는데, 받침이 있는 단어 뒤에는 '을'이 쓰이고 받침이 없는 단어 뒤에는 '를'이 쓰인다. 중세 국어에서는 이 두 형태와 함께 'ᄋᆞᆯ'과 'ᄅᆞᆯ'도 쓰였는데 조사 앞에 오는 모음이 양성인지 음성인지에 따라서 'ᄋᆞᆯ/ᄅᆞᆯ', '을/를'을 구분하여 사용하였다. 중세 국어 문장에서 어떠한 목적격 조사가 쓰였는지를 알아보기 위해서는 조사 앞에 오는 체언의 형태를 잘 따져 봐야 한다. 아래의 중세 국어 체언 다음에는 어떤 목적격 조사가 올지 생각해 보자.

중세 국어 단어	현대어 풀이
죠ᄒᆡ	종이
쟝긔판	장기판
바ᄂᆞᆯ	바늘
낛	낚시
므슥	무엇

— 보기 2 —

늘근 겨지븐 ㉠ 죠ᄒᆡᄅᆞᆯ 그려 ㉡ 쟝긔파ᄂᆞᆯ 밍ᄀᆞᆯ어늘
졈믄 아ᄃᆞᄅᆞᆫ ㉢ 바ᄂᆞᄅᆞᆯ 두드려 고기 낫골 ㉣ 낛ᄋᆞᆯ 밍ᄀᆞᄂᆞ다
한 病에 얻고져 ᄒᆞ논 바ᄂᆞᆫ 오직 藥物이니
져구맛 모미 이 밧긔 다시 ㉤ 므스글 求ᄒᆞ리오

— 『두시언해』, 성종 12년(1481) -

[현대어 풀이]

늙은 아내는 종이를 그려 장기판을 만들거늘
어린 아들은 바늘을 두드려 고기를 낚을 낚시를 만든다.
많은 病(병)에 얻고자 하는 바는 오직 藥物(약물)이니
조그만 몸이 이밖에 다시 무엇을 구하리요?

① ㉠에는 목적격 조사 'ᄅᆞᆯ'이 쓰였군.
② ㉡에는 목적격 조사 'ᄋᆞᆯ'이 쓰였군.
③ ㉢에는 목적격 조사 'ᄅᆞᆯ'이 쓰였군.
④ ㉣에는 목적격 조사 'ᄋᆞᆯ'이 쓰였군.
⑤ ㉤에는 목적격 조사 '을'이 쓰였군.

10. 〈보기〉의 ㄱ과 ㄴ을 모두 찾아볼 수 있는 예로 적절한 것은?

— 보기 —

중세 국어의 조사는 앞말이 지니는 소리의 특성에 따라 형태가 달라질 수 있음을 유의해야 한다. 또한 조사의 형태가 같더라도 문장에서 하는 기능이 다른 경우가 있으므로 실제 문장에서 어떠한 기능을 수행하는지를 잘 따져 봐야 한다. 어떠한 기능을 수행하는지를 따질 때에는 앞에 오는 체언의 의미상 특징을 고려해야 할 필요도 있다.

예를 들어, '이'와 '의'는 관형격 조사 또는 부사격 조사의 기능을 수행하는데, ㉠ 앞말의 끝에 오는 모음이 양성인 경우에는 '이', 음성인 경우에는 '의'가 쓰인다. 관형격 조사로 쓰이는 경우에는 앞말이 존칭이 아닌 유정 명사여야 한다. 그리고 ㉡ 부사격 조사로 쓰이는 경우에는 앞에 신체, 방위, 처소, 시간 등을 뜻하는 무정 명사가 와야 한다.

① 父母ㅣ 아들의 마를 드르샤 (부모가 아들의 말을 들으시어)

② 사ᄅᆞᄆᆡ ᄠᅳ들 (사람의 뜻을)

③ 올ᄒᆞᆫ녀긔 브텨쓰라 (오른쪽에 붙여 써라)

④ 치운 뫼해셔 바ᄆᆡ 우놋다 (추운 산에서 밤에 우는구나)

⑤ 아기아들ᄋᆡ 각시를 求ᄒᆞ더니 (막내아들의 각시를 구하더니)

11. 다음 밑줄 친 ㉠~㉤에 대한 설명으로 적절하지 **않은** 것은?

— 보기 —

㉠ 世尊하 ㉡ 날 爲ᄒᆞ야 니르쇼셔 부톄 ㉢ 니르샤ᄃᆡ 바ᄅᆞ래 ㉣ 누븐 이른 네 죽사릿 ㉤ 바ᄅᆞ래 잇논 야이오
— 『월인석보』 권 1 —

[현대어 풀이]

세존(世尊)이시여 나를 위해 말씀하소서. 부처께서 이르시되 바다에 누운 일은 네가 생사(生死)의 바다에 있는 모습이고

① ㉠ : 높임의 대상을 부르는 호격 조사가 사용되었다.

② ㉡ : 목적격 조사로 '를', '를' 대신 'ㄹ'이 쓰였다.

③ ㉢ : 객체를 높이는 선어말 어미가 결합되었다.

④ ㉣ : 현대 국어에서 쓰이지 않는 음운이 사용되었다.

⑤ ㉤ : 체언의 받침을 이어 적기 방식으로 표기했다.

12. 다음 밑줄 친 ㉠이 쓰인 예로 적절하지 **않은** 것은?

— 보기 —

국어의 용언 어간은 홀로 쓰이지 못하는 의존 형태소이다. 그래서 문장 안에서 쓰일 때에는 반드시 어미와 결합을 해야 한다. 그러나 합성어를 형성할 때에는 어미와 결합하지 않고 어간만 쓰이기도 한다. 가령 현대 국어의 '오르내리다, 검붉다' 등이 여기에 속한다. '오르내리다'의 '오르-'나 '검붉다'의 '검-'은 모두 어미 없이 어간만 홀로 쓰이고 있다. ㉠ 이러한 유형의 합성어는 중세 국어 시기에는 훨씬 더 많이 존재했다.

① 七寶塔이 ᄯᅡ해셔 솟나아 (칠보탑이 땅에서 솟아나)

② 울며 옮ᄃᆞ니는 곳고리는 (울며 옮아 다니는 꾀꼬리는)

③ 나조히 다시 올마가더니라 (저녁에 다시 옮아가더니라)

④ 서르 딕졉ᄒᆞ며 서르 보ᄉᆞ펴 (서로 대접하며 서로 보아 살펴)

⑤ ᄆᆡ얼거 지ᅀᅮᆫ ᄃᆡ 안자쇼매 (매고 얽어 지은 데에 앉아 있음에)

13. 〈보기〉에 나타난 중세 국어의 특징으로 적절하지 **않은** 것은?

— 보기 —

耶輸ㅣ 그 긔별 드르시고 羅睺羅 더브러 노ᄑᆞᆫ 樓 우희 오ᄅᆞ시고 〈樓는 다라기라〉 門들홀 다 구디 ᄌᆞᆷ겨 뒷더시니 目連이 耶輸ㅅ 宮의 가 보니 門을 다 ᄌᆞᄆᆞ고 유무 드륧 사ᄅᆞᆷ도 업거늘 즉자히 神通力으로 樓 우희 ᄂᆞ라올아 耶輸ㅅ 알ᄑᆡ 가 셔니 耶輸ㅣ 보시고 ᄒᆞᆫ녀ᄀᆞ론 분별ᄒᆞ시고 ᄒᆞᆫ녀ᄀᆞ론 깃거 구쳐니러 절ᄒᆞ시고 안ᄌᆞ쇼셔 ᄒᆞ시고 世尊ㅅ 安否 묻ᄌᆞᆸ고 니ᄅᆞ샤ᄃᆡ 므스므라 오시니잇고

— 중세 국어 자료 —

[현대어 해석]

야수가 그 소식을 들으시고 나후라와 더불어 높은 누 위에 오르시고 〈누는 다라이다〉 문들을 다 굳이 잠그게 하여 두셨더니, 목련이 야수의 궁전에 가 보니 문을 다 잠그고, 소식을 들여보낼 사람도 없거늘, 곧 신통력으로 누 위에 날아올라 야수 앞에 가서 서니, 야수가 보시고 한편으로는 걱정하시고 한편으로는 기뻐하여, 마지못하여 일어나 절하시고 "앉으십시오." 하시고, 세존의 안부를 묻고 말씀하시기를, "무엇 때문에 오셨습니까?"

	중세 국어	현대 국어	특징
①	耶輸ㅣ	야수가	현대 국어와 주격 조사의 체계가 다름.
②	드르시고	들으시고	이어 적기가 적용됨.
③	분별ᄒᆞ시고	걱정하시고	주체 높임 선어말 어미가 현대 국어와 다름.
④	世尊ㅅ	세존의	'ㅅ'이 관형격 조사로 사용됨.
⑤	묻ᄌᆞᆸ고	묻고	현대 국어에서는 사용하지 않는 객체 높임의 선어말 어미가 사용됨.

14. 〈보기〉를 통해 알 수 있는 중세 국어의 특징으로 적절하지 **않은** 것은?

─── 보기 ───

ㄱ : ᄠᅳᆮ(뜻), ᄡᆞᆯ(쌀)

ㄴ : 치ᄫᅥ(추위), 눈ᄆᆞᆯ(눈물), 便뼌安ᅙᅡᆫ킈(편하게)

ㄷ : 녀자(여자), 량식(양식)

ㄹ : 믈(물), 블(불), 플(풀)

ㅁ : 말ᄊᆞᆷ(말씀), ᄇᆞᄅᆞ매(바람에)

* ( ) 안은 현대어

① ㄱ : 현대 국어에서는 쓰지 않는 어두 자음군이 사용되었다.

② ㄴ : 현대 국어에는 없는 'ㅸ, ㅿ, ㆆ' 등의 자음들이 쓰였다.

③ ㄷ : 두음 법칙이 지켜지지 않아 어두에 'ㄴ'이나 'ㄹ'이 쓰였다.

④ ㄹ : 'ㅁ, ㅂ, ㅍ'이 'ㅡ' 음을 만나면 의미를 변별해 주는 기능을 하지 못했다.

⑤ ㅁ : 현대 국어에 비해 모음 조화가 철저히 지켜지는 편이었다.

15. 〈보기〉에 대한 설명으로 적절하지 **않은** 것은?

─── 보기 ───

불휘 ㉠ 기픈 남ᄀᆞᆫ ㉡ ᄇᆞᄅᆞ매 아니 뮐ᄊᆡ 곶 ㉢ 됴코 ㉣ 여름 ㉤ 하ᄂᆞ니

시미 기픈 므른 ᄀᆞᄆᆞ래 아니 그츨ᄊᆡ 내히 이러 바ᄅᆞ래 가ᄂᆞ니

─「용비어천가(龍飛御天歌)」2장 ─

[현대어 풀이]

뿌리가 깊은 나무는 바람에 아니 흔들리므로 꽃이 좋고 열매가 많습니다.

샘이 깊은 물은 가뭄에 그치지 아니하므로 내가 이루어져 바다에 갑니다.

① ㉠ : '기픈'은 연철 표기에 해당한다.

② ㉡ : 'ᄇᆞᄅᆞ매'를 통해 'ㆍ'가 몇 번째 음절에 있었는지에 따라 'ㆍ'의 음운 변천 결과가 달라졌음을 확인할 수 있다.

③ ㉢ : '됴코'는 '좋고'의 옛말로서 'ㄷ'이 반모음 'ㅣ[j]' 앞에서 'ㅈ'으로 바뀌지 않은 형태를 보여 준다.

④ ㉣ : '여름'은 현대 국어의 '여름'과 형태는 동일하지만 뜻은 다르다.

⑤ ㉤ : '하ᄂᆞ니'의 현대어 풀이를 고려하면, 중세 국어의 '하다'가 현대 국어의 '하다'와 뜻이 다름을 알 수 있다.

16. 〈보기〉는 훈민정음의 창제 원리에 대한 설명이다. 이를 바탕으로 한 훈민정음의 초성·중성·종성자에 대한 탐구로 적절하지 **않은** 것은?

─── 보기 ───

훈민정음 28자는 상형의 원리에 따라 기본자를 만든 다음 이에 기초하여 나머지 글자를 만들었다. 자음은 기본자에 가획을 하여 만들었으며, 가획의 원리에서 벗어난 글자인 이체자가 있었다. 모음은 기본자를 합성하여 만들었는데, 기본자 'ㆍ'와 나머지 기본자 하나를 합성하여 초출자를 만들고 이러한 초출자에 'ㆍ'를 다시 합성하여 재출자를 만들었다.

자음의 기본자는 'ㄱ, ㄴ, ㅁ, ㅅ, ㅇ'의 다섯이고, 모음의 기본자는 'ㆍ, ㅡ, ㅣ'이다.

		자음					모음
기본자	ㄱ	ㄴ	ㅁ	ㅅ	ㅇ	기본자	ㆍ, ㅡ, ㅣ
가획자	ㅋ	ⓐ	ⓑ	ㅈ, ㅊ	ⓒ	초출자	ⓓ
이체자	ㆁ	ㄹ		ㅿ		재출자	ⓔ

① 'ㄷ'과 'ㅌ'은 'ㄴ'에 가획을 한 것이므로 ⓐ에 해당하겠군.

② 'ㅂ'과 'ㅍ'은 'ㅁ'에 가획을 한 것이므로 ⓑ에 해당하겠군.

③ 'ㆆ'과 'ㅎ'은 'ㅇ'에 가획을 한 것이므로 ⓒ에 해당하겠군.

④ 'ㅏ'는 기본자 'ㅣ'와 'ㆍ'를 합성한 것으로 ⓓ에 해당하겠군.

⑤ 'ㅘ'는 초출자 'ㅗ'와 'ㅏ'를 합성한 것으로 ⓔ에 해당하겠군.

17. 〈보기 1〉은 중세 국어 자료이다. 〈보기 2〉가 〈보기 1〉의 ㉠~㉣로부터 이끌어 낼 수 있는 사실이라고 할 때, 〈보기 2〉의 빈칸에 들어갈 수 있는 말로 적절한 것은?

─── 보기 1 ───

㉠ 이 두 사ᄅᆞ미 眞實로 네 항것가

[현대어 풀이] 이 두 사람이 진실로 너의 상전인가?

㉡ 이 ᄯᆞ리 너희 종가

[현대어 풀이] 이 딸(여자아이)이 너희들의 종인가?

㉢ 부톄 누고

[현대어 풀이] 부처가 누구인가?

㉣ 이 엇던 光明고

[현대어 풀이] 이것이 어떤 광명인가?

─── 보기 2 ───

〈보기 1〉의 ㉠~㉣로 보아, 중세 국어의 의문문에서 '가'와 달리 '고'는 ( )

① 의문사가 있는 의문문에서 사용된다.

② 의문문의 주어가 2인칭일 때 사용된다.

③ '예, 아니요'의 답변을 요구할 때 사용된다.

④ 과거 사실에 대한 의문을 나타낼 때 사용된다.

⑤ 목적어를 필요로 하는 동사의 의문형에 사용된다.

18. 〈보기〉의 선생님의 질문에 대한 학생의 답변으로 적절하지 <u>않은</u> 것은?

— 보기 —

선생님 : 다음 글은 조선 후기인 1586년에 이응태가 죽고 입관하기 전에 아내가 그에게 쓴 편지의 일부분입니다. 현대어 풀이를 참고하여 ㉠~㉢에 대해 설명해 보기로 할까요?

㉠ 자내 샹해 날ᄃᆞ려 닐오ᄃᆡ 둘히 머리 ㉡ 셰도록 사다가 ᄒᆞᆷ의 죽쟈 ㉢ ᄒᆞ시더니 엇디ᄒᆞ야 나ᄅᆞᆯ 두고 자내 몬져 가시ᄂᆞᆫ고 날ᄒᆞ고 ᄌᆞ식ᄒᆞ며 뉘 긔걸ᄒᆞ야 엇디ᄒᆞ야 살라 ᄒᆞ야 다 ㉣ 더디고 자내 몬져 가시ᄂᆞᆫ고 자내 날 향ᄒᆡ ᄆᆞᄋᆞᄆᆞᆯ 엇디 가지며 나ᄂᆞᆫ 자내 향ᄒᆡ ㉤ ᄆᆞᄋᆞᄆᆞᆯ 엇디 가지던고

[현대어 풀이]

당신 늘 나에게 말하기를 둘이 머리가 세도록 살다가 함께 죽자고 하시더니, 그런데 어찌하여 나를 두고 당신 먼저 가시나요? 나하고 자식은 누가 명령하여 어떻게 살라고 다 던지고 당신 먼저 가시나요? 당신은 날 향해 마음을 어떻게 가졌으며 나는 당신 향해 마음을 어떻게 가졌던가요?

① 진용 : ㉠이 현대 국어의 '당신'에 대응되는 것으로 보아, ㉠은 이응태의 아내가 이응태를 가리키는 말로 이해할 수 있습니다.
② 혜정 : ㉡과 현대 국어의 '세도록'을 비교해 보니, ㉡의 '셰'에서는 단모음화가 나타나지 않습니다.
③ 대원 : ㉢이 현대 국어의 '하시더니'에 대응되는 것으로 보아, ㉢은 주체 높임 선어말 어미 '-시-'를 포함하고 있음을 알 수 있습니다.
④ 유진 : ㉣과 현대 국어의 '던지고'를 비교해 보니, ㉣의 '디'에서는 구개음화가 나타납니다.
⑤ 대기 : ㉤과 현대 국어의 '마음을'을 비교해 보니, ㉤에는 이어 적기에 의한 표기가 사용되었음을 알 수 있습니다.

19. 〈보기〉의 ㉠~㉤에 대한 설명으로 적절하지 <u>않은</u> 것은?

— 보기 —

나랏 말ᄊᆞ미 中듕國귁에 달아 文문字ᄍᆞ와로 서르 ᄉᆞᄆᆞᆺ디 아니ᄒᆞᆯᄊᆡ 이런 젼ᄎᆞ로 어린 百ᄇᆡᆨ姓셩이 ㉠ 니르고져 홇 배 이셔도 ᄆᆞᄎᆞᆷ내 제 ㉡ ᄠᅳ들 시러 ㉢ 펴디 몯훓 노미 하니라 내 이ᄅᆞᆯ 爲윙ᄒᆞ야 ㉣ 어엿비 너겨 새로 스믈여듧 字ᄍᆞᆼᄅᆞᆯ 밍ᄀᆞ노니 사ᄅᆞᆷ마다 ᄒᆡ여 수ᄫᅵ 너겨 날로 ㉤ ᄡᅮ메 便뼌安ᄒᆞᆫ킈 ᄒᆞ고져 홇 ᄯᆞᄅᆞ미니라

— 『훈민정음』 언해, 세조 5년(1459) -

[현대어 풀이]

우리나라 말이 중국과 달라 한자와는 서로 통하지 아니하여서 이런 까닭으로 어리석은 백성이 말하고자(이르고자) 하는 바가 있어도 마침내 제 뜻을 능히 펴지 못하는 사람이 많다. 내가 이것을 가엾게 생각하여 새로 스물여덟 글자를 만드니, 모든 사람으로 하여금 쉽게 익혀서 날마다 쓰는 데 편하게 하고자 할 따름이다.

① ㉠ : 두음 법칙이 적용되지 않은 형태에 해당한다.
② ㉡ : 이어 적기에 따른 표기에 해당한다.
③ ㉢ : 구개음화가 적용되지 않은 형태에 해당한다.
④ ㉣ : 현대에 오면서 의미가 확대된 어휘에 해당한다.
⑤ ㉤ : 모음 조화에 따른 표기에 해당한다.

20. 〈보기 1〉의 '거듭 적기'에 따른 표기를 〈보기 2〉에서 바르게 고른 것은?

— 보기 1 —

'거듭 적기'란 앞말에 종성을 적고 뒷말의 초성에도 앞말의 종성을 내리 적는 것으로, 근대 문헌에서 이 표기 방식이 쓰였음을 확인할 수 있다.

— 보기 2 —

나라히 破亡(파망)ᄒᆞ니 뫼콰 ᄀᆞᄅᆞᆷ쁜 잇고
잣 앉 보미 플와 나모ᄲᅮᆫ 기펫도다
時節(시절)을 感嘆(감탄)호니 고지 눈믈를 쓰리게코
여희여슈믈 슬호니 새 ᄆᆞᄋᆞᄆᆞᆯ 놀래노다
烽火(봉화)ㅣ 석 ᄃᆞᆯᄅᆞᆯ 니어시니
지빗 音書(음서)는 萬金(만금)이 ᄉᆞ도다
셴 머리를 글구니 쏘 뎌르니
다 빈혀를 이긔디 몯홀 ᄃᆞᆺᄒᆞ도다

— 『두시언해』 중간본 권 제10 -

[현대어 풀이]

나라가 망하니 산과 강만 있고
성 안의 봄에는 풀과 나무만 깊어 있구나.
시절을 애상하게 여기니 꽃까지 눈물을 흘리게 하고,
(처자와) 이별하여 있음을 슬퍼하니 새소리조차 마음을 놀라게 하네.
봉화가 석 달을 이어지니,
집의 소식은 만금보다 값지도다.
흰머리를 긁으니 또 짧아져서
다 모아도 비녀를 이기지 못할 것 같구나.

① 플와, 눈믈를
② 눈믈를, ᆞ음믈
③ 눈믈를, ᄃᆞᆯᄅᆞᆯ
④ ᄃᆞᆯᄅᆞᆯ, 머리를
⑤ ᄃᆞᆯᄅᆞᆯ, 빈혀를

21. 〈보기 1〉을 참고하여 중세 국어 자료인 〈보기 2〉의 ㉠~㉢에 알맞은 말을 바르게 짝지은 것은?

— 보기 1 —

- 중세 국어에서 주격 조사 '이'는 환경에 따라 '이, ㅣ, ∅(zero)'의 세 가지 형태로 실현되었다. '이'는 자음 뒤, 'ㅣ'는 '이'나 반모음 'ㅣ'로 끝나는 이중 모음을 제외한 모음 뒤, '∅'는 '이'나 반모음 'ㅣ'로 끝나는 이중 모음 뒤에 나타났다.
- 중세 국어에서 관형격 조사에는 '이/의, ㅅ' 계열이 존재했다. '이/의'는 높임의 대상이 아닌 유정 명사 다음에 사용되었고, 'ㅅ'은 높임의 유정 명사 혹은 무정 명사 다음에 사용되었다.

— 보기 2 —

元원覺각(㉠) 한아비(㉡) 늙고 病뼝ᄒᆞ더니 …… 元원覺각(㉢) 마디몯ᄒᆞ야 ……

— 『삼강행실도』 효자도 중 「원각경부(元覺警父)」 —

[현대어 풀이]
원각(元覺)이의 할아버지 늙고 병들었더니 …… 원각이 마지못하여 ……

	㉠	㉡	㉢
①	의	이	이
②	의	∅	∅
③	의	∅	이
④	ㅅ	∅	이
⑤	ㅅ	이	이

22. 〈보기〉의 ㉠~㉤에 대한 설명으로 적절하지 **않은** 것은?

— 보기 —

네 므슴 ㉠그를 ᄇᆡ혼다
論論 孟子 小學을 닐고라
네 ᄆᆡ실 므슴 이력 ᄒᆞᄂᆞᆫ다
ᄆᆡ실 이른 새배 니러 흑당의 가 스승님ᄭᅴ 글 ㉡듣ᄌᆞᆸ고 흑당의 노하든 ㉢지븨 와 밥 머기 ᄆᆞᆺ고 ㉣ᄯᅩ 흑당의 가셔 품 쓰기 ᄒᆞ고셔 품 쓰기 ᄆᆞᆺ고 글 이피 ᄒᆞ고 글 입피 ᄆᆞᆺ고 스승님 앏픠 글 강ᄒᆞ노라

— 『번역노걸대(飜譯老乞大)』 —

[현대어 풀이]
너는 무슨 글을 배웠느냐?
논어, 맹자, 소학을 읽었다.
너는 매일 무슨 공부를 하느냐?
매일 이른 새벽에 일어나 학당에 가서 스승님께 글을 배우고, 방과 후에는 집에 와서 밥 먹기를 마치고, 또 학당에 가서 글씨 쓰기를 하고, 글씨 쓰기가 끝나면 시 짓기를 하고, 시 짓기를 마치고는 글 읽기를 하고, 글 읽기를 마치고는 스승님 앞에서 강독을 한다.

① ㉠ : 모음 조화를 준수한 표기에 해당한다.
② ㉡ : 문장의 주체를 높이는 선어말 어미가 사용된 표기에 해당한다.
③ ㉢ : 이어 적기에 따른 표기에 해당한다.
④ ㉣ : 초성에 서로 다른 자음을 나란히 적은 표기에 해당한다.
⑤ ㉤ : 명사형 어미 '-기'가 사용된 표기에 해당한다.

23. 〈보기〉를 바탕으로 중세 국어를 탐구한 내용으로 적절하지 **않은** 것은?

— 보기 —

그저긧 燈등照죠王왕이 普퐁光광佛뿛을 請청ᄒᆞᅀᆞᄫᅡ 供공養양호리라 ᄒᆞ야 ㉠ 나라해 出츯령슈령ᄒᆞ되 됴ᄒᆞᆫ 고ᄌᆞ란 ㉡ ᄑᆞ디 말오 다 ㉢ 王왕ᄭᅴ 가져오라 善쎤慧᠁뼹 ㉣ 드르시고 츠기 너겨 곳 잇ᄂᆞᆫ 싸ᄒᆞᆯ ㉤ 곤가* 가시다가 俱궁夷잉를 맛나시니 곳 닐굽 줄기를 가져 겨샤ᄃᆡ

*곤가 : 따라, 좇아.

— 『월인석보(月印釋譜)』 권 제1 —

[현대어 풀이]
그때 등조왕이 보광불을 청하여 공양하려 하여 온 나라에 명령하되, 좋은 꽃은 팔지 말고 다 왕께 가져오라고 하였다. 선혜가 왕명을 들으시고 안타까이 여겨 꽃 있는 곳을 따라가시다가 구이를 만나셨는데, 구이가 꽃 일곱 줄기를 가지고 계시되,

① ㉠은 모음 조화를 준수한 모습을 보여 주는군.
② ㉡과 현대 국어의 '팔지'를 비교해 보니 '-디'에서는 구개음화된 모습이 확인되지 않는군.
③ ㉢을 보니 'ᄭᅴ'는 현대 국어의 '께'에 해당하는 조사로 쓰였군.
④ ㉣에서는 이어 적기에 의한 표기가 드러나는군.
⑤ ㉤에서는 주체인 '왕'을 존대하기 위한 선어말 어미가 쓰였군.

24. 〈보기〉에서 확인할 수 있는 근대 국어의 특징으로 적절하지 **않은** 것은?

—— 보기 ——

션시는 의령현 ⊙ <u>사룸</u>이니 심티의 안해라 나히 ⓒ <u>스믈희</u> 지아비 죽거늘 ⓒ <u>싀어미</u> ⓔ <u>셤기믈</u> 효로 ᄒ더니 아비 ᄀᆡ가코져 ᄒ거늘 ᄉᆞᆼ양 ᄒ야 굴오ᄃᆡ 지아비 독ᄌᆞ로 일 ⑩ <u>주그니</u> 아버님이 만일 ᄠᅳᆮ을 아ᅀᅳ시면 주근 지아븨 병든 ⑭ <u>어미를</u> 그 뉘라셔 봉양ᄒ리잉고 드듸여 졷디 아니코 싀어미 셤기믈 더옥 브즈런이 ᄒ고 싀어미 미양 ⊗ <u>뒷간의</u> 갈 제 몸소 친히 업더라.

— 『동국신속삼강행실도』「열녀도」권 1, 42 —

[현대어 풀이]
석씨(石氏)는 의령현(宜寧縣) 사람이니 심치(沈致)의 아내라. 나이 스물에 지아비 죽거늘 시어미 섬김을 효로 하더니, 아버지가 개가시키고자 하거늘 사양하여 가로되, 지아비 독자(獨子)로 일찍 죽으니 아버님이 만일 (수절의) 뜻을 빼앗으시면 죽은 지아비의 병든 어미를 그 누가 봉양하리까. 드디어 좇지 않고 시어미 섬김을 더욱 부지런히 하고 시어미 매양 뒷간에 갈 때 몸소 친히 업더라.

① ⊙과 ⑩은 끊어 적기와 이어 적기가 혼용되었음을 보여 준다.
② ⓒ과 ⑭은 모음 조화를 철저히 지키지는 않았음을 보여 준다.
③ ⓒ은 단모음화 이전의 표기가 사용되었음을 보여 준다.
④ ⓔ은 '-기'가 명사형 어미로 사용되었음을 보여 준다.
⑤ ⊗은 '의'가 부사격 조사로 사용되었음을 보여 준다.

25. 〈보기〉의 자료에 나타난 글자의 표기 방식에 대해 설명한 내용으로 적절한 것끼리 바르게 묶은 것은?

—— 보기 ——

(가) 善花公主⊙主ⓒ隱 -「서동요」-

한자	善	花	公	主	主	隱
뜻	착하다	꽃	귀인	임	임	숨다
음	선	화	공	주	주	은

[현대어 풀이] 선화 공주님은

(나) 生死路ⓒ隱 -「제망매가」-

한자	生	死	路	隱
뜻	삶	죽음	길	숨다
음	생	사	로	은

[현대어 풀이] 생사 길은

ⓐ ⊙과 ⓒ은 모두 조사를 표기한 것이다.
ⓑ ⊙은 훈차한 것이고 ⓒ, ⓒ은 음차한 것이다.
ⓒ ⓒ과 ⓒ은 모두 형식 형태소를 표기한 것이다.
ⓓ ⓒ은 관형사형 어미 '-은'을 표기한 것이다.

① ⓐ, ⓑ
② ⓐ, ⓒ
③ ⓑ, ⓒ
④ ⓑ, ⓓ
⑤ ⓒ, ⓓ

26. 〈보기〉에서 탐구 문제에 해당하는 자료를 찾을 때 적절하지 **않은** 것은?

—— 보기 ——

孔공子ᄌ | 曾증子ᄌᆞ드려 닐러 글ᄋᆞ샤ᄃᆡ
몸이며 얼굴이며 머리털이며 술흔 父부母모쎄 받ᄌᆞ온 거시라 敢감히 혈워 샹히오디 아니홈이 효도이 비르소미오
몸을 셰워 道도를 行ᄒᆞᆼ하야 일홈을 後후世셰예 베퍼 뻐 父부母모를 현뎌케 홈이 효도이 ᄆᆞᆽ춤이니라

- 『소학언해』 -

[현대어 풀이]
공자가 증자에게 일러 말씀하시기를, 몸과 형체와 머리털과 살은 부모님께 받은 것이라, 감히 헐게 하여 상하게 하지 아니함이 효도의 시작이고, 입신하여 도를 행하여 이름을 후세에 베풂으로써 부모를 드러나게 함이 효도의 끝이니라.

	탐구 문제	찾은 자료
①	주격 조사가 음운 환경에 따라 형태가 달라진 예를 찾아보자.	孔공子ᄌ, 아니홈이
②	서술격 조사가 앞말로부터 연철된 예와 분철된 예를 찾아보자.	거시라, ᄆᆞᆽ춤이니라
③	부사격 조사가 음운 환경에 따라 형태가 달라진 예를 찾아보자.	後후世셰예, 효도이
④	목적격 조사가 모음 조화를 지킨 예와 그렇지 않은 예를 찾아보자.	일홈을, 父부母모를
⑤	부사격 조사가 높임을 표현하며 쓰인 예와 그렇지 않은 예를 찾아보자.	曾증子ᄌᆞ드려, 父부母모쎄

27. 〈보기〉를 바탕으로 알 수 있는 사실로 적절하지 **않은** 것은?

—— 보기 ——

가. ᄆᆞᅀᆞᆷ > ᄆᆞᅀᆞᆷ > ᄆᆞᄋᆞᆷ > 마음
나. ᄀᆞᅀᆞᆯ > ᄀᆞᅀᆞᆯ > ᄀᆞᄋᆞᆯ > 가을
　　　└─── ㄱ ────┘　　└─── ㄴ ───┘

다. 딥- + -어 → 더버 > 더워
라. 곱- + -아 → 고바 > 고와
　　　　　└───── ㄷ ─────┘

① '가', '나'로 보아, 음운이 완전히 없어지기도 하고 다른 음운으로 대치되기도 하였다.
② '다', '라'로 보아, 자음의 변화가 모음 조화를 파괴하였다.
③ 'ㄱ'으로 보아, 'ㅿ'이 'ㆍ'보다 먼저 소실되었다.
④ 'ㄴ'으로 보아, 'ㆍ'는 몇 번째 음절에 있는지에 따라 소실 시기가 달랐다.
⑤ 'ㄷ'으로 보아, 'ㅸ'은 반모음으로 변화하였다.

28. 〈보기〉를 참조할 때, 밑줄 친 말이 적절하지 <u>않은</u> 것은?

─── 보기 ───

중세 국어의 체언 중에는 'ㅎ'을 끝소리로 가지는 종성 체언이 있는데, 이들은 뒤따르는 조사에 따라 다음과 같이 달리 나타난다.

뒤따르는 조사	'ㅎ' 종성 체언의 실현
모음으로 시작하는 조사	'ㅎ'은 뒤따르는 모음에 이어 적는다. 예 하늘히(하놇+이) 보내시니 [현대어 풀이] 하늘이 보내시니
'ㄱ'이나 'ㄷ'으로 시작하는 조사	'ㅎ'은 뒤따르는 'ㄱ', 'ㄷ'과 어울려 'ㅋ', 'ㅌ'으로 나타난다. 예 하늘토(하놇+도) 뮈며 [현대어 풀이] 하늘도 움직이며
관형격 조사 'ㅅ'	'ㅎ'은 나타나지 않는다. 예 하놊(하놇+ㅅ) 고지 [현대어 풀이] 하늘의 꽃이

	중세 국어	현대어 풀이
①	<u>바닷(바닿+ㅅ)</u> 므리	바다의 물이
②	<u>ᄒᆞ낳과(ᄒᆞ낳+과)</u> 여스시	하나와 여섯이
③	머리털이며 <u>술혼(숧+은)</u>	머리털과 살은
④	<u>안ᄒᆞ로(않+으로)</u> 向케	안으로 향하게
⑤	<u>긼(긿+ㅅ)</u> 네거리예	길의 네거리에

29. 〈보기 1〉은 의문문에 대하여 학습한 내용을 정리한 메모의 일부이다. 〈보기 1〉을 참고하여 〈보기 2〉를 이해한 내용으로 적절한 것은?

─── 보기 1 ───

- ■ 의문문의 종류
- 판정 의문문 : 의문사의 실현 없이 긍정이나 부정의 대답만을 요구하는 의문문
- 설명 의문문 : 의문사가 실현되어 구체적인 설명을 요구하는 의문문
- ■ 중세 국어의 의문문 실현
- 판정 의문문의 실현 : '-아' 계열의 의문형 종결 어미('-가', '-녀', '-려' 등) 또는 의문 보조사 '가/아'가 쓰임.
- 설명 의문문의 실현 : '-오' 계열의 의문형 종결 어미('-고', '-노', '-뇨', '-료', '-오' 등) 또는 의문 보조사 '고/오'가 쓰임.
- ■ 의문형 종결 어미와 의문 보조사의 구별
- 의문형 종결 어미 : 용언의 어간에 붙어서 의문문을 만듦.
- 의문 보조사 : 체언 뒤에 직접 붙어서 의문문을 만듦.

─── 보기 2 ───

ㄱ. 이 엇던 사ᄅᆞᆷ고 (이 어떤 사람이냐?)

ㄴ. 이 ᄯᆞ리 너희 종가 (이 여자가 너희의 종이냐?)

ㄷ. 이 이리 어려ᄫᅳ녀 쉬우녀 (이 일이 어렵냐 쉽냐?)

ㄹ. 太子ㅣ 이제 어듸 잇ᄂᆞ뇨 (태자가 이제 어디 있냐?)

ㅁ. 어마니ᄆᆞᆯ 아라보리ᄅᆞ소니잇가 (어머님을 알아보겠습니까?)

	의문문의 종류	의문문 실현 방법
①	ㄱ	판정 의문문	의문형 종결 어미 사용
②	ㄴ	설명 의문문	의문 보조사 사용
③	ㄷ	판정 의문문	의문 보조사 사용
④	ㄹ	설명 의문문	의문형 종결 어미 사용
⑤	ㅁ	판정 의문문	의문 보조사 사용

30. 〈보기〉를 참조할 때, 밑줄 친 말의 관형격 조사가 적절하지 **않은** 것은?

─ 보기 ─

현대 국어에서는 '의'로 실현되는 관형격 조사가 중세 국어에서는 '익, 의, ㅅ'으로 다양하게 존재하였다. '익, 의, ㅅ'은 결합하는 명사의 특성에 따라 다음과 같이 달리 사용되었다.

관형격 조사	결합하는 명사의 특성		사례	
	의미	끝 음절 모음	중세 국어	현대어 풀이
익	사람이나 동물	양성 모음	도즈긱 알픽 (도죽+익)	도적의 앞을
의	사람이나 동물	음성 모음	大衆의 疑心 (대중+의)	대중의 의심
ㅅ	높임의 대상인 사람	양성 모음 음성 모음	부텻 모미 (부텨+ㅅ)	부처의 몸이
	사람도 아니고 동물도 아님.		나랏 말씀 (나랗+ㅅ)	나라의 말씀

	중세 국어	현대어 풀이
①	거부븨 털 (거붑+의)	거북의 털
②	술윗 바회 (술위+ㅅ)	수레의 바퀴
③	사스믹 갗 (사슴+익)	사슴의 가죽
④	나못 불휘 (나모+ㅅ)	나무의 뿌리
⑤	둘긔 소리 (둙+의)	닭의 소리

31. 〈보기〉를 통해 알 수 있는 15세기 국어의 특징으로 적절하지 **않은** 것은?

─ 보기 ─

㉠ 불휘 기픈 남근 ㅂ룸매 아니 ㉡ 뮐씨 곶 됴코 여름 하느니
㉢ 식미 기픈 므른 ㄱ모래 ㉣ 아니 그츨씨 ㉤ 내히 이러 바른래 가느니

- 『용비어천가』 2장 -

[현대어 풀이]
　뿌리가 깊은 나무는 바람에 아니 흔들리므로 꽃이 좋고 열매가 많습니다.
　샘이 깊은 물은 가뭄에 아니 그치므로 내가 이루어져 바다에 갑니다.

① ㉠ : 주격 조사가 표기상 드러나지 않을 수 있었다.
② ㉡ : 오늘날에는 쓰이지 않는 어휘가 있었다.
③ ㉢ : 앞말 종성을 뒷말 초성으로 옮겨 적는 이어 적기를 하였다.
④ ㉣ : 부사어 '아니'를 서술어 앞에 두어 부정을 표현할 수 있었다.
⑤ ㉤ : 특수한 주격 조사 '히'가 사용되었다.

32. 〈보기〉를 바탕으로 ㉠에 대해 탐구한 내용으로 적절하지 **않은** 것은?

─ 보기 ─

　중세 국어의 관형격 조사는 앞의 체언이 높임 대상이 아닌 유정 명사일 경우에는 '익/의'를 쓰는 것이 원칙이었다. 오늘날의 '돼지고기'는 중세 국어에서 '㉠ 도퇴고기'라고 했는데, 이 단어는 유정 명사에 관형격 조사 '익/의'가 결합한 뒤, '고기'라는 명사가 결합하여 형성된 단어이다.

① 단어의 구조를 보면, '돼지의 고기'라는 뜻이야.
② 연철 표기를 사용해서 단어를 표기했음을 알 수 있어.
③ 옛말에서는 '돼지'를 뜻하는 단어가 '돝'이었음을 알 수 있어.
④ 현대어 '돼지고기'와 마찬가지로 동물 이름에 바로 '고기'가 결합한 구조야.
⑤ 동일한 방법으로 '닭'의 옛말 '둙'이 들어간 '둘긔고기'라는 단어를 만들 수 있겠어.

33. 〈보기〉의 (가)와 (나)를 활용하여 국어의 변화를 탐구할 때, 탐구 결과로 적절하지 <u>않은</u> 것은?

— 보기 —

(가) 근대 국어 자료

가디 간슛는 법

팔구월에 늙쟈닌 가지를 곡지재 흔 치 남즉식 칼로 그처 밀을 녹여 그츨 불라 한열이 젹듕흔 딘 두고 쓰라 또 가지를 깁흔 광즈리예 지를 흔 볼만 실고 가지 흔 볼 녀코 쏘 지 실고 쏘 가지 녀허 그릇시 츠거든 두터이 더퍼 니 업는 딘 두고 겨을헤 쓰면 됴ᄒ니라 쏘 뽕나모 지를 독의 녀코 가지를 서리 젼에 싸고 곡지를 지예 고자 반만 무드면 변치 아녀 새로 싼 듯ᄒ니라

— 『음식디미방』(1670년경) —

(나) 현대 국어 자료

가지 간수하는 법

팔구월에 늙지 않은 가지를 꼭지째 한 치 남짓씩 칼로 끊어 밀랍을 녹여 끝에 발라 한열(寒熱)이 적당한 데 두고 써라. 또 가지를 깊은 광주리에 재를 한 겹만 깔고, 가지 한 겹을 넣고 또 재 깔고 또 가지 넣어, 그릇이 차거든 두껍게 덮어 연기 없는 데 두고 겨울에 쓰면 좋으니라. 또 뽕나무 재를 독에 넣고 가지를 서리 전에 따, 꼭지를 재에 꽂아 반만 묻으면 변치 않아 새로 딴 듯하니라.

— 『음식디미방』 현대어 풀이 —

	(가)	(나)	탐구 결과
①	불라, 그릇시	발라, 그릇이	음운 'ㆍ'의 변화 : 첫 번째 음절에 있을 때와 두 번째 음절에 있을 때 서로 다르게 변함.
②	또, 실고	또, 깔고	'ㅅ'으로 시작하는 합용 병서의 표기 변화 : 된소리를 나타내는 각자 병서 ('ㄸ', 'ㄲ' 등)로 바뀜.
③	녀코	넣고	음운 변동을 표기에 반영하는 방식의 변화 : 'ㅎ'이 다른 자음과 축약되는 현상이 표기에 반영되지 않다가 반영됨.
④	더퍼	덮어	표기법의 변화 : 연철에서 분철로 바뀌어 감.
⑤	겨을헤	겨울에	어말에 'ㅎ'을 가지고 있는 명사의 변화 : 'ㅎ'이 표기상 나타나는 경우가 있었다가 사라짐.

34. 〈보기 1〉을 바탕으로 〈보기 2〉를 분류한 것으로 적절한 것은?

— 보기 1 —

언어는 사회적인 약속에 의해 정해진 기호이지만 오랜 시간이 흐르면서 단어와 의미 사이의 관계가 변할 수 있다. 중세 국어에서의 단어의 의미와 현대 국어에서의 단어의 의미를 비교해 보면, 단어는 의미가 축소되거나 확대되거나 아니면 이동하는 등 여러 가지 방식으로 변화했음을 알 수 있다. 이때 의미의 축소는 단어가 가리킬 수 있는 개념의 범위가 이전보다 작아지는 현상을, 의미의 확대는 반대로 단어가 가리킬 수 있는 개념의 범위가 이전보다 커지는 현상을 말한다. 또, 의미의 이동은 단어의 의미가 다른 것으로 바뀌게 되는 현상을 말한다.

— 보기 2 —

단어	중세 국어에서의 의미	현대 국어에서의 의미
㉠ 짐승	'사람'을 포함한 '동물' 전체를 가리키는 말	'사람'을 제외한 '동물'을 가리키는 말
㉡ 얼굴	'신체'를 가리키는 말	'얼굴'만을 가리키는 말
㉢ 바가지	'박을 쪼개어 물을 푸거나 물건을 담는 데 쓰는 도구'를 가리키는 말	'박을 쪼개거나 나무나 플라스틱 등으로 그와 비슷하게 만들어 물을 푸거나 물건을 담는 데 쓰는 도구'를 가리키는 말
㉣ 어여쁘다	'불쌍하다'를 가리키는 말	'예쁘다'를 예스럽게 가리키는 말
㉤ 세수하다	'손을 씻는 행위'를 가리키는 말	'손이나 얼굴을 씻는 행위'를 가리키는 말

	의미의 축소	의미의 확대	의미의 이동
①	㉠, ㉡	㉢, ㉤	㉣
②	㉠, ㉢	㉤	㉡, ㉣
③	㉡, ㉢	㉠, ㉤	㉣
④	㉢, ㉣	㉤	㉠, ㉡
⑤	㉣, ㉤	㉠, ㉢	㉡

35. 〈보기〉에 나타난 중세 국어의 특징을 분석한 내용으로 적절하지 <u>않은</u> 것은?

─── 보기 ───

　㉠ 스믈히어든 가관(加冠)ᄒᆞ야 비르소 례(禮)를 비호며 가(可)히 ㉡ ᄡᅥ 갓옷과 기블 니브며 대하(大夏)로 춤츠며 ㉢ 효도홈과 ㉣ 공순호믈 도타이 힝(行)ᄒᆞ며 너비 비호고 ㉤ ᄀᆞᄅ치디 아니ᄒᆞ며 소개 두고 내디 아니홀디니라

－『소학언해(小學諺解)』 권 1, 선조 20년(1587) －

[현대어 풀이]

　스물이거든 관례를 치르고 갓을 써 비로소 예를 배우며 가히 가죽옷과 비단을 입으며 대하(大夏)를 추고 효도함과 공손함을 도타이 행하며 널리 배우고 가르치지 아니하며 속에 두고 내지 아니할지니라.

① ㉠을 통해 'ㅎ' 종성 체언이 존재하였음을 알 수 있다.
② ㉡을 통해 어두에 합용 병서가 사용되었음을 알 수 있다.
③ ㉢을 통해 명사형 어미 '-옴'이 사용되었음을 알 수 있다.
④ ㉣을 통해 끊어 적기 방식이 사용되었음을 알 수 있다.
⑤ ㉤을 통해 구개음화가 일어나지 않은 표기가 사용되었음을 알 수 있다.

36. 〈보기〉의 ㉮와 ㉯에서 공통적으로 확인되는 중세 국어의 특징을 모두 고른 것은?

─── 보기 ───

　… ᄆᆞᄎᆞᆷ내 제 ㉮ ᄠᅳ들 시러 펴디 몯ᄒᆞᇙ 노미 하니라 내 이ᄅᆞᆯ 爲윙ᄒᆞ야 어엿비 너겨 새로 스믈여듧 字ᄍᆞᆼ를 밍ᄀᆞ노니 사ᄅᆞᆷ마다 ᄒᆡᅇᅧ 수ᄫᅵ 니겨 날로 ㉯ ᄡᅮ메 便뼌安ᅙᅡᆫ킈 ᄒᆞ고져 ᄒᆞᇙ ᄯᆞᄅᆞ미니라
－『훈민정음(訓民正音)』(언해본), 세조(世祖) 5년(1459년) －

[현대어 풀이]

　… 마침내 제 뜻을 능히 펴지 못하는 사람이 많다. 내가 이것을 가엾게 생각하여 새로 스물여덟 글자를 만드니, 사람들로 하여금 쉽게 익혀서 날마다 쓰는 데 편하게 하고자 할 따름이다.

　㉠ 양성 모음은 양성 모음끼리, 음성 모음은 음성 모음끼리 쓰이는 모음 조화를 지켰음.
　㉡ 서로 다른 자음을 나란히 적는 합용 병서가 사용되었음.
　㉢ 명사형 어미 '-옴/-움'이 사용되었음.
　㉣ 객체 높임 선어말 어미 '-습-, -ᄌᆞᆸ-, -ᅀᆞᆸ-'이 사용되었음.
　㉤ 기본 형태를 밝혀 적지 않고 소리 나는 대로 이어 적기(연철)를 하였음.

① ㉠, ㉡, ㉢　　② ㉠, ㉡, ㉤　　③ ㉠, ㉢, ㉣
④ ㉡, ㉣, ㉤　　⑤ ㉢, ㉣, ㉤

37. 〈보기〉를 참고할 때, ㉠~㉢에 들어갈 예로 적절하지 <u>않은</u> 것은?

─── 보기 ───

　15세기 국어에는 양순 유성 마찰음 'ㅸ[ß]'이 존재했다. 그런데 'ㅸ'은 유성 마찰음 중 가장 먼저 없어져 15세기 후반부터는 그 모습을 확인할 수 없게 되었다. 그 변화의 양상을 보면 다음과 같다.

'ㅸ'이 높인 환경	'ㅸ'의 변화 양상	예
'ㅸ' + 'ㅏ'	'ㅸ' → 반모음 'ㅗ'	㉠
'ㅸ' + 'ㅓ'	'ㅸ' → 반모음 'ㅜ'	
'ㅸ' + 'ㆍ'	'ㅸ' + 'ㆍ' → 'ㅗ'	㉡
'ㅸ' + 'ㅡ'	'ㅸ' + 'ㅡ' → 'ㅜ'	
'ㅸ' + 파생 접미사 '-이'	'ㅸ'이 탈락함.	㉢

① ㉠ : 글ᄫᅡᆯ 〉 글왈
② ㉠ : 더ᄫᅥ 〉 더워
③ ㉡ : 사오나ᄫᆞᆯ 〉 사오나온
④ ㉢ : 치ᄫᅳ니 〉 치우니
⑤ ㉢ : 고ᄫᅵ 〉 고이

38. 〈보기〉를 바탕으로 중세 국어의 특징을 탐구한 내용으로 적절하지 <u>않은</u> 것은?

─── 보기 ───

　〈제7장〉 ᄇᆞᆯ근 새 그를 므러 寢室(침실) 이페 안ᄌᆞ니 聖子革命(성자혁명)에 帝祐(제우)를 뵈ᅀᆞᆸᄫᅵᄒᆞ니 ᄇᆞ야미 가칠 므러 즘겟 가재 연ᄌᆞ니 聖孫將興(성손장흥)에 嘉祥(가상)이 몬졔시니
　〈제8장〉 太子(태자)를 하ᄂᆞ히 ᄀᆞᆯᄒᆡ샤 兄(형)ㄱ ᄠᅳ디 일어시ᄂᆞᆯ 聖孫(성손)ᄋᆞᆯ 내시니이다 世子(세자)를 하ᄂᆞ히 ᄀᆞᆯᄒᆡ샤 帝命(제명)이 ᄂᆞ리어시ᄂᆞᆯ 聖子(성자)ᄅᆞᆯ 내시니이다

－『용비어천가』(1447) －

[현대어 풀이]

　〈제7장〉 붉은 새가 글을 물어 침실의 지게문에 앉으니, 성자가 혁명을 일으킴에 하늘이 내린 복을 보이니 뱀이 까치를 물어 나무의 가지에 얹으니, 성손이 장차 일어남에 기쁜 징조가 먼저 나타나니
　〈제8장〉 태자를 하늘이 가리시어 그 형의 뜻이 이루어지시매, (하늘이) 성손을 내셨습니다. 세자를 하늘이 가리시어 황제의 명이 내리시매, (하늘이) 성자를 내셨습니다.

① 'ᄇᆞᆯ근', '므러'를 통해 이어 적기 방식이 사용되었음을 알 수 있다.
② '聖孫(성손)ᄋᆞᆯ', '聖子(성자)ᄅᆞᆯ'로 보아, 모음 조화에 따라 목적격 조사가 달리 쓰였음을 알 수 있다.
③ '뵈ᅀᆞᆸᄫᅵᄒᆞ니'를 통해 'ㅿ', 'ㅸ', 'ㆍ'와 같은 글자가 사용되었음을 알 수 있다.
④ 'ᄠᅳ디', '뜻이'를 통해 현대와는 달리 어두 자음군이 존재하였음을 알 수 있다.
⑤ '내시니이다'를 통해 주체를 높이기 위해 '-시-'가 사용되었다는 것을 알 수 있다.

39. 〈보기〉를 참조할 때, 밑줄 친 말이 적절하지 <u>않은</u> 것은?

─── 보기 ───

중세 국어의 명사는 뒤따르는 조사에 따라 그 형태가 달라지는 경우가 있다. 예를 들어, 현대 국어에서는 '나무'로만 나타나는 명사가 중세 국어에서는 다음과 같이 결합 환경에 따라 '나모'와 '낡'으로 달리 나타난다.

조사 결합 환경	명사의 형태 변화
조사와 결합하지 않거나, 조사 '와'와 결합할 때	■ '나모'로 실현된다. 중세 국어 : 나모 아래 현대 국어 : 나무 아래
자음으로 시작하는 조사와 결합할 때	■ '나모'로 실현된다. 중세 국어 : 나모도 盛(성)ᄒᆞ더니 현대 국어 : 나무도 우거지더니
'와'를 제외한 모음으로 시작하는 조사와 결합할 때	■ '낡'으로 실현된다. 중세 국어 : 불휘 기픈 남ᄀᆞᆫ 현대 국어 : 뿌리 깊은 나무는

	중세 국어	현대어 풀이
①	<u>낡기</u>(낡 + 이) 높고도	나무가 높고도
②	<u>나모와</u>(나모 + 와)	나무와
③	<u>남글</u>(낡 + 을) 안고	나무를 안고
④	<u>나모이</u>(나모 + 이)	나무에
⑤	<u>나모마다</u>(나모 + 마다)	나무마다

40. 〈보기〉의 ⓐ에 해당하는 사례로 적절하지 <u>않은</u> 것은?

─── 보기 ───

연철은 자음으로 끝나는 형태소 뒤에 모음으로 시작하는 형식 형태소가 올 때, ⓐ <u>앞 형태소의 자음을 뒤 형태소의 초성에 내려서 적는 방식</u>으로 중세 국어에서 일반적인 표기 원칙으로 쓰였다.

㉠ ᄀᆞ로미 프르니 새 더욱 ᄒᆡ오 / 뫼히 퍼러ᄒᆞ니 곳 ㉡ 비치 블블ᄂᆞᆫ 둧도다 / ㉢ 옰보미 본ᄃᆡᆫ 쏘 디나가ᄂᆞ니 / 어느 ㉣ 나리 도라갈 ㉤ ᄒᆡ오

─ 『두시언해 (권 10)』 ─

[현대어 풀이]

강이 푸르니 새는 더욱 희고 / 산이 푸르니 꽃 빛이 불붙는 듯하도다 / 보건대 올봄이 또 지나가니 / 어느 날이 돌아갈 해인가?

① ㉠　　② ㉡　　③ ㉢　　④ ㉣　　⑤ ㉤

41. 〈보기〉의 (가)의 ㉠~㉢에 해당하는 예를 (나)에서 찾아 올바르게 짝지은 것은?

─── 보기 ───

(가) 한글이 처음 만들어졌을 때 초성자를 합쳐서 적는 방법에는 병서와 연서의 두 가지가 있었다. 병서는 둘 이상의 초성자를 가로로 나란히 붙여서 적는 방식이다. 병서는 동일한 초성자를 나란히 붙여서 적는 ㉠ <u>각자 병서</u>와 서로 다른 초성자를 나란히 붙여서 적는 ㉡ <u>합용 병서</u>로 구분된다. ㉢ <u>연서</u>는 두 개의 초성자를 세로로 붙여서 적는 방식이다. 병서나 연서를 활용하면 적은 수의 글자로도 많은 자음을 표기할 수 있게 된다.

(나) 첫소리를 어울워 ᄡᅮᇙ디면 ᄀᆞᆲ바 쓰라 乃終(내종) ㄱ 소리도 ᄒᆞᆫ가지라 ·와 ᅳ와 ㅗ와 ㅜ와 ㅛ와 ㅠ와란 첫소리 아래 브텨 쓰고 ㅣ와 ㅏ와 ㅓ와 ㅑ와 ㅕ와란 올흔 녀긔 브텨 쓰라

─ 『훈민정음』 ─

[현대어 풀이]

초성을 합쳐서 사용하려면 나란히 적으라. 종성도 마찬가지이다. '·, ㅡ, ㅗ, ㅜ, ㅛ, ㅠ'는 초성 아래에 붙여 적고 'ㅣ, ㅏ, ㅓ, ㅑ, ㅕ'는 초성의 오른쪽에 붙여 적으라.

	㉠	㉡	㉢
①	쓰	ᄡᅮᇙ	ᄀᆞᆲ바
②	쓰	ᄡᅮᇙ	첫
③	ᄡᅮᇙ	쓰	ᄀᆞᆲ바
④	ᄡᅮᇙ	ᄀᆞᆲ바	첫
⑤	첫	쓰	ᄀᆞᆲ바

42. (가)를 참고할 때, (나)의 ㉠~㉤ 중 '선혜'를 높이는 표현이 들어 있지 <u>않은</u> 것은?

(가) 중세 국어의 높임법은 현대 국어와 동일하게 높임의 대상에 따라 세 가지로 나뉜다. 서술어의 주체를 높이는 주체 높임법, 목적어나 부사어와 같은 객체를 높이는 객체 높임법, 청자를 높이거나 낮추는 상대 높임법이 이에 해당한다. 중세에는 모든 높임법을 선어말 어미로 나타낼 수 있었다. 주체 높임법은 '-시/샤-', 객체 높임법은 '-ᄉᆞᆸ/ᄉᆞᇦ-', '-ᄌᆞᆸ/ᄌᆞᇦ-', '-ᅀᆞᆸ/ᅀᆞᇦ-', 상대 높임법은 '-이-'에 의해 실현할 수 있었다.

(나) 善慧(선혜) ㉠ <u>니ᄅᆞ샤ᄃᆡ</u> 五百(오백) 銀(은)도ᄂᆞ로 다숫 줄기를 사아지라

俱夷(구이) ㉡ <u>묻ᄌᆞᄫᆞ샤ᄃᆡ</u> 므스게 ㉢ <u>쓰시리</u>

善慧(선혜) ㉣ <u>對答(대답)ᄒᆞ샤ᄃᆡ</u> 부텻긔 ㉤ <u>받ᄌᆞᄫᆞ리라</u>

[현대어 풀이]

선혜가 이르시되 "오백 은돈으로 다섯 줄기를 사고 싶다."

구이가 물으시되 "무엇에 쓰시리오?"

선혜가 대답하시되 "부처께 바치리라."

① ㉠　　② ㉡　　③ ㉢　　④ ㉣　　⑤ ㉤

43. **〈보기〉의 국어사 자료를 탐구한 결과로 적절하지 않은 것은?**

보기

㉠ 곱·다[曲]
[형] 곧지 않고 휘어서 굽다
¶ 曲(곡)은 **고ᄫᆞᆯ** 씨라(曲은 굽은 것이다)
곱디 아니ᄒᆞ며(굽지 않으며)
빗그며 **고ᄫᅡ**(비뚤어지며 굽어)
손바리 **곱고** 뷔틀며(손발이 굽고 비틀어지며)

㉡ :곱·다[麗]
[형] 아름답다
¶ ᄃᆞᇌ비치 **곱도다**(달빛이 곱도다)
누네 **고ᄫᆞᆫ** 것 보고져 ᄒᆞ면(눈에 고운 것 보고자 하면)
七寶(칠보)로 ᄭᅮ미실ᄊᆡ **고ᄫᆞ시고**(칠보로 꾸미시므로 고우시고)

① ㉠과 ㉡은 어간의 성조가 다르므로 15세기에는 동음이의어가 아니었겠군.
② ㉠은 어간의 형태가 변화하기도 하지만 ㉡은 그렇지 않군.
③ ㉠과 ㉡은 자음으로 시작하는 어미 앞에서는 어간의 끝 자음이 동일하게 나타나는군.
④ ㉠과 ㉡은 결합하는 어미에 따라 어간의 받침이 서로 다르게 나타나기도 하는군.
⑤ 현대에는 ㉠은 규칙 용언으로서 변화를 겪지 않지만 ㉡은 'ㅸ'의 소멸로 인해 불규칙 용언이 되었군.

44. **〈보기〉를 바탕으로 중세 국어의 문법적 특징을 탐구할 때, ㉠~㉤에 대한 설명으로 적절하지 않은 것은?**

보기

그저·긔 燈등照조·王왕·이 普:퐁光광佛·뿛·을 請:청·ᄒᆞᅀᆞ·바 供공養·양·호리·라 ·ᄒᆞ·야 나·라·해出 ·췽슈·령·호·ᄃᆡ: ㉠ 됴ᄒᆞᆫ 고·ᄌᆞ란 ·ᄑᆞ·디 :말·오 :다 王왕·ᄭᅴ 가·져오·라 善:쎤慧·쮕 ㉡ 드르·시·고 ᄎᆞᆨ기 너·겨 곳 잇ᄂᆞᆫ ·짜·ᄒᆞᆯ ᄎᆞᆺ·가 ·가·시다·가 ㉢ 俱궁夷잉·ᄅᆞᆯ 맛·나시·니 곳 닐·굽 줄·기·ᄅᆞᆯ 가·져 :겨샤·ᄃᆡ 王왕ㄱ 出·췽슈·령·을 저ᅀᆞ·바 甁뼝ㄱ :소·배 ᄀᆞ·초·아 뒷·더시·니 善:쎤慧·쮕 精졍誠쎵·이 至·징極·끅·ᄒᆞ실 ·ᄊᆡ ㉣ 고·지 소·사·나거·늘 조·차 블·러 ·사·아지·라 ·ᄒᆞ신·대 俱궁夷잉 니ᄅᆞ·샤·ᄃᆡ 大·땡闕·궗·에 보·내ᅀᆞ·바 부텻·긔 ㉤ 받ᄌᆞ·ᄫᆞᇙ 고·지·라 :몯ᄒᆞ·리·라

-『월인석보(月印釋譜)』 권 제1-

[현대어 풀이]

그때 등조왕이 보광불을 청하여 공양하려 하여 온 나라에 명령하되, 좋은 꽃이란 팔지 말고 다 왕께 가져오라고 하였다. 선혜가 왕명을 들으시고 안타까이 여겨 꽃 있는 곳을 따라 가시다가 구이를 만났는데, 구이가 꽃 일곱 줄기를 가지고 계시되, 왕의 명령을 두려워하여 병 속에 감추어 두고 있었는데, 선혜의 정성이 지극하실 새, 꽃이 솟아나거늘 쫓아가 불러서 사고 싶다고 하니, 구이가 말씀하시되, 대궐에 보내어 부처께 바칠 꽃이라 못 팔겠다고 하였다.

① ㉠ : 현대 국어에서 '좋은'에 대응하는 것으로 보아 아직 구개음화 현상이 일어나지 않았음을 알 수 있다.
② ㉡ : 현대 국어에서와 마찬가지로 주체 높임 선어말 어미 '-시-'를 사용하여 문장의 주체인 '왕'을 높이고 있다.
③ ㉢ : 한자의 음을 적을 때 초성, 중성, 종성을 갖추어 표기한 것으로 이때의 종성 'ㅇ'은 음가를 지니지 않는다.
④ ㉣ : 현대 국어에서 '꽃이'라고 적는 것과 달리 소리 나는 대로 표기하는 표음주의 방식을 택하고 있음을 알 수 있다.
⑤ ㉤ : 현대 국어와 달리 문장에서 부사어로 나타나는 대상을 높이기 위해 특별한 선어말 어미가 사용되었다.

45. 〈보기〉의 선생님의 설명을 바탕으로 자료를 분석한 내용으로 적절하지 <u>않은</u> 것은?

─── 보기 ───

선생님 : '모음 조화'란 양성 모음은 양성 모음끼리, 음성 모음은 음성 모음끼리 어울리는 현상을 말합니다. 양성 모음에는 'ㅏ, ㅗ, ·', 음성 모음에는 'ㅓ, ㅜ, ㅡ'가 있고 'ㅣ'는 중성 모음으로 분류합니다. 용언의 어미가 '-아/-어', '-아서/-어서', '-아라/-어라', '-았-/-었-' 등과 같이 이형태를 보이는 것도 모음 조화에 의한 것입니다. 중세에는 보조사 '은(ᄂ)/은(는)', 목적격 조사 '를/를', 관형격 조사 '이/의'나 어미 '-ᄂ/-는', '-ᄋ니/-으니' 등을 모음 조화에 따라 철저하게 구분하여 사용하였으나, 현대에 오면서 파괴되는 경향을 보여 주고 있습니다. 현대 국어에서의 모음 조화는 용언의 어간이나 어미, 의성어와 의태어에서 나타납니다.

[현대 국어 자료]

㉠ 숙제를 도와주겠다고 말하니 지수는 고마워서 깡충깡충 뛰었다.
㉡ 나의 뒤를 졸졸 따라오느라 땀을 줄줄 흘리는 너의 모습을 보았다.

[중세 국어 자료]

ⓐ 듣ᄌᆞᇦ 사ᄅᆞ미 業업障장이 스러디여
   (듣는 사람의 업장이 스러져)
ⓑ ㄱᄂᆞᆫ 엄쏘리니 君군ㄷ字ᄍᆞ처섬 펴아나ᄂᆞᆫ 소리 ᄀᆞᆮᄐᆞ니
   (ㄱ은 어금닛소리니 '군'자 첫소리가 발음되어 나는 소리 같으니)

① ㉠의 '도와'와 달리 '고마워'는 모음 조화가 파괴된 예이며, '어려워'와 같은 사례이다.
② 현대 국어에서 의태어의 모음 조화는 ㉡처럼 뚜렷이 나타나기도 하지만 ㉠과 같이 파괴되는 경우도 있다.
③ ㉡과 ⓐ를 비교해 볼 때, 현대 국어와 달리 중세 국어에는 관형격 조사에 모음 조화가 고려되었음을 알 수 있다.
④ ㉠의 '뛰었다', ㉡의 '보았다', ⓑ의 'ᄀᆞᆮᄐᆞ니'는 용언의 어미에 모음 조화가 지켜진 사례라고 볼 수 있다.
⑤ ⓑ의 'ㄱᄂᆞᆫ'으로 보아 현대 국어에서는 '기역'으로 발음되는 'ㄱ'이 중세 국어에서는 다르게 읽혔을 가능성이 크다.

46. 〈보기〉의 ㉠~㉤ 중 조사의 성격이 <u>다른</u> 하나는?

─── 보기 ───

나랏 ㉠ 말ᄊᆞ미(말ᄊᆞᆷ+이) 中듕國귁에 달아 文문字ᄍᆞ와로 서르 ᄉᆞᄆᆞᆺ디 아니홀ᄊᆡ 이런 젼ᄎᆞ로 어린 ㉡ 百ᄇᆡᆨ姓셩이(百ᄇᆡᆨ姓셩+이) 니르고져 ㉢ 홇 배(홇 바+ㅣ) 이셔도 ᄆᆞᄎᆞᆷ내 ㉣ 제(저+ㅣ) ᄠᅳ들 시러 펴디 몯홇 노미 하니라 ㉤ 내(나+ㅣ) 이를 爲윙ᄒᆞ야 어엿비 너겨 새로 스믈여듧 字ᄍᆞ를 ᄆᆡᇰᄀᆞ노니 사람마다 ᄒᆡᅇᅧ 수비 니겨 날로 ᄡᅮ메 便뼌安한킈 ᄒᆞ고져 홇 ᄯᆞᄅᆞ미니라
          - 『세종어제훈민정음(世宗御製訓民正音)』 -

[현대어 풀이]

우리나라의 말이 중국과 달라 문자와 서로 통하지 아니하여서 이런 까닭으로 어리석은 백성이 말하고자 하는 바가 있어도 마침내 제 뜻을 능히 펴지 못하는 사람이 많다. 내가 이것을 위하여 가엾게 여겨 새로 스물여덟 자를 만드니, 모든 사람들로 하여금 쉽게 익혀 날마다 쓰는 데 편하게 하고자 할 따름이다.

① ㉠   ② ㉡   ③ ㉢   ④ ㉣   ⑤ ㉤

47. 〈보기〉의 (가)의 설명을 (나)에 적용한 것으로 가장 적절한 것은?

─── 보기 ───

(가) 선생님의 설명

이 시간에는 중세 국어와 현대 국어의 차이점에 대해 살펴볼게요. 중세 국어는 현대 국어와 달리, 구개음화 현상과 두음 법칙이 실현되지 않았어요. 또한, 끊어서 적는 분철 방식이 아니라 이어서 적는 연철 방식이 주로 사용되었어요. 그럼 다음 글을 통해 중세 국어의 특징을 확인해 보기로 해요.

(나) 『세종어제훈민정음(世宗御製訓民正音)』

나랏 말ᄊᆞ미 中듕國귁에 달아 文문字ᄍᆞ와로 <u>서르</u> <u>ᄉᆞᄆᆞᆺ디</u> <u>아니홀ᄊᆡ</u> 이런 젼ᄎᆞ로 어린 百ᄇᆡᆨ姓셩이 <u>니르고져</u> 홇 배 <u>이셔도</u> ᄆᆞᄎᆞᆷ내 제 <u>ᄠᅳᆯ</u> 시러 <u>펴디</u> 몯홇 노미 하니라 내 이를 爲윙ᄒᆞ야 <u>어엿비</u> 너겨 새로 스믈여듧 字ᄍᆞ를 ᄆᆡᇰᄀᆞ노니 <u>사람마다</u> ᄒᆡᅇᅧ 수비 <u>니겨</u> 날로 ᄡᅮ메 便뼌安한킈 ᄒᆞ고져 홇 ᄡᆞᄅᆞ미니라

[현대어 풀이]

우리나라의 말이 중국과 달라 문자와 서로 통하지 아니하여서 이런 까닭으로 어리석은 백성이 <u>이르고자</u> 하는 바가 있어도 마침내 제 뜻을 능히 펴지 못하는 사람이 많다. 내가 이것을 위하여 <u>가엾이</u> 여겨 새로 스물여덟 자를 만드니, 모든 <u>사람마다</u> 쉽게 <u>익혀</u> 날마다 쓰는 데 편하게 하고자 할 따름이다.

	구개음화 미실현	두음 법칙 미실현	연철
①	ᄉᆞᄆᆞᆺ디	아니홀ᄊᆡ	서르
②	ᄉᆞᄆᆞᆺ디	니르고져	ᄠᅳᆯ
③	펴디	이셔도	어엿비
④	펴디	니겨	사람마다
⑤	펴디	니겨	날로

48. 〈보기〉를 바탕으로 ㄱ~ㅁ을 설명한 것으로 적절한 것은?

보기

15세기 국어에서 미래 시제는 '-리-'를 사용하여 표현하였다. 과거 시제를 표현하기 위해 동사에는 아무런 선어말 어미를 사용하지 않거나 '-더-'를 사용하였고, 형용사나 '잇다', '체언+이다'는 '-더-'를 사용하였다. '-더-'는 '-오-'와 결합하면 융합형 '-다-'로 실현되었다. 현재 시제를 표현하기 위해 동사나 '잇다'는 '-ᄂᆞ-'를 사용한 반면, 형용사나 '체언+이다'는 선어말 어미를 사용하지 않았다.

> ㄱ. 닐굽히 너무 <u>오라다</u> (일곱 해 너무 오래다.)
> - 『월인석보』 -
>
> ㄴ. 아들ᄯᆞᆯ 구(求)ᄒᆞ면 아들ᄯᆞᆯ <u>득(得)ᄒᆞ리라</u>
> (아들딸을 구하면 아들딸을 얻으리라.)
> - 『석보상절』 -
>
> ㄷ. 네 이제 ᄯᅩ <u>묻ᄂᆞ다</u> (네가 이제 또 묻는다.)
> - 『월인석보』 -
>
> ㄹ. 내 <u>롱담ᄒᆞ다라</u> (내가 농담하였다.)
> - 『석보상절』 -
>
> ㅁ. 네 아비 ᄒᆞ마 <u>주그니라</u> (네 아비 이미 죽었느니라.)
> - 『월인석보』 -

① ㄱ : '오라다'라는 형용사에 선어말 어미를 사용하지 않고 과거 시제를 표현하고 있다.

② ㄴ : '득(得)ᄒᆞ다'에 '-리-'를 사용하여 과거 시제를 표현하고 있다.

③ ㄷ : '묻ᄂᆞ다'는 동사에 '-ᄂᆞ-'를 사용하여 현재 시제를 표현하고 있다.

④ ㄹ : '롱담ᄒᆞ다라'에 '-다-'를 사용하여 현재 시제를 표현하고 있다.

⑤ ㅁ : '주그니라'는 선어말 어미를 사용하지 않고 미래 시제를 표현하고 있다.

---

49. (가)는 수업 시간에 필기한 내용이다. 이를 바탕으로 (나)를 이해한 내용으로 적절하지 **않은** 것은?

(가)

〈15세기 국어의 음운과 표기의 특징〉
㉠ 방점을 사용하여 성조를 표시함.
㉡ 두음 법칙이 적용되지 않음.
㉢ 구개음화가 나타나지 않음.
㉣ 음운 'ㅸ, ㅿ, ·'가 존재함.
㉤ 이어 적기를 함.

(나) 善ᄬᅠ썬慧ᅵ혜·뼁 드르·시·고 츠기 너·겨 곳 잇논 ·ᄯᅡ·홀 곤·가 가·시다·가 俱궁夷잉·룰 맛·나시·니 곳 닐·굽 줄·기·를 가·져 ᄀᆞ겨샤·ᄃᆡ 王왕ᄀᆡ 出·쳉슈·령·을 저쓰·바 瓶뼝ㄱ :소·배 ᄀᆞ초·아 ·뒷·더시·니 善ᄬᅠ썬慧ᅵ혜·뼁 精졍誠쎵·이 至·징極·끅ᄒᆞ실·씨 고·지 소·사 ·나거늘 조·차 블 ·러 ·사·아지·라 ·ᄒᆞ신·대 俱궁夷잉 니르·샤·ᄃᆡ 大·땡闕·쿓·에 보·내ᅀᆞ·바 부텻·긔 받ᄌᆞ·ᄫᅳᇙ 고·지·라 :몯ᄒᆞ·리·라

- 『월인석보』 -

[현대어 풀이]

선혜가 왕명을 들으시고 안타까이 여겨 꽃 있는 곳을 따라 가시다가 구이를 만났는데, (구이가) 꽃 일곱 줄기를 가지고 계시되, 왕의 명령을 **두려워하여** 병 **속**에 감추어 두고 있었는데, 선혜의 정성이 지극하실새, 꽃이 솟아나거늘 **좇아**가 **불러** 사고 싶다고 하니, 구이가 **이르시되**, 대궐에 보내어 **부처**께 바칠 꽃이라 못 팔겠다(고 하였다).

① ㉠으로 보아 ' :소'와 '·배'는 같은 높낮이로 읽지 않았겠군.

② ㉡으로 보아 '니르·샤·ᄃᆡ'에는 두음 법칙이 적용되지 않았음을 확인할 수 있군.

③ ㉢으로 보아 '부텻'에는 구개음화가 나타나지 않았음을 확인할 수 있군.

④ ㉣으로 보아 '쓰', '·ᄫᅡ'에는 현대 국어에 없는 음운 '·', 'ㅸ'이 사용되었군.

⑤ ㉤으로 보아 '블·러'는 이어 적기 방식으로 표기되었군.

50. 〈보기〉의 밑줄 친 부분에서 확인할 수 있는 중세 국어의 특징으로 적절하지 **않은** 것은?

─── 보기 ───

ㄱ. <u>아당ᄒ기</u> 잘 ᄒᄂᆞᆫ 이를 벋ᄒ며 　　　　- 『소학언해』

[현대어 풀이] 아첨하기를 잘하는 이를 벗하며

ㄴ. 이 엇던 광명(光明)<u>고</u> 　　　　- 『월인석보』

[현대어 풀이] 이것이 어떤 광명인가?

ㄷ. 네 므슴 그를 <u>빈호다</u> 　　　　- 『번역 노걸대』

[현대어 풀이] 당신은 무슨 글을 배웠습니까?

ㄹ. 야ᇫ(耶輸)<u>ㅣ</u> 그 긔별 드르시고 　　　　- 『석보상절』

[현대어 풀이] 야수가 그 기별 들으시고

ㅁ. <u>나랏 말ᄊᆞ미</u> 중국(中國)에 달아 　　- 『훈민정음언해』

[현대어 풀이] 나라의 말이 중국과 달라

① ㄱ : 명사형 어미 '-기'가 사용되었다.

② ㄴ : 의문문에 '오' 계열의 의문 보조사가 사용되었다.

③ ㄷ : 주어가 2인칭인 경우 의문형 어미 '-ㄴ다'가 사용되었다.

④ ㄹ : 'ㅣ' 이외의 모음으로 끝난 체언 뒤에 주격 조사 'ㅣ'가 사용되었다.

⑤ ㅁ : 조사 앞의 명사가 유정 명사인 경우, 관형격 조사 'ㅅ'이 사용되었다.

51. ⓐ에 들어갈 내용으로 적절하지 **않은** 것은?

- **학습 목표** : 중세 국어와 현대 국어의 차이를 이해한다.
- **학습 자료**

> ⊙ 孔子(공ᄌ)ㅣ 曾子(증ᄌ)ᄃᆞ려 닐러 ᄀᆞ로샤ᄃᆡ 몸이며 얼굴이며 머리털이며 ⓒ 술흔 父母(부모)의 ⓒ 받ᄌᆞ온 ⓔ 거시라 敢(감)히 헐워 샹ᄒᆞ오디 아니홈이 효도이 비르소미오 몸을 셰워 道(도)를 行(ᄒᆡᆼ)ᄒᆞ야 일훔을 後世(후셰)예 베퍼 ⓜ 써 父母(부모)를 현뎌케 홈이 효도이 ᄆᆞᄎᆞ미니라
>
> - 『소학언해』 -

[현대어 풀이]

> 공자가 증자에게 일러 말씀하시되 몸이며 형체며 머리털이며 살은 부모께 받은 것이라 감히 헐게 하여 상하게 하지 아니함이 효도의 시작이고, 몸을 세워 도를 행하여 이름을 후세에 베풀어 그럼으로써 부모를 드러나게 함이 효도의 마침이다.

- **학습 자료의 활용 계획**

ⓐ

① ⊙ : 중세 국어 시기에는 주격 조사 '가'가 없었다는 사례로 제시한다.

② ⓒ : 중세 국어 시기에는 'ㅎ'으로 끝나는 체언이 있었다는 사례로 제시한다.

③ ⓒ : 중세 국어 시기에는 주체를 높이는 형태소로 '-ᄌᆞᆸ(ᄌᆞ)-'이 있었다는 사례로 제시한다.

④ ⓔ : 중세 국어 시기에는 체언과 조사를 분리하지 않고 이어서 적었다는 사례로 제시한다.

⑤ ⓜ : 중세 국어 시기에는 초성에 두 개의 자음이 놓일 수 있었다는 사례로 제시한다.

52. 〈보기〉를 참고할 때, 현대 국어 중 ⊙의 예와 중세 국어 중 ⓒ의 예로 적절한 것은?

─── 보기 ───

현대 국어와 마찬가지로 중세 국어에도 합성법에 의해 만들어진 합성 용언이 많이 있었다. 두 시기에 쓰인 합성어를 살펴보면 ⊙ '용언 어간 + 어미 + 용언 어간'으로 구성된 통사적 합성어와 ⓒ '용언 어간 + 용언 어간'으로 구성된 비통사적 합성어의 형태가 다양하게 쓰인 것을 알 수 있다. 예를 들어 '이리저리 뛰어다니며 놀다.'라는 뜻의 합성어로, 현대 국어에서는 비통사적 합성어 '뛰놀다'와 통사적 합성어 '뛰어놀다'가 모두 쓰이고 있고, 중세 국어에서는 비통사적 합성어 '뛰놀다'가 쓰였다.

	현대 국어 중 ⊙의 예	중세 국어 중 ⓒ의 예
①	그는 한 걸음을 더 <u>나아갔다</u>.	棺 알ᄑᆡ <u>나ᅀᅡ가</u> (관 앞에 나아가)
②	네가 드디어 <u>돌아오다니</u> 꿈만 같구나!	지브로 <u>도라오싫</u> 제 (집으로 돌아오실 때)
③	그건 내가 평소에 잘 <u>듣보아</u> 놓은 일이야.	귀예 <u>듣보미</u> 업거든 (귀에 듣봄이 없거든)
④	내가 <u>빌어먹는</u> 형편에 집이 있을 리 없지.	나라해 <u>빌머그라</u> 오시니 (나라에 빌어먹으러 오시니)
⑤	승강기가 고장 나서 계단을 <u>오르내렸다</u>.	세 번 <u>오르ᄂᆞ리샤</u> (세 번 오르내리시어)

53. 〈보기 1〉을 바탕으로 〈보기 2〉의 ㄱ~ㅁ을 이해한 것으로 적절하지 **않은** 것은?

─── 보기 1 ───

[중세 국어 문장에서 목적어의 실현]

- 체언에 목적격 조사(을/를, ᄋᆞᆯ/를, ㄹ)가 붙어서 실현됨.
- 체언에 목적격 조사 없이 체언 단독으로 실현됨.
- 체언에 목적격 조사 없이 보조사가 붙어서 실현됨.
- 명사구에 목적격 조사가 붙어서 실현됨.
- 명사절에 목적격 조사가 붙어서 실현됨.

─── 보기 2 ───

ㄱ. 내 <u>太子(태ᄌᆞ)를</u> 셤기ᅀᆞᄫᅩᄃᆡ (내가 태자를 섬기되)

ㄴ. 곶 <u>됴코</u> 여름 하ᄂᆞ니 (꽃 좋고 열매 많으니)

ㄷ. 됴흔 <u>고ᄌᆞ란</u> ᄑᆞ디 말오 (좋은 꽃일랑 팔지 말고)

ㄹ. 뎌 <u>부텻 像(샹)을</u> 밍ᄀᆞ라 (저 부처의 형상을 만들어)

ㅁ. ᄇᆡ <u>ᄐᆞ길</u> 아디 몯ᄒᆞ며셔 (배 타기를 알지 못하면서)

① ㄱ : 목적격 조사 '를'이 붙어서 목적어가 실현되었군.

② ㄴ : 체언에 목적격 조사 없이 목적어가 실현되었군.

③ ㄷ : 보조사 'ᄋᆞ란'이 붙어서 목적어가 실현되었군.

④ ㄹ : 명사구에 목적격 조사 '을'이 붙어 목적어가 실현되었군.

⑤ ㅁ : 명사절에 목적격 조사 'ㄹ'이 붙어 목적어가 실현되었군.

54. [현대어 풀이]를 참고할 때, ㉠~㉤에 나타난 15세기 국어의 특징을 분석한 내용으로 적절하지 **않은** 것은?

㉠ ▽ㄹ미 프르니 새 더욱 히오
뫼히 퍼러ᄒᆞ니 곳 비치 ㉡ 블븐ᄂᆞᆫ 듯도다
㉢ 옰 보미 본ᄃᆡᆫ 쏘 디나가ᄂᆞ니
어느 ㉣ 나리 이 ㉤ 도라갈 ᄒᆡ오

- 두보, 『분류두공부시언해』 중 -

[현대어 풀이]
강이 프르니 새가 더욱 희고
산이 퍼러니 꽃 빛이 불붙는 듯하구나
올해의 봄이 보건대 또 지나가니
어느 날이 돌아갈 해인가

① ㉠을 통해 15세기에는 한자어 '강'의 고유어로 '▽름'이 있었음을 알 수 있다.
② ㉡을 통해 15세기에도 비음화가 있었음을 알 수 있다.
③ ㉢을 통해 15세기에는 관형격 조사로 'ㅅ'이 있었음을 알 수 있다.
④ ㉣을 통해 15세기에는 이어 적기를 했음을 알 수 있다.
⑤ ㉤을 통해 15세기에도 합성어가 있었음을 알 수 있다.

55. 15세기와 현대의 단어 형태를 비교할 때, 그 사이에 적용된 음운 변화를 〈보기〉에서 모두 찾은 것으로 적절하지 **않은** 것은?

─── 보기 ───

15세기에 존재하던 음운 중 현대로 오는 과정에서 사라진 대표적인 것으로 'ㆍ'와 'ㅿ'이 있다. 이 두 음운의 소멸 과정은 대체로 다음과 같이 정리할 수 있다.

(가) 모음 'ㆍ'는 단어의 첫째 음절에서 'ㅏ'로 변했다.
(나) 모음 'ㆍ'는 단어의 둘째 음절 이하에서 'ㅡ'로 변했다.
(다) 자음 'ㅿ'은 음가가 없는 'ㅇ'으로 변하여 사라졌다.

	15세기	현대	적용된 음운 변화
①	ᄃᆞᆯ	달	(가)
②	ᄯᆞ름	따름	(나)
③	두ᅀᅥ	두어	(다)
④	ᄉᆞᅀᅵ	사이	(가), (다)
⑤	ᄆᆞᅀᆞᆷ	마음	(가), (나), (다)

56. 〈보기〉의 ㉠~㉤에 대한 설명으로 적절하지 **않은** 것은?

─── 보기 ───

㉠ 나랏 말ᄊᆞ미 中듕國귁에 달아 文문字ᄍᆞ와로 서르 ᄉᆞᄆᆞᆺ디 아니홀ᄊᆡ 이런 젼ᄎᆞ로 어린 百ᄇᆡᆨ姓셩이 니르고져 홇 ㉡ 배 이셔도 ᄆᆞᄎᆞᆷ내 제 ㉢ ᄠᅳ들 시러 펴디 몯ᄒᆞᇙ 노미 하니라 내 이ᄅᆞᆯ 爲윙ᄒᆞ야 어엿비 너겨 새로 스믈여듧 字ᄍᆞᄅᆞᆯ 밍ᄀᆞ노니 사ᄅᆞᆷ마다 ᄒᆡ여 수ᄫᅵ 니겨 날로 ㉣ 뿌메 便뼌安한킈 ᄒᆞ고져 홇 ㉤ ᄯᆞᄅᆞ미니라

- 『훈민정음 언해』 -

[현대어 풀이]
나라의 말이 중국과 달라 문자가 서로 통하지 아니하므로 이런 까닭으로 어리석은 백성이 말하고자 하는 바가 있어도 마침내 제 뜻을 능히 펴지 못하는 사람이 많으니라. 내 이를 위하여 가엾게 여겨 새로 스물여덟 자를 만드니 사람마다 하여금 쉽게 익혀 날마다 사용함에 편안케 하고자 할 따름이니라.

① ㉠ : '나랏'은 명사에 관형격 조사가 결합되어 있는 관형어이다.
② ㉡ : '배'는 명사에 주격 조사가 결합되어 있는 주어이다.
③ ㉢ : 'ᄠᅳ들'은 명사에 목적격 조사가 결합되어 있는 목적어이다.
④ ㉣ : '뿌메'는 명사에 부사격 조사가 결합되어 있는 부사어이다.
⑤ ㉤ : 'ᄯᆞᄅᆞ미니라'는 명사에 서술격 조사가 결합되어 있는 서술어이다.

57. 〈보기〉의 중세 국어 자료에 나타나는 특징을 탐구한 내용으로 적절하지 **않은** 것은?

─── 보기 ───

믈근 ▽ᄅᆞᆳ ᄒᆞᆫ 고빅 ᄆᆞᅀᆞᆯ홀 아나 흐르ᄂᆞ니

- 『두시언해』 초간본 -

[현대어 풀이]
맑은 강의 한 굽이가 마을을 안아 흐르니

① '믈근'이 현대 국어의 '맑은'에 대응하는 것을 보니 '-은'이라는 어미가 사용되었군.
② '▽ᄅᆞᆳ'이 현대 국어의 '강의'에 대응하는 것을 보니 'ㅅ'이 부사격 조사의 역할을 했군.
③ 'ᄆᆞᅀᆞᆯ'을 보니 현대 국어에 쓰이지 않는 모음 'ㆍ'와 자음 'ㅿ'이 쓰였군.
④ 'ᄆᆞᅀᆞᆯ홀'이 현대 국어의 '마을을'에 대응하는 것을 보니 '마을'을 뜻하는 옛말은 'ㅎ' 종성 체언이로군.
⑤ '아나'가 현대 국어의 '안아'에 대응하는 것을 보니 이어 적기를 했군.

58. 〈보기 1〉의 ㉠~㉫ 중 〈보기 2〉의 ⓐ, ⓑ, ⓒ에 들어갈 예가 올바르게 짝지어진 것은?

───── 보기 1 ─────

[중세 국어] 내 ㉠ 겨믄 제 글 ㉡ 빈호물 즐겨
[현대 국어] 내가 젊을 때 글 배움을 즐겨

[중세 국어] 닐굽 ㉢ 거르믈 거르샤 ㉣ 니르샤딘
[현대 국어] 일곱 걸음을 걸으시고 이르시되

[중세 국어] ㉤ 곶 ㉥ 됴코 여름 하ᄂ니
[현대 국어] 꽃이 좋고 열매가 많나니

───── 보기 2 ─────

• 구개음화가 일어나지 않았다. 예 (ⓐ)
• 두 형태소가 결합할 때 이어 적기를 했다. 예 (ⓑ)
• 주체 높임의 선어말 어미가 사용되었다. 예 (ⓒ)

	ⓐ	ⓑ	ⓒ
①	㉤	㉠, ㉡	㉥
②	㉥	㉠, ㉡	㉤, ㉣
③	㉥	㉠, ㉡, ㉢	㉣
④	㉠, ㉥	㉡, ㉢, ㉤	㉣
⑤	㉤, ㉥	㉡, ㉢	㉠, ㉣

59. 〈보기〉를 바탕으로, 중세 국어에 대해 이해한 내용으로 적절하지 **않은** 것은?

───── 보기 ─────

■ ᅙ는 목소·리·니 虛헝ᅙ字·쭝 ·처섬 ·펴·아·나는 소·리 ·ᄀᆞᆮ·니 글·바쓰면 洪ᅘᅩᆼ字·쭝 ·처섬 ·펴·아·나는 소·리 ·ᄀᆞᆮ·니·라
[현대어 풀이] ᅙ은 목소리니 허(虛)자 처음 펴지는 소리 같으니, 겹쳐 쓰면 홍(洪)자 처음 펴지는 소리 같으니라.

■ ㅏ·는 覃땀ㅂ字·쭝 가온·딧소·리 ·ᄀᆞᆮ·니·라
[현대어 풀이] ㅏ는 담(覃)자 가운뎃소리 같으니라

■ ㅓ·는 業·업字·쭝 가온·딧소·리 ·ᄀᆞᆮ·니·라
[현대어 풀이] ㅓ는 업(業)자 가운뎃소리 같으니라

■ 乃:냉終즁ㄱ소·리·는 다시 ·첫·소·리·를 ·쓰·ᄂ니·라
[현대어 풀이] 종성은 다시 첫소리를 쓰느니라

① '·ᄀᆞᆮ·니·라'에서 이어 적기를 확인할 수 있군.
② '·처섬'에서 현대에 존재하지 않는 자음이 중세에는 존재하였음을 확인할 수 있군.
③ '가·온·딧소·리'에서 어두 자음군을 확인할 수 있군.
④ 'ㅏ·ᄂᆞᆫ'과 'ㅓ·는'에서 모음 조화가 잘 지켜지는 것을 확인할 수 있군.
⑤ '乃:냉終즁ㄱ소·리'에서 평성, 거성, 상성의 성조를 방점으로 구분한 것을 확인할 수 있군.

60. 〈보기〉의 마지막 질문에 대한 답으로 가장 적절한 것은?

───── 보 기 ─────

선생님 : 중세 국어에서는 문장의 주체를 높이는 선어말 어미 '-(ᄋ/으)시/샤'가 쓰였어요. 자음으로 시작하는 어미 앞에서는 '-(ᄋ/으)시-'로, 모음으로 시작하는 어미 앞에서는 '-(ᄋ/으)샤'로 구분하여 사용했어요. 또 중세 국어에서는 객체를 높이는 선어말 어미 '-ᅀᆞᆸ/ᄉᆞᆸ/ᄌᆞᆸ-'도 쓰였어요. '-ᄉᆞᆸ-'은 어간의 끝소리 'ㄱ, ㅂ, ㅅ, ㅎ' 뒤에, '-ᄌᆞᆸ-'은 'ㄷ, ㅌ, ㅈ, ㅊ' 뒤에 쓰였고, 모음과 유성 자음 뒤에는 '-ᅀᆞᆸ-'이 쓰였어요. 이들의 받침인 'ㅂ'은 모음으로 시작하는 어미 앞에서는 'ㅸ'으로 바뀌었답니다. 다음은 1459년에 간행된 『월인석보』의 일부입니다. 이 장면은 부처의 전생(前生)인 '선혜'와 그의 처가 될 '구이'가 처음 만나는 장면으로, '구이'가 '선혜'를 높이고 있습니다. ㉠과 ㉡에는 어떤 말이 들어갈까요?

┌─────────────────────────────────┐
│ 구이 묻ᄌᆞᄫᅡ샤 "므스게 _____ ㉠ _____" │
│ (구이가 여쭈시기를 "무엇에 쓰실고?") │
│ 선혜 대답ᄒᆞ샤 "부텻긔 _____ ㉡ _____" │
│ (선혜가 대답하시기를 "부처님께 바칠 것이다.") │
└─────────────────────────────────┘

	㉠	㉡
①	쓰시리	받ᄉᆞᄫᆞ리라
②	쓰시리	받ᄌᆞᄫᆞ리라
③	쓰시리	받ᅀᆞᄫᆞ리라
④	쓰샤리	받ᄉᆞᄫᆞ리라
⑤	쓰샤리	받ᄌᆞᄫᆞ리라

61. 〈보기〉를 통해 중세 국어의 특징을 탐구한 것으로 적절하지 **않은** 것은?

───── 보 기 ─────

ㄱ. 그 比丘(비구) ᅵ 蓮(연)ㅅ곳 우희 안자 잇거늘
　[현대어 풀이] 그 비구가 연꽃 위에 앉아 있거늘
ㄴ. 부텻긔 이런 마를 몯 듣ᄌᆞᄫᅳ며
　[현대어 풀이] 부처께 이런 말을 못 들으며

① ㄱ을 보면, 자음으로 끝난 어간에 모음으로 시작하는 어미가 결합할 때 현대 국어와 달리 이어 적기를 했음을 알 수 있다.
② ㄱ을 보면, 모음으로 끝난 체언 뒤에 결합하는 주격 조사가 현대 국어와는 다른 형태였음을 알 수 있다.
③ ㄱ을 보면, 연결 어미와 보조 용언을 사용하여 진행상을 구현했다는 점은 현대 국어와 같음을 알 수 있다.
④ ㄴ을 보면, 현대 국어와 달리 선어말 어미에 의해서도 객체 높임이 실현되었음을 알 수 있다.
⑤ ㄴ을 보면, 부정 부사를 용언 앞에 놓음으로써 짧은 부정문을 만들었다는 점은 현대 국어와 같음을 알 수 있다.

62. 〈보기〉를 바탕으로 단어의 형태를 설명한 것으로 적절하지 **않은** 것은?

───── 보 기 ─────

현대어 표기	15세기 단독형	15세기 결합형			
		주격 조사	목적격 조사	부사격 조사	보조사
나무	나모	남기	남ᄀᆞᆯ	나모와	나모도
아우	아ᅀᆞ	앗이	앗ᄋᆞᆯ	아ᅀᆞ와	아ᅀᆞ도
노루	노ᄅᆞ	놀이	놀ᄋᆞᆯ	노ᄅᆞ와	노ᄅᆞ도

① 현대어에서는 '나모, 아ᅀᆞ, 노ᄅᆞ'를 15세기와는 다르게 표기한다.
② '나모, 아ᅀᆞ, 노ᄅᆞ'는 부사격 조사나 보조사와 결합할 때는 단독형과 그 형태가 동일하다.
③ '나모'는 주격 조사나 목적격 조사와 결합할 때는 단독형과 달리 '남'으로 그 형태가 바뀐다.
④ '아ᅀᆞ'는 주격 조사나 목적격 조사와 결합할 때는 단독형과 달리 '앗'으로 그 형태가 바뀐다.
⑤ '노ᄅᆞ'는 주격 조사나 목적격 조사와 결합할 때는 단독형과 달리 '놀'로 그 형태가 바뀐다.

63. 〈보기〉를 바탕으로 16세기 중세 국어의 특징을 탐구한 내용으로 적절하지 **않은** 것은?

───── 보 기 ─────

공ᄌᆞ(孔子) ᅵ 증ᄌᆞ(曾子)ᄃᆞ려 ㉠ 닐러 ᄀᆞᆯᄋᆞ샤ᄃᆡ 몸이며 얼굴이며 머리털이며 ㉡ 술흔 부모(父母)ᄭᅴ ㉢ 받ᄌᆞ온 거시라 감히 헐워 샹히오디 아니홈이 효도의 ㉣ 비르소미오 몸을 셰워 도(道)ᄅᆞᆯ 힝(行)ᄒᆞ야 일홈을 후세(後世)예 베퍼 ᄡᅥ 부모ᄅᆞᆯ 현뎌케 홈이 효도의 ㉤ ᄆᆞᄎᆞᆷ이니라

― 『소학언해』 ―

[현대어 풀이]
공자께서 증자에게 일러 말씀하시되 몸이며 형체며 머리털이며 살은 부모께 받은 것이라 감히 헐게 하여 상하게 하지 아니함이 효도의 시작이고, 몸을 세워 도를 행하여 이름을 후세에 베풀어 그럼으로써 부모를 드러나게 함이 효도의 마침이다.

① ㉠을 통해, 16세기의 중세 국어에는 두음 법칙이 적용되었음을 알 수 있다.
② ㉡을 통해, 16세기의 중세 국어에는 'ㅎ'을 말음으로 가지는 체언이 존재했음을 알 수 있다.
③ ㉢을 통해, 16세기의 중세 국어에는 객체를 높이는 선어말 어미가 존재했음을 알 수 있다.
④ ㉣을 통해, 16세기의 중세 국어에서는 모음 조화 현상이 지켜지지 않는 경우도 있었음을 알 수 있다.
⑤ ㉤을 통해, 16세기의 중세 국어에서는 끊어 적기가 사용되는 경우도 있었음을 알 수 있다.

문법
N제

프리미엄 언매 문제집

Part _07

지문형

[1~2] 다음 글을 읽고 물음에 답하시오.

동화는 하나의 음운이 인접한 음운과 만날 때 그것과 같거나 닮은 음운으로 바뀌는 음운 현상을 말한다. 파열음인 'ㄱ, ㄷ, ㅂ'이 비음 'ㄴ, ㅁ' 앞에서 동일한 조음 방식의 비음 'ㅇ, ㄴ, ㅁ'으로 바뀌는 동화 현상인 비음화를 살펴보자. 이때 'ㄱ, ㄷ, ㅂ'은 바뀌게 되는 음운이고 'ㄴ, ㅁ' 앞은 동화 현상이 일어나는 조건이 되며 동일한 조음 방식의 비음 'ㅇ, ㄴ, ㅁ'은 바뀌어 나온 음운이 된다.

동화는 동화의 방향, 동화의 정도에 따라 구분해 볼 수 있다. 여기서 동화음은 동화가 일어나는 조건이 되는 음운이고 피동화음은 동화 현상에서 바뀌게 되는 음운을 의미한다. 우선 동화의 방향에 따라 순행 동화와 역행 동화로 구분된다. 순행 동화는 동화음이 피동화음보다 앞에 있는 것이고, 역행 동화는 동화음이 피동화음보다 뒤에 있는 것이다. 예를 들어 '돌나물[돌라물]'의 경우 동화음은 첫 번째 음절의 종성 'ㄹ'이고 피동화음은 두 번째 음절의 초성 'ㄴ'이므로 순행 동화에 속한다. 반면에 '국물[궁물]'의 경우 동화음은 두 번째 음절의 초성 'ㅁ'이고 피동화음은 첫 번째 음절의 종성 'ㄱ'으로 역행 동화에 속한다.

그리고 동화의 정도에 따라서는 완전 동화와 부분 동화로 나눌 수 있다. 완전 동화는 피동화음이 동화음과 같아지는 것이고 부분 동화는 피동화음이 동화음의 일부 특성만 닮는 것이다. 이때 일부 특성이란 자음의 경우 조음 위치나 조음 방식 중 하나만 닮을 수 있고 모음의 경우 혀의 높낮이와 혀의 전후 위치, 입술의 모양 등 세 가지 분류 기준 중 일부만 닮을 수 있음을 의미한다. 예를 들어 '관람[괄람]'의 경우 피동화음인 첫 번째 음절의 초성 'ㄴ'이 동화 현상이 일어나 동화음인 두 번째 음절의 초성 'ㄹ'과 같아지므로 완전 동화에 속한다. 하지만 '같이[가치]'의 경우 동화음인 모음 'ㅣ'의 조음 위치에 피동화음인 자음 'ㅌ'이 'ㅊ'이 되는데, 이는 'ㅣ'와 같은 음운이 아니므로 부분 동화에 속한다.

1. 윗글에 따라 〈보기〉의 ㉠~㉢에 나타난 동화 현상에 대해 분석한 것으로 적절하지 <u>않은</u> 것은?

─── 보기 ───

㉠ 밥 먹는다[밤멍는다]
㉡ 국민[궁민]
㉢ 접는[점는]
㉣ 듣는[든는]
㉤ 막내[망내]

① ㉠을 보니 비음화는 단어와 단어 사이에서 적용되기도 하는군.
② ㉠은 ㉡, ㉢, ㉣, ㉤과 달리 피동화음이 동화음의 뒤에 위치해 있군.
③ ㉡과 ㉤을 보니 피동화음은 'ㄱ'으로 동일하지만 동화음은 서로 다른 음운이군.
④ ㉢, ㉣, ㉤을 보니 동화음은 'ㄴ'으로 같지만 피동화음은 서로 다른 음운이군.
⑤ ㉠~㉤은 모두 동화음이 비음이고 피동화음이 파열음이라는 조음 방식의 공통점이 있군.

2. 윗글에 따라 〈보기〉의 ⓐ~ⓔ를 이해한 것으로 적절하지 <u>않은</u> 것은?

─── 보기 ───

ⓐ 겁내다[검내다]
ⓑ 발놀림[발롤림]
ⓒ 맏며느리[만며느리]
ⓓ 굳이[구지]
ⓔ 불난리[불랄리]

① ⓐ는 역행 동화이자 부분 동화이겠군.
② ⓑ는 순행 동화이자 완전 동화이겠군.
③ ⓒ는 역행 동화이자 부분 동화이겠군.
④ ⓓ는 순행 동화이자 부분 동화이겠군.
⑤ ⓔ는 순행 동화와 역행 동화가 모두 일어나는군.

[3~4] 다음 글을 읽고 물음에 답하시오.

현대 국어의 객체 높임은 문장의 객체, 즉 목적어나 부사어의 지시 대상을 높이는 것을 가리킨다. 현대 국어에서의 객체 높임은 주로 '모시다, 뵙다, 여쭈다, 드리다'와 같은 특수 어휘에 의해 실현된다. 15세기 국어에서도 객체 높임의 대상은 동일했지만, 높임을 실현하는 방식은 현대 국어의 방식과는 달랐다. 15세기 국어에는 목적어나 부사어가 지시하는 대상을 높이는 객체 높임 선어말 어미가 존재하였다.

객체 높임법을 실현하는 선어말 어미는 '-숩-'인데, 어간의 끝소리와 어미의 종류에 따라 '-숩-, -줍-, -슬-, -슬-, -줄-'의 형태로도 실현되었다. '-숩-, -숩-, -줍-'은 모두 자음으로 시작하는 어미 앞에서 실현되는 것으로, 어간의 끝소리의 종류에 따라 구별되었다. '-숩-'은 어간의 끝소리 'ㄱ, ㅂ, ㅅ, ㅎ' 뒤에서 사용되었다. '-줍-'은 어간의 끝소리가 'ㅈ, ㅊ, ㄷ, ㅌ'일 때 사용되었고, '-숩-'은 어간의 끝소리가 모음이나 유성자음 'ㄴ, ㅁ, ㄹ'일 때 사용되었다. 그리고 모음으로 시작하는 어미 앞에서는 '-숩-, -숩-, -줍-'이 각각 '-슬-, -슬-, -줄-'으로 실현되었다.

(가)

내 똘 勝鬘(승만)이 聰明(총명)ᄒ니 부텨옷 보ᅀᆞᄫᆞ면 당다이 得道(득도)를 셜리 ᄒ리니

[현대어 풀이] 내 딸 승만이 총명하니 부처를 뵈면 분명히 득도를 빨리 하리니

(나)

내 아래브터 부텻긔 이런 마ᄅᆞᆯ 몯 듣ᄌᆞᄫᆞ며

[현대어 풀이] 내가 예전부터 부처께 이런 말을 못 들었으며

(다)

無量壽佛(무량수불) 보ᅀᆞᄫᆞᆯ 사ᄅᆞ믄

[현대어 풀이] 무량수불을 뵌 사람은

(가)의 '보ᅀᆞᄫᆞ면'에는 용언의 어간 '보-'와 연결 어미 '-ᄋᆞ면' 사이에 객체 높임 선어말 어미 '-슬-'이 나타나는데, 이는 이 말의 화자에 해당하는 인물이 목적어에 해당하는 '부텨'가 자기 딸 '승만'보다 높다고 생각하기 때문에 '부텨'를 높인 것이다. 그리고 (나)에서는 부사어에 해당하는 '부텨'가 '나'보다 높다고 생각하기 때문에 '듣ᄌᆞᄫᆞ며'에 '-줄-'이 나타났다.

객체 높임법은 관형사형에서도 실현되었는데 (다)에서 관형사형 '보ᅀᆞᄫᆞᆯ'은 바로 뒤의 명사인 '사ᄅᆞᆷ'보다 목적어 '무량수불'이 높기 때문에 '-슬-'을 사용한 것이다.

3. 윗글에 대해 이해한 내용으로 적절하지 **않은** 것은?

① 중세 국어와 현대 국어에서의 객체 높임은 모두 문장의 목적어나 부사어가 지시하는 대상을 높인다.

② 현대 국어의 객체 높임은 선어말 어미를 통해 실현되는 것이 아니라 대체로 특수 어휘를 통해 실현된다.

③ (가)의 '보ᅀᆞᄫᆞ면'과 (다)의 '보ᅀᆞᄫᆞᆯ'은 대응되는 현대 국어의 특수 어휘가 있지만 (나)의 '듣ᄌᆞᄫᆞ며'는 대응되는 현대 국어의 특수 어휘가 없다.

④ 중세 국어의 객체 높임 선어말 어미는 용언의 관형사형 이외의 활용형에서도 실현되었다.

⑤ 중세 국어의 객체 높임 선어말 어미 '-숩-'은 결합하는 어간의 끝소리가 달라지면 '-슬-'으로 실현되기도 하였다.

4. 객체 높임 선어말 어미가 결합한 단어의 형태가 적절하지 **않은** 것은?

	중세 국어	현대어 풀이
①	듣줍고 (듣- + -줍- + -고)	듣고
②	츠숩고 (츠- + -숩- + -고)	차고
③	얻즈바 (얻- + -줄- + -아)	얻어
④	돕ᄉᆞᄫᆞ니 (돕- + -숩- + -ᄋᆞ니)	도우니
⑤	막숩거늘 (막- + -숩- + -거늘)	막거늘

[5~6] 다음은 명사형 어미와 명사화 접미사에 대한 대화와 자료이다. 읽고 물음에 답하시오.

〈대화〉

A : '그는 우리의 ㉮ 믿음을 저버렸다'의 '믿음'과 '장사를 할 때는 신용을 ㉯ 얻음이 제일이다'의 '얻음'은 둘 다 '-음'이 붙은 말이잖아? 그런데 '믿음'은 국어사전에 실려 있지만 '얻음'은 국어사전에 실려 있지 않아.

B : 정말 그러네? 아마 '믿음'의 '-음'과 '얻음'의 '-음'이 형태는 동일해도 문법적인 성격이 다르기 때문이 아닐까? 나도 정확하게는 모르겠네.

A : 우리 한번 같이 자료를 찾아보고 그 이유를 알아보자.

〈자료〉

명사형 어미 '-(으)ㅁ'과 '-기'는 동사나 형용사의 어간 뒤에 붙어, 문장에서 명사처럼 쓰이도록 한다. 그러나 이때의 '-(으)ㅁ'과 '-기'는 '덮개'의 '-개'나 '먹이'의 '-이'와 같이 용언을 명사로 만드는 명사화 접미사와는 다르다. 명사화 접미사가 붙은 말은 국어사전에 새로운 단어(명사)로 등재되지만, 명사형 어미가 붙은 말은 용언의 활용형 중 하나일 뿐 새로운 단어가 아니기 때문에 국어사전에 등재되지 않는다. 즉, 명사형 어미 '-(으)ㅁ'이나 '-기'가 붙은 말은 품사는 변하지 않은 채 명사처럼 사용되는 것이다. 예를 들어, '외국어로 말함은 쉽지 않은 일이다.'에서 '말함'의 '-(으)ㅁ'이나 '외국어로 말하기는 쉽지 않은 일이다.'에서 '말하기'의 '-기'가 이에 해당한다. 여기서 '말함'이나 '말하기'의 품사는 동사이지만 명사처럼 쓰여 문장의 주어 역할을 한다. 명사형 어미 '-(으)ㅁ'과 '-기'는 대부분의 용언에 붙을 수 있다. 그러나 접미사는 특정한 단어에만 선택적으로 붙는다. 그래서 명사화 접미사 '-(으)ㅁ'과 '-기'는 몇몇 단어들에만 붙는다.

이런 이유로, 똑같은 형태가 명사일 수도 있고 용언의 명사형일 수도 있다. '춤을 잘 춤이 쉬운 일은 아니다.'에서 앞의 '춤'은 명사이고 뒤의 '춤'은 동사 '추다'의 명사형이다. '-기'도 명사형 어미로서만이 아니라 명사화 접미사로도 쓰인다. '달리기, 빼기, 곱하기'는 '달리다, 빼다, 곱하다'에서 파생된 명사들이다. 물론, '-(으)ㅁ'으로 끝나는 말처럼 '-기'로 끝나는 말도 명사일 수도 있고 동사의 명사형일 수도 있다. '달리기는 내가 제일 좋아하는 운동이야.'에서 '달리기'는 명사이지만, '100미터를 10초 안에 달리기가 어렵다.'에서 '달리기'는 동사의 명사형이다.

5. 윗글의 관점에서 ㉮와 ㉯에 대한 이해로 적절하지 <u>않은</u> 것은?

① ㉮의 '-(으)ㅁ'은 거의 모든 용언의 어간에 붙을 수 있다.
② ㉯는 문장 안에서 명사처럼 쓰이므로 주어 역할을 할 수 있다.
③ ㉮의 '-(으)ㅁ'은 새로운 단어를 파생시키는 역할을 한다.
④ ㉯는 용언 '얻다'가 활용되는 형태 중 하나이다.
⑤ ㉮의 '-(으)ㅁ'과 '먹이'의 '-이'는 둘 다 명사화 접미사로 문법적인 성격이 같다.

6. 윗글과 〈보기 1〉을 바탕으로 하여 〈보기 2〉에서 명사로 쓰인 말을 모두 고른 것은?

─── 보기 1 ───

체언은 관형어의 수식을 받지만 동사와 형용사, 즉 용언은 부사어의 수식을 받는다. 따라서 어떤 단어가 명사인지 동사나 형용사인지를 알기 위해서 관형어의 수식을 받는지, 부사어의 수식을 받는지를 확인하는 것이 하나의 방법이 될 수 있다.

─── 보기 2 ───

• 아무리 급해도 바로 ㉠ 떠나기는 어렵다.
• 그는 승리의 ㉡ 기쁨을 숨길 수가 없었다.
• 우리들은 효율적으로 살을 ㉢ 빼기로 했다.
• 나는 놀라운 ㉣ 꿈에서 깨어나 멍하니 있었다.
• 출산하는 새끼의 수는 어미의 ㉤ 크기에 비례한다.

① ㉠, ㉡, ㉣　　　② ㉠, ㉢, ㉣　　　③ ㉠, ㉢, ㉤
④ ㉡, ㉢, ㉤　　　⑤ ㉡, ㉣, ㉤

[7~8] 다음 글을 읽고 물음에 답하시오.

형태소는 의미를 지니는 최소의 문법 단위이다. 이때, 의미는 어휘적 의미와 문법적 의미로 나누어볼 수 있으며, 어휘적 의미를 지닌 것을 '실질 형태소(어휘 형태소)', 문법적 의미를 지닌 것을 '형식 형태소(문법 형태소)'로 분류할 수 있다. 가령 '꽃이 피었다'에서 '꽃, 피-'는 어휘적 의미를 지닌 것으로 '실질 형태소(어휘 형태소)'에 해당하며, '이, -었-, -다'는 문법적 의미를 지닌 것으로 '형식 형태소(문법 형태소)'에 해당한다.

그런데 형식 형태소 중에는 어휘적 의미를 지닌다고 볼 수 있는 형태소들도 있다. 예를 들어, '군말, 군살' 등에 쓰이는 파생 접사 '군-'은 '쓸데없는'이라는 의미가 있어 어휘적인 성격도 있지만, 학교 문법에서는 실질 형태소가 아니라 형식 형태소로 분류한다. 또한 파생 접미사라고 하더라도 '높이, 같이'에서의 '-이'는 문법적인 의미를 강하게 띠는 반면에 '명예롭다'의 '-롭-'이나 '잡히다'의 '-히-' 같은 말들은 일정 정도 어휘적인 의미도 지닌다. 즉, '-롭-'은 '그러함 또는 그럴 만함'의 뜻을, '-히-'는 피동의 뜻을 지니는 것이다. 그러나 이들 역시 학교 문법에서는 형식 형태소로 취급한다.

마찬가지로 '조차, 까지' 등의 보조사들 역시 다소간 어휘적인 의미를 지니더라도 학교 문법에서는 격 조사와 함께 형식 형태소에 포함시킨다. 이런 말들을 분류하기 위해 별도의 형태소 유형을 만드는 일은 오히려 형태소의 체계를 복잡하게 할 수 있기 때문이다. 다시 말해, 학교 문법에서는 조사와 같이 단어 간의 관계를 나타내는 기능과 파생 접사와 같이 단어를 파생하는 기능을 '문법적 의미'라는 표현에 포함하여 조사와 파생 접사를 형식 형태소로 분류한다.

한편, 형태소는 자립성 여부에 따라 '책, 오늘'처럼 단독으로 쓰이는 '자립 형태소'와 '읽-, -어라'처럼 의존적으로 쓰이는 '의존 형태소'로도 나눌 수 있다. 의존 형태소에는 붙임표(-)를 붙인다. 단, ㉮ 조사는 의존 형태소이지만 단어로 보아 붙임표 없이 쓴다.

7. 윗글의 관점에서 〈보기〉의 ㉠~㉤에 대해 이해한 것으로 적절하지 <u>않은</u> 것은?

─── 보기 ───
㉠ 우리는 그를 <u>정답게</u> 맞이했다.
㉡ 우리 비밀은 너<u>만</u> 알고 있어라.
㉢ 형은 자세를 <u>낮추어</u> 공을 받았다.
㉣ 그녀는 <u>지우개</u>로 글씨를 모두 지웠다.
㉤ 그들은 결심을 한 듯 손을 <u>굳세게</u> 마주 잡았다.

① ㉠의 '-답-'은 '어떤 성질이나 특성이 있음'의 뜻을 지니지만 형식 형태소로 분류된다.
② ㉡의 '만'은 하나의 단어로 취급하며 형식 형태소이자 의존 형태소로 분류된다.
③ ㉢의 '-추-'는 '낮다'와 결합하여 새로운 단어를 파생하기 때문에 형식 형태소로 분류된다.
④ ㉣의 '-개'는 '그러한 행위를 하는 간단한 도구'의 뜻을 지니지만 형식 형태소로 분류된다.
⑤ ㉤의 '굳-'은 '세다'와 결합하여 새로운 단어를 파생하기 때문에 형식 형태소로 분류된다.

8. 〈보기〉의 ㉠~㉤ 중에서 밑줄 친 부분이 윗글의 ㉮에 해당하는 것을 모두 고르면?

─── 보기 ───
㉠ 사람<u>은</u> 착하게 살아야 복을 받는다.
㉡ 상처가 난 곳에서 검붉<u>은</u> 피가 흘렀다.
㉢ 그는 도인을 라이벌<u>로</u> 생각했다.
㉣ 그는 새로운 바람을 일으키<u>겠</u>다고 했다.
㉤ 그녀는 군인이신 아버지를 늘 자랑스<u>럽게</u> 여겼다.

① ㉠, ㉡, ㉢　　② ㉡, ㉢, ㉣　　③ ㉠, ㉢, ㉣
④ ㉠, ㉣, ㉤　　⑤ ㉡, ㉣, ㉤

[9~10] 다음 글을 읽고 물음에 답하시오.

국어사전은 흔히 단어의 뜻을 찾는 용도로만 사용하기 쉽다. 그러나 국어사전은 문법책이라고 해도 과언이 아닐 정도로 국어의 문법에 대한 여러 가지 정보를 담고 있다. 우선 국어사전에는 발음 정보가 포함되어 있다. 가령 '앞'이라는 단어를 국어사전에서 찾아보면 다음과 같은 정보가 나온다.

ⓐ   앞[압]
        활용 정보 : 〔앞이[아피], 앞만[암만]〕

여기에는 국어사전의 표제항 '앞'이 홀로 쓰일 때에는 [압]으로 발음된다는 정보가 담겨 있다. 그뿐 아니라 뒤에 다양한 조사와 결합할 때 그 발음이 어떻게 실현되는지도 '활용 정보'로서 제시되어 있다. 이를 통해 '앞'의 받침 'ㅍ'이 조건에 따라 'ㅂ, ㅍ, ㅁ' 중 하나로 실현된다는 사실을 알 수 있다. ⓑ <u>이처럼 국어사전에는 표제항이 조건에 따라 달리 실현되는 모든 발음 정보가 실려 있다.</u>

국어사전에는 표제항의 품사 종류 또는 필수적으로 요구하는 문장 성분 등의 정보도 들어 있다. 예컨대 '삼다02'와 같은 경우 그 품사가 '동사'라는 사실 이외에 조사 '을'과 '으로'가 결합하는 문장 성분이 더 있어야 온전한 문장이 된다는 사실을 표시해 주고 있다. 이것은 '삼다02'의 경우 주어, 목적어, 부사어가 필수 성분이라는 사실을 말해 준다.

9. ⓑ를 참고하여 〈보기〉의 단어를 ⓐ와 같은 형식으로 작성한다고 할 때 가장 적절한 것은?

───── 보기 ─────

팥[판], 팥이[파치], 팥을[파틀], 팥에[파테],
팥도[판또], 팥과[판꽈], 팥만[판만]

① 팥[판]
    활용 정보 : 〔팥이[파치], 팥을[파틀], 팥만[판만]〕

② 팥[판]
    활용 정보 : 〔팥이[파치], 팥과[판꽈], 팥만[판만]〕

③ 팥[판]
    활용 정보 : 〔팥을[파틀], 팥에[파테], 팥과[판꽈]〕

④ 팥[판]
    활용 정보 : 〔팥을[파틀], 팥에[파테], 팥만[판만]〕

⑤ 팥[판]
    활용 정보 : 〔팥이[파치], 팥에[파테], 팥도[판또]〕

10. 〈보기〉의 국어사전을 참고하여, '뜨다01'과 '뜨다04'를 비교한 내용으로 적절하지 <u>않은</u> 것은?

───── 보기 ─────

뜨다01
「동사」
활용 정보 : 〔떠, 뜨니〕
[1]【…에】【…으로】 물속이나 지면 따위에서 가라앉거나 내려앉지 않고 물 위나 공중에 있거나 위쪽으로 솟아오르다.
¶ 종이배가 물에 뜨다. ‖ 나무가 물 위로 뜨다.
[2]
「1」 착 달라붙지 않아 틈이 생기다.
¶ 풀칠이 잘못되어 도배지가 떴다.
「2」 (비유적으로) 차분하지 못하고 어수선하게 들떠 가라앉지 않게 되다.
¶ 교실 분위기가 다소 붕 떠 있는 것처럼 보였다.

뜨다04
「동사」
활용 정보 : 〔떠, 뜨니〕
[1]【…에서 …을】
「1」 큰 것에서 일부를 떼어 내다.
¶ 예전에는 겨울에 호수에서 얼음장을 떠서 저장해 두었다가 여름에 썼다.
「2」 물속에 있는 것을 건져 내다.
¶ 양어장에서 그물로 물고기를 떴다.
「3」【…에 …을】 어떤 곳에 담겨 있는 물건을 퍼내거나 덜어 내다.
¶ 종지에 간장을 뜨다.
[2]【…을】
「1」 수저 따위로 음식을 조금 먹다.
¶ 아무리 바빠도 한술 뜨고 가거라.
「2」 고기 따위를 얇게 저미다.
¶ 생선회를 뜨다.

① '뜨다01'과 '뜨다04'는 용언이 활용하는 양상이 동일하다.
② '뜨다01'은 자동사로만 쓰이고 '뜨다04'는 타동사로만 쓰인다.
③ '뜨다01'은 부사어가 반드시 필요한 것에 비해, '뜨다04'는 목적어가 반드시 필요하다.
④ '뜨다01'과 '뜨다04'는 모두 서술어의 자릿수가 차이 나는 두 가지 용법으로 쓰일 수 있다.
⑤ '뜨다01'과 '뜨다04'는 동음이의 관계에 있는 단어이다.

[11~12] 다음 글을 읽고 물음에 답하시오.

(가)

단어의 의미를 몇 가지 구성 성분으로 쪼갤 수 있다는 생각을 바탕으로, 그 구성 성분의 특징이 있을 때에는 '+', 없을 때에는 '-' 표시를 하여 단어를 분석하는 것을 의미 성분 분석이라고 한다. 문맥에 따라 특징이 나타나기도 하고 나타나지 않기도 하는 성분에는 '±' 표시를 한다. 가령 '소년'은 [+인간], [+남성], [-성년], [-기혼]의 특성을 가지는 것으로 분석될 수 있다. 같은 의미 성분으로 '소녀'를 분석하면 [+인간], [-남성], [-성년], [-기혼], '총각'은 [+인간], [+남성], [+성년], [-기혼], '처녀'는 [+인간], [-남성], [+성년], [-기혼]의 특성을 가진 것으로 분석된다. 이때, 위 단어들에 [+포유류], [+생물] 등의 의미 성분을 언급할 필요는 없다. 이러한 의미 성분은 [+인간]에 다 포함되어 있으므로 무의미한 잉여 성분이기 때문이다.

의미 성분 분석은 유의어, 반의어, 상하위어 등 어휘의 의미 관계를 분석할 때 유용하다. 가령, 반의어는 하나의 의미 성분만 반대되고 나머지 의미 성분은 동일한 경우에만 성립한다. 따라서 단어의 어떤 의미 성분에 중점을 두느냐에 따라 대응되는 반의어가 여러 개 있을 수 있다. 의미를 여러 개 가진 다의어 역시 각 의미에 대응되는 반의어가 여러 개 있을 수 있다.

(나)

어휘의 상하 관계란, 한 단어의 의미가 다른 단어의 의미를 포함하는 관계를 말한다. 이때 포함하는 단어를 상위어, 포함되는 단어를 하위어라고 한다. 가령 '생물'에는 '동물'과 '식물'이 있고, '동물'에는 '조류, 포유류' 등이 있으며, '조류'에는 '비둘기, 참새, 제비' 등이 있다. 이때 '비둘기, 참새, 제비'의 상위어는 '조류'가 되고 '조류, 포유류'의 상위어는 '동물'이 되며 '동물, 식물'의 상위어는 '생물'이 된다. 하위어의 지시 대상은 자동적으로 상위어의 지시 대상이 된다. '비둘기'는 당연히 '조류'이며 '동물'이고 '생물'이다. 그러나 상위어는 자동적으로 하위어가 되는 것이 아니다. 이러한 관계를 가리켜 '일방 함의 관계'라고 하고, '비둘기'는 '조류'를 '함의'한다고 한다.

11. 윗글의 내용을 근거로 하여 추론한 것으로 적절하지 <u>않은</u> 것은?

① 복수의 의미 성분이 다른 '총각'과 '소녀'는 반의어로 보기 어렵겠군.
② '서다'의 반의어로는 '(시계가) 가다', '(체면이) 깎이다'가 가능하겠군.
③ '틈'과 '겨를'은 [±시간]의 의미 성분을 공통적으로 갖는 유의어이겠군.
④ 어떤 단어가 상위어인지 아닌지는 그 단어만 보아서는 판단할 수 없겠군.
⑤ 잉여 성분은 어떤 의미 성분이 다른 의미 성분을 포함해서 생기는 것이겠군.

12. 윗글의 내용을 바탕으로 〈보기〉의 어휘에 대해 탐구한 결과로 타당한 것은?

─────── 보기 ───────

㉠ 악기   ㉡ 피아노   ㉢ 개   ㉣ 꼬리   ㉤ 연주하다
㉥ 사람   ㉦ 여자   ㉧ 축구   ㉨ 스포츠

① ㉡은 ㉠의 한 종류이므로 ㉠은 ㉡의 하위어라고 할 수 있군.
② ㉢은 ㉣을 가지고 있으므로 ㉢은 ㉣의 상위어라고 할 수 있군.
③ ㉥과 ㉦을 보니, 상위어는 하위어보다 의미 성분의 수가 더 많군.
④ ㉤의 행위에는 ㉠이 포함되므로 ㉤은 ㉠의 상위어라고 할 수 있군.
⑤ ㉨은 ㉧을 포함하므로 ㉧이 ㉨을 함의하는 일방 함의 관계가 성립하는군.

[13~14] 다음 글을 읽고 물음에 답하시오.

조사는 다른 단어와 달리 자립적으로 쓰이지 않고, 자립성이 있는 말에 붙어 그 말과 다른 말과의 문법적 관계를 나타내거나 특수한 뜻을 더해 주는 역할을 한다.

국어는 조사가 아주 발달된 언어이다. 조사는 주로 체언 뒤에 붙어 사용되는 의존 형태소인데, 그 기능과 의미에 따라 격 조사, 접속 조사, 보조사로 나눌 수 있다. 격 조사는 앞에 오는 체언이 문장 안에서 일정한 자격을 가질 수 있게 해 주는 조사로 주격 조사, 목적격 조사, 관형격 조사, 부사격 조사, 보격 조사, 서술격 조사, 호격 조사로 나누어진다.

· 주격 조사 : 하늘이 푸르다.
· 목적격 조사 : 언니가 책을 읽는다.
· 관형격 조사 : 아군이 적의 공격을 막았다.
· 부사격 조사 : 학생들은 운동장에서 축구를 한다.
· 보격 조사 : 그는 사기꾼이 아니다.
· 서술격 조사 : 그것은 사실이다.
· 호격 조사 : 철수야, 빨리 집에 오너라.

ⓐ 접속 조사는 두 단어를 같은 자격으로 이어 주는 조사로, 체언을 병렬시키는 접속의 기능을 한다. '나는 국어와 수학을 좋아한다.', '머루랑 다래랑 먹고 청산에 산다.', '나는 밥하고 국을 같이 먹었다.'에서 체언과 체언을 이어 주는 '와/과, 랑, 하고' 등이 접속 조사에 해당한다.

보조사는 격 조사와 달리 앞말에 자기 고유의 특수한 뜻을 더해 주는 역할을 한다. 그리하여 보조사는 격 조사와 달리 주격, 목적격, 부사격 등의 자리에 두루 쓰일 수 있으며, 결합할 수 있는 앞말이 체언으로 한정되지 않는다. 보조사 '은/는'은 '대조' 또는 '강조'의 의미를 지니고 있으며, '까지'는 '한도' 또는 '극단'의 의미를, '마저'는 '하나 남은 마지막'이라는 의미를 가진다.

조사는 몇 가지 형태론적 특성을 갖고 있다. 첫째, 주로 체언에 결합하여 나타나며, 여러 개의 조사가 한꺼번에 결합하기도 한다. '여기까지가 끝인가 봐.'에서 볼 수 있듯이 '까지', '가'와 같은 둘 이상의 조사가 결합하는 것이 가능하다. 둘째, 이형태가 많다. 이형태란 하나의 형태가 주위 환경에 따라 다른 모습으로 실현되는 것을 뜻한다. 조사의 경우 '만', '마저'처럼 이형태를 가지지 않는 경우도 있지만 '이/가', '을/를/ㄹ', '으로/로', '아/야', '와/과'와 같이 상당수의 조사는 앞 음절이 자음으로 끝나는지, 모음으로 끝나는지에 따라 이형태를 가진다. 이러한 이형태는 같은 환경에서 동시에 나타날 수 없고 서로 다른 환경에서만 나타나는 상보적 분포를 보인다. 셋째, 조사는 생략이 쉽다. '그건 아버지의 물건이야.'라는 문장을 '그거 아버지 물건이야.'라고 표현해도 의미 전달에는 큰 어려움이 없다. 넷째, 조사는 활용할 수 없으나 서술격 조사는 예외적으로 활용이 가능해 '이것은 책상이고, 저것은 책이다.'와 같이 쓰일 수 있다.

대부분의 체언은 거의 모든 조사와 결합할 수 있어 특별한 제약이 없다. 그러나 의존 명사나 몇몇 자립 명사, 속담이나 사자성어와 같은 관용적인 표현들은 특정 조사와만 결합하는 모습을 보이기도 한다.

13. 윗글을 바탕으로 〈보기〉의 ㉠~㉤의 밑줄 친 부분에 대해 설명한 내용으로 적절하지 **않은** 것은?

─── 보기 ───

㉠ 공부만 하지 말고 운동도 해라.
㉡ 나는 고등학생이며 형은 대학생이다.
㉢ 그 사람이 교사가 되었다.
㉣ 그녀가 썩 마음에 들지는 않아요.
㉤ 그는 (불굴의 / *불굴에) 의지로 결승선까지 달렸다.

* : 비문임을 표시함.

① ㉠ : '만'은 '한정'의 의미를 나타내고, '도'는 '첨가'의 의미를 더해주므로 '만'과 '도'는 보조사이다.

② ㉡ : '이다'는 체언에 붙어 서술어 자격을 가질 수 있게 해 주며 다른 조사와 달리 다양한 형태로 활용이 가능하다.

③ ㉢ : '이'와 '가'는 선행 체언의 음운론적 환경에 따라 형태가 다르게 나타나는 이형태로 동일한 기능을 하는 격 조사이다.

④ ㉣ : '는'은 체언이 아닌 용언 뒤에 결합하여 '강조'의 의미를 더하고 있으므로 보조사이다.

⑤ ㉤ : '불굴'은 '의'가 아닌 다른 조사와 결합하였을 때 어색하다는 점에서 조사의 결합에 제약을 받는다.

14. ⓐ의 예에 해당하지 **않는** 것은?

① 이구아나와 도마뱀은 파충류이다.
② 그녀는 원인과 결과를 따져 보았다.
③ 이 상품은 한국과 일본에서 인기가 높다.
④ 우리 가족 중 동생은 아빠와 많이 닮았다.
⑤ 거실에는 그림과 조각품이 전시되어 있었다.

문법N제

[15~16] 다음 글을 읽고 물음에 답하시오.

(가)

문장 성분 중 관형어는 체언을 꾸미는 역할을 한다. 관형사 그 자체가 관형어가 되기도 하고, 체언과 관형격 조사가 결합하거나, 용언 어간과 관형사형 어미가 결합한 형태가 관형어가 되기도 한다. 주어와 서술어를 갖추어 큰 문장에 안겨 있는 것을 절이라 하는데, 문장 안에서 관형어의 역할을 하는 절을 관형절이라 한다. 관형절은 용언 어간에 '-(으)ㄴ, -(으)ㄹ, -는, -던'의 관형사형 어미가 결합하여 만들어지며, 체언을 꾸미는 역할을 한다.

(나)

아뫼나 ㉠의 ㉡藥師瑠璃光如來(약사유리광여래)ㅅ 일후믈 듣ᄌᆞᄫᆞ면 뎌런 ㉢모딘 이리 害(해)티 몯ᄒᆞ며 ㉣서르 慈悲心(자비심)을 내야 ㉤믜ᄫᆞᆫ ᄆᆞᅀᆞ미 업고 各各(각각) 깃거 서르 有益(유익)긔 ᄒᆞ리라.

　　　　　　　　　　　　　　　　　　- 『석보상절』 -

[현대어 풀이]

아무나 이 약사유리광여래의 이름을 들으면 저런 모진 일을 해롭게 하지 못하고 서로 자비심을 내어 미운 마음이 없어지고 각각은 기뻐져 서로 유익하게 될 것이니라.

15. (가)를 참고할 때, 관형절을 안은문장으로 적절한 것은?

① 그는 발에 땀이 나도록 뛰었다.
② 우리는 그가 옳았음을 깨달았다.
③ 그녀가 사랑했던 그는 많이 변했다.
④ 지금 시간은 밥을 먹기에는 이르다.
⑤ 그곳에는 들국화가 아름답게 피었다.

16. (나)의 ㉠~㉤에 대한 설명으로 적절하지 <u>않은</u> 것은?

① ㉠에서는 현대 국어와 동일한 형태의 관형사가 관형어 역할을 하고 있군.
② ㉡에서는 현대 국어와 다른 형태의 관형격 조사가 사용되었군.
③ ㉢에서는 형용사가 뒤에 오는 명사 '일'을 꾸미고 있군.
④ ㉣에서는 관형사가 뒤에 오는 명사 '자비심'을 꾸미고 있군.
⑤ ㉤에서는 용언 어간에 관형사형 어미 '-은'이 결합한 형태가 관형어 역할을 하고 있군.

[17~18] 다음 글을 읽고 물음에 답하시오.

부사어는 다른 말을 수식해 주는 문장 성분으로, 문장에서의 역할에 따라 성분 부사어와 문장 부사어로 나뉜다. '그녀는 예쁘게 생겼다.'에서 '예쁘게'는 용언 '생겼다'를 수식하고 있는데, 이렇게 특정 성분을 수식하는 것이 성분 부사어이다. 성분 부사어는 용언을 비롯하여 관형사나 다른 부사를 수식한다. '과연 그 아이는 똑똑하구나.'에서 '과연'은 문장 전체와 관련을 맺는 성분인데, 이를 문장 부사어라 한다. 문장 부사어는 대개 화자의 심리적 태도를 나타내는 양태 부사들이 주류를 이루고 있다.

부사어는 주로 주성분의 내용을 수식하므로 대개 없어도 무방한 ㉠ <u>수의적 성격의 성분</u>이다. 그런데 부사어 중에는 필수적 성격을 지닌 것도 있다. 이는 서술어의 성격에 따라 나타난다.

서술어의 성격에 따라서 문장을 이루는 데 반드시 필요한 문장 성분의 개수가 다른데, 이를 '서술어 자릿수'라 한다. 주어 하나만 요구하는 것은 한 자리 서술어, 주어 외에 필수적 부사어나 목적어나 보어를 하나 더 요구하는 것은 두 자리 서술어, 주어와 필수적 부사어, 그리고 목적어를 요구하는 것은 세 자리 서술어라 한다. 이처럼 서술어의 성격에 따라서 ㉡ <u>필수적 부사어</u>가 오는 것이 결정된다.

17. 윗글을 바탕으로 〈보기〉의 ⓐ~ⓔ를 이해한 내용으로 적절하지 <u>않은</u> 것은?

――――――― 보기 ―――――――

ⓐ 매가 <u>매우</u> 높이 날았다.
ⓑ 형이 <u>아주</u> 맛있는 밥을 해 주었다.
ⓒ 오늘은 하늘이 <u>유난히</u> 푸르다.
ⓓ <u>추적추적</u> 내리는 비가 처량하였다.
ⓔ <u>모름지기</u> 청년은 커다란 포부를 가지고 있어야 한다.

① ⓐ에서 '매우'는 부사 '높이'를 수식하는 성분 부사어이다.
② ⓑ에서 '아주'는 형용사 '맛있는'을 수식하는 성분 부사어이다.
③ ⓒ에서 '유난히'는 형용사 '푸르다'를 수식하는 성분 부사어이다.
④ ⓓ에서 '추적추적'은 문장 전체를 수식하는 문장 부사어이다.
⑤ ⓔ에서 '모름지기'는 문장 전체를 수식하는 문장 부사어이다.

18. 밑줄 친 부분이 ㉠, ㉡에 해당하는 예로 적절한 것은?

① ㉠ 동생이 <u>멋있게</u> 장난감을 만들었다.
　 ㉡ 음식이 <u>너무</u> 맛있다.

② ㉠ 누나가 <u>도서관에</u> 간다.
　 ㉡ 오빠가 밥을 <u>천천히</u> 먹는다.

③ ㉠ 내가 <u>엄마에게</u> 생신 선물을 드렸다.
　 ㉡ 사랑은 <u>보석과</u> 같다.

④ ㉠ 그녀는 <u>우아하게</u> 노래했다.
　 ㉡ 형이 손을 <u>주머니에</u> 넣었다.

⑤ ㉠ 나는 <u>영화관에서</u> 친구를 만났다.
　 ㉡ 포수가 <u>총으로</u> 멧돼지를 잡았다.

[19~20] 다음 글을 읽고 물음에 답하시오.

국어 용언의 특징은 문장 속에서 담당하고 있는 기능에 따라서 형태가 달라진다는 점이다. 용언이 문장에서 쓰일 때 변하지 않는 부분을 어간이라 하고, 그 뒤에 붙어서 변화하는 부분을 어미라고 한다. '가고, 가면, 가니, 간'에서 확인할 수 있듯 어간에 여러 어미가 교체되면서 결합하는 현상을 활용이라고 하고, 이러한 형태들을 '가다'의 활용형이라고 한다. 여러 가지 활용형 중에서 어간에 어미 '-다'가 결합한 것을 기본형이라고 하며, 기본형은 모든 활용형을 대표하여 표제어로 사전에 오른다.

용언 중에는 활용할 때 어간이나 어미의 모습이 달라지는 경우가 있다. 예를 들면, 기본형이 같은 '굽다'인데도 '(허리가) 굽다'는 '굽어, 굽어서'로 활용하는데, '(불에) 굽다'는 '구워, 구워서'와 같이 불규칙적으로 활용한다. 이처럼 용언이 활용할 때 어간이나 어미의 형태가 달라지는 경우를 불규칙 활용이라고 하며, 이러한 용언을 불규칙 용언이라고 한다. 불규칙 용언에는 '짓고, 짓지, 지어, 지어서' 등과 같이 ㉠ 어간의 형태가 바뀌는 것, '이르고(至), 이르지, 이르러, 이르러서' 등과 같이 ㉡ 어미의 형태가 바뀌는 것, '파랗고, 파랗지, 파래, 파래서' 등과 같이 ㉢ 어간과 어미의 형태가 모두 바뀌는 것이 있다.

어미는 그것이 나타나는 자리에 따라 ㉮ 어말 어미와 선어말 어미로 나뉜다. 어말 어미는 단어의 끝자리에 들어가고, 선어말 어미는 어말 어미의 앞자리에 들어간다. 어말 어미는 반드시 있어야 하지만 선어말 어미는 경우에 따라 있을 수도 있고 없을 수도 있으며, 둘 이상의 선어말 어미가 올 수도 있다. 어미 중에서 어말 어미는 다시 기능에 따라 종결 어미, 연결 어미, 전성 어미로 나뉜다. 종결 어미에는 평서형 어미, 감탄형 어미, 의문형 어미, 명령형 어미, 청유형 어미가 있고, 연결 어미에는 대등적 연결 어미, 종속적 연결 어미, 보조적 연결 어미가 있다. 한편 용언의 서술 기능을 또 다른 기능으로 바꾸어 주는 어미를 전성 어미라고 하는데, 전성 어미에는 관형사형 어미, 명사형 어미, 부사형 어미가 있다.

19. 윗글의 ㉠~㉢에 대한 예로 적절한 것은?

	㉠	㉡	㉢
①	묻다(問)	아프다	하얗다
②	붓다	이르다(至)	검다(黑)
③	솟다	흐르다(流)	누르다(黃)
④	돕다	푸르다	빨갛다
⑤	자르다(斷)	즐겁다	희다

20. 〈보기〉는 윗글의 ㉮를 설명하기 위한 자료이다. 〈보기〉의 자료에 대한 설명으로 적절하지 **않은** 것은?

---- 보기 ----

ㄱ. 한국의 가을 하늘은 <u>맑구나</u>.
ㄴ. 바람이 <u>불면</u> 나는 외출을 <u>하고</u> 싶다.
ㄷ. 나는 네가 최선을 <u>다하는</u> 사람이 <u>되기</u>를 바란다.

① ㄱ에서 '-구나'는 문장을 끝맺어 주는 종결 어미이다.
② ㄴ에서 '-면'은 앞 문장과 뒤 문장을 연결하여 주는 연결 어미이다.
③ ㄴ에서 '-고'는 용언과 용언을 인과 관계로 이어 주는 종속적 연결 어미이다.
④ ㄷ에서 '-는'은 용언이 체언을 수식할 수 있게 하는 관형사형 어미이다.
⑤ ㄷ에서 '-기'는 용언이 명사처럼 기능할 수 있게 하는 명사형 어미이다.

[21~22] 다음 글을 읽고 물음에 답하시오.

피동문이란 문장의 주체가 스스로의 의지나 힘이 아닌 다른 무엇, 또는 누군가에 의해 어떠한 동작을 당하게 되는 것을 나타낸 문장이다. 피동문은 어떤 행위의 대상이 주어로 나타나고 행위의 주체가 부사어로 나타나거나 생략된다. 능동문을 피동문으로 바꿀 때, 피동문은 서술어의 자릿수가 하나 줄어드는 경우도 있다.

피동문을 만드는 방법은 크게 피동사에 의한 방법과 동사와 형용사에 '-아/어지다'를 결합하여 만드는 방법으로 나뉜다. 피동사에 의한 피동은 파생적 피동이라고 부른다. 피동사는 능동사 어간을 어근으로 하여 접미사 '-이-, -히-, -리-, -기-'가 붙어 만들어진다. 그런데 피동 파생 접미사는 대부분 어근과 결합할 때 모양이 바뀌지 않지만 '나누-+-이-)나뉘-'와 같이 축약되는 경우도 있고, '누르-+-이-)눌리-'와 같이 불규칙 활용 형태가 파생어 형성에서도 나타나는 경우가 있다.

연결 어미 '-아/어'에 보조 동사 '지다'가 결합된 피동문을 만드는 경우도 있는데, 이는 통사적 피동이라고 부른다. 용언 중에는 파생적 피동과 통사적 피동이 모두 가능한 경우가 있다. 그런데 피동 파생 접미사에 의해 피동사가 되는 동사 중에는 '-아/어지다'와 결합하면 어색해지는 경우가 있다. 또 '-아/어지다'와 결합하여 피동문을 구성하는 용언 중에도 피동 접미사와의 결합이 어려운 경우가 많다.

앞서 언급했듯이 피동문의 비교 대상 문장을 능동문이라 한다. 그런데 ⓐ 피동사가 존재함에도 불구하고 피동문으로 만들 수 없는 능동문도 있다. 능동문을 피동문으로 바꿀 경우, 피동문의 주어가 전혀 의지를 가질 수 없어 의미가 통하지 않게 되는 경우가 여기에 해당한다. 또 ⓑ 피동문 중에도 대응되는 능동문이 없는 경우가 있다. 자연적 발생이나 변화를 표현하는 피동문이 이에 해당한다.

21. 윗글을 바탕으로 <보기>를 탐구한 내용으로 적절하지 <u>않은</u> 것은?

— 보기 —

ㄱ. 문제가 잘 풀리다.
ㄴ. 불이 바람에 꺼지다.
ㄷ. 시상식에서 내 이름이 불리다.
ㄹ. 이 건물은 예술적인 아름다움이 보태어졌다.
ㅁ. 새로운 말이 만들어지다.

① ㄱ은 능동문인 '(누가) 문제를 잘 풀다.'가 피동문으로 바뀐 것으로, 서술어의 자릿수가 두 자리에서 한 자리로 바뀐 경우로군.
② ㄴ은 능동문인 '바람이 불을 끄다.'가 피동문으로 바뀐 것으로, 능동문이 피동문으로 바뀔 때 행위의 주체가 생략됨을 보여 주는 경우로군.
③ ㄷ의 '불리다'는 동사 어간 '부르-'에 피동사 파생 접미사 '-이-'가 결합한 것으로, 불규칙 동사의 활용 형태가 파생어 형성에도 나타난 경우로군.
④ ㄹ의 '보태어졌다'는 '보태다'의 피동 표현으로, 동사에 '-어지다'가 결합하여 피동문이 된 경우로군.
⑤ ㅁ의 '만들어지다'는 '만들-'에 '-어지다'가 결합된 피동 표현으로, 피동 접미사와의 결합은 어려운 경우로군.

22. ⓐ와 ⓑ에 해당하는 예끼리 묶인 것은?

① ⓐ 인부가 나무를 뽑았다.
　 ⓑ 날씨가 많이 풀렸다.

② ⓐ 손자는 할머니의 사랑을 받았다.
　 ⓑ 사냥꾼이 사슴에게 받혔다.

③ ⓐ 어부가 물고기를 잡았다.
　 ⓑ 나무가 사람들에게 꺾였다.

④ ⓐ 인부들이 구들장을 뜯었다.
　 ⓑ 그 사건이 김 형사에게 맡겨졌다.

⑤ ⓐ 진희가 손잡이를 일부러 잡았다.
　 ⓑ 진희는 난처한 입장에 놓였다.

[23~24] 다음 글을 읽고 물음에 답하시오.

한국어의 가장 큰 특징 중 하나는 높임법이 발달했다는 것이다. 현대 국어의 주체 높임, 객체 높임, 상대 높임은 15세기 국어에도 사용되었다. 주체 높임은 문장의 주어나 주체를 높이는 것으로, 15세기 국어의 주체 높임법은 현대 국어와 마찬가지로 선어말 어미에 의해 실현되었다. 15세기 국어에서 주체 높임에 쓰인 선어말 어미에는 '-(ᄋ/으)시-'나 '-(ᄋ/으)샤-'가 있다.

15세기 국어에는 현대와 달리 목적어와 부사어의 대상을 높이는 객체 높임 선어말 어미가 존재하였다. 문장에서 목적어나 부사어의 지시 대상이 높임의 인물이거나 그와 관련된 사물의 경우에 쓰인 객체 높임 선어말 어미의 종류로는 '-ᅀᆸ-/-ᄌᆸ-/-ᄉᆸ-'이 있다. 그런데 15세기의 객체 높임 선어말 어미인 '-ᄉᆸ-'은 근대 국어에서 상대 높임 표현의 어미 일부가 되었다. 또 15세기에는 객체를 높이기 위해 현대 국어의 '께'에 해당하는 부사격 조사로 'ᄭᅴ'가 쓰였다.

현대 국어 중 청자를 높이는 상대 높임에는 격식체인 '하십시오체, 하오체, 하게, 해라체'와 비격식체인 '해요체, 해체'가 있다. 그런데 15세기 국어에서 상대 높임은 'ᄒᆞ라체, ᄒᆞ야쎠체, ᄒᆞ쇼셔체'의 3등분 체계와 더불어 반말체가 더 있었다. 'ᄒᆞ라체'는 청자를 낮추는 데 쓰였는데, 대체로 현대 국어의 해라체와 해체를 포괄하는 등급으로 추정된다.

'ᄒᆞ야쎠체'는 청자를 존중하며 높이는 데 쓰였는데, 현대 국어의 하오체 혹은 해요체 등급으로 추정된다. 또 'ᄒᆞ쇼셔체'는 청자를 아주 높이는 데 쓰였는데, 대체로 현대 국어의 하십시오체 정도의 등급인 것으로 추정된다. 반말체의 높임 등급은 대략 'ᄒᆞ라체'와 'ᄒᆞ야쎠체'의 사이에 있었던 것으로 추정되는데, 현대 국어의 '해체, 하게체, 하오체'의 등급을 모두 포괄한 것으로 보인다. '-니'와 '-리'는 반말체 종결 어미로 평서문과 의문문에 모두 쓰였다.

15세기 국어에는 주체 높임의 특수 어휘와 객체 높임의 특수 어휘가 쓰였다. '먹다'의 주체 높임 어휘로 '좌시다'가 쓰였다. 'ᄉᆞᆲ다(사뢰다)'는 부사어를 높이는 객체 높임 어휘이고, '뵈다'는 목적어를 높이는 객체 높임 어휘이다. 그런데 객체 높임 어휘를 사용할 때 '-ᅀᆸ-/-ᄉᆸ-'이 결합된 형태로도 쓰여 객체 높임의 의미를 더욱 분명히 드러내기도 하였다.

23. 윗글을 통해 〈보기〉를 이해한 내용으로 적절하지 않은 것은?

─── 보기 ───

ㄱ. 할머니께서 아직까지 주무셔.
ㄴ. 저는 이 문제를 선생님께 여쭙고 싶습니다.
ㄷ. 여러분, 이제 모두 자리에 앉으십시오.
ㄹ. 아버님은 어디 갔다 오신 거니?

① ㄱ으로 볼 때, 15세기 국어뿐 아니라 현대 국어에도 주체 높임의 특수 어휘가 쓰이는구나.
② ㄴ으로 볼 때, 15세기 국어뿐 아니라 현대 국어에도 객체 높임의 특수 어휘가 쓰이는구나.
③ ㄴ으로 볼 때, 현대 국어에서 '-습니다'의 '습'은 근대 국어의 '-ᄉᆸ-'이 아니라 15세기 국어의 '-ᄉᆸ-'과 같은 기능을 하는구나.
④ ㄷ으로 볼 때, 현대 국어의 '-십시오'처럼 상대를 아주 높이는 표현으로 15세기 국어에서는 'ᄒᆞ쇼셔체'가 쓰였겠구나.
⑤ ㄹ로 볼 때, 15세기 국어와 현대 국어는 동일한 형태의 주체 높임 선어말 어미가 있구나.

24. 윗글을 바탕으로 할 때 〈보기〉의 ㉮와 ㉯에서 높이는 대상이 바르게 짝지어진 것은?

─── 보기 ───

㉮ 구이(俱夷) 묻ᄌᆞᆸ·보샤·ᄃᆡ / "므·스게 ·ᄡᅳ시·리"
선혜(善慧) 대답(對答) ·ᄒᆞ샤·ᄃᆡ / ㉯ "부텻·긔 받ᄌᆞ·보리·라"

[현대어 풀이]
구이가 여쭈시기를 / "무엇에 쓰실고?"
선혜가 대답하시기를 / "부처님께 바칠 것이다."

	㉮	㉯
①	구이	선혜
②	선혜	구이
③	선혜	부처, 구이
④	구이, 선혜	부처
⑤	구이, 선혜	부처, 선혜

[25~26] 다음 글을 읽고 물음에 답하시오.

국어에는 주로 체언 뒤에 붙어서 다양한 문법적 관계를 나타내거나 의미를 추가하는 의존 형태소들이 있는데, 이를 조사라고 한다. 조사는 그 기능과 의미에 따라 격 조사, 접속 조사, 보조사로 분류한다. 예를 들어 '사람을'의 '을'은 앞에 오는 체언이 목적어라는 문법적 관계를 나타내는 격 조사이고, '어머니와 아버지'의 '와'는 두 단어를 연결하여 주는 기능을 하는 접속 조사이고, '공부만'의 '만'은 앞말에 한정의 뜻을 더하여 주는 보조사이다.

격 조사는 앞에 오는 체언이 문장 안에서 일정한 자격을 갖도록 만드는 조사를 말한다. 격 조사에는 ㉠ '이/가'와 같이 체언이 주어가 되게 하는 주격 조사, '을/를'과 같이 목적어가 되게 하는 목적격 조사, '의'와 같이 관형어가 되게 하는 관형격 조사, '되다, 아니다' 앞의 '이/가'와 같이 보어가 되게 하는 보격 조사 등이 있다. 그 밖에 '에, 에서, 에게'와 같이 부사어가 되게 하는 부사격 조사, '아, 야'와 같이 독립어 가운데 부름말이 되게 하는 호격 조사 등도 격 조사에 속한다. 특히 체언을 서술어가 되게 하는 '이다'는 서술격 조사라고 하는데, 이는 마치 동사나 형용사처럼 활용한다.

25. 윗글을 참고하여 〈보기〉의 ⓐ~ⓔ를 이해한 내용으로 적절하지 않은 것은?

───── 보기 ─────

ⓐ 너는 어떻게 입만 열면 불평이니?
ⓑ 우리 행동이 무엇이 잘못되었다는 거야?
ⓒ 동호야, 우리 집에 올 때 지하철을 타면 돼.
ⓓ 비가 오면 운동장에서 공놀이를 할 수 없다.
ⓔ 표범의 무늬와 치타의 무늬는 구분하기 쉽지 않다.

① ⓐ에서 '이니'는 서술격 조사 '이다'를 활용한 형태이다.
② ⓑ에서 '이'는 '무엇'을 보어가 되게 하는 보격 조사이다.
③ ⓒ에서 '야'는 받침이 없는 음절 뒤에 쓰는 호격 조사이다.
④ ⓓ에서 '에서'는 '운동장'을 부사어로 만드는 부사격 조사이다.
⑤ ⓔ에서 '의'는 '표범'과 '치타'를 관형어로 만드는 관형격 조사이다.

26. ㉠과 〈보기 1〉을 바탕으로 〈보기 2〉를 이해한 내용으로 적절하지 않은 것은?

───── 보기 1 ─────

중세 국어의 주격 조사 '이'는 주어의 형태에 따라 모양을 달리 하였다. 주어의 끝소리가 자음으로 끝나면 '이', 'ㅣ' 모음 외의 모음으로 끝나면 'ㅣ'를 썼고, 'ㅣ' 모음으로 끝나면 주격 조사 표기를 하지 않았다.

───── 보기 2 ─────

• 『훈민정음언해』
나·랏 : 말쏘·미 中듕國·귁·에 달·아
[현대 국어] 나라의 말( ) 중국과 달라
어·린 百·빅姓·셩·이 니르·고·져 ·홇 ·배 이·셔·도
[현대 국어] 어리석은 백성( ) 말하고자 하는 바( ) 있어도

• 『용비어천가』
불·휘 기·픈 남·ᄀᆞᆫ ᄇᆞᄅᆞ·매 아·니 :뮐·씨
[현대 국어] 뿌리( ) 깊은 나무는 바람에 흔들리지 않으므로

• 『소학언해』
孔·공子·ᄌᆞ ᆞ 曾증子·ᄌᆞᄃᆞ·려 닐·러 글ᄋᆞ ·샤·ᄃᆡ
[현대 국어] 공자( ) 증자에게 말씀하시기를

① '말쏘·미'는 주격 조사 'ㅣ'가 쓰였고, 현대 국어에서는 주격 조사로 '이'가 사용된다.
② '百·빅姓·셩·이'는 주격 조사 '이'가 쓰였고 현대 국어의 주격 조사도 같은 형태이다.
③ '·배'에는 주격 조사 'ㅣ'가 쓰였으며, 현대 국어에서는 주격 조사로 '가'가 사용된다.
④ '불·휘'는 주격 조사를 표기하지 않았고, 현대 국어에서는 주격 조사로 '가'가 사용된다.
⑤ '孔·공子·ᄌᆞ'는 주어가 'ㅣ' 모음 외의 모음으로 끝이 나서 'ㅣ'를 붙였고 현대 국어에서는 주격 조사로 '께서'가 사용된다.

[27~28] 다음 글을 읽고 물음에 답하시오.

합성어는 두 개 이상의 어근이 붙어서 새로운 뜻을 지니게 된 단어를 말한다. 합성어의 분류 방법은 크게 셋으로, 의미 관계에 따른 분류가 있고 국어의 일반적인 문장 구조와 일치하는지의 여부에 따른 분류가 있으며 합성어의 품사에 따른 분류가 있다.

의미 관계에 따라 합성어는 대등 합성어, 종속 합성어, 융합 합성어로 구분할 수 있다. 대등 합성어는 어근이 각각 본래의 의미를 유지하면서 대등하게 붙어서 된 합성어이다. '오가다, 논밭, 손발' 등이 이에 해당한다. 종속 합성어는 한쪽의 어근이 다른 한쪽의 어근을 꾸며 주는 합성어이다. '콩나물, 돌다리, 빌어먹다, 얕보다' 등이 있다. 융합 합성어는 각각의 어근이 가진 본래의 의미와 다른 새로운 의미를 나타내는 합성어이다. '밤낮(늘), 피땀(노력), 춘추(나이)' 등이 있다.

합성어는 또 국어의 일반적인 문장 구조와 일치하는지의 여부에 따라 통사적 합성어와 비통사적 합성어로 나눌 수 있다. 통사적 합성어는 우리말의 일반적인 문장 구조에서 확인되는 단어의 배열법에 따라 형성된 합성어이다. '알아듣다, 볼거리, 밤낮' 등이 해당된다. 비통사적 합성어는 우리말의 일반적인 문장 구조에서 벗어나는 단어의 배열법으로 만들어진 합성어이다. '여닫다, 부슬비, 덮밥' 등이 해당된다.

한편, 합성어를 품사에 따라 분류하면 합성 명사, 합성 동사, 합성 형용사, 합성 부사, 합성 관형사로 나뉜다.

(ㄱ) 합성 명사 : 집안, 논밭, 꺾쇠, 큰집
(ㄴ) 합성 동사 : 뛰놀다, 붙잡다, 굶주리다, 본받다
(ㄷ) 합성 형용사 : 높푸르다, 검붉다, 굳세다, 낯설다
(ㄹ) 합성 부사 : 밤낮, 사이사이, 곧잘, 온종일
(ㅁ) 합성 관형사 : 두서너, 몹쓸, 여남은, 온갖

(ㄱ)의 '집안', '논밭'은 두 개의 명사로, ㉠'꺾쇠'는 '동사+명사'로 구성되어 있으며, '큰집'은 '형용사+명사'로 이루어져 있다. (ㄴ)의 '뛰놀다', '붙잡다', '굶주리다'는 '동사+동사'로, ㉡'본받다'는 '명사+동사'로 구성되어 있다. (ㄷ)의 '높푸르다', '검붉다'는 두 개의 형용사로, '굳세다'는 '형용사+형용사'로, '낯설다'는 '명사+형용사'로 구성되어 있다. (ㄹ)의 '밤낮', '사이사이'는 두 개의 명사, '곧잘'은 두 개의 부사가 합쳐진 단어이고, '온종일'은 '관형사+명사'가 합쳐져 있다. (ㅁ)의 '두서너'는 세 개의 수 관형사로, '몹쓸'은 '부사+동사', '여남은'은 '수사+동사', '온갖'은 '관형사+명사'로 구성되어 있다. 대체적으로 합성어의 품사는 가장 나중에 오는 어근의 품사에 따라 결정되지만 '밤낮', '온종일', '사이사이'와 같은 합성 부사나 '몹쓸', '여남은', '온갖'과 같은 합성 관형사 등은 예외이다.

27. 윗글을 바탕으로 〈보기〉의 ⓐ~ⓔ를 이해한 내용으로 적절한 것은?

─ 보기 ─
ⓐ <u>접칼</u>은 칼날을 자루 안으로 접어 넣었다 폈다 할 수 있도록 만들어져 있다.
ⓑ <u>돌부처</u>를 보자 그는 없었던 불심마저도 마구마구 샘솟는 것 같았다.
ⓒ 봄이 채 시작되기 전에 기러기가 북쪽으로 <u>날아갔다</u>.
ⓓ 그녀는 친구들의 여러 가지 질문에 항상 대답을 잘해서 <u>척척박사</u>라고 불렸다.
ⓔ 이 버스는 관광지 내에서만 하루에 열 번씩 <u>오가는</u> 순환 버스이다.

① ⓐ의 '접칼'을 의미 관계에 따라 분류하면 대등 합성어이다.
② ⓑ의 '돌부처'는 일반적인 문장 구조와 일치하지 않으므로 비통사적 합성어이다.
③ ⓒ의 '날아갔다'는 품사에 따라 분류할 때 합성 형용사이다.
④ ⓓ의 '척척박사'는 뒤에 오는 '박사'에 의해 품사가 결정되었다.
⑤ ⓔ의 '오가는'은 한쪽의 어근이 다른 한쪽의 어근을 꾸며 주는 합성어이다.

28. 밑줄 친 부분이 본문의 ㉠, ㉡과 동일한 단어 배열을 가진 합성어의 예로 적절한 것은?

① ㉠ 자식 없는 <u>늙은이</u>가 가장 외로운 법이다.
　 ㉡ 멀리서 거칠게 대문을 <u>여닫는</u> 소리가 들렸다.

② ㉠ 어느덧 그의 얼굴에는 <u>검버섯</u>이 피기 시작했다.
　 ㉡ 그는 젖은 옷을 서둘러 <u>갈아입고</u> 출발했다.

③ ㉠ 오늘 점심엔 오징어를 볶아 <u>덮밥</u>을 만들었다.
　 ㉡ 뱃사공들은 소리에 맞춰 <u>힘내서</u> 노를 저었다.

④ ㉠ 영수는 <u>작은형</u>과 친하게 지낸다.
　 ㉡ 장독대에는 <u>배부른</u> 항아리들이 가득했다.

⑤ ㉠ 어머니, <u>새해</u> 복 많이 받으세요.
　 ㉡ 우리도 모르는 사이에 <u>정들고</u> 사랑하게 되었다.

[29~30] 다음 글을 읽고 물음에 답하시오.

모든 문장은 원칙적으로 '주어+서술어'를 갖추고 있으며, 서술어는 동사, 형용사, '체언+서술격 조사' 세 가지 중 하나로 나타난다. (1)-가의 '달린다'는 동사, (1)-나의 '작다'는 형용사, (1)-다의 '학생이다'는 '체언+서술격 조사'이다.

(1) 가. 토끼가 달린다.
　　 나. 책상이 작다.
　　 다. 민수는 학생이다.

간혹 문장에 서술어가 있지만 주어는 나타나 있지 않은 경우가 있는데, 이때는 주어가 없는 것이 아니라 생략된 것으로 이해해야 한다. 가령 (2)의 '정희'의 말을 보면 서술어 '갔어'에 대한 주어가 밝혀져 있지 않은데, 이 경우 '진수는'과 같은 주어가 생략된 것으로 이해해야 한다. 담화 맥락상 충분히 추론이 가능하기 때문이다.

(2) 민호 : 진수는 어디 있어?
　　 정희 : 어, 이미 갔어.

(2)의 '민호'의 말에 대답할 때 '정희'의 말처럼 앞에 언급되었던 주어를 생략할 수도 있고 "어, 진수는 이미 갔어."처럼 주어를 사용할 수도 있는 것과는 달리, (3)처럼 주어를 거의 필수적으로 생략해야 하는 경우도 있다.

(3) 가. 계곡물이 맑고 차갑다.
　　 나. 정수가 내 짝꿍인 현주를 좋아한다.
　　 다. 민희가 음악을 들으면서 공부한다.

(3)은 반복적으로 나타나는 주어를 생략하지 않으면 매우 어색해지거나 비문법적이게 되는 문장들이다. (3)-가에서 '차갑다' 앞에 '계곡물이'를 쓰거나, (3)-나에서 '내 짝꿍인' 앞에 '현주가'를 쓰거나, (3)-다에서 '공부한다' 앞에 '민희가'를 쓰면 문장이 매우 어색해지거나 비문법적인 문장이 된다. 아무런 앞뒤 맥락이 없어도 한 문장 안에서 똑같은 주어를 반복해 쓰는 것이 불필요하기 때문이다.

(3)의 문장들처럼 여러 문장들이 합쳐진 문장에서 주어가 생략되어 있더라도 서술어마다 주어를 가지고 있는 것으로 이해해야 한다. 이와 같은 문장 분석은 문장의 기본 구조를 이해하는 데 큰 도움을 준다.

29. 〈보기〉의 ㉠~㉣ 중 주어가 두 개 이상 생략된 문장만을 있는 대로 고른 것은?

― 보기 ―

㉠ 그 친구는 일을 처리할 때에 빈틈이 없다.
㉡ 그날 명희가 간 식당은 마침 휴업 중이었다.
㉢ 진주는 집에 오자마자 어제 남긴 밥을 먹었다.
㉣ 언니가 내년에 유학 가기를 바란다는 사실을 아니?

① ㉠, ㉡　　　　② ㉠, ㉢　　　　③ ㉢, ㉣
④ ㉠, ㉡, ㉣　　　⑤ ㉡, ㉢, ㉣

30. 윗글을 바탕으로 할 때, 〈보기〉의 ㉠에 들어갈 문장으로 적절한 것은?

― 보기 ―

서술어 역시 주어의 경우와 동일하게 이해할 수 있다. 만약 어떤 문장에 주어 두 개가 나타났는데 서술어 역시 두 개가 나타나 있지 않다면 서술어 중 일부가 생략된 것으로 이해해야 한다. 다음 문장을 예로 들 수 있다.

㉠

① 진희는 이미 읽은 책을 또 읽었다.
② 철주는 성격이 좋아 남을 잘 돕는다.
③ 정수는 피자를, 지수는 냉면을 먹는다.
④ 지금 밖에는 비가 오고 바람이 불겠다.
⑤ 봄이 오자, 그는 밭을 갈고 씨를 뿌렸다.

[31~32] 다음 글을 읽고 물음에 답하시오.

한글 맞춤법 제1항에서는 '한글 맞춤법은 표준어를 소리대로 적되, 어법에 맞도록 함을 원칙으로 한다.'라고 밝히고 있다. 여기에는 한글 맞춤법의 기본 원리 두 가지가 들어 있다. 하나는 '소리대로 적는 방식'이고 다른 하나는 '어법에 맞도록 적는 방식'이다.

'소리대로 적는 방식'은 말 그대로 소리와 표기를 일치시키는 방식이다. 소위 표음주의라고 부르기도 한다. '마음', '하늘', '불' 등과 같은 형태소의 표기를 보면 발음과 표기가 일치한다. 이러한 부류가 소리대로 적는 방식의 예에 속한다. 둘 이상의 형태소가 결합할 때에도 소리대로 적는 경우가 있다. 가령 불규칙 용언에 속하는 '낫다'의 어간 '낫-'에 모음으로 시작하는 어미가 결합할 때에는 '나아, 나으니' 등으로 표기하는데, 이 역시 소리대로 적은 예에 해당한다.

이와 달리 '어법에 맞도록 적는 방식'은 소리대로 적는 것이 아니고 형태소의 원형을 밝혀 적는 것이라고 할 수 있다. 표음주의와 구별하기 위해 표의주의라고 부르기도 한다. 가령 '옷'의 받침 'ㅅ'은 '옷도, 옷만'에서는 각각 'ㄷ'과 'ㄴ'으로 발음됨에도 불구하고 'ㅅ'으로 고정시켜 표기한다. 또한 '옷이, 옷은, 옷을'에서 받침 'ㅅ'은 뒤 형태소의 초성으로 옮겨서 발음함에도 불구하고 받침으로 적는다. 이는 모두 소리대로 적은 것이 아니라 어법에 맞도록 적은 결과이다. '먹어, 먹은'처럼 어간과 어미를 분리하여 적는 것이나, '높이', '길이'처럼 어근과 접사를 분리하여 적는 것도 모두 이에 속한다.

이상에서 살핀 한글 맞춤법의 두 가지 원리는 중세 국어와 현대 국어의 표기 차이를 이해하는 데에도 활용할 수 있다. ㉠ 동일한 환경에서 중세 국어는 소리대로 적는 반면, 현대 국어는 어법에 맞게 적음으로써 두 시기 국어의 표기에 차이가 나는 것이다. 대표적인 경우는 자음으로 끝나는 형태소 뒤에 모음으로 시작하는 형식 형태소가 올 때를 들 수 있다. 가령 용언 어간 '먹-' 뒤에 '-어, -으니'와 같은 어미가 결합할 때 중세 국어 시기에는 소리대로 적어서 '머거, 머그니'로 표기하지만, 현대 국어는 어법에 맞도록 적어서 '먹어, 먹으니'로 표기하는 것을 통해 이를 확인할 수 있다.

31. 윗글의 내용을 바탕으로 하여 탐구한 결과로 적절하지 <u>않은</u> 것은?

① '밥'에 주격 조사 '이'가 결합할 때 '밥이'로 적는 것은 어법에 맞도록 적은 것이군.
② '버들'에 '나무'가 결합한 합성어를 '버드나무'로 적는 것은 소리대로 적은 것이군.
③ '老人'을 원래 음을 밝힌 '로인'으로 적지 않고 '노인'으로 적는 것은 소리대로 적은 것이군.
④ '잎'에 접미사 '-아리'가 결합된 파생어를 '이파리'로 적는 것은 어법에 맞도록 적은 것이군.
⑤ '읽-'에 어미가 결합할 때 어간을 항상 '읽'으로 고정시켜 적는 것은 어법에 맞도록 적은 것이군.

32. ㉠의 사례로 적절하지 <u>않은</u> 것은?

① 중세 국어의 '도바'를 현대 국어에서는 '도와'로 표기한다.
② 중세 국어의 '어러'를 현대 국어에서는 '얼어'로 표기한다.
③ 중세 국어의 '사ᄅᆞ미'를 현대 국어에서는 '사람이'로 표기한다.
④ 중세 국어의 '더프며'를 현대 국어에서는 '덮으며'로 표기한다.
⑤ 중세 국어의 '얼구른'을 현대 국어에서는 '얼굴은'으로 표기한다.

[33~34] 다음 글을 읽고 물음에 답하시오.

국어사에서 문법 현상은 시대에 따라 변화해 왔다. 문법 현상을 표현하는 방법이 바뀌기도 하고, 없어지거나 또는 새로 생겨나기도 했다.

객체 높임법의 예를 들어 보기로 하자. 중세 국어에서 객체 높임법은 주로 선어말 어미 '-ᅀᆞᆸ-'에 의해 실현되었다. '臣下(신하) ㅣ 님그믈 돕ᄉᆞᄫᅡ'라는 문장을 보면, 객체인 '님금'을 높이기 위하여 객체 높임 선어말 어미 '-ᅀᆞᆸ-'이 쓰였음을 확인할 수 있다. 선어말 어미에 의한 이러한 객체 높임법은 현대 국어로 오면서 사라지게 되었다.

다음으로 사동 표현의 예를 들어 보기로 하자. 다음은 중세 국어와 현대 국어에서 사동 표현이 나타난 문장들이다.

중세 국어 : 녀토시고 쪼 깊이시니
현대 국어 : 얕게 하시고 또 깊게 하시니

국어사의 시기를 막론하고 사동 표현에는 접미사에 의한 것과 '-게 하-(-게 ᄒᆞ-)'에 의한 것이 있다. 위 문장들을 보면, 중세 국어에서는 '녙다(얕다)', '깊다'에 파생 접미사 '-오-', '-이-'를 결합하여 사동을 표현했으나, 현대 국어에서는 그에 대응되는 사동사가 없어 '-게 하-'로 표현하고 있음을 확인할 수 있다. 이런 점을 볼 때, 중세 국어에서는 현대 국어에서보다 파생 접미사를 더 많이 사용했음을 알 수 있다. 이 역시 문법 현상이 역사적으로 변화한 예이다.

한편, 중세 국어의 의문문에서는 의문사의 존재 여부에 따라 '-ㄴ가', '-ㄹ가'와 같은 '아' 계열 어미와 '-ㄴ고', '-ㄹ고'와 같은 '오' 계열 어미를 구별하여 사용했다. '아' 계열 어미는 '西京(서경)은 편안ᄒᆞ가 몯 ᄒᆞ가?'와 같이 의문사가 없는 의문문에 사용되었고, '오' 계열 어미는 '古園(고원)은 이제 엇더ᄒᆞ고?'와 같이 의문사가 있는 의문문에 사용되었다. 다만 주어가 2인칭인 의문문에는 의문사 사용 여부와 관계없이 '네 엇뎨 안다?'처럼 '-ㄴ다'가 사용되었다. 그러나 현대 국어에 이르러서는 의문문에 의문사가 있든 없든, 주어의 인칭이 어떠하든 의문형 어미를 구분하지 않게 되었다. 이것은 문법 현상이 사라진 예이다.

이처럼 시간의 흐름에 따라 사라진 문법 현상들도 있지만, 새로 나타난 문법 현상들도 있다. 예를 들어 주격 조사는 원래 '이(이, ㅣ, Ø)'밖에 없었으나, 차츰 '가'가 사용되기 시작하여 근대 국어부터는 본격적으로 이 두 형태가 함께 사용되었다. 또한 중세 국어에서 현대 국어로 오면서 선어말 어미 '-었-'이나 '-겠-'이 쓰이게 된 것도 문법 현상이 새로이 나타난 예이다. '-었-'은 원래 중세 국어의 '-어 잇-'이라는 구성이 축약되어 새로 생겨난 선어말 어미이다.

33. 윗글의 내용과 일치하지 <u>않는</u> 것은?

① 중세 국어에는 어미 '-었-'과 '-겠-'이 없었다.
② 중세 국어에는 어미에 의해 실현되는 객체 높임법이 있었다.
③ 중세 국어에는 '-게 ᄒᆞ-'에 의한 사동법이 없었다.
④ 중세 국어에서는 주어의 인칭에 따라 의문형 종결 어미가 구분되기도 했다.
⑤ 중세 국어에서는 의문사가 없는 의문문과 의문사가 있는 의문문의 어미가 구별되어 사용되었다.

34. 윗글과 〈보기〉를 참고할 때, 동사 '듣다'와 '막다'에 객체 높임법 선어말 어미가 결합된 형태로 적절한 것은?

— 보기 —

중세 국어의 객체 높임 선어말 어미 '-ᅀᆞᆸ-'은 어간의 끝소리와 어미의 종류에 따라 여섯 가지 형태로 실현된다.
(1) -ᄉᆞᆸ-, -ᄌᆞᆸ-, -ᅀᆞᆸ-
(2) -ᄉᆞᄫ-, -ᄌᆞᄫ-, -ᅀᆞᄫ-
(1)은 자음으로 시작하는 어미 앞에 실현되는 것으로, 어간의 끝소리의 종류에 따라 구별된다. '-ᄉᆞᆸ-'은 어간의 끝소리가 'ㄱ, ㅂ, ㅅ'일 때, '-ᄌᆞᆸ-'은 'ㄷ, ㅈ, ㅊ'일 때 각각 실현된다. '-ᅀᆞᆸ-'은 어간의 끝소리가 모음이나 울림소리 자음일 때 실현되는데, 이때 울림소리 'ㄹ'은 탈락한다. (2)는 (1)의 형태가 모음으로 시작하는 어미 앞에서 실현되는 것이다.

① 듣ᄉᆞᆸ고   ② 듣ᄌᆞᄫᅡ
③ 막ᄉᆞᄫᅡ   ④ 막ᄉᆞᆸ고
⑤ 막ᄌᆞᆸ거늘

[35~36] 다음 글을 읽고 물음에 답하시오.

우리말에서 음절 끝소리로 발음될 수 있는 자음은 'ㄱ, ㄴ, ㄷ, ㄹ, ㅁ, ㅂ, ㅇ' 일곱 개뿐이다. 따라서 음절 끝에 이 일곱 자음 이외의 것이 있을 때는 이 일곱 자음 중 하나로 바뀌어 발음된다. 이러한 음운의 교체 현상이 나타나는 이유는 자음이 음절 끝에서는 닫혀서 발음되기 때문이다.

예를 들어 음절 '패패'를 천천히 발음해 보면, 'ㅍ'을 발음할 때 두 입술을 닫고 잠시 동안 그 상태를 유지하다가 모음 'ㅏ'를 발음하기 위해 입을 여는 순간 막혔던 공기가 터져 나가면서 소리가 나는 것을 알 수 있다. 즉 파열음 'ㅍ'은 '폐쇄→지속→개방'의 세 단계를 거쳐 소리 나게 되는 것이다. 하지만 음절 '앞[압]'에서 음절 끝소리 'ㅍ'을 조음할 때에는 입술을 다물어 폐쇄를 유지한 상태로 조음 과정이 끝난다. 즉 음절 끝에서는 파열음 조음 과정 중 폐쇄와 지속 단계는 거치지만 개방 단계가 생략되는 현상이 나타나는 것이다. 우리말의 예사소리, 된소리, 거센소리는 개방 단계에서 구별되는데, 음절 끝에서는 개방 단계가 생략되므로 음절 끝소리 'ㅍ'은 음절 끝소리 'ㅂ'과 소릿값이 같아지게 된다. 그래서 '앞'이 [압]으로 발음되는 것이다.

마찰음인 'ㅅ, ㅆ' 역시 음절 끝에서는 개방 단계가 생략되는데, 조음되는 위치인 '혀끝-윗잇몸'에서 공깃길을 닫게 되므로 이 위치의 파열음인 음절 끝소리 'ㄷ'과 소릿값이 같아지게 된다. 파찰음인 'ㅈ, ㅉ, ㅊ'의 경우 소리 나는 위치인 '앞 혓바닥-센입천장'에서 닫혀서 발음되므로 이 위치에서 조음되는 파열음의 소릿값과 같아져야 하겠지만, 같은 위치에서 조음되는 파열음이 없기 때문에 가장 가까운 위치인 '혀끝-윗잇몸'의 음절 끝소리 'ㄷ'으로 교체된다. 그리고 조음 위치가 뚜렷하지 않은 마찰음 'ㅎ' 역시 음절 끝에서 음절 끝소리 'ㄷ'으로 바뀌는 것으로 처리된다.

울림소리인 'ㄴ, ㄹ, ㅁ, ㅇ'도 위와 같은 과정을 겪는다. 하지만 이 네 자음은 음절 끝에서 개방 단계를 거치지 않더라도 공기의 흐름이 완전히 차단되지 않는다는 점에서 다른 자음들과 차이를 보인다. 음절 끝 유음 'ㄹ'은 혀끝이 공깃길의 중앙부를 막지만 그 특성상 혀의 양옆으로는 여전히 공기가 흘러 나가는 상태로 소리가 난다. 음절 끝 비음 'ㄴ, ㅁ, ㅇ'은 입길은 막혀도 비음의 특성상 콧길로 공기가 흘러 나가게 된다. 따라서 울림소리인 'ㄴ, ㄹ, ㅁ, ㅇ'은 제 소릿값대로 조음된다.

이와 같이 우리말의 음절 끝에 마찰음, 파찰음이 오거나 파열음의 된소리, 거센소리가 오는 경우 모두 파열음의 예사소리로 교체되는 현상이 나타난다. 이러한 결과 우리말의 음절 끝소리가 될 수 있는 자음은 'ㄱ, ㄴ, ㄷ, ㄹ, ㅁ, ㅂ, ㅇ' 일곱 개가 되는 것이다.

35. 윗글에 대한 이해로 적절하지 **않은** 것은?

① 유음과 비음은 음절 끝에서 파열음의 예사소리로 바뀌지 않는다.
② 파열음은 그것이 놓이는 위치에 따라 개방 단계를 생략하고 조음되기도 한다.
③ 음절 끝의 마찰음과 파찰음은 각각 동일한 위치에서 조음되는 음절 끝소리 파열음으로 발음된다.
④ 음절 끝소리의 특징으로 인해 음절 끝소리로 발음될 수 있는 자음이 특정 자음들로 제한되는 현상이 나타난다.
⑤ 동일한 위치의 된소리 파열음과 거센소리 파열음이 개방 단계 없이 조음되는 경우 소릿값의 차이가 사라지게 된다.

36. 윗글을 바탕으로 〈보기〉의 '표준 발음법' 규정을 탐구한 것으로 적절하지 **않은** 것은?

─ 보기 ─

第8항 받침소리로는 'ㄱ, ㄴ, ㄷ, ㄹ, ㅁ, ㅂ, ㅇ'의 7개 자음만 발음한다.
第9항 받침 'ㄲ, ㅋ', 'ㅅ, ㅆ, ㅈ, ㅊ, ㅌ', 'ㅍ'은 어말 또는 자음 앞에서 각각 대표음 [ㄱ, ㄷ, ㅂ]으로 발음한다.
第13항 홑받침이나 쌍받침이 모음으로 시작된 조사나 어미, 접미사와 결합되는 경우에는, 제 음가대로 뒤 음절 첫 소리로 옮겨 발음한다.
第15항 받침 뒤에 모음 'ㅏ, ㅓ, ㅗ, ㅜ, ㅟ'들로 시작되는 실질 형태소가 연결되는 경우에는, 대표음으로 바꾸어서 뒤 음절 첫소리로 옮겨 발음한다.

① 제8항을 보면, 음절 끝소리가 될 수 있는 자음은 파열음의 예사소리, 비음과 유음밖에 없다는 것을 알 수 있군.
② 제9항을 보면, 음절 끝 파열음의 거센소리는 모두 파열음의 예사소리로 교체된다는 것을 알 수 있군.
③ 제13항을 보면, 제9항에 열거된 자음들이 음절 끝에서 파열음의 예사소리로 바뀌지 않고도 음절 끝소리로 발음될 수 있음을 알 수 있군.
④ 제15항을 보면, 뒤 음절이 일부 모음으로 시작하는 실질 형태소인 경우 앞 음절의 끝소리가 파열음의 예사소리로 바뀐 뒤 연음된다는 것을 알 수 있군.
⑤ 제13항과 제15항을 보면, 음절의 끝소리가 파열음의 예사소리로 바뀌는 현상이 조음상의 특징만이 아닌 다른 요인에 의해서도 영향을 받는다는 것을 알 수 있군.

[37~38] 다음 글을 읽고 물음에 답하시오.

주어는 행위·작용의 주체, 상태·성질이나 정체 밝힘 등의 대상을 나타낸다. 일반적으로 주격 조사 '이/가'가 결합되지만, 기관이나 단체 등의 인간 집단을 뜻하는 명사 뒤에는 '에서'가, 높임의 대상 뒤에는 '께서'가 결합된다. 주격 조사는 일반적으로 체언에 결합하지만, 때에 따라 단어보다 더 큰 단위인 구나 절에 결합하기도 한다. 주어에 결합하는 주격 조사는 생략되기도 하고 보조사로 대치되거나 보조사와 함께 쓰이기도 한다.

[A]
한편, 한글이 창제된 후 16세기경까지는 주격 조사로 '이, ㅣ'가 사용되거나 주격 조사가 생략되었다. 조사에 선행되는 체언의 끝소리가 자음인 경우에는 '이'가, 체언의 끝소리가 모음 '이'나 반모음 'ㅣ[j]' 이외의 모음인 경우에는 'ㅣ'가 사용되었고, 체언의 끝소리가 모음 '이'나 반모음 'ㅣ[j]'인 경우에는 주격 조사가 생략되었다. 예를 들어 '시미 기픈 므른'에서는 체언 '심' 뒤에 '이'가 사용되었음을 확인할 수 있고, '니르고져 홇 배 이셔도'에서는 체언 '바' 뒤에 'ㅣ'가 사용되었음을 확인할 수 있다. 또한 '불휘 기픈 남ᄀᆞᆫ'에서는 체언 '불휘' 뒤에서 주격 조사가 생략되었음을 확인할 수 있다. 이와 같은 주격 조사의 사용은 16세기 후반에서 17세기 중반까지 이어지다가 주격 조사 '가'가 출현하면서 점차 현대 국어와 같은 모습을 띠게 되었다.

37. 윗글을 바탕으로, 〈보기〉에 대해 이해한 내용으로 적절하지 <u>않은</u> 것은?

─── 보기 ───
ㄱ. 우리는 어제 이사 왔어.
ㄴ. 철수와 영희가 화해하였다.
ㄷ. 부모님께서 내게 선물을 주셨다.
ㄹ. 그가 잘못을 저질렀음이 밝혀졌다.
ㅁ. 학교에서 축구를 하는 것이 철수의 취미이다.

① ㄱ을 통해 주격 조사가 아닌 다른 조사가 결합한 형태가 주어로 기능할 수도 있음을 알 수 있군.
② ㄴ을 통해 구에 주격 조사가 결합하여 주어로 기능할 수 있음을 알 수 있군.
③ ㄷ을 통해 높임의 대상이 되는 인물 뒤에 '께서'가 결합하여 주어로 기능할 수 있음을 알 수 있군.
④ ㄹ을 통해 안긴문장에 주격 조사가 결합하여 안은문장의 주어로 기능할 수 있음을 알 수 있군.
⑤ ㅁ을 통해 단체를 나타내는 명사 뒤에 '에서'가 결합하여 주어로 기능할 수 있음을 알 수 있군.

38. 〈보기〉의 명사들이 주격 조사와 결합한 형태를 추측한 것으로 가장 적절한 것은?

─── 보기 ───
선생님 : 오늘은 중세 국어에서 어떠한 주격 조사가 사용되었는지 알아보겠습니다. [A]의 내용을 바탕으로 아래 자료의 명사들이 어떠한 주격 조사와 결합하여 주어로 활용되었을지 추측해 봅시다.

시기	15세기 중엽
명사	사ᄅᆞᆷ, 다리, 견초

① 사ᄅᆞ미 / 다리 / 견치
② 사ᄅᆞ미 / 다리 / 견추
③ 사ᄅᆞ미 / 다리가 / 견치
④ 사ᄅᆞᆷ이 / 다리가 / 견추
⑤ 사ᄅᆞᆷ이 / 다리가 / 견초가

[39~40] 다음 글을 읽고 물음에 답하시오.

한 음운이 일정한 환경에서 다른 음운으로 바뀌어 소리 나는 현상을 음운 변동이라 한다. 음운 변동은 음운 변동의 결과에 따라, 그리고 인접 음운과의 관계에 따라 분류할 수 있다.

음운 변동을 그 결과에 따라 분류해 본다면 크게 한 음운이 다른 음운으로 바뀌는 교체, 원래 있던 음운을 생략하는 탈락, 없던 음운이 새로 생겨나는 첨가, 두 음운이 합쳐져서 제3의 한 음운으로 줄어드는 축약으로 나눌 수 있다.

인접 음운과의 관계에 따라 음운이 변동하는 현상으로는 동화 현상을 들 수 있다. 동화는 한 음운이 인접하는 다른 음운과 같아지거나 성질이 비슷해지는 현상이다.

한 단어에서 음운 변동은 한 번만 일어날 때도 있지만, 그렇지 않을 때도 있다. 즉, ㉠ 한 단어 속에서 두 가지 이상의 음운 변동이 일어날 수 있다.

39. 윗글을 바탕으로, 음운 변동의 사례를 설명한 것으로 적절하지 **않은** 것은?

① 음운 변동의 결과에 따른 분류를 고려한다면 '굳이[구지]'에는 음운의 교체 현상이 일어났군.
② 음운 변동의 결과에 따른 분류를 고려한다면 '축하[추카]'에는 음운의 축약 현상이 일어났군.
③ 음운 변동의 결과에 따른 분류를 고려한다면 '눈요기[눈뇨기]'에는 음운의 탈락 현상이 일어났군.
④ 인접 음운과의 관계를 고려하면 '칼날[칼랄]'에는 인접 음운과 같아진 현상이 일어났군.
⑤ 인접 음운과의 관계를 고려하면 '국민[궁민]'에는 인접 음운의 성질과 비슷해지는 현상이 일어났군.

40. ㉠을 바탕으로, 각 단어에서 일어나는 음운 변동을 탐구한 것으로 적절하지 **않은** 것은?

	단어	음운 변동 현상
①	낮다	음절의 끝소리 규칙, 된소리되기
②	꺾고	자음군 단순화, 된소리되기
③	색연필	'ㄴ' 첨가, 비음화
④	꽃망울	음절의 끝소리 규칙, 비음화
⑤	닫히다	자음 축약, 구개음화

[41~42] 다음 글을 읽고 물음에 답하시오.

> 우리는 그에게도 출발 시간이 변경되었음을 통지했다.
>
> 위의 '통지하다'라는 동사는 통지하는 내용이 무엇인지를 밝혀 주는 말을 필요로 한다. 그래서 '출발 시간이 변경되었다.'라는 문장을 명사의 형태로 만들어 '통지하다'의 목적어로 사용하여 그 뜻을 보충해 주고 있다. 이렇게 한 문장이 그 속에 다른 문장을 하나의 성분으로 안고 있을 때 그것을 '안은문장'이라 하고, 다른 문장에 안겨 하나의 성분으로 사용되는 문장을 '안긴문장' 또는 '절(節)'이라고 한다. 하나의 문장이 다른 문장에 안길 때는 약간의 문법적인 변화를 거쳐 여러 가지 종류의 절이 될 수 있다. 그 종류에는 명사절, 관형절, 부사절, 서술절, 인용절이 있다. 이 중 관형절은 ㉠ 동격 관형절과 ㉡ 관계 관형절로 구분할 수 있다.
>
> (1) 그는 <u>우리가 먼저 상대편을 공격하자는</u> 제안을 했다.
> (2) 우리는 <u>사람이 살지 않는</u> 섬에서 하룻밤을 지냈다.
>
> (1)의 관형절은 본래 '우리가 먼저 상대편을 공격하다.'라는 문장이며, 그 내용이 꾸밈을 받는 체언 '제안'의 내용과 동일하다. 이처럼 관형절의 내용이 관형절의 꾸밈을 받는 체언의 내용과 동일한 것을 동격 관형절이라고 한다. (2)의 관형절은 본래 '섬에 사람이 살지 않는다.'라는 문장이며, 꾸밈을 받는 체언인 '섬'이 부사어로 사용되어 있다. 이처럼 관형절의 꾸밈을 받는 체언이 관형절의 일부 성분이 되는 것을 관계 관형절이라고 한다. 관형절로 안길 때 꾸밈을 받는 체언과 중복되는 성분이 생략되어 '사람이 살지 않는'의 형태로 안긴 것이다. 따라서 동격 관형절과 달리 관계 관형절에는 꾸밈을 받는 체언과 같은 성분이 생략되어 있다.
>
> 한편, 중세 국어에도 안긴문장과 안은문장이 존재했다. 안긴문장 중 명사절은 명사형 어미 '-옴/움', '-기', '-디'가, 관형절은 관형사형 어미 '-ㄴ'이나 관형격 조사 'ㅅ'이, 부사절은 접미사 '-이'나 부사형 어미가 붙어 만들어진다. 인용절은 안은문장의 서술어가 연결형이 되고, 안긴문장이 그 뒤에 안겨 만들어진다. 마지막으로 서술절은 특별한 표지가 없고, 따로 떼어 놓으면 그대로 독립된 문장이 된다. 이러한 절은 안은문장 속에서 다양한 문장 성분으로 쓸 수 있는데, 이때 격 조사와 결합하는 경우도 있고 그렇지 않은 경우도 있다.

41. 윗글의 내용을 참고할 때, ㉠과 ㉡의 사례로 적절하게 묶인 것은?

	㉠	㉡
①	나는 이마에 흐르는 땀을 씻었다.	충무공이 만든 거북선은 세계 최초의 철갑선이다.
②	내가 책을 산 서점은 바로 우리 집 옆에 있다.	선생님께서는 우리가 친구를 학교에 추천하자는 제안을 하셨다.
③	나는 그가 매우 착하다는 생각을 했다.	나에게는 내가 그를 직접 만난 기억이 없다.
④	그가 우리의 일을 도와주었던 것을 잊지 말자.	우리 선수가 경기를 하고 있다는 소식을 들었다.
⑤	우리는 급히 부대로 돌아오라는 명령을 받았다.	버드나무가 서 있는 언덕에 올라가 들판을 바라본다.

42. 윗글을 참고하여, 〈보기〉에 대해 설명한 것으로 적절하지 <u>않은</u> 것은?

> ──── 보기 ────
>
> ㉮ 내 性佛ᄒᆞ야 나랏 有情이 正覺 일우오ᄆᆞᆯ 一定티 몯ᄒᆞ면
> [현대어 풀이] 내가 성불하여 나라의 유정이 정각 이룸을 일정하지
>   못하면
> ㉯ 이 東山ᄋᆞᆫ 남기 됴ᄒᆞᆯᄊᆡ
> [현대어 풀이] 이 동산은 나무가 좋으므로
> ㉰ 돈 업시 帝里예 살오
> [현대어 풀이] 돈 없이 제리에 살고
> ㉱ 이웃집 브른 바미 깁도록 블갯도다
> [현대어 풀이] 이웃집 불은 밤이 깊도록 밝혀져 있도다
> ㉲ 善宿ㅣ 쏘 무로ᄃᆡ 네 어느 고대 난다
> [현대어 풀이] 선수가 또 묻되 너는 어느 곳에서 태어났느냐

① ㉮에서는 명사형 어미 '-옴'으로 만들어진 명사절이 격 조사와 결합하여 목적어의 역할을 하고 있다.
② ㉯에서는 명사형 어미 '-기'로 만들어진 명사절이 격 조사 없이 주어의 역할을 하고 있다.
③ ㉰에서는 접미사 '-이'로 만들어진 부사절이 격 조사 없이 부사어의 역할을 하고 있다.
④ ㉱에서는 전성 어미 '-도록'으로 만들어진 부사절이 격 조사 없이 부사어의 역할을 하고 있다.
⑤ ㉲에서는 안은문장의 서술어가 '무로ᄃᆡ'와 같이 연결형으로 나타나고, 그 뒤의 인용절이 '선수'가 묻는 내용을 알려 주고 있다.

[43~44] 다음 글을 읽고 물음에 답하시오.

국어의 시제는 과거, 현재, 미래로 구분할 수 있는데, 이는 발화시와 사건시라는 시점을 기준으로 나눈 것이다. 발화시는 말하는 이가 말하는 시점을 가리키며, 사건시는 동작이 일어나거나 상태가 나타나는 시점을 가리킨다. 그리하여 발화시보다 사건시가 앞서면 과거 시제, 발화시와 사건시가 일치하면 현재 시제, 발화시보다 사건시가 나중이면 미래 시제라고 한다. 이러한 시제는 주로 선어말 어미 '-았/었-', '-ㄴ/는-', '-겠-' 등으로 실현된다. 다만 시제를 나타내는 선어말 어미들은 각각 다양한 의미를 가지고 있어, ㉠ 과거, 현재, 미래라는 단순한 시제뿐만 아니라 다양한 뜻을 나타내기도 한다.

(1) 너 누구 닮았니? / 저는 엄마를 닮았어요.

(1)의 경우, 과거 시제 선어말 어미인 '-았-'이 쓰였지만 '닮다'라는 동사가 과거부터 현재까지 지속되는 의미를 갖고 있으므로 단순히 과거 시제라고 파악할 수는 없다.

(2) 어서 가자. 학교에 늦겠다.

(2)의 경우, 미래 시제 선어말 어미인 '-겠-'이 쓰였지만 여기서는 미래 시제를 나타내는 것보다 추측의 의미를 나타내는 것에 더 가까운 것으로 볼 수 있다.

[A]
한편, 국어의 시제를 효과적으로 설명하기 위해서는 절대 시제와 상대 시제의 개념을 도입할 필요가 있다. 절대 시제는 위에서 보았던 것처럼 발화시(말하는 이가 말을 시작하는 시점)를 기준으로 하는 시제이지만, 상대 시제는 사건시(문장이 나타내는 사건이 일어나는 시점)를 기준으로 하는 시제를 말한다.

(3) 그는 집 앞을 지나가는 사람에게 말을 건넨다.
(4) 그는 집 앞을 지나가는 사람에게 말을 건넸다.

절대 시제의 관점에서는 (3)의 안긴문장에 현재 시제를 나타내는 관형사형 전성 어미 '-는'이 쓰인 것이 문제가 되지 않는다. 안은문장과 안긴문장의 시제가 모두 현재이기 때문이다. (4)의 경우에는 안은문장의 시제가 과거이므로 안긴문장도 과거를 나타낸다. 하지만 (4)의 안긴문장에는 현재 시제를 나타내는 관형사형 전성 어미가 쓰여 있는데, 이 점을 설명하기란 쉽지 않다.

이와 같은 관형절의 시제를 설명하기 위해서 상대 시제의 개념을 도입할 필요가 있다. 상대 시제의 관점에서 보면 (4)의 안긴문장은 현재 시제가 된다. 왜냐하면 상대 시제는 발화시가 아니라 사건시를 기준으로 보는 시제이므로, 그가 말을 건네는 과거의 시점이 바로 기준시가 된다. 이때를 기준으로 보면 관형절의 시제는 현재가 되며, 현재 시제를 나타내는 관형사형 전성 어미 '-는'이 쓰일 수 있는 것이다.

이처럼 상대 시제는 관형절을 안은문장이나 이어진문장의 시제 현상을 설명하는 데 유용한 개념이다.

---

43. 윗글의 ㉠에 해당하는 사례로 적절하지 **않은** 것은?

① 별 이상한 사람을 다 보겠네.
② 그런 것은 삼척동자도 알겠다.
③ 벌써 개나리가 활짝 피었구나.
④ 어제는 너무 피곤해서 10시간을 잤어요.
⑤ 이렇게 흉터가 많으니 이다음에 장가는 다 갔다.

44. [A]를 바탕으로, 〈보기〉를 탐구한 내용으로 적절하지 **않은** 것은?

┌─ 보기 ─────────────────────
│ ㄱ. 선생님은 점심시간에 축구를 하는 학생들을 부를 것이다.
│ ㄴ. 맑은 하늘을 보니 기분이 좋아진다.
│ ㄷ. 나는 달리는 기차에서 뛰어내렸다.
│ ㄹ. 저기 걸어오는 진태가 보인다.
└────────────────────────────

① ㄱ에서 '축구를 하는'의 절대 시제는 미래이다.
② ㄴ에서 '맑은 하늘을 보니'의 상대 시제는 현재이다.
③ ㄷ에서 '달리는'의 절대 시제는 현재이다.
④ ㄱ의 '축구를 하는'과 ㄷ의 '달리는'의 상대 시제는 동일하다.
⑤ ㄴ의 '맑은 하늘을 보니'와 ㄹ의 '저기 걸어오는'의 절대 시제는 동일하다.

[45~46] 다음 글을 읽고 물음에 답하시오

의존 명사는 분포상의 다양한 제약을 가진다.
첫째, 의존 명사는 그 앞에 반드시 관형어가 와야 하므로 문장의 첫머리에는 올 수 없다.
둘째, ㉠ 의존 명사는 그 앞에 오는 관형사형 전성 어미가 제한되기도 한다. 예를 들어 '내일 갈 터이니 그리 알아라.'에서 '터' 앞에 있는 동사 '가다'의 관형사형으로는 '갈'만 허용되고 '간, 가는'은 허용되지 않는다.
셋째, ㉡ 의존 명사와 관련하여 서술어가 제약을 받는 경우도 흔히 발견된다. 예를 들어 의존 명사 '리'는 '그럴 리가 없다.'와 같이 서술어 '있다, 없다'와 주로 어울린다.
넷째, 의존 명사는 주로 특정한 문장 성분에서만 사용되는 제약이 있는 경우가 많다. 예를 들어 '고향을 떠난 지가 벌써 20년이 넘었습니다.'의 의존 명사 '지'는 주로 주어에서만 쓰이는데, 이런 점에 근거하여 이와 같은 의존 명사를 주어성 의존 명사라고 한다. 의존 명사에는 ⓐ 주어성 의존 명사 외에도 ⓑ 서술어성 의존 명사, ⓒ 목적어성 의존 명사, ⓓ 부사어성 의존 명사, ⓔ 보편성 의존 명사가 있다. 보편성 의존 명사는 이런 제약이 없는 부류를 가리킨다.
이와 같이 의존 명사는 분포상의 다양한 제약을 가지나, '것'과 같이 앞에 오는 관형사형 전성 어미나 뒤에 오는 서술어에 제약을 받지 않는 경우도 있다.

45. 밑줄 친 단어 중 ㉠과 ㉡의 예로 적절하지 <u>않은</u> 것은?

① ㉠ : '먹을 대로 먹어라.'
② ㉠ : '그는 웃고만 있을 뿐이었다.'
③ ㉠ : '그를 만난 지 너무 오래되었다.'
④ ㉡ : '그 애가 이 일을 알 턱이 없지.'
⑤ ㉡ : '기분이 더할 나위 없이 좋다.'

46. ⓐ~ⓔ에 대해 탐구한 내용으로 적절하지 <u>않은</u> 것은?

① ⓐ : '그가 그럴 리가 있을까?'에서와 같이 '리'는 주로 문장의 주어에서만 쓰이니 주어성 의존 명사이겠군.
② ⓑ : '그저 당신을 만나러 왔을 따름입니다.'에서와 같이 '따름'은 문장의 서술어에서만 쓰이니 서술어성 의존 명사이겠군.
③ ⓒ : '그는 사과할 줄을 모른다.'에서와 같이 '줄'은 문장의 목적어에서만 쓰이니 목적어성 의존 명사이겠군.
④ ⓓ : '살다 보면 그럴 수도 있다.'에서와 같이 '수'는 문장의 부사어에서만 쓰이니 부사어성 의존 명사이겠군.
⑤ ⓔ : '그녀는 나에게 먹을 것을 주었다.', '이 우산은 언니 것이다.', '예쁜 것이 가장 좋다.' 등에서와 같이 '것'은 여러 문장 성분에서 쓰이니 보편성 의존 명사이겠군.

이시옷을 표기하는 것이 원칙이다.

[A] ┌ 오늘날 합성 명사의 사잇소리 현상은 중세 국어의 관형격 조사 'ㅅ'과 관련이 있다. 중세 국어의 'ㅅ'은 대체로 선행 요소가 울림소리로 끝날 때 나타났는데, 이는 앞에서 설명한 오늘날 사잇소리 현상의 음운론적 조건과 같다. ┘

47. 윗글을 바탕으로 이해한 내용으로 적절하지 <u>않은</u> 것은?

① '비+물'을 [빈물]로 발음하고 '빗물'로 표기하는 것은 합성 명사를 이룰 때에 일어나는 사잇소리 현상을 반영하여 사이시옷을 표기하였기 때문이겠군.
② '물고기'를 [물꼬기]로 발음하지만 '불고기'를 [불꼬기]로 발음하지 않는 것은 '불고기'가 사잇소리 현상의 의미론적 조건을 충족하지 못하기 때문이겠군.
③ '이슬비'를 [이슬삐]로 발음하지 않지만 '소낙비'를 [소낙삐]로 발음하는 것은 '소낙비'가 사잇소리 현상의 음운론적 조건과 의미론적 조건을 모두 충족하고 있기 때문이겠군.
④ 곤충인 '잠자리'는 [잠자리]로 발음하고 잠을 자는 곳을 가리키는 '잠자리'는 [잠짜리]로 발음하는 것은 사잇소리 현상이 명사와 명사가 결합할 때에 일어나는 현상이기 때문이겠군.
⑤ '전세(傳貰)+방(房)'을 [전세빵]으로 발음하지만 '전셋방'으로 표기하지 않는 것은 합성어의 구성 요소 중 하나 이상이 고유어여야 한다는 사이시옷 표기의 조건을 충족하지 못하기 때문이겠군.

[47~48] 다음 글을 읽고 물음에 답하시오.

어근과 어근이 결합하여 만들어지는 합성어 중에는 명사와 명사가 결합하여 만들어지는 합성 명사가 가장 많다. 합성 명사가 만들어질 때에 특수한 음운 현상이 일어나는 경우가 있는데, 이를 사잇소리 현상이라고 한다. 사잇소리 현상은 합성 명사를 만들 때에 항상 일어나는 것은 아니며, 음운론적 조건과 의미론적 조건을 충족할 때 나타난다.

사잇소리 현상은 음운론적 조건을 기준으로 세 가지로 나눠볼 수 있다. 첫 번째로는 '초+불'을 [초뿔]로, '봄+비'를 [봄삐]로 발음하는 것과 같이, 울림소리 뒤에서 안울림 예사소리가 된소리로 변하는 현상이 있다. 두 번째로는 '코+날'을 [콘날]로, '이+몸'을 [인몸]으로 발음하는 것과 같이, 선행 요소가 모음으로 끝나고 후행 요소가 'ㄴ, ㅁ'으로 시작할 때 'ㄴ'이 첨가되어 소리나는 현상이 있다. 세 번째로는 '깨+잎'을 [깬닙]으로 발음하는 것과 같이, 모음과 모음 사이에서 'ㄴㄴ'이 첨가되어 소리나는 현상이 있다.

사잇소리 현상의 의미론적인 조건으로는 선행 요소가 후행 요소의 시간적 배경 혹은 공간적 배경이거나, 선행 요소가 후행 요소의 귀속 대상이거나, 선행 요소가 후행 요소의 용도나 목적이어야 한다는 것이다. 선행 요소와 후행 요소가 대등한 관계인 경우에서는 사잇소리 현상이 일어나지 않는다. 사잇소리 현상이 일어날 때, 합성어의 구성 요소 중 하나 이상이 고유어이고 선행 요소가 모음으로 끝난다면 사잇소리 현상을 반영하여 사

48. [A]를 설명하는 데에 활용할 수 있는 사례로 적절하지 <u>않은</u> 것은?

① 비+믈 → 빗믈
② 발+둥 → 밠둥
③ 믈+새 → 믌새
④ 뫼+기슭 → 묏기슭
⑤ 않+기와 → 암키와

[49~50] 다음 글을 읽고 물음에 답하시오.

화자가 서술의 주체에 대하여 높임의 태도를 나타내는 '주체 높임법'과 달리, '객체 높임법'은 문장의 목적어나 부사어가 지시하는 대상, 곧 서술의 객체에 대하여 높임의 태도를 나타내는 방법이다. 주체 높임법과 객체 높임법은 문장에서 실현되는 방식에서 차이가 나타난다.

주체 높임법의 대표적인 유형은 서술어에 주체 높임 선어말 어미 '-(으)시-'를 결합하는 것이다. 이에 더해 주체에 해당하는 말에 접미사 '-님'을 붙이거나 높임의 주격 조사 '께서'를 사용하는 방식, 서술어에 '계시다'와 같은 높임의 어휘를 사용하는 방식 등이 있다. 주체 높임법에는 주체를 직접적으로 높이는 직접 높임만 있는 것이 아니라, 높여야 할 대상의 신체 부분, 소유물, 생각 등과 같이 밀접하게 관련된 말을 선어말 어미 '-(으)시-'로 높임으로써 결과적으로 주체를 높이는 ㉠ 간접 높임도 있다.

주체 높임법과 달리 객체 높임법에는 객체를 높이는 선어말 어미가 존재하지 않는다. 객체 높임법이 이루어지는 대표적인 유형은 '모시다, 드리다, 여쭙다' 등과 같이 높임을 나타내는 어휘를 사용하는 것이다. 경우에 따라서는 객체에 해당하는 말에 접미사 '-님'을 붙이거나 높임의 부사격 조사 '께'를 사용하기도 한다.

[A] 현대의 국어와 달리 중세 국어에는 객체 높임의 선어말 어미 '-ᄉᆞᆸ-'이 존재했는데, 어간의 끝소리와 뒤에 오는 어미의 음운 환경에 따라 아래와 같이 여섯 가지 이형태로 실현되었다.

	자음 어미 앞	모음 어미 앞
어간 끝소리가 'ㄱ, ㅂ, ㅅ, ㅎ'일 때	-ᄉᆞᆸ- ⑩ 막ᄉᆞᆸ거늘	-ᄉᆞᇦ- ⑩ 잇ᄉᆞᇦ아
어간 끝소리가 'ㄷ, ㅌ, ㅈ, ㅊ'일 때	-ᄌᆞᆸ- ⑩ 듣ᄌᆞᆸ게	-ᄌᆞᇦ- ⑩ 좇ᄌᆞᇦ니
어간 끝소리가 모음이나 유성 자음 'ㄴ, ㅁ'일 때	-ᄉᆞᆸ- ⑩ 보ᄉᆞᆸ건대	-ᄉᆞᇦ- ⑩ ᄒᆞᄉᆞᇦ니

49. ㉠의 사례로 적절한 것은?

① 선생님께서는 교무실에 계신다.
② 교장 선생님께서 훈화를 하셨다.
③ 할아버지께서는 귀가 밝으시다.
④ 동생은 선물을 어머니께 드렸다.
⑤ 나는 아버지를 모시고 시골에 갔다.

50. [A]의 내용을 참고할 때, 〈보기〉의 ⓐ와 ⓑ에 들어갈 말로 적절한 것은?

── 보 기 ──

선생님 : 현대 국어 '입고', '갖추어'에 해당하는 중세 국어는 '닙고', 'ᄀᆞ초아'입니다. 중세 국어 '닙고', 'ᄀᆞ초아'에 객체 높임 선어말 어미가 들어가면 어떤 형태가 되어야 할까요?

학생 : '닙고'는 _____ⓐ_____, 'ᄀᆞ초아'는 _____ⓑ_____의 형태가 되어야 합니다.

	ⓐ	ⓑ
①	닙ᄉᆞᆸ고	ᄀᆞ초ᄉᆞᇦ아
②	닙ᄉᆞᆸ고	ᄀᆞ초ᄌᆞᇦ아
③	닙ᄉᆞᆸ고	ᄀᆞ초ᄉᆞᇦ아
④	닙ᄌᆞᆸ고	ᄀᆞ초ᄉᆞᇦ아
⑤	닙ᄌᆞᆸ고	ᄀᆞ초ᄉᆞᇦ아

[51~52] 다음 글을 읽고 물음에 답하시오.

선생님 : 여러분, 오늘은 단어가 어떻게 형성되는지를 알아보려고 해요. 잠시 말놀이 노래를 들어 볼까요? 손 손 손 자로 시작되는 말~ 손수건, 손질, 손바닥, 손가락, 손님, 손~톱. 노래에 나온 단어에는 모두 '손'이 들어가 있죠. '손수건'과 '손질'은 어떻게 만들어진 단어일까요?

학생 1 : '손수건'은 어근 '손'과 어근 '수건'을, '손질'은 어근 '손'과 접사 '-질'을 합쳐 만든 것입니다.

선생님 : 네, 맞아요. '손수건'과 같이 두 개 이상의 어근이 결합된 단어를 합성어, '손질'과 같이 어근에 접사가 결합된 단어를 파생어라고 합니다. 접사는 결합하는 위치에 따라 접두사와 접미사로 나뉘는데요, 각각 어떤 역할을 할까요?

학생 2 : 접두사는 어근의 앞에 결합하여 주로 특정한 뜻을 더하거나 강조하면서 새말을 만듭니다. 어근의 뒤에 결합하는 접미사 역시 특정한 뜻을 더하거나 강조하기도 하고, 어근의 품사를 바꾸어 새말을 만들기도 합니다.

선생님 : (웃으며) 훌륭하네요. 오늘은 단어 형성 방법 중에서도 합성어의 형성 방법에 대해 좀 더 알아보려 해요. '손발을 가지런히 모으다.'라는 문장에서 '손발'은 어떻게 만들어진 단어이고, 어떤 의미를 나타낼까요?

학생 2 : '손발'은 '손'과 '발'이 결합된 말이고, '손과 발'이라는 의미를 지닙니다.

선생님 : 맞아요. '손발'처럼 어근이 대등하게 본래의 뜻을 유지하고 있는 합성어를 대등 합성어라고 합니다.

학생 3 : 그런데 선생님, '철수는 그를 손발처럼 부린다.'라는 문장에 쓰인 '손발'의 의미는 좀 다른 것 같은데요?

선생님 : 맞아요. '철수는 그를 손발처럼 부린다.'라는 문장에 쓰인 '손발'은 자기 마음대로 부리는 사람을 비유적으로 표현한 거죠. 이렇게 원래 각각의 어근이 가지고 있던 의미를 잃고 새로운 의미를 나타내는 합성어를 ⓐ 융합 합성어라고 해요. 즉 '손발'은 문맥에 따라 대등 합성어로 쓰이기도 하고 융합 합성어로 쓰이기도 합니다.

학생 3 : 선생님, 그러면 '손수건'은 어떤 의미 관계를 지니나요?

선생님 : '손수건'은 몸에 지니고 다니는 작은 수건으로, '손'과 '수건'이 대등하게 본래의 뜻을 유지하고 있는 대등 합성어가 아니라, '손'이 '수건'을 수식하는 관계로 이루어진 종속 합성어입니다.

학생 4 : 그렇군요. 그런데 선생님, '손수건'과 '손발'은 모두 명사와 명사가 결합해 합성어를 이룬 거네요.

선생님 : 맞아요. 이처럼 명사와 명사가 결합하는 것은 국어의 일반적인 통사 구성과 일치하므로, 통사적 합성어라고 합니다. 명사와 명사 이외에도 관형사가 명사를 수식하는 관계나 주어+서술어, 목적어+서술어, 부사어+서술어 관계로 이루어진 합성어들은 모두 통사적 합성어에 해당합니다. 반면 용언의 어간이 어미 없이 명사 혹은 다른 용언의 어간에 바로 결합하거나, 부사가 체언을 수식하는 관계 등 일반적인 통사 구성에 어긋나는 방식으로 형성된 합성어들은 비통사적 합성어라고 합니다.

51. 〈보기〉의 ㄱ~ㅁ 중, 윗글에서 설명한 단어 형성 방법에 대해 바르게 이해한 것을 있는 대로 고른 것은?

───── 보기 ─────

ㄱ. '소나무'는 '솔'과 '나무'가 결합한 파생어에 해당하는군.
ㄴ. '높이'의 '-이'는 어근의 품사를 바꾸어 새말을 만드는군.
ㄷ. '잘생기다'는 '잘'과 '생기다'가 결합한 통사적 합성어에 해당하는군.
ㄹ. '덮밥'은 '덮-'과 '밥'이 결합한 비통사적 합성어에 해당하는군.
ㅁ. '척척박사'는 '척척'과 '박사'가 결합한 통사적 합성어에 해당하는군.

① ㄱ, ㄴ, ㄹ
② ㄱ, ㄷ, ㅁ
③ ㄴ, ㄷ, ㄹ
④ ㄴ, ㄷ, ㅁ
⑤ ㄷ, ㄹ, ㅁ

52. 밑줄 친 단어 중 ⓐ의 예로 적절하지 <u>않은</u> 것은?

① 그는 밤낮 술타령이다.
② 돌다리를 건너면 수수밭이 나오지.
③ 어르신, 춘추가 어떻게 되시는지요?
④ 쥐뿔도 모르는 주제에, 그런 말을 하다니?
⑤ 피땀 흘려 노력하면 좋은 결실을 맺을 수 있어.

[53~54] 다음 글을 읽고 물음에 답하시오.

합성어는 합성어를 구성하는 어근의 배열 방식이 국어의 통사적 구성과 맞는지 맞지 않는지에 따라 '통사적 합성어'와 '비통사적 합성어'로 구분할 수 있다. 통사적 구성이란 문장을 구성하는 성분들의 구조를 말한다. 가령 관형어가 뒤의 체언을 수식한다든지, 용언과 용언이 앞뒤로 놓일 때 연결 어미가 결합된다든지 하는 것들 따위이다. 통사적 합성어는 합성어를 구성하는 어근들이 문장 속에서 문장 성분들이 결합하는 방식과 동일한 방식으로 결합된다. '체언+체언', ㉠'관형사+체언', '용언의 관형사형+체언', ㉡'체언+용언', '용언의 연결형+용언' 등의 구조로 이루어진 것들이다.

비통사적 합성어는 합성어를 구성하는 어근들이 문장 속에서 문장 성분들이 결합하는 방식과는 다르게 결합된다. 즉 일반적인 통사적 구성과 다른 방식으로 짜인다는 것이다. 이들 비통사적 합성어는 다음과 같은 방식으로 형성된다. 첫째, 용언과 체언이 순서대로 결합하여 합성어를 이룰 때, 용언의 어간이 관형사형 전성 어미를 취하지 않고 체언 앞에 바로 결합하는 경우이다. 예를 들어 '꺾쇠'라는 단어는 용언 '꺾다'의 어간이 관형사형 전성 어미 '-은'을 취하지 않고 체언 '쇠'에 바로 결합하였으므로 비통사적 합성어에 해당한다. '꺾다'와 '쇠'가 국어의 일반적인 통사적 구성과 일치하는 통사적 합성어가 되기 위해서는 '꺾은쇠'의 형태로 합쳐져야 한다. 둘째, 부사가 체언 앞에 놓여 합성어가 형성되는 경우이다. 부사는 체언을 수식하지 않는 것이 일반적인 통사 규칙이다. 하지만 '뾰족구두'라는 단어는 부사성 어근 '뾰족'이 체언 '구두'를 수식하는 양상을 보이는데, 이는 국어의 통사 규칙에 어긋나므로 비통사적 합성어에 해당한다. 셋째, 용언과 용언이 연결되면서 합성어가 이루어질 때 앞 용언의 어간이 연결 어미를 취하지 않고 뒤 용언에 바로 결합하는 경우이다. 일반적으로 용언과 용언이 앞뒤로 놓일 때는 선행 용언의 어간이 연결 어미를 취한 후 후행 용언에 결합해야 한다. 하지만 '검푸르다'라는 단어는 선행 용언 '검다'의 어간이 연결 어미를 취하지 않고 후행 용언 '푸르다'에 바로 결합하는 양상을 보이는데, 이는 용언과 용언이 앞뒤로 놓일 때 선행 용언의 어간이 연결 어미를 취한 후 후행 용언에 결합해야 한다는 국어의 통사 규칙에 어긋나므로 비통사적 합성어에 해당한다. '검다'와 '푸르다'가 국어의 일반적인 통사적 구성과 일치하는 통사적 합성어가 되기 위해서는 '검고푸르다' 등과 같은 형태로 합쳐져야 한다.

53. 밑줄 친 부분이 ㉠, ㉡에 해당하는 예로 적절한 것은?

① ㉠ : 이번에 이사한 <u>새집</u>은 거실이 매우 넓다.
　 ㉡ : <u>이것저것</u> 가리지 말고 골고루 먹어라.
② ㉠ : 할아버지 제사라 <u>큰집</u>에 친척이 모두 모였다.
　 ㉡ : 볏섬을 어깨에 <u>짊어지고</u> 나르고 있다.
③ ㉠ : 갓 볶은 <u>땅콩</u>에서 구수한 냄새가 풍겼다.
　 ㉡ : 그는 국악의 대중화에 <u>힘쓰고</u> 있다.
④ ㉠ : 한 <u>젊은이</u>가 버스에서 노인에게 자리를 양보했다.
　 ㉡ : 군대에서 전역한 아들이 고향에 <u>돌아왔다</u>.
⑤ ㉠ : <u>첫눈</u>이 오는 날 친구와 만나기로 약속을 하였다.
　 ㉡ : 창호지가 햇살을 받아 하얗게 <u>빛나고</u> 있다.

54. 윗글을 바탕으로 〈보기〉의 ⓐ~ⓔ를 이해한 내용으로 적절하지 않은 것은?

───── 보기 ─────
ⓐ 숲에서 새들이 <u>우짖고</u> 있다.
ⓑ 우리 아빠는 <u>덮밥</u> 종류를 가장 좋아한다.
ⓒ 오후가 되니 <u>산들바람</u>이 불기 시작했다.
ⓓ 그 사람은 고아들을 친자식처럼 <u>보살폈다</u>.
ⓔ 아버지께서 서랍에 있는 <u>접칼</u>을 보여 주셨다.
─────────────

① ⓐ의 '우짖다'는 선행 용언 '울다'의 어간이 연결 어미를 취하지 않고 후행 용언 '짖다'에 바로 결합한 비통사적 합성어이다.
② ⓑ의 '덮밥'은 용언 '덮다'의 어간이 관형사형 전성 어미를 취하지 않고 체언 '밥'에 바로 결합한 비통사적 합성어이다.
③ ⓒ의 '산들바람'은 부사 '산들'이 체언 '바람'을 수식하는 비통사적 합성어로, 동일한 예로 '척척박사'가 있다.
④ ⓓ의 '보살피다'는 두 용언 '보다'와 '살피다'가 결합하는 과정에서 연결 어미가 실현되지 않은 경우이다.
⑤ ⓔ의 '접칼'은 용언 '접다'와 체언 '칼'이 결합하는 과정에서 연결 어미가 실현된 경우이다.

문법N제

[55~56] 다음 글을 읽고 물음에 답하시오.

단어는 그 형태를 기준으로 삼을 때, 활용을 하여 형태가 변하는 가변어와 형태가 고정되어 변하지 않는 불변어로 나눌 수 있다. 가변어에는 동사, 형용사, ㉠ 서술격 조사가 있는데, 이 중 동사와 형용사를 묶어 용언이라고 한다. 동사와 형용사는 문장에서 주로 서술어로 쓰인다는 공통점이 있지만 그 활용 방식에서는 많은 차이점을 보인다.

동사와 형용사의 활용 방식에서 가장 먼저 언급할 수 있는 것은, ⓐ 동사 어간에는 현재 시제 선어말 어미 '-ㄴ/는-'이 결합할 수 있지만 형용사 어간에는 결합할 수 없다는 점이다. 가령 동사 '보다', '먹다'의 경우 '본다', '먹는다'와 같은 형태로 현재 시제를 나타낼 수 있지만 형용사 '예쁘다', '얇다'의 경우 '예쁜다', '얇는다'와 같은 형태를 취할 수 없다. 두 번째는 ⓑ 현재 시제를 나타내는 관형사형 전성 어미를 취할 때 동사 어간에는 '-는'이 결합하지만 형용사 어간에는 '-(으)ㄴ'이 결합한다는 점이다. 동사 '보다', '먹다'는 '보는', '먹는'과 같은 형태로, 형용사 '예쁘다', '얇다'는 '예쁜', '얇은'과 같은 형태로 현재 시제 관형사형을 나타낸다. 형용사에는 관형사형 전성 어미 '-는'이 쓰이지 않기 때문에 '예쁘는', '얇는'과 같은 형태를 취할 수 없다. 세 번째는 ⓒ 동사 어간에는 명령형이나 청유형 종결 어미가 결합할 수 있지만, 형용사 어간에는 결합할 수 없다는 점이다. 동사 '보다', '먹다'는 '보아라/보자', '먹어라/먹자'와 같이 명령형/청유형을 나타낼 수 있지만 형용사 '예쁘다', '얇다'의 경우 '예뻐라/예쁘자', '얇아라/얇자'와 같은 형태를 취할 수 없다. 다만, 동사 가운데 인간의 의지로 행할 수 없는 자연의 움직임을 나타내는 것에는 명령형이나 청유형 어미를 사용할 수 없다. 네 번째는 ⓓ 동사 어간에는 의도를 나타내는 어미 '-(으)려'나 목적을 나타내는 어미 '-(으)러' 등이 결합할 수 있지만, 형용사 어간에는 결합할 수 없다는 점이다. 동사 '보다', '먹다'는 '보려/보러', '먹으려/먹으러'와 같이 의도나 목적의 의미를 나타낼 수 있지만 형용사 '예쁘다', '얇다'는 '예뻐려/예쁘러', '얇으려/얇으러'와 같은 형태를 취할 수 없다. 다만, 명령형/청유형 어미와 같이 동사 가운데 인간의 의지로 행할 수 없는 자연의 움직임을 나타내는 것에는 의도를 나타내는 어미나 목적을 나타내는 어미를 사용할 수 없다. 마지막으로 ⓔ 감탄형 종결 어미를 취할 때 동사 어간에는 '-는구나'가 결합하지만 형용사 어간에는 '-구나'가 결합한다는 점을 들 수 있다. 동사 '보다', '먹다'는 '보는구나', '먹는구나'와 같은 형태로 감탄형을 나타내지만 형용사 '예쁘다', '얇다'는 '예쁘구나', '얇구나'와 같은 형태로 감탄형을 나타낸다.

55. 윗글의 ⓐ~ⓔ를 참고하여 〈보기〉의 밑줄 친 단어들을 이해한 내용으로 적절하지 않은 것은?

─ 보기 ─

㉮ ㄱ. 곧 새해 첫날이 밝는다.
ㄴ. 어제와 달리 오늘은 해가 매우 밝다.
㉯ ㄱ. 어른도 키가 크는 방법이 있니?
ㄴ. 이 반에서 키가 제일 큰 학생이 누구지?
㉰ ㄱ. 그 직장에 그냥 있어라.
ㄴ. 약을 먹고 조금 있으니 괜찮아졌다.
㉱ ㄱ. 모두가 그것을 막으려고 노력했다.
ㄴ. 설마 가구가 방보다 크려고?
㉲ ㄱ. 나무가 정말 빨리 자라는구나!
ㄴ. 꽃들이 참 아름답구나!

① ㉮ : ⓐ를 참고할 때, ㄱ의 '밝는다'는 현재 시제 선어말 어미 '-는-'과 결합할 수 있는 동사이고, ㄴ의 '밝다'는 '-는-'과 결합할 수 없는 형용사이다.

② ㉯ : ⓑ를 참고할 때, ㄱ의 '크는'은 현재 시제를 나타내는 관형사형 전성 어미로 '-는'을 취하는 동사이고, ㄴ의 '큰'은 '-(으)ㄴ'을 취하는 형용사이다.

③ ㉰ : ⓒ를 참고할 때, ㄱ의 '있어라'는 명령형 종결 어미 '-어라'와 결합할 수 있으므로 동사이고, ㄴ의 '있으니'는 '-어라'와 결합할 수 없으므로 형용사이다.

④ ㉱ : ⓓ를 참고할 때, ㄱ의 '막으려고'는 의도를 나타내는 어미 '-(으)려고'와 결합한 동사이고, ㄴ의 '크려고'는 의심과 반문을 나타내는 어미 '-(으)려고'와 결합한 형용사이다.

⑤ ㉲ : ⓔ를 참고할 때, ㄱ의 '자라는구나'는 감탄형 종결 어미로 '-는구나'를 취하는 동사이고, ㄴ의 '아름답구나'는 '-구나'를 취하는 형용사이다.

56. 윗글을 바탕으로 ㉠에 대해 이해한 내용으로 적절하지 않은 것은?

① 청유문 '우리 앞으로 착한 사람이자.'라는 말이 어색한 것으로 보아, ㉠은 형용사처럼 청유형 어미를 취할 수 없다.

② '의사인 현지가 말했다.'에서 '의사인'이 자연스러운 것으로 보아, ㉠은 동사처럼 현재 시제 선어말 어미 '-ㄴ-'을 취할 수 있다.

③ 명령문 '너는 착한 아이여라.'라는 말이 어색한 것으로 보아, ㉠은 형용사처럼 명령형 종결 어미를 취할 수 없다.

④ '네가 벌써 대학생이구나.'라는 표현이 자연스러운 것으로 보아, ㉠은 형용사처럼 감탄형 종결 어미로 '-구나'를 취한다.

⑤ '나는 학생인다.'라는 말이 어색한 것으로 보아, ㉠은 형용사처럼 현재 시제 선어말 어미를 취할 수 없다.

[57~58] 다음 글을 읽고 물음에 답하시오.

현대 국어에서와 같이 중세 국어에서도 어미, 조사, 접사, 특수 어휘를 사용하여 누군가를 높이는 표현을 사용하였다.

중세 국어의 대표적인 높임 표현은 현대 국어에서처럼 선어말 어미를 사용한 높임 표현이다. 현대 국어에서 주체를 높이기 위해 '-(으)시-'를 사용하는 것처럼 중세 국어에서도 '-(ᄋ/으)시-'가 사용되었는데, 이는 모음으로 시작하는 어말 어미 앞에서 '-(ᄋ/으)샤-'로 교체되었다. 선어말 어미 '-(ᄋ/으)시-'는 현대 국어와 마찬가지로 주체를 직접적으로 높이는 표현과 간접적으로 높이는 표현 모두에 사용되었다. 한편, 현대 국어에는 객체 높임을 나타내는 선어말 어미가 없지만 중세 국어에는 객체 높임을 나타내는 선어말 어미 '-ᄉᆞᆸ-'이 존재하였다. '-ᄉᆞᆸ-'은 앞뒤의 음성적 환경에 따라 다양한 형태로 실현되었다. 후행 어미가 자음으로 시작하면서 어간 말음이 'ㄱ, ㅂ, ㅅ, ㅎ'인 경우에는 '-ᄉᆞᆸ-'으로, 어간 말음이 울림소리인 경우에는 '-ᅀᆞᆸ-', 어간 말음이 'ㄷ, ㅌ, ㅈ, ㅊ'인 경우에는 '-ᄌᆞᆸ-'으로 실현되었으며, 후행 어미가 모음으로 시작하는 경우에는 '-ᄉᆞᆸ/ᅀᆞᆸ/ᄌᆞᆸ-' 대신 '-ᄉᆞᇦ/ᅀᆞᇦ/ᄌᆞᇦ-'으로 실현되었다.

중세 국어의 높임 표현은 격 조사를 통해서도 실현되었다. 현대 국어의 높임의 주격 조사 '께서'에 해당하는 격 조사는 존재하지 않았지만, 높임의 부사격 조사 '께'에 해당하는 말로 '끠'가 사용되었다. '끠'는 관형격 조사 'ㅅ'과 부사성 의존 명사 '긔'가 결합한 말이다. 한편, 현대 국어와 달리 중세 국어는 관형격 조사와 호격 조사에도 높임 표현이 존재하였다. 관형격 조사 'ㅅ'과 호격 조사 '하'는 '如來ㅅ 몸(여래의 몸)', '님금하(임금이시여)'에서와 같이 높여야 하는 대상 뒤에 붙어 선행 체언을 각각 관형어와 독립어로 만들었다.

중세 국어의 높임 표현은 접사를 통해서도 실현되었다. '몯아ᄃᆞ님(맏아드님)'에 쓰인 '-님'은 존경의 자질을 부여하는 접미사로서 현대 국어에서도 그 쓰임이 이어지고 있다.

현대 국어에서 주체 높임을 나타내기 위해 '계시다, 주무시다, 돌아가시다, 잡수시다' 등과 같은 어휘들이 사용되듯이, 중세 국어에서도 '겨시다(계시다), 좌시다(자시다)'와 같은 어휘들이 사용되었다. 또한 현대 국어에서 객체 높임을 나타내기 위해 '드리다, 뵈다/뵙다, 모시다, 여쭈다/여쭙다' 등과 같은 어휘들이 사용되듯이, 중세 국어에서도 '드리다, 뵈다, 뫼시다(모시다), 연줍다(여쭙다), ᄉᆞᆲ다(사뢰다)' 등과 같은 어휘들이 사용되었다.

57. 윗글에 대한 이해로 적절하지 <u>않은</u> 것은?

① 현대 국어와 중세 국어 모두에서 높임의 의미를 더하는 접미사 '-님'이 쓰였다.

② 중세 국어에도 현대 국어의 '께서'나 '께'와 같은 기능을 하는 주격 조사와 부사격 조사가 존재하였다.

③ 중세 국어에서는 앞에 놓이는 체언을 높이는 기능을 하는 관형격 조사가 존재하였다.

④ 현대 국어에는 주체 높임 선어말 어미는 존재하지만 객체 높임 선어말 어미는 존재하지 않는다.

⑤ 현대 국어에 쓰이는 '드리다, 뵈다'는 중세 국어에서도 객체 높임을 실현하는 어휘로 쓰였다.

58. 윗글을 바탕으로 〈보기〉의 ㉠~㉢을 이해한 것으로 적절하지 <u>않은</u> 것은?

──── 보기 ────

㉠ 님금 이리 만ᄒᆞ실ᄊᆡ
  [현대어 풀이] 임금의 일이 많으시므로
㉡ 大王하 나도 如來 겨신 ᄃᆡ를 모ᄅᆞᅀᆞᇦ노이다.
  [현대어 풀이] 대왕이시여, 나도 여래 계신 데를 모릅니다.
㉢ 諸聖은 여러 聖人이니 如來 뫼ᅀᆞᇦ바 가시는 聖人내라.
  [현대어 풀이] 제성은 여러 성인이니, 여래 모시고 가시는 성인들이다.

① ㉠에는 '선생님께서는 시간이 없으시다.'와 같이 주체를 간접적으로 높이는 표현이 쓰였다.

② ㉡에서는 주어인 '나'가 '大王'과 '如來' 모두를 높임의 대상으로 여기고 있다.

③ ㉢은 '삼촌께서 할머니께 약을 드리셨다.'와 같이 주체 높임과 객체 높임이 모두 쓰였다.

④ ㉠과 ㉡에는 모두 선행 체언을 높이는 격 조사가 쓰였다.

⑤ ㉡과 ㉢에서는 모두 높임의 어휘를 사용하여 객체 높임을 실현하였다.

[59~60] 다음 글을 읽고 물음에 답하시오.

한글 창제 이후 한글 표기법의 원리로 채택된 것은 음소적 원리와 음절적 원리였다. 음소적 원리란 음운론상의 최소 단위인 자음, 모음과 같은 낱낱의 소리를 실제 소리 나는 대로 표기하는 원리를 뜻하고, 음절적 원리란 개별 음소들을 실제 소리 나는 음절 단위로 모아서 나타내는 원리를 뜻한다. 예를 들어 중세 국어의 '곶[花]'이라는 단어는 환경에 따라 '고지, 고즐'과 같이 표기되기도 하고 '곳, 곳도'와 같이 표기되기도 했는데, 이는 개별 음소들의 실제 소리를 충실히 반영한 표기이므로 음소적 원리를 따른 표기이다. '고지(곶+이)', '고즐(곶+을)'을 통해 본래 '곶'의 형태이지만 'ㅈ'이 종성 자리에서 'ㅅ'으로 발음되므로 그것을 밝혀 '곳'으로 표현하고 있음을 알 수 있다. 또한 [고지]를 '고지'와 같이 이어 적기 표기한 것은 한 번에 소리 나는 대로의 음절 단위를 밝혀 적었다는 점에서 음절적 원리를 따른 표기이기도 하다.

한편 현대 국어에서는 단어의 형태를 고정하여 항상 동일한 형태로 표기하는 형태 음소적 원리를 따르고 있고, 개별 음소들을 한꺼번에 소리나는 음절 단위로 모아쓴다는 점에서 부분적으로 음절적 원리를 따르고 있다. 하지만 '꽃이(꽃+이), 꽃을(꽃+을)'과 같이 끊어 적기를 한다는 점에서 완전한 의미의 음절적 원리를 따르는 것은 아니라고 볼 수 있다.

㉠ 현대 국어의 맞춤법에서는 단어의 형태를 표기할 때 소리대로 적되, 어법에 맞도록 함을 원칙으로 세우고 있다. 예컨대 '꽃'이라는 단어는 '꽃이[꼬치], 꽃을[꼬츨], 꽃에[꼬체]'의 경우 [꽃], '꽃나무[꼰나무], 꽃놀이[꼰노리]'의 경우 [꼰], '꽃과[꼳꽈], 꽃다발[꼳따발]'의 경우 [꼳]과 같이 다양한 발음 형태로 나타난다. 이를 소리 나는 그대로 적는다면 그 의미가 얼른 파악되지 않아 독서의 능률이 저하되므로 어법에 맞도록 한다는 또 하나의 원칙을 적용하는 것이다. 어법에 맞도록 한다는 것은 의미를 쉽게 파악하기 위해 각 형태소의 본 모양을 밝혀 적는다는 말이다. 형태소는 단어의 기초 단위가 되는 요소인 실질 형태소와 접사나 어미, 조사처럼 실질 형태소에 결합하여 보조적 의미를 덧붙이거나 문법적 관계를 표시하는 형식 형태소로 나뉜다.

한편, [늘꼬], [늑쩨], [능는]처럼 발음되는 단어의 어간을 '늙-'으로 쓰는 것은, '늙-'을 기본형으로 잡을 때 [늘꼬], [늑쩨], [능는]의 변동을 순리적으로 설명할 수 있기 때문이다. '늘-'이나 '늑', '능-'을 기본형으로 잡는다면 '늙어[늘거]'에서와 같이 [늙]으로 발음되는 경우를 설명하지 못하게 된다.

59. 윗글을 참고할 때, 〈보기〉의 ⓐ~ⓔ에 대한 이해로 적절하지 **않은** 것은?

―― 보기 ――

• 불휘 ⓐ 기픈 남군 ⓑ 브르매 아니 뮐씨 곶 ⓒ 됴코 여름 하느니
[현대어 풀이] 뿌리가 깊은 나무는 바람에 아니 움직이므로 꽃이 좋고 열매가 많으니

• 잣 앉 ⓓ 보민 ⓔ 플와 나모쑨 기펫도다
[현대어 풀이] 성 안의 봄에 풀과 나무만이 깊어 있도다.

① ⓐ는 용언의 어간이 '깊-'이라면 음절적 원리에 따른 표기로 볼 수 있군.
② ⓑ는 체언의 형태가 'ㅂ룸'이라면 이어 적기 한 것으로 볼 수 있군.
③ ⓒ는 용언의 어간이 '둏-'이라면 형태 음소적 원리에 따른 표기로 볼 수 있군.
④ ⓓ는 체언의 형태가 '봄'이라면 음절적 원리에 따른 표기로 볼 수 있군.
⑤ ⓔ는 체언의 형태가 '플'이라면 끊어 적기 한 것으로 볼 수 있군.

60. ㉠과 관련하여 〈보기〉를 읽고 탐구한 내용으로 적절하지 **않은** 것은?

―― 보기 ――

[한글 맞춤법 규정]
제19항 어간에 '-이'나 '-음/-ㅁ'이 붙어서 명사로 된 것과 '-이'나 '-히'가 붙어서 부사로 된 것은 그 어간의 원형을 밝히어 적는다. 다만, 어간에 '-이'나 '-음'이 붙어서 명사로 바뀐 것이라도 그 어간의 뜻과 멀어진 것은 원형을 밝히어 적지 아니한다.

[붙임] 어간에 '-이'나 '-음' 이외의 모음으로 시작된 접미사가 붙어서 다른 품사로 바뀐 것은 그 어간의 원형을 밝히어 적지 아니한다.

제20항 명사 뒤에 '-이'가 붙어서 된 말은 그 명사의 원형을 밝히어 적는다.

① '익히'는 용언의 어간인 '익-'에 '-히'가 붙어서 부사가 된 것으로 어간의 원형을 밝혀 적었군.
② '넓이'는 용언의 어간인 '넓-'에 '-이'가 붙어서 명사가 된 것이므로 어간의 원형을 밝혀 적었군.
③ '뻐드렁니'는 '뻗-'과 같은 어간의 뜻과 멀어진 말이므로 어간의 원형을 밝혀 적지 않았군.
④ '마중'은 용언의 어간 '맞-'에 '-웅'이 붙어서 명사가 된 것이므로 어간의 원형을 밝혀 적지 않았군.
⑤ '틈틈이'는 '틈틈'과 같이 중복된 명사 뒤에 '-이'가 붙어서 부사가 된 것으로 그 명사의 원형을 밝히어 적었군.

문법
N제

프리미엄 언매 문제집

빠른 정답
+ 정답과 해설

빠른 정답

Part_01 단어 [갈래]

1	⑤	2	③	3	④	4	⑤	5	⑤
6	④	7	⑤	8	②	9	①	10	③
11	④	12	⑤	13	④	14	②	15	①
16	③	17	②	18	③	19	③	20	②
21	①	22	③	23	③	24	②	25	①
26	⑤	27	④	28	③	29	④	30	⑤
31	②	32	⑤	33	③	34	②	35	②
36	⑤	37	④	38	④	39	⑤	40	①
41	⑤	42	②	43	②	44	③	45	①
46	②	47	⑤	48	③	49	①	50	⑤
51	③	52	②	53	①	54	④	55	③
56	①	57	⑤	58	⑤	59	⑤	60	⑤

Part_02 문장 [성분과 종류]

1	①	2	①	3	⑤	4	①	5	④
6	⑤	7	③	8	①	9	⑤	10	④
11	②	12	③	13	①	14	④	15	④
16	③	17	③	18	④	19	⑤	20	④
21	②	22	②	23	②	24	③	25	③
26	⑤	27	②	28	④	29	④	30	⑤
31	④	32	②	33	③	34	②	35	④
36	②	37	③	38	④	39	①	40	④
41	④	42	④	43	⑤	44	④	45	④
46	⑤	47	④	48	②	49	⑤	50	⑤
51	⑤	52	②	53	④	54	①	55	③
56	④	57	①	58	③	59	④	60	⑤
61	④	62	①	63	②	64	⑤	65	④

Part_03 단어 [형성과 관계]

1	③	2	④	3	④	4	②	5	⑤
6	⑤	7	⑤	8	①	9	④	10	②
11	③	12	④	13	⑤	14	⑤	15	③
16	⑤	17	③	18	⑤	19	⑤	20	①
21	②	22	③	23	④	24	⑤	25	④
26	①	27	②	28	⑤	29	②	30	①
31	②	32	①	33	②	34	②	35	④
36	①	37	③	38	①	39	③	40	④
41	⑤	42	⑤	43	②	44	①	45	③
46	①	47	⑤	48	④	49	②	50	④
51	④	52	③	53	②	54	⑤	55	⑤
56	⑤	57	②	58	③	59	①	60	②
61	③	62	③	63	④	64	②	65	③
66	②	67	⑤	68	①	69	③	70	⑤
71	⑤	72	②	73	③	74	②	75	⑤

Part_04 문장 [표현]

1	③	2	②	3	①	4	②	5	⑤
6	⑤	7	③	8	⑤	9	③	10	⑤
11	⑤	12	④	13	④	14	③	15	③
16	③	17	③	18	④	19	②	20	⑤
21	⑤	22	①	23	①	24	①	25	④
26	⑤	27	③	28	③	29	⑤	30	③
31	④	32	③	33	③	34	②	35	⑤
36	④	37	②	38	⑤	39	③	40	①
41	⑤	42	④	43	⑤	44	⑤	45	⑤
46	④	47	⑤	48	②	49	④	50	⑤
51	⑤	52	①	53	④	54	④	55	③
56	②	57	③	58	④	59	①	60	③
61	④	62	①	63	④	64	③	65	④
66	③	67	⑤	68	④	69	④	70	④
71	⑤	72	④	73	⑤	74	③	75	⑤
76	③	77	③	78	⑤	79	④	80	③
81	③	82	①	83	②	84	⑤		

Part_05 음운 변동과 발음 규정

1	③	2	④	3	③	4	④	5	③
6	④	7	⑤	8	②	9	④	10	③
11	③	12	②	13	①	14	③	15	④
16	①	17	②	18	⑤	19	⑤	20	②
21	①	22	④	23	④	24	①	25	⑤
26	④	27	②	28	⑤	29	③	30	②
31	④	32	②	33	④	34	①	35	②
36	②	37	①	38	④	39	③	40	①
41	④	42	④	43	④	44	①	45	③
46	③	47	④	48	⑤	49	④	50	②
51	③	52	⑤	53	④	54	⑤	55	⑤
56	①	57	③	58	③	59	③	60	②
61	⑤	62	④	63	②	64	⑤	65	⑤
66	②	67	③	68	⑤	69	③	70	②
71	②	72	④	73	③	74	④	75	③
76	①	77	②	78	④	79	②	80	④
81	⑤	82	④	83	①	84	④	85	④
86	③	87	⑤	88	①	89	⑤	90	②
91	③	92	⑤	93	②	94	④	95	②
96	③	97	②	98	④	99	②	100	④
101	③	102	①	103	①	104	④	105	③
106	②	107	④	108	④	109	⑤	110	⑤

Part_06 중세 국어

1	⑤	2	②	3	④	4	④	5	②
6	⑤	7	②	8	④	9	③	10	④
11	③	12	②	13	③	14	④	15	②
16	⑤	17	①	18	④	19	④	20	③
21	③	22	②	23	⑤	24	④	25	③
26	③	27	②	28	②	29	④	30	⑤
31	④	32	④	33	③	34	①	35	④
36	②	37	④	38	②	39	④	40	⑤
41	①	42	⑤	43	②	44	②	45	①
46	④	47	②	48	③	49	⑤	50	④
51	③	52	④	53	②	54	②	55	②
56	④	57	②	58	③	59	③	60	②
61	③	62	③	63	①						

Part_07 지문형

1	②	2	④	3	⑤	4	④	5	①
6	⑤	7	⑤	8	③	9	①	10	③
11	③	12	⑤	13	③	14	④	15	③
16	④	17	④	18	④	19	④	20	③
21	②	22	⑤	23	③	24	④	25	③
26	①	27	④	28	③	29	③	30	③
31	④	32	①	33	③	34	②	35	③
36	③	37	⑤	38	①	39	③	40	②
41	⑤	42	②	43	④	44	③	45	①
46	④	47	②	48	⑤	49	③	50	①
51	③	52	②	53	⑤	54	⑤	55	③
56	②	57	②	58	⑤	59	③	60	③

Part 01

단어 [갈래]

1. ⑤

> **정답 설명**

'벌써 한 세 시간쯤 지났다.'에서 '한'은 수량을 나타내는 말 앞에 쓰여 '대략'의 뜻을 나타내는 관형사이고, '옛날 한 마을에 효자가 살고 있었다.'에서 '한'은 '어떤'의 뜻을 나타내는 관형사이다. 즉 두 문장에 쓰인 '한'의 품사가 동일하게 관형사이므로, 품사의 통용의 예로 볼 수 없다.

> **오답 설명**

① '그것은 쉬운 일이 아니다.'의 '이'는 '아니다' 앞에 쓰여 앞말이 보어임을 나타내는 보격 조사이므로 체언 뒤에 붙여 쓴다. 반면 '작품 속에서 말하는 이가 누구지?'의 '이'는 용언의 관형사형(관형어)의 수식을 받는 의존 명사이므로 띄어 쓴다.

② '나는 오직 너뿐이다.'의 '뿐'은 체언 뒤에 붙어서 '한정'의 뜻을 나타내는 보조사이므로 붙여 쓴다. 반면 '어머니의 꾸중에 나는 그저 웃을 뿐이다.'의 '뿐'은 용언의 관형사형(관형어)의 수식을 받는 의존 명사이므로 띄어 쓴다.

③ '모든 일은 원칙대로 하는 것이 최고다.'의 '대로'는 체언 뒤에 붙어서 쓰이는 보조사이므로 붙여 쓴다. 반면 '내가 아는 대로 대답하면 마음이 편할 것 같다.'의 '대로'는 용언의 관형사형(관형어)의 수식을 받는 의존 명사이므로 띄어 쓴다.

④ '내 친구는 하나만 알고 둘은 모른다.'의 '만'은 체언 뒤에 붙어서 '한정이나 비교'의 뜻을 나타내는 보조사이므로 붙여 쓴다. 반면 '그가 사흘 만에 집에 돌아왔다.'의 '만'은 관형어 '사흘'의 수식을 받는 의존 명사이므로 띄어 쓴다. 참고로 체언은 관형격 조사가 생략된 채 바로 뒤에 오는 체언을 수식하는 관형어의 역할을 하기도 하므로, 의존 명사 '만' 앞에 위치한 명사 '사흘'은 관형어의 역할을 하는 것으로 분석할 수 있다.

2. ③

> **정답 설명**

'들어가겠다며'의 '-겠-'은 주체인 동생의 의지를 나타내기 위해서 사용되었고(ⓒ), '차가워지겠지'의 '-겠-'은 조금 뒤에 바닷물이 차가워지리라는 미래의 일에 대한 추측을 나타내기 위해서 사용되었으며(㉠), '있겠다고'의 '-겠-'은 '내'가 멀리까지 갈 수 있는 능력이 있음을 나타내기 위해 사용되었다(ⓒ).

3. ④

> **정답 설명**

ⓒ, ⓔ의 '-ㄴ지'는 각각 '힘들다', '괜찮으시다'라는 것에 막연한 의문이 있는 채로 그것을 뒤에 나오는 사실이나 판단과 연결 짓는 어미이므로, 붙여 써야 한다.
ⓑ의 '지'는 강아지가 집을 나갔을 때로부터 지금까지의 동안을 나타내는 의존 명사이므로 띄어 써야 한다.

> **오답 설명**

㉠ '그를 만난지도 꽤 오래되었다.'(X) → '그를 만난 지도 꽤 오래되었다.'(O) : 이 문장에서 '지'는 어떤 일이 있었던 때로부터 지금까지의 동안을 나타내는 의존 명사이므로 앞말과 띄어 써야 한다.

ⓒ '헤어진지 10년은 된 것 같구나.'(X) → '헤어진 지 10년은 된 것 같구나.'(O)

: 이 문장에서 '지'는 어떤 일이 있었던 때로부터 지금까지의 동안을 나타내는 의존 명사이므로 앞말과 띄어 써야 한다.

ⓜ '외모만으로는 그가 총각인 지 알 수가 없다.'(X) → '외모만으로는 그가 총각인지 알 수가 없다.'(O) : 이 문장에서 '총각인지는' '총각이다'라는 것에 막연한 의문이 있는 채로 그것을 뒤에 오는 판단(알 수가 없다)과 관련짓는 어미 '-ㄴ지'가 결합한 형태이므로 붙여 써야 한다.

4. ⑤

> **정답 설명**

㉠의 실질 형태소는 '날, 흐리, 풀, 눕'으로 총 4개이고, ⓛ의 실질 형태소는 '저, 넓, 밭, 갈, 있, 사람, 이, 마을, 오래, 살'로 총 10개이다. 따라서 ㉠의 실질 형태소 개수보다 ⓛ의 실질 형태소 개수가 6개 더 많다.

> **오답 설명**

㉠	날	이	흐리	고	풀	이	눕	는	다
자립 / 의존	자립	의존	의존	의존	자립	의존	의존	의존	의존
실질 / 형식	실질	형식	실질	형식	실질	형식	실질	형식	형식

ⓛ	저	넓	은	밭	을	갈	고	있	는	사람	은	이	마을	에	오래	살	았	다
자립/의존	자	의	의	자	의	의	의	의	의	자	의	자	자	의	자	의	의	의
실질/형식	실	실	형	실	형	실	형	실	형	실	형	실	실	형	실	실	형	형

① ㉠은 '날, 이, 흐리, 고, 풀, 이, 눕, 는, 다' 총 9개의 형태소로 이루어져 있다.

② ⓛ의 의존 형태소는 '넓, 은, 을, 갈, 고, 있, 는, 은, 에, 살, 았, 다'로 총 12개로, ⓛ의 의존 형태소의 개수가 ㉠의 의존 형태소의 개수보다 많다.

③ ㉠의 형식 형태소는 '이, 고, 이, 는, 다'로 5개이며, ⓛ의 형식 형태소는 '은, 을, 고, 는, 은, 에, 았, 다'로 총 8개이다.

④ ⓛ의 자립 형태소는 '저, 밭, 사람, 이, 마을, 오래'로 총 6개이다. ㉠의 자립 형태소는 '날, 풀'로 총 2개이다.

5. ⑤

> **정답 설명**

'개에게 먹이를 줘서 짖지 않게 해라.'의 '줘서'는 기본형 '주다'의 활용형이다. '주어서'가 축약되어 이중 모음화된 것으로 어간의 '우'가 탈락하지 않았으므로 불규칙 활용이 아닌 규칙 활용의 예이다.

> **오답 설명**

① '짐을 잔뜩 실어 보냈다.'의 '실어'는 기본형 '싣다'의 활용형이다. 어간 '싣-'의 'ㄷ'이 모음 어미 '-어' 앞에서 'ㄹ'로 변하는 'ㄷ' 불규칙 활용의 예이다.

② '길에서 책을 주워 가방에 넣었다.'의 '주워'는 기본형 '줍다'의 활용형이다. 어간 '줍-'의 'ㅂ'이 모음 어미 '-어' 앞에서 반모음 'ㅜ'로 변하여 '주워'가 되는 'ㅂ' 불규칙 활용의 예이다.

③ '밥을 지어 부모님을 봉양하다.'의 '지어'는 기본형 '짓다'의 활용형이다. 어간 '짓-'의 'ㅅ'이 모음 어미 '-어' 앞에서 탈락하는 'ㅅ' 불규칙 활용의 예이다.

④ '그 사람과는 성격이 달라 같이 일하기 힘들다.'의 '달라'는 기본형 '다르다'의 활용형이다. 어간의 '르'가 모음 어미 '-아' 앞에서 'ㄹㄹ'로 바뀐 '르' 불규칙 활용의 예이다.

6. ④

정답 설명

주격 조사 '이/가'의 경우, 앞말에 받침이 있으면 '이가', 받침이 없으면 '가'가 붙는다. 즉 앞 음절의 음운론적 조건에 따라 형태가 달라지는 것이다. 그러나 ⓔ에서 '민수가'의 '가'는 주격 조사, '형이'의 '이'는 보격 조사이므로 적절하지 않다.

오답 설명

① '가'는 주격 조사로 체언 뒤에 붙어 체언이 문장에서 주어 자격을 지님을 나타내고, '을'은 목적격 조사로 체언 뒤에 붙어 체언이 문장에서 목적어 자격을 지님을 나타낸다.

② '만'은 다른 것으로부터 제한하여 어느 것을 한정함을 나타내는 보조사이고 '도'는 이미 어떤 것이 포함되고 그 위에 더함의 뜻을 나타내는 보조사이다.

③ '까지와는'은 조사 '까지', '와', '는'이 한꺼번에 결합한 형태이다.

⑤ '이다'는 마치 용언처럼 어미와 결합하여 활용을 하는 서술격 조사이다. 여기서도 '이다'는 어미 '-야'와 결합하여 '이야'로 활용하고 있다.

7. ⑤

정답 설명

'나는 단 음식보다 매운 음식을 좋아한다.'에서 ⓔ(단)는 '꿀이나 설탕의 맛과 같다.'라는 의미의 형용사 '달다'가 관형사형 전성 어미 '-(으)ㄴ'과 결합한 것이고, ⓜ(매운) 역시 '고추나 겨자와 같이 맛이 얼얼하다.'라는 의미의 형용사 '맵다'가 관형사형 전성 어미 '-(으)ㄴ'과 결합한 것이다. 따라서 둘 다 ⓐ의 어미와 결합하여 활용이 불가능한 형용사에 해당한다.

오답 설명

① ⓛ, ⓒ은 ⓐ와 결합하여 활용할 수 있는 동사이며, ⓖ, ⓔ은 ⓐ와 결합하여 활용할 수 없는 형용사이다. 따라서 ⓖ과 ⓛ, ⓒ과 ⓔ은 형태는 같지만 품사가 다르다는 것을 알 수 있다.

② ⓖ은 '가구가 큰다, 가구가 크는구나, 가구가 크는, 가구가 커라, 가구가 크자'가 모두 불가능하므로 형용사이다.

③ ⓛ은 '사람이 자라서 어른이 되다.'의 뜻으로 움직임의 의미가 있으므로 동사이다. 즉, ⓖ의 예문과 비교해 보면 ⓖ의 '커서'는 큰 상태를 의미하는 반면, ⓛ의 '커서'는 커 가는 과정이나 움직임의 의미를 내포하고 있음을 알 수 있다.

④ ⓒ은 '물건을 일정한 곳에 걸거나 매어 놓다.'의 의미로 동사이다. 따라서 '달다, 다는구나, 다는, 달아라, 달자' 등과 같이 활용할 수 있다.

8. ②

정답 설명

ⓛ '누구'는 불특정한 대상을 가리키는 것이 아니라 잘 모르는 대상인 '그'를 특정하고 있으므로 부정칭이 아닌 미지칭이다.

오답 설명

① ⓖ '어디'는 잘 모르는 곳을 가리키는 미지칭이다.

③ ⓒ '언제'는 잘 모르는 때를 가리키는 미지칭이다.

④ ⓔ '아무'는 대상을 특정하지 않았으므로 부정칭이다.

⑤ ⓜ '당신'은 앞에 나온 명사 '할아버지'를 다시 가리키는 재귀칭이다.

9. ①

정답 설명

'그 사람을 언제부터 좋아했어요?'에서 '그 사람을'과 '언제부터'의 자리를 바꿀 수 있다는 것은 '언제'를 대명사로 판단하는 근거가 될 수 없다. ⓖ이 대명사인 이유는 수많은 시간 표현 명사, 예컨대 '(중학교) 시절', '(열 시간) 전', '어제' 등을 '언제'가 대신 가리킬 수 있고 "언제가 좋겠니?"에서처럼 격 조사도 붙을 수 있기 때문이다. 또 ⓛ은 "친구가 언제 시험을 보니?"와 같이 어순을 바꾸어 써도 성립하며, 이 경우에도 '언제'는 '시험을 보니'를 꾸며 주는 부사이다.

오답 설명

② 형용사는 현재 시제 평서형에서 '-다'를 쓰지만 동사는 '-ㄴ다/-는다'를 쓴다. 따라서 ⓒ은 형용사이고 ⓔ은 동사임을 알 수 있다. 또한 의미적으로도 ⓒ은 밝은 상태를 표현하므로 형용사이지만, ⓔ은 밝아지는 움직임을 표현하므로 동사이다.

③ ⓜ은 '일'을 꾸며 주는 지시 관형사인 반면, ⓗ은 격 조사가 붙어 있으므로 체언이고 그중에서도 명사를 대신해서 썼으므로 대명사이다.

④ ⓐ은 감정을 나타내는 감탄사이고 ⓞ은 격 조사가 붙어 목적어로 쓰였는데 사물의 이름을 대신 가리키는 대명사도 아니고 수량을 가리키는 수사도 아니므로 명사이다. 명사는 어떤 대상(구체적 사물 혹은 추상적 대상)의 이름을 나타낸다.

⑤ 어떤 대상의 이름을 나타내면서 격 조사가 결합될 수 있는 특성을 가진 품사는 명사이다. ⓚ은 '시간이 상당히 지나는 동안'이라는 의미를 가진 명사이며, 격 조사 없이 관형어의 기능을 하고 있다. 이처럼 체언이 관형어 역할을 할 때는 격 조사가 생략될 수 있다. ⓣ은 동사인 서술어 '바라보았다'를 꾸며 주고 있으므로 부사이다.

10. ③

정답 설명

13개 형태소 : 금성/은/저녁/의/서/쪽/하늘/에서/보/ㄹ/수/있/다
8개의 실질 형태소 : 금성, 저녁, 서, 쪽, 하늘, 보, 수, 있
5개의 문법 형태소 : 은, 의, 에서, ㄹ, 다
6개의 자립 형태소 : 금성, 저녁, 서, 쪽, 하늘, 수
7개의 의존 형태소 : 은, 의, 에서, 보, ㄹ, 있, 다

11. ④

정답 설명

'나'가 환호한 이유는 대표 팀이 4강에 진출했기 때문이다. 따라서 이 예문의 '에'는 원인 혹은 이유를 나타내는 '에'이다. 한편 할머니께서 고생하시는 것은 무릎 관절염 때문이다. 따라서 이 예문의 '으로'는 원인 혹은 이유를 나타내는 '으로'이다. 즉, 여기서의 '에'와 '으로'는 모두 원인 혹은 이유의 의미를 나타내는 것이다.

오답 설명

① '에'는 단위를 나타내고, '로'는 원인 혹은 이유의 뜻을 나타낸다.

② '에'는 원인 혹은 이유의 뜻을 나타내지만, '로'는 자격이나 신분의 뜻을 나타낸다.

③ '에'는 기준이 되는 지점의 뜻을 나타내고, '로'는 변화된 결과의 뜻을 나타낸다.

⑤ '에'는 목표나 목적, 대상의 뜻을 나타내고, '으로'는 방식 혹은 방법의 뜻을 나타낸다.

12. ⑤

정답 설명

ⓜ : 앞에 나온 명사를 다시 가리키는 것이 아니라, '그 사람 자신'이라는 뜻을 갖는 명사의 역할을 하고 있으므로 재귀 대명사가 아니다.

오답 설명

① ㉠ : 앞에 나온 '고슴도치'를 가리킨다. 따라서 재귀 대명사이다.
② ㉡ : 앞에 나온 '너희 형'을 가리킨다. 따라서 재귀 대명사이다.
③ ㉢ : 앞에 나온 '할아버지'를 가리킨다. 따라서 재귀 대명사이다.
④ ㉣ : 앞에 나온 '할머니'를 가리킨다. 따라서 재귀 대명사이다.

13. ④

정답 설명

(가)의 '어디'는 '모르는 것'을 가리키고 있으므로 미지칭 대명사이고, (나)의 '어디'는 특별히 어떤 하나를 '정한 것이 아니기' 때문에 부정칭 대명사에 해당한다.
④ 〈보기 2〉의 ⓔ '누구'는 부정칭 대명사이다. 특별히 어떤 한 사람을 가리키는 것이 아니기 때문이다. 따라서 ⓔ이 (나)와 유사하다.

오답 설명

① 〈보기 2〉의 ㉠ '저'는 1인칭 대명사이다. 이 글에서는 발화자인 자기 자신을 가리키고 있다.
② 〈보기 2〉의 ㉡ '저희'는 1인칭 대명사이다. 이 글에서는 발화자가 청자를 높이고 자기 자신을 낮추어 표현하기 위해 '저희'를 사용하였다.
③ 〈보기 2〉의 ㉢ '당신'은 재귀 대명사이다. 이 글에서는 앞에 나온 '아버지'를 가리킨다.
⑤ 〈보기 2〉의 ⓜ '여러분'은 2인칭 대명사이다. 이 글에서는 화자이 발표 내용을 듣는 청중을 가리킨다.

14. ②

정답 설명

실질 형태소 : 첫(관형사 어근), 눈(명사 어근), 내리-(동사 어근), 사람(명사 어근), 낮(명사 어근), 산(명사 어근), 가-(동사 어근)
형식 형태소 : 이(조사), -자(어미), -들(접미사), 은(조사), 한-(접두사), 에(조사), 으로(조사), -았-(어미), -다(어미)
자립 형태소 : 첫, 눈, 사람, 낮, 산
의존 형태소 : 이, 내리-, -자, -들, 은, 한-, 에, 으로, 가-, -았-, -다

'내리자'는 두 개의 형태소로 이루어져 있다.

오답 설명

① '첫눈'은 두 개의 형태소로 이루어져 있다.
③ '사람들은'은 세 개의 형태소로 이루어져 있다.
④ '한낮'은 두 개의 형태소로 이루어져 있다.
⑤ '갔다'는 세 개의 형태소로 이루어져 있다.

15. ①

정답 설명

동사, 형용사, 서술격 조사는 활용을 하지만, 명사는 활용을 하지 않는다. ㉠~ⓜ 중 [A]에 들어갈 수 있는 말은 ㉠ '바다' 하나이다. 활용을 하는 말 중, 명사에

붙여 쓸 수 있는 말은 서술격 조사이므로 [B]에 들어갈 수 있는 말은 ⓜ '였다'이다. 동사와 형용사 중, '-ㄴ-/-는-'이 결합할 수 있는 말은 동사이다. ⓔ '몰아치던'의 기본형 '몰아치다'는 '몰아친다'로 현재형 어미와 결합할 수 있으나, ㉡ '아름답지만(기본형 : 아름답다)'과 ㉢ '매섭게(기본형 : 매섭다)'는 형용사로 현재 시제 선어말 어미와 결합하지 않는다. 따라서 [C]에 들어갈 수 있는 말은 ⓔ '몰아치던'이다.

16. ③

정답 설명

'푸르-'가 어미 '-어'와 결합할 때, 어미 '-어'가 '-러'로 형태가 바뀌게 되므로('러' 불규칙), 어간의 형태가 아닌 어미의 형태에 변화가 생기는 경우에 해당한다.

오답 설명

① ㄱ의 '웃-'이 어미 '-은', '-어'와 결합했을 때 '웃은'과 '웃어'가 되는데, 둘 모두에서 어간(웃-)과 어미(-은, -어) 각각의 형태가 그대로 유지된다. '웃다'는 규칙 활용을 하는 용언에 해당한다.
② ㄴ의 '짓-'이 어미 '-은', '-어'와 결합하면 '지은'과 '지어'가 되는데, 어간 '짓-'의 형태가 '지-'로 바뀌므로 어간의 형태에 변화가 생김을 알 수 있다.
④ ㄹ의 '하-'는 어미 '-아/-어'와 결합하면 '하여'가 되는데, 어간 '하-'의 형태에는 변화가 없지만, 어미 '-아/-어'의 형태는 '-여'로 바뀜을 알 수 있다.
⑤ ㅁ의 '하얗-'이 어미 '-아'와 결합하면 '하얘'가 되는데, 어간 '하얗-'의 형태도 바뀌고, 어미의 '-아'의 형태로 바뀜을 알 수 있다.

17. ②

정답 설명

'다르다 「2」'의 '다른'은 '딴'과 뜻이 같지 않은 별개의 말이므로, 서로 바꾸어 쓸 수 없다. '딴'과 바꾸어 쓸 수 있는 '다른'은 형용사가 아닌 관형사이다.

오답 설명

① '다르다'의 어간 '다르-'는 '다르고', '다르니', '다르므로'와 같이 여러 종류의 어미와 번갈아 결합하여 쓰일 수 있으므로, '다르다'가 관형사 '다른'과 달리 활용이 가능함을 알 수 있다.
③ '딴'과 '다른'은 둘 다 관형사이므로 형태가 늘 일정하여 활용하지 못한다.
④, ⑤ '다른'과 '딴'은 관형사로서 형태가 늘 일정하며, 항상 체언을 수식하는 기능을 하기 때문에 어미와 결합하여 서술어의 기능을 수행하지 않는다.

18. ③

정답 설명

㉠은 체언이 '모음'으로 끝나서 뒤에 주격 조사 '가'가 왔고, ㉢은 체언이 '자음'으로 끝나서 뒤에 주격 조사 '이'가 왔다. 즉 ㉠, ㉢에서 체언이 양성 모음인지 음성 모음인지와 뒤에 오는 주격 조사의 형태는 상관이 없다.

오답 설명

① ㉠에서는 '무엇이 어찌하다'의 '무엇이'에 해당하는 '친구가'가 주어이다.
② ㉡에서는 주격 조사 '가'가 생략되고, 그 자리에 보조사 '는'이 붙었다.
④ ㉣에서는 '옛날 추억'이라는 체언 구실을 하는 구에 주격 조사 '이'가 붙었다.
⑤ ㉤에서 초등학교를 같이 가보기로 약속한 주체는 '나'와 '친구'라는 것을, 맥락을 통해 알 수 있다. 따라서 주어(나와 친구가)를 유추할 수 있는 경우이므로

생략하여 표현하였다.

19. ③

> **정답 설명**
>
> 두 예문의 '너희'는 모두 일반적인 2인칭 대명사로 쓰인 경우이다. 또한 '너희'는 재귀 대명사로 쓰이지 않는다.

> **오답 설명**
>
> ① 첫 번째 문장의 '저'는 일반적인 1인칭 대명사이고, 두 번째 문장의 '저'는 앞서 나온 체언인 '소년'을 다시 가리키는 재귀 대명사이다.
>
> ② 첫 번째 문장의 '저희'는 일반적인 1인칭 대명사이고, 두 번째 문장의 '저희'는 앞서 나온 체언인 '동생들'을 다시 가리키는 재귀 대명사이다.
>
> ④ 첫 번째 문장의 '당신'은 일반적인 2인칭 대명사이고, 두 번째 문장의 '당신'은 앞서 나온 체언인 '할머니'를 다시 가리키는 재귀 대명사이다.
>
> ⑤ 첫 번째 문장의 '제'는 일반적인 1인칭 대명사이고, 두 번째 문장의 '제'는 앞서 나온 체언인 '꼬마'를 다시 가리키는 재귀 대명사이다.

20. ②

> **정답 설명**
>
> 〈보기 1〉에서 말하는 사람의 심리적인 태도를 나타내는 양태 부사는 대부분 문장 부사라고 하였다. ㉠의 '깊이'는 '들어갔다'를 꾸며 주는 것이고, ㉡의 '조용히'는 '들어왔다'를 꾸며 주는 것이다. ㉢의 '과연'에는 지희가 그의 청혼을 받아들일지의 여부를 매우 궁금하게 여기는 심리적 태도가 표현되어 있으므로, '과연'은 문장 전체를 꾸며 주는 부사이다. ㉣의 '아주'는 '귀한'을, ㉤의 '일찍'은 '일어나서'를 수식한다. ㉥의 '모름지기'에는 사람은 부끄러움을 알아야 한다는 사실의 당위성을 강조하려는 사람의 심리적 태도가 표현되어 있으므로, '모름지기'는 문장 전체를 꾸며 주는 부사이다. 그러므로 문장 부사는 ㉢, ㉥이다.

21. ①

> **정답 설명**
>
> 〈보기〉에서 관형사가 여러 개 이어질 때에는 대체로 그중 체언에 대해 더 중심적인 정보에 가까운 관형사가 체언에 가깝게 위치한다고 했으므로 '이'에 비해 '새'가, '그'에 비해 '세'가 체언에 대해 더 중심적인 정보에 가까움을 알 수 있다.

> **오답 설명**
>
> ② 성상 관형사는 사물의 성질이나 상태를 꾸며 주는 관형사이다. '새, 헌'은 각각 '옷, 집'의 성질이나 상태를 꾸며 주므로 성상 관형사이다.
>
> ③ 수 관형사는 수량이나 수 개념을 나타내 주는 관형사이다. '세, 두'는 각각 '사람, 집'의 수량을 나타내 주므로 수 관형사이다.
>
> ④ 관형사는 조사와 결합할 수 없으며 형태가 변하지 않는다. ㉠, ㉡, ㉢에서 사용된 관형사를 보면 조사와 결합하지 않고 형태가 변하지 않는다는 것을 알 수 있다.
>
> ⑤ 지시 관형사는 어떤 대상을 가리키는 관형사이다. ㉠, ㉡, ㉢에서 '이, 그, 저'는 '옷, 사람, 집'이라는 대상을 각각 가리키고 있으므로 지시 관형사이다.

22. ③

> **정답 설명**
>
> '어찌 생각하면'의 '어찌'는 '어떠한 관점으로'라는 의미를 지닌 부사이고, '나도 어

찌 그런'의 '어찌'는 '어떠한 이유로'라는 의미를 지닌 부사이다. 따라서 ③은 '품사의 통용'을 뒷받침할 수 있는 예로 적절하지 않다.

> **오답 설명**
>
> ① '오늘 밤은 달이 밝다.'에서 '밝다'는 '불빛 따위가 환하다.'의 의미를 지닌 '형용사'이다. '벌써 날이 밝는다.'에서 '밝다'는 '밤이 지나고 환해지며 새날이 오다.'의 의미를 지닌 '동사'이다.
>
> ② '나는 소문으로만 들었을 뿐이다.'에서 '뿐'은 '다만 어떠하거나 어찌할 따름이라는 뜻을 나타내는 말'로 '의존 명사'이다. '이제 내가 믿을 것은 오직 실력뿐이다.'에서 '뿐'은 '그것만이고 더는 없음'의 의미를 지니는 '보조사'이다.
>
> ④ '내일에 대한 기대와 희망을 잃지 말자.'에서 '내일'은 '다가올 앞날'을 의미하는 '명사'이다. '오늘은 이만하고 내일 다시 작업을 이어갑시다.'에서 '내일'은 '오늘의 바로 다음 날'이라는 의미를 지닌 '부사'이다.
>
> ⑤ '이 책이 시리즈물의 첫째 권이다.'에서 '첫째'는 '순서가 가장 먼저인 차례'라는 뜻의 '관형사'이다. '무엇보다도 신발은 첫째로 발이 편해야 한다.'에서 '첫째'는 '무엇보다도 앞서는 것'이라는 뜻의 '명사'이다.

23. ③

> **정답 설명**
>
> '고향인데'는 명사 '고향' 뒤에 서술격 조사 '이다'의 연결형 '인데'가 붙은 형태이다. '고향인데' 뒤에 고향에 대한 설명이 이어지고 있으므로, 대상과 관련된 상황을 미리 말하는 연결 어미 '-ㄴ데'를 사용한 것이다. 따라서 '고향인데'로 붙여 써야 한다.

> **오답 설명**
>
> ① 책을 사는 '일'이나 '것'을 말하는 의존 명사이므로 '사는 데'로 띄어 써야 한다.
>
> ② 뒤 문장에 이어지는 '외투를 입고 나가라.'라는 제안을 하기 위해 '외투'와 관련된 상황을 앞 문장에서 말하고 있는 연결 어미이므로 '추운데'로 붙여 써야 한다.
>
> ④ 고등학교를 졸업한 후부터 지금까지의 동안을 나타내는 의존 명사이므로 '졸업한 지'로 띄어 써야 한다.
>
> ⑤ 막연한 의문이 있는 채로 뒤 문장의 사실과 관련시키고 있는 연결 어미이므로 '부지런한지'로 붙여 써야 한다.

24. ②

> **정답 설명**
>
> 이형태는 하나의 형태소가 다른 형태로 쓰이는 경우를 말한다. '부딪혔다'의 접미사 '-히-'는 피동 접미사이고, '부딪쳤다'의 접미사 '-치-'는 강세 접미사이다. '-히-'와 '-치-'는 의미와 역할이 다른 별개의 형태소이므로, 이형태라고 볼 수 없다.

> **오답 설명**
>
> ① '-아라'는 끝음절의 모음이 'ㅏ, ㅗ'인 동사 어간에 붙는 명령형 종결 어미이고, '-어라'는 그 외의 동사 어간 뒤에 붙는 명령형 종결 어미이다. 따라서 이 둘은 앞말의 음운적 환경에 따라 이형태의 관계를 이룬다고 할 수 있다.
>
> ③ '이고'는 받침이 있는 체언 뒤에, '고'는 받침이 없는 체언 뒤에 위치하여 둘 이상의 사물을 같은 자격으로 이어 주는 접속 조사이다. 따라서 이 둘은 앞말의 음운적 환경에 따라 이형태의 관계를 이룬다고 할 수 있다.
>
> ④ '-려고'는 받침 없는 동사 어간, 'ㄹ' 받침인 동사 어간 또는 어미 '-으시-' 뒤에 붙어서 어떤 행동을 할 의도나 욕망을 가지고 있음을 나타내는 연결 어미

이며, '-으려고'는 'ㄹ'을 제외한 받침 있는 동사 어간 뒤에 붙어서 어떤 행동을 할 의도나 욕망을 가지고 있음을 나타내는 연결 어미이다. 따라서 이 둘은 앞말의 음운적 환경에 따라 이형태의 관계를 이룬다고 할 수 있다.

⑤ '-었-'은 끝음절의 모음이 'ㅏ, ㅗ'가 아닌 용언의 어간 뒤나 '이다'의 어간 뒤에 붙어서, '-았-'은 끝음절의 모음이 'ㅏ, ㅗ'인 용언의 어간 뒤에 붙어서 사건이나 행위가 이미 일어났음을 나타내는 과거 시제 선어말 어미이다. 따라서 이 둘은 앞말의 음운적 환경에 따라 이형태의 관계를 이룬다고 할 수 있다.

25. ①

'너는 '듣는 이가 친구나 아랫사람일 때, 그 사람을 가리키는 말'인 2인칭 대명사이다. 그러나 문장에서 서술어 '하다'가 가리키는 동작의 주체이므로 문장 성분으로는 주어이다. 따라서 문장 성분을 관형어로 파악하는 선지의 진술은 적절하지 않다.

② '뭐'는 '무어'의 준말로, 품사로는 대명사이다. 또한 문장에서 서술어 '하다'가 가리키는 동작의 대상이 되므로 문장 성분으로는 목적어이다.

③ '저'는 '말하는 이와 듣는 이로부터 멀리 있는 대상을 가리킬 때 쓰는 말'로 품사로는 관형사이다. 또한 문장에서 체언 '사람'을 수식하는 기능을 하므로 문장 성분으로는 관형어이다.

④ '하다'는 '사람이나 동물, 물체 따위가 행동이나 작용을 이루다.'를 뜻하는 말로 품사로는 동사이다. 또한 문장에서 주어 '저 사람이'의 동작을 나타내고 있으므로 문장 성분으로는 서술어이다.

⑤ '곱다'는 '상냥하고 순하다.'를 뜻하는 형용사이다. 또한 문장에서 주어 '마음씨가'의 성질을 나타내고 있으므로 문장 성분으로는 서술어이다.

26. ⑤

어간에 현재 시제 선어말 어미 '-는-/-ㄴ-', 혹은 현재 시제를 나타내는 관형사형 전성 어미 '-는'이 결합할 수 있으면 동사이고, 결합할 수 없으면 형용사이다. ⓔ '빛나다'의 어간 '빛나-'는 모음으로 끝나기 때문에 어미 '-는다'가 아닌 '-ㄴ다'로 활용한다. 따라서 '빛난다'와 같이 활용할 수 있으므로 동사이다.

① '두다'는 '일정한 곳에 놓다.'라는 의미의 '동사'이다.

② '되다'는 '다른 것으로 바뀌거나 변하다.'라는 의미의 '동사'이다.

③ '무겁다'는 '힘이 빠져서 움직이기 힘들다.'라는 의미의 '형용사'이다.

④ '괜찮다'는 '별로 나쁘지 않고 보통 이상이다.'라는 의미의 '형용사'이다.

27. ④

(2)-ㄴ '제가요 지금 바빠서요 미안해요.', (3)-ㄴ '그렇게 해 주시면요 정말 감사하겠습니다.'에서 '요'가 반드시 문장의 종결형으로 쓰이지 않았음을 알 수 있다. 따라서 보조사 '요'가 항상 문장을 종결하는 기능을 한다고 볼 수 없다.

① (1), (2), (3)에서 각각 'ㄱ'과 'ㄴ'을 비교해 보면, 보조사 '요'가 결합하지 않아도 문장이 성립함을 알 수 있다.

② (1), (2)를 통해 보조사 '요'가 해체 종결 어미 뒤에 결합하고 있음을 알 수

있다.

③ (1), (2)에서 'ㄱ'과 'ㄴ'의 비교를 통해 보조사 '요'는 청자에게 존대의 뜻을 나타내고 있음을 알 수 있다.

⑤ 보조사 '요'가 (3)-ㄴ에서 연결 어미 '-면' 뒤에, (2)-ㄴ에서는 주어 '제가' 뒤에 결합한 것을 알 수 있다.

28. ③

관형사 '저'는 관형사 '새'를 수식하는 것이 아니라 '책'이라는 명사를 수식하고 있다. 관형사는 체언만 수식하며, 또 다른 관형사를 수식할 수 없다.

① 수 관형사 '한'이 의존 명사 '명'을 수식하고 있다.

② 부사 '더욱'이 부사 '자주'를 수식하고 있다.

④ 〈보기 1〉에서 부사는 관형사에 비하여 위치의 이동이 자유로운 편이라고 했기 때문에 문장 내에서 '다행히'의 위치를 옮겨도 자연스러운 문장이 됨을 알 수 있다.

⑤ 〈보기 1〉에서 부사는 관형사와 달리 보조사와 결합하는 경우가 있다고 했기 때문에 '무척'이라는 부사에 보조사 '이나'가 결합함을 알 수 있다.

29. ④

ⓔ의 '정말'은 형용사 '맛있게'를 꾸미고 있다. '맛있게'는 형용사 '맛있다'의 어간 '맛있-'에 부사형 전성 어미 '-게'가 붙은 형태로, 품사는 형용사이고 문장 성분은 부사어에 해당한다. 따라서 부사가 또 다른 부사를 수식한다고 볼 수 없다. 부사가 또 다른 부사를 수식하는 경우로는 '그는 매우 빨리 걷는다.'에서의 '매우'를 예로 들 수 있다.

① ㉠의 '과연'은 문장 전체(혹은 절 전체)를 꾸며 주는 문장 부사이다.

② ㉡의 '저리 잘 안'은 '지시 부사+성상 부사+부정 부사'의 순서로 결합된 것이다. '잘 저리 안', '안 잘 저리'와 같이 쓸 수 없으므로, 이 경우 정해진 순서가 있음을 알 수 있다.

③ ㉢의 '빨리만'은 부사 '빨리'에 보조사 '만'이 결합된 형태이다.

⑤ ㉤의 '및'은 단어와 단어를 이어 주는 접속 부사이다.

30. ⑤

㉡, ㉢의 '에서'와 '께서'는 모두 주격 조사이다. ㉡의 '에서'는 '(단체를 나타내는 명사 뒤에 붙어) 앞말이 주어임을 나타내는 격 조사'로, '구청에서'가 주어의 역할을 하도록 한다. 이와 같은 용례로는 '우리 학교에서 이번 대회의 우승을 차지했다.'가 있다. 또한 ㉢의 '께서는 '(사람을 나타내는 체언 뒤에 붙어) 그 대상을 높임과 동시에 그 대상이 문장의 주어임을 나타내는 격 조사'로, '어머니께서'가 주어의 역할을 하도록 한다.

① ㉠의 '나와 동생'은 도서관에 간 주체로서, 주어 역할을 하고 있다. 따라서 보조사 '은'은 주격 조사 '이'가 생략된 자리에 쓰인 것이다.

② ㉡의 '을'과 '를'은 모두 목적격 조사이다. '을'은 자음으로 끝나는 체언 뒤에 붙고, '를'은 모음으로 끝나는 체언 뒤에 붙는다. 따라서 하나의 형태소가 앞

말의 음운 환경에 따라 다른 형태로 나타난 것이다.

③ ©의 '께서'는 주체 높임을 나타내는 주격 조사 '이/가'의 높임말로, 앞말에 대한 존대의 의미를 더해 준다.

④ ©의 '만큼은'은 부사격 조사 '만큼'과 보조사 '은'이 함께 쓰인 것이다. 이를 통해 조사는 두 개 이상 겹쳐서 쓸 수 있음을 알 수 있다.

31. ②

정답 설명

'어두운 방'의 '어둡다'는 '빛이 없어 밝지 아니하다.'의 의미를 나타내는 형용사이고, '수학에 어둡다'의 '어둡다'는 '어떤 분야에 대하여 잘 알지 못하다.'의 의미를 나타내는 형용사이다. 즉, '어두운 방'의 '어두운'과 '수학에 어둡다.'의 '어둡다'는 같은 형용사이지만 다의어 관계에 있다. (빛이 없어 밝지 아니하다. / 어떤 분야에 대하여 잘 알지 못하다.)

오답 설명

① '밝구나.'의 '밝다'는 밝은 상태를 나타내는 형용사, '밝는구나.'에서의 '밝다'는 날이 환해지는 과정을 나타내는 동사이다. 형용사에는 현재 시제 선어말 어미 '-ㄴ-/-는-'이 결합할 수 없다. '밝는구나'에서 어간 '밝-'에 현재 시제 선어말 어미 '-는-'이 결합한 것을 통해, 동사임을 확인할 수 있다.

③ '앞일을 멀리 내다보다.'에서의 '멀리'는 '내다보다'를 수식하는 부사이다. 한편 '멀리서'의 '멀리'는 부사격 조사 앞에 나오는 명사이다. '멀리서'의 '서'는 부사격 조사 '에서'의 준말이다.

④ '잘못이야.'에서 '잘못'은 서술격 조사 '이다'와 붙어 쓰인 명사이다. 한편 '잘못 전하는'에서 '잘못'은 동사 '전하는'을 꾸며 주로 부사임을 확인할 수 있다.

⑤ '언제부터지?'의 '언제'는 잘 모르는 때를 가리키는 지시 대명사이다. 한편 '언제 한번 만나자.'의 '언제'는 '만나자'를 수식하는 부사이다.

32. ⑤

정답 설명

ⓐ의 '그거'는 A가 말한 내용에 등장하는 '빵'을 가리키므로 ⓒ의 예에 해당한다. ⓑ의 '거기'는 A와 B가 '어제 공유한 경험을 통해 알 수 있는 내용을 가리키므로 ©의 예에 해당한다. ©의 '이거'는 청자인 A가 대화의 장면에서 눈으로 볼 수 있는 대상을 가리키므로 ㉠의 예에 해당한다. ⓓ의 '그것'은 A가 말한 내용에 등장하는 '중간고사 범위'를 가리키므로 ⓒ의 예에 해당한다. ⓔ의 '저기'는 청자인 A가 대화의 장면에서 눈으로 볼 수 있는 대상을 가리키므로 ㉠의 예에 해당한다.

33. ③

정답 설명

'그녀의 죽음은 우리 모두에게 충격이었다.'에서 '죽음'은 관형어 '그녀의'의 수식을 받고 있으므로 명사임을 알 수 있다. 반면 *'백두산의 높음은 누구나 아는 사실이다.'에서 '높음'은 관형어 '백두산의'의 수식을 받지 못하므로 명사가 아님을 알 수 있다. 참고로 '백두산이 높음은 누구나 아는 사실이다.'에서 '높음'은 '백두산'에 대해 서술하고 있으므로(백두산이 높다.) 용언 '높다'의 어간 '높-'에 명사형 전성 어미 '-음'이 결합한 구성임을 알 수 있다.

오답 설명

① '죽음'의 경우 명사를 만드는 접미사 '-음'이 결합한 것이고, '높음'의 경우 명사 구실을 하게 하는 명사형 어미 '-음'이 결합한 것이다. 접사 '-음'과 어미 '-음'의 형태가 같으므로 '-음'이 결합했다는 사실만으로 '죽음'과 '높음'의 차

이를 알기는 어렵다.

② 명사나 용언의 명사형 모두 문장을 구성하는 성분으로 사용될 수 있으므로 이를 통해 '죽음'과 '높음'의 차이를 알기는 어렵다.

④ '죽음'의 기본형 '죽다'가 동사이고, '높음'의 기본형 '높다'가 형용사임에 따라 사전 등재 여부가 달라진다고 볼 수 없다. 형용사 '젊다'에 접사 '-음'이 붙은 '젊음' 또한 사전에 등재되어 있다.

⑤ '죽음'과 '높음' 모두 실질적 의미를 가지고 있으므로 적절하지 않다.

34. ②

정답 설명

(나)에 사용된 종결 어미 '-어라'와 '-아라'는 명령의 뜻을 나타내는 하나의 형태소가, 앞말의 모음이 양성 모음인지 음성 모음인지에 따라 다른 형태로 실현된 것이다. 즉, 음운 환경에 따라 다른 형태로 실현되는 이형태 관계이다. 따라서 앞말의 품사에 따라서 의미와 기능이 동일한 종결 어미가 다른 형태로 실현되는 예로 보기 어렵다. 또한, '앉다'와 '걷다'는 모두 동사로 품사가 같음을 확인할 수 있다.

오답 설명

① (가)에서 종결 어미에 따라 상대 높임이 달리 실현됨을 확인할 수 있다.

③ (다)에서 어간에 종결 어미가 결합하지 않고는 온전한 문장이 될 수 없음을 확인할 수 있다.

④ (라)에서 종결 어미의 종류에 따라 진술, 의문, 감탄 등의 의미가 실현됨을 확인할 수 있다.

⑤ (마)에서 종결 어미 '-느냐', '-다' 뒤에 조사 '가'와 '고'가 결합했음을 확인할 수 있다.

35. ②

정답 설명

〈보기〉를 통해 '-던지'는 막연한 의문이 있는 채로 그것을 뒤 절의 사실과 관련시킬 때, '-든지'는 선택의 의미를 나타내는 경우에 사용됨을 알 수 있다. ②의 문장은 주말에 할 수 있는 여러 일 중에서 정원을 가꾸는 일을 포함하여 무엇이든 해야겠다는 의미이므로 '-든지'가 사용되는 것이 적절하다.

오답 설명

①, ③, ④, ⑤의 문장에 사용된 '-던지'는 막연한 의문이 있는 채로 그것을 뒤 절의 사실과 관련지을 때 나타나고 있으므로 적절하게 사용되었다.

36. ⑤

정답 설명

'생각만으로도 놀라워라.'의 '놀라워라'에는 명령형 어미가 아니라 감탄의 뜻을 나타내는 종결 어미가 쓰였다. 즉 해당 문장의 '놀라워라'는 적절한 표현이다. '놀라워져라'의 경우 명령형 어미가 사용된 예이므로 이와 같이 고쳐 쓰는 것은 적절하지 않다.

오답 설명

① '기쁘다'는 형용사이므로 청유형 어미가 결합하는 것이 부적절하다. 따라서 '기뻐하자'로 고쳐 쓰는 것이 자연스럽다.

② '새롭다'는 형용사이므로 청유형 어미가 결합하는 것이 부적절하다. 따라서 '새로워지자'로 고쳐 쓰는 것이 자연스럽다.

③ '아름답다'는 형용사이므로 청유형 어미가 결합하는 것이 부적절하다. 따라서 '아름다워지자'로 고쳐 쓰는 것이 자연스럽다.

④ '예쁘다'는 형용사이므로 명령형 어미가 결합하는 것이 부적절하다. 따라서 '예뻐져라'로 고쳐 쓰는 것이 자연스럽다.

37. ④

정답 설명

위 문장의 '에게'는 '색연필'이라는 물건의 소속이 '너'임을 나타내므로 ㉠의 의미로 쓰였고, 아래 문장의 '에게'는 '물리다'라는 행동을 일으키는 대상이 '개'임을 나타내므로 ㉡의 의미로 쓰였다.

오답 설명

① 위 문장의 '에게'는 '돈'이라는 물건의 소속이 '철수'임을 나타내므로 ㉠의 의미로 쓰였고, 아래 문장의 '에게'는 '보내다'라는 행동이 미치는 대상이 '언니'임을 나타내는 '에게「2」'의 의미로 쓰였다.

② 위 문장의 '에게'는 '알리다'라는 행동이 미치는 대상이 '친구들'임을 나타내는 '에게「2」'의 의미로 쓰였고, 아래 문장의 '에게'는 '놀리다'라는 행동을 일으키는 대상이 '삼촌'임을 나타내므로 ㉡의 의미로 쓰였다.

③ 위 문장의 '에게'는 '재고품'이라는 물건의 소속이 '우리'임을 나타내므로 ㉠의 의미로 쓰였고, 아래 문장의 '에게'는 '주다'라는 행동이 미치는 대상이 '너'임을 나타내는 '에게「2」'의 의미로 쓰였다.

⑤ 위 문장의 '에게'는 '주다'라는 행동이 미치는 대상이 '돼지'임을 나타내는 '에게「2」'의 의미로 쓰였고, 아래 문장의 '에게'는 '돈'이라는 물건의 소속이 '나'임을 나타내므로 ㉠의 의미로 쓰였다.

38. ④

정답 설명

㉠은 주어에 대한 서술성을 가지고, 어미 활용이 가능하지만 '다른다'와 같이 현재형을 가질 수 없다는 점에서 형용사임을 알 수 있다. 반면 ㉡은 주어에 대한 서술성을 가지지 않으며, 형태 변화를 할 수 없다는 점에서 관형사임을 알 수 있다. ㉮(바른 : 오른쪽을 이를 때 쓰는 말)는 주어에 대한 서술성을 가지지 않으므로 관형사이며, ㉯는 주어 '인사성이'에 대한 서술성을 가지므로 형용사이다. 한편 ㉰는 주어에 대한 서술성을 가지지 않으므로 관형사이며, ㉱는 주어 '회사 사정이'에 대한 서술성을 가지므로 형용사이다. 따라서 ㉠과 품사가 동일한 단어는 ㉯와 ㉱이고, ㉡과 품사가 동일한 단어는 ㉮와 ㉰이다.

39. ⑤

정답 설명

해당 문장의 '이'는 바로 앞에서 이야기한 대상인 '검은별무늿병'을 가리키는 말이며, 뒤의 명사 '병'을 수식하고 있는 관형사이므로 ㉺의 예로 적절하다.

오답 설명

① 해당 문장의 '이'는 말하는 이에게 가까이 있는 '사과'들 중 하나를 가리키는 말로, 명사 '사과'를 수식하는 관형사에 해당한다. 따라서 ㉠의 예가 아닌 ㉣의 예로 적절하다.

② 해당 문장의 '이'는 복수 접미사 '-들' 앞에 쓰여 '이 사람'을 가리키는 데 사용되고 있으므로, ㉡의 예가 아닌 ㉢의 예로 적절하다.

③ 해당 문장의 '이'는 바로 앞에서 이야기한 '노력하는 사람은 실패하지 않아.'라는 말을 가리키는 말로, '점'을 수식하는 관형사에 해당한다. 따라서 ㉡의 예

가 아닌 ㉺의 예로 적절하다.

④ 해당 문장의 '이'는 말하는 이가 생각하고 있는 대상인 '지금 기분'을 가리키는 말이지만, 조사 '보다'와 결합하고 있는 것으로 보아 관형사가 아닌 대명사에 해당한다. 따라서 ㉣의 예가 아닌 ㉠의 예로 적절하다.

40. ①

정답 설명

'밝다'는 '불빛 따위가 환하다.' 등의 의미를 나타낼 때는 형용사이지만, '밤이 지나고 환해지며 새날이 오다.'의 의미를 나타낼 때는 동사이다. '여름에는 날이 일찍 밝는다.'에서는 동사로서의 '밝다'로 쓰인 것이므로 현재 시제를 나타내는 '밝는다'라는 표현을 사용할 수 있다.

오답 설명

② '걸맞다'는 '두 편을 견주어 볼 때 서로 어울릴 만큼 비슷하다.'라는 의미를 나타내는 형용사이다. 따라서 〈보기〉에 따르면 현재 시제를 나타내는 관형사형으로는 '걸맞는'이 아닌 '걸맞은'이 적절하다.

③ '건강하다'는 형용사이므로 〈보기〉에 따르면 명령형 '건강하십시오'는 적절하지 않으며, '건강하시기 바랍니다'가 적절하다.

④ '행복하다'는 형용사이므로 〈보기〉에 따르면 목적의 뜻을 나타내는 어미 '-(으)러'와의 결합은 적절하지 않다.

⑤ '힘들다'는 형용사이므로 〈보기〉에 따르면 현재 시제를 나타내는 관형사형으로는 '힘드는'이 아닌 '힘든'이 적절하다.

41. ⑤

정답 설명

해당 문장은 '집에 도착하는 그 즉시 편지를 쓸 것'임을 나타내고 있으므로, '대로¹「3」'이 아니라 '대로¹「2」'에 해당하는 예문이다.

오답 설명

① '대로¹'은 형식적으로 자립성을 가져 앞말과 띄어 쓰지만 반드시 관형어의 수식을 받아야 하는 의존 명사이다.

② '대로¹'은 의존 명사로서 혼자 쓰이지 못하여 반드시 관형어의 수식을 받아야 하며, '대로¹⁰'은 조사이므로 반드시 체언 등의 뒤에 붙어서만 사용될 수 있다.

③ '대로¹'의 앞에는 '들은', '동이 트는', '틈나는'과 같은 관형어가 오고, '대로¹⁰'의 앞에는 주로 '법', '것'과 같은 체언이 온다.

④ '나대로 생각이 있다.'에서 '대로'는 체언 뒤에 붙는 조사이므로 '대로¹⁰'에 해당한다. 따라서 '나대로'와 같이 붙여 쓰는 것이 적절하다.

42. ②

정답 설명

㉮ '세'는 단위를 나타내는 의존 명사인 '판'과 함께 쓰이고 있으므로 수 관형사이다.

㉠ '오'는 단위를 나타내는 의존 명사인 '개월'과 함께 쓰이고 있으므로 수 관형사이다.

㉢ '두'는 단위를 나타내는 의존 명사인 '켤레'와 함께 쓰이고 있으므로 수 관형사이다.

㉣ '팔'은 단위를 나타내는 의존 명사인 '년'과 함께 쓰이고 있으므로 수 관형사이

다.

오답 설명

ⓒ '십이다'에서 '십'이 서술격 조사인 '이다'와 함께 쓰이고 있으므로 수사이다.

ⓜ '하나'는 단위를 나타내는 의존 명사와 함께 쓰이지 않으므로 수사이다.

ⓗ '셋째로'에서 '셋째'가 조사 '로'와 함께 쓰이고 있으므로 수사이다.

43. ②

정답 설명

해당 문장에서 '그'가 가리키는 내용은 앞에서 이미 이야기한 '지금 출발하자는 의견'이므로 ⓒ의 예로 적절하다.

오답 설명

① 해당 문장의 '그'는 A의 질문에 자신의 확실하지 않은 기분을 가리키고 있는 관형사이므로 ⓜ의 예이다.

③ 해당 문장의 '그'는 말하는 이(B)와 듣는 이(A)가 아닌 제3자를 가리키고 있다. 이는 앞에서 A가 이야기한 '김○○'을 가리키는 대명사이므로 ⓐ의 예이다.

④ 해당 문장의 '그'는 듣는 이(B)에게 가까이 있는 대상인 '가방'을 가리키는 관형사이므로 ⓒ의 예이다.

⑤ 해당 문장의 '그'는 A가 앞에서 이미 이야기한 대상인 '김 씨'를 가리키는 관형사이므로 ⓔ의 예이다.

44. ③

정답 설명

'운동화 열 켤레가 있다.'의 '열'은 '켤레'를 수식하고, '아무 종이나 가져오너라.'의 '아무'는 '종이'를 수식한다. 관형어는 일반적으로 수식 대상인 체언 앞에 위치하며, 다른 위치로 이동하면 비문이 된다.

오답 설명

① ⓐ은 수사와 관형사, ⓒ은 대명사와 관형사, ⓒ은 동사와 형용사, ⓔ은 부사와 감탄사로 쓰이므로, 모두 둘 이상의 품사로 쓰임을 알 수 있다.

② '열을 셀 때까지 나와라.'의 '열을'은 수사 '열'에 목적격 조사 '을'이 결합해 목적어로 쓰인 것이다. 이를 통해 ⓐ에 조사가 결합하면 ⓐ이 수사로 쓰임을 알 수 있다. 또한 '아직 아무도 안 왔다.'의 '아무도'는 대명사 '아무'에 보조사 '도'가 결합해 주어로 쓰인 것이다. 이를 통해 ⓒ에 조사가 결합하면 ⓒ이 대명사로 쓰임을 알 수 있다.

④ '새벽이 밝는다.'의 '밝는다'는 '밝다'에 현재 시제 선어말 어미 '-는-'이 결합되어 있으므로 동사로 쓰인 것임을 알 수 있다. 하지만 '햇불이 밝다.'의 '밝다'에는 현재 시제 선어말 어미 '-는-'이 결합할 수 없으므로, 이때 '밝다'는 형용사로 쓰인 것임을 알 수 있다.

⑤ '가만, 저게 무슨 소리지?'와 같이 ⓔ이 감탄사로 쓰일 때에는 문장 속의 다른 성분에 얽매이지 않는 독립어로 쓰인다.

45. ①

정답 설명

'올해도 어김없이 대청소를 하는 날이 올 것이다.'와 '나에게는 분명히 필요 없을 것이다.'에 쓰인 '것'은 말하는 이의 전망이나 추측, 또는 주관적 소신 따위를 나

타내고 있으므로 ⓔ에 해당한다. 한편 '나는 대청소를 할 때 낡은 것을 모두 버릴 예정이다.'와 '엄마는 아직 멀쩡한 것을 왜 버리려고 하는지 모르겠다고 말씀하시겠지만,'에 쓰인 '것'은 사물을 추상적으로 이르고 있으므로 ⓐ에 해당한다.

46. ②

정답 설명

'굉장히'는 '굉장-', '-히'로 형태소를 나눌 수 있는데, 이때 '굉장-'은 어근이므로 의존 형태소이자 실질 형태소이고 '-히'는 부사를 파생하는 접사이므로 의존 형태소이자 형식 형태소이다. 부사 '다시'는 자립 형태소이자 실질 형태소로, 형태소 하나로 단어를 이루고 있다. 따라서 '굉장히'는 실질 형태소 한 개와 형식 형태소 한 개의 조합으로 구성되어 있고, '다시'는 실질 형태소이자 자립 형태소인 형태소 하나에 해당하므로 적절하지 않다.

오답 설명

① '땀을'은 '땀', '을'로 형태소를 나눌 수 있는데, 이때 '땀'은 자립 형태소이자 실질 형태소이고 '을'은 조사이므로 의존 형태소이자 형식 형태소이다. '집에서'는 '집'과 '에서'로 형태소를 나눌 수 있는데, 이때 '집'은 자립 형태소이자 실질 형태소이고 '에서'는 조사이므로 의존 형태소이자 형식 형태소이다. 따라서 '땀을'과 '집에서'는 모두 실질 형태소 한 개와 형식 형태소 한 개로 구성되었으므로, 적절한 선지이다.

③ '우리는'은 '우리', '는'으로 형태소를 나눌 수 있는데, 이때 '우리'는 자립 형태소이자 실질 형태소이고 '는'은 조사이므로 의존 형태소이자 형식 형태소이다. '씻고'는 '씻-'과 '-고'로 형태소를 나눌 수 있는데, 이때 '씻-'은 동사 어간이므로 의존 형태소이자 실질 형태소이고 '-고'는 어미이므로 의존 형태소이자 형식 형태소이다. 따라서 '우리는'과 '씻고'는 모두 실질 형태소 한 개와 형식 형태소 한 개로 구성되었으므로, 적절한 선지이다.

④ '모이기로'는 '모으-', '-이-', '-기', '로'로 형태소를 나눌 수 있는데, 이때 '모으-'는 동사 어간이므로 의존 형태소이자 실질 형태소이다. '-이-'는 접사, '-기'는 어미, '로'는 조사이므로 모두 의존 형태소이자 형식 형태소에 해당한다. 참고로, '모이다'는 '모으다'의 피동사로, 이때 '-이-'는 피동 접사이다. 따라서 '모이기로'는 자립 형태소 없이 의존 형태소 네 개로 구성되었으므로, 적절한 선지이다.

⑤ '했다는'은 '하-', '-였-', '-다'로 형태소를 나눌 수 있는데, 이때 '하-'는 동사 어간이므로 의존 형태소이자 실질 형태소이다. '-였-'은 과거 시제 선어말 어미, '-다'는 종결 어미이므로 의존 형태소이자 형식 형태소이다. 따라서 '했다'는 실질 형태소 한 개와 형식 형태소 두 개로 구성되었으므로, 적절한 선지이다. 참고로, '하-' 뒤에 오는 어미 '-아/-어'는 '-여'로 변하는 '여' 불규칙으로 인해 '하였다'로 활용된다.

47. ⑤

정답 설명

ⓜ의 '사람'과 같은 자립 명사가 단위를 나타내는 기능을 할 때는 홀로 쓰이지 않고 수량을 나타내는 말들과 함께 쓰인다. 하지만 '이번 시간에는 학생 세 사람이 오기로 했습니다.'의 문장에서 '사람'은 보격 조사가 아닌 주격 조사와 결합하여 주어의 기능을 수행하기 때문에 제시된 선지는 적절하지 않다.

오답 설명

① '제주도'와 같은 고유 명사는 특정한 사람이나 사물을 다른 것들과 구별하기 위해 고유의 이름을 붙인 것으로, 특정성과 유일성을 지닌다. 즉, 고유 명사는 특정한 하나의 대상을 지칭하는 것이므로, '-들'이라는 복수 접미사와 결합할 수 없다. 또한, '*모든 제주도'와 같이 복수를 나타내는 관형사와도 함께

쓰일 수 없다.

② '한라산'과 같은 고유 명사는 유일한 하나의 대상만을 지칭하는 것이므로, '어느'와 같이 여러 개 중에 선택하는 의미를 지닌 관형사와 함께 쓰일 수 없다.

③ '앉은 채로'와 같이 의존 명사 '채'가 관형어 '앉은'과 쓰일 때는 문장이 자연스럽게 성립하나, '*채로'처럼 관형어 없이 단독으로 쓰일 때는 문장이 성립하지 않음을 알 수 있다. 이는 의존 명사가 반드시 관형어와 함께 쓰여야 함을 나타내는 것이다.

④ '것'과 같은 의존 명사는 앞에 언급된 말을 대용하는 기능을 나타내기도 하는데, 제시된 예문에서는 '여기 과일이 잔뜩 있는데'의 '과일'을 다시 지칭하여 나타냄을 알 수 있다. 즉, '그중 맛있는 과일을 골라 먹어라.'의 문장과 '그중 맛있는 것을 골라 먹어라'를 비교해 보면, '것'이 앞에 언급된 '과일'을 다시 지칭하는 대용의 기능을 하고 있음을 알 수 있다.

48. ③

정답 설명

㉠의 '우리'는 '우리 언니네'라는 문맥을 고려했을 때, 화자인 '은지'가 자기보다 높지 않은 '소연'에게 자기와 친밀한 관계에 놓인 '언니'를 나타내기 위해 쓴 말임을 알 수 있다. 즉, ㉠은 ⓒ에 해당한다. "우리 같이 구경 가는 거 어때?"라는 문맥을 고려하면 여기서 ㉡은 '은지, 소연, 미주'를 모두 포함하는 말임을 알 수 있으므로, ㉡은 ⓓ에 해당한다. ㉢은 '미주'가 약속이 있어 안 된다고 한 담화 상황을 고려하면 '미주'를 제외한 '은지'와 '소연'을 지칭하는 말임을 알 수 있다. 즉, ㉢은 말하는 이인 '은지'가 듣는 이인 '미주'를 포함하지 않고 자기를 포함한 '소연'을 지칭해 말하는 것이므로, ⓑ에 해당함을 알 수 있다. ㉣은 '미주'도 함께 가기로 결정된 담화 상황을 고려하면 '은지, 소연, 미주'가 모두 포함된 말임을 알 수 있다. 따라서 ㉣은 ⓐ에 해당한다. 마지막으로 ㉤은 '미주'의 말에 대답하여 발화자인 '소연'과 청자인 '미주'를 포함하는 말이므로 ⓐ에 해당한다. 따라서 ⓐ에 해당하는 것은 ㉡, ㉣, ㉤이고 ⓑ에 해당하는 것은 ㉢이며, ⓒ에 해당하는 것은 ㉠이다.

49. ①

정답 설명

㉠의 '바로'는 용언 '있다'를 수식하는 것이 아니라, '바로'에 후행하는 명사 '옆'을 수식하고 있다. 이는 부사가 일반적으로 용언이나 다른 부사, 문장 전체를 수식하던 것에 더하여, 체언을 수식하는 역할도 함을 보여 준다. 따라서 ㉠은 부사 '바로'가 체언을 수식할 수 있음을 보여 주는 것이므로, 제시된 선지는 적절하지 않다.

오답 설명

② ㉡에서 '많이'라는 부사 뒤에 '많이도', '많이는'과 같이 '도, 는' 등의 보조사가 결합한 것을 통해 부사가 보조사와 결합하여 쓰일 수 있음을 알 수 있다.

③ ㉢에서 '별로'는 '-지 않았다'와 같이 부정 표현과 어울려 쓰일 때 자연스럽고, 부정 요소가 없는 문장에 쓰일 때는 어색함을 알 수 있다. 따라서 '별로'와 같은 특정 부사는 부정 표현과 어울려 쓰여야 하는 제약이 있음을 알 수 있다.

④ ㉣에서 '설마'는 문장 전체를 수식하는 부사로, '설마 그 사람이 우리를 정말 잊었겠느냐?'와 같이 의문의 문장 유형에서는 자연스럽지만 '*설마 그 사람이 우리를 정말 잊었다.'와 같이 평서문의 문장 유형에서는 어색함을 알 수 있다. 따라서 '설마'는 의문문의 문장과 쓰여야 하는 제약이 있음을 알 수 있다.

⑤ ㉤에서 '확실히'는 '그는 든든한 사람이다.'라는 문장 전체를 수식하는 부사로, '그는 확실히 든든한 사람이다.'와 같이 문장 내에서 위치 이동이 비교적 자유로움을 알 수 있다. 반면, '그는 매우 든든하다.'의 서술어 '든든하다'를 꾸미는 성분 부사 '매우'는 '*매우 그는 든든하다.'와 같이 문장 내에서 위치를 이동할

경우 문장 부사와 달리 부자연스러움을 알 수 있다.

50. ⑤

정답 설명

㉠과 ㉡의 '다른'은 모두 '당장 문제 되거나 해당되는 것 이외의'라는 뜻을 지닌 말로, 후행하는 명사 '일', '곳'을 수식하고 있다는 점에서 관형사임을 알 수 있다. 따라서 ㉠과 ㉡은 같은 형태의 단어가 같은 기능을 나타내므로, 품사 통용의 예라고 볼 수 없다. 참고로, 형용사 '다르다'의 활용형인 '다른'은 관형사 '다른'과 달리 서술성을 지닌다는 점에서 구분할 수 있다. 형용사의 활용형 '다른'이 사용된 용례로 '성격이 다른 사람하고는 함께 사는 것이 쉽지 않다.'가 있다.

오답 설명

① ㉠의 '어제'는 '오늘의 바로 하루 전날'을 나타내는 말로, 주격 조사 '가'와 결합하여 쓰이는 점을 통해 명사임을 알 수 있다. 반면, ㉡의 '어제'는 ㉠의 '어제'와 달리 격 조사와 결합하지 않으며 후행하는 용언 '끝내다'를 수식하고 있다는 점에서 부사임을 알 수 있다. 따라서 ㉠과 ㉡은 같은 형태의 단어가 두 가지 이상의 기능을 나타내므로, 품사 통용에 해당한다.

② ㉠의 '이기적'은 '자기 자신만의 이익만을 꾀하는 것'을 나타내는 말로, 부사격 조사 '으로'와 결합하여 쓰이는 점을 통해 명사임을 알 수 있다. 반면, ㉡의 '이기적'은 ㉠의 '이기적'과 달리 조사와 결합하지 않으며 후행하는 체언 '행동'을 수식하고 있다는 점에서 관형사임을 알 수 있다. 따라서 ㉠과 ㉡은 같은 형태의 단어가 두 가지 이상의 기능을 나타내므로, 품사 통용에 해당한다.

③ ㉠의 '밝게'는 '불빛 따위가 환하다.'를 나타내는 말로, 현재 시점을 기준으로 한 상태나 성질을 나타내는 형용사이다. 반면, ㉡의 '밝기는'은 '밤이 지나고 환해지며 새날이 오다.'를 나타내는 말로, '날이 밝고 있는' 상황의 변화를 전제한다는 점에서 동사임을 알 수 있다. 따라서 ㉠과 ㉡은 같은 형태의 단어가 두 가지 이상의 기능을 나타내므로, 품사 통용에 해당한다. 참고로, '밝게'는 형용사 '밝다'의 어간 '밝-'에 부사형 전성 어미 '-게'가 붙은 것이고, '밝기도'는 동사 '밝다'의 어간 '밝-'에 명사형 전성 어미 '-기'가 붙은 후 보조사 '도'가 결합된 것이다.

④ ㉠의 '보다'는 '어떤 수준에 비하여 한층 더'를 나타내는 말로, 후행하는 용언 '나아지려는'을 꾸미고 있다는 점에서 부사임을 알 수 있다. 반면, ㉡의 '보다'는 "서로 차이가 있는 것을 비교하는 경우, 비교의 대상이 되는 말에 붙어 '~에 비해서'의 뜻을 나타내는 격 조사"로, 체언의 바로 뒤에 결합하여 쓰이는 점을 통해 조사임을 알 수 있다. 따라서 ㉠과 ㉡은 같은 형태의 단어가 두 가지 이상의 기능을 나타내므로, 품사 통용에 해당한다.

51. ③

정답 설명

㉡에서 '에'는 체언에 결합하여 부사어의 자격을 부여하는 부사격 조사에 해당하므로, 문법적인 의미를 나타내는 형식 형태소이자 홀로 쓰일 수 없는 의존 형태소임을 알 수 있다. 그런데, ㉡에서 '흔들 뿐'의 '뿐'은 관형어의 꾸밈을 받는 의존 명사에 해당하므로, 자립 형태소이다. 이때, 의존 명사가 문장에서 홀로 쓰이지 못하고 항상 관형어를 요구하는 것은 통사적인 측면일 뿐, 형태론적으로는 의존 명사 역시 '명사'에 해당하므로 자립 형태소에 해당한다. 참고로, 국어에서 의존 형태소에 해당하는 것은 용언 어간, 어미, 조사, 접사이다. 따라서 제시된 선지는 적절하지 않다.

오답 설명

① ㉠의 '구운'은 용언 어간 '굽-'에 관형사형 어미 '-(으)ㄴ'이 결합한 것으로, 형태소는 '굽-', '-(으)ㄴ'으로 분석된다. 이때, '구운'의 형태는 'ㅂ' 불규칙 용언

인 '굽다'의 어간 '굽-'이 모음으로 시작하는 어미 앞에서 '구우-'로 바뀐 것이다. 따라서 실질 형태소 '굽-'과 형식 형태소 '-(으)ㄴ'으로 나눌 수 있다.

② ㉠의 '에게는' 어떤 행동이 미치는 대상을 나타내는 부사격 조사로, '에'와 '게'로 나눌 경우 '에게'의 뜻이 사라지므로, '에게' 자체가 뜻을 가진 최소의 단위 (형태소)임을 알 수 있다.

④ ㉡의 '다다라'는 용언 어간 '다다르-'에 연결 어미 '-아'가 결합한 것이므로, 형태소는 '다다르-', '-아'로 분석된다. 이때, 실질 형태소는 '다다르-'이고, 형식 형태소는 '-아'이다. 한편, ㉢의 '아파서'는 용언 어간 '아프-'에 연결 어미 '-아서'가 결합한 것이므로, 형태소는 '아프-', '-아서'로 분석된다. 이때, 실질 형태소는 '아프-'이고, 형식 형태소는 '-아서'이다. 따라서 ㉡의 '다다라'와 ㉢의 '아파서'는 모두 실질 형태소 한 개와 형식 형태소 한 개로 분석된다.

⑤ ㉠의 '줬다'는 용언 어간 '주-'에 과거 시제 선어말 어미 '-었-', 종결 어미 '-다'가 결합한 것이므로, 형태소는 '주-', '-었-', '-다'로 분석된다. 한편 ㉢의 '했다'는 용언 어간 '하-'에 과거 시제 선어말 어미 '-였-', 종결 어미 '-다'가 결합한 것이므로, 형태소는 '하-', '-였-', '-다'로 분석된다. 이때 과거 시제 선어말 어미 '-었-'과 '-였-'은 반드시 어간과 결합해야 하는 의존 형태소이며, 실질적인 의미를 가지지 않고 문법적 기능을 가진 형식 형태소이므로 적절하다.

52. ②

정답 설명

'나는 그녀의 순수한 웃음을 떠올렸다.'의 '웃음'은 동사 어근 '웃-'에 명사 파생 접사 '-음'이 붙은 것으로, 파생 명사에 해당한다. 이때 '웃음'이 관형어의 수식을 받는 점, 서술성을 지니지 않는 점을 통해 파생 명사임을 알 수 있다. 따라서, 명사형 어미 '-(으)ㅁ'이 붙어 용언을 명사처럼 기능하게 하는 역할을 하고 있다는 선지의 진술은 적절하지 않다.

오답 설명

① '고양이는 조용히 앉아 있었다.'의 연결 어미 '-아'는 본용언 '앉다'와 보조 용언 '있다'를 이어 주는 보조적 연결 어미로, 고양이가 조용히 앉는 동작이 이미 완료되었음을 나타내고 있다.

③ ㉠에서 '읽는구나.'의 종결 어미 '-는구나'는 국어의 상대 높임법 체계에서 해라체에 해당하는 감탄형 종결 어미이고, ㉡에서 '읽습니까?'의 종결 어미 '-습니까'는 국어의 상대 높임법 체계에서 하십시오체에 해당하는 의문형 종결 어미이다. 따라서 종결 어미가 용언 어간에 결합하여 상대 높임법을 표현하는 동시에 감탄이나 의문의 문장 유형을 형성하므로 적절하다.

④ ㉠의 '올해 안에 꼭 미술 작품을 완성하겠다.'의 선어말 어미 '-겠-'은 용언 어간에 결합하여 '미술 작품을 완성'하고자 하는 주체의 의지를 나타낸다. 반면, ㉡의 '모레쯤이면 택배가 도착하겠구나.'의 선어말 어미 '-겠-'은 용언 어간에 결합하여 미래 사건이나 상황에 대한 추측을 나타낸다.

⑤ ㉠에서 '형은 하교 후 집에 오자마자 다시 나갔습니다.'의 선어말 어미 '-았-'은 용언 어간에 결합하여 형이 집에 오자마자 다시 나갔다는 과거 사건을 진술하는 기능을 한다. 반면, ㉡의 '가을이 되니 공원에 코스모스가 잔뜩 피었어.'의 선어말 어미 '-었-'은 용언 어간에 결합하여 과거 공원에 코스모스가 잔뜩 핀 상황이 현재까지 지속되고 있음을 나타낸다.

53. ①

정답 설명

㉠의 '크다'는 '동식물이 몸의 길이가 자라다.'라는 뜻으로, 주체가 자라는 작용을 과정적으로 나타내는 동사에 해당한다. 참고로, '크다'가 형용사로 쓰일 때는 '키

가 크다.', '실망이 크다.' 등과 같이 현재 시점에서의 성질이나 상태를 나타낼 때이다. 따라서 제시된 선지는 적절하지 않다.

오답 설명

② ㉡의 '붉다'는 '빛깔이 핏빛 또는 익은 고추의 빛과 같다.'라는 뜻으로, '붉은 상태'를 나타내는 형용사에 해당한다. 이때, '붉은'은 '붉다'에 관형사형 어미 '-은'이 결합하여 현재 시제를 표시하고 있으므로, 적절하다.

③ ㉢의 '비싸다'는 '물건값이나 사람 또는 물건을 쓰는 데 드는 비용이 보통보다 높다.'라는 뜻으로, 현재 시점에서의 성질이나 상태를 나타내는 형용사에 해당한다. 이때, '비싸다는 '*비싸자', '*비싸라'와 같이 청유형, 명령형 어미와 결합할 수 없으므로 적절하다.

④ ㉣의 '늦다'는 '정해진 때보다 지나다.'라는 뜻으로, 주체의 움직임이나 작용이 정해진 때보다 늦었음을 들어 상태 변화를 나타내는 동사에 해당한다. 이때, '늦는다'와 같이 현재 시제 선어말 어미 '-ㄴ-/-는-'과 결합하여 쓰이는 점을 통해 동사임을 추론할 수 있다. 형용사는 기본형이 이미 현재 시점에서의 상태를 전제하고 있으므로, 현재 시제 선어말 어미 '-ㄴ-/-는-'이 결합할 수 없다. 참고로, '늦다'가 형용사로 쓰일 때는 '시계가 오 분 늦게 간다.', '박자가 늦다.' 등과 같이 성질이나 상태를 나타낼 때이다.

⑤ ㉤의 '있다'는 '사람이나 동물이 어느 곳에서 떠나거나 벗어나지 아니하고 머물다.'라는 뜻으로, 주체의 움직임이나 작용을 표시하는 동사에 해당한다. 이때, '있다'는 '있어라', '있자' 등과 같이 명령형, 청유형 어미와 결합할 수 있으므로 제시된 선지는 적절하다. 참고로, '있다'가 형용사로 쓰일 때는 '기회가 있다', '날지 못하는 새도 있다.'와 같이 상태를 나타낼 때이다.

54. ④

정답 설명

'입어 보았다'는 '입다'에 '보다'가 결합한 것으로, '보다'의 본래의 의미가 유지되지 않고 어떤 행동을 시험 삼아 함을 나타내는 말로 쓰인다는 점에서 '보다'가 보조 용언으로 쓰였음을 알 수 있다. 〈보기〉를 참고하면, '입어서 보다'와 같은 형태가 되면 '백화점에 가서 바지를 입어서 (거울로) 봤다.'처럼 의미 변화가 일어나므로 '-서'와 같은 요소가 삽입될 수 없고, '보다'의 의미가 유지되지 않으므로, '입어 보다'는 본용언과 보조 용언이 결합한 구성임을 알 수 있다. 따라서 모두 본용언에 해당한다는 선지의 내용은 적절하지 않다.

오답 설명

① '잊어 먹었다'는 '잊다'에 '먹다'가 결합한 것으로, '먹다'의 본래의 의미가 유지되지 않고 앞말의 행동을 강조하는 기능을 한다는 점에서 '먹다'가 보조 용언으로 쓰였음을 알 수 있다. 〈보기〉를 참고하면, '*잊어서 먹다'와 같은 형태가 성립하지 않고 '먹다'의 의미가 유지되지 않으므로, '잊어 먹다'는 본용언과 보조 용언이 결합한 구성임을 알 수 있다.

② '만들어 팔았다'는 '만들다'에 '팔다'가 결합한 것으로, '만들다'와 '팔다'의 본래 의미가 각각 유지되고 있다는 점에서 모두 본용언에 해당함을 알 수 있다. 〈보기〉를 참고하면, '만들어서 팔았다'와 같은 형태가 성립하고 '팔다'의 의미가 유지되고 있으므로, '만들어 팔았다'는 본용언과 본용언이 결합한 구성임을 알 수 있다.

③ '먹어 버렸다'는 '먹다'에 '버리다'가 결합한 것으로, '버리다'의 본래의 의미가 유지되지 않고 앞말이 나타내는 행동이 이미 끝났음을 표현해 준다는 점에서 '버리다'가 보조 동사로 쓰였음을 알 수 있다. 〈보기〉를 참고하면, '먹어서 버렸다'와 같은 형태가 되면 '순댓국을 먹고 (쓰레기통에) 버렸다.'처럼 의미 변화가 일어나므로 '-서'와 같은 요소가 삽입될 수 없고, '버리다'의 의미가 유지되지 않으므로, '먹어 버렸다'는 본용언에 보조 용언이 결합한 구성임을 알 수 있다.

⑤ '써 보냈다'는 '쓰다'에 '보내다'가 결합한 것으로, '쓰다'와 '보내다'의 본래 의미가 각각 유지되고 있다는 점에서 모두 본용언에 해당함을 알 수 있다. 〈보기〉를 참고하면, '써서 보냈다'와 같은 형태가 성립하고 '보내다'의 의미가 유지되고 있으므로, '써 보냈다'는 본용언과 본용언이 결합한 구성임을 알 수 있다.

55. ③

정답 설명

'도착하셨겠더구나'는 '도착하-', '-시-', '-었-', '-겠-', '-더-', '-구나'로 분석할 수 있다. 이때, '-시-'는 높임의 뜻을, '-었-'은 과거 시제의 의미를, '-겠-'은 추측의 의미를, '-더-'는 과거 회상의 뜻을 더하는 선어말 어미에 해당한다. '-구나'는 감탄의 종결 어미에 해당한다. 즉, '도착하셨겠더구나'는 선어말 어미 네 개와 종결 어미(어말 어미) 한 개로 구성된다. 따라서 선어말 어미 세 개와 어말 어미 한 개가 쓰였다는 선지의 진술은 적절하지 않다.

오답 설명

① '오신다'는 '오-', '-시-', '-ㄴ-', '-다'로 형태소를 분석할 수 있다. 이때 '-시-'는 높임의 뜻을 더하는 선어말 어미이고, '-ㄴ-'은 현재 시제의 의미를 더하는 선어말 어미, '-다'는 문장을 평서형으로 끝맺는 종결 어미이다. 따라서 '오신다'에는 선어말 어미 두 개와 어말 어미 한 개가 쓰였으므로, 선지는 적절하다.

② '먹던'은 '먹-', '-던'으로 형태소를 분석할 수 있다. 이때 '-던'은 용언 어간에 붙어 체언 '빵'을 수식하는 용언의 관형사형으로 기능할 수 있게 하는 전성 어미이므로, 선지는 적절하다.

④ '오지 않았다'는 '오-', '-지', '않-', '-았-', '-다'로 분석할 수 있다. 이때 '-지'는 용언 '오다'와 '않다'를 이어 주는 보조적 연결 어미이고, '-았-'은 과거 시제의 의미를 더하는 선어말 어미, '-다'는 분상을 쎙서형으로 끝맺는 종결 어미이다. 따라서 '오지 않았다'에는 선어말 어미 한 개와 종결 어미 한 개, 보조적 연결 어미 한 개가 쓰였으므로, 선지는 적절하다.

⑤ '끝내고서는'는 '끝내-', '-고서'로 분석할 수 있다. 이때, '-고서'는 문장과 문장을 종속적으로 이어 주는 종속적 연결 어미에 해당한다. 즉, '끝내고서'는 선어말 어미 없이 종속적 연결 어미가 한 개 쓰였으므로, 선지는 적절하다.

56. ①

정답 설명

'펐다'는 용언 어간 '푸-'에 과거 시제 선어말 어미 '-었-', 종결 어미 '-다'가 결합한 것이다. '푸다'는 자음으로 시작하는 어미와 결합할 때는 '푸다, 푸고, 푸면' 등과 같이 규칙적으로 활용하지만, 모음으로 시작하는 어미와 결합할 때는 '푸- + -어 〉 펴'와 같이 어간의 모음 'ㅜ'가 탈락하는 불규칙 활용을 보인다. 같은 음운 환경인 '주다'의 경우, '주- + -어 〉 주어(줘)'와 같이 어간의 모음 'ㅜ'가 탈락하지 않으므로, '푸다'가 불규칙 활용임을 알 수 있다. 따라서 '푸다'는 어간이 바뀌는 '우' 불규칙에 해당하는 용언이므로, 제시된 선지는 적절하다.

오답 설명

② '컸다'는 용언 어간 '크-'에 과거 시제 선어말 어미 '-었-', 종결 어미 '-다'가 결합한 것이다. '크다'는 자음으로 시작하는 어미와 결합할 때는 '크다, 크고, 크면' 등과 같이 규칙적으로 활용하며, 모음으로 시작하는 어미와 결합할 때는 '크- + -어 〉 커'와 같이 어간의 모음 'ㅡ'가 탈락하는 양상을 보인다. 그런데, 용언의 어간 'ㅡ'는 '-아/어'로 시작하는 어미 앞에서 항상 탈락하므로, 어간의 'ㅡ' 탈락은 규칙 활용에 해당한다.

③ '지었다'는 용언 어간 '짓-'에 과거 시제 선어말 어미 '-었-', 종결 어미 '-다'가

결합한 것이다. '짓다'는 자음으로 시작하는 어미와 결합할 때는 '짓다, 짓고'와 같이 규칙적으로 활용하지만, 모음으로 시작하는 어미와 결합할 때는 '짓- + -어 〉 지어'와 같이 어간의 받침 'ㅅ'이 탈락하는 불규칙 활용을 보인다. 같은 음운 환경인 '벗다'의 경우, '벗- + -어 〉 벗어'와 같이 어간의 받침 'ㅅ'이 탈락하지 않으므로, '짓다'가 불규칙 활용임을 알 수 있다. 따라서 '짓다'는 어간이 바뀌는 'ㅅ' 불규칙에 해당하는 용언이므로, ⓑ가 아닌 ⓐ에 해당한다.

④ '까매'는 용언 어간 '까맣-'에 연결 어미 '-아'가 결합한 것이다. '까맣다'는 자음으로 시작하는 어미와 결합할 때는 '까맣다, 까맣고' 등과 같이 규칙적으로 활용하지만, 모음으로 시작하는 어미와 결합할 때는 '까맣- + -아 〉 까매'와 같이 어간 받침 'ㅎ'이 탈락하고 어미 '-아'의 형태도 변하는 불규칙 활용을 보인다. 따라서 '까맣다'는 어간과 어미가 모두 바뀌는 'ㅎ' 불규칙에 해당하는 용언이므로, ⓑ가 아닌 ⓒ에 해당한다.

⑤ '이르러'는 용언 어간 '이르-'에 연결 어미 '-어'가 결합한 것이다. '이르다'는 자음으로 시작하는 어미와 결합할 때는 '이르다, 이르고, 이르면' 등과 같이 규칙적으로 활용하지만, 모음으로 시작하는 어미와 결합할 때는 '이르- + -어 〉 이르러'와 같이 어미가 '-어'에서 '-러'로 변하는 불규칙 활용을 보인다. 따라서 '이르다'는 어미가 바뀌는 '러' 불규칙에 해당하는 용언이므로, ⓒ가 아닌 ⓑ에 해당한다.

57. ⑤

정답 설명

'몰라'는 용언 어간 '모르-'에 연결 어미 '-아'가 결합한 것이다. '모르다'는 모음으로 시작하는 어미와 결합할 때 '모르- + -아 〉 몰라'와 같이 어간의 르가 모음 어미 앞에서 'ㄹㄹ' 형태로 변하는 '르' 불규칙 활용을 보인다. 즉, '몰라'는 어간의 'ㅡ'가 탈락하는 '잠그- + -아 〉 잠가'와는 다른 형태로 활용함을 알 수 있다.

오답 설명

① '들러'는 용언 어간 '들르-'에 연결 어미 '-어'가 결합한 것으로, '들르- + -어 〉 들러'와 같이 어간 말의 'ㅡ'가 탈락하는 형태로 활용함을 알 수 있다.

② '떠'는 용언 어간 '뜨-'에 연결 어미 '-어서'가 결합한 것으로, '뜨- + -어서 〉 떠서'와 같이 어간 말의 'ㅡ'가 탈락하는 형태로 활용함을 알 수 있다.

③ '따라'는 용언 어간 '따르-'에 연결 어미 '-아'가 결합한 것으로, '따르- + -아 〉 따라'와 같이 어간 말의 'ㅡ'가 탈락하는 형태로 활용함을 알 수 있다.

④ '기뻐'는 용언 어간 '기쁘-'에 연결 어미 '-어'가 결합한 것으로, '기쁘- + -어 〉 기뻐'와 같이 어간 말의 'ㅡ'가 탈락하는 형태로 활용함을 알 수 있다.

58. ⑤

정답 설명

ⓐ의 '한테'는 어떤 행동이 미치는 대상임을 나타내는 부사격 조사이다. 보조사는 체언에 붙어 어떤 특별한 의미를 더해 주며 문장 내의 다른 성분 뒤에도 결합할 수 있다는 특징을 지니는데, ⓐ의 '한테'는 다른 성분 뒤에는 결합할 수 없으므로 보조사가 아님을 알 수 있다. 따라서 제시된 선지는 적절하지 않다. 참고로 보조사에는 '은, 는, 도, 만, 까지' 등이 있다.

오답 설명

① ㉠의 '에서'는 '도서관'이 나연과 유진이 만나는 처소의 부사어임을 나타내는 부사격 조사이다. 일반적으로 국어에서 '에서'는 앞말에 부사어의 자격을 부여하는 부사격 조사로 쓰이지만, 간혹 '에서'가 주격 조사로 쓰이기도 한다. 이러한 경우가 바로 ㉣에 해당한다. ㉣의 '에서'는 단체를 나타내는 무정 명사에 붙어 앞말이 주어임을 나타내는 주격 조사로 쓰였다. 따라서 ㉠과 ㉣은 동일

한 형태의 조사 '에서'가 쓰였지만, 문장 성분은 서로 다름을 알 수 있다.

② ⓒ의 '거기'는 앞에서 이미 이야기한 곳을 가리키는 지시 대명사이다. 국어에서 대명사는 대용의 기능을 하는데, 대용 표현이란 담화에서 언급된 말, 혹은 뒤에서 언급될 말을 대신하는 표현을 말한다. 따라서 ⓒ은 앞서 나연의 발화에 언급된 '도서관'을 다시 가리키는 지시 대명사로, 대용 표현으로 쓰였음을 알 수 있다.

③ ⓒ의 '자기'는 앞에서 이미 말하였거나 나온 바 있는 사람을 도로 가리키는 삼인칭 대명사로, 주로 앞서 언급된 주어를 다시 가리키는 재귀칭으로 쓰인다. 따라서 ⓒ은 앞서 언급된 주체 '은주'를 다시 가리키는 재귀칭 대명사로 쓰였음을 알 수 있다.

④ ⓓ의 '여기'와 ⓗ의 '거기'는 모두 '도서관 근처에 새로 생긴 분식집'을 지칭하는데, 같은 대상을 지시하는 대명사가 화자에 따라 다른 표현으로 쓰이고 있음을, 알 수 있다. 국어에서 대명사는 어떤 대상을 대신해서 가리키는 것으로, 상황에 따라 대상을 가리키는 표현이 달라지는 상황 의존성을 가진다. 따라서 ⓓ과 ⓗ은 모두 동일한 대상을 지시하는 대명사이지만, 상황에 따라 대명사의 형태가 달라짐을 알 수 있다.

59. ⑤

정답 설명

〈보기 1〉에서 '있다'가 소재나 상태의 유지라는 의미를 지닐 때는 동사에, 소유나 존재의 의미를 지닐 때는 형용사에 가깝다고 하였다. ⓐ의 '이모에게 아들 같은 강아지가 한 마리 있다.'는 '있다'가 소유나 존재의 의미에 가깝게 제시되고 있으므로, 형용사로 분류할 수 있다. '*강아지가 한 마리 있어라. / *강아지가 한 마리 있자.'와 같이 '있다'가 명령형, 청유형 어미와의 결합이 어색함을 통해서도 형용사임을 추론할 수 있다. ⓑ의 '그때 그 사람은 독특한 매력이 있었다.'도 '있다'가 소유나 존재의 의미에 가깝게 제시되고 있으므로, 형용사로 분류할 수 있다. 이때도 '*매력이 있어라. / *매력이 있자.'와 같이 명령형, 청유형 어미와의 결합이 어색함을 통해 형용사임을 추론할 수 있다.

반면, ⓒ의 '내가 저녁에 데리러 갈 테니까 기다리고 있어라.'는 '있다'가 소재나 상태의 유지의 의미로 쓰이고 있으므로, 동사로 분류할 수 있다. 또한 제시된 예문에서 이미 명령형 어미 '-어라'와 결합하여 쓰였다는 점에서 동사임을 알 수 있다. ⓓ의 '시간이 늦어서 무서우니 우리 같이 있자.'도 소재의 의미로 쓰이고 있고, 해당 예문에서 청유형 어미 '-자'와 결합하여 쓰였다는 점에서 동사임을 알 수 있다. ⓔ의 '선생님은 우리에게 떠들지 말고 있으라고 했다.'의 '있다' 역시 상태의 유지라는 의미로 쓰이고 있으므로, 동사에 해당한다. 이때도, '떠들지 말고 있어라. / 떠들지 말고 있자.'와 같이 명령형, 청유형 어미와 결합하여 쓰일 수 있으므로 동사임을 알 수 있다. 따라서, ⓐ에는 ⓒ, ⓓ, ⓔ이 해당하며, ⓑ에는 ⓐ, ⓑ이 해당한다.

60. ⑤

정답 설명

ⓗ에서 서술격 조사 '이다'는 명사 '다행'과 결합하여 서술어를 이루고 있는데, 이때 '이다'는 선행 요소인 체언에 의존적인 속성을 가지므로 선행 요소와 결합하여 하나의 단어처럼 쓰임을 알 수 있다. 즉, 서술격 조사 '이다'는 동사나 형용사처럼 자립하여 쓰이지 못하고, 선행 요소의 의미에 의존하여 쓰이므로 제시된 선지는 적절하지 않다.

오답 설명

① ⓐ에서 '중학생이다.', '중학생이니?'는 서술격 조사의 어간 '이-'에 종결 어미 '-다' 혹은 '-니'가 붙은 쓰임을 보여 준다. 이는 서술격 조사 '이다'가 형태가

고정되어 변하지 않는 일반적인 조사와 달리, 동사나 형용사처럼 어미를 취해 활용하고 있음을 나타낸다. 참고로, 서술격 조사 '이다'는 예외적으로 '이고', '이며'와 같이 용언처럼 활용할 수 있다는 점에서 어간 '이-'와 어미 '-다'로 나눌 수 있다.

② ⓑ에서 '이번에 먹을 음식은 한식이다.'의 부정이 '이번에 먹을 음식은 한식이 아니다.'와 같이 '아니다'를 취한 구문으로 실현되고 있음을 알 수 있다. 이는 '먹다 / 먹지 않다 / 안(못) 먹다'와 같이 일반적으로 부사나 보조 용언을 취해 부정 구문으로 실현되는 일반적인 동사나 형용사와 달리, 서술격 조사 '이다'는 '아니다'의 어휘를 통해 부정 구문을 형성함을 보여 준다.

③ ⓒ에서 '노력이었다.', '넘어서이다.'는 서술격 조사 '이다'가 체언 '노력'뿐만 아니라 '-어서'와 같은 연결 어미 뒤에도 결합할 수 있음을 보여 준다.

④ ⓓ에서 '은행나무이다.', '은행나무다.'는 서술격 조사 '이다'의 일부가 모음으로 끝나는 체언 뒤에서 생략될 수 있음을 보여 준다. 이는 일반적인 동사나 형용사와 달리 어간의 일부가 생략되는 예외적인 현상으로 볼 수 있으므로, 제시된 선지는 적절하다.

Part _02 — 문장 [성분과 종류]

1. ①

정답 설명

ⓐ는 주어인 '요점은'과 서술어인 '노력하자'가 서로 호응하지 않으므로 ㉠의 사례로 적절하다. ⓑ는 서술어인 '만들었다'에 호응하는 목적어(예 : 식사 시간을)가 누락되어 있으므로 ㉡의 사례로 적절하다. ⓒ는 서술어인 '기다리다가'에 호응하는 목적어(예 : 신랑을)가 누락되어 있으므로 ㉡의 사례로 적절하다. ⓓ는 서술어인 '동행하였다'에 호응하는 필수적 부사어(예 : 친구와)가 누락되어 있으므로 ㉢의 사례로 적절하다. ⓔ는 서술어 '기대기도 한다'에 호응하는 필수적 부사어(예 : 사람에게)가 누락되어 있으므로 ㉢의 사례로 적절하다.

2. ①

정답 설명

〈사전〉을 참고하면 '그는 체육 시간에 친구들과 공을 가지고 놀았다.'에서 '놀다'는 '놀이나 재미있는 일을 하며 즐겁게 지내다.'의 의미로 쓰인 것이다. 〈사전〉의 문형 정보에 따르면 '놀다[1]「1」'은 주어 이외에 다른 문장 성분을 요구하지 않기 때문에 한 자리 서술어임을 알 수 있다.

3. ⑤

정답 설명

(가)는 관형어, (나)는 부사어이다. 관형어는 '국가의'처럼 체언에 관형격 조사가 결합된 형태로 나타나기도 하며, 부사어는 '며느리로'처럼 체언에 부사격 조사가 결합된 형태로 나타나기도 한다. 따라서 관형어와 부사어 모두 조사를 포함할 수 있다.

오답 설명

① 관형어는 체언만을 수식하나, 부사어는 부사어, 관형어, 서술어 등 다양한 성분을 수식한다.
② 관형어는 바로 뒤에 오는 단어(체언)를 수식하나, 부사어는 '아무쪼록'과 같이 문장 전체를 수식하기도 한다.
③ 부사어 중에는 '며느리로'처럼 문장에서 서술어가 필수적으로 요구하는 '필수적 부사어'가 있다. 관형어의 경우에도 의존 명사 앞에서 의존 명사를 수식하는 관형어의 경우 생략이 불가능하나, 해당 〈보기〉에서는 이와 관련된 예시를 확인할 수 없다. 평가원에서 제시한 〈보기〉는 슈퍼 갑이다. 이를 반드시 유념하며 문제를 풀이하자.
④ 관형어가 부사어를 수식하는 경우는 없으나, '아주 새'처럼 부사어 '아주'가 관형어 '새'를 수식하는 경우는 있다.

4. ①

정답 설명

㉠의 '아기가 곤히 잠을 잔다.'가 ㉡에서 '곤히 잠을 자는'으로 안겨 체언 '아기'를 수식하고 있다. ㉠이 관형사형 전성 어미 '-는'의 활용으로 ㉡에 관형절로 안기는 과정에서 주어인 '아기가'가 생략되었다.

5. ④

정답 설명

'이유가 된'은 동사 '되다'에 관형사형 전성 어미 '-ㄴ'이 결합하여 관형절을 이룬다. 그러나 서술어 '되다/아니다' 앞에 오면서 '보충해 주는 역할'을 하는 ㉣의 '이유가'는, 주어가 아닌 '보어'이다.

오답 설명

① ㉠은 '그'라는 관형어의 수식을 받는다. 그리고 관형절 '그 말을 사용할'에서 목적어 역할을 하고 있다.
② ㉡은 '그'라는 관형어의 수식을 받는다. 그리고 '사랑은 아픔을 낫게 하기보다는'에서 주어 역할을 하고 있다.
③ ㉢의 '한밤'은 '깊은 밤'의 의미를 가지는 명사이다. 이는 문장에서 부사격 조사가 생략되어 시간을 나타내는 부사어 역할을 하고 있다. 참고로, 콤마(,)가 쓰여 다른 문장 성분과 직접적인 관계를 맺지 않고 독립하여 쓰이는 문장 성분인 독립어로 볼 여지가 있다. 하지만 '한밤'은 문장에서 시간적 배경을 나타내어 문장을 꾸며주므로 부사어로 보아야 한다.
⑤ ㉤은 '내가 살아야 할 이유가 된'이라는 관형절의 수식을 받으며, '그대는 차츰 내가 살아갈 미래와 교대되었다.'라는 문장 전체의 주어이다.

6. ⑤

정답 설명

'먹구름이 가득했지만 비는 오지 않았다.'의 '-지만'은 '-지마는'의 준말이며, 대등적 연결 어미가 쓰였으므로 해당 예문은 '대등하게 이어진 문장'으로 볼 수 있다. 이는 앞 절과 뒤 절의 의미가 대등한 관계이므로 '비는 오지 않았지만 먹구름이 가득했다.'와 같이 쓸 수 있다는 점에서도 알 수 있다.

오답 설명

① '이번 경기에 지더라도 정당하게 싸워야 한다.'는 '-더라도'라는 종속적 연결 어미가 쓰였으므로 '종속적으로 이어진 문장'이다.
② '차라리 굶을지언정 더 이상 구걸은 못하겠다.'는 '-(으)ㄹ지언정'이라는 종속적 연결 어미가 쓰였으므로 '종속적으로 이어진 문장'이다.
③ '이 소설은 읽을수록 새로운 감동을 준다.'는 '-(으)ㄹ수록'이라는 종속적 연결 어미가 쓰였으므로 '종속적으로 이어진 문장'이다.
④ '윗물이 맑아야 아랫물도 맑다.'는 '-아야/어야'라는 종속적 연결 어미가 쓰였으므로 '종속적으로 이어진 문장'이다.

7. ③

정답 설명

㉢의 목적어 '잠도'는 체언 '잠' 뒤에 격 조사가 아닌 보조사 '도'가 붙은 것이다. 또한 '격 조사'는 체언이 일정한 자격을 갖도록 해주는 조사로, 목적격 조사가 아닌 다른 격 조사가 붙어 목적어로 쓰일 수는 없다.

오답 설명

① ㉠의 목적어 '밥을'은 체언 '밥' 뒤에 목적격 조사 '을'이 붙은 것이다.
② ㉡의 목적어 '책'은 체언 '책' 뒤에 목적격 조사 '을'이 생략된 것이다.
④ ㉣의 목적어 '운동만을'은 체언 '운동' 뒤에 보조사 '만'과 목적격 조사 '을'이 함께 붙은 것이다.
⑤ ㉤의 목적어 '즉석식품만은'은 체언 '즉석식품' 뒤에 목적격 조사가 생략된 채

보조사 '만'과 보조사 '은'이 연속해서 붙은 것이다.

8. ①

정답 설명

(가)의 ㉠에서 쓰인 부사어 '선명하게'는 서술어가 필수적으로 요구하는 부사어가 아니다. 그러므로 '칠판의 글씨가 보인다.'와 같이 부사어를 생략해도 의미 전달에 문제가 없다. 그러나 (가)의 ㉡에서 쓰인 부사어 '불쌍하게'는 서술어가 필수적으로 요구하는 부사어이다. 그러므로 '그 아이가 보였다.'와 같이 부사어를 생략하면 서술어가 다른 의미로 변하게 된다. 따라서 (가)-㉠의 '보인다'는 한 자리 서술어이고, (가)-㉡의 '보였다'는 필수 부사어를 요구하는 두 자리 서술어임을 알 수 있다.

오답 설명

② (나)의 ㉠에서 '녹지로'를 생략하면 '황무지를 만들었다.'가 되는데 이때 원래의 '황무지를 녹지로 만들었다.'와 전혀 다른 의미가 되므로 '녹지로'는 필수 부사어임을 알 수 있다. 그러나 (나)의 ㉡에서 '종이로'는 생략되어도 서술어의 의미가 바뀌지 않으므로 필수 부사어가 아니다.

③ (나)의 ㉠에서 목적어와 부사어의 순서를 바꾸면 '녹지로 황무지를 만들었다.'가 되어 문장의 의미가 변하지만, (나)의 ㉡에서는 목적어와 부사어의 순서를 바꾸어 '공룡 모형을 종이로 만들었다.'로 써도 의미 변화가 없다.

④ (다)의 ㉠은 주어 '우리는', 목적어 '국어와 수학을', 서술어 '공부했다'로 이루어진 문장이다. (다)의 ㉡은 주어 '민호는', 부사어 '수지와(필수 부사어)', '극장에서(부사어)', 서술어 '만났다'로 이루어진 문장이다.

⑤ (다)의 ㉡에서 '수지와'는 서술어 '만나다'가 꼭 필요로 하는 필수적 부사어이지만 (다)의 ㉢에서 '동생과'는 서술어 '놀다'가 꼭 필요로 하는 필수적 부사어가 아니다.

9. ⑤

정답 설명

(나)에서 ㉢은 ㉣에 목적어 역할을 하는 명사절로 안겨 들어갔으나, (다)에서 ㉢은 ㉤에 관형어 역할을 하는 관형절로 안겨 들어갔다. (나)의 목적어는 필수 성분이지만, (다)의 관형어는 필수 성분이 아니다.

오답 설명

① ㉠의 주어는 '민희가'인데 ㉠이 ㉡에 관형절로 안길 때 ㉠의 주어 '민희가'가 생략되었다. (가)의 '마음씨가'는 ㉠의 서술절 속의 주어이지 ㉠ 전체의 주어가 아니다.

② (나)의 명사절 '아빠가 케이크를 사 오시기'에는 ㉢의 주어 '아빠가'가 생략되지 않은 채 나타나 있다.

③ (다)에서 ㉢이 관형절 '아빠가 사 오신'으로 안기면서 목적어 '케이크를'이 생략되었다. 관형절의 꾸밈을 받는 명사가 '케이크'이기 때문이다.

④ (가)의 '마음씨가 착한'은 ㉠에 관형사형 어미 '-ㄴ'이 결합된 관형절이고 (다)의 '아빠가 사 오신'은 ㉢에 관형사형 어미 '-ㄴ'이 결합된 관형절이다. 두 관형사형 어미의 형태는 같지만, '착한'은 형용사의 현재 시제를, '사 오신'은 동사의 과거 시제를 나타낸다.

10. ④

정답 설명

'나는 수학을, 내 짝은 국어를 좋아한다.'는 '나는 수학을 좋아하고, 내 짝은 국어

를 좋아한다.'에서 동일한 서술어의 중복을 피하기 위해 앞 절의 '좋아하고'를 생략한 것이다. 중복되는 서술어의 생략은 자연스러운 것이므로 ㉢의 예로 볼 수 없다.

오답 설명

① 주어인 '꿈이'와 서술어인 '이루도록'은 호응하지 않는다. '꿈을 이루도록'으로 수정해야 한다.

② 목적어인 '축구를'과 서술어인 '차다'는 호응하지 않는다. '차러'를 '하러'로 수정해야 한다.

③ '내 친구는 떡볶이와 음료수를 마셨다.'에서 목적어인 '떡볶이'는 서술어인 '마시다'의 대상이 될 수 없다. 따라서 '내 친구는 떡볶이를 먹었고 음료수를 마셨다.'로 수정해야 한다.

⑤ '치르다'는 '중간고사를'이라는 목적어와 호응한다. 그런데 이 문장에는 '수학여행 계획'과 호응하는 서술어가 없다. 따라서 '수학여행 계획을 잘 세우고 중간고사를 잘 치르는 게 최우선이라고 생각해.'처럼 써야 한다. 따라서 서술어가 부적절하게 생략된 경우의 예가 된다.

11. ②

정답 설명

〈보기〉는 문장 구조가 비슷해 보이는 ㉠과 ㉡을 각각 홑문장, 안은문장으로 나누는 과정에 대한 탐구이다. ㉠은 서술어를 제외한 다른 어절을 생략하면 주어나 보어와 같은 필수적인 성분이 빠져 문장이 성립되지 않는 데 비해, ㉡은 동일한 방식으로 문장을 나누면 본래 문장과는 다른ⓑ 뜻을 지닌 두 문장으로 나뉜다는 것을 알 수 있다. '넓다'의 주어는 '마당이'이며, '마당이 넓다'가 '집이'의 서술어ⓒ 역할을 하는 절인 것이다. 따라서 이를 통해 ㉠은 홑문장ⓐ, ㉡은 안은문장임을 알 수 있다.

12. ③

정답 설명

'채'는 부사격 조사 '로'가 붙거나 '채' 자체로 문장의 서술어인 '들어오다'를 수식할 수 있는 부사성 의존 명사이다.

오답 설명

① '것'은 '이, 을, 이다' 등 다양한 조사가 붙어 여러 가지 문장 성분으로 쓰일 수 있으므로 보편성 의존 명사라 할 수 있다.

② '따름'은 서술격 조사 '이다'가 붙어 서술어의 기능을 하는 서술성 의존 명사이다.

④ '대로'는 뒤에 오는 '전화해라'라는 서술어를 수식하는 부사성 의존 명사이다.

⑤ '명'은 사람의 수를 세는 단위로 단위성 의존 명사이다.

13. ①

정답 설명

㉠에서 '엄마와'를 생략하면 '*그녀는 닮았다.'와 같이 비문법적인 표현이 된다. 따라서 '엄마와'는 생략할 수 없는 필수적 부사어이다.

오답 설명

② ㉡에서 '안'의 위치를 바꿔보면 '*그는 안 밥을 먹었다.'와 같이 비문법적인 표현이 된다. 따라서 부정의 의미를 갖는 '안'이라는 부사어는 그 말이 수식하는 서술어(먹었다) 앞으로 위치가 고정되는 것을 알 수 있다.

③ ⓒ에서 '아이에게'를 생략하면 '*아빠가 용돈을 주었다.'와 같이 비문법적인 표현이 된다. 즉 아빠가 용돈을 '누구에게' 주었는지가 불명확해진다. 따라서 '아이에게'라는 부사어는 문장을 구성하는 데 꼭 필요한 부사어이다.

④ ⓔ에서 '겨우'라는 부사어는 '하나'라는 체언을 수식한다. 그러나 '지금까지 하나를 겨우 만들었다는 거야?'처럼 위치를 이동하면 '만들다'라는 동사를 수식하게 된다. 이를 통해 부사어가 위치를 이동하면 수식하는 성분이 바뀔 수 있음을 알 수 있다.

⑤ ⓜ에서 '및'은 단어를 이어 주는 부사어로 문장 안에서 위치를 이동하면 '*경제 문화가 및 발달해야 선진국이다.'와 같이 비문법적인 표현이 된다. 이를 통해 단어를 이어 주는 부사어는 위치 이동이 자유롭지 않음을 알 수 있다.

14. ④

정답 설명

'오랜만에 나간 모임의 분위기가 참으로 밝았다.'에서 '밝다'는 '주어(분위기가)'를 필요로 하는 한 자리 서술어이다.

오답 설명

① '그는 엉뚱한 곳에 딴눈을 팔았다.'에서 '팔다'는 '주어, 부사어, 목적어'를 필요로 하는 세 자리 서술어이다.

② '선거 관리 위원회는 투표 결과를 발표하였다.'에서 '발표하다'는 '주어, 목적어'를 필요로 하는 두 자리 서술어이다.

③ '종수는 어제 아이들 방을 예쁜 벽지로 발랐다.'에서 '바르다'는 '주어, 목적어, 부사어'를 필요로 하는 세 자리 서술어이다.

⑤ '그녀는 어려서부터 온 데를 돌아다녀서 견문이 넓고 세상 물정에 밝았다.'에서 '밝다'는 '주어, 부사어'를 필요로 하는 두 자리 서술어이다.

15. ④

정답 설명

ⓐ의 '-려고'는 앞 문장과 뒤 문장을 '목적'의 의미 관계로 이어 주는 기능을, ⓒ의 '-으니'는 앞 문장과 뒤 문장을 '원인'의 의미 관계로 이어 주는 기능을 하는 종속적 연결 어미이다. ⓑ의 '-지'는 본용언에 보조 용언인 '않으려고요.'를 이어 주는 기능을, ⓓ의 '-고'는 본용언에 보조 용언인 '있었는데'를 이어 주는 기능을 하는 보조적 연결 어미이다. ⓔ의 '-고'는 앞 문장과 뒤 문장을 '나열'의 의미 관계로 이어 주는 기능을 하는 대등적 연결 어미이다.

16. ③

정답 설명

ⓒ을 간접 인용절로 바꾸면 '질문이 있다'가 된다. 이와 같이 직접 인용절을 간접 인용절로 바꿀 때, 상대 높임 표현 '-습니다'는 예사 표현 '-다'로 바뀌게 된다.

오답 설명

① ㉠ : '집에 가기'라는 명사절 뒤에 부사격 조사 '에'가 붙어서, '집에 가기에'가 문장 전체에서 부사어 역할을 하고 있다.

② ㉡ : '나는 따뜻한 차를 마셨다.'는 관형절을 안은문장이다. 관형절 '따뜻한'의 주어가 관형절이 수식하는 명사인 '차'와 중복되어 생략된 것이다. 이처럼 한 문장이 다른 문장 속에 관형절로 안길 때 두 문장에 중복된 단어가 있으면, 관형절에서 그 단어가 포함된 문장 성분이 생략되기도 한다.

④ ㉣ : ㉣은 부사절로, 용언 '잘한다'를 꾸며 주는 부사어 역할을 하고 있다. 이

때, 전체 문장의 서술어 '잘하다'는 주어와 목적어만을 필요로 하므로, 필수적인 성분에 해당하지 않는 ㉣을 문장에서 생략하여도 문장의 어법에 어긋나지 않는다.

⑤ ㉤ : '진달래가 빛깔이 곱다.'는 서술절 '빛깔이 곱다'가 안겨 있는 문장이다. '빛깔이 곱다.'는 문장에서 주어 '진달래가'에 대한 서술어 역할을 하고 있다.

17. ③

정답 설명

이어진문장이나 안은문장 중에는 중복된 성분이 없어도 두 문장을 결합시킬 수 있는 경우가 있다. ㄱ의 경우에는 중복된 성분 '너는'이 문장의 결합 과정에서 생략되었지만, ㄹ의 경우 '땀이 났다'가 부사형 어미 '-도록'과 결합하여 '달렸다'를 수식할 때 중복된 성분이 나타나지 않는다.

오답 설명

① ㄱ은 '너는 밥을 먹어라.'와 '너는 빵을 먹어라.'가 어미 '-든지'를 통해 '선택'의 의미 관계로 연결되었고, ㄴ은 '나는 도서관에 갔다.'와 '나는 집을 나섰다.'가 어미 '-려고'를 통해 '목적'의 의미 관계로 연결되었다.

② ㄱ의 경우 두 문장의 순서를 바꾸었을 때 의미상 큰 변화가 없으나, ㄴ의 경우 문장의 순서를 바꾸었을 때 주어가 목적으로 한 행동이 무엇인지가 달라지므로 의미가 크게 변화한다.

④ ㄷ은 관형어처럼 명사 '행인'을 꾸미는 역할을 하고 있고, ㄹ은 부사어처럼 서술어 '달렸다'를 꾸미는 역할을 하고 있다.

⑤ ㄷ의 안긴문장의 주어와 안은문장의 주어는 모두 '행인이'로 같으며, ㄹ의 안긴문장의 주어와 안은문장의 주어는 각각 '땀이'와 '나는'으로 다르다.

18. ④

정답 설명

ㄱ, ㄷ, ㅁ은 대등하게 이어진 문장(ⓐ)이고, ㄴ, ㄹ은 종속적으로 이어진 문장(ⓑ)이다.

나. ㄷ을 통해, '대등하게 이어진 문장'에서는 앞 절이 뒤 절 속으로 이동했을 때 동일한 의미를 가지지 않는다는 것을 알 수 있다. ㄹ을 통해, '종속적으로 이어진 문장'에서는 앞 절이 뒤 절 속으로 이동해도 의미상 큰 차이가 없다는 것을 알 수 있다.

라. ㅁ을 통해, '대등하게 이어진 문장'에서는 앞 절과 뒤 절의 서술어가 동일하면 앞 절의 서술어를 생략할 수 있음을 알 수 있다.

오답 설명

가. ㄱ, ㄴ에서 '대등하게 이어진 문장', '종속적으로 이어진 문장' 모두 앞 절과 뒤 절의 주어가 불일치하는 경우가 있다는 것을 알 수 있다.

다. ㄴ을 통해, '종속적으로 이어진 문장'에서는 앞 절과 뒤 절의 자리를 바꾸면 의미상 차이가 발생한다는 것을 알 수 있다. 반면 ㄱ을 통해, '대등하게 이어진 문장'에서는 앞 절과 뒤 절의 자리를 바꾸어도 의미상 차이가 없음을 알 수 있다.

19. ⑤

정답 설명

ㅁ의 '세'는 의존 명사 '마리'를 수식하는 수 관형사이므로, 관형사가 관형어로 쓰인 사례에 해당한다. 체언이 관형격 조사가 생략된 채 관형어로 쓰이는 사례로는

'아침 식사'와 '학교 운동장'의 '아침', '학교'를 들 수 있다.

오답 설명

① ㄱ의 '새'는 관형사가 관형어로 쓰인 경우이다.
② ㄴ의 '남의'는 명사 '남'에 관형격 조사 '의'가 결합한 형태가 관형어로 쓰인 것이다.
③ ㄷ의 '작은'은 용언(형용사) '작다'의 어간 '작-'에 관형사형 전성 어미 '-(으)ㄴ'이 결합한 형태가 관형어로 쓰인 것이다.
④ ㄹ의 '내가 다닌'은 '내가 (학교에) 다니다.'에 관형사형 전성 어미 '-ㄴ'이 결합한 관형절이 관형어로 쓰인 것이다.

20. ④

정답 설명

ㄹ은 '보내다'가 '상대편에게 자신의 마음가짐을 느끼어 알도록 표현하다.'의 의미로 쓰인 사례이다. 이때의 '보내다'는 주어, 목적어, 부사어를 필수적으로 요구하는 세 자리 서술어이다.

오답 설명

① ㄱ에서는 '보내다'가 '사람이나 물건 따위를 다른 곳으로 가게 하다.'의 의미로 쓰였다. 이때의 '보내다'는 주어, 목적어, 부사어를 필수적으로 요구하는 세 자리 서술어이다.
② ㄴ에서는 '보내다'가 '놓아주어 떠나게 하다.'의 의미로 쓰였다. 이때의 '보내다'는 주어, 목적어를 필수적으로 요구하는 두 자리 서술어이다.
③ ㄷ에서는 '보내다'가 '시간이나 세월을 지나가게 하다.'의 의미로 쓰였다. 이때의 '보내다'는 주어, 목적어를 필수적으로 요구하는 두 자리 서술어이다.
⑤ ㅁ에서는 '보내다'가 '운동 경기나 모임 따위에 참가하게 하다.'의 의미로 쓰였다. 이때의 '보내다'는 주어, 목적어, 부사어를 필수적으로 요구하는 세 자리 서술어이다.

21. ②

정답 설명

'돌다 [2]'는 주어와 하나의 부사어를 필수적으로 요구하는 두 자리 서술어이다. 〈보기〉에서 문형 정보가 '【…에】【…에서】'와 같이 제시된 것은 서술어가 부사격 조사 '에' 또는 '에서'와 결합한 필수적 부사어를 요구한다는 의미이다.

오답 설명

① '돌다 [1]'은 주어만을 필수적으로 요구하는 한 자리 서술어이다. 주어를 요구하지 않는 서술어는 없으므로, 주어는 문형 정보의 필수 성분에 표기되지 않는다.
③ '돌다 [2]'와 '돌다 [3]'은 모두 주어와 부사어를 필수적으로 요구하는 두 자리 서술어이다. '돌다 [2]'가 요구하는 부사어에는 부사격 조사 '에'나 '에서'가 사용되고, '돌다 [3]'이 요구하는 부사어에는 부사격 조사 '으로'가 사용된다.
④ '돌다 [3]'이 주어 이외에 필수적으로 요구하는 성분은 부사어이고, '돌다 [4]'가 주어 이외에 필수적으로 요구하는 성분은 목적어이다. 그러나 '돌다 [3]'과 '돌다 [4]'는 모두 두 자리 서술어로 서술어의 자릿수는 동일하다.
⑤ '달이 지구를 돈다.'에서의 '돈다'는 '무엇의 주위를 원을 그리면서 움직이다.'라는 의미로 쓰인 것이므로, '돌다 [4]'의 용례로 추가할 수 있다.

22. ②

정답 설명

제시된 문장에서 '다니다'와 '다르다'는 주어와 부사어를 필수적으로 요구하는 두 자리 서술어이다. 따라서 '병원에'와 '예전과'는 필수적 부사어에 해당한다.

오답 설명

① 제시된 문장에서 '닮다'는 부사어를 필수적으로 요구하는 서술어이므로 '아버지와'는 필수적 부사어에 해당한다. 그러나 '울리다'는 부사어를 필수적으로 요구하는 서술어가 아니므로, '장난으로'는 필수적 부사어에 해당하지 않는다.
③ 제시된 문장에서 '빌리다'는 부사어를 필수적으로 요구하는 서술어이므로 '은행에서'는 필수적 부사어에 해당한다. 그러나 '크다'는 부사어를 필수적으로 요구하는 서술어가 아니므로 '작년보다'는 필수적 부사어에 해당하지 않는다.
④ 제시된 문장에서 '빠지다'는 부사어를 필수적으로 요구하는 서술어이므로 '샛길로'는 필수적 부사어에 해당한다. 그러나 '꺾다'는 부사어를 필수적으로 요구하는 서술어가 아니므로 '결승에서'는 필수적 부사어에 해당하지 않는다.
⑤ 제시된 문장에서 '선물하다'는 '남에게 어떤 물건 따위를 선사하다.'의 의미로, 부사어를 필수적으로 요구하는 서술어이다. 따라서 '친구에게'는 필수적 부사어에 해당한다. 그러나 '놀다'는 부사어를 필수적으로 요구하지 않으므로 '친구들과'는 필수적 부사어에 해당하지 않는다.

23. ②

정답 설명

ⓒ의 주어는 '보고서가'이고 ⓔ의 주어는 '내가'이므로 동일하지 않다. ⓗ의 생략된 주어는 '대표가'이고 ⓜ의 주어는 '우리가'이므로 역시 동일하지 않다.

오답 설명

① ⓒ이 수식하는 명사 '보고서'는 주격 조사 '가'와 결합하였고, ⓗ이 수식하는 명사 '대표'는 목적격 조사 '를'과 결합하였다.
③ ⓒ과 ⓗ은 체언 '보고서', '대표'를 수식하는 관형절이므로 생략되어도 ㄱ과 ㄹ이 온전한 문장으로 성립할 수 있다.
④ ⓛ은 '내가 쓴 보고서가 잘못되었다.'라는 문장이 명사형 어미 '-음'과 결합하여 명사절이 된 것이다. ⓜ은 '우리가 학생들의 의사를 잘 대변하는 대표를 선출하다.'라는 문장이 명사형 어미 '-기'와 결합하여 명사절이 된 것이다.
⑤ ⓛ과 ⓜ은 목적격 조사 '을/를'과 결합하여 각각 ㄱ과 ㄹ의 목적어 역할을 하고 있음을 알 수 있다.

24. ③

정답 설명

성수 : ㅁ에서 안긴문장은 '그녀가 쓴'인데 안긴문장에서 생략된 부분은 목적어에 해당하는 '소설을'이다. 따라서 안긴문장의 부사어와 안은문장의 주어가 공통되기 때문에 안긴문장의 부사어를 생략하였다는 진술은 적절하지 않다.
정호 : ㅂ의 안긴문장은 '뺨에 흐르는'으로, 원래 문장은 '눈물이 뺨에 흐르다.'이다. 이는 안긴문장의 '주어(눈물이)'가 안은문장의 '목적어(눈물을)'와 중복되어 생략된 것이다.
영우 : ㅅ의 안긴문장은 '길을 가던'으로, 원래 문장은 '친구가 길을 가다.'이다. 이는 안긴문장의 '주어(친구가)'가 안은문장의 '목적어(친구를)'와 같아 생략된 것이다.

수혜 : 앞 절과 뒤 절의 주어가 모두 '민지는'으로 중복되므로 뒤 절의 주어가 생략된 것이다.

소정 : 앞 절과 뒤 절의 목적어가 모두 '고양이를'이기 때문에 뒤 절의 목적어가 생략된 것이다.

민수 : '아침마다'라는 부사어와 '이름'이라는 목적어가 공통되기 때문에 뒤 절의 부사어, 목적어가 생략되었다. 이를 통해 공통되는 성분이 여러 개인 경우에 여러 개가 생략될 수 있음을 알 수 있다.

우현 : 서술어 '빌리려고'와 '갔다'의 주어는 공통적으로 '나는'이다. 따라서 '나는'을 '도서관에' 앞에 써도 자연스럽다.

25. ③

ⓜ과 ⓑ에는 모두 '저 사람이 진범임'이라는 명사절이 안겨 있다. ⓜ의 안은문장에서 주격 조사 '이'와 함께 쓰여 주어의 기능을 하고 있다. 한편 ⓑ의 명사절은 안은문장에서 보조사 '은'과 함께 쓰였으나 '틀림없다'에 대응하는 주어가 '저 사람이 진범임'이므로, 주격 조사가 생략된 자리에 보조사가 붙은 경우로 보는 것이 적절하다. 따라서 ⓜ과 ⓑ의 명사절은 둘 다 주어의 기능을 하고 있음을 알 수 있다.

① ㉠은 '주어+보어+서술어'로 이루어진 홑문장이며, ㉡은 서술절 '얼굴이 변했다.'가 안겨 있는 겹문장이다.

② ㉢과 ㉣에는 모두 '눈이 오다'가 명사절로 안겨 '눈이 오기'가 있다. ㉢과 달리 ㉣의 명사절에는 목적격 조사 '를'이 결합되었다. 참고로 ㉢의 명사절 '눈이 오기'는 관형격 조사가 생략된 채 체언 '전'을 수식하는 관형어 역할을 하고 있다.

③ ㉤의 인용절로 안긴문장 '내가 늦었다.'는 목적어가 원래 없는 문장이다. 반면 ⓒ의 관형절로 안긴문장 '내가 (소식을) 모르는'에는 목적어가 생략되어 있다.

④ ⓧ과 ⓩ에는 모두 '이 문제를 풀다.'가 명사절 '이 문제를 풀기'로 안겨 있다. ⓧ은 주격 조사 '가'가 생략된 문장으로, '이 문제를 풀기(가) 어렵다.'와 같이 명사절이 안은문장의 주어의 기능을 하고 있다. ⓩ은 목적격 조사 '를'이 생략된 문장으로, '이 문제를 풀기(를) 바란다.'와 같이 명사절이 안은문장의 목적어 기능을 한다.

26. ⑤

나정 : ⓜ의 '재로'는 부사어이고 ⓑ의 '재가'는 보어이다. ⓜ과 ⓑ은 각각 '재로'와 '재가'가 생략되면 비문이 되기 때문에 '재로'와 '재가'는 필수적인 문장 성분임을 알 수 있다.

유정 : ㉤의 '흔쾌히'는 부사로서 용언 '기부해'를 꾸며 주는 부사어로 쓰였으나, ⓒ의 '모든'은 관형사로서 체언 '후배'를 꾸며 주는 관형어로 쓰였다. 관형사는 문장에서 관형어로만 쓰인다.

민정 : ㉠은 명사 '산타클로스'를 꾸며 주는 관형절이다. 또한 '빨간'은 '옷이 빨갛다.'라는 문장이 '옷'을 수식하는 관형절로 안기면서, 중복되는 '옷'이 생략되어 '빨간'의 형태가 된 것이다. ㉠에서 '빨간'은 명사 '옷'을 꾸며 주는 관형어이다.

희정 : ㉡은 '서울에'에서 부사격 조사 '에'가 생략된 형태로 용언 '사는'을 수식하는 부사어이다. ㉢은 명사에 부사격 조사 '와'가 붙어 용언 '비슷해서'를 수식하는 부사로 쓰였다.

수정 : '비슷하다'는 주어와 부사어를 요구하는 두 자리 서술어이다. 주어의 비교 대상이 의미적으로 반드시 필요하기 때문에, ㉢의 '씀바귀와'는 필수적 부사어이다. 그러나 '가다'는 함께 가는 사람이 의미적으로 반드시 필요한 것이 아니다. 따라서 ㉣의 '현지와'는 필수적 부사어가 아니다.

27. ②

전체 문장을 분석해 보면, '이 지역의 주민들은 말했다.'에 '사람 살기 좋은 세상이 오기 바란다'가 인용절로 안긴 구조이다. '사람 살기 좋은 세상이 오기 바란다.'에는 '사람 살기 좋은 세상이 오다.'가 명사절로 안겨 있고, '사람 살기 좋은 세상이 오다.'에는 '사람 살기 좋다.'가 관형절로 안겨 있다. '사람 살기 좋다.'는 '사람(이) 살다.'가 '~(에) 좋다.'에 명사절로 안겨 있는 문장이다. '사람'은 명사절 '사람(이) 살기'의 주어로, 주격 조사 '이'가 생략된 채 쓰였다.

① '이'는 관형사로서 명사 '지역'을 꾸며 주는 관형어 역할을 한다. '사람 살기 좋은'은 '사람(이) 살기(에) 좋다'라는 문장에 관형사형 전성 어미 '-은'이 결합하여 관형절을 이룬 것으로, 명사 '세상'을 꾸며 주는 관형어 역할을 한다.

③ '사람 살기 좋은 세상이 오기'는 목적격 조사 '를'이 생략된 것으로, '바란다고'의 목적어에 해당한다. 이는 '사람 살기 좋은 세상이 오다.'라는 문장이 명사형 어미 '-기'와 쓰여 명사절로 안긴 것이다.

④ '주민들은'은 서술어 '말했다'의 주체이므로 주어이다. 따라서 보조사 '은'이 주격 조사가 생략된 자리에 쓰였음을 알 수 있다.

⑤ '사람 살기 좋은 세상이 오기 바란다'가 간접 인용격 조사 '고'와 함께 인용절로 안겨 있다.

28. ④

ⓔ에서 '-고자'는 '의도'나 '목적'의 의미로 문장을 연결하는 어미이므로, 앞 절과 뒤 절의 주어가 동일해야 한다는 제약이 존재한다. 따라서 앞 절과 뒤 절의 주어가 다른 경우에는 평서형 종결 어미가 아니라 다른 종결 어미를 사용하더라도 문장이 성립하지 않는다.

① 대등하게 이어진 문장은 선행절과 후행절의 내용이 독립적이므로 자리를 바꾸어도 의미상 큰 차이가 없다.

② 종속적으로 이어진 문장은 의미상 원인, 조건 등의 의존적인 의미를 가지기 때문에 앞 절을 뒤 절의 안으로 이동시킬 수 있다. ㉡의 앞 절인 '봄이 오면'을 뒤 절 중간으로 이동시킨 '그녀를 봄이 오면 만나기로 했다.'가 원래 문장과 의미상 큰 차이가 없는 것을 통해 ㉡이 종속적으로 이어진 문장임을 확인할 수 있다.

③ 재귀칭 대명사는 한 번 나온 명사를 다시 가리킬 때 쓰이는 인칭 대명사이다. 이때, 대등적으로 이어진 문장은 각각의 문장의 독립성이 인정되므로 뒤 절의 요소를 앞 절에서 재귀칭 대명사로 나타내기 어렵다.

⑤ ⓜ과 같이 '-더라도'라는 연결 어미는 과거 시제 선어말 어미 '-었/았-'과는 결합하지만, 미래 시제 선어말 어미 '-겠-'과는 결합하지 못한다.

29. ④

정답 설명

ㄷ과 ㄹ 모두 주어가 생략된 안긴문장이 쓰였다. ㄷ은 '지훈이는 ~를 원했다.'에 '지훈이가 고향에 돌아가다.'가 명사절로 안기면서 중복되는 주어 '지훈이가'가 생략되고 '고향에 돌아가기'의 형태가 된 것이다. 한편 ㄹ은 '주형이가 걸음을 멈추었다.'에 '주형이가 길을 가다.'가 관형절로 안기면서, 중복되는 주어인 '주형이가'가 생략된 채 '길을 가던'의 형태로 안긴 것이다.

오답 설명

① '코가(주어) 길다(서술어)'라는 서술절이, 안은문장의 주어 '코끼리는'의 서술어 역할을 하고 있다.
② 관형절 '그녀가 동은이를 사위로 삼은'의 서술어 '삼다'는 주어, 목적어, 부사어를 요구하는 세 자리 서술어이므로 '사위로'라는 필수적 부사어에 해당한다.
③ '(지훈이가) 고향에 돌아가다.'라는 문장에 명사형 어미 '-기'가 결합한 명사절 '고향에 돌아가기'는 목적격 조사 '를'과 결합하여 안은 문장의 목적어 역할을 하고 있다.
⑤ 직접 인용은 큰따옴표("")와 함께 직접 인용격 조사 '라고'를 쓰고, 간접 인용은 간접 인용격 조사 '고'를 사용한다.

30. ④

정답 설명

'과연'은 특정한 성분(서술어, 관형어, 부사어)을 수식하는 성분 부사어가 아닌 '그는 머리가 좋다.'라는 문장 전체를 수식해 주는 문장 부사어이다. 문장 부사어는 '그는 과연 머리가 좋다'처럼 문장 내에서 비교적 이동이 자유롭다.

오답 설명

① '매우'라는 부사가 '푸르다'라는 용언을 수식하고 있다는 점에서 부사가 부사어로 쓰였음을 알 수 있다.
② '아름답게'는 '아름답다'라는 용언에 '-게'라는 부사형 전성 어미가 결합하여 활용된 형태이다. 이러한 용언의 활용형이 '피었다'라는 용언을 수식하고 있으므로 부사어로 쓰였음을 알 수 있다.
③ '그러나'는 앞 문장과 뒤 문장을 이어 준다는 점에서 접속 부사어라 할 수 있다.
⑤ '삼다'는 주어, 목적어, 부사어를 필수적으로 요구하는 세 자리 서술어이다. '친구로'가 빠지면 문장이 자연스럽지 않다는 점에서 '친구로'는 필수적 부사어라 할 수 있다.

31. ④

정답 설명

(나)-ㄱ의 '만들다'는 '무엇이 되게 하다.'의 의미로 주어, 목적어, 부사어를 필수적으로 요구하는 세 자리 서술어이다. 따라서 (나)-ㄱ의 부사어 '속국으로'는 필수적 부사어이다. 반면, (나)-ㄴ의 '만들다'는 '규칙이나 법, 제도 따위를 정하다.'라는 의미로, 주어와 목적어만을 요구하는 두 자리 서술어이다. 따라서 부사어 '자세하게'는 생략하여도 문장의 성립에 지장이 없다.

오답 설명

① '되다'는 주어와 보어 혹은 주어와 부사어를 필수적으로 요구하는 두 자리 서술어이다. (가)-ㄱ은 주어와 보어, (가)-ㄴ은 주어와 부사어가 쓰인 문장이다.
② (가)-ㄱ의 '물이'는 보격 조사 '이'가 쓰인 보어, (가)-ㄴ의 '물로'는 부사격 조

사 '로'가 쓰인 부사어이다.
③ (나)-ㄱ에서는 명사 '이웃'이 관형격 조사가 생략된 채 명사 '나라'를 수식하는 관형어로 쓰였다. (나)-ㄴ에서는 명사 '동아리'가 관형격 조사가 생략된 채 명사 '회칙'을 수식하는 관형어로 쓰였다. (나)-ㄷ에서는 '지금까지 모은'이라는 관형절이 명사 '글'을 수식하는 관형어로 쓰였다.
⑤ (나)-ㄷ에서 '모은'을 꾸미는 부사어 '지금까지'는 생략해도 문장의 성립에 지장이 없으므로 필수적 부사어가 아니다. 반면 부사어 '책으로'는 '만들었다'의 필수적 부사어이다.

32. ②

정답 설명

'영희는 빵을 생각한다.'의 '생각하다'는 '어떤 사람이나 일 따위에 대하여 기억하다.'라는 뜻을 지니며, 주어와 목적어를 필수적으로 요구하는 두 자리 서술어이다. 반면 '희영이는 명수를 악마로 생각한다.'의 '생각하다'는 '어떤 일에 대한 의견이나 느낌을 가지다.'라는 뜻을 지니며, 주어와 목적어, 부사어를 필수적으로 요구하는 세 자리 서술어이다. 따라서 ②에 쓰인 '생각하다'는 형태가 동일한 서술어라도 문맥에 따라 필수적으로 요구되는 문장 성분이 다른 경우에 해당한다.

오답 설명

① '교통 질서가 바르게 서다.'의 '서다'는 '질서나 체계, 규율 따위가 올바르게 있게 되거나 짜이다.'의 뜻을 지니며, '차렷 자세로 서다.'의 '서다'는 '사람이나 동물이 발을 땅에 대고 다리를 쭉 뻗으며 몸을 곧게 하다.'라는 뜻을 지닌다. 모두 주어만을 필수적으로 요구하는 한 자리 서술어이다.
③ '마당의 닭들이 모이를 쪼아 먹었다.'의 '먹다'는 '음식 따위를 입을 통하여 배 속에 들여보내다.'라는 뜻을 지니며, '철수는 공포 영화로 인해 겁을 먹었다.'의 '먹다'는 '겁, 충격 따위를 느끼게 되다.'라는 뜻을 지닌다. 모두 주어와 목적어를 필수적으로 요구하는 두 자리 서술어이다.
④ '그의 얼굴에 깊은 흉터가 생겼다.'의 '생기다'와 '역 주변에 새로운 가게가 생겼다.'의 '생기다'는 모두 '없던 것이 새로 있게 되다.'라는 뜻을 지니며, 주어와 부사어를 필수적으로 요구하는 두 자리 서술어이다.
⑤ '형은 이번 일로 큰 손해를 입었다.'의 '입다'는 '(도움, 손해 따위와 같은 말을 목적어로 하여) 받거나 당하다.'라는 뜻을 지니며, '형은 이번에도 낡은 양복을 입었다.'의 '입다'는 '옷을 몸에 꿰거나 두르다.'라는 뜻을 지닌다. 모두 주어와 목적어를 필수적으로 요구하는 두 자리 서술어이다.

33. ③

정답 설명

'우리부터'와 '아침부터'는 생략하여도 문장이 성립하지만, '의견에'와 '개방하는 것에'를 생략하면 문장이 성립하지 않으므로 서술어 '찬성하다'의 문형 정보는 【…에】가 되어야 한다. '찬성하다'는 주어와 부사어(【…에】)를 필수적으로 요구하는 두 자리 서술어이다.

오답 설명

① '서울로'와 '팀으로'가 필수적인 문장 성분이므로 적절하다. '가다'는 주어와 부사어(【…(으)로】)를 필수적으로 요구하는 두 자리 서술어이다.
② '금과'와 '솜털과도'를 생략하면 문장의 의미가 성립하지 않는다는 점을 통해, 서술어 '같다'가 【…와/과】의 문형 정보를 지닌다는 것을 알 수 있다.
④ '우유를'과 '차를'은 생략할 수 없는 필수적인 문장 성분이므로, 서술어 '마시다'가 【…을/를】의 문형 정보를 지닌다는 것을 알 수 있다.

⑤ '깃발을', '정상에'와 '머리에', '비녀를'을 생략하면 문장의 의미가 성립하지 않는다. 이를 통해 서술어 '꽂다'가 【…을/를 …에】의 문형 정보를 가진다는 것을 알 수 있다.

34. ②

정답 설명

©의 '듣던'은 용언의 관형사형(듣- + -던)으로, '대로'라는 의존 명사를 수식하는 관형어이다. @의 '짙푸른'은 용언의 관형사형(짙푸르- + -ㄴ)으로, '바다'라는 명사를 수식하는 관형어이다.

오답 설명

① ㉠은 부사 '모두'가 '쏟아서'를 수식하고 있으므로 부사가 부사어로 쓰인 경우이다. ㉡은 관형사 '모든'이 '친구들'을 수식하고 있으므로 관형사가 관형어로 쓰인 경우이다.
③ ㉤의 '일행의'는 명사 '일행'에 관형격 조사 '의'가 결합하여 명사 '눈앞'을 수식하는 관형어로 쓰인 경우이다.
④ ㉣은 '(그녀가) (일을) 처음 겪다.'라는 문장이 관형절로 안겨 명사 '일'을 수식하는 관형어로 쓰인 것이다.
⑤ ㉥은 부사 '너무'에 보조사 '나'와 '도'가 순차적으로 결합하여 '당황하여'를 수식하는 부사어로 쓰인 경우이다.

35. ④

정답 설명

ㄱ. ⓐ : '유동 인구가(주어) 많은(서술어)'이 관형절로 안겨 있다.
ㄹ. ⓓ : 서울교통공사 관계자의 말인 "오전에 인파가 몰릴 때 빚어지는 사고는 출근길 혼잡을 초래한다."가 인용절로 안겨 있다.
ㅁ. ⓓ : "오전에 인파가 몰릴 때 빚어지는 사고는 출근길 혼잡을 초래한다."는 전체 문장에 인용절로 안겨 있다. 그리고 이 인용절은 다음과 같은 세 문장으로 분석할 수 있다. 1) ~사고는 출근길 혼잡을 초래한다. 2) 사고가 ~때 빚어진다. 3) 오전에 인파가 몰린다.

오답 설명

ㄴ. ⓑ : '출·퇴근 시간에 탑승객이 많다.'에서 '탑승객이'는 주어이고, '많다'는 서술어이므로 해당 문장은 주어 1개, 서술어 1개가 쓰인 홑문장이다. ㄴ은 문장에서 서술어 역할을 하는 서술절을 뜻하는 것이므로, ⓑ에 대한 설명으로 적절하지 않다.
ㄷ. ⓒ는 이어진문장으로, 다음과 같이 두 문장으로 나눌 수 있다. 1) 탑승객이 1호선이나 4호선 등으로 노선을 바꾼다. 2) 지하철역이 혼잡해진다. 여기에 쓰인 '-면서'는 '종속적 연결 어미'이므로, 이 문장은 대등한 관계로 이어진 문장이 아니라 종속적으로 이어진 문장이다.

36. ②

정답 설명

가. ㄱ의 안긴문장 '우리가 읽던'은 '우리가 책을 읽다.'라는 문장이 '아버지도 책을 고르셨다.'에 안기면서 중복되는 목적어 '책을'이 생략된 것이다. ㄴ의 안긴문장 '이번 주말에 볼'은 '우리가 이번 주말에 영화를 보다.'라는 문장이 '우리는 영화를 골랐다.'에 안기면서 중복되는 주어 '우리가', 목적어 '영화를'이 생략된 것이다.

라. ㄱ의 안긴문장 '읽던'의 관형사형 어미 '-던'은 과거 시제를, ㄴ의 안긴문장 '볼'의 관형사형 어미 '-ㄹ'은 미래 시제를 나타낸다.

오답 설명

나. ㄴ의 안은문장, 안긴문장의 주어는 모두 '우리는'이다. 그러나 ㄱ의 안은문장의 주어는 '아버지도'이고, 안긴문장의 주어는 '우리가'이다.
다. ㄱ, ㄴ의 안긴문장은 모두 안은문장의 목적어로 쓰인 명사 '책', '영화'를 수식한다.

37. ③

정답 설명

'주어 + 서술어' 구성이 문장의 서술어로 쓰이는 것을 서술절이라고 한다. 서술절을 안은 문장은 ㄴ과 ㄷ이다. ㄱ~ㅁ의 문장을 모두 분석하면 아래와 같다.
ㄱ : 명사절 '서양 고전 문학을 읽기(명사형 전성 어미 '-기')'가 '~는 힘들어.'의 주어로 안겨 있다.
ㄴ : 서술절 '조심성이 없다.'가 안은문장의 주어 '세원이는'의 서술어로 안겨 있다.
ㄷ : 서술절 '마음이 정말 많이 넓구나.'가 안은문장의 주어 '세민이는'의 서술어로 안겨 있다.
ㄹ : 명사절 '지후가 떡을 좋아함(명사형 전성 어미 '-ㅁ')'이 '~을 난 이제야 알았네.'의 목적어로 안겨 있다.
ㅁ : 관형절 '기분이 좋아진(관형사형 전성 어미 '-ㄴ')'이 '지원이'를 수식하는 관형어로 안겨 있다.

오답 설명

① ㄱ에는 부사어가 없다. ㄷ에서는 부사어 '정말', '많이'가 쓰였지만, 부사절은 아니다. '절'은 '주어 + 서술어' 구조를 취해야 한다.
② ㄱ의 명사형 전성 어미는 '-기', ㄹ의 명사형 전성 어미는 '-ㅁ'이므로, 동일한 형태의 어미가 명사절을 만든 것은 아니다.
④ ㅁ에서는 관형절 '기분이 좋아진'이 주어 '지원이'를 수식하고 있지만, ㄴ에는 관형절이 없다.
⑤ ㄹ에서는 안긴문장 '지후가 떡을 좋아함'이 목적격 조사 '을'과 함께 목적어로 쓰였지만, ㅁ에서는 절이 아닌 명사 '노래'가 목적어로 쓰였다.

38. ④

정답 설명

이어진문장 ㄱ~ㅁ을 앞 절과 뒤 절로 나누어 보면('/' 표시) 아래와 같다.
ㄱ. 여름이 와서 / 날씨가 덥다. (원인)
ㄴ. 물을 마시려고 / 컵을 꺼냈다. (목적)
ㄷ. 여기는 높지만 / 저기는 낮다. (대조)
ㄹ. 학교에 가는데 / 옛 친구를 봤다. (상황)
ㅁ. 나는 숙제를 하고 / 동생은 그림을 그린다. (나열)
앞 절이 뒤 절 안으로 들어가도 자연스러운 ㄱ, ㄴ, ㄹ은 모두 '종속적으로 이어진 문장'에 해당한다. ㄷ과 ㅁ은 '대등적으로 이어진 문장'으로 (나)로 바꾸었을 때 비문이 된다. 따라서 '종속적으로 이어진 문장'이 아닌 '대등적으로 이어진 문장'은 앞 절이 뒤 절 안으로 들어갈 수 없음을 알 수 있다.

오답 설명

① 뒤 절에 목적어가 있는지 여부는 영향을 미치지 않는다. ㄱ을 보면 뒤 절에

목적어가 없어도 이동이 가능하고, ㅁ을 보면 뒤 절에 목적어가 있어도 이동이 불가능하다는 것을 알 수 있다.
② ㄱ을 보면 주어가 달라도 이동 가능하다는 것을 알 수 있다.
③ ㄷ을 보면 앞 절과 뒤 절의 의미가 대조될 경우에는 이동이 불가능하다는 것을 알 수 있다.
⑤ 이동 가능한 ㄱ, ㄴ, ㄹ 중 ㄴ과 ㄹ에만 앞 절과 뒤 절 모두 두 자리 서술어가 쓰였다. 또, ㅁ을 통해 두 자리 서술어가 쓰였어도 이동이 불가능하다는 것을 알 수 있다. 즉 서술어의 자릿수는 관계가 없다.

39. ①

정답 설명

㉠은 가정이나 양보의 뜻을 나타내는 연결 어미 '-아도'를 통해 앞 절과 뒤 절이 종속적으로 이어진 문장이다. 대조의 관계로 대등하게 이어진 문장으로는 '절약은 부자를 만드나, 절제는 사람을 만든다.(-나)', '호랑이는 죽어서 가죽을 남기지만, 사람은 죽어서 이름을 남긴다.(-지만)' 정도를 들 수 있다.

오답 설명

② ㉡은 연결 어미 '-고'를 통해 앞 절과 뒤 절이 나열의 관계로 대등하게 이어진 문장이다.
③ ㉢은 연결 어미 '-으면'을 통해 앞 절과 뒤 절이 조건의 관계로 종속적으로 이어진 문장이다.
④ ㉣은 연결 어미 '-려고'를 통해 앞 절과 뒤 절이 의도의 관계로 종속적으로 이어진 문장이다.
⑤ ㉤은 연결 어미 '-아서'를 통해 앞 절과 뒤 절이 원인이나 근거의 관계로 종속적으로 이어진 문장이다.

40. ④

정답 설명

'가족을 희망도 없이 기다리기'라는 명사절 안에 '희망도 없다.'라는 문장이 부사 파생 접미사 '-이'로 인해 부사절로 안겨 있으므로, 이를 홑문장으로 볼 수 없다. 명사절 안의 부사절 '희망도(주어) 없이(서술어)'는 서술어 '기다리기'를 수식하고 있다.

오답 설명

① 관형사형 전성 어미 '-ㄴ'이 쓰인 '전쟁으로 흩어진'이 '가족'을 수식하고 있으므로 관형절이 맞다.
② 하나의 문장이 절이 되어 다른 문장에 안길 때, 이와 같이 공통된 문장 성분은 생략된다.
③ '가족을 희망도 없이 기다리기'는 명사형 전성 어미 '-기'가 쓰인 명사절이다.
⑤ 문장 전체의 서술어는 '괴롭구나'이며, 이에 대응하는 주어 '내가'는 생략되어 있다.

41. ④

정답 설명

㉮는 서술절 '맛이 좋다.'의 주어 '맛이'와 전체 문장의 주어 '물은'의 2개의 주어를 가지고 있다. 반면 ㉯는 '물이'라는 주어 하나를 가지고 있다. 이때 '냉장고에 있던'이라는 관형절의 주어는 생략되었다. '얼음이'는 보격 조사 '이'가 결합한 보어이다.

오답 설명

① ㉮는 '맛이(주어) 좋다(서술어)'가 전체 문장의 주어 '물은'의 서술어로 기능하고 있으므로 서술절을 안은 문장으로 볼 수 있다. ㉯는 관형절을 안은 문장으로, '물이 냉장고에 있다.'가 관형절로 안기면서 중복되는 '물이'가 생략된 '냉장고에 있던(관형사형 전성 어미 '-던')'의 형태가 된 것이다. 따라서 ㉮, ㉯ 모두 홑문장이 아니다.
② ㉮는 서술절을 안은 문장이고 ㉯는 관형절을 안은 문장이다. 따라서 ㉮와 ㉯ 모두 겹문장이다.
③ ㉮는 서술절을 안은 문장으로 적절하지만, ㉯는 명사절이 아닌 관형절을 안은 문장으로 적절하지 않다.
⑤ '좋다'는 주어만을 요구하는 한 자리 서술어이며, '되다'는 주어와 보어 혹은 부사어를 요구하는 두 자리 서술어이다.

42. ③

정답 설명

㉠은 '눈이(주어) 가장(부사어) 예쁘다(서술어)'라는 절이 주어 '영희는'의 서술어로 기능하고 있는 문장이다. 이처럼 하나의 절이 서술어 역할을 하고 있는 문장을 '서술절을 안은 문장'이라고 한다. ㉡에는 '우리가(주어) 운동을(목적어) 하다(서술어)'라는 문장이 명사형 전성 어미 '-기'로 활용된 명사절이 쓰였다. 이 명사절은 부사격 조사 '에'와 함께 쓰여 서술어 '늦었다'를 수식하는 부사어 역할을 하고 있다.

오답 설명

① ㉠에는 부사 '가장'이 형용사 '예쁘다'를 수식하는 부사어로 쓰였다. ㉡에서는 부사 '너무'가 부사어로 쓰였고, 명사절 '우리가 운동을 하기' 뒤에 부사격 조사 '에'가 붙어 부사어로 쓰였다. 따라서 ㉠과 ㉡ 모두에 부사어가 있다.
② ㉠은 '눈이 가장 예쁘다.'라는 서술절을 안은 문장이고, ㉡은 '우리가 운동을 하기'라는 명사절을 안은 문장이다.
④ ㉠에는 부사절로 안긴 문장이 없고, ㉡에도 관형절로 안긴 문장이 없다.
⑤ ㉠의 안긴문장은 '눈이 가장 예쁘다.'로 목적어가 없으며, ㉡의 안긴문장은 '우리가 운동을 하기'로 목적어 '운동을'을 가지고 있다.

43. ⑤

정답 설명

㉯ '나는 그녀가 진술한 내용이 사실과 다름없음을 잘 알고 있다.'는 '나는 ~을 잘 알고 있다.', '내용이 사실과 다름없다.', '그녀가 (내용을) 진술하다.'로 이루어져 있다. 이때, '내용이 사실과 다름없다.'는 명사절로 안겨 있으며, '그녀가 (내용을) 진술하다.'는 관형절로 안겨 있다. 따라서 ㉯에서 관형절로 안긴 문장에는 '내용을'이라는 목적어가 생략되어 있다.

오답 설명

① ㉮ '나무가 잘 자라도록 물과 거름을 충분히 주었다.'는 '(나는) 물과 거름을 충분히 주었다.', '나무가 잘 자라다.'로 이루어졌다. 이때 '나무가 잘 자라다.'는 부사절로 안겨있다. ㉮의 안은문장은 전체 문장의 주어가 생략된 채 제시되어 있다. 임의로 복원하면 '(나는) 물과 거름을 충분히 주었다.', '(내 동생은) 물과 거름을 충분히 주었다.' 등의 형태가 될 것이다.
② ㉮의 안긴문장은 '나무가 잘 자라다.'이다. 안긴문장 내부에는 생략된 문장 성분이 없다.

③ ㉮에는 '나무가 잘 자라다'가 부사절로 안겨 있다. 즉 ㉮에는 1개의 안긴문장이 있다. ㉯에는 '그녀가 (내용을) 진술하다.', '내용이 사실과 다름없다.'라는 총 2개의 안긴문장이 있다.

④ ㉯에서 '내용이 사실과 다름없다.'가 명사절로 안겨 있고, 명사절로 안긴 문장에 생략된 문장 성분은 없다.

44. ④

> 정답 설명

'어쩔 줄 몰랐다.'에서 '어쩔 줄(을)'은 목적어로 기능하고 있다.

> 오답 설명

① (1)-ㄴ을 통해 '데'가 단독으로 쓰일 수 없음을 확인할 수 있다. 의존 명사 '데'는 그 앞에 '의지할'과 같은 관형어가 있어야 문장에서 쓰일 수 있다.

② 의존 명사 중에는 '데'처럼 관형사형 전성 어미의 제약이 없는 것이 있는 반면, '지'처럼 제약이 심한 것이 있다. 참고로 '어떤 일이 있었던 때로부터 지금까지의 동안'을 나타내는 의존 명사 '지'는 앞에 관형사형 전성 어미 '-(으)ㄴ'만을 취할 수 있다.

③ 의존 명사 '나위'는 주로 '-(으)ㄹ 나위 없다.'의 구성으로 쓰인다.

⑤ '너만큼'의 '만큼'은 부사격 조사이고 '노력한 만큼'의 '만큼'은 의존 명사이다.

45. ④

> 정답 설명

'방문을 잠갔다.'와 '밖으로 나갔다.'는 시간의 순서에 따라 배열되어 있어 앞 문장과 뒤 문장의 순서를 바꿀 경우 문장의 의미가 달라진다. 따라서 ㉠의 적절한 사례이다.

> 오답 설명

①, ②, ③, ⑤ 인과 관계나 시간적 순서와 무관한 문장들을 나열하고 있으므로 앞뒤 문장의 순서를 바꾸어도 문장이 성립한다.

46. ⑤

> 정답 설명

㉢에는 부사어의 역할을 하는 부사절 '자신도 모르게'가 있으나, ㉣에는 목적어의 역할을 하는 안긴문장이 없다. ㉣의 안긴문장 '추위에 떠는'은 관형어의 역할을, '얼른 안으로 들어오라'는 인용 부사격 조사 '고'와 함께 쓰여 부사어의 역할을 하고 있다.

> 오답 설명

① ㉠에는 명사절 '떠나온 고향에 다시 돌아가기'와 그 안에 안긴 관형절 '떠나온'이 있고, ㉢에는 관형절 '궁지에 몰린'과 부사절 '자신도 모르게'가 있다.

② ㉡의 '내가 고른'과, ㉣의 '추위에 떠는'은 관형어의 역할을 하는 관형절이다.

③ ㉠의 명사절 '떠나온 고향에 다시 돌아가기' 속에는 부사어 '고향에', '다시'가 있고, ㉣의 인용절 '얼른 안으로 들어오라' 속에는 부사어 '얼른', '안으로'가 있다.

④ ㉡의 관형절 '내가 고른' 속에는 목적어 '선물을'이 생략되어 있고, ㉢의 관형절 '궁지에 몰린' 속에는 주어 '그녀가'가 생략되어 있다.

47. ④

> 정답 설명

㉣에는 부사어의 역할을 하는 부사절 '내가 길을 잘 찾도록'이 있지만, ㉡에는 부사절이 없다. ㉡에는 '그녀가 시장에서 만난'이라는 관형절과 '인정이 많다.'라는 서술절이 존재한다.

> 오답 설명

① ㉠과 ㉡에 쓰인 관형절 '내가 좋아하던', '그녀가 시장에서 만난'의 서술어인 '좋아하던(좋아하다)', '만난(만나다)'은 목적어를 필요로 하는 서술어이다. 하지만 관형절 안에 목적어가 존재하지 않는다. 해당 관형절이 꾸미고 있는 '작가', '사람'이 안긴문장의 목적어이므로 중복되는 관형절의 목적어가 생략된 것이다.

② ㉠과 ㉢에서는 각각 '내가 좋아하던', '나와 함께하기를 바라는'이라는 관형절이 관형어의 역할을 한다.

③ ㉡의 관형절인 '그녀가 시장에서 만난'에는 부사어 '시장에서'가 들어 있으며, ㉢의 명사절인 '나와 함께하기'에는 부사어 '나와가' 들어 있다.

⑤ ㉠의 안은문장의 주어는 '동생은'인데, 명사절 '내가 좋아하던 작가가 얼른 오기'의 주어는 '작가가'이다. 명사절 안의 관형절 '내가 좋아하던'의 주어는 '내가'이므로 안은문장의 주어와 안긴문장의 주어가 일치하지 않는다. ㉣의 안은문장의 주어는 '친구는'인데, 부사절 '내가 길을 잘 찾도록'의 주어는 '내가'이므로 안은문장의 주어와 안긴문장의 주어가 일치하지 않는다.

48. ②

> 정답 설명

ㄱ은 '나는 [도서관에 가던] 친구를 만났다.'의 구조로 이루어져 있다. '나는 친구를 만났다.'라는 문장 안에 '(친구가) 도서관에 갔다.'라는 문장이 관형절로 안겨 '친구'를 수식하고 있는 것이다. 관형절 '도서관에 가던'에 주어 '친구가'가 생략되어 있음을 확인할 수 있다.

ㄷ은 '[청바지를 입은] 동생은 [등에 땀이 흥건하도록] 뛰었다.'의 구조로 이루어져 있다. '동생은 뛰었다.'라는 문장 안에 '(동생이) 청바지를 입었다.'라는 문장이 관형절로 안겨 '동생'을 수식하고 있고, '등에 땀이 흥건했다.'라는 문장이 부사절로 안겨 '뛰었다'를 수식하고 있는 것이다. 관형절 '청바지를 입은'과 부사절 '등에 땀이 흥건하도록'에는 목적어가 생략되어 있지 않다. 생략된 성분은 관형절의 주어 '동생이'이다.

> 오답 설명

① ㄱ에는 체언을 수식하는 관형절 '도서관에 가던'이 존재한다. ㄴ은 '[눈치 빠른] 그는 [그녀가 천재임을] 금방 알아챘다.'의 구조로 이루어져 있다. '그는 ~을 금방 알아챘다.'라는 문장 안에 '눈치가 빠르다.'라는 문장이 관형절로 안겨 '그'를 수식하고 있고, '그녀가 천재이다.'라는 문장이 명사절로 안겨 목적어로 쓰이고 있는 것이다. 따라서 ㄴ에는 체언을 수식하는 관형절 '눈치 빠른'이 존재하므로 해당 선지의 진술은 적절하다.

③ ㄴ에는 목적어 기능을 하는 명사절 '그녀가 천재임'이 존재한다. ㄹ은 '상호는 [[그가 산] 책이 {두께가 얇다}]고 말했다.'의 구조로 이루어져 있다. '상호는 ~고 말했다.'라는 문장 안에 '그가 산 책이 두께가 얇다.'라는 문장이 인용절로 안겨 있는 것이다. 또한 인용절에는 '책이 (어떠하다).'라는 문장 안에 '그가 (책을) 사다.'라는 문장이 관형절로 안겨 '책'을 수식하고 있고, '두께가 얇다.'라는 문장이 서술절로 안겨 서술어의 역할을 하고 있다. 따라서 ㄹ에는 서술어 기능을 하는 서술절 '두께가 얇다.'가 존재하므로 해당 선지의 진술은 적절하다.

④ ㄷ에는 관형어 기능을 하는 관형절 '청바지를 입은'과 부사어 기능을 하는 부

사절 '등에 땀이 흥건하도록'이 존재한다.
⑤ ㄹ의 인용절 '그가 산 책이 두께가 얇다.'에는 '그가 산'이라는 관형절이 존재한다.

49. ⑤

정답 설명

'저', '두', '헌'은 모두 관형사로, 문장 안에서 체언 '집'을 수식하는 관형어로 사용되었다. 이렇게 관형사 세 개가 연속적으로 쓰일 때에는 대체로 특정한 대상을 가리키는 지시 관형사(저), 사물의 수나 양을 나타내는 수 관형사(두), 사람이나 사물의 모양, 상태, 성질을 나타내는 성상 관형사(헌) 순으로 나타난다.

오답 설명

① '온'은 '전부의'의 의미를 지닌 관형사로, 문장 안에서 뒤의 체언 '힘'을 수식하는 관형어로 사용되었다.
② '영희의'는 명사 '영희'에 관형격 조사 '의'가 결합한 것으로, 문장 안에서 뒤의 체언 '연락'을 수식하는 관형어로 사용되었다.
③ '우리가 돌아온'은 '우리가 돌아오다.'라는 문장에 관형사형 전성 어미가 결합된 관형절로, 문장 안에서 뒤의 체언 '사실'을 수식하는 관형어로 사용되었다.
④ ㉠과 ㉡의 '두'는 각각 뒤의 체언 '개'와 '아이'를 수식하고 있는 관형어이다. 이때 자립 명사 '아이'를 수식하는 ㉡의 '두'는 생략할 수 있지만, 의존 명사 '개'를 수식하는 ㉠의 '두'는 생략할 수 없다. 의존 명사는 반드시 앞에 수식해 주는 관형어를 필요로 하기 때문이다.

50. ⑤

정답 설명

ⓐ는 '이것이 몽둥이이다.' + '우리가 (몽둥이로) 멧돼지를 잡았다.'로 나누어진다. 안긴문장에서 생략된 '몽둥이로'는 부사어에 해당한다. ⓑ는 '어제 나는 친구와 만났다.' + '(친구가) 그 소설가를 안다.'로 나누어진다. 안긴문장에서 생략된 '친구가'는 주어에 해당한다. ⓒ는 '형은 가방을 탐낸다.' + '내가 (가방에) 이름을 적어 놓았다.'로 나누어진다. 안긴문장에서 생략된 '가방에'는 부사어에 해당한다. ⓓ는 '남자가 우리 아버지이다.' + '(남자가) 양복을 입다.'로 나누어진다. 안긴문장에서 생략된 '남자가'는 주어에 해당한다. ⓔ는 '음식의 위생은 더욱 중요하다.' + '아이들이 (음식을) 먹는다.'로 나누어진다. 안긴문장에서 생략된 '음식을'은 목적어에 해당한다. 따라서 주어가 생략되는 경우는 ⓑ, ⓓ로, 목적어가 생략되는 경우는 ⓔ로, 부사어가 생략되는 경우는 ⓐ, ⓒ로 분류할 수 있다.

51. ⑤

정답 설명

제시된 예문에서 '출전하다'는 '싸우러 나가다.', '시합이나 경기 따위에 나가다.'의 의미로, 주어를 제외하고 부사어 '[…에]'를 필수로 요구하는 두 자리 서술어이다. 즉, '*그는 장교로 출전한 적이 있다.', '*그 선수가 대표로 출전한다.'와 같이 부사어 '[…에]'가 생략되면 문장이 성립하지 않는다.

오답 설명

① 제시된 예문에서 '만들다'는 '허물이나 상처 따위를 생기게 하다.'의 의미로, 주어를 제외하고 목적어 '[…을]'을 필수로 요구하는 두 자리 서술어이다. 이때 '그는 (유리에) 흠집을 만들었다.', '그는 (그녀의 가슴에) 상처를 만들었다.'에서 볼 수 있듯이, 부사어 '[…에]'는 생략되어도 문장의 성립에 영향을 주지 않는다.

② 제시된 예문에서 '닦다'는 '거죽의 물기를 훔치다.', '때, 먼지 녹 따위의 더러운 것을 없애거나 윤기를 내려고 거죽을 문지르다.'의 의미로, 주어를 제외하고 목적어 '[…을]'을 필수로 요구하는 두 자리 서술어이다. 이때 '엎질러진 우유를 (깨끗하게) 닦았다.', '아무 말 없이 구두만 (정성스럽게) 닦았다.'에서 볼 수 있듯이, 부사어 '[…게]'는 생략되어도 문장의 성립에 영향을 주지 않는다. 참고로, '아무 말 없이 구두만 정성스럽게 닦았다.'에서 '구두만'은 구두만(을)과 같이 목적격 조사 '을'이 생략되고 보조사 '만'이 붙은 목적어이다.

③ 제시된 예문에서 '부르다'는 '말이나 행동 따위로 다른 사람의 주의를 끌거나 오라고 하다.'의 의미로, 주어를 제외하고 목적어 '[…을]'을 필수로 요구하는 두 자리 서술어이다. 이때 '아버지는 아이를 (손짓으로) 계속 불렀다.', '그는 자기를 (큰 소리로) 부르는 소리를 들었다.'에서 볼 수 있듯이, 부사어 '[…으로]'는 생략되어도 문장의 성립에 영향을 주지 않는다.

④ 제시된 예문에서 '빌리다'는 '남의 도움을 받거나 사람이나 물건 따위를 믿고 기대다.'의 의미로, 주어를 제외하고 목적어 '[…을]'을 필수로 요구하는 두 자리 서술어이다. 이때 '일손을 (힘들게) 빌려서 그 일을 처리했다.', '그녀는 (지혜롭게) 친구의 힘을 빌렸다.'에서 볼 수 있듯이, 부사어 '[…게]'는 생략되어도 문장의 성립에 영향을 주지 않는다.

52. ②

정답 설명

㉡에서 '회장으로서'는 체언 '회장'에 지위나 신분 또는 자격을 나타내는 부사격 조사 '으로서'가 결합하여 형성된 부사어이다. 이때, 서술어 '다하다'는 '어떤 일을 완수하다.'의 의미로, 주어 외에 목적어를 필수로 요구한다. 즉, '*그녀는 회장으로서 다하였다.'와 같이 목적어가 생략되면 문장이 성립하지 않지만, '그녀는 의무를 다하였다.'와 같이 부사어 '회장으로서'는 생략되어도 문장에 영향을 주지 않으므로 '회장으로서'라는 부사어는 필수 성분이 아님을 알 수 있다.

오답 설명

① 일반적으로 국어에서 부사는 문장 전체, 문장의 서술어, 다른 부사 등 다양한 문장 성분을 꾸며 주는데, 예외적으로 체언을 수식하기도 한다. ㉠에서 '바로'는 '다름이 아니라 곧'의 의미를 지닌 부사에 해당한다. 이때, '바로'는 '너'라는 명사를 수식하여 '내게 가장 소중한 사람'이 '너'임을 강조하고 있다.
③ ㉢에서 '설마'는 문장 전체를 수식하는 부사어로, '지금 설마 나를 피하는 것은 아니겠지?', '지금 나를 설마 피하는 것은 아니겠지?', '지금 나를 피하는 것은 설마 아니겠지?'와 같이 문장 내에서 상대적으로 위치 이동이 자유롭다. 이처럼 문장 전체를 수식하는 부사는 문장 내 위치 이동이 비교적 자유롭다.
④ ㉣에서 '저녁밥을 먹기에는'은 '저녁밥을 먹기'라는 명사절에 부사격 조사 '에'와 보조사 '는'이 결합하여 형성된 부사어이다.
⑤ ㉤에서 '지문을 감식한 결과로'는 뒤에 있는 서술어 '밝혀졌다'를 수식하는 부사어이다. 이때, 관형절 '지문을 감식한'의 꾸밈을 받는 명사 '결과'가 부사격 조사 '로'와 결합하여 부사어로 쓰이고 있다.

53. ④

정답 설명

㉠의 '넓은'은 형용사 '넓다'에 관형사형 어미 '-(으)ㄴ'이 결합한 것으로, 현재 시제를 나타낸다. 반면, ㉡의 '읽은'은 동사 '읽다'에 관형사형 어미 '-(으)ㄴ'이 결합한 것으로, 과거 시제를 나타낸다. 따라서 ㉠과 ㉡에는 모두 관형사형 어미 '-(으)ㄴ'이 쓰인 것은 맞지만, 형용사 어간에 결합한 '-(으)ㄴ'은 현재의 의미를, 동사 어간에 결합한 '-(으)ㄴ'은 과거의 의미를 나타내므로, 선지의 내용은 적절하지 않다.

성되어 있음을 알 수 있다.

55. ③

정답 설명

ⓒ의 안긴문장은 '그녀가 나를 사랑했다는'이다. 이는 '그녀가 나를 사랑했다.'가 관형사형 전성 어미 '-는'과 결합하여 형성된 관형절로, 후행하는 명사 '말'을 수식하는 관형어의 기능을 하고 있다.

오답 설명

① ⓐ의 안긴문장은 '음악적 재능이 있었다.'이다. 즉, '음악적 재능이'가 주어, '있었다'가 서술어로 구성된 것이므로 ⓐ의 안긴문장이 서술절로 쓰이고 있다는 선지의 진술은 적절하다.

② ⓑ의 안긴문장은 '돈 없이'이다. 이는 '돈(이) 없다.'라는 문장이 부사 파생 접미사 '-이'와 결합해 형성된 부사절로, 서술어 '견뎌야 한다.'를 수식하는 부사어의 기능을 하고 있다.

④ ⓓ의 안긴문장은 '그녀가 잘못을 숨기고 있음'이다. 이는 '그녀가 잘못을 숨기고 있다.'가 명사형 전성 어미 '-(으)ㅁ'과 결합해 형성된 명사절로, 목적격 조사 '을'이 붙어 안은문장의 목적어의 기능을 하고 있다.

⑤ ⓔ의 안긴문장은 '비가 내리기'이다. 이는 '비가 내리다'가 명사형 전성 어미 '-기'와 결합해 형성된 명사절로, 조사와 결합하지 않고 의존 명사 '전'을 수식하는 관형어로 쓰인 것이다.

56. ④

정답 설명

ⓓ의 '쌓다'는 '물건을 차곡차곡 포개어 얹어서 구조물을 이루다.'의 의미라고 하였으므로, 주어 외에 '…을'이라는 성분을 필수적으로 요구함을 추론할 수 있다. 해당 예문에서는 '*그는 쌓아 길을 뚫었다.'와 같이 '축대를'이 생략되면 문장이 불명확해지므로, 문장이 성립한다고 보기 어렵다. 따라서 ⓓ의 '쌓다'는 주어와 목적어를 요구하는 두 자리 서술어이다.

오답 설명

① ⓐ의 '쓰다'는 '어떤 일을 하는 데에 재료나 도구, 수단을 이용하다.'라는 의미라고 하였으므로, 주어 외에 '…에 …을'이라는 성분을 필수적으로 요구함을 추론할 수 있다. 해당 예문에서 '*농부가 쓴 결과 수확량이 늘었다.'와 같이 '농사에'와 '퇴비를'이 생략되면 문장이 성립하지 않는다. 따라서 ⓐ의 '쓰다'는 주어, 부사어, 목적어를 요구하는 세 자리 서술어이다.

② ⓑ의 '쓰다'는 '어떤 일에 마음이나 관심을 기울이다.'라는 의미라고 하였으므로, 주어 외에 '…에게(에) …을'이라는 성분을 필수적으로 요구함을 추론할 수 있다. 해당 예문에서 '*선생님, 일부러 쓰지 않으셔도 됩니다.'와 같이 '제게(저에게)'와 '마음을'이 생략되면 문장이 성립하지 않는다. 따라서 ⓑ의 '쓰다'는 주어, 부사어, 목적어를 요구하는 세 자리 서술어이다.

③ ⓒ의 '쓰다'는 '몸의 일부분을 제대로 놀리거나 움직이다.'라는 의미라고 하였으므로, 주어 외에 '…을'이라는 성분을 필수적으로 요구함을 추론할 수 있다. 해당 예문에서 '*그는 교통사고로 쓰지 못한다.'와 같이 목적어 '(한쪽) 다리를'이 생략되면 문장이 성립하지 않는다. 따라서 ⓒ의 '쓰다'는 주어와 목적어를 요구하는 두 자리 서술어이다.

⑤ ⓔ의 '쌓다'는 '밑바탕을 닦아서 든든하게 마련하다.'의 의미라고 하였으므로, 주어 외에 '…을'이라는 성분을 필수적으로 요구함을 추론할 수 있다. 해당 예문에서 '*그는 몇 년째 집에서 쌓고 있었다.'와 같이 '(학문의) 기초만'이 생략

오답 설명

① '푸른'은 '(하늘이) 푸르다.'라는 문장이 관형절로 안긴 것이다. 그리고 안긴문장이 수식하는 체언 '하늘'과 안긴문장의 주어 '하늘이'가 중복되므로 안긴문장의 주어가 생략된 형태로 쓰였다. 이때, '푸른'이 후행하는 체언 '하늘'을 수식하는 점을 통해 관형어의 역할을 함을 알 수 있다.

② '고향 친구'는 본래 '고향(의) 친구'와 같이 관형격 조사 '의'가 결합한 형태이다. 그러나 제시된 예문에서는 관형격 조사 '의'가 생략된 채 체언 '고향'이 '친구'를 수식하는 관형어의 역할을 하고 있음을 알 수 있다.

③ '그녀의 슬픔'은 체언에 관형격 조사가 결합한 형태 '그녀의'가 후행하는 파생 명사 '슬픔'을 수식하는 구성이다. 이때 체언에 결합한 관형격 조사 '의'가 생략되면 '*그녀 슬픔'과 같이 문장이 성립하지 않는다. 따라서 체언에 관형격 조사가 결합한 형태가 '슬픔'과 같은 파생 명사를 수식할 때에는 관형격 조사가 생략되기 어려움을 알 수 있다.

⑤ 관형어는 일반적으로 문장 내에서 생략될 수 있는 수의적 성분에 해당한다. ⓐ의 '그의'는 관형어인데, 해당 예문에서 '나는 시를 좋아했다.'와 같이 관형어 '그의'가 생략되어도 문장이 성립함을 알 수 있다. 한편, ⓑ의 '그를 본'은 관형절로, 의존 명사 '적'을 수식하고 있다. 의존 명사는 문장에서 관형어 없이 쓰일 수 없으므로, 해당 예문에서 관형절 '그를 본'은 생략될 수 없다.

54. ①

정답 설명

ⓐ에서는 관형절 '그가 결혼했다는'과 부사절 '뒤늦게'가 쓰이고 있다. 이때, '그가 결혼했다는'은 '그가 결혼했다.'라는 문장에 관형사형 전성 어미 '-는'이 결합해 명사 '소식'을 꾸며 주고, '뒤늦게'는 '(들은 것이) 뒤늦다.'라는 문장에 부사형 어미 '-게'가 결합해 서술어 '들었다'를 꾸며 주고 있다. 즉, ⓐ은 관형어의 역할을 하는 안긴문장이 있음을 알 수 있다. 한편, ⓑ에서는 명사절 '그 자리에서 도망가기는 이미 늦었음'이 쓰였고, 이 명사절 안에 '그 자리에서 도망가기'라는 명사절이 안겨 있다. 이때, '그 자리에서 도망가기'는 '(내가) 그 자리에서 도망가다.'라는 문장에 명사형 전성 어미 '-기'가 붙어 명사절 내에서 주어 역할을 하고 있다. 그리고 '그 자리에서 도망가기는 이미 늦었음'은 '그 자리에서 도망가기는 이미 늦었다.'라는 문장에 명사형 전성 어미 '-(으)ㅁ'이 붙어 목적어 역할을 하고 있다. 여기에서 '그'라는 관형어가 체언 '자리'를 꾸며 주고 있으므로 선지의 진술은 적절하다.

오답 설명

② ⓐ의 '뒤늦게'는 '(들은 것이) 뒤늦다.'라는 문장이 부사형 전성 어미 '-게'와 결합해 용언을 꾸며 주므로, 부사절임을 알 수 있다. 한편, ⓑ에서는 '그 자리에서 도망가기는 이미 늦었음', '그 자리에서 도망가기'와 같이 두 개의 명사절이 쓰였을 뿐, 서술절은 쓰이지 않았다.

③ ⓐ의 '그가 결혼했다는'은 '그가 결혼했다고 하는'이 줄어든 것으로, 이때의 '-다고'는 어미 '-다'에 인용격 조사 '고'가 결합한 형태이다. 따라서 '그가 결혼했다'라는 간접 인용절이 안긴 것을 알 수 있다. ⓑ에서는 명사절이 쓰였을 뿐, 관형절은 안겨 있지 않다.

④, ⑤ ⓐ의 안긴문장은 관형절 '그가 결혼했다는'과 부사절 '뒤늦게'이다. 이때 '그가 결혼했다는'이라는 안긴문장은 주어와 서술어로 구성되어 있으며, '뒤늦게'는 주어가 생략된 채 제시되고 있다. 한편, ⓑ에서 '그 자리에서 도망가기'라는 명사절은 원래 문장 '(내가) 그 자리에서 도망가다.'와 비교했을 때 주어가 생략된 채 부사어와 서술어로만 구성되어 있음을 알 수 있다. '그 자리에서 도망가기는 이미 늦었음'이라는 명사절 역시 주어와 부사어, 서술어로 구

되면 문장이 성립하지 않는다. 참고로, 이때 '기초만'은 목적격 조사 '을'이 생략되고 보조사 '만'이 결합한 형태이다. 따라서 ⑩의 '쌓다'는 주어와 목적어를 요구하는 두 자리 서술어이다.

57. ①

정답 설명

㉠은 '우리는 그제야 안심했고 뒤늦게 언니가 왔다.'와 같이 앞뒤 절의 순서를 바꾸면 원래 문장의 의미와 달라진다. 이를 통해 일반적으로 대등적 연결 어미로 쓰이는 '-고'가 해당 예문에서는 앞뒤 절의 시간적 선후 관계를 나타내는 종속적 연결 어미 '-고'의 기능을 하고 있음을 알 수 있다. 따라서 ㉠은 앞뒤 절의 순서를 바꿀 수 없으므로, 종속적으로 이어진 문장이다.

오답 설명

② ㉡은 '그 열매는 달지만 고통을 인내하는 시간은 쓰다.'와 같이 앞뒤 절의 순서를 바꿔도 의미상 큰 차이가 없다. 이때 '-지만'은 대등적 연결 어미로, 앞뒤 절이 대조의 의미 관계로 연결됨을 나타낸다. 따라서 ㉡에서는 앞뒤 절이 독립적인 관계를 이루므로, 대등하게 이어진 문장에 해당한다.

③ ㉢은 '여기까지 쉬지 않고 달려오려고 그 사람을 만났다.'와 같이 앞뒤 절의 순서를 바꾸면 문장의 의미가 변화함을 알 수 있다. 이때 '-려고'는 종속적 연결 어미로, 앞 절이 뒤 절의 목적이나 의도가 됨을 나타낸다. 따라서 ㉢은 앞뒤 절의 의미가 독립적이지 못하므로, 종속적으로 이어진 문장이다.

④ ㉣은 '그가 캐나다로 혼자 여행을 떠나면 겨울이 될 것이다.'와 같이 앞뒤 절의 순서를 바꾸면 문장의 의미가 변화함을 알 수 있다. 이때 '-면'은 종속적 연결 어미로, 앞 절이 뒤 절의 조건이 됨을 나타낸다. 따라서 ㉣은 앞 절의 조건이 먼저 일어나야 뒤 절의 결과가 이루어지므로, 시간적 선후 관계를 이루는 종속적으로 이어진 문장이다.

⑤ ㉤은 '*집으로 가는 비행기가 뜨지 못해서 갑자기 태풍이 왔다.'와 같이 앞뒤 절의 순서를 바꾸면 문장이 성립하지 않는다. 이때 '-아서'는 종속적 연결 어미로, 앞 절이 뒤 절의 원인이나 이유가 됨을 나타낸다. 따라서 ㉤은 앞뒤 절의 시간적 선후 관계가 정해져 있어 서로 순서를 바꿀 수 없으므로, 종속적으로 이어진 문장이다.

58. ③

정답 설명

해당 예문에서는 명사구 '그녀의 머리가 좋다는 말'이 서술어 '아니었군'의 주어로 쓰이고 있다. '거짓이'는 서술절의 주어가 아니라, 서술어 '아니었군'이 요구하는 문장 성분 중 하나인 보어로 쓰인 것이다.

오답 설명

① 해당 예문에서는 단체를 나타내는 무정 명사 '우리나라'에 '에서'가 결합하여 서술어 '개발했다'의 주어로 쓰이고 있다.

② 해당 예문에서는 높임의 의미를 가지는 명사 '선생님'에 높임의 주격 조사 '께서'가 결합하여 주어로 쓰이고 있다. 이때 높임의 대상이 되는 주어에 대응하여 주체를 높이는 높임 어휘 '계시다'가 사용되었으므로, '선생님께서'가 주어로 쓰였음을 알 수 있다.

④ ㉠에서 대명사 '자기'는 선행하는 주어 '민주'를 다시 가리키는 재귀칭의 기능을 하고 있다. 한편, ㉡은 주어가 일인칭으로 나타날 땐 '자기'를 쓰기 어려움을 보여 준다.

⑤ ㉠의 '이 영화를 보거라.', ㉡의 '이 영화를 보면 참 슬프다.'는 모두 주어가

생략되어 있다. ㉠과 같이 명령문이 쓰일 때는 명령문의 주어는 항상 이인칭으로 나타나므로 생략되어도 문장 성립에 영향을 주지 않으며, ㉡과 같이 '슬프다, 기쁘다, 싫다' 등과 같은 말하는 이가 스스로의 느낌이나 감정 등의 심리를 서술하는 심리 형용사가 쓰이면 주어가 일인칭이므로 생략되어도 문장 성립에 영향을 주지 않는다.

59. ④

정답 설명

㉣은 '비가 많이 오다.'라는 문장에 명사형 전성 어미 '-기'가 붙어 명사절을 형성했다. 그리고 이 명사절이 의존 명사 '때문'을 수식하고 있다. 따라서 명사절이 조사와 결합하지 않고 관형어의 역할을 하고 있음을 알 수 있다.

오답 설명

① ㉠은 '그는 장차 큰일을 할 사람이다.'라는 문장에 명사형 전성 어미 '-(으)ㅁ'이 붙어 명사절을 형성한 것으로, 주격 조사 '이'와 결합하여 서술어 '틀림없다'의 주어 역할을 하고 있다.

② ㉡은 '좋은 소식이 들려오다.'라는 문장에 명사형 전성 어미 '-기'가 붙어 명사절을 형성한 것으로, 목적격 조사 '를'과 결합하여 서술어 '기다렸다'의 대상이 되는 목적어 역할을 하고 있다.

③ ㉢은 '홀로 전 세계를 여행하다.'라는 문장에 명사형 전성 어미 '-기'가 붙어 명사절을 형성한 것으로, 서술격 조사 '이다'와 결합하여 문장에서 주어 '그녀의 목표는'에 대응하는 서술어 역할을 하고 있다.

⑤ ㉤은 '그녀가 이 축제를 주도한 학생이다.'라는 문장에 명사형 전성 어미 '-기'가 붙어 명사절을 형성한 것으로, 조사 '를'과 결합하지 않고 서술어 '바란다'의 대상이 되는 목적어 역할을 하고 있다.

60. ⑤

정답 설명

'가르치다'는 '상대편이 아직 모르는 일을 알도록 일러 주다.'의 의미로, 사람을 가리키는 유정 명사를 주어와 부사어로 요구한다. '*산은 바위에게 도덕을 가르쳤다.'의 '산', '바위'와 같이 무정 명사가 주어나 부사어로 쓰이면 문장이 성립하지 않는다. 이때, '가르치다'는 주어와 부사어, 목적어를 필수 요구하는 세 자리 서술어이므로, 제시된 선지는 적절하지 않다.

오답 설명

① '걷다'는 '다리를 움직여 바닥에서 발을 번갈아 떼어 옮기다.'의 의미로, '사람, 동물'과 같은 유정 명사를 주어로 요구한다. '*산이 살금살금 걷는다.'와 같이 무정 명사가 주어로 오면 문장이 성립하지 않는다. 이때, '걷다'는 주어만을 요구하는 한 자리 서술어이므로, 제시된 선지는 적절하다.

② '다물다'는 '입술이나 그처럼 두 쪽으로 마주 보는 물건을 꼭 맞대다.'의 의미로, '입, 입술'과 같은 특정한 신체 부위를 목적어로 요구한다. '*아이는 눈을 꼭 다물었다.'와 같이 '눈'은 '감다'라는 서술어와 어울릴 뿐, '다물다'와는 사용되기 어렵다. 이때, '다물다'는 주어와 목적어를 필수 요구하는 두 자리 서술어이므로, 제시된 선지는 적절하다.

③ '존경하다'는 '남의 인격, 사상, 행위 따위를 받들어 공경하다.'의 의미로, 존경하는 대상이 되는 사람을 가리키는 유정 명사를 목적어로 요구한다. '*사람들은 명예를 존경한다.'의 '명예'와 같이 추상 명사가 올 때는 문장이 성립하지 않는다. 이때, '존경하다'는 주어와 목적어를 필수로 요구하는 두 자리 서술어이므로, 제시된 선지는 적절하다.

④ '입다'는 '옷을 몸에 꿰거나 두르다.'의 의미로, '옷'과 관련된 특정한 종류의 명사만을 목적어로 요구한다. '*날이 추워서 양말을 입었다.'의 '양말'과 같이 '옷'과 관련되지 않은 다른 종류의 명사가 올 때는 문장이 성립하지 않는다. 이때, '입다'는 주어와 목적어를 필수로 요구하는 두 자리 서술어이므로, 제시된 선지는 적절하다. 참고로, '양말'은 '신, 버선, 양말 따위를 발에 걸다.'라는 의미의 동사 '신다'와 어울린다.

61. ④

정답 설명

@에서 '어렸을 때 같이 놀았던'은 후행하는 명사 '친구'를 수식하는 관형절로, 원래 문장으로 되돌리면 '어렸을 때 (친구와) 같이 놀았다.'이다. 즉, 관형절이 수식하는 명사와 동일한 성분인 부사어 '친구와'가 생략되어 있으므로 관계 관형절임을 알 수 있다.

오답 설명

① ⊙에서 '영주가 작곡한'은 후행하는 명사 '노래'를 수식하는 관형절로, 원래 문장으로 되돌리면 '영주가 (노래를) 작곡하다.'이다. 즉, 관형절이 수식하는 명사와 동일한 성분인 목적어 '노래를'이 생략되어 있으므로 관계 관형절임을 알 수 있다.

② ⓒ에서 '나는 그녀와 함께 밥을 먹은'은 후행하는 명사 '기억'을 수식하는 관형절로, 원래 문장으로 되돌리면 '나는 그녀와 함께 밥을 먹다.'이다. 이때 '나는 그녀와 함께 밥을 먹다.'라는 내용과 관형절의 수식을 받는 명사 '기억'은 내용상 동격을 이루며, 관형절로 안긴문장 내에 생략된 문장 성분이 없다는 점에서 동격 관형절임을 알 수 있다.

③ ⓒ에서 '그들이 다음 주에 결혼한다는'은 후행하는 명사 '소식'을 수식하는 관형절로, 원래 문장으로 되돌리면 '그들이 다음 주에 결혼한다.'이다. 이때, '그들이 다음 주에 결혼한다.'라는 내용과 관형절의 수식을 받는 명사 '소식'이 내용상 동격을 이루며, 관형절로 안긴문장 내에 생략된 문장 성분이 없다는 점에서 동격 관형절임을 알 수 있다.

⑤ ⑩에서 '이번에 선출된'은 후행하는 명사 '국회의원'을 수식하는 관형절로, 원래 문장으로 되돌리면 '이번에 (국회의원으로) 선출되다.'이다. 즉, 관형절이 수식하는 명사와 동일한 성분인 부사어 '국회의원으로'가 생략되어 있으므로 관계 관형절임을 알 수 있다.

62. ①

정답 설명

직접 인용절과 간접 인용절은 인칭, 시간 표현, 지시 표현에서 화자의 관점에 따라 차이가 발생한다. 제시된 예문에서 '서윤'은 '어제' 화자에게 "모레 이곳에 우리끼리 오자."라고 말한 것이므로, 현재 화자의 시점인 '오늘'을 기준으로 판단하면 "모레"는 "내일"(⊙)이 된다. 또한, 화자의 시점을 기준으로 '서윤'이 있는 곳은 '제주도'이지만, 화자의 위치는 '제주도'가 아님을 추론할 수 있다. 따라서 "이곳에"는 현재 화자의 위치를 고려하면 "그곳에"(ⓒ)가 된다. 마지막으로 화자의 시점에서 화자가 오는 것이 아니라 그곳으로 가는 상황이므로, "오자"는 "가자"(ⓒ)로 바뀐다. 즉, ⊙은 "내일", ⓒ은 "그곳에", ⓒ은 "가자"가 되므로, 해당 예문을 간접 인용절로 바꾸면 '어제 제주도로 떠난 서윤이는 나에게 내일 그곳에 우리끼리 가자고 말했다.'가 된다.

63. ②

정답 설명

⑦ [자료]에서 ⑦의 '서울은 인구가 매우 많다.'는 주어와 서술어가 두 번 나타나므로, 겹문장임을 알 수 있다. 안은문장의 주어는 '서울은', 서술어는 '인구가 매우 많다'이다. 이때, '인구가 매우 많다'는 '인구가(주어) + 많다(서술어)'로 구성되며, 안은문장의 주어 '서울은'에 대응하는 서술어로 기능하므로 서술절임을 알 수 있다. 따라서 ⑦는 ⓑ에 해당하는 예문이다.

④ [자료]에서 ④의 '저 사람은 아들도 똑똑하다.'는 주어와 서술어가 두 번 나타나므로, 겹문장임을 알 수 있다. 안은문장의 주어는 '저 사람은', 서술어는 '아들도 똑똑하다'이다. 이때, '아들도 똑똑하다'는 '아들도(주어) + 똑똑하다(서술어)'로 구성되며, 안은문장의 주어 '저 사람은'에 대응하는 서술어로 기능하므로 서술절임을 알 수 있다. 따라서 ④는 ⓑ에 해당하는 예문이다.

오답 설명

④ [자료]에서 ④의 '그는 말도 없이 유학을 떠나 버렸다.'는 주어와 서술어가 두 번 나타나므로, 겹문장임을 알 수 있다. 안은문장의 주어는 '그는', 서술어는 '떠나 버렸다'이고, 안긴문장의 주어는 '말도', 서술어는 '없이'로 나타난다. 이때, '말도 없이'는 '말도 없다'라는 문장에 부사 파생 접미사 '-이'가 결합하여 부사절을 형성한 것으로, 안은문장의 서술어 '떠나 버렸다'를 수식하는 부사어로 기능하고 있다. 따라서 ④는 ⓒ에 해당하는 예문이다.

⑨ [자료]에서 ⑨의 '우리 마을에서 그 일은 연례행사가 되었다.'는 주어 '그 일은'과 서술어 '되었다'와 같이 주어와 서술어가 한 번만 나타나므로, 홑문장임을 알 수 있다. 참고로, '우리'는 관형어, '마을에서'는 부사어, '연례행사가'는 보어에 해당한다. 따라서 ⑨는 ⓐ에 해당하는 예문이다.

64. ⑤

정답 설명

⑩에서 '가져가십시오'의 '-십시오'는 하십시오체의 명령형을 나타낸다. 따라서 '*눈이 내릴 것 같아서 우산을 가져가십시오.'가 성립하지 않는 것을 통해, 연결 어미 '-아서/어서'가 명령문과 결합할 수 없음을 알 수 있다. 이때, '-아서/어서'는 앞 절이 뒤 절의 원인이나 이유가 됨을 나타내는 연결 어미로, '눈이 내릴 것 같아서 우산을 가져가느냐?', '눈이 내릴 것 같아서 우산을 가져간다.'와 같이 주로 의문문이나 평서문과 결합하여 쓰인다. 따라서 '-아서'가 평서문과는 어울리지 못한다는 선지의 설명은 적절하지 않다.

오답 설명

① ⊙에서 '떠났으면서'가 성립하지 않는 것을 통해, 연결 어미 '-면서'가 과거 시제 선어말 어미 '-았-'과 결합하지 못함을 알 수 있다. 이때, '-면서'는 앞 절과 뒤 절이 동시에 일어난다는 의미를 나타내는 연결 어미이므로, '*떠났으면서 / *떠나겠으면서' 등과 같이 시제 선어말 어미와 결합하기 어렵다.

② ⓒ에서 '*그는 동생을 만나고자 동생은 도서관으로 갔다.'가 성립하지 않는 것을 통해, 연결 어미 '-고자'는 앞 절과 뒤 절의 주어가 같아야 함을 알 수 있다. 이때, '-고자'는 앞 절이 뒤 절의 목적이나 의도가 됨을 나타내는 연결 어미이므로, 앞 절과 뒤 절의 주어가 다르면 문장이 성립하기 어렵다.

③ ⓒ에서 '학생이려고'가 성립하지 않는 것을 통해, 연결 어미 '-려고'가 체언에 서술격 조사 '이다'가 붙은 서술어에는 결합하지 못함을 알 수 있다. 이때 '-려고'는 어떤 행동을 할 의도나 욕망을 가지고 있음을 나타내는 연결 어미이므로, 형용사나 서술격 조사에는 결합하지 않고 동사와만 결합한다.

④ @에서 '그는 노래를 안 듣느라'가 성립하지 않는 것을 통해, 연결 어미 '-느라'가 부정 요소 '안'과 함께 쓰이지 못함을 알 수 있다. 이때, '-느라'는 앞 절이 뒤 절의 원인이나 이유가 됨을 나타내는 연결 어미이다.

65. ④

정답 설명

㉣은 '비가 내리다 + 눈이 오다'의 문장이 연결 어미 '-거나'를 통해 대등하게 이어진 문장이다. 이때, '비가 내리거나 눈이 오다'는 명사형 전성 어미 '-기'와 결합하여 명사절로 쓰이고 있으며, 이 명사절은 '기다렸다'의 목적어(주성분)로 기능하고 있으므로 제시된 선지는 적절하지 않다.

오답 설명

① ㉠은 '(~가) 물고기를 구하다 + (~가) 나무에 올라가다'의 문장이 연결 어미 '-러'를 통해 종속적으로 이어진 문장이다. 이때, '물고기를 구하러 나무에 올라가다'는 명사형 전성 어미 '-기'와 결합하여 명사절로 쓰이고 있으며, 이 명사절은 '어리석은 일이다'의 주어로 기능하고 있으므로 제시된 선지는 적절하다.

② ㉡은 '이 집의 정원이 넓다 + (정원이) 마음에 든다'의 문장이 연결 어미 '-어서'를 통해 종속적으로 이어진 문장이다. 이때, '이 집의 정원이 넓어서 마음에 든다'는 간접 인용절의 조사 '고'와 결합하여 인용절로 기능하고 있으므로, 제시된 선지는 적절하다.

③ ㉢은 '날씨가 춥다 + (몸이) 얼다'의 문장이 연결 어미 '-어서'를 통해 종속적으로 이어진 문장이다. 이때 '날씨가 추워서 (몸이) 얼다'는 관형사형 전성 어미 '-(으)ㄴ'과 결합하여 후행하는 명사 '몸'을 수식하는 관형어로 기능하고 있으므로, 제시된 선지는 적절하다.

⑤ ㉤은 '(~가) 공원을 조성하다 + (~가) 조형물을 설치하다'의 문장이 연결 어미 '-고'를 통해 대등하게 이어진 문장이다. 이때, '공원을 조성하고 조형물을 설치하다'는 관형사형 전성 어미 '-는'과 결합하여 후행하는 명사 '정책'을 수식하는 관형절로 기능하고 있으므로, 제시된 선지는 적절하다.

1. ③

정답 설명

'시험이 내일모레로 눈앞에 다가왔다.'에서 '눈앞'은 '눈으로 볼 수 있는 아주 가까운 곳'의 의미가 아니라, '아주 가까운 장래'를 의미한다. 따라서 기존 의미를 벗어나 새로운 의미를 획득한 ㉢(융합 합성어)으로 보는 것이 적절하다.

오답 설명

① '손가락'은 '손의 가락'이라는 의미로 '손'이 '가락'을 수식하는 관계이므로 종속 합성어이다.

② '쌀밥'은 '쌀로 지은 밥'의 의미로 '쌀'이 '밥'을 수식하는 관계이므로 종속 합성어이다.

④ '아들딸'은 '아들'과 '딸'을 아울러 이르는 말로, 두 성분이 대등한 관계를 이루고 있으므로 대등 합성어이다.

⑤ '종이호랑이'는 '종이'와 '호랑이'의 의미를 그대로 결합한 것이 아니라, '겉보기에는 힘이 셀 것 같으나 사실은 아주 약한 것'을 이르는 말이다. 따라서 기존 의미를 벗어나 새로운 의미를 획득한 예이므로 융합 합성어이다.

2. ④

정답 설명

'뜬소문'은 용언의 어간 '뜨-'에 관형사형 어미 '-(으)ㄴ'이 결합하여 명사 어근 '소문'을 수식하고 있으므로 통사적 합성어이다.

오답 설명

① '뾰족구두'는 부사 어근 '뾰족'이 명사 어근 '구두'를 수식하고 있다. 일반적인 문장 구조에서는 부사가 용언을 수식하고 관형사가 체언을 수식한다. '뾰족구두'는 이러한 일반적인 문장 구조를 따르지 않는 비통사적 합성어이다.

② '꺾쇠'는 '꺾다'의 어간 '꺾-'에 명사 '쇠'가 결합한 합성어이다. 이는 용언이 체언을 수식하는 관계인데, 관형사형 어미와 결합하지 않고 용언의 어간이 명사와 직접 결합하고 있으므로 비통사적 합성어이다.

③ '깨물다'는 '깨다'와 '물다'의 어간 '깨-', '물-'이 결합한 합성어이다. 용언의 어간과 어간이 연결 어미 없이 직접 결합하고 있으므로 비통사적 합성어이다.

⑤ '붙잡다'는 '붙다'와 '잡다'의 어간 '붙-', '잡-'이 결합한 합성어이다. 용언의 어간과 어간이 연결 어미 없이 직접 결합하고 있으므로 이는 비통사적 합성어이다.

3. ④

정답 설명

'바닷가'와 '우물가'는 어근과 어근이 결합한 합성어이다. '가'는 '경계에 가까운 바깥쪽 부분', '주변'의 뜻을 나타내는 명사로 어근에 해당한다.

오답 설명

① '하늘'은 더 이상 나눌 수 없는, 하나의 어근으로 이루어진 단일어이다.

② '새신랑'과 '구름다리'는 '새+신랑', '구름+다리'로 나뉘는데, 이때 '새'와 '신랑', '구름'과 '다리'는 각각 어근이므로 합성어이다.

③ '뛰놀다'와 '오가다'는 각각 '뛰-'와 '놀-', '오-'와 '가-'라는 어근끼리의 결합으

로 이루어진 합성어이다.

⑤ '먹히다'는 '먹다'의 피동사로, 어근 '먹-'에 피동의 의미를 갖는 접미사 '-히-'가 결합하였으므로 파생어이다.

4. ②

정답 설명

'형은 아침 일찍 서울로 갔다.'의 '가다'는 '한 곳에서 다른 곳으로 장소를 이동하다.'의 의미이고, '그녀는 어제 만난 남자에게 무척 호감이 갔다.'의 '가다'는 '관심이나 눈길 따위가 쏠리다.'의 의미이다. 둘 다 '가다'라는 하나의 표제어 안에 속하므로, ㉠(동음이의어)이 아닌 ㉡(다의어)의 예문이다.

오답 설명

① '선물을 예쁜 포장지에 싸서 준비해라.'의 '싸다'는 '물건을 안에 넣고 보이지 않게 씌워 가리거나 둘러 말다.'의 의미의 동사이다. '물건 값이 싸서 손님이 많구나.'의 '싸다'는 '물건 값이나 사람 또는 물건을 쓰는 데 드는 비용이 보통보다 낮다.'의 의미의 형용사이다. 따라서 ㉠(동음이의어)의 예로 적절하다.
③ '동생이 실수로 그릇을 깼다.'의 '깨다'는 '단단한 물체를 쳐서 조각이 나게 하다.'의 의미이고, '그 선수가 결국 세계 기록을 깼다.'의 '깨다'는 '어려운 장벽이나 기록 따위를 넘다.'의 의미이다. 둘 다 '깨다'라는 하나의 표제어 안에 속하므로, ㉡(다의어)의 예문으로 적절하다.
④ '번화가에 가게를 새로 냈다.'의 '내다'는 '가게 따위를 새로 차리다'의 의미이고, '아들이 본가 근처에 살림을 따로 냈다.'의 '내다'는 '살림, 세간 따위를 따로 차리게 하다.'의 의미이므로 ㉡(다의어)의 예문으로 적절하다.
⑤ '거실에 놓을 의자를 이웃집에서 얻었다.'의 '얻다'는 '거저 주는 것을 받아 가지다.'의 의미이고, '내가 그토록 바라던 며느리를 얻었다.'의 '얻다'는 '사위, 며느리, 자식, 남편, 아내 등을 맞다.'의 의미이므로 ㉡(다의어)의 예문으로 적절하다.

5. ⑤

정답 설명

'할머니 품에 아기를 안기다.'에서 '안기다'는 '안다'의 사동사이다. '안기다'는 본래 동사 '안다'의 어근 '안-'에 사동 접사 '-기-'가 결합한 형태이다. 따라서 '안기다'의 어간은 '안기-'이고, 어근은 '안-'이다.

오답 설명

① '입다'의 어간과 '입히다'의 어근은 '입-'으로 동일하다.
② '들어가다'는 어근 '들-'과 '가'가 결합한 합성어이다.
③ '앞서다'는 '앞서고, 앞서지, 앞서며' 등으로 활용하므로 어간은 '앞서-'이다. 의미상 중심이 되는 어근은 '앞', '서-'이다.
④ '날개', '덮개'는 어근 '날-', '덮-'에 '그러한 행위를 하는 간단한 도구'의 뜻을 더하고 품사를 명사로 만드는 접미사 '-개'가 결합한 파생어이다.

6. ⑤

정답 설명

'오르막길'은 어근 '오르-'에 '그렇게 된 곳'이라는 뜻을 더하는 접사 '-막'이 결합된 '오르막'과 '길'이 결합된 합성어이다. 접사 '-막'이 포함되어 있지만 '오르막길'은 직접 구성 요소로 나누면 두 개의 어근 '오르막'과 '길'로 나뉘므로 파생어가 아니라 합성어이다.

오답 설명

① '짓밟히다'는 어근 '짓밟-'에 접미사 '-히-'가 결합된 파생어이다. 또한 '짓밟-'은 접두사 '짓-'과 어근 '밟-'으로 구분할 수 있다. 따라서 '짓밟히다'는 두 개의 접사가 들어 있는 파생어가 맞다.
② '버드나무'는 '버들'과 '나무'가 결합된 합성어이며 '버들'과 '나무'는 모두 어근에 해당하므로 올바른 설명이다.
③ '되돌리다'에 포함된 접두사 '되-'와 '되감다'에 포함된 접두사 '되-'는 모두 '도로'의 뜻을 더해 주는 접두사이므로 올바른 설명이다.
④ '비빔밥'은 어근 '비비-'에 접사 '-ㅁ'이 결합한 '비빔'이 명사 어근 '밥'과 합쳐져 이루어진 합성어이다. '웃음꽃' 역시 어근 '웃-'에 접사 '-음'이 결합한 '웃음'이 명사 어근 '꽃'과 합쳐져 이루어진 합성어이므로 올바른 설명이다.

7. ⑤

정답 설명

'그것을 굳이 문제 삼을 것 없다.'라는 문장에서 '삼다'는 '무엇을 무엇이 되게 하거나 여기다.'라는 의미로 사용되었으므로 삼다02의 「3」의 용례가 아닌 「2」의 용례로 추가해야 한다.

오답 설명

① 삼다01과 삼다02는 별개의 표제어로 수록되었고, 그 의미가 전혀 연관성이 없으므로 동음이의 관계이다.
② 삼다01은 [삼아, 삼으니] 등으로 활용되고 삼다02도 [삼아, 삼으니] 등으로 활용되므로 둘 다 어간이나 어미의 형태 변화 없이 활용되는 규칙 활용을 한다고 볼 수 있다.
③ 삼다01은 주어와 목적어를 요구하는 두 자리 서술어이고, 삼다02는 주어와 목적어 외에 【…으로】라는 필수적 부사어를 추가로 요구하는 세 자리 서술어이다.
④ 삼다02의 「1」은 '어떤 대상과 인연을 맺어 자기와 관계있는 사람으로 만들다.'라는 의미로 '친구의 딸을 며느리로 삼다. = 친구의 딸을 며느리로 정하다.'의 경우처럼 '여럿 가운데 선택하거나 판단하여 결정하다.'를 의미하는 '정하다'와 유사한 의미로 사용될 수 있다.

8. ①

정답 설명

'만큼'은 의존 명사와 조사 두 가지 품사로 쓰이는데, '사랑한 만큼'에서 '만큼'은 '사랑한'이라는 관형어의 꾸밈을 받는 의존 명사이다. 따라서 제41항이 아닌 제42항에 따라 띄어 써야 한다.

오답 설명

② '한'은 수 관형사이며 '그루'는 단위를 나타내는 의존 명사이므로 제42항 규정에 따라 띄어 쓰는 것이 적절하다.
③ '숨어 버렸다'는 본용언과 보조 용언의 결합 형태이다. 그러므로 제47항 규정에 따라 띄어 씀을 원칙으로 하되 붙여 써도 된다.
④ '떠내려가고 말았다'의 '떠내려가다'는 '뜨- + -어 + 내리- + -어 + 가- + -다'로 분석할 수 있는 합성어이다. 그러므로 제47항 '다만'의 두 번째 조항에 따라 뒤에 이어 나오는 보조 용언 '말았다'와 띄어 써야 한다.
⑤ '듯'은 의존 명사이고, '도'는 조사이다. 그러므로 제41항에 따라 두 단어를 붙여 쓰고, 제42항에 따라 앞말인 '올'과 띄어 써야 한다.

9. ④

정답 설명

이르다1과 이르다3은 【…에】, 【…보다/-기에】와 같이 부사어를 필요로 하는 두 자리 서술어이다. 그러나 이르다2의 경우, 【…에게 …을】처럼 목적어와 부사어를 요구하는 세 자리 서술어이거나 【…을】처럼 목적어를 필요로 하는 두 자리 서술어이므로 적절한 선지가 아니다.

오답 설명

① 이르다1은 [일러]로 활용되는 이르다2, 이르다3과 달리 [이르러]로 활용된다.
② '타이르다'는 '잘 깨닫도록 일의 이치를 밝혀 말해 주다.'의 의미를 갖고 있기 때문에 이르다2 ⓒ의 유의어라고 할 수 있다.
③ 이르다1, 이르다2는 움직임을 나타내는 동사, 이르다3은 상태나 성질을 나타내는 형용사이다.
⑤ 해당 예문의 '이르다'는 '어떤 장소에 닿다.'라는 뜻이므로 이르다1 ㉠에 해당하는 예문으로 추가할 수 있다.

10. ②

정답 설명

'들어서다'는 '밖에서 안쪽으로 옮겨 서다.', '들어오다'는 '일정한 지역이나 공간의 범위와 관련하여 그 밖에서 안으로 이동하다.'라는 의미로, 모두 '들다1' ㉠의 뜻을 살리고 있다.

오답 설명

① 하나의 표제어 안에서 다의 관계를 형성할 때 중심적 의미와 주변적 의미로 나누며, 대개 번호가 앞인 것이 중심적 의미, 뒤의 것이 주변적 의미에 해당한다. '들다1', '들다2'와 같이 표제어 번호가 별개인 것은 동음이의 관계이다.
③ '전국에 풍년이 들다.'에서 쓰인 '들다'는 '어떤 일이나 기상 현상이 일어나다.'의 의미를 갖기 때문에 '들다1' ⓒ의 용례로 추가할 수 없다.
④ '올리다'는 '위쪽으로 높게 하거나 세우다.'의 의미를 갖고 있기 때문에 '들다2' ㉠의 유의어로 적절하지 않다. 만약 '역기를 들다.', '손을 들다.'에 쓰인 '들다'의 의미가 제시되어 있다면 '올리다'를 유의어로 볼 수 있다.
⑤ '들다1'의 속담은 '들다'와 '나다'의 반의 관계를 이용한 것이 맞지만, '들다2'의 속담에 쓰인 '나다'는 '일을 마치고 나니'와 같이 앞말이 뜻하는 행동을 끝내어 이루었음을 나타내는 보조 용언이므로 반의 관계를 이용한 것이 아니다.

11. ③

정답 설명

'붓다1', '붓다2'의 경우, 활용 형태가 '부어, 부으니, 붓는'으로 제시되고 있으므로 'ㅅ' 불규칙 활용을 하는 동사임을 알 수 있다. '붇다'의 경우, 활용 형태가 '불어, 불으니, 붇는'으로 제시되고 있으므로 'ㄷ' 불규칙 활용 동사로 볼 수 있다.

오답 설명

① '붓다1', '붓다2'는 별개의 표제어로 수록되었고, 그 의미가 전혀 연관성이 없으므로 동음이의 관계이다.
② '붓다1'과 달리 '붓다2'는 【…에/에게 …을】에 해당하는 문장 성분이 더 필요함을 확인할 수 있다.
④ '붓다2 「1」'의 '액체나 가루 따위를 다른 곳에 담다.'의 의미를 고려할 때, '따르다'와 유의 관계에 있는 것으로 볼 수 있다.

⑤ 문장의 맥락을 고려할 때, '불은'은 '물에 젖어서 부피가 커지다.'의 의미이므로 '붇다 「1」'의 용례로 적절하다.

12. ④

정답 설명

'검붉다'는 합성어로 어근 '검-'과 어근 '붉-'이 결합한 것이다. '검붉고', '검붉으니' 등의 활용형을 고려하면 어간이 '검붉-'임을 알 수 있다.

오답 설명

① '치솟다'는 어근 '솟-'에 접두사 '치-'가 결합한 것이다. '치솟아', '치솟은' 등의 활용형을 고려하면 어간이 '치솟-'임을 알 수 있다.
② '잡히다'는 어근 '잡-'에 피동 접사 '-히-'가 결합한 것이다. '잡히고', '잡히니' 등의 활용형을 고려하면 어간이 '잡히-'임을 알 수 있다.
③ '설익다'는 어근 '익-'에 접두사 '설-'이 결합한 것이다. '설익은', '설익어서' 등의 활용형을 고려하면 어간이 '설익-'임을 알 수 있다.
⑤ '날아가다'는 합성어로 어근 '날-'과 어근 '가-'가 결합한 것이다. '날아가니', '날아가고' 등의 활용형을 고려하면 어간은 '날아가-'임을 알 수 있다.

13. ⑤

정답 설명

'달리기'는 동사의 어근 '달리-'에 명사 파생 접사 '-기'가 결합하여 만들어진 명사이고, '세우기'는 '세우다'라는 동사의 활용형으로, 동사의 어간 '세우-'에 명사형 전성 어미 '-기'가 결합한 형태이다. 〈보기〉에서 '달리기'는 관형어 '꾸준한'의 수식을 받지만, '세우기'는 관형어가 아닌 부사어 '조속히'의 수식을 받는 것을 확인할 수 있다. 일반적으로 관형어는 체언을 수식하고 부사어는 용언을 수식한다. 따라서 이를 통해 '달리기'는 사전에서 찾을 수 있는 명사이며, '세우기'는 '세우다'의 활용형이므로 사전에서 찾을 수 없음을 알 수 있다.

오답 설명

① '달리기'의 '-기'는 파생 접사이고, '세우기'의 '-기'는 명사형 전성 어미이다. 파생 접사와 명사형 전성 어미의 형태가 같으므로, 어간에 '-기'를 결합했다는 점만으로는 둘의 차이를 확인하기 어렵다.
② 제시된 예문에서 목적어를 취하는 것은 '달리기'가 아니라 '세우기'이다. 사전에 명사로 등재된 '달리기'는 서술성이 없으므로 목적어를 취할 수 없다.
③ '달리기'는 주동사 '달리다', '세우기'는 '서다'의 사동사인 '세우다'와 관련이 있다. 그러나 이것을 근거로 결론의 내용을 도출할 수는 없다.
④ '달리기'와 '세우기'는 모두 조사와 결합하여 각각 목적어와 부사어로 쓰이고 있다. 그러나 조사의 결합 유무와 문장 성분의 종류를 근거로 '세우기'가 명사가 아니라 동사의 활용형이라고 결론지을 수는 없다.

14. ⑤

정답 설명

'우짖는'은 '울- + 짖- + -는'으로 형태소 분석을 할 수 있다. 이때 '울-', '짖-'은 어근, '-는'은 어미이므로, ◎은 어근, ☆은 어미를 가리킨다. '되묻고'는 '되- + 묻- + -고'로 형태소 분석을 할 수 있다. 이때 '되-'는 접사, '묻-'은 어근, '-고'는 어미에 해당한다. '밀치는'은 '밀- + 치- + -는'으로 형태소 분석을 할 수 있다. '밀-'은 어근, '치-'는 접사, '-는'은 어미이므로 '되묻고'의 '되-', '밀치다'의 '치-'를 통해 ◇은 접사를 가리킨다는 것을 알 수 있다. '짓밟히며'는 '짓- + 밟- + -히- + -며'로 형태소 분석을 할 수 있는데, '접사+어근+접사+어미'의 결합이므로, 이를 주어진 기호로 나타내면 '◇+◎+◇+☆'이 된다.

15. ③

정답 설명

'출생 연도'는 붙여 쓰지 않고 띄어 썼다. 이를 통해 '출생 연도'는 하나의 단어가 아니며 '출생'과 '연도'의 두 단어가 나란히 쓰인 것임을 알 수 있다. 이때 '연도'의 '연'은 단어의 첫머리에 오기 때문에 두음 법칙을 적용하여 적는다. 반면 합성어 '남녀'의 '녀'는 이미 두음 법칙이 적용된 자립 명사에 해당하지 않고, 단어의 첫머리가 아닌 둘째 음절에 오므로 두음 법칙을 적용하지 않는다.

16. ⑤

정답 설명

'읽다'는 '누가 무엇을 읽다.'라는 능동문에서 사용되고, 접미사 '-히-'가 붙어 '읽히다'로 파생되면 '무엇이 누구에게 읽히다.'라는 피동문으로 바뀌거나 '누가 누구에게 무엇을 읽히다.'와 같이 사동문으로 바뀌어 문장 구조가 변한다. 그러나 '읽다'와 '읽히다' 모두 동사이므로 품사에는 변화가 일어나지 않는다. 따라서 품사와 문장 구조가 모두 변하는 ⓔ로 분류하는 것은 적절하지 않다.

오답 설명

① '파랗다'의 품사는 형용사이며, 접두사 '새-'에 의해 파생된 '새파랗다'의 품사 역시 형용사이다. 따라서 품사와 문장 구조에 변화가 없으므로 ㉠의 예로 적절하다.
② '달리다'의 품사는 동사이며, 접미사 '-기'에 의해 파생된 '달리기'의 품사는 명사이다. 따라서 동사에서 명사로 품사의 변화가 있으므로 ㉡의 예로 적절하다.
③ '지우다'의 품사는 동사이며, 접미사 '-개'에 의해 파생된 '지우개'의 품사는 명사이다. 따라서 동사에서 명사로 품사의 변화가 있으므로 ㉡의 예로 적절하다.
④ '열다'는 '누가 무엇을 열다.'라는 능동문에서 사용되고, 접미사 '-리-'가 붙어 '열리다'로 파생되면 '무엇이 누군가에게 열리다.'라는 피동문으로 바뀌어 문장 구조가 변한다. 따라서 ㉢의 예로 적절하다.

17. ③

정답 설명

'마소'는 '말'과 '소'가 결합한 합성어로, '말'의 'ㄹ'이 탈락하여 형태 변화를 보인다. 하지만 '마소'는 '말과 소를 아울러 이르는 말'을 뜻하므로 의미 변화는 없다.

오답 설명

① '어제오늘'은 '어제'와 '오늘'이 결합한 단어로, 형태 변화를 보이지 않는다. 하지만 '어제오늘'은 '아주 최근이나 요 며칠 사이를 이르는 말'을 뜻하므로 의미 변화는 있다.
② '안팎'은 '안'과 '밖'이 결합한 단어로, 형태 변화를 보인다. 또한 '사람의 안팎'으로 쓰일 경우에는 '마음속의 생각과 겉으로 드러나는 행동'이라는 뜻으로 쓰이므로 의미 변화도 있다.
④ '서너'는 '세'와 '네'가 결합한 단어로, 형태 변화를 보인다. 하지만 '서너'는 '그 수량이 셋이나 넷임을 나타내는 말'을 뜻하므로 의미 변화는 없다.
⑤ '소나무'는 '솔'과 '나무'가 결합한 단어로, '솔'의 'ㄹ'이 탈락하여 형태 변화를 보인다. 하지만 의미 변화는 없다.

18. ⑤

정답 설명

(ㅁ)에서 '-이'는 접사이고, '-게'는 어미이다. 그런데 '짧게', '얇게'는 성립하지만 '짧이', '얇이'는 성립하지 않는 것을 통해 접사가 결합할 수 있는 어근에 대한 제약이 어미보다 크다는 것을 알 수 있다.

오답 설명

① (ㄱ)에서 접사 '-꾼'은 명사 어근 뒤에 온 것이고, 접사 '덧-'은 동사 어근 앞에 온 것이다.
② (ㄴ)에서 접사 '-음'은 어근의 품사를 동사나 형용사에서 명사로 바꾸는 기능을 하며, 접사 '-하-'는 어근의 품사를 명사에서 동사나 형용사로 바꾸는 기능을 한다.
③ (ㄷ)에서 접사 '군-'은 어근 '말'의 의미를 한정하는 기능을 한다.
④ (ㄹ)에서 접사 '-다랗-'은 어미 '-다'에 선행한다.

19. ⑤

정답 설명

'볶음밥'의 직접 구성 요소는 '볶음'과 '밥'이다. 그리고 '볶음'은 다시 어근 '볶-'과 명사 파생 접미사 '-음'으로 분석할 수 있는 파생어이며, '밥'은 단일어이다. 따라서 '볶음밥'은 단일어와 파생어로 이루어진 '눈높이'와 유사한 단어 형성 구조를 지닌다고 볼 수 있다.

오답 설명

① '불고기'는 단일어 '불'과 단일어 '고기'로 분석할 수 있는 합성어이다.
② '시누이'는 접사 '시-'와 단일어 '누이'로 분석할 수 있는 파생어이다.
③ '겁쟁이'는 단일어 '겁'과 접사 '-쟁이'로 분석할 수 있는 파생어이다.
④ '헛손질'은 접사 '헛-'과 파생어 '손질'로 분석할 수 있는 파생어이다.

20. ①

정답 설명

'물걸레'는 '물에 축여서 쓰는 걸레'라는 의미로, '물'이 '걸레'에 종속되는 관계를 지닌 채 결합된 종속 합성어이다.

오답 설명

② '태풍으로 도시는 쑥밭이 되었다.'에서의 '쑥밭'은 '매우 어지럽거나 못 쓰게 된 모양을 비유적으로 이르는 말'이다. 결합한 어근 '쑥'과 '밭'이 본래의 뜻을 잃어버리고 새로운 의미를 나타내므로 '쑥밭'은 융합 합성어이다.
③ '국그릇'은 '국을 담는 그릇'이라는 의미로, '국'이 '그릇'에 종속되는 관계를 지닌 채 결합된 종속 합성어이다.
④ '주고받다'는 '주다'와 '받다'가 대등한 자격으로 결합된 대등 합성어이다.
⑤ '유럽 전역에서 르네상스가 꽃피었다.'에서의 '꽃피다'는 '어떤 일이 발전하거나 번영하다.'라는 뜻을 지닌다. 결합한 어근 '꽃'과 '피다'가 본래의 뜻을 잃어버리고 새로운 의미로 사용되고 있으므로 '꽃피다'는 융합 합성어이다.

21. ②

정답 설명

'길다'와 '짧다'는 두 단어 사이에 중간 개념이 존재하는 '반대 관계'에 놓인 단어들이다. '길지도 짧지도 않은' 상태가 존재할 수 있기 때문이다. 따라서 '모순 관계'가 성립되지 않는다.

오답 설명

① '남자'와 '여자'는 두 단어 사이에 공통되는 의미 요소가 있으면서 오직 한 개의 의미 요소가 상반되는 경우에 해당하므로 반의 관계에 해당한다.

③ '춥다'와 '덥다'는 '춥지도 덥지도 않은' 상태가 존재할 수 있으므로 반의 관계 중 반대 관계에 놓인다.

④ '(몸을 곧게 하여) 서다'와 '(시계가) 서다'는 다의 관계에 있으며, 각각의 의미에 따라 반의 관계에 있는 단어가 '앉다'와 '가다'로 달라짐을 확인할 수 있다. 이처럼 하나의 단어가 다의어라면 여러 개의 반의어가 나타날 수 있다.

⑤ '부모'와 '자식'은 상대 관계가 성립되는 단어들이다.

22. ③

정답 설명

'부치다²'은 【…을 …에/에게】【…을 …으로】라는 문형 정보로 보아, 문형 정보가 【…에/에게】인 '부치다⁴'와는 달리 목적어를 필수적으로 요구한다는 점을 알 수 있다.

오답 설명

① 별개의 표제어로서 서로 뜻이 다르고 발음만 같은 단어는 동음이의어에 해당한다.

② '회부하다'는 '물건이나 사건 따위를 어떤 대상이나 과정으로 돌려보내거나 넘기다.'라는 의미를 가지며, '표결에 회부하다', '재판에 회부하여'라는 말이 가능한 점으로 미루어 볼 때, '부치다²[2]「1」'의 유의어로 사용될 수 있음을 알 수 있다.

④ '부치다⁴'와 달리 '부치다²'은 둘 이상의 의미를 갖는다는 점에서 다의어에 해당한다.

⑤ '그는 여행 계획을 비밀에 부친 채 침묵을 지켰다.'에서 '부치다'는 '어떤 일을 거론하거나 문제 삼지 아니하는 상태에 있게 하다.'라는 의미를 지니므로 '부치다²[2]「2」'의 용례로 적절하다.

23. ④

정답 설명

'천만리'는 작은 수가 큰 수보다 앞에 놓인 합성어로, (d)가 아닌 (b)의 구체적 사례가 된다. (d)의 구체적인 사례로는 '주종(주인과 부하를 아울러 이르는 말)', '금은(금과 은을 아울러 이르는 말)' 등을 들 수 있다.

오답 설명

① '어제'는 '오늘'보다 시간적으로 앞선다.
② '여섯'은 '일곱'보다 작은 수이다.
③ '여기'는 '저기'보다 말하는 이에게 가깝다.
⑤ '잘'은 긍정이고, '잘못'은 부정이다.

24. ⑤

정답 설명

'먹이'의 파생 접미사 '-이'는 동사를 명사로, '높이'의 파생 접미사 '-이'는 형용사를 부사로 바꾸어 새로운 단어를 만드는 역할을 수행하지만, '먹고'와 '높고'에서의

어미 '-고'는 단지 활용형을 만들 수 있을 뿐 새로운 단어를 만들지는 못한다.

오답 설명

① '먹이'의 파생 접미사 '-이'는 품사를 동사에서 명사로 바꾸어 주고, '높이'의 파생 접미사 '-이'는 품사를 형용사에서 부사로 바꾸어 주지만, 어미는 품사를 새롭게 바꾸어 주지 못한다.

② 어미는 그 의미가 일정하지만 파생 접미사는 결합되는 어근에 따라 그 의미가 일정하지 않은 경우가 있다. 예를 들어 '높게, 깊게, 짧게, 작게'에서 어미 '-게'는 그 의미가 모두 같지만, '털갈이, 재떨이, 구두닦이'의 파생 접미사 '-이'는 그 의미가 각각 다르다. '털갈이'의 '-이'는 '~하는 일'의 의미를 나타내고, '재떨이'의 '-이'는 '~하는 도구'를 나타내며, '구두닦이'의 '-이'는 '~하는 사람'을 나타낸다.

③ 파생 접미사와 결합된 말은 새로운 단어로서 사전에 등재되지만, 어미와 결합된 활용형은 사전에 등재되지 않는다.

④ '낮게, 얕게, *낮이, *얕이'에서 알 수 있듯이 어미는 어간과의 결합이 자유로운 반면, 파생 접미사는 그 결합에 제약이 있다. (* : 비문법적 표현.)

25. ④

정답 설명

'파도가 높게 쳤다.'의 '높게'는 '아래에서 위까지의 길이가 길다.'라는 중심적 의미로 사용되고 있고, '그 집의 천장은 굉장히 높다.'의 '높다' 역시 중심적 의미로 사용되고 있다. 따라서 이는 〈보기〉의 다의어의 의미 확장에 해당하는 것으로 볼 수 없으므로, ㉠~㉢의 경우에 해당하지 않는다.

오답 설명

① 생물에 쓰이던 말이 무생물에도 쓰이는 경우(㉠)에 해당한다.
②, ⑤ 구체적인 것을 가리키던 말이 추상적인 것에도 쓰이는 경우(㉡)에 해당한다.
③ 공간과 관련된 말이 시간과 관련된 말로도 쓰이는 경우(㉢)에 해당한다.

26. ①

정답 설명

'-기¹'의 용례인 '잠들기를 바랐다.'에서 '잠들기도', '잠들기만'과 같이 '-기¹'의 뒤에는 보조사가 올 수 있다. 또한 '-기²'의 용례인 '굵기 조절이 가능하다.'에서 '굵기도', '굵기만'과 같이 '-기²'의 뒤에도 보조사가 올 수 있으므로 선지의 내용은 적절하지 않다.

오답 설명

② '-기¹'의 용례인 '달리기'와 '잠들기'는 과거 시제 선어말 어미 '-었-'을 활용해 각각 '달리었기', '잠들었기'로 표현할 수 있다. 그러나 '-기²'는 선어말 어미가 뒤에 붙을 수 없기 때문에 선어말 어미를 활용한 시제 표현이 불가능하다.

③ '-기¹'의 '달리기'는 제시된 용례의 주어 '그는'의 서술어로 기능하는 반면에 '-기²'의 '달리기'는 운동의 종류로서 '달리기'를 지칭하는 명사이므로 주어 '그녀는'의 서술어로 기능하지 않는다.

④ '-기¹'은 명사형 전성 어미로 어간의 품사를 바꾸지 않는다. 반면에 '-기²'는 명사 파생 접미사로서 원래 단어의 품사를 명사로 바꾼다.

⑤ 표제어란 사전에 등재되는 단어를 말한다. 명사형 전성 어미인 '-기¹'이 결합한 '달리기'는 용언 '달리다'의 명사형이며 용언의 활용형 중 하나일 뿐이므로 사전에 실리지 못한다. 반면, 명사 파생 접미사인 '-기²'가 결합한 '달리기'는 새롭게 형성된 단어로, 사전에 명사로 등재된다.

27. ②

정답 설명

㉠의 접미사 '-이'는 형용사 '높다'의 어근 '높-'에 결합하여 명사 '높이'를 파생하며, ㉫의 접미사 '-이-'는 형용사 '높다'의 어근 '높-'에 결합하여 동사 '높이다'를 파생한다. 따라서 ㉠과 ㉫의 접미사 모두 단어의 품사를 바꾸어 준다.

오답 설명

① ㉠의 '높이'는 관형어 '파도의'의 수식을 받고 목적격 조사 '를'과 함께 쓰였으므로 명사이며, ㉡의 '높이'는 용언 '뛰었다'를 수식하고 있으므로 부사이다.
③ ㉢의 '-다랗-'은 형용사 '높다'의 어근 '높-'에 결합하여 '높다랗다'를 파생하는데, '높다랗다' 역시 형용사이다. 또한, ㉣의 '드-'는 형용사 '높다'의 어근 '높-' 앞에 결합하여 '드높다'를 파생하는데 '드높다' 역시 형용사이다.
④ ㉤의 '드높이다'는 '드- + 높- + -이- + -다'로 분석되는데, 이때 '드-'는 접두사이며 '-이-'는 접미사이다.
⑤ ㉤의 '드높이다'와 ㉫의 '높이다'에 쓰인 '-이-'는 '드높다', '높다'에 사동의 의미를 더해 주는 사동 파생 접미사이다.

28. ⑤

정답 설명

'알아보다'는 동사의 연결형 '알아'와 동사의 어간 '보-'가 결합한 합성어이다. 이러한 결합 형태는 국어 문장의 구성 방식에 부합하므로 통사적 합성어에 속한다.

오답 설명

① '밀대'는 동사 어간 '밀-'과 명사 '대'가 결합한 합성어이다. 어간이 어미 없이 바로 명사에 연결되는 단어 배열법은 국어의 문장 구성에서 일반적이지 않으므로 '밀대'는 비통사적 합성어이다.
② '이른바'는 동사의 관형사형 '이른'과 의존 명사 '바'가 결합한 합성어로 국어의 문장 구성 방식에 부합한다. 따라서 '이른바'는 통사적 합성어에 속한다.
③ '곁눈'은 명사 '곁'과 명사 '눈'이 결합한 합성어이다. 이는 국어의 문장 구성 방식에서 흔히 나타나는 단어 배열법이므로 '곁눈'은 통사적 합성어에 속한다.
④ '풀어지다'는 동사의 연결형 '풀어'와 동사의 어간 '지-'가 결합한 합성어이다. 이러한 결합 형태는 국어 문장의 구성 방식에 부합하므로 '풀어지다'는 통사적 합성어에 속한다.

29. ②

정답 설명

'치솟다'는 파생어로, '치-(접두사) + 솟-(어근) + -다(어말 어미)'로 분석되므로 어근은 '솟-'이다. '치솟고, 치솟으니'와 같이 활용하므로 어간은 '치솟-'이다.

오답 설명

① '눕히다'는 파생어로, 형태소를 분석하면 '눕-(어근) + -히-(사동 접사) + -다(어말 어미)'이다. '눕히고, 눕히니, 눕혀'와 같이 활용하므로 어근은 '눕-'이고 어간은 '눕히-'이다.
③ '얕보다'는 합성어로, 형태소를 분석하면 '얕-(어근) + 보-(어근) + -다(어말 어미)'이다. '얕보고, 얕보니, 얕보아'와 같이 활용하므로 어근은 '얕-', '보-'이고 어간은 '얕보-'이다.
④ '꿇다'는 형태소를 분석하면 '꿇-(어근) + -다(어말 어미)'이다. '꿇고, 꿇으니, 꿇어서'와 같이 활용하므로 어간 역시 '꿇-'임을 알 수 있다.

⑤ '잡히다'는 파생어로, 형태소를 분석하면 '잡-(어근) + -히-(접사) + -다(어말 어미)'이다. '잡히고, 잡히니, 잡혀'와 같이 활용하므로 어근은 '잡-' 어간은 '잡히-'이다. '바로잡다'는 합성어로, 형태소를 분석하면 '바로(어근) + 잡-(어근) + -다(어말 어미)'이다. '바로잡고, 바로잡으니, 바로잡아'처럼 활용하므로 어근은 '바로', '잡-'이고 어간은 '바로잡-'이다.

30. ①

정답 설명

'첫눈'은 자립 형태소 '첫(관형사)'과 자립 형태소 '눈(명사)'으로 나눌 수 있으므로 하나의 형태소가 아니다. 따라서 자립 형태소는 '첫', '눈', '사람', '낮', '산' 5개이다.

오답 설명

② 용언의 어간은 실질 형태소이면서 의존 형태소로, ㉠에 쓰인 '내리-', '가-'가 이에 해당한다.
③ ㉠에 쓰인 접사는 복수의 접미사 '-들'과 '한창'이라는 뜻을 더해 주는 접두사 '한-'의 2개이며, 모든 접사는 어근 없이 단독으로 쓰일 수 없는 의존 형태소이자 형식 형태소이다.
④ 어미는 단독으로 쓰일 수 없는 의존 형태소이자 형식 형태소이다. ㉠에 쓰인 어미는 '-자', '-았-', '-다' 3개이다.
⑤ ㉠에 쓰인 조사는 주격 조사 '이', 보조사 '은', 부사격 조사 '에', '으로' 4개이며, 모든 조사는 문법적인 의미를 지니는 형식 형태소이다.

31. ①

정답 설명

'밤낮'은 명사 '밤'과 명사 '낮'의 결합으로 이루어진 합성어이다. '밤과 낮을 가리지 않고 늘'이라는 의미를 가진 '밤낮'은 주어진 문장에서 용언 '놀'을 수식하는 부사로서 기능하고 있다.

오답 설명

② '봄비'는 '봄(명사)'과 '비(명사)'의 결합으로 이루어진 합성 명사이다.
③ '곧잘'은 '곧(부사)'과 '잘(부사)'의 결합으로 이루어진 합성 부사이다.
④ '잘못'은 '잘(부사)'과 '못(부사)'의 결합으로 이루어진 합성 부사이다.
⑤ '한바탕'은 '한(관형사)'과 '바탕(명사)'의 결합으로 이루어진 합성 부사이다.

32. ①

정답 설명

'구경꾼'은 명사 어근 '구경'과 접미사 '-꾼'으로 이루어진 파생 명사로, 접미사가 결합하기 전과 결합한 후의 품사가 명사로 같다. '쌓이다'는 동사 어근 '쌓-'과 접미사 '-이-'로 이루어진 파생 동사로, 접미사가 결합하기 전과 결합한 후의 품사가 동사로 같다. '가위질'은 명사 어근 '가위'와 접미사 '-질'로 이루어진 파생 명사로, 접미사가 결합하기 전과 결합한 후의 품사가 명사로 같다.
반면에 '걸음'은 동사 어근 '걷-'과 접미사 '-음'으로 이루어진 파생 명사로, 접미사가 결합한 후 품사가 동사에서 명사로 바뀌었다. '먹이'는 동사 어근 '먹-'과 접미사 '-이'로 이루어진 파생 명사로, 접미사가 결합한 후 품사가 동사에서 명사로 바뀌었다. '많이'는 형용사 어근 '많-'과 접미사 '-이'로 이루어진 파생 부사로, 접미사가 결합한 후 품사가 형용사에서 부사로 바뀌었다.

33. ②

> **정답 설명**

'뒤엉키다'는 '마구 엉키다.'라는 뜻이므로 '뒤-「2」'가 아닌 '뒤-「1」'의 용례로 추가할 수 있다.

> **오답 설명**

① '덧신'은 '겹쳐 신는 신'이라는 뜻이므로 '덧-「1」'의 용례로 추가할 수 있다.
③ '군말'은 '쓸데없는 말'의 의미를 지니므로 '군-「1」'의 용례로 추가할 수 있다.
④ 〈보기〉의 사전 정보에 의하면 '뒤-'는 동사만을 어근으로 취하고 있으며, '군-'은 명사만을 어근으로 취하고 있다. 반면 '덧-'은 명사 혹은 동사 앞에 붙을 수 있으므로, 둘 이상의 품사를 어근으로 취할 수 있다는 설명은 적절하다.
⑤ 〈보기〉에 용례로 제시된 단어들은 모두 접사 결합 전과 접사 결합 후의 품사가 바뀌지 않은 파생어들이다. 일반적으로 접두사는 단어의 품사를 바꾸지 않는다.

34. ②

> **정답 설명**

'-들'은 셀 수 있는 명사나 대명사 뒤에 붙어 복수의 뜻을 더하는 접미사이다. 접미사는 홀로 쓰일 수 없는 의존 형태소이자 문법적인 의미를 나타내는 형식 형태소이다.

> **오답 설명**

① '이'는 주격 조사이므로 홀로 쓰일 수 없는 의존 형태소이자 문법적인 의미를 나타내는 형식 형태소이다.
③ '마음'은 명사이므로 홀로 쓰일 수 있는 자립 형태소이자 실질적인 의미를 지닌 실질 형태소이다.
④ '생기-'는 동사의 어간으로, 어미와 결합해야만 쓰일 수 있는 의존 형태소이자 구체적인 동작의 의미를 지닌 실질 형태소이다.
⑤ '이다'는 체언 뒤에 붙어 서술어의 자격을 부여하는 서술격 조사이다. 조사는 의존 형태소이자 문법적인 의미를 나타내는 형식 형태소이다.

35. ④

> **정답 설명**

〈보기〉의 설명에서 '-적'이 붙은 말이 용언이나 문장 전체, 부사어, 관형어를 수식한다면 부사로 판단할 수 있다고 하였다. ⓒ은 '저렴하게'라는 부사어를 수식하고, ⓔ은 '식사를 집에서 해야'라는 문장을 수식하므로 부사이다.

> **오답 설명**

㉠은 명사 '관점'을 수식하고 있으므로 관형사이다. ⓒ은 부사격 조사 '으로'가 결합되어 있고, ⓓ은 서술격 조사 '이다'의 활용형 '인(어간 '이-' + 관형사형 전성 어미 '-ㄴ')'이 결합되어 있으므로 모두 명사이다.

36. ①

> **정답 설명**

㉠의 '보기'는 명사절 '경기장에서 결승전을 보기'의 서술어로, 생략된 주어를 취하는 동사이다. 서술성이 있으므로 이때의 '-기'는 명사형 어미이다. ⓒ의 '그리움'은 관형절 '고향에 대한'의 수식을 받는 명사로 서술성이 없다. 따라서 이때 '-ㅁ'

은 명사 파생 접미사이다.

> **오답 설명**

② ㉠의 '범인이었음'은 명사절 '그가 범인이었음'의 서술어로, 주어 '그가'를 취하는 동사이다. 서술성이 있으므로 이때의 '-(으)ㅁ'은 명사형 어미이다. ⓒ에서 '달리기'의 주어는 '토끼는'이고, 부사어 '빨리'의 수식을 받으므로 이때 '-기'는 명사형 어미이다.
③ ㉠의 '치기'는 명사절 '테니스 치기'의 서술어로, 생략된 주어 '우리 아버지가'를 취하는 동사이다. 서술성이 있으므로 이때의 '-기'는 명사형 어미이다. ⓒ의 '끊음'은 명사절 '담배를 끊음'의 서술어로, 생략된 주어 '형님이'를 취하는 동사이다. 즉 '끊음'은 서술성을 가지고 있으므로, 이때 '-음'은 명사형 어미이다.
④ ㉠의 '그림'은 관형어 '전원적인'의 수식을 받으므로 명사이다. 따라서 이때 '-ㅁ'은 명사 파생 접미사이다. ⓒ의 '말하기' 또한 관형어 '공손한'의 수식을 받으므로 이때 '-기'는 명사 파생 접미사이다.
⑤ ㉠의 '걸음'은 관형어 '급한'의 수식을 받으므로 명사이다. 따라서 이때 '-ㅁ'은 명사 파생 접미사이다. ⓒ의 '꿈' 또한 관형어 '이상한'의 수식을 받고 있으므로 이때 '-ㅁ'은 명사 파생 접미사이다.

37. ③

> **정답 설명**

'눈가리개'는 어근('눈')에 어근+접미사('가리-'+'-개')가 결합된 합성어이므로 ㉠에 해당한다. '비빔밥'은 어근+접미사('비비-'+'-ㅁ')에 어근('밥')이 결합된 합성어이므로 ⓒ의 예이다. '나들이'는 어근+어근('나-'+'들-')에 접미사('-이')가 결합된 파생어이므로 ⓒ의 예이다.

> **오답 설명**

'바닷물고기'는 어근('바다')과 어근+어근('물'+'고기')이 결합된 합성어이므로 ㉠, ⓒ, ⓒ 중 어디에도 속하지 않는다. '찜질'은 어근+접미사('찌-'+'-ㅁ')에 접미사('-질')가 결합된 파생어이므로 ㉠, ⓒ, ⓒ 중 어디에도 속하지 않는다.

38. ①

> **정답 설명**

표제어 옆에 제시된 [다루어(다뤄), 다루니]는 용언의 활용 양상을 나타낸다. '다뤄'는 용언 어간 '다루-'에 연결 어미 '-어'가 결합한 활용형인 '다루어'에서 모음 축약('ㅜ + ㅓ → ㅝ')이 일어난 것이다. 용언의 활용에서 일어나는 모음 축약은 우리말 전반에서 일어나는 일반적인 양상이므로, 규칙 활용에 속한다. 또한 '다루니'는 용언의 어간과 어미의 형태가 변하지 않았으므로 규칙 활용에 속한다. 따라서 [다루어(다뤄), 다루니]를 통해 '다루다'는 규칙 활용을 하는 용언임을 알 수 있다.

> **오답 설명**

② 【 】 안에는 해당 서술어가 필수적으로 요구하는 문장 성분이 제시된다. 다만, 주어는 모든 서술어가 요구하는 필수 성분이므로, 사전 정보에 따로 표시하지 않는다. 즉 주어는 【 】 안에 제시되지 않는다. 따라서 [1]은 주어와 목적어를 필요로 하는 두 자리 서술어, [2]는 주어와 목적어, 부사어까지 요구하는 세 자리 서술어이다.
③ '모든 신문에서 남북 회담을 특집으로 다루고 있다.'에서 '다루다'는 '어떤 것을 소재나 대상으로 삼다.'라는 [2]-ⓒ의 의미에 해당한다.
④ 하나의 표제어에 제시된 여러 의미들은 해당 단어가 다의어임을 나타낸다. 반

면, 동음이의어는 소리만 같고 의미는 전혀 다른 별개의 단어이므로, 각각의 표제어로 등재된다. 〈보기〉에서는 '다루다'라는 하나의 표제어에 [1], [2]와 같이 여러 의미가 제시되어 있으므로 '다루다'는 다의어임을 알 수 있다.

⑤ 전성 어미는 용언이 문장 내에서 특정 품사의 역할을 수행하도록 해주지만, 품사를 바꾸지는 못하며 새로운 단어를 형성할 수도 없다. 따라서 어미에 의한 용언의 활용형은 사전에 따로 등재되지 않으며, 기본형인 '-다'의 형태만 등재된다.

39. ③

정답 설명

'딱성냥'에서 '딱'은 '단단한 물건이 부러지거나 서로 부딪치는 소리 또는 그 모양'을 뜻하는 부사이다. 우리말에서 명사를 수식하는 것은 관형사이므로, '딱성냥'은 부사가 명사를 수식하는 구조로 결합된 비통사적 합성어이다.

오답 설명

① '반달'은 '반(명사)+달(명사)'로 통사적 합성어이다.
② '다시없다'는 '다시(부사)+없다(형용사)'로, 부사가 용언을 수식하는 구조의 통사적 합성어이다.
④ 용언의 어간은 반드시 어미와 함께 쓰여야 한다. '덮그물'은 용언 어간 '덮-'이 관형사형 전성 어미 없이 명사 '그물'을 수식하는 구조이므로, 비통사적 합성어이다.
⑤ '헐뜯다'는 '집 따위의 축조물이나 쌓아 놓은 물건을 무너뜨리다.'라는 의미를 가진 용언 어간 '헐-'이 연결 어미 없이 용언 '뜯다'에 결합한 것이므로 비통사적 합성어이다.

40. ④

정답 설명

'지새도록'은 '해나 달이 서쪽으로 넘어가다.'라는 의미의 동사 '지다'의 어간 '지-'와 '날이 밝아 오다.'라는 의미의 동사 '새다'의 어간 '새-'가 결합하고, 여기에 어미 '-도록'이 붙은 것이다. 따라서 '지새도록'은 두 개의 실질 형태소와 한 개의 형식 형태소로 분석하는 것이 적절하다.

오답 설명

① '형사'는 명사로, 실질/자립 형태소이다. '는'은 조사이므로 형식/의존 형태소이다.
② '밤'은 명사로, 실질/자립 형태소이다. '계속'은 부사이므로, 실질/자립 형태소이다.
③ '귀를'의 '를'은 조사로, 문법적인 의미를 가지고 있는 형식 형태소이며 자립성이 없어 '귀'와 같은 단어와 결합하여 사용되므로 의존 형태소이다.
⑤ '기울이고'는 동사의 어간 '기울-'에 사동 접사 '-이-'와 어미 '-고'가 결합된 형태이므로 하나의 실질 형태소와 두 개의 형식 형태소로 구성되어 있다고 분석할 수 있다.

41. ⑤

정답 설명

'깎아지르다'는 용언의 활용형 '깎아-'에 용언 '지르다'가 결합한 단어로, 이는 통사적 합성어 중 용언의 활용형과 용언이 결합한 ⓒ의 예에 해당한다. 연결 어미 '-아'가 생략되지 않았으므로 ⓜ에 들어갈 말로 적절하지 않다.

오답 설명

① '건널목'은 용언의 활용형 '건널-'에 명사 '목'이 결합한 단어이다. 용언의 활용형과 명사가 결합한 통사적 합성어에 해당하므로 ⓐ에 들어갈 말로 적절하다.
② '뛰어가다'는 용언의 활용형 '뛰어-'에 용언 '가다'가 결합한 단어이다. 용언의 활용형과 용언이 결합한 통사적 합성어에 해당하므로 ⓒ에 들어갈 말로 적절하다.
③ '본받다'는 명사 '본'과 용언 '받다'가 결합한 단어로, '본을 받다'에서 조사가 생략된 단어이다. 명사와 용언 사이의 조사가 생략된 통사적 합성어에 해당하므로 ⓒ에 들어갈 말로 적절하다.
④ '산들바람'은 부사 '산들'과 명사 '바람'이 결합한 단어이다. 부사와 명사가 결합한 비통사적 합성어에 해당하므로 ⓔ에 들어갈 말로 적절하다.

42. ⑤

정답 설명

'군고구마'는 '굽다'의 활용형 '구운'의 준말 '군'과 '고구마'를 결합한 합성어로 앞말(군)이 뒷말(고구마)의 의미를 한정하는 구조의 '종속 합성어(ⓐ)'이며, '말소'는 '말'과 '소'가 결합하여 둘을 대등하게 이르는 말이므로 '대등 합성어(ⓒ)'이다.

오답 설명

① '논밭'은 '논'과 '밭'을 대등하게 이르는 말이므로 '대등 합성어(ⓒ)'이고, '밤낮' 역시 '밤'과 '낮'을 대등하게 이르는 말이므로 '대등 합성어(ⓒ)'이다.
② '물만두'는 '만두'의 한 종류를 이르는 말로, 앞말이 뒷말의 의미를 한정하는 '종속 합성어(ⓐ)'이며, '홍고추' 역시 '고추'의 한 종류를 이르는 말로, 앞말이 뒷말의 의미를 한정하는 '종속 합성어(ⓐ)'이다.
③ '함박눈'은 '눈'의 한 종류를 이르는 말로, 앞말이 뒷말의 의미를 한정하는 '종속 합성어(ⓐ)'이며, '덮밥' 역시 '밥'의 한 종류를 이르는 말로, 앞말이 뒷말의 의미를 한정하는 '종속 합성어(ⓐ)'이다.
④ '앞뒤'는 '앞'과 '뒤'를 대등하게 이르는 말이므로 '대등 합성어(ⓒ)'이며, '봄비'는 '비'의 한 종류를 이르는 말로, 앞말이 뒷말의 의미를 한정하는 '종속 합성어(ⓐ)'이다.

43. ②

정답 설명

㉮ '손잡이'는 '손으로 어떤 것을 열거나 들거나 붙잡을 수 있도록 덧붙여 놓은 부분'을 뜻하는 단어로, '사물'의 의미를 지닌다.
㉯ '털갈이'는 '짐승이나 새의 묵은 털이 빠지고 새 털이 남'을 뜻하는 단어로, '행위'의 의미를 지닌다.
㉰ '재떨이'는 '담뱃재를 떨어 놓는 그릇'을 뜻하는 단어로, '사물'의 의미를 지닌다.
㉱ '턱걸이'는 '철봉을 손으로 잡고 몸을 올려 턱이 철봉 위까지 올라가게 하는 운동' 등을 뜻하는 단어로, '행위'의 의미를 지닌다.
㉲ '쥐불놀이'는 '정월 대보름의 전날에 논둑이나 밭둑에 불을 붙이고 돌아다니며 노는 놀이'를 뜻하는 단어로, '행위'의 의미를 지닌다.

44. ①

정답 설명

〈보기〉에 따르면 본래 뜻으로부터 멀어져 특수한 뜻으로 쓰일 때는 한 단어(복합어)로 굳어진다고 하였다. 따라서 본래의 뜻에서 멀어져서 특별 수당을 비유적으로 표현할 때는 복합어 '떡값'을, 본래의 뜻인 떡의 가격을 뜻할 때는 구인 '떡값'을 써야 한다.

오답 설명

② 맏언니가 아닌 언니를 이르는 '작은언니'에서 '작은'은 '길이, 넓이, 부피 따위가 비교 대상이나 보통보다 덜하다.'라는 뜻을 가진 '작다(小)'의 본래 의미로부터 멀어졌으므로, 하나의 복합어를 이룬 사례이다.

③ '집안'은 '집 내부'를 나타내는 본래의 의미로부터 멀어져 '가문'의 뜻으로 쓰이므로 하나의 복합어를 이룬 사례이다.

④ 겁이 많은 사람의 마음을 뜻하는 '새가슴'은 '새의 가슴'을 나타내는 본래 의미로부터 멀어졌으므로 하나의 복합어를 이룬 사례로 볼 수 있다.

⑤ 시험 삼아 시도한다는 뜻을 나타내는 '한번'은 실제 횟수를 나타내는 본래의 의미로부터 멀어졌으므로 하나의 복합어를 이룬 사례로 볼 수 있다.

45. ③

정답 설명

'불성실'의 접두사 '불-'은 명사 '성실' 앞에 붙었으므로 주로 체언 앞에 오는 ㉠과 유사하다.

오답 설명

① 관형사는 주로 체언(명사, 대명사, 수사) 앞에 위치하는데, 접두사 '드-'는 형용사 앞에 위치하므로 ㉠과 다르다.

② 관형사는 주로 체언(명사, 대명사, 수사) 앞에 위치하는데, 접두사 '휘-'는 동사 앞에 위치하므로 ㉠과 다르다.

④, ⑤ '한-'과 '풋-'은 일부 명사 앞에서만 쓰이는 경우이므로, 비교적 여러 가지 말을 두루 꾸민다는 ㉡과 다르다.

46. ①

정답 설명

명사 '나들이'는 동사 '나다'의 어근 '나-'와 동사 '들다'의 어근 '들-'이 결합한 합성 동사 '나들다'의 어근 '나들-'에 명사 파생 접미사 '-이'가 결합해 형성된 파생어이다.

오답 설명

② 부사 '집집이'는 명사 어근 '집'과 명사 어근 '집'이 결합한 합성 명사 '집집'에 부사 파생 접사 '-이'가 결합해 형성된 파생어이다.

③ 명사 '여닫이'는 동사 '열다'의 어근 '열-'과 동사 '닫다'의 어근 '닫-'이 결합한 합성어 '여닫다'의 어근 '여닫-'에 명사 파생 접사 '-이'가 결합해 형성된 파생어이다.

④ '불꽃놀이'는 명사 어근 '불'과 명사 어근 '꽃'이 결합한 합성 명사 '불꽃'이, 동사 어근 '놀-'과 명사 파생 접미사 '-이'가 결합한 파생 명사 '놀이'와 결합한 합성어이다.

⑤ '꽃목걸이'는 동사 어근 '걸-'과 명사 파생 접미사 '-이'가 결합한 파생 명사 '걸이'에 명사 어근 '목'을 결합해 합성 명사 '목걸이'를 만든 후, 여기에 명사 어근 '꽃'을 결합해 형성된 합성어이다.

47. ⑤

정답 설명

'남다르다'는 명사 '남'과 용언 '다르다' 사이의 조사 '과'가 생략된 채 결합한 통사적 합성어이다.

오답 설명

① '새날'은 관형사 '새'와 명사 '날'이 결합한 통사적 합성어이다.

② '작은집'은 용언 '작다'의 관형사형 '작은'과 명사 '집'이 결합한 통사적 합성어이다.

③ '날아가다'는 용언 '날다'의 연결형 '날아'와 용언 '가다'가 결합한 통사적 합성어이다.

④ '접칼'은 용언 '접다'의 어간 '접-'이 어미를 생략한 채 명사 '칼'과 결합한 비통사적 합성어이다.

48. ④

정답 설명

〈보기〉에 의하면 ㉠은 관형어의 수식을 받는 명사이고, ㉡은 부사어의 수식을 받는 동사로서 주어를 취하는 서술어로 쓰인다. '잠'은 부사어 '깊게'의 수식을 받고, 생략된 주어 '나는'을 취하므로 동사의 어간 '자-'에 명사형 어미 '-(으)ㅁ'이 결합된 활용형으로 볼 수 있다. 따라서 '잠'의 품사는 동사로, ㉡과 동일하다.

오답 설명

① '웃음'이 주어 '그녀가'를 취하고 부사어 '환하게'의 수식을 받고 있다는 점에서 동사의 어간 '웃-'에 명사형 어미 '-(으)ㅁ'이 결합된 활용형임을 알 수 있다. 따라서 '웃음'의 품사는 동사로 ㉡과 동일하다.

② '깊음'은 주어 '강이'를 취하는 서술어이며, 부사어 '예상보다'의 수식을 받으므로 형용사의 어간 '깊-'에 명사형 어미 '-(으)ㅁ'이 결합된 활용형임을 알 수 있다. 이때 '깊음'의 품사는 형용사로, 명사인 ㉠과 품사가 다르다.

③ '싸움'은 주어를 취하지 못하며, 관형어 '격렬한'의 수식을 받고 있다. 따라서 '싸움'의 품사는 명사인 ㉠과 동일하다.

⑤ '춤'에 호응하는 주어가 없고, 관형어 '멋진'의 수식을 받고 있으므로 '춤'의 품사는 명사인 ㉠과 동일하다.

49. ②

정답 설명

〈보기〉에 '손⁰¹'의 하위 항목으로 「1」, 「2」, 「3」의 뜻이 제시되어 있다. 이 중 「1」에 제시된 '사람의 팔목 끝에 달린 부분.'이 가장 기본적인 중심적 의미이며, 「2」, 「3」은 여기서 파생된 주변적 의미이다. 이를 통해 '손⁰¹'이 기본 의미에서 파생된 여러 가지 의미를 지닌 다의어임을 알 수 있다.

오답 설명

① 반의 관계가 성립하기 위해서는 그 단어들이 서로 공통되는 의미 요소들을 가지면서 한 가지의 의미 요소에서만 차이를 보여야 한다. 가령 반의 관계인 '처녀'와 '총각'의 경우 '사람', '미혼'이라는 공통되는 의미 요소를 가지면서 동시에 각각 '여자', '남자'라는 성별 요소에서만 차이를 보인다. 하지만 '다리⁰¹「2」'와 '손⁰¹「1」'은 차이를 보이는 의미 요소가 많으므로 반의 관계에 해당하지 않는다.

③ '다리⁰¹「1」'과 '다리⁰¹「2」'는 '다리⁰¹'이라는 하나의 단어가 가지고 있는 여러 의

미에 해당한다. '다리01「1」'의 의미에서 '다리01「2」'의 의미가 파생된 것이므로, '다리01「1」'과 '다리01「2」'는 다의 관계를 가진다고 볼 수 있다. 반면 '손01'과 '손02'는 단어의 형태(소리)는 같으나 의미의 관련성이 없는 동음이의 관계이다.

④ '손01'과 '손02'는 의미적으로 관련성이 없으며, 사전에 별도의 표제어로 등재되어 있다는 점에서 단어의 형태(소리)는 같으나 의미가 다른 동음이의 관계임을 알 수 있다.

⑤ '다리01「1」'과 '다리01「2」'는 '다리01'이라는 하나의 단어가 가지고 있는 여러 의미에 해당하는 다의어 관계이다. '다리01「1」'의 의미에서 '다리01「2」'의 의미가 파생된 것으로, 의미의 관련성이 있다.

50. ④

정답 설명

㉠ '옷'과 '의복'은 뜻이 비슷한 단어들의 관계이므로 유의 관계에 해당한다.

㉣ '상의'와 '하의'는 서로 반대되는 의미를 나타내므로 반의 관계에 해당한다.

㉤ '반바지'는 '바지'의 하위어이므로 상하 관계에 해당한다.

오답 설명

㉡ '서점'과 '책방'은 뜻이 비슷한 단어들의 관계이므로 유의 관계에 해당한다.

㉢ 반의 관계는 공통된 속성을 가지면서 한 가지 속성만 다를 때 성립된다. '바지'와 '치마'는 각각 옷의 종류일 뿐, 서로 반대되는 말로 볼 수 없으므로 반의 관계에 해당하지 않는다. 또한 두 단어가 비슷한 의미를 지니거나 상위어-하위어 관계를 보이지도 않으므로 유의 관계, 상하 관계에도 해당하지 않는다.

51. ④

정답 설명

㉣의 '4차 산업'과 ㉤의 '체력'은 모두 추상적인 대상이다. 그러나 ㉣의 '4차 산업'은 '육성하다'와 어울려 쓰일 수 있지만, ㉤의 '체력'은 '육성하다'와 어울려 쓰이지 않는다.

오답 설명

① ㉠의 '꽃'에 대한 예문에는 '기르다'와 '키우다'에 'O'가 되어 있다. 따라서 식물이 목적어일 때 '키우다'와 '기르다'는 서로 대체될 수 있음을 알 수 있다.

② ㉡의 '강아지'라는 목적어에 대해 '기르다'와 '키우다'에 'O'가 되어 있다. 따라서 '기르다'와 '키우다' 모두 동물을 목적어로 취할 수 있는 타동사임을 알 수 있다.

③ ㉢의 '아기'에 대해 '기르다', '키우다', '양육하다' 모두에 'O'가 되어 있으므로, 이러한 경우에는 '기르다', '키우다', '양육하다' 모두 서로 대체될 수 있음을 알 수 있다.

⑤ '기르다', '키우다'가 식물, 동물, 사람, 추상적인 대상을 목적어로 취하는 데 비해 '양육하다'는 사람만을 목적어로 취한다는 점에서 '양육하다'는 '기르다', '키우다'와 다른 양상을 보인다.

52. ③

정답 설명

'벗다'는 '사람이 자기 몸 또는 몸의 일부에 착용한 물건을 몸에서 떼어 내다.'를 뜻한다. '옷'이나 '장갑' 등을 몸에서 떼어 내는 의미를 나타낼 때는 모두 '벗다'라

는 단어를 사용할 수 있다. 하지만 '벗다'와 반의 관계에 있는, 착용한다는 의미를 나타내는 동사는 '(옷을) 입다, (장갑을) 끼다, (모자를/안경을) 쓰다, (목도리를) 두르다, (신발을) 신다' 등으로 다양하다. ㉠에 들어가기 적합한 반의어로는 '장갑'과 호응하는 '벌어진 사이에 무엇을 넣고 죄어서 빠지지 않게 하다.'라는 의미의 '끼다'가 있다. 또한 ㉡에는 '벗다'와 반의 관계를 이루며 '모자 따위를 머리에 얹어 덮다.', '얼굴에 어떤 물건을 걸거나 덮어쓰다.'의 의미를 가지는 '쓰다'가 사용된 예문이 들어가야 한다. ③의 '미세 먼지 때문에 마스크를 썼다.'의 경우 '얼굴에 어떤 물건을 걸거나 덮어쓰다.'의 의미를 가지는 '쓰다'가 사용된 예문이다.

오답 설명

① '풀다'는 '묶이거나 감기거나 얽히거나 합쳐진 것 따위를 그렇지 아니한 상태로 되게 하다.'의 의미로, '벗다'와 반의 관계에 있지 않으므로 ㉠에 들어갈 말로 적절하지 않다. 또한, ㉡에는 '모자 따위를 머리에 얹어 덮다.', '얼굴에 어떤 물건을 걸거나 덮어쓰다.'의 의미를 가지는 '쓰다'가 들어가야 한다. 따라서 '혀로 느끼는 맛이 한약이나 소태, 씀바귀의 맛과 같다.'의 의미를 지닌 '쓰다'가 사용된 '입에 쓴 약이 몸에 좋다.'는 ㉡에 들어갈 말로 적절하지 않다.

② '풀다'는 '묶이거나 감기거나 얽히거나 합쳐진 것 따위를 그렇지 아니한 상태로 되게 하다.'의 의미로, '벗다'와 반의 관계에 있지 않으므로 ㉠에 들어갈 말로 적절하지 않다. '머리에 면사포를 쓴 신부가 입장했다.'의 '쓰다'는 '모자 따위를 머리에 얹어 덮다.'의 의미로 사용되었으므로 ㉡에 들어갈 말로 적절하다.

④ '끼다'는 '장갑'과 호응하여 ㉠에 들어갈 말로 적절하나, '영희는 조그마한 수첩에 일기를 쓴다.'의 '쓰다'는 '머릿속의 생각을 종이 혹은 이와 유사한 대상 따위에 글로 나타내다.'의 의미를 나타내므로 ㉡에 들어갈 말로 적절하지 않다.

⑤ '넣다'는 '한정된 공간 속으로 들게 하다.'의 의미로, '장갑'과 호응하지 않으므로 ㉠에 들어갈 말로 적절하지 않다. 또한 '빨래할 때 세제를 많이 쓰면 환경에 좋지 않다.'의 '쓰다'는 '어떤 일을 하는 데에 재료나 도구, 수단을 이용하다.'의 의미를 나타내므로 ㉡에 들어갈 말로 적절하지 않다.

53. ②

정답 설명

㉠ ⓐ의 '꺼내다'는 '속이나 안에 들어 있는 물건 따위를 손이나 도구를 이용하여 밖으로 나오게 하다.'의 의미이며, ⓑ의 '꺼내다'는 '마음속의 생각 따위를 말로 드러내 놓기 시작하다.'의 의미로 서로 의미상 연관이 있다. 따라서 ㉠의 '꺼내다'는 다의어이다.

㉡ ⓐ의 '치다'는 '천둥이나 번개 따위가 큰 소리나 빛을 내면서 일어나다.'의 의미이며, ⓑ의 '치다'는 '손이나 손에 든 물건으로 세게 부딪게 하다.'의 의미로 서로 의미상 연관이 없다. 따라서 ㉡의 '치다'는 동음이의어이다.

㉢ ⓐ의 '거칠다'는 '나무나 살결 따위가 결이 곱지 않고 험하다.'의 의미이며, ⓑ의 '거칠다'는 '행동이나 성격이 사납고 공격적인 면이 있다.'의 의미로 서로 의미상 연관이 있다. 따라서 ㉢의 '거칠다'는 다의어이다.

㉣ ⓐ의 '타다'는 '불씨나 높은 열로 불이 붙어 번지거나 불꽃이 일어나다.'의 의미이며, ⓑ의 '타다'는 '바닥이 미끄러운 곳에서 어떤 기구를 이용하여 달리다.'의 의미로 서로 의미상 연관이 없다. 따라서 ㉣의 '타다'는 동음이의어이다.

54. ⑤

정답 설명

'두다'가 문법적 의미로 확장되어 쓰이는 경우 앞말이 뜻하는 행동을 끝내고 그

결과를 유지함을 나타내며, 그 용례로 '불을 켜 두고 잠이 들었다.', '기계는 세워 두면 녹이 슬어요.', '편지를 써 둔 지가 오래되었는데 아직 부치지 않았다.' 등을 들 수 있다. 해당 문장에서 '두다'는 '가져가거나 데려가지 않고 남기거나 버리다.' 라는 어휘적 의미로 사용되었다.

오답 설명

① 해당 문장에서 '주다'는 어휘적 의미가 아니라 앞 동사의 행위가 다른 사람의 행위에 영향을 미침을 나타내는 문법적 의미로 사용되었다.
② 해당 문장에서 '오다'는 어휘적 의미가 아니라 어떠한 기준점으로 가까워지면서 계속 진행됨을 나타내는 문법적 의미로 사용되었다.
③ 해당 문장에서 '놓다'는 어휘적 의미가 아니라 앞말이 뜻하는 행동을 끝내고 그 결과를 유지함을 나타내는 문법적 의미로 사용되었다.
④ 해당 문장에서 '가다'는 어휘적 의미가 아니라 어떠한 기준점에서 멀어지면서 계속 진행됨을 나타내는 문법적 의미로 사용되었다.

55. ⑤

정답 설명

'명예'는 'ㄷ', 'ㅈ'으로 시작하는 명사가 아니므로 '불-'이 결합되어 '불명예'로 파생된다. '하얗다'는 첫음절의 초성이 'ㅎ'이고 중성이 양성 모음 'ㅏ'이므로 '새-'가 결합되어 '새하얗다'로 파생된다. '말갛다'는 첫음절의 초성이 울림소리이고 중성이 양성 모음 'ㅏ'이므로 '샛-'이 결합되어 '샛말갛다'로 파생된다. '허옇다'는 첫음절의 초성이 'ㅎ'이고 중성이 음성 모음 'ㅓ'이므로 '시-'가 결합되어 '시허옇다'로 파생된다.

오답 설명

① '균형'은 'ㄷ', 'ㅈ'으로 시작하는 명사가 아니므로 '불-'이 결합되어 '불균형'으로 파생된다. '까맣다'는 첫음절의 초성이 된소리이고 중성이 양성 모음 'ㅏ'이므로 '새-'가 결합되어 '새까맣다'로 파생된다. '멀겋다'는 첫음절의 초성이 울림소리이고 중성이 음성 모음 'ㅓ'이므로 접두사 '싯-'이 결합되어 '싯멀겋다'로 파생된다.
② '노랗다'는 첫음절의 초성이 울림소리이고 중성이 양성 모음 'ㅗ'이므로 접두사 '샛-'이 결합되어 '샛노랗다'로 파생된다.
③ '빨갛다'는 첫음절의 초성이 된소리이고 중성이 양성 모음 'ㅏ'이므로 접두사 '새-'가 결합되어 '새빨갛다'로 파생된다.
④ '까맣다'는 첫음절의 초성이 된소리이고 중성이 양성 모음 'ㅏ'이므로 접두사 '새-'가 결합되어 '새까맣다'로 파생된다.

56. ⑤

정답 설명

'어서들'의 경우 부사어 '어서'에 '들'이 결합되어 있으며, 그 문장의 생략된 주어('너희들' 등)가 복수임을 나타내고 있으므로 보조사(ㄴ)로 쓰인 예이다. '-들'이 복수의 뜻을 더하는 접미사(ㅁ)로 쓰이는 경우에는 셀 수 있는 명사나 대명사 뒤에 결합하는데, 그 예문으로 "그가 순식간에 사람들에게 둘러싸였다."를 들 수 있다.

오답 설명

① '공책, 신문, 지갑 들을'의 '들'은 열거한 둘 이상의 사물 모두를 가리키므로 의존 명사로 쓰인 적절한 예이다.
② '보고들'의 경우 연결 어미 '-고'에 '들'이 결합되어 있으며, 그 문장의 생략된

주어('너희들' 등)가 복수임을 나타내고 있으므로 보조사로 쓰인 적절한 예이다.
③ '주인 없이 여기저기 돌아다니는 개'를 뜻하는 '들개'의 '들-'은 '야생으로 자라는'의 뜻을 더하고 있으므로 접두사(ㄷ)로 쓰인 적절한 예이다.
④ '까다롭게 굴거나 잔소리를 하거나 하여 남을 못살게 굴다.'를 뜻하는 '들볶다'의 '들-'은 '마구', '몹시' 등의 뜻을 더하고 있으므로 접두사(ㄹ)로 쓰인 적절한 예이다.

57. ②

정답 설명

'노름'이 용언 '놀다'의 어간에 '-음'이 붙어서 파생된 명사인 것은 맞으나, 그 의미가 '도박'과 같이 어간 '놀다'의 뜻과 멀어졌으므로 제19항의 '다만' 조항에 따라 원형을 밝히지 않고 '노름'으로 적고 있는 것이다.

오답 설명

① '먹이'는 용언 '먹다'의 어간에 '-이'가 붙어서 파생된 명사이므로 제19항 1의 예로 제시할 수 있다.
③ '많이'는 용언 '많다'의 어간에 '-이'가 붙어서 파생된 부사이므로 제19항 3의 예로 제시할 수 있다.
④ '익히'는 용언 '익다'의 어간에 '-히'가 붙어서 파생된 부사이므로 제19항 4의 예로 제시할 수 있다.
⑤ '너머'는 용언 '넘다'의 어간에 '-어'가 붙어서 파생된 명사이므로 제19항 [붙임]의 예로 제시할 수 있다.

58. ③

정답 설명

'닦아만 두었다'는 앞말인 본용언 '닦아'에 보조사 '만'이 붙어 보조 용언 '두었다'와 띄어 써야 하는 경우이고, '덤벼들어 보아라'는 앞말인 본용언 '덤벼들어'가 합성 용언이어서 보조 용언 '보아라'와 띄어 써야 하는 경우이다.

오답 설명

① '조용도 하다'는 '조용하다'라는 형용사의 어근('조용')과 접미사('-하-') 사이에 보조사 '도'가 붙은 경우로, 서술어 '조용하다'가 하나의 형용사로만 이루어져 있으므로 보조 용언의 띄어쓰기와는 관계가 없다. '매달아 놓았다'는 앞말인 본용언 '매달아'가 합성 용언이어서 보조 용언 '놓았다'와 띄어 써야 하는 경우가 맞다.
② '올 듯은 하다'는 본용언에 조사가 붙은 경우가 아니라, 보조 용언 '듯하다'의 중간에 보조사 '은'이 들어가 '올 듯은 하다'와 같이 띄어 써야 하는 경우이므로 ⓐ에 해당되지 않는다. '다시없을 듯하다'는 앞말인 본용언 '다시없을'이 합성 용언이어서 보조 용언 '듯하다'와 띄어 써야 하는 경우가 맞다.
④ '알아는 둘게'는 앞말인 본용언 '알아'에 보조사 '는'이 붙어 보조 용언 '둘게'와 띄어 써야 하는 경우이다. '물어만 보고 갔다'는 본용언 '물어'에 보조사 '만'이 붙어 보조 용언 '보고'와 띄어 쓴 경우이므로 ⓑ가 아닌 ⓐ에 해당된다.
⑤ '깊어만 간다'는 앞말인 본용언 '깊어'에 보조사 '만'이 붙어 보조 용언 '간다'와 띄어 써야 하는 경우이다. '깨끗은 하다'는 '깨끗하다'라는 형용사의 어근('깨끗')과 접미사('-하-') 사이에 보조사 '은'이 들어간 경우로, 서술어 '깨끗하다'가 하나의 형용사로만 이루어져 있으므로 보조 용언의 띄어쓰기와는 관계가 없다.

59. ①

정답 설명

명사 '어머니'에 접사 '시-'가 붙어 명사 '시어머니'가 되었으므로, 품사와 문장 구조에 변화가 없는 ㉠의 예로 적절하다.

오답 설명

② 동사 '돌다'의 어간 '돌-'에 접사 '-리-'가 붙어 동사 '돌리다'가 되면 '팽이가 돌다.'라는 문장이 '내가 팽이를 돌리다.'와 같이 바뀌므로, 파생어의 사용으로 문장 구조가 달라지는 ㉢의 예이다.

③ 동사 '울다'의 어간 '울-'에 접사 '-음'이 붙어 명사 '울음'이 되므로, 파생어가 되어 품사가 달라지는 ㉡의 예이다.

④ 형용사 '넓다'의 어간 '넓-'에 접사 '-히-'가 붙어 동사 '넓히다'가 되면 '길이 넓다.'라는 문장이 '시에서 길을 넓히다.'와 같이 바뀌므로, 파생어가 되어 품사가 달라지면서 문장 구조도 달라지는 ㉣의 예이다.

⑤ 명사 '손'에 접사 '맨-'이 붙어 명사 '맨손'이 되므로 품사와 문장 구조에 변화가 없는 ㉠의 예이다.

60. ②

정답 설명

'발을'은 '발'이라는 명사에 '을'이라는 조사가 결합한 형태로, '을'은 반드시 다른 말에 붙어서만 쓰일 수 있는 의존 형태소이자 체언을 목적어로 기능하게 하는 문법적인 의미만을 나타내는 형식 형태소이다. 하지만 '발'은 문장에서 혼자 쓰일 수 있는 자립 형태소이자 '사람이나 동물의 다리 맨 끝부분'이라는 실질적인 의미를 지니고 있는 실질 형태소이다. 그러므로 '발'과 '을'이 모두 의존 형태소라는 선지의 내용은 적절하지 않다.

오답 설명

① '갑자기'는 부사로, 문장에서 혼자 쓰일 수 있는 자립 형태소이자 '미처 생각할 겨를도 없이 급히'라는 실질적인 의미를 지니고 있는 실질 형태소이다.

③ '어머'는 감탄사로, 문장에서 혼자 쓰일 수 있는 자립 형태소이자 '깜짝 놀랄 때 내는 소리'라는 실질적인 의미를 지니고 있는 실질 형태소이다.

④ '하다'는 동사로, 어간 '하-'는 혼자 쓰일 수 없는 의존 형태소이자 '(인용 조사 없이 발화를 직접 인용하는 문장 뒤에 쓰여) 인용하는 기능을 나타내는 말'이라는 실질적인 의미를 지니고 있는 실질 형태소이다.

⑤ '-다'는 어말 어미로, 반드시 어간이나 선어말 어미에 붙어서만 쓰일 수 있는 의존 형태소이자 문장 종결을 나타내는 문법적인 의미만을 나타내는 형식 형태소이다.

61. ③

정답 설명

㉢은 '휘- + [날- + -리- + -대]'로 분석할 수 있다. 이때, '날리다'는 어근 '날-'에 접사 '-리-'가 결합한 파생어이고, '날리다'와 결합한 '휘-'는 접두사이다. 따라서 '휘날리다'는 '날다'에서 파생된 '날리다'라는 단어가 먼저 존재하고 여기에 접사 '휘-'가 붙어 새로운 단어를 형성한 것이므로, 그 직접 구성 요소 중 하나가 파생어인 파생어이다.

오답 설명

① ㉠은 '말 + [다투- + -ㅁ]'으로 분석할 수 있다. 이때, '다툼'은 어근 '다투-'

에 명사 파생 접사 '-ㅁ'이 결합한 파생어이고, '다툼'과 결합한 '말'은 어근이다. 따라서 '말다툼'은 '다투다'에서 파생된 '다툼'이라는 단어가 먼저 존재하고 여기에 어근 '말'이 붙어 새로운 단어를 형성한 것이므로, 그 직접 구성 요소 중 하나가 파생어인 합성어이다.

② ㉡은 '[집 + 안] + 일'로 분석할 수 있다. 이때, '집안'은 어근 '집'과 어근 '안'이 결합한 합성어이고, '집안'과 결합한 '일' 역시 어근에 해당한다. 따라서 '집안일'은 단일 어근인 '집'과 '안'이 결합한 '집안'이라는 단어가 먼저 존재하고 여기에 어근 '일'이 붙어 새로운 단어를 형성한 것이므로, 그 직접 구성 요소 중 하나가 합성어인 합성어이다.

④ ㉣은 '드- + [높- + -이- + -대]'로 분석할 수 있다. 이때, '높이다'는 어근 '높-'에 사동 접사 '-이-'가 결합한 파생어이고, '높이다'와 결합해 어휘적 의미를 더하는 '드-'는 접두사이다. 따라서 '드높이다'는 '높다'에서 파생된 '높이다'라는 단어가 먼저 존재하고 여기에 접사 '드-'가 붙어 새로운 단어를 형성한 것이므로, 그 직접 구성 요소 중 하나가 파생어인 파생어이다. 참고로, '드높이다'는 '드높다'라는 단어가 이미 존재하고 있음을 들어 '[드- + 높-] + -이- + -대'로 분석하기도 한다. 이 경우에도 마찬가지로 접사 '드-'와 어근 '높-'이 결합한 파생어에 사동 접사 '-이-'가 붙어 새로운 단어를 형성한 것이다. 따라서 그 직접 구성 요소 중 하나가 파생어인 파생어이다.

⑤ ㉤은 '[열- + 닫-] + -이'로 분석할 수 있다. 이때, '여닫-'은 어근 '열-'과 어근 '닫-'이 결합한 합성어 '여닫다'에서 온 것이고, '여닫-'과 결합한 '-이'는 명사를 파생하는 접사이다. 따라서 '여닫이'는 어근 '열-'과 '닫-'이 결합한 '여닫-'의 어근이 있고, 이 어근에 명사 파생 접사 '-이'가 붙어 새로운 단어를 형성한 것이므로, 그 직접 구성 요소 중 하나가 합성어인 파생어이다.

62. ③

정답 설명

'군식구'는 '군- + 식구'로 분석할 수 있다. 이때, '군-'은 '쓸데없는', '덧붙은'의 뜻을 더하는 접두사이므로, '군식구'는 접사 '군-'과 어근 '식구'가 결합한 ⓑ(파생어)에 해당한다.

오답 설명

① '오른손'은 '오른 + 손'으로 분석할 수 있다. '오른'은 오른쪽을 이를 때 쓰는 말을 나타내는 관형사로, 하나의 어근으로 구성된 단일어이다. 이는 어근 '오른'과 어근 '손'이 결합한 것이므로, '오른손'은 ⓐ(합성어)에 해당한다.

② '남달랐다'의 기본형 '남다르다'는 '남 + 다르다'로 분석할 수 있다. 이는 어근 '남'과 어근 '다르-'가 결합한 것이므로, ⓐ(합성어)에 해당한다.

④ '헛디뎌'의 기본형 '헛디디다'는 '헛- + 디디다'로 분석할 수 있다. 이는 하나의 어근으로 구성된 단일어 '디디다'에 접사 '헛-'이 결합한 것이므로, ⓑ(파생어)에 해당한다.

⑤ '드날렸다'의 기본형 '드날리다'는 '드- + 날리다'로 분석할 수 있다. 이는 어근 '날-'에 접사 '-리-'가 결합된 파생어 '날리다'에 접사 '드-'가 결합한 것이므로, ⓑ(파생어)에 해당한다.

63. ④

정답 설명

'거울삼다'는 '남의 일이나 지나간 일을 보아 본받거나 경계하다.'라는 뜻의 동사로, '거울(로) 삼다'와 같이 그 구성 요소가 부사어와 서술어의 관계를 지니고 있다. 따라서 '거울삼다'는 ⓑ가 아니라 ⓒ에 해당하는 합성 용언이다.

오답 설명

① '동트다'는 '동쪽 하늘이 훤하게 밝아 오다.'라는 뜻의 동사로, '동(이) 트다'와 같이 그 구성 요소가 주어와 서술어의 관계를 지니고 있다. 따라서 '동트다'가 ⓐ에 해당한다는 선지의 진술은 적절하다.

② '철들다'는 '사리를 분별하여 판단하는 힘이 생기다.'라는 뜻의 동사로, '철(이) 들다'와 같이 그 구성 요소가 주어와 서술어의 관계를 지니고 있다. 따라서 '철들다'가 ⓐ에 해당한다는 선지의 진술은 적절하다.

③ '혼내다'는 '윗사람이 아랫사람의 잘못에 대하여 호되게 나무라거나 벌을 주다.' 라는 뜻의 동사로, '혼(을) 내다'와 같이 그 구성 요소가 목적어와 서술어의 관계를 지니고 있다. 따라서 '혼내다'가 ⓑ에 해당한다는 선지의 진술은 적절하다.

⑤ '가로놓다'는 '가로질러 놓다.'라는 뜻의 동사로, '가로(로) 놓다'와 같이 그 구성 요소가 부사어와 서술어의 관계를 지니고 있다. 따라서 '가로놓다'가 ⓒ에 해당한다는 선지의 진술은 적절하다.

64. ②

정답 설명

'빈털터리'는 어간 '털-'에 '-이'가 붙어 명사가 된 것으로, '재산을 다 없애고 아무것도 가진 것이 없는 가난뱅이가 된 사람'이라는 뜻을 나타낸다. 이때, 어간 '털-'의 뜻('달려 있는 것 따위가 떨어지게 흔들거나 치거나 하다.')이 유지되지 않으므로 그 원형을 밝혀 적지 않았음을 알 수 있다. 한편, '다듬이'는 어간 '다듬-'에 '-이'가 붙어서 명사로 된 것으로, 그 어간의 뜻과 멀어지지 않았으므로 원형을 밝혀 적은 것에 해당한다. 따라서 '빈털터리'는 ⓐ의 '다듬이'를 표기할 때 적용된 규칙을 따른 것이라고 보기 어렵다.

오답 설명

① '살림살이'는 어간 '살-'에 '-이'가 붙어 명사가 된 것으로, '살림을 차려서 사는 일'의 뜻을 나타낸다. 이때, '살림살이'는 그 어간의 뜻과 멀어지지 않았으므로 원형을 밝혀 적고 있음을 알 수 있다. 한편, '땀받이'는 어간 '받-'에 '-이'가 붙어서 명사가 된 것으로, '땀을 받아 내려고 입는 속옷'의 의미를 나타낸다. '땀받이' 역시 그 어간의 뜻과 멀어지지 않았으므로 원형을 밝혀 적고 있음을 알 수 있다. 따라서 '살림살이'는 ⓐ의 '땀받이'를 표기할 때 적용된 규칙을 따른 것이다.

③ '실없이'는 어간 '실없-'에 '-이'가 붙어 부사가 된 것으로, '말이나 하는 짓이 실답지 못하게.'의 뜻을 나타낸다. 이때, '실없이'는 그 어간의 뜻과 멀어지지 않았으므로 원형을 밝혀 적고 있음을 알 수 있다. 한편, '굳이'는 어간 '굳-'에 '-이'가 붙어서 부사가 된 것으로, '단단한 마음으로 굳게.'의 뜻을 나타낸다. '굳이' 역시 그 어간의 뜻과 멀어지지 않았으므로 원형을 밝혀 적고 있음을 알 수 있다. 따라서 '실없이'는 ⓐ의 '굳이'를 표기할 때 적용된 규칙을 따른 것이다.

④ '어렴풋이'는 '-하다'가 붙을 수 있는 어근 '어렴풋-'에 '-이'가 붙어 부사가 된 것으로, '기억이나 생각 따위가 뚜렷하지 아니하고 흐릿하게.'의 뜻을 나타낸다. 이때, '어렴풋이'는 그 어근의 원형을 밝혀 적고 있음을 알 수 있다. 한편, '깨끗이'는 '-하다'가 붙을 수 있는 어근 '깨끗-'에 '-이'가 붙어서 부사가 된 것으로, '사물이 더럽지 않게.'의 의미를 나타낸다. '깨끗이' 역시 그 어근의 원형을 밝혀 적고 있으므로 '어렴풋이'는 ⓑ의 '깨끗이'를 표기할 때 적용된 규칙을 따른 것이다.

④ '일찍이'는 부사 '일찍'에 '-이'가 붙어서 부사가 된 것으로, '일정한 시간보다 이르게.'의 뜻을 나타낸다. 이때, '일찍이'는 부사에 '-이'가 붙어서 뜻을 더하는 경우이므로, 부사의 원형을 밝혀 적고 있음을 알 수 있다. 한편, '더욱이'는 부사 '더욱'에 '-이'가 붙어서 부사가 된 것으로, '그러한 데다가 더.'의 의미를 나타낸다. '더욱이' 역시 부사의 원형을 밝혀 적고 있으므로 '일찍이'는 ⓑ의 '더욱이'를 표기할 때 적용된 규칙을 따른 것이다.

65. ③

정답 설명

'산들바람'은 부사 '산들'에 명사 '바람'이 결합한 합성어이다. 그런데, 국어의 일반적인 문장 구성 방식에 따르면 부사는 용언을, 관형사는 체언을 수식한다. 하지만 '산들바람'은 부사가 명사를 수식하는 구성으로 어근이 배열되고 있으므로, 이는 국어의 일반적인 문장 구성 방식에 어긋나는 비통사적 합성어(ⓒ)에 해당한다.

오답 설명

① '밉상'은 '미운 짓을 하거나 밉게 생긴 사람'이라는 뜻이다. 이때, '밉상'은 형용사 어근 '밉-'에 명사 '상'이 결합한 합성어이다. 그런데 국어의 일반적인 문장 구성 방식에 따르면 용언은 명사를 직접 수식할 수 없고, 관형사형 어미를 취하여 '미(운) 상'과 같은 형태로 명사를 수식해야 한다. 하지만 '밉상'은 관형사형 어미 없이 형용사가 명사와 직접 결합하고 있는 구성이므로, 국어의 일반적인 문장 구성 방식에 어긋나는 비통사적 합성어(ⓒ)에 해당한다.

② '따로국밥'은 '밥을 국에 말지 않고 국과 밥을 서로 다른 그릇에 담아내는 국밥'이라는 의미로, 부사 '따로'와 명사 '국밥'이 결합한 합성어이다. 그런데, 국어의 일반적인 문장 구성 방식에 따르면 부사는 대체로 용언을 수식하며 명사를 수식하는 것은 부사가 아닌 관형사이다. 따라서 이는 국어의 일반적인 문장 구성 방식에 어긋나는 비통사적 합성어(ⓒ)에 해당한다.

④ '바로잡다'는 '굽거나 비뚤어진 것을 곧게 하다.'라는 뜻으로, 부사 '바로'에 동사 '잡다'가 결합한 합성어이다. 국어에서는 부사가 용언을, 관형사는 체언을 주로 수식한다. 따라서 '바로잡다'는 부사가 동사를 수식하고 있는 구성이므로, 국어의 일반적인 문장 구성 방식에 맞는 통사적 합성어(ⓐ)에 해당한다.

⑤ '값없다'는 '물건 따위가 너무 흔하여 가치가 별로 없다.'라는 뜻으로, 명사 '값'에 형용사 '없다'가 결합한 합성어이다. 국어에서는 체언과 용언이 조사 없이 결합할 수 있다. '값없다' 역시 '값(이) 없다'와 같이 주어와 서술어의 구조로 체언과 용언이 결합하고 있으므로, 국어의 일반적인 문장 구성 방식에 맞는 통사적 합성어(ⓐ)에 해당한다.

66. ②

정답 설명

ⓐ는 어근과 어근이 결합하여 형성된 합성어를, ⓑ와 ⓒ는 어근과 접사가 결합하여 형성된 파생어를 말한다. 이때, ⓑ는 어근에 접사가 결합한 결과, 어근의 품사와 형성된 단어의 품사가 달라진 경우를, ⓒ는 품사의 변화가 없는 경우를 말한다. ㉲의 '놀이'는 어근 '놀-'에 접사 '-이'가 결합한 파생어이다. 이때, 어근 '놀-'의 품사는 동사이므로, 어근의 품사와 파생 명사 '놀이'의 품사가 서로 다름을 알 수 있다. 따라서 ㉲는 ⓑ에 해당하는 단어이다. ㉳는 어근 '정'에 형용사 파생 접사 '-답-'이 결합한 파생어이다. 이때, 어근 '정'의 품사는 명사이므로, 어근의 품사와 파생 형용사 '정답다'의 품사가 서로 다름을 알 수 있다. 따라서 ㉳는 ⓑ에 해당하는 단어이다.

오답 설명

㉮ '눈매'는 어근 '눈'과 접미사 '-매'가 결합한 파생어이다. 이때, 어근 '눈'의 품사와 형성된 단어 '눈매'의 품사는 모두 명사에 해당하므로, '눈매'는 ⓒ에 해당하는 단어이다.

㉑ '늙은이'는 어근 '늙-'에 관형사형 어미 '-(으)ㄴ'이 결합된 용언의 활용형 형태에 의존 명사 어근 '이'가 결합한 합성어이다. 즉, '늙은이'는 ⓐ에 해당하는 단어이다.

67. ⑤

'들이닥치다'는 접사 '들이-'와 동사 어근 '닥치다'가 결합한 파생어로, '들이-'는 '몹시, 마구, 갑자기'의 뜻을 더하는 접두사이다. 이때, 동사 어근 '닥치다'와 '들이닥치다'의 품사는 동사로 동일하다. 한편 '넘어뜨리다'는 동사 어근 '넘-'에 접사 '-뜨리-'가 결합한 파생어로, '-뜨리-'는 '강조'의 뜻을 더하는 접미사이다. 이때, 동사 어근 '넘-'과 '넘어뜨리다'의 품사도 동사로 동일하다. 마지막으로 '놓치다' 또한 동사 어근 '놓-'에 접사 '-치-'가 결합한 파생어로, 동사 어근 '놓-'과 '놓치다'의 품사는 동사로 동일하다. 따라서 '들이닥치다, 넘어뜨리다, 놓치다'는 모두 접사가 결합하여 어근에 강조의 뜻을 더하고 있을 뿐, 어근의 품사와 파생된 단어의 품사가 동일하므로 어근의 품사를 바꾼다고 할 수 없다.

① '잘못'은 부사 '잘'과 부사 '못'이, '곧잘'은 부사 '곧'과 부사 '잘'이, '이리저리'는 부사 '이리'와 부사 '저리'가 결합한 합성어이다. 국어에서 부사가 부사를 수식하는 구성은 일반적인 문장 구성 중 하나이므로, '잘못, 곧잘, 이리저리'는 모두 통사적 합성어에 해당한다.

② '새해'는 관형사 '새'와 명사 '해', '첫사랑'은 관형사 '첫'과 명사 '사랑', '이것'은 관형사 '이'과 의존 명사 '것'이 결합한 합성어이다. 국어에서 관형사가 명사를 수식하는 구성은 일반적인 문장 구성 중 하나이므로, '새해, 첫사랑, 이것'은 모두 통사적 합성어에 해당한다.

③ '감싸다'는 동사 어근 '감-'과 동사 어근 '싸-'가, '날뛰다'는 동사 어근 '날-'과 동사 어근 '뛰-'가, '얕보다'는 형용사 어근 '얕-'과 동사 어근 '보-'가 연결 어미 없이 직접 결합한 합성어에 해당한다. 국어에서 용언 어간과 용언 어간은 직접 결합할 수 없고, 연결 어미를 취하여 결합하여야 한다. 하지만, '감싸다, 날뛰다, 얕보다'는 모두 용언 어간과 용언 어간이 연결 어미 없이 직접 결합하고 있으며, 이는 국어의 일반적인 문장 구성에서 벗어나는 방식이므로 비통사적 합성어에 해당한다.

④ '선무당'의 '선-'은 '서툰' 또는 '충분치 않은'의 뜻을 더하는 접두사이다. '덧붙이다'의 '덧-'은 '거듭된' 또는 '겹쳐 신거나 입는'의 뜻을 더하는 접두사이고, '빗나가다'의 '빗-'은 '잘못'이라는 뜻을 더하는 접두사이다. 즉, '선무당, 덧붙이다, 빗나가다'는 모두 접사가 어근에 결합하여 어휘적 뜻을 더하는 파생어에 해당한다.

68. ①

'손바닥'은 '손(의) 바닥'과 같이 하나의 성분이 다른 성분을 수식하는 구성의 종속 합성어이다. 국어에서 대등 합성어는 '남녀', '위아래'와 같이 합성어를 이루고 있는 각 구성 요소의 의미가 본래의 의미를 가지고 대등한 자격으로 연결되어 서로 대등한 관계로 유지되어야 하므로, '손바닥'은 대등 합성어에 해당하지 않는다.

② '여닫다'는 '문 따위를 열고 닫고 하다.'의 의미로, 어근 '열-'과 어근 '닫-'이 대등한 관계를 이루고 있으므로 대등 합성어에 해당한다.

③ '돌다리'는 '돌(로 만든) 다리'와 같이 하나의 성분이 다른 성분을 수식하고 있

므로 종속 합성어에 해당한다.

④ '밤낮'은 '밤과 낮을 가리지 않고 늘.'의 의미로, 유의어로 '늘', '밤낮없이'와 같은 단어들이 쓰인다. 이는 '밤'과 '낮'이라는 각 구성 요소들의 의미가 유지되지 않고, '하루종일'이라는 새로운 의미를 형성하고 있음을 보여 준다. 따라서 '그는 밤낮 놀 생각만 한다.'의 '밤낮'은 융합 합성어에 해당한다. 참고로, '밤낮'이 '밤과 낮을 아울러 이르는 말'의 의미로 사용된 경우에는 '밤'과 '낮'이라는 각 구성 요소의 의미가 유지된 대등 합성어로 볼 수 있다.

⑤ '돌아가다'는 '죽다'의 높임말로, '돌다'와 '가다'라는 각 구성 요소들의 의미가 유지되지 않고 '죽다'라는 새로운 의미를 형성하고 있음을 보여 준다. 따라서 융합 합성어에 해당한다.

69. ③

㉠~㉣의 예문을 보면, 동사 '넘다'의 활용형인 '넘어'와 명사 '너머'가 제시됨을 알 수 있다. '넘다'는 동사이므로, '넘다'의 활용형인 '넘어' 역시 동사에 해당한다. 또한 용언의 활용형은 사전에 표제어로 등재되지 않는다. 따라서 ⓐ에는 '너머'가 적절하다. 〈보기〉에서 '너머'는 '높이나 경계로 가로막은 사물의 저쪽. 또는 그 공간'을 의미하므로, 제시된 예문 중 '그녀는 오늘도 산 너머로 산삼을 캐러 갔다.'(㉡)와 '나는 지구 너머에 존재하는 것들이 궁금했다.'(㉢)의 '너머'가 ⓑ에 해당함을 알 수 있다. 한편, '넘다'는 '일정한 시간, 시기, 범위 따위에서 벗어나 지나다.'를 의미한다. 제시된 예문 중 '자정을 훌쩍 넘어 드디어 집에 도착했다.'(㉠)는 '자정'이라는 시간에서 벗어났음을 나타내므로, ⓒ에 해당한다. '장벽을 넘어 시내로 침투한 적군들이 보였다.'(㉣)의 '넘어'는 넘다❶-② '높은 부분의 위를 지나가다.'에 해당하는 예문이다. 따라서 ⓐ에는 '너머'가, ⓑ에는 ㉡, ㉢이, ⓒ에는 ㉠이 적절하다.

70. ⑤

㉤의 '메마르다'는 접사 '메-'와 동사 어근 '마르-'가 결합한 파생어이다. 이때, '메마르다'가 '땅이 물기가 없고 기름지지 아니하다'의 의미를 지니고, '메마른다', '메마르자', '메말라라'와 같이 현재형, 청유형, 명령형으로 쓰일 수 없다는 점을 고려하면, '물기가 다 날아가서 없어지다.'라는 의미의 동사였던 '마르다'와 달리 '메마르다'는 형용사임을 추론할 수 있다. 즉, 접사 '메-'는 어근에 붙어 어근의 품사를 바꾸는 지배적 접사에 해당하는 것이다. 따라서 '메마르다'에 한정적 접사가 쓰였을 것이라는 선지의 진술은 적절하지 않다.

① ㉠의 '사람답다'는 명사 어근 '사람'에 접사 '-답-'이 결합한 파생어이다. 이때, 접사 '-답-'은 어근에 붙어 '성질이 있음'의 뜻을 더하고 형용사를 만드는 접미사로, 어근의 품사를 바꾸는 지배적 접사에 해당함을 알 수 있다.

② ㉡의 '먹이다'는 동사 어근 '먹-'에 접사 '-이-'가 결합한 파생어이다. 이때, 접사 '-이-'는 동사 어근에 붙어 사동의 뜻을 더한다. 따라서 '먹이다'에 어근의 문법적 기능을 바꾸는 지배적 접사가 쓰였을 것이라는 선지의 진술은 적절하다.

③ ㉢의 '새빨갛다'는 접사 '새-'에 형용사 어근 '빨갛-'이 결합한 파생어이다. 이때, '새-'는 '매우 짙고 선명하게'의 뜻을 더하는 접두사로, 어근 '빨갛-'에 붙어 어휘적 의미를 더함으로써 어근 '빨갛-'의 의미를 한정하고 있으므로 한정적 접사에 해당함을 알 수 있다.

④ ㉣의 '치솟다'는 접사 '치-'에 동사 '솟다'가 결합한 파생어이다. 이때, '치-'는 '위로 향하게' 또는 '위로 올려'의 뜻을 더하는 접두사로, 어근 '솟다'에 붙어

어휘적 의미를 더함으로써 어근 '솟-'의 의미를 한정하고 있으므로 한정적 접사에 해당함을 알 수 있다.

71. ⑤

정답 설명

'달려가다'는 '달리- + -어 + 가 + -다'로 분석된다. 즉, '달려가다'는 비통사적 합성어가 아니라 용언 '달리다'와 '가다'가 연결 어미 '-어'를 통해 결합한 통사적 합성어에 해당한다.

오답 설명

① '젊음'은 '젊- + -음'으로 분석된다. 즉, '젊음'은 용언 '젊다'의 어근 '젊-'과 명사 파생 접사 '-(으)ㅁ'을 통해 결합한 파생어이므로 제시된 선지는 적절하다.

② '하나'와 '빛'은 하나의 형태소, 즉 하나의 어근이 한 단어로 구성되는 단일어에 해당하므로 제시된 선지는 적절하다.

③ '없어지다'는 '없- + -어 + 지- + -다'로 분석된다. 즉, '없어지다'는 용언 '없다'와 '지다'가 연결 어미 '-어'를 통해 결합한 통사적 합성어이므로, 제시된 선지는 적절하다.

④ '열심히'는 '열심 + -히'로 분석된다. 즉, '열심히'는 명사 어근 '열심'에 부사 파생 접사 '-히'가 결합한 파생어이므로, 제시된 선지는 적절하다.

72. ②

정답 설명

'늦다'의 뜻풀이와 용례를 보면, '늦다①'은 '정해진 때보다 지나다.'의 뜻을 갖는 동사이다. 이때, '그는 다른 사람보다 문제를 푸는 속도가 늦다.'에서 '늦다'는 문제를 푸는 동작 따위의 속도가 느림을 나타내므로, '늦다②②'에 해당하는 용례라고 볼 수 있다. 따라서 제시된 선지는 적절하지 않다.

오답 설명

① '늦다'의 품사 정보와 뜻풀이를 보면, '정해진 때보다 지나다.'의 뜻을 갖는 '늦다①'은 동사, '시간이 알맞을 때를 지나 있다.'의 뜻을 갖는 '늦다②'는 형용사임을 알 수 있다. 이를 통해 '늦다'가 동사와 형용사로 쓰이는 말임을 알 수 있으므로, 제시된 선지는 적절하다.

③ '늦다'와 '빠르다'의 뜻풀이와 용례를 보면, '개점 시간이 늦다.'는 '시간이 알맞을 때를 지나 있다.'의 '늦다②①'에 해당하는 용례임을 알 수 있다. 이때, 〈보기〉에서 '늦다②①'의 반의어가 '빠르다②'임을 제시하였고, '학교 시계는 내 시계보다 5분 빠르다.'에서 '빠르다'는 '어떤 것이 기준이나 비교 대상보다 시간 순서상으로 앞선 상태에 있다.'의 뜻을 갖는 '빠르다②'가 사용되었으므로 '늦다②①'과 반의 관계에 있음을 알 수 있다. 따라서 제시된 선지는 적절하다.

④ '빠르다'의 문형 정보와 용례를 보면, '빠르다①'은 주어만을 필수적으로 요구하는 한 자리 서술어, '빠르다②'는 주어와 【…보다】의 부사어를 필수적으로 요구하는 두 자리 서술어임을 알 수 있다. 즉, '빠르다'는 문맥에 따라 한 자리 서술어 혹은 두 자리 서술어로 쓰일 수 있음을 알 수 있으므로, 제시된 선지는 적절하다.

⑤ '빠르다'의 뜻풀이와 용례를 보면, '빠르다①'은 '어떤 동작을 하는 데 걸리는 시간이 짧다.'라는 의미를 가진다. 이때, '치료가 빠르게 이루어져 그는 간신히 살았다.'의 '빠르다'는 치료를 하는 데 걸리는 시간이 짧음을 나타내고 있으므로, '빠르다①'의 용례로 추가할 수 있다. 따라서 제시된 선지는 적절하다.

73. ③

정답 설명

㉠과 ㉡의 '넓다'는 모두 '면이나 바닥 따위의 면적이 크다.'의 중심적 의미를 나타내고 있다. '넓다'가 주변적 의미로 확장된 경우는, '마음이 넓다', '넓은 식견' 따위의 용례가 있다. 따라서 제시된 선지는 적절하지 않다.

오답 설명

① ㉠의 '타다'는 '불씨나 높은 열로 불이 붙어 번지거나 불꽃이 일어나다.'의 의미이므로, 중심적 의미임을 알 수 있다. 한편, ㉡의 '타다'는 구체적인 현상을 지칭하던 '타다'에서 그 의미가 추상적인 의미로 확장되어 '마음이 몹시 달다.'의 주변적 의미로 쓰임을 알 수 있다.

② ㉠의 '오르다'는 '사람이나 동물 따위가 아래에서 위쪽으로 움직여 가다.'의 의미이므로, 중심적 의미임을 알 수 있다. 한편, ㉡의 '오르다'는 구체적인 동작을 지칭하던 '오르다'에서 그 의미가 추상적, 비유적 의미로 확장되어 '지위나 신분 따위를 얻게 되다.'의 주변적 의미로 쓰임을 알 수 있다.

④ ㉠의 '짧다'는 '잇닿아 있는 공간이나 물체의 두 끝의 사이가 가깝다.'의 의미이므로, 중심적 의미임을 알 수 있다. 한편, ㉡의 '짧다'는 구체적이고 물리적인 현상을 지칭하던 '짧다'에서 그 의미가 추상적이고 비유적인 의미로 확장되어 '자본이나 생각, 실력 따위가 어느 정도나 수준에 미치지 못한 상태이다.'의 주변적 의미로 쓰임을 알 수 있다.

⑤ ㉠의 '밝다'는 '불빛 따위가 환하다.'의 의미이므로, 중심적 의미임을 알 수 있다. 한편, ㉡의 '밝다'는 구체적이고 물리적인 현상을 지칭하던 '밝다'에서 그 의미가 추상적이고 비유적인 의미로 확장되어 '생각이나 태도가 분명하고 바르다.'의 주변적 의미로 쓰임을 알 수 있다.

74. ②

정답 설명

'그만두다'는 부사 '그만'에 용언 '두다'가 결합한 합성어이다. 일반적인 국어의 문장 구성 방식에 따르면 부사가 용언을 수식하는 것은 자연스러우므로, '그만두다'는 ㉡에 해당하는 통사적 합성어임을 알 수 있다. 그러나, '몰라보다'는 용언 어간 '모르-'와 용언 어간 '보다'가 연결 어미 '-아'를 취해 결합한 것이다. 따라서 ㉡에 해당하는 통사적 합성어라고 볼 수 없으며, 〈보기〉의 ④에 해당한다.

오답 설명

① '본받다'는 명사 '본'에 용언 '받다'가 결합한 합성어로, '본(을) 받다'와 같이 각 구성 요소가 목적어와 서술어의 관계를 이루고 있다. '값싸다'도 명사 '값'에 용언 '싸다'가 결합한 합성어로, '값(이) 싸다'와 같이 각 구성 요소가 주어와 서술어의 관계를 이루고 있다. 즉, 일반적인 국어의 문장 형성 방식에 따르면 조사는 생략되어도 자연스러우므로, '본받다'와 '값싸다'는 모두 ㉠에 해당하는 통사적 합성어임을 알 수 있다.

③ '지난달'은 용언 어간 '지나-'에 관형사형 어미 '-ㄴ'이 결합한 '지난'에 명사 '달'이 결합한 합성어이다. '건널목'은 용언 어간 '건너-'에 관형사형 어미 '-ㄹ'이 결합한 '건널'에 명사 '목'이 결합한 합성어이다. 일반적인 국어의 문장 구성 방식에 따르면 용언 어간이 체언과 결합하기 위해서는 관형사형 어미를 취해야 하므로, '지난달'과 '건널목'은 모두 ㉢에 해당하는 통사적 합성어임을 알 수 있다.

④ '꽂감'은 동사 어간 '꽂-'과 명사 '감'이 결합한 합성어이다. 이때, '꽂-'은 '꽂다'의 옛말로, 일반적인 국어의 문장 구성 방식에 따르면 '꽂(은) 감'과 같이 관형사형 어미를 취해야 한다. '묵밭'도 마찬가지로 동사 어간 '묵-'과 명사

'밭'이 결합한 합성어이다. 일반적인 국어의 문장 구성 방식에 따르면 '묵(은)밭'과 같이 관형사형 어미를 취해야 한다. 즉, '곶감'과 '묵밭'은 모두 용언 어간이 관형사형 어미와 결합하지 않고 바로 체언과 직접 결합하고 있으므로, 둘 다 ⓔ에 해당하는 비통사적 합성어임을 알 수 있다.

⑤ '뛰놀다'는 동사 어간 '뛰-'와 동사 어간 '놀-'이 결합한 합성어이고, '얕보다'는 형용사 어간 '얕-'과 동사 어간 '보-'가 결합한 합성어이다. 이때, 국어에서 연결 어미 없이 용언 어간이 결합하는 것은 일반적인 문장 구성 방식에 어긋나므로, '뛰놀다'와 '얕보다'는 모두 ⓜ에 해당하는 비통사적 합성어임을 알 수 있다.

75. ⑤

정답 설명

'돌아가다'는 '돌다'에 '가다'가 결합한 합성 용언으로, '죽다'의 높임말이다. 이때, '돌다'나 '가다'의 원래 의미가 사라지고 '죽다'라는 새로운 의미를 획득한다. 또한, '돌아가다'는 새로운 문장 성분을 요구하지 않으므로, 제시된 선지는 적절하다.

오답 설명

① ㉠의 '남다르다'는 '남'에 '다르다'가 결합한 합성 용언으로, '보통의 사람과 유난히 다르다.'의 의미를 지닌다. 이때, '남', '다르-'라는 각 어근의 의미가 변하지 않고, 새로운 문장 성분도 요구하지 않는 것을 알 수 있다. 따라서 제시된 선지는 적절하지 않다.

② ㉡의 '똑같다'는 '똑'에 '같다'가 결합한 합성 용언으로, '모양, 성질, 분량 따위가 조금도 다른 데가 없다.'의 의미를 지닌다. 이때, '똑', '같-'이라는 각 어근의 의미가 변하지 않고 쓰였다. 한편, '같다'는 '…과'의 부사어를 주로 요구하는데, '똑같다' 역시 '…과'의 부사어를 요구한다. 따라서 새로운 문장 성분을 요구하지 않으므로, 제시된 선지는 적절하지 않다.

③ ㉢의 '불티나다'는 '불티'에 '나다'가 결합한 합성 용언으로, '물건이 내놓기가 무섭게 빨리 팔리거나 없어지다.'의 의미를 지닌다. 이때, '불티'는 '타는 불에서 튀는 작은 불똥'을 일으키는 말이므로, '불티나다'는 어근의 원래 의미가 사라지고 새로운 의미를 획득하고 있음을 알 수 있다. 그러나 '불티나다'가 새로운 문장 성분을 요구하지는 않으므로, 제시된 선지는 적절하지 않다.

④ ㉣의 '다시없다'는 '다시'에 '없다'가 결합한 합성 용언으로, '그보다 더한 것이 없다.'의 의미를 지닌다. 이때, '다시', '없-'이라는 각 어근의 의미가 변하지 않고 쓰였다. 한편, '없다'는 주어만을 요구하는데, '다시없다' 역시 주어만을 요구한다. 따라서 어근의 의미가 변하지 않고 새로운 문장 성분도 요구하지 않으므로, 제시된 선지는 적절하지 않다.

Part _04   **문장 [표현]**

1. ③

정답 설명

ⓒ의 경우, '할머니께', '여쭸는데'에서 부사격 조사 '께'와 객체 높임을 나타내는 특수 어휘를 통해 객체 높임법이, '할아버지께서', '편찮으시다는'에서 주격 조사 '께서'와 주체 높임 선어말 어미 '-시-'를 통해 주체 높임법이, '들었어요'에서 높임의 보조사 '요'를 통해 상대 높임법이 실현되었음을 확인할 수 있다.

오답 설명

① ⓐ의 경우, '민수입니다'에서 하십시오체를 통해 상대 높임법이 실현되었음을 확인할 수 있다.

② ⓑ의 경우, '할머니께서', '오셔서', '식사하시고', '가셨어요'에서 주격 조사 '께서'와 주체 높임 선어말 어미 '-시-'를 통해 주체 높임법이, '가셨어요'에서 높임의 보조사 '요'를 통해 상대 높임법이 실현되었음을 확인할 수 있다.

④ ⓓ의 경우, '회복하셔서', '오시면'에서 주체 높임 선어말 어미 '-시-'를 통해 주체 높임법이, '좋겠습니다'에서 하십시오체를 통해 상대 높임법이 실현되었음을 확인할 수 있다.

⑤ ⓔ의 경우, '뵈러'에서 객체 높임을 나타내는 특수 어휘를 통해 객체 높임법이, '갈게요'에서 높임의 보조사 '요'를 통해 상대 높임법이 실현되었음을 확인할 수 있다.

2. ②

정답 설명

'의견이 양쪽으로 갈리다.'에서 '갈리다'는 '가르다'의 피동사에 해당한다. / '키가 큰 동생에게 형광등을 갈리다.'에서 '갈리다'는 '갈다'의 사동사에 해당한다.

오답 설명

① '운동화 끈이 풀리다.'에서 '풀리다'는 '풀다'의 피동사에 해당한다. / '오늘따라 문제가 잘 풀리다.'에서 '풀리다'는 '풀다'의 피동사에 해당한다.

③ '어디서 음악 소리가 들리다.'에서 '들리다'는 '듣다'의 피동사에 해당한다. / '옷을 얇게 입어 감기가 들리다.'에서 '들리다'는 피동, 사동 접미사가 결합하지 않은 기본형으로, '병에 걸리다.'라는 뜻을 지닌 동사이다.

④ '유명한 화가의 그림이 벽에 걸리다.'에서 '걸리다'는 '걸다'의 피동사에 해당한다. / '숙제를 하는 데 두 시간이 걸리다.'에서 '걸리다'는 피동, 사동 접미사가 결합하지 않은 기본형으로 '시간이 들다.'라는 뜻을 지닌 동사이다.

⑤ '친구들이 체육 시간에 넘어진 친구를 놀리다.'에서 '놀리다'는 피동, 사동 접미사가 결합하지 않은 기본형으로 '짓궂게 굴거나 흉을 보거나 웃음거리로 만들다.'라는 뜻을 지닌 동사이다. / '학생들이 뛰어놀도록 운동장에서 학생들을 놀리다.'에서 '놀리다'는 '놀다'의 사동사에 해당한다.

3. ①

정답 설명

ⓐ는 수혁이 본인의 의지를 부정한 것이 아닌 단순히 수영 연습을 하지 않는다는 것을 표현하기 위해 '안' 부정문을 사용한 것이므로 ㉠에 해당한다. 한편, ⓑ는 수영장이 문을 닫아서 수혁이 수영장에 가지 못한다는 것을 표현하기 위해 '못' 부정문을 사용한 것이므로 ㉡에 해당한다.

오답 설명

ⓒ는 수혁이 의도적으로 수영장에 가지 않는다는 것을 표현하기 위해 '안' 부정문을 사용한 것이므로 '주체의 의지 부정'에 해당하고, ⓓ는 수혁의 수영 실력이 부족함을 표현하기 위해, ⓔ는 사빈의 공포증을 견디는 능력이 부족함을 표현하기 위해 '못 부정문'을 사용한 것이므로 '주체의 능력 부족'에 해당한다.

4. ②

정답 설명

㉠의 '있으시다'는 고모의 가족인 손자를 높여 주체인 고모를 간접적으로 높이기 위해 높임 선어말 어미 '-시-'를 결합한 것이므로 간접 높임에 해당한다. 반면, ㉡의 '계신다'는 주체인 고모를 높이기 위해 사용한 높임의 어휘이므로 주체를 직접적으로 높인 직접 높임에 해당한다.

오답 설명

① ㉠의 '드셨다'는 주체인 이모를 높이기 위해 높임 선어말 어미 '-시-'를 결합한 것이므로 직접 높임에 해당한다. 반면, ㉡의 '고우시다'는 이모의 신체 일부분인 손을 높여 주체인 이모를 간접적으로 높이기 위해 높임 선어말 어미 '-시-'를 결합한 것으로 간접 높임에 해당한다.
③ ㉠의 '편찮으시다'는 주체인 선생님을 높이기 위해 높임 선어말 어미 '-시-'를 결합한 것이므로 직접 높임에 해당한다. 반면, ㉡의 '예쁘시다'는 선생님의 가족인 따님을 높여 주체인 선생님을 간접적으로 높이기 위해 높임 선어말 어미 '-시-'를 결합한 것이므로 간접 높임에 해당한다.
④ ㉠의 '귀가하셨다'는 주체인 아버지를 높이기 위해 높임 선어말 어미 '-시-'를 결합한 것이므로 직접 높임에 해당한다. 반면, ㉡의 '예민하시다'는 아버지의 신체 일부분인 귀를 높여 주체인 아버지를 간접적으로 높이기 위해 높임 선어말 어미 '-시-'를 결합한 것이므로 간접 높임에 해당한다.
⑤ ㉠의 '돌아가셨다'는 주체인 삼촌을 높이기 위해 높임 선어말 어미 '-시-'를 결합한 것이므로 직접 높임에 해당한다. 반면, ㉡의 '나쁘시다'는 삼촌의 신체 일부분인 눈을 높여 주체인 삼촌을 간접적으로 높이기 위해 높임 선어말 어미 '-시-'를 결합한 것이므로 간접 높임에 해당한다.

5. ⑤

정답 설명

'죽은' 부하가 스스로 모자를 벗을 수는 없으므로 해당 문장에서 '벗겼다'는 장군이 죽은 부하의 모자를 직접 자기의 손으로 벗겼다는 직접 사동의 의미로만 해석된다.

오답 설명

① '재웠다'는 누나가 직접 동생을 거실에서 재워 주었다는 의미의 직접 사동과, 동생이 거실에서 자도록 시켰다는 의미의 간접 사동으로 해석될 수 있다.
② '감겼다'는 은수가 친구의 머리를 직접 감겨 주었다는 의미의 직접 사동과, 친구가 머리를 감도록 시켰다는 의미의 간접 사동으로 해석될 수 있다.
③ '신겼다'는 엄마가 아이에게 장화를 직접 신겨 주었다는 의미의 직접 사동과, 아이가 스스로 신발을 신게 시켰다는 의미의 간접 사동으로 해석될 수 있다.
④ '눕혔다'는 의사가 환자를 부축하여 직접 침대에 눕혀 주었다는 의미의 직접 사동과, 환자가 스스로 침대에 눕게 시켰다는 의미의 간접 사동으로 해석될 수 있다.

6. ⑤

정답 설명

'언니가 식탁에서 밥을 먹고 있다.'는 언니가 밥을 먹는 중이라는 진행상의 의미로만 해석된다.

오답 설명

① 아빠가 넥타이를 매는 중인 것(진행상)으로 해석되기도 하고, 아빠가 넥타이를 맨 상태가 지속되는 것(완료상)으로 해석되기도 한다.
② 동생이 빨간 옷을 입는 중인 것(진행상)으로 해석되기도 하고, 동생이 빨간 옷을 입은 상태가 지속되는 것(완료상)으로 해석되기도 한다.
③ 누나가 안경을 쓰는 중인 것(진행상)으로 해석되기도 하고, 누나가 안경을 쓴 상태가 지속되는 것(완료상)으로 해석되기도 한다.
④ 형이 아빠 차에 타는 중인 것(진행상)으로 해석되기도 하고, 형이 아빠 차에 탄 상태가 지속되는 것(완료상)으로 해석되기도 한다.

7. ③

정답 설명

'오후에 보러 갈게요'에서는 서술어 '보러'에 대응하는 목적어('선생님을')가 생략되어 있다. 문장의 객체인 '선생님'은 높임의 대상이므로 '보러 갈게요'는 객체 높임법에 어긋난 표현이다. 이를 바르게 고치려면 '보러' 대신에 '뵈러'를 사용해야 한다.

오답 설명

① 객체인 '아버지'를 높이기 위하여 '데리고' 대신에 '모시고'를 사용하였다. 이는 객체 높임법에 맞는 예이다.
② 객체인 '선생님'을 높이기 위하여 '물어봐' 대신에 '여쭤봐'를 사용하였다. 이는 객체 높임법에 맞는 예이다.
④ 주체인 '할아버지'를 높이기 위해서는 '먹었어요' 대신에 '드셨어요' 또는 '잡수셨어요'라고 표현해야 한다. 이는 객체 높임법이 아니라 주체 높임법에 어긋난 예이므로 (가)에 들어갈 사례로 적절하지 않다.
⑤ 청자인 '선생님'을 높이기 위해서는 '남겼어' 대신에 '남겼어요' 또는 '남겼습니다'라고 표현해야 한다. 이는 객체 높임법이 아니라 상대 높임법에 어긋난 예이므로 (가)에 들어갈 사례로 적절하지 않다.

8. ⑤

정답 설명

ⓜ에서는 평서형 종결 어미 '-다'를 사용하여 명령문을 평서문의 형태로 바꾸어 완곡하게 표현하고 있다. 또한 요청의 의미를 드러내고 있으므로 화자의 의도를 숨겨서 표현한 것도 아니다.

오답 설명

① ㉠의 '와 주십시오'에서 '주다'는 '다른 사람을 위하여 어떤 행동을 함을 나타내는 말'로 보조 동사이다. 이를 사용하여 완곡한 의미를 표현했다고 볼 수 있다.
② ㉡에서는 의문형 종결 어미 '-ㅂ니까'를 사용하여 명령문을 의문문의 형태로 바꾸어 완곡하게 표현했다고 볼 수 있다.
③ ㉢에서는 청유형 종결 어미 '-지'를 사용하여 상대방에게 특정 행동을 제안하고 있으므로 주어진 문장을 완곡하게 표현했다고 볼 수 있다. 참고로 '요'는

종결 어미 뒤에 붙어 청자에게 존대의 뜻을 나타내는 보조사에 해당한다.
④ 주어진 문장에 '괜찮으시다면'이라는 표현을 추가하여 상대방을 배려하고 있으므로 완곡하게 표현했다고 볼 수 있다.

9. ③

정답 설명

㉠의 '쓰인다'와 ㉡의 '쓰일'에서는 '쓰이다'가 모두 피동사로 사용되었다.

오답 설명

① ㉠의 '물렸다'에서는 '물리다'가 피동사로 사용되었고, ㉡의 '물리다'에서는 '물리다'가 사동사로 사용되었다.
② ㉠의 '업혀'에서는 '업히다'가 피동사로 사용되었고, ㉡의 '업혀'에서는 '업히다'가 사동사로 사용되었다.
④ ㉠의 '감긴'에서는 '감기다'가 피동사로 사용되었고, ㉡의 '감겼다'에서는 '감기다'가 사동사로 사용되었다.
⑤ ㉠의 '들린다'에서는 '들리다'가 피동사로 사용되었고, ㉡의 '들렸다'에서는 '들리다'가 사동사로 사용되었다.

10. ⑤

정답 설명

㉤의 '달리다'는 '물건이 잇대어져 붙다.'의 뜻이므로 '달다「7」'의 피동사가 쓰인 것이다.

오답 설명

① ㉠의 '달리다'는 '물건이 일정한 곳에 걸리거나 매여 있게 되다.'의 뜻이므로 '달다「1」'의 피동사가 쓰인 것이다.
② ㉡의 '달리다'는 '어떤 기기가 설치되다.'의 뜻이므로 '달다「2」'의 피동사가 쓰인 것이다.
③ ㉢의 '달리다'는 '글이나 말에 설명 따위가 덧붙거나 보태지다.'의 뜻이므로 '달다「3」'의 피동사가 쓰인 것이다.
④ ㉣의 '달리다'는 '이름이나 제목 따위가 정해져 붙다.'의 뜻이므로 '달다「4」'의 피동사가 쓰인 것이다.

11. ⑤

정답 설명

'가려진다'는 기본형 '가리다'에 '-어지다'만 붙은 피동 표현으로 피동 표현을 두 번 겹쳐 쓴 이중 피동의 사례가 아니다.

오답 설명

① '믿겨진다'는 피동사 '믿기다'에 '-어지다'가 붙은 이중 피동이다.
② '읽혀진다'는 피동사 '읽히다'에 '-어지다'가 붙은 이중 피동이다.
③ '쓰여진다'는 피동사 '쓰이다'에 '-어지다'가 붙은 이중 피동이다.
④ '불려진다'는 피동사 '불리다'에 '-어지다'가 붙은 이중 피동이다.

12. ④

정답 설명

Ⓐ가 형용사, 자동사인 경우 Ⓑ의 주어 '길이', '아기가'는 Ⓒ에서 목적어 '길을',

'아기를'로 나타나는 반면, Ⓐ가 타동사인 경우 Ⓑ의 주어 '아이가'는 Ⓒ에서 부사어 '아이에게'로 쓰인다.

오답 설명

① Ⓐ가 형용사인 경우 Ⓑ의 주어 '길이'가 Ⓒ와 Ⓓ에서 모두 목적어 '길을'로 나타남을 확인할 수 있다.
② Ⓐ가 자동사인 경우 Ⓑ의 주어 '아기가'가 Ⓒ에서는 목적어 '아기를'로 나타나지만, Ⓓ에서는 주어 '아기가' 또는 목적어 '아기를'로 나타남을 확인할 수 있다.
③ Ⓐ가 타동사인 경우 Ⓑ의 목적어 '옷을'이 Ⓒ와 Ⓓ에서도 계속 목적어 '옷을'로 유지됨을 확인할 수 있다.
⑤ Ⓐ가 형용사, 자동사인 경우 Ⓑ에 쓰인 서술어는 주어를 필요로 하는 한 자리 서술어, Ⓒ에 쓰인 서술어는 주어와 목적어를 필요로 하는 두 자리 서술어임을 알 수 있다. Ⓐ가 타동사인 경우에는 Ⓑ에 쓰인 서술어는 주어와 목적어를 필요로 하는 두 자리 서술어, Ⓒ에 쓰인 서술어는 주어와 목적어, 필수적 부사어를 필요로 하는 세 자리 서술어임을 알 수 있다. Ⓑ의 모든 문장과 그에 대응하는 Ⓒ의 모든 문장을 비교해 볼 때, Ⓒ의 서술어가 요구하는 필수 성분의 수가 하나씩 더 많음을 확인할 수 있다.

13. ⑤

정답 설명

'누나는 나보다 엄마를 더 좋아한다.'의 경우 누나가 나를 좋아하는 것과 누나가 엄마를 좋아하는 것을 비교하는 것일 수도 있고, 누나가 엄마를 좋아하는 것과 내가 엄마를 좋아하는 것을 비교하는 것일 수도 있다. 이는 수식 범위가 아니라 비교의 대상이 모호하여 중의성이 발생한 예이다.

오답 설명

① 말하는 이가 다른 사람으로 하여금 좋은 사람을 소개하게 하는 것이 아니므로, '좋은 사람 있으면 소개시켜 줘.'는 불필요하게 사동 표현이 사용된 예이다. 좋은 사람을 나와 맺어 달라는 의미로 쓰려면 '-시키다'가 아닌 '-하다'를 사용해 '좋은 사람 있으면 소개해 줘.'라고 수정하면 된다.
② '재활용'은 '폐품 따위를 용도를 바꾸거나 가공하여 다시 씀'의 뜻을 갖는 단어이다. 단어 안에 '사용하다'라는 의미가 포함되어 있으므로 '이것은 재활용으로 사용할 수 있는 물건이다.'에는 '사용하다'라는 같은 의미의 단어가 중복 사용되고 있음을 알 수 있다. 따라서 의미의 중복을 고려해 '이것은 재활용할 수 있는 물건이다.'로 수정하면 된다.
③ 부사 '여간'은 부정의 의미를 지닌 서술어와 호응한다. 따라서 부사어와 서술어의 호응을 고려하여 '그가 날 칭찬해 주다니 여간 기쁜 일이 아니다.'로 수정하면 된다.
④ '나는 1월부터 지금까지 매일 한 시간씩 하고 있다.'에서 서술어 '하다'는 목적어를 필요로 하는 동사이다. 따라서 '하다'에 대응되는 목적어를 추가해 '나는 1월부터 지금까지 매일 한 시간씩 운동을 하고 있다.'로 수정하면 된다.

14. ③

정답 설명

ㄷ에 사용된 '-겠-'은 추측을 나타내는 기능을 한다. '먹었겠구나'는 과거의 사건을 추측하는 것이므로 이때 쓰인 과거 시제 선어말 어미 '-었-'은 '-겠-'과 함께 사용된 것과 상관없이 과거의 사건을 나타내고 있다. 따라서 선지의 진술은 적절하지 않다.

오답 설명

① ㄱ에서 '내일'이 미래와 관련된다는 점을 고려하면, 동사의 현재 시제를 표현하는 선어말 어미 '-ㄴ-'은 미래의 사건을 나타낼 때에도 쓰일 수 있음을 알 수 있다.

② ㄴ에서 '지었다'는 이야기를 하는 시점에서 볼 때 아직 일어나지 않은 미래의 일에 해당하므로 '-었-'은 미래의 일을 이미 정해진 사실인 것처럼 표현하는 기능을 한다는 것을 알 수 있다.

④ ㄹ에서 '-었었-'은 손님들이 장사진(많은 사람이 줄을 지어 길게 늘어선 모양을 이르는 말)을 쳤던 과거의 상황이 손님이 없는 현재 상황과 단절되어 있음을 나타내는 기능을 한다.

⑤ 발화시를 기준으로 했을 때, '들어가는'과 '보았다'는 모두 발화시 이전에 일어난 사건이다.

15. ③

정답 설명

c는 부정 표현의 범위가 모호하여 중의성이 생긴 문장이다. 따라서 사람들 전체가 오지 않은 것인지(전체 부정), 사람들 일부가 오지 않은 것인지(부분 부정) 알 수 없다. 몇 사람은 오지 않았다는 부분 부정의 의미로 표현하기 위해서는 '오지' 뒤에 '는'을 붙이면 된다. 주어진 문장에서 '않았다'를 '못했다'로 바꾼다고 해도 여전히 사람들 중 일부가 오지 못한 것인지 사람들 전체가 오지 못한 것인지 알 수 없으므로 중의성의 문제를 해결할 수 없다.

오답 설명

① a는 관형격 조사 '의'가 결합한 말의 의미가 불명확해서 중의성이 생긴 문장이다. 따라서 아버지가 그린 그림인지, 아버지가 그려진 그림인지, 아버지가 소유하신 그림인지 명확하게 알 수 없다. 앞에서 언급한 세 가지의 의미 가운데 두 번째 의미로 한정하려면 '이것은 아버지를 그린 그림이다.'로 수정하면 된다.

② b는 조사 '와'에 의해 두 문장 성분이 결합하면서 중의성이 생긴 문장이다. 따라서 내 친구가 그녀와 올해 결혼한 것인지, 아니면 올해 내 친구와 그녀가 각각 다른 사람과 결혼한 것인지 알 수 없다. 올해 둘이 서로 결혼했다는 의미로 확정하기 위해서는 '내 친구가 그녀와 올해 결혼하였다.'로 수정하면 된다.

④ d는 의존 명사구의 불명확성 때문에 중의성이 생긴 문장이다. 따라서 그가 웃는 모습이 이상한 것인지, 그가 웃는다는 사실 그 자체가 이상한 것인지 알 수 없다. 그가 웃는다는 사실이 이상하다는 의미로 확정하려면 '그가 웃는다는 것이 이상하다.'로 수정하면 된다.

⑤ e는 수식 범위가 모호하여 중의성이 생긴 문장이다. 따라서 사람들의 표정이 밝은 것인지, 그녀의 표정이 밝은 것인지 알 수 없다. 그녀의 표정이 밝다는 의미로 확정하려면 '그녀는 환영하는 사람들에게 밝은 표정으로 인사했다.'로 수정하면 된다.

16. ③

정답 설명

ㄷ은 '나는 이것을 들 수 있다.'라는 의미를 강조하기 위한 것으로 대답을 요구하지 않고 서술의 기능을 하는 의문문으로 볼 수 있다. 따라서 듣는 이에게 같이 행동할 것을 요청하는 청유문과 같은 기능을 수행한다고 볼 수 없다.

오답 설명

① ㄱ은 듣는 이에게 축구 시합의 장소에 대한 구체적인 설명을 요구하는 의문문이다.

② ㄴ은 듣는 이에게 밥을 맛있게 먹었는지 여부에 대해 긍정 혹은 부정의 대답을 요구하는 의문문이다.

④ ㄹ은 듣는 이에게 '좀 조용히 해라.'라는 명령의 의미를 담고 있다.

⑤ ㄱ, ㄴ은 듣는 이의 대답을 요구하는 반면, ㄷ, ㄹ은 그렇지 않다.

17. ③

정답 설명

b. 의문문으로 표현된 문장이지만, '내가 너에게 언제 점심 한번 사 줄 수 있다.'라는 평서의 의미를 담고 있다.

e. 청유문으로 표현된 문장이지만, '조용히 해라.'라는 명령의 의미를 담고 있다.

오답 설명

a. 청자에게 집에 온 시간에 대해 구체적인 설명을 요구하고 있으므로 형식과 발화 의도가 일치하는 의문문이다.

c. 의문문으로 표현된 문장이지만 춤을 같이 추자는 청유의 의미를 담고 있다.

d. 청자에게 '나가지 마.'라고 명령하고 있으므로 형식과 발화 의도가 일치하는 명령문이다.

18. ④

정답 설명

ㄴ의 부사격 조사 '께'는 이 문장의 객체인 '선생님'을 높이기 위해 사용된 것이므로 주체를 높이기 위해 사용되었다는 설명은 적절하지 않다.

오답 설명

① ㄱ의 '모시고'는 객체인 '할아버지'를 높이고, ㄴ의 '여쭤보았다'는 객체인 '선생님'을 높이고 있다. 이때 '모시다'와 '여쭙다'는 객체를 높이기 위해 사용된 특수 어휘이다.

② ㄱ에서는 '아버지께서', '오셨어요'에서 주격 조사 '께서'와 주체 높임 선어말 어미 '-시-'를 사용해 주체 '아버지'를 높이고 있다. ㄷ에서는 '삼촌께서', '나가시는'에서 주격 조사 '께서'와 주체 높임 선어말 어미 '-시-'를 사용해 주체인 '삼촌'을 높이고 있다.

③ ㄱ의 '오셨어요'에서 '요'는 상대 높임의 기능을 갖는 보조사이다.

⑤ ㄹ의 '보십시오'에서 '-십시오'는 상대 높임(아주 높임)의 기능을 갖는 종결 어미이다.

19. ②

정답 설명

(1)은 부사어 '지금'과 서술어 '지나간다'에 현재 시제 선어말 어미 '-ㄴ-'이 사용된 것으로 보아, 현재 시제를 표시한 것이므로 발화시와 사건시가 일치한다.(사건시 = 발화시) (2)는 부사어 '내일'과 관형절의 서술어 '올'에 미래를 나타내는 관형사형 전성 어미 '-(으)ㄹ'이 사용된 것으로 보아, 미래 시제를 표시한 것이므로 사건시가 발화시보다 나중이다.(사건시 〈 발화시) 그리고 (3)은 부사어 '지난주'와 서술어 '찾아왔다'에 과거 시제 선어말 어미 '-았-'이 사용된 것으로 보아, 과거 시제를 표시한 것이므로 사건시가 발화시보다 앞선다.(사건시 〉 발화시)

20. ⑤

정답 설명

'나는 음악을 들으면서 공부했다.'에서 어미 '-면서'를 통해 공부를 하는 동안에도 음악을 듣는 동작을 계속 이어나갔음을 드러내고 있다. 즉, 어미 '-면서'는 진행상을 나타내고 있으므로 '-면서'가 완료상을 나타낸다는 설명은 적절하지 않다.

오답 설명

① ㄱ에서는 보조 용언 구성인 '-고 있다'를 활용하여 발화시를 기준으로 공부를 하는 동작을 계속 이어가고 있는 모습을 보여 주고 있다. 따라서 '-고 있다'는 진행상을 나타내고 있음을 알 수 있다.

② ㄴ에서는 어미 '-고서'를 통해 밥 먹기를 완료한 다음 방을 청소했다는 것을 드러내고 있다. 따라서 어미 '-고서'는 완료상을 나타내고 있음을 알 수 있다.

③ ㄷ에서는 보조 용언 구성인 '-어 있다'를 활용하여 감이 익은 상태가 완료된 후 지속되고 있음을 보여 주고 있다. 따라서 '-어 있다'는 완료상을 나타내고 있음을 알 수 있다.

④ ㄹ의 보조 용언 구성 '-고 있다'는 진행상(신은 동작의 진행)을 나타낼 수도 있고, 완료상(신은 상태의 지속)을 나타낼 수도 있다.

21. ⑤

정답 설명

'만나다'는 피동사 형태를 갖지 않는다. 즉 피동 접미사 '-이-', '-히-', '-리-', '-기-' 등을 결합하여 '만나다'의 피동사 형태를 만들 수 없다.

오답 설명

① '안다'의 어근 '안-'에 피동 접미사 '-기-'를 결합해 만든 피동사 '안기다'로, '아기가 엄마에게 안겼다.'라는 파생적 피동문을 만들 수 있다.

② '먹다'의 어근 '먹-'에 피동 접미사 '-히-'를 결합해 만든 피동사 '먹히다'로, '파리가 개구리에게 먹혔다.'라는 파생적 피동문을 만들 수 있다.

③ '꺾다'의 어근 '꺾-'에 피동 접미사 '-이-'를 결합해 만든 피동사 '꺾이다'로, '나뭇가지가 바람에 꺾였다.'라는 파생적 피동문을 만들 수 있다.

④ '흔들다'의 어근 '흔들-'에 피동 접미사 '-리-'를 결합해 만든 피동사 '흔들리다'로, '배가 폭풍우에 세차게 흔들렸다.'라는 파생적 피동문을 만들 수 있다.

22. ①

정답 설명

'흐드러지다'는 '매우 탐스럽거나 한창 성하다.'라는 의미를 갖는 형용사로, '-어지다'가 결합하여 만들어진 피동 표현이 아니다.

오답 설명

② '밀려서'의 본말은 '밀리어서'로 '밀다'에 피동 접미사 '-리-'가 붙어서 만들어진 피동사에 해당한다.

③ '막혀'의 본말은 '막히어'로 '막다'에 피동 접미사 '-히-'가 붙어서 만들어진 피동사에 해당한다.

④ '쫓기는'은 '쫓다'에 피동 접미사 '-기-'가 붙어서 만들어진 피동사에 해당한다.

⑤ '뒤섞여'의 본말은 '뒤섞이어'로 '뒤섞다'에 피동 접미사 '-이-'가 붙어서 만들어진 피동사에 해당한다. 참고로 '맡겼더니'의 '맡기다'는 '맡다'에 사동 접미사 '-기-'가 결합하여 만들어진 사동사이다.

23. ①

정답 설명

통사적 사동에 의한 '깊게 하다', '솟게 하다', '사게 하다'는 비문법적 표현이 아닌 반면, 파생적 사동에 의한 '*깊이다', '*솟구다', '*사이다'는 비문법적 표현이라는 점으로 보아, 파생적 사동이 통사적 사동에 비해 제약이 많다는 점을 확인할 수 있다.

오답 설명

② 타동사 '사다'의 경우 파생적 사동에 의한 '*사이다'가 비문법적 표현이며, 자동사 '솟다'의 경우 파생적 사동에 의한 '*솟구다'가 비문법적 표현이라는 점에서 파생 접미사와의 결합에 제약을 적게 받는 것이 타동사인지 자동사인지 비교할 수 없다.

③ '*먹이우다', '*사이우다' 등 타동사의 어근 '먹-', '사-'에 둘 이상의 사동 접사가 결합할 수 없으므로 적절한 내용이 아니다.

④ 형용사 '깊다'의 경우 파생적 사동에 의한 '*깊이다'가 비문법적 표현이라는 점에서 자동사나 타동사와는 달리 파생적 사동에 의해 사동 표현을 만든다고 할 수는 없다.

⑤ 자동사 '솟다'와 타동사 '사다' 모두 파생적 사동에 의한 '*솟구다', '*사이다'가 비문법적 표현이라는 점에서 통사적 사동에 의해 사동 표현을 만드는 데 제약을 많이 받는 것이 자동사인지 타동사인지 비교할 수 없다.

24. ①

정답 설명

ㄱ은 허리에 총을 차는 동작의 '진행'이냐 '완료'냐에 따라 의미가 달라지는 중의적 문장이다. 즉, 총을 차는 동작을 하고 있는 경우(진행)와 총을 차는 동작을 끝낸 상태가 지속되고 있는 경우(완료)로 해석될 수 있다. 따라서 허리에 총을 차는 동작의 '예정'으로 보기 어렵다.

오답 설명

② ㄴ은 그가 걷는다는 사실이 이상하다는 의미로도, 그의 걸음걸이가 이상하다는 의미로도 해석이 가능한 중의적 문장이다.

③ ㄷ은 그녀가 나를 좋아하는 것보다 영화를 더 좋아하는 것인지, 내가 영화를 좋아하는 것보다 더 영화를 좋아하는 것인지 비교 대상이 분명하지 않아 중의적으로 해석되는 문장이다.

④ ㄹ은 학생들 전체가 오지 않았다는 전체 부정의 의미로 사용된 것인지, 학생들 일부가 오지 않았다는 부분 부정의 의미로 사용된 것인지 부정 표현의 범위가 명확하지 않아 중의적으로 해석되는 문장이다.

⑤ ㅁ은 관형어 '아름다운'이 수식하는 말이 바로 뒤에 따라오는 '고향'인지, 고향의 '하늘'인지 명확하게 드러나지 않아 중의적으로 해석되는 문장이다.

25. ④

정답 설명

ⓒ의 목적어는 '아이들을'이며, '아이들을'을 주어로 하는 주동문은 '아이들이 집에 갔다.'이다.

오답 설명

① ㉠의 부사어는 '나에게'로, '*남편은 나를 말을 높인다.'와 같이 부사어를 목적어로 바꿀 수 없다.

② ㉠의 '남편은 나에게 말을 높인다.'에서 '높이다'는 '높게 대우하는 말을 쓰다'의 의미를 갖는 동사로 사동 접미사 '-이-'를 결합시켜 만든 사동사가 아니다. 따라서 ㉠을 '-게 하다'에 의한 사동문으로 바꾸면 '*남편은 나에게 말을 높게 한다.'로 원래의 의미와는 멀어진 부자연스러운 문장이 된다.

③ ㉡의 '누렁이'는 사람이 아니므로 높임의 의미를 가진 재귀 대명사 '당신'을 쓰는 것은 적절하지 않다.

⑤ ㉡은 누렁이가 새끼에게 직접 젖을 물리는 행위를 하는 것이므로 직접 사동문으로 볼 수 있다. 반면 ㉢은 선생님이 말로써 아이들이 집에 가도록 하는 것이며, 실제 집에 가는 행위를 하는 것은 아이들이기 때문에 간접 사동문에 해당한다.

26. ③

정답 설명

나 : 부사 '무조건'은 '무조건 좋아.'와 같이 긍정 표현과도 호응하므로 ㄴ으로 설명할 수 없다.

다 : '살다'는 동사이므로 형용사에 관한 내용인 ㄱ으로 설명할 수 없다. '안' 부정문이 아닌 '못 살다, 살지 못하다' 등 '못' 부정문으로도 표현이 가능하다.

오답 설명

가 : 부사 '그다지'가 부정 표현인 '안 변했네'와 호응하고 있으므로 ㄴ으로 설명할 수 있다.

라 : '공부하다'의 짧은 부정문은 '공부 안 하다'로, 어근 '공부'와 '-하다' 사이에 부정 부사 '안'이 위치하므로 ㄷ으로 설명할 수 있다.

마 : '기쁘다'는 형용사이므로 ㄱ으로 설명할 수 있다. '못 기쁘다'나 '기쁘지 못하다' 등 '못' 부정문으로 쓰면 어색하다.

27. ③

정답 설명

ㄴ의 '늠름한'은 현재 시제이며, 과거 시제는 '귀엽던'에서 나타난다. 이를 통해 형용사는 '-(으)ㄴ'과 결합하면 현재 시제, '-던'과 결합하면 과거 시제를 표현할 수 있다는 것을 알 수 있다. 반면 동사의 경우 ㄷ의 '만드신'과 같이 '-(으)ㄴ'과 결합하여 과거 시제를 드러내기도 하고, '먹던'과 같이 '-던'과 결합하여 과거 시제를 드러내기도 한다. 따라서 형용사와 동사가 모두 '-(으)ㄴ'와 결합하여 과거 시제를 실현할 수 있다는 설명은 적절하지 않다.

오답 설명

① '보았다'에는 선어말 어미 '-았-'이 쓰여 과거 시제를 나타내고 있다.

② '어제'와 '지난주에'는 해당 문장이 과거 시제임을 알려 주는 시간 부사어이다.

④ '어렸을 때 나는 심하게 아팠었다.'에서 지금은 그렇지 않다는 의미를 읽어낼 수 있다. 따라서 '-았었-'은 현재와 비교하여 아팠던 과거 상태에 대한 단절감을 강조하는 기능을 한다고 볼 수 있다.

⑤ '너 지난주에 보니까 어딘가 바쁘게 가더라.'라는 문장은 화자가 과거에 직접 관찰한 사실을 표현한 것이다. 따라서 ㅁ을 통해 '-더-'의 기능을 과거에 직접 관찰한 사실을 표현하는 것으로 도출함은 적절하다.

28. ③

정답 설명

'이거 좀 먹으면서 해라.'는 문장의 유형도 명령문에 해당하고, 문장의 기능도 명

령의 기능을 수행하고 있으므로 문장의 유형과 기능이 일치한다.

오답 설명

① '덕수궁 가는 길을 알려주실 수 있나요?'는 의문문의 형식으로 명령의 기능을 수행하고 있으므로 문장의 유형과 기능이 일치하지 않는다.

② '저와 같이 춤추실래요?'는 의문문의 형식으로 청유의 기능을 수행하고 있으므로 문장의 유형과 기능이 일치하지 않는다.

④ '네가 물 한 잔만 떠주면 소원이 없겠어.'는 평서문의 형식으로 명령의 기능을 수행하고 있으므로 문장의 유형과 기능이 일치하지 않는다.

⑤ '거 텔레비전 좀 봅시다.'는 청유문의 형식으로 명령의 기능을 수행하고 있으므로 문장의 유형과 기능이 일치하지 않는다.

29. ④

정답 설명

'내가 난처한 입장에 놓였다.'는 능동문의 주어를 상정하기 어려우므로 ㉠에 해당한다. 또한 '나는 할아버지에게서 바둑을 배웠다.'의 '배우다'라는 행위는 주체가 일방적으로 행위를 당하는 피동으로 나타낼 수 없으므로 대응하는 피동문을 상정하기가 어려워 ㉡에 해당한다.

오답 설명

① '더위가 한풀 꺾였다.'에서 '꺾이다'는 피동사이지만, 자연적 변화를 표현한 것이기 때문에 더위를 꺾은 주체가 있는 것이 아니므로 대응하는 능동문을 상정하기 어렵다. 따라서 ㉠에 해당한다. 반면 '희태가 잠자리를 잡았다.'는 '잠자리가 희태에게 잡혔다.'와 같이 대응하는 피동문을 형성할 수 있으므로 ㉡에 해당하지 않는다.

② '자물쇠가 누군가에게 뜯겼다.'는 '누군가가 자물쇠를 뜯었다.'와 같이 대응하는 능동문을 상정할 수 있으므로 ㉠에 해당하지 않는다. 반면 '그는 그쪽 지리를 잘 알았다.'에 대응하는 피동문은 '지리가 그에 의해 알려졌다.'와 같이 어색한 문장이 된다. 대응하는 피동문을 상정하기가 어려우므로, ㉡에 해당한다.

③ '온 세상이 눈에 덮였다.'는 '눈이 온 세상을 덮었다.'와 같이 대응하는 능동문을 상정할 수 있으므로 ㉠에 해당하지 않는다. 한편 '호랑이가 닭을 잡아먹었다.'는 '닭이 호랑이에게 잡아먹혔다.'와 같이 대응하는 피동문을 상정할 수 있으므로 ㉡에 해당하지 않는다.

⑤ '아이가 모기에게 잔뜩 물렸다.'는 '모기가 아이를 잔뜩 물었다.'와 같이 대응하는 능동문을 상정할 수 있으므로 ㉠에 해당하지 않는다. 한편 '건우는 새가 지저귀는 소리를 들었다.'도 '새가 지저귀는 소리가 건우에게 들렸다.'와 같이 대응하는 피동문을 상정할 수 있으므로 ㉡에 해당하지 않는다.

30. ③

정답 설명

'나왔습니다'의 주체는 '햄버거와 콜라 세트'이다. 이는 '손님'과 밀접한 관계가 아닌 모두가 가질 수 있는 무정물이기 때문에 높임의 대상이 아니므로, 주체 높임 선어말 어미 '-(으)시-'를 사용하면 안 된다.

오답 설명

① '먹다'의 주체는 '어머니'로 높임의 대상이다. 따라서 '먹다'의 높임말인 '들다'에 주체 높임 선어말 어미 '-시-'를 결합한 '드시다'를 사용해 주체 높임을 실현해야 한다.

② '있으면'과 호응하는 주체는 '궁금한 점'이다. 이때 '학생 여러분'을 높이기 위

해 그들이 느끼는 '궁금한 점'을 높이는 간접 높임을 실현해야 하므로, '있으면'이 아닌 주체 높임 선어말 어미 '-시-'를 결합한 '있으시면'으로 표현해야 한다. 참고로 간접 높임은 높임의 어휘를 통해 높임을 실현해서는 안 되므로 '있으시면'을 대신하여 '계시면'을 사용해 간접 높임을 실현할 수는 없다.

④ '주고'와 호응하는 부사어인 '교장 선생님'은 높임의 대상이다. 따라서 '주다'가 아닌 객체 높임을 나타내는 특수 어휘 '드리다'를 사용해 표현하는 것이 적절하다.

⑤ '데리고'와 호응하는 목적어인 '사장님'은 높임의 대상이다. 따라서 '데리다'가 아닌 객체 높임을 나타내는 특수 어휘인 '모시다'를 이용해 '모시고'로 표현하는 것이 적절하다.

31. ③

정답 설명

'아기가 우유를 먹는다.'의 '먹다'는 목적어를 필요로 하는 타동사이다. '엄마가 아기에게 우유를 먹인다.'에서 타동사 '먹다'는 사동사 '먹이다'로 바뀌었다. 따라서 타동사는 사동사로 바꿀 수 없다는 선지의 내용은 적절하지 않다.

오답 설명

① 주동문을 사동문으로 바꾼 〈보기〉의 모든 문장에서 '사람들이', '엄마가', '경찰이'라는 새로운 주어가 생겼으므로 적절한 진술이다.

② 주동문의 주어였던 '길이', '아기가', '아이가', '차가'는 사동문에서 '길을', '아기를', '아기에게', '아이에게', '차를'과 같이 목적어나 부사어로 바뀌었음을 알 수 있다.

④ '먹다'는 '엄마가 아기에게 우유를 먹인다.'와 같이 사동사 '먹이다'를 통해 사동문을 형성하였다. 반면, '마시다'에 대응하는 사동사는 없다. 따라서 '엄마가 아이에게 우유를 마시게 한다.'와 같이 '-게 하다'가 쓰인 사동문을 형성하였다.

⑤ '정지하다'를 사동 표현으로 만들기 위해 '정지시키다'라는 표현이 사용되었다.

32. ③

정답 설명

ⓜ에서 '-었-'과 '-았-'은 동시에 일어난 사건임을 나타내기 위해 쓰인 것이 아니다. '잠은 다 잤다'의 '-았-'은 과거 시제가 아니라, 말하는 시점에서 발생하지 않은 미래의 일에 대한 확신을 나타내고 있는 표현이다. 반면, 커피를 마신 것은 과거의 일이므로 '마셨으니'의 '-었-'은 과거 시제를 나타내는 선어말 어미로 쓰인 것임을 알 수 있다.

오답 설명

① ㉠에서 '한다'의 '-ㄴ-'은 현재의 사건을 나타내기 위해 쓰였지만, ㉡에서 '떠난다'는 '내년'에 일어날 일이므로 '-ㄴ-'이 미래의 사건을 나타내기 위해 쓰였음을 알 수 있다.

② ㉢은 중의적인 문장이다. 누나가 '원피스를 입는 행위가 현재 진행 중'임을 나타낼 수도 있고, 이미 입은 행위가 끝난 뒤 '원피스를 입은 상태에 있음을 나타낼 수도 있다. 그러나 ㉣은 축구를 하는 행위가 현재 진행 중이라는 의미로만 해석된다.

④ '-았었-'은 현재와 비교하여 다르거나 단절되어 있는 과거의 사건을 나타내는 선어말 어미이다. 과거에 친구가 집에 왔으나 지금은 돌아가고 없으므로, 현재의 상황이 과거의 상황과 달라져 단절되었음을 나타내기 위해 '-았었-'을 사용한 것이다.

⑤ '-더-'는 과거 어느 때에 직접 경험하여 알게 된 사실을 현재의 말하는 장면에 그대로 옮겨 와서 전달한다는 뜻을 나타내는 선어말 어미이다. ⒜은 말하

는 이가 서울역에서 직접 눈으로 본 바를 회상하면서 말하는 문장에 '-더-'를 사용한 것이다.

33. ③

정답 설명

ⓒ은 능동문이 피동문으로 바뀌는 과정에서 능동문의 목적어 '건물을'이 피동문의 '건물이'로 바뀌면서 목적어가 주어로 교체되었다. 그러나 능동문의 주어 '인부들이'는 피동문에서 부사어인 '인부들에 의해'로 바뀌므로, 주어와 목적어가 서로 교체된다는 선지의 설명은 적절하지 않다.

오답 설명

① ㉠은 피동문의 부사어에 해당했던 '나에 의해'가 능동문의 '나는'으로 바뀌면서 부사어가 주어로 교체되었다. 반면 ㉡은 부사어 '못에'가 능동문의 '못이'로 주어가 되었을 때 능동문이 성립하지 않음을 확인할 수 있다.

② ㉢의 능동문 서술어 '지었다'의 어간에는 피동 접미사 '-이-, -히-, -리-, -기-'를 붙일 수 없고 '-어지다'만 붙일 수 있다. 따라서 능동사의 어간에 따라 파생적 피동이 불가능한 것이 있다는 설명은 적절하다.

④ ㉠의 능동문 서술어 '열었다'는 피동 접미사 '-리-'를 붙여 만든 '열렸다'와 같은 파생적 피동뿐 아니라 '-어지다'를 붙여 만든 '열어졌다'와 같은 통사적 피동도 가능하다. 그런데 ㉣의 '가르쳤다'의 경우는 〈보기〉에 제시되었듯이 통사적 피동이 불가능하고, 피동 접미사도 붙일 수 없으므로 파생적 피동도 불가능하다.

⑤ 능동문에 의지와 관련된 부사어 '열심히'가 없는 경우 '도둑이 경찰에게 잡혔다.'로 피동문을 만들 수 있으며 이 경우에는 비문이 아니다. 반면 능동문에 의지와 관련된 부사어 '열심히'가 있을 경우 대응되는 피동문이 비문인 것을 통해 의지와 관련된 부사어가 있는 능동문은 피동문으로 바꾸었을 때 어색한 경우가 있음을 알 수 있다.

34. ②

정답 설명

'누가 하더라도 더 잘할 것이다.'에는 과거에 경험한 일을 회상하는 부분이 없으므로, 과거 시제 선어말 어미 '-더-'가 쓰였다고 볼 수 없다. 이때 '하더라도'는 어간 '하-'에 가정이나 양보의 뜻을 나타내는 연결 어미 '-더라도'가 붙은 활용형이다.

오답 설명

① 동사 어간에 관형사형 전성 어미 '-ㄴ'을 붙여 영희가 그 빵을 준 사건이 과거임을 표현하고 있다.

③ 선어말 어미 '-았-'을 활용해 너무 기뻐서 눈물이 난 '그때'의 사건이 과거임을 표현하고 있다.

④ 선어말 어미 '-았었-'을 활용해 현재와 달리 과거에는 저수지에 물고기가 많았음을 표현하고 있다.

⑤ 관형사형 전성 어미 '-던'을 활용해 과거에 내가 그 볼펜을 가장 아꼈음을 표현하고 있다.

35. ⑤

정답 설명

〈보기 1〉을 통해 능동문과 피동문은 동작주의 동작성에서 차이가 나며, 피동문에서는 피동작주에 초점이 가게 되어 동작주의 행위는 적극적으로 표현되지 않음을

알 수 있다. 따라서 '피동문은 능동문에 비해 주어로 나타나는 피동작주에 초점이 가기 때문에 동작주의 동작성이 잘 드러난다.'라는 선지의 설명은 적절하지 않다.

오답 설명

① ㄱ의 '잡혔다'와 ㄴ의 '덮였다'는 각각 피동 접미사 '-히-', '-이-'가 쓰인 피동사이다.

② ㄷ의 '만들어졌다'는 '만들- + -어 + 지- + -었- + -다'로 분석되므로, '-어지다'를 사용한 통사적 피동문임을 알 수 있다.

③ ㄹ은 피동 접미사 '-히-'와 '-게 되다'가 모두 쓰였으므로, 이중 피동이 된 사례에 해당한다.

④ ㄱ, ㄴ, ㄹ 모두 능동문의 주어 '순경이', '흰 눈이', '사냥꾼 네 명이'가 피동문에서는 부사어 '순경에게', '흰 눈에', '사냥꾼 네 명에게'로 바뀌고 능동문의 목적어 '도둑을', '산봉우리를', '사슴을'이 피동문에서는 주어 '도둑이', '산봉우리가', '사슴이'로 바뀌었음을 알 수 있다.

36. ④

정답 설명

'여쭙다'는 '묻다'의 객체 높임 특수 어휘이다. 동생의 '여쭙고'라는 말은 문장의 부사어인 '할아버지께' 즉, 객체를 높이는 것이므로 할아버지에 대한 상대 높임법이 아닌 객체 높임법이 사용되었음을 알 수 있다.

오답 설명

① '다녀가셨어'에서는 해체를 통해 청자를 낮추는 상대 높임법이 사용되었다. 따라서 형의 '다녀가셨어'라는 말에는 대화의 상대인 동생을 낮추는 상대 높임법이 사용되었음을 알 수 있다.

② 형의 '고모부께서'라는 말에는 주체를 높이는 주격 조사 '께서'가 사용되었으므로 주어가 나타내는 대상인 주체 즉, 고모부에 대한 주체 높임법이 사용되었음을 확인할 수 있다.

③ 동생의 '오셔서'라는 말에는 주체 높임 선어말 어미 '-시-'가 사용되었으며, 이를 통해 주어가 나타내는 대상인 주체 즉, 고모부에 대한 주체 높임법이 사용되었음을 확인할 수 있다.

⑤ '드리다'는 '주다'의 객체 높임 특수 어휘이다. 동생의 '드리고'라는 말은 생략된 문장의 부사어인 '할아버지께', 즉 객체를 높이는 것이므로 할아버지에 대한 객체 높임법이 사용되었음을 확인할 수 있다.

37. ②

정답 설명

ㄱ의 '자랄'에 있는 관형사형 전성 어미 '-ㄹ'은 아직 일어나지 않은 사건을 나타내는 것이므로 사건시가 발화시보다 나중임을 나타낸다고 보는 것이 적절하다. 미래 시제는 발화시가 사건시보다 앞선다.

오답 설명

① ㄱ에는 시제를 나타내는 관형사형 전성 어미 '-ㄹ'만 있을 뿐, 선어말 어미는 존재하지 않는다.

③ ㄴ의 '꿨어'는 '꾸- + -었- + -어'로 분석되므로 '꿨어'에는 과거 시제를 나타내는 선어말 어미 '-었-'이 포함되어 있음을 확인할 수 있다.

④ ㄴ의 '가는'에서 관형사형 전성 어미 '-는'은 '꿈'을 꾸는 시점을 기준으로 삼을 때 사건시와 발화시가 일치함을 나타낸다.

⑤ ㄷ의 '왔던'은 '오- + -았- + -던'으로 분석되므로 '왔던'에는 과거 시제를 나타내는 선어말 어미 '-았-'과 관형사형 전성 어미 '-던'이 모두 쓰였음을 확인할 수 있다.

38. ⑤

정답 설명

㉠은 화자의 추측을 나타내는 어미로, '철수는 지금쯤 집에 있겠다.'와 같이 3인칭 주어와 함께 쓰일 수 있다.

오답 설명

① ㉠은 화자의 추측이나 추정을 나타내고 있다.

② ㉡은 화자의 의지나 의도를 나타내고 있다.

③ ㉡은 화자의 의지나 의도를 나타내므로, '나는 내일 꼭 도서관에 가겠다.'와 같이 미래 시제를 표현하는 문장에서 쓰인다.

④ ㉠은 화자의 추측이나 추정을 나타내므로, '벌써 수업이 끝났겠다.'와 같이 과거 시제를 나타내는 '-었/았-'과 함께 쓰일 수 있다. 그러나 ㉡은 화자의 의지를 나타내기 때문에 '*나는 어제 꼭 도서관에 갔겠다.(*는 비문 표시)'와 같이 과거 시제를 나타내는 '-었/았-'과 함께 쓰일 수 없다.

39. ③

정답 설명

<보기>에서는 평서문의 형식으로 행위의 요청이라는 의도를 나타내거나 의문문의 형식으로 행동의 요구라는 의도를 나타내는 경우를 설명하고 있다. ③은 의문문의 형식으로 질문에 대한 청자의 답변을 요구하는 경우에 해당하므로 적절하지 않다.

오답 설명

①, ⑤ 평서문의 형식으로 상대에게 특정한 행위를 요청하고 있다.

②, ④ 의문문의 형식으로 상대에게 특정한 행동을 요구하고 있다.

40. ①

정답 설명

약을 먹는 주체는 '아기'이므로 청자만 행동하기를 바라는 경우에 해당한다.

오답 설명

②, ③ 화자 자신이 어떠한 행동을 하겠다는 의미이므로 화자만 행하려 하는 행동을 나타내는 발화이다.

④, ⑤ 화자가 청자에게 어떤 행동을 함께 하도록 요청하는 문장이다.

41. ⑤

정답 설명

'어서 씻어라'의 '-어라'는 명령의 뜻을 나타내는 종결 어미이고, '만나고 싶어라'의 '-어라'는 감탄의 뜻을 나타내는 종결 어미이다. 따라서 ⑤는 동일한 형태의 종결 어미 '-어라'가 명령과 감탄의 의미를 실현한 경우이다.

오답 설명

① 두 예문의 '-ㄴ데'는 모두 어떤 일을 감탄하는 뜻을 넣어 서술함으로써 그에 대한 청자의 반응을 기다리는 태도를 나타내는 종결 어미이다.

② 두 예문의 '-ㄹ게'는 모두 어떤 행동에 대한 약속이나 의지를 나타내는 종결 어미이다.

③ 두 예문의 '-군'은 모두 가벼운 감탄의 의미를 나타내는 종결 어미이다.

④ 두 예문의 '-ㅂ시다'는 모두 어떤 행동을 함께 하자는 청유의 의미를 나타내는 종결 어미이다.

42. ④

정답 설명

@의 "(할머니께서) 지금은 경로당에 계실 것 같으니까, (제가) 이따 (할머니께) 전화(를) 드릴게요."에서 '계시다'는 생략된 주체인 할머니를 높이는 용언이 맞지만, '드리다'는 문장에서 생략된 객체인 할머니를 높이는 용언이다. 따라서 객체인 아버지를 높인다는 진술은 적절하지 않다.

오답 설명

① ㉠에서 아버지는 상대 높임 중 해라체의 의문형 종결 어미 '-니'를 사용하여 대화의 상대방인 진우를 낮추고 있다.

② ㉡에서 높임의 주격 조사 '께서'와 동사에 주체 높임 선어말 어미 '-시-'를 결합한 '주셨는데'는 주체인 어머니를 높이기 위해 사용된 표현들이며, '연세'는 할머니를 높이기 위해 사용된 표현이다.

③ ㉢의 "(네가) (할머니께) 안부 전화도 드릴 겸 (네가) 할머니께 (연세를) 여쭈어보아라."에서 객체 높임을 나타내는 특수 어휘인 '드리다'와 '여쭈어보다'는 모두 객체인 할머니를 높이는 표현이다.

⑤ ㉤의 "(우리가) 주말에 (할머니를) 뵈러 간다는 말씀도 (할머니께) 드려라."에서 '뵈다'와 '말씀'은 모두 문장에서 생략된 객체인 할머니를 높이는 표현이다.

43. ⑤

정답 설명

해당 문장에서 '가져오다'의 주체는 '선생님'이 아니라 '석호'이다. 주어인 '선생님께서'와 호응하는 서술어는 '가져오다'가 아니라 '하다'이므로, '하다'에 주체 높임 선어말 어미 '-시-'가 사용된 원래 문장 '석호야, 선생님께서 숙제 걷어서 교무실로 가져오라고 하셨어.'가 높임법에 맞는 표현이다.

오답 설명

① 해당 문장에서 서술어 '오다'와 호응하는 주어는 '부모님(께서)도'이므로 주체 높임 선어말 어미 '-시-'를 사용하여 '오시라고'로 수정해야 한다.

② 해당 문장에서 서술어 '없다'와 호응하는 주어는 '상품이'이므로 주체 높임 선어말 어미 '-으시-'를 제거하여 '없습니다'로 수정해야 한다.

③ 해당 문장에서 '자기'는 '할머니'를 다시 지칭하는 재귀 대명사로 쓰인 것이다. 하지만 '할머니'를 높이기 위해서는 '자기'의 높임말인 '당신'이라는 표현을 사용해야 한다. 또한 주격 조사 '가'도 높임의 주격 조사 '께서'로 수정하여 '당신께서'로 수정해야 한다.

④ 해당 문장에서 서술어 '물어보다'와 호응하는 부사어는 '할아버지께'이므로, 객체 높임을 나타내는 특수 어휘를 사용해 '여쭈어보래요.'로 수정해야 한다.

44. ⑤

정답 설명

ㄹ의 '나눔의 집에 계신'에서 관형절의 서술어 '계신'과 호응하는 주어는 '할머니들께서'로 '계신'은 '할머니들'을 직접적으로 높이기 위하여 사용된 주체 높임의 어휘

이다. 한편, '많으시다'는 정이 많은 주체인 '할머니들'을 간접적으로 높이기 위하여 주체 높임 선어말 어미 '-으시-'를 붙여 높임 표현을 한 것으로 간접 높임에 해당한다.

오답 설명

① ㄱ은 '주무시다'라는 주체 높임의 어휘를 사용하여 주체인 '우리 부모님'을 직접적으로 높이고 있다.

② 서술어에 주체 높임 선어말 어미 '-으시-'를 넣어 '없으시다'라고 표현한 것은 '할머니'와 관련 있는 대상인 '근심이나 걱정'을 높임으로써 간접적으로 주체인 '할머니'를 높이기 위해서이다.

③ 높임의 주격 조사 '께서'를 사용한 문장은 ㄴ(할머니께서는)과 ㄷ(할아버지께서는)이다. ㄹ에서는 높임의 주격 조사가 사용되지 않았다.

④ ㄷ은 주체를 높이는 어휘가 아닌 높임의 주격 조사 '께서'와 '하셨다'에 쓰인 주체 높임 선어말 어미 '-시-'를 통해 주체를 직접적으로 높이고 있다.

45. ⑤

정답 설명

'-시-'는 문장의 주체를 높이는 선어말 어미로, 주체 높임을 실현하는 문법 요소이므로 상대 높임법을 나타내는 요소인 ㉤에 해당하지 않는다. 한편, 상대 높임은 청자를 높이거나 낮추는 높임법의 한 종류로 종결 어미 또는 높임의 보조사 '요'를 통해 높임법이 실현된다. 제시된 문장에서는 보조사 '요'를 통해 실현된 '해요체'로 청자인 선생님을 높이는 상대 높임이 실현되었으므로 '요'는 ㉤에 해당한다.

오답 설명

①, ④ 해당 문장에서는 '선생님께'의 부사격 조사 '께'와 객체 높임을 나타내는 특수 어휘 '여쭤보라고(여쭤보다)'를 통해 객체인 '선생님'을 높이고 있다.

② 제시된 문장의 청자는 '선생님'이므로 상대 높임의 대상 역시 '선생님'이다.

③ 제시된 문장에서는 '어머니께서'의 주격 조사 '께서'와 '하셨어요'에 쓰인 주체 높임 선어말 어미 '-시-'를 통해 주체인 '어머니'를 높이고 있다.

46. ④

정답 설명

'한밤중인데도 윤혁이가 깨어 있다.'에서 '깨어 있다'는 '깨다'라는 동작이 완료된 상태가 지속되고 있음을 보조 용언 '있다'로 표현하고 있다. 따라서 해당 예문은 ㉡이 아닌 ㉢으로 보는 것이 적절하다.

오답 설명

① '그림을 그리고 있다.'는 그림을 그리는 동작이 발화시를 기준으로 현재 진행되고 있음을 나타내므로 ㉠에 해당한다.

② '학교에 가는 중이다.'는 학교에 가는 동작이 발화시를 기준으로 현재 진행되고 있음을 나타내므로 ㉠에 해당한다.

③ '책을 다 읽었다.'는 책을 읽는 행위가 발화시를 기준으로 이미 완료되었음을 나타내므로 ㉡에 해당한다.

⑤ '코스모스가 피어 있다.'는 '피다'라는 동작이 완료된 상태가 발화시까지 지속되고 있음을 나타내므로 ㉢에 해당한다.

47. ⑤

정답 설명

'과수원의 사과가 탐스럽게 익었다.'에서 '익었다'는 사과가 탐스럽게 익은 후 그 결과의 상태가 현재까지 지속되고 있음을 나타내므로 ㉠의 예문으로 적절하다. 또한, '발목을 다쳤으니 너는 수학여행은 다 갔다.'에서 '갔다'는 수학여행을 가는 일이 아직 이루어지지 않았음에도 이미 정해진 사실인 것처럼 표현하고 있으므로 ㉡의 예문으로 적절하다.

오답 설명

① '사흘 만에 물가가 두 배나 올랐다.'에서 '올랐다'는 물가가 두 배나 오른 사건이 완료된 후 그 결과의 상태가 현재까지 지속되고 있음을 나타내므로 ㉠의 예문으로 적절하다. 반면, '내가 너의 동생을 달래주었다.'에서 '달래주었다'는 너의 동생을 달래준 행위가 과거에 이미 발생하였음을 나타내는 것이므로 ㉡의 예문으로 적절하지 않다.

② '우리는 작년만 해도 사이가 좋았다.'에서 '좋았다'는 과거에는 사이가 좋았지만 현재는 그렇지 않음을 나타내는 것이므로 ㉠의 예문으로 적절하지 않다. 반면, '넌 저녁에 집에 가면 엄마한테 혼났다.'에서 '혼났다'는 엄마에게 혼나는 일이 아직 이루어지지 않았음에도 이미 정해진 사실인 것처럼 표현하고 있으므로 ㉡의 예문으로 적절하다.

③ '형은 어제 하루 종일 노래만 불렀다.'에서 '불렀다'는 노래를 부르는 행위가 과거에 이미 발생하였음을 나타내는 것이므로 ㉠의 예문으로 적절하지 않다. 반면, '비가 이렇게 안 오니 올해 농사는 글렀다.'에서 '글렀다'는 농사가 잘못되는 사건이 아직 발생하지 않았음에도 이미 정해진 사실인 것처럼 표현하고 있으므로 ㉡의 예문으로 적절하다.

④ '나는 지난여름부터 운동을 시작했다.'에서 '시작했다'는 운동을 시작한 행위가 완료된 후 그 결과의 상태가 현재까지 지속되고 있음을 나타내므로 ㉠의 예문으로 적절하다. 반면, '운동을 많이 하니 온몸이 쑤셨다.'에서 '쑤셨다'는 온몸이 쑤신 과거의 사실을 나타내는 것이므로 ㉡의 예문으로 적절하지 않다.

48. ②

정답 설명

'시은이가 차에 타고 있다.'는 차에 올라타는 동작이 일어나는 중임을 나타내는 진행상으로도 해석될 수도 있고, 차에 올라타는 동작이 완료된 후 차 안에 있는 상태가 지속되고 있음을 나타내는 완료상으로 해석될 수도 있다.

오답 설명

① 해당 문장은 빨래가 말라 가는 중임을 나타내는 진행상으로만 해석된다.
③ 해당 문장은 의자에 앉는 동작이 완료된 후 그 상태가 지속되고 있음을 나타내는 완료상으로만 해석된다.
④ 해당 문장은 고기를 먹는 동작이 진행되고 있음을 나타내는 진행상으로만 해석된다.
⑤ 해당 문장은 빵을 먹는 동작이 이미 끝났음을 나타내는 완료상으로만 해석된다.

49. ③

정답 설명

ⓐ '지금'이라는 시간 부사어를 사용하고 있으므로 '읽는다'에 쓰인 '-는-'은 현재 시제를 나타내는 표현임을 알 수 있다. 또한 '-는-'은 '읽다'의 어간 '읽-'과 어말 어미 '-다' 사이에 쓰였으므로 현재 시제 선어말 어미(㉮)에 해당한다.

ⓑ 이야기하는 시점에서 어떤 사람이 손을 흔드는 사건이 동시에 일어나고 있으므로 '흔드는'에 쓰인 '-는'은 현재 시제를 나타내는 표현임을 알 수 있다. '-는'은 '흔든다'의 어간 '흔들-' 뒤에 결합하여 해당 용언이 체언 '사람'을 수식할 수 있게 해주므로 현재 시제를 나타내는 관형사형 전성 어미(㉯)에 해당한다.

ⓒ 이야기하는 시점에서 동생이 무언가를 먹은 행위는 이미 이전에 일어난 것이므로 '먹은'에 쓰인 '-은'은 과거 시제를 나타내는 표현임을 알 수 있다. '-은'은 '먹다'의 어간 '먹-' 뒤에 결합하여 해당 용언이 체언 '것'을 수식할 수 있게 해주므로 과거 시제를 나타내는 관형사형 전성 어미(㉱)에 해당한다. 그리고 '않았다'의 '-았-'은 '않다'의 어간 '않-'과 어말 어미 '-다' 사이에 쓰였으므로 과거 시제 선어말 어미(㉰)에 해당한다.

ⓓ '아까'라는 시간 부사어를 사용하고 있으므로 '만난'에 쓰인 '-ㄴ'은 과거 시제를 나타내는 표현임을 알 수 있다. 또한 '-ㄴ'은 '만나다'의 어간 '만나-' 뒤에 결합하여 해당 용언이 체언 '친구'를 수식할 수 있게 해주므로 과거 시제를 나타내는 관형사형 전성 어미(㉱)에 해당한다.

ⓔ 이야기하는 시점에서 영수가 축구를 하는 사건이 동시에 일어나고 있으므로 '한다'에 쓰인 '-ㄴ-'이 현재 시제를 나타내는 표현임을 알 수 있다. '-ㄴ-'은 '하다'의 어간 '하-'와 어말 어미 '-다' 사이에 쓰였으므로 현재 시제 선어말 어미(㉮)에 해당한다.

50. ③

정답 설명

ⓒ의 '지어졌다'는 '짓다'의 어간 '짓-'에 통사적 피동 표현 '-어지다'를 결합해 만든 것이다. 이때, '빵은 밀가루로 만들어진다.'의 '만들어지다' 역시 '만들다'의 어간 '만들-'에 '-어지다'를 결합함으로써 피동 표현을 실현한 것이므로 적절하다.

오답 설명

① ㉠의 '정돈되었다'는 명사 어근 '정돈'에 접미사 '-되-'가 결합한 피동 표현이다. 그러나 '어느덧 추운 겨울이 되었다.'에 쓰인 '되-'는 접미사가 아닌 동사 어근으로 해당 예문에는 피동 표현이 사용되지 않았다.

② ㉡의 '들린다'는 '사람이나 동물이 소리를 감각 기관을 통해 알아차리다.'라는 의미를 가진 '듣다'의 피동사를 활용한 표현이다. 따라서 '들다'가 아닌 '듣다'와 '들리다'가 능동-피동의 관계에 있음을 알 수 있다.

④ ㉣의 '보이다'는 동사 '보다'의 어근 '보-'에 피동 접미사 '-이-'가 결합하여 만들어진 피동사이다.

⑤ ㉤의 '밝혀졌다'는 '진리, 가치, 옳고 그름 따위를 판단하여 드러내 알리다.'라는 의미의 사동사 '밝히다'에 통사적 피동 표현 '-어지다'를 사용하여 피동 표현을 실현한 것이다. '밝히다'는 피동 접미사가 결합한 것이 아니므로 이를 통해 파생 접사에 의해 만들어진 피동사를 확인할 수는 없다.

51. ⑤

정답 설명

㉤은 누군가가 김밥 한 줄로써 아이들의 주린 배를 부르게 할 수 없었다는 의미를 나타내므로 사동문임을 알 수 있다.

오답 설명

① ㉠은 주어인 '철수'가 '경찰'에 의해 '부르다'라는 행위를 당하게 된 것을 나타내는 문장이므로 피동문임을 알 수 있다.

② ㉡은 주어 '그'가 '사람들'에 의해 '부르다'라는 행위를 당하게 된 것을 나타내

는 문장이므로 피동문임을 알 수 있다.

③ ©은 누군가가 콩을 물에 의해 붇게 한다는 의미를 나타내므로 사동문임을 알 수 있다. '붇었다'는 '물에 젖어서 부피가 커지다.'라는 뜻의 동사 '붇다'에 과거 시제 선어말 어미가 붙은 형태이다.

④ ⓔ은 '철수'가 재산이 붇게 한다는 의미를 나타내므로 사동문임을 알 수 있다. '붇었다'는 '분량이나 수효가 많아지다.'라는 뜻의 동사 '붇다'에 과거 시제 선어말 어미가 붙은 형태이다.

52. ①

정답 설명

'벗겨지다'는 이중 피동이 아니라, '벗다'의 어근 '벗-'에 사동 접미사 '-기-'를 결합해 만든 사동사 '벗기다'에 피동을 나타내는 표현 '-어지다'가 결합한 형태이다. '항소를 통해 누명이 벗겨지게 되다.'를 '항소를 통해 누명을 벗기다.'와 같이 사동사만을 사용한 문장으로 수정할 경우 피동의 의미가 사라져 원래 문장과 의미가 달라지게 되므로, 해당 문장은 이중 피동으로 볼 수 없다.

오답 설명

② '불려지다'는 '부르다'의 어근 '부르-'에 피동 접미사 '-이-'를 결합해 만든 피동사 '불리다'에 피동을 나타내는 표현 '-어지다'가 결합한 형태이다. 따라서 '-어지다'를 삭제하여 "나는 친구들에게 '곰탱이'로 불린다."와 같이 문장을 수정해야 한다.

③ '읽혀지다'는 '읽다'의 어근 '읽-'에 피동 접미사 '-히-'를 결합해 만든 피동사 '읽히다'에 피동을 나타내는 표현 '-어지다'가 결합한 형태이다. 따라서 '-어지다'를 삭제하여 '책이 너무 어려워서 잘 읽히지 않는다.'와 같이 문장을 수정해야 한다.

④ '나뉘어지다'는 '나누다'의 어근 '나누-'에 피동 접미사 '-이-'를 결합해 만든 피동사 '나뉘다'에 피동을 나타내는 표현 '-어지다'가 결합한 형태이다. 따라서 '-어지다'를 삭제하여 '친구들이 영희 때문에 두 편으로 나뉘었다.'와 같이 문장을 수정해야 한다.

⑤ '믿겨지다'는 '믿다'의 어근 '믿-'에 피동 접미사 '-기-'를 결합해 만든 피동사 '믿기다'에 피동을 나타내는 표현 '-어지다'가 결합한 형태이다. 따라서 '-어지다'를 삭제하여 '그가 교통사고를 당했다는 사실이 도무지 믿기지 않았다.'와 같이 문장을 수정해야 한다.

53. ④

정답 설명

㉠의 '형은 지난주에 입사 시험을 보았다.'는 '*입사 시험이 지난주에 형에 의해 보였다.'라는 피동 표현이 성립되지 않으므로 대응하는 피동문을 상정하기 어려운 능동문임을 알 수 있다. 또한, ㉡의 '토끼가 덫에 걸렸다.'는 '*덫에 토끼를 걸었다.'라는 능동 표현이 성립되지 않으므로 대응하는 능동문을 상정하기 어려운 피동문임을 알 수 있다.

오답 설명

① ㉠의 '우리는 구름 사이로 달을 보았다.'는 '달이 구름 사이로 우리에게 보였다.'라는 피동 표현이 성립하므로 대응하는 피동문을 상정할 수 있는 능동문임을 알 수 있다. 또한, ㉡의 '문에 빗장이 굳게 걸렸다.'는 '문에 빗장을 굳게 걸었다.'라는 능동 표현이 성립하므로 대응하는 능동문을 상정할 수 있는 피동문임을 알 수 있다.

② ㉠의 '누나가 김장 김치의 맛을 보았다.'는 '*김장 김치의 맛이 누나에 의해

보였다.'라는 피동 표현이 성립하지 않으므로 대응하는 피동문을 상정하기 어려운 능동문을 알 수 있다. 하지만 ㉡의 '흉악범에게 현상금이 걸렸다.'는 '흉악범에게 현상금을 걸었다.'라는 능동 표현이 성립하므로 대응하는 능동문을 상정할 수 있는 피동문임을 알 수 있다.

③ ㉠의 '길에서 양복 차림의 형을 보았다.'는 '양복 차림의 형이 길에서 보였다.'라는 피동 표현이 성립하므로 대응하는 피동문을 상정할 수 있는 능동문임을 알 수 있다. 또한, ㉡의 '모자가 나뭇가지에 걸렸다.'는 '모자를 나뭇가지에 걸었다.'라는 능동 표현이 성립하므로 대응하는 능동문을 상정할 수 있는 피동문임을 알 수 있다.

⑤ ㉠의 '그들은 다른 친구의 책을 보았다.'는 '다른 친구의 책이 그들에게 보였다.'라는 피동 표현이 성립하므로 대응하는 피동문을 상정할 수 있는 능동문임을 알 수 있다. 또한, ㉡의 '낡은 자동차의 시동이 걸렸다.'는 '낡은 자동차의 시동을 걸었다.'라는 능동 표현이 성립하므로 대응하는 능동문을 상정할 수 있는 피동문임을 알 수 있다.

54. ④

정답 설명

㉠ : '식사 시간임을 알리기 위해 그녀는 종을 울렸다.'는 그녀가 시간을 알리는 종을 쳐서 종을 울게 했다는 의미를 보이므로, '울렸다'는 '울다'의 어근 '울-'에 사동 접미사 '-리-'가 결합된 사동사임을 알 수 있다.

㉡ : '형이 장난감을 빼앗아서 아직 어린 동생을 울렸다.'는 형이 장난감을 빼앗아 동생을 울게 했다는 의미를 보이므로, '울렸다'는 '울다'의 어근 '울-'에 사동 접미사 '-리-'가 결합된 사동사임을 알 수 있다.

오답 설명

① ㉠ : '어젯밤 모기에게 콧잔등을 물렸다.'는 누군가가 모기에게 콧잔등을 물리는 행위를 당했다는 의미를 보이므로, '물렸다'는 '물다'의 어근 '물-'에 피동 접미사 '-리-'가 결합된 피동사임을 알 수 있다.

㉡ : '형은 울고 있는 아이에게 사탕을 물렸다.'는 형이 아이에게 사탕을 물게 했다는 의미를 보이므로, '물렸다'는 '물다'의 어근 '물-'에 사동 접미사 '-리-'가 결합된 사동사임을 알 수 있다.

② ㉠ : '책상 위의 원고들이 바람에 날렸다.'는 바람에 의해 원고들이 나는 행위를 당했다는 의미를 보이므로, '날렸다'는 '날다'의 어근 '날-'에 피동 접미사 '-리-'가 결합된 피동사임을 알 수 있다.

㉡ : '아이들은 옥상에서 종이비행기를 날렸다.'는 아이들이 종이비행기를 날게 했다는 의미를 보이므로, '날렸다'는 '날다'의 어근 '날-'에 사동 접미사 '-리-'가 결합된 사동사임을 알 수 있다.

③ ㉠ : '다른 때와는 달리 글의 초안이 쉽게 잡혔다.'는 글의 초안이 누군가에 의해 잡힘을 당했다는 의미를 보이므로, '잡혔다'는 '잡다'의 어근 '잡-'에 피동 접미사 '-히-'가 결합된 피동사임을 알 수 있다.

㉡ : '감기가 낫자마자 아이에게 연필을 잡혔다.'는 누군가가 아이에게 연필을 잡게 했다는 의미를 보이므로, '잡혔다'는 '잡다'의 어근 '잡-'에 사동 접미사 '-히-'가 결합된 사동사임을 알 수 있다.

⑤ ㉠ : '딱딱하기만 하던 경제 기사가 그날따라 쉽게 읽혔다.'는 누군가에 의해 경제 기사가 쉽게 읽힘을 당했다는 의미를 보이므로, '읽혔다'는 '읽다'의 어근 '읽-'에 피동 접미사 '-히-'가 결합된 피동사임을 알 수 있다.

㉡ : '학교에서는 학생들에게 판소리계 소설을 읽혔다.'는 학교에서 학생들에게 소설을 읽게 했다는 의미를 보이므로, '읽혔다'는 '읽다'의 어근 '읽-'에 사동 접미사 '-히-'가 결합된 사동사임을 알 수 있다.

55. ③

정답 설명

ⓛ : '생각'을 꾸며 주는 관형절 '나와 평등하다는'에서 서술어 '평등하다'가 필요로 하는 필수 성분인 주어가 빠져 있다. 따라서 주어를 추가해 '타인이 나와 평등하다는'과 같이 문장을 수정해야 한다.

ⓒ : 문장의 주어인 '제가 말하고 싶은 점은'과 호응하는 서술어가 없다. '제가 말하고 싶은 점은 주변 환경을 탓하는 생각을 버리시라는 것입니다.'와 같이 주어와 서술어가 서로 호응하도록 문장을 수정해야 한다.

오답 설명

㉠ : 둘 이상의 의미로 해석되는 중의적 문장이므로 수정이 필요하다. 나와 형이 각각 형 친구들을 좋아하는 정도를 비교하는 뜻으로 해석할 수도 있고, 내가 좋아하는 대상인 형과 형 친구들을 비교하는 뜻으로 해석할 수도 있다. 따라서 '형은 내가 형을 좋아하는 것보다 형 친구들을 더 좋아하게 되기를 바란다고 하셨다.' 등과 같이 문장을 수정해야 한다.

㉣ : 이중 피동이 사용된 문장이므로 수정이 필요하다. '믿겨지다'는 피동 접미사 '-기-'가 결합된 피동사에 '-어지다'가 결합한 이중 피동에 해당하므로 '믿기다'나 '믿어지다'로 피동 표현을 수정해야 한다.

㉤ : 조사가 잘못 사용된 문장이므로 수정이 필요하다. 부사격 조사 '로서'는 지위, 신분이나 자격을 나타내는 데에 쓰이므로, 수단이나 도구, 방법을 나타내는 부사격 조사 '(으)로써'를 사용해 '이용함으로써'로 수정해야 한다.

56. ②

정답 설명

ⓛ은 시간 부사어 '지금'을 통해 현재 시제임을 알 수 있다. 따라서 '불겠다'에서 선어말 어미 '-겠-'은 미래의 일에 대해 추측한 사실이 아닌 현재 일어나는 사건에 대한 추측을 나타낸다.

오답 설명

① ㉠은 '-더-'를 통해 자신이 직접 경험한 과거의 사실을 회상하며 전달하는 문장이다.

③ ㉤은 과거에는 저수지에 물고기가 살았지만 현재를 그렇지 않다는 것, 즉 현재의 상황이 과거와 단절되어 있음을 '-았었-'을 통해 나타낸다.

④ ㉣은 현재 아이들의 노는 행위가 진행되고 있음을 나타내는 진행상의 의미를 '-고 있-'을 통해 나타낸다.

⑤ ㉤은 장미가 핀 사건이 끝나고 그 결과인 핀 상태가 지속되고 있음을 '-어 있-'을 통해 나타내는 문장이다.

57. ③

정답 설명

능동문 '길에서 우연히 대학 선배를 만났다.'는 '*길에서 우연히 대학 선배가 만나게 되다.'와 같은 피동 표현이 성립하지 않으므로 대응하는 피동문이 없는 능동문임을 알 수 있다. '누군가 가거나 와서 둘이 서로 마주 보다'라는 의미의 '만나다'는 항상 상대가 있어야 하며, 피동 표현이 존재하지 않는다.

오답 설명

① 주동문 '오후 내내 낙엽이 탔다.'는 '(내가) 오후 내내 낙엽을 태웠다.'와 같은 사동 표현이 성립하므로 대응하는 사동문이 있는 주동문임을 알 수 있다.

② 사동문 '공사장에서 콘크리트를 굳혔다.'는 '공사장에서 콘크리트가 굳었다.'와 같은 주동 표현이 성립하므로 대응하는 주동문이 있는 사동문임을 알 수 있다.

④ '타협하자는 쪽으로 의견이 기울었다.'는 주동문인데, 여기에서의 '기울다'는 '마음이나 생각 따위가 어느 한쪽으로 쏠리다.'라는 의미로, 이에 대응하는 의미의 사동사 '기울이다'는 존재하지 않는다. 참고로 '기울다'의 사동사 '기울이다'는 '비스듬하게 한쪽을 낮추거나 비뚤게 하다.'라는 의미로 '상체를 앞으로 기울이다.'와 같이 사용한다. 따라서 '*의견을 기울였다.'와 같은 표현은 쓸 수 없으므로 '타협하자는 쪽으로 의견이 기울었다.'의 사동 표현은 성립하지 않는다.

⑤ '부패한 언론이 진실을 숨겼다.'는 사동사 '숨기다'를 사용한 사동문인데, 그에 대응하는 '*진실이 숨다.'와 같은 주동 표현은 성립하지 않는다.

58. ④

정답 설명

해당 문장은 '수지'가 발을 밟는 행위를 당했음을 의미하므로 피동문이다. 피동문임에도 '발을'이라는 목적어가 사용되고 있으므로 ㉠의 예로 적절하다.

오답 설명

① 해당 문장은 '그 형'이 '진희'에게 '아기'를 안게 했음을 의미하므로 사동문이다.

② 해당 문장은 '명호'가 스스로 돌을 움직이는 행위를 했음을 의미하므로 타동사가 사용된 능동문이다.

③ 해당 문장은 '그 사람'이 '형'에게 '상해'를 입게 했음을 의미하므로 사동문이다.

⑤ 해당 문장은 '동주'가 '책상 사이 간격'을 넓게 만들었음을 의미하므로 사동문이다.

59. ①

정답 설명

'안' 부정문은 주체의 의지를 부정하거나 단순한 사실을 부정하는 데 사용된다. '해'는 의지를 가지고 있지 않으므로 ㉠은 의지 부정이 아닌 단순 부정으로 쓰였음을 확인할 수 있다.

오답 설명

② ㉤의 경우 '있다'를 부정하기 위해 '없다'라는 별개의 어휘를 사용하고 있으며, 짧은 '안' 부정문과 짧은 '못' 부정문을 사용한 표현은 비문법적 표현으로 처리되어 있음을 확인할 수 있다.

③ ㉤은 상대에게 어떤 일을 하지 말라는 부정 명령, 즉 금지의 의미를 나타낸다. 이때에는 '안' 부정문, '못' 부정문이 짧은 부정이든 긴 부정이든 사용될 수 없고, '말다'의 부정만이 사용된다.

④ ㉣은 '알다'의 부정이 별개의 어휘 '모르다'를 통해 이루어지거나 '알지 못하다'와 같은 긴 '못' 부정문에서만 이루어짐을 보여 준다.

⑤ ㉤의 경우 '넉넉하다'를 부정하기 위해 '-지 않다/못하다'와 같은 긴 '안' 부정문, 긴 '못' 부정문을 사용하고 있으며, 짧은 '안' 부정문과 짧은 '못' 부정문을 사용한 표현은 비문법적 표현으로 처리되어 있음을 확인할 수 있다.

60. ③

정답 설명

'나는 항상 비타민을 먹는다.'에 쓰인 '-는-'은 어떤 행위가 일상적으로 이뤄지는 것을 나타낸다. 따라서 '특정한 시간에 사건이 일어날 예정'을 의미한다고 볼 수 없다. 특정한 시간에 사건이 일어날 예정임을 뜻하는 '-는-'이 쓰인 예로 "나는 한 시간 후에 점심을 먹는다.'를 들 수 있다.

오답 설명

① '나팔꽃이 예쁘게 피었구나.'에 쓰인 '-었-'은 과거에 꽃이 피는 사건이 일어났고, 꽃이 핀 상태가 현재까지도 지속됨을 나타낸다.

② '비가 많이 오니 내일 나들이는 다 갔구나!'에 쓰인 '-았-'은 미래에 나들이를 못 가게 될 것을 확정적인 사실로 받아들이는 태도를 나타낸다.

④ '드디어 철수가 내일 온다.'에 쓰인 '-ㄴ-'은 가까운 미래인 '내일' 철수가 올 것이라는 사실을 나타낸다.

⑤ '사람은 때가 되면 반드시 죽는다.'에 쓰인 '-는-'은 사람이 때가 되면 죽는 것이 이치에 맞게 일어나는 당연한 현상임을 나타낸다.

61. ④

정답 설명

ⓑ은 '팔을 휘두르면서 스텝도 밟아보려 하는 곧 돌아오는 차례'를 의미하므로 시간상으로 아직 일어나지 않은 미래를 나타내고, ⓒ은 '이전에 동작을 연습했을 때'를 의미하므로 시간상으로 과거의 때를 나타낸다. 따라서 ⓒ이 ⓑ보다 시간상으로 앞서 일어난 때를 나타내고 있다고 할 수 있다.

오답 설명

① ㉠은 청자('건욱')에게 가까운 곳을 가리키고, ㉡은 화자('건욱')에게 가까운 곳을 가리키므로, ㉠과 ㉡은 모두 '건욱'에게 가까운 곳을 가리키고 있다.

② ㉢은 화자('보늬')가 발화를 하며 함께 팔을 움직이는 동작이 이루어지고 있음을 나타낸다.

③ ㉣은 청자('보늬')의 동작을, ⓜ은 화자 자신('건욱')의 동작을 나타낸 것에 해당한다.

⑤ ⒜과 ⓚ은 모두 '보늬'가 연습하는 동작을 가리키고 있다.

62. ①

정답 설명

'오늘은 감이 좋아.'의 '감'은 '감나무의 열매'를 뜻하는 '감'일 수도 있고 '느낌이나 생각'을 나타내는 '감'일 수도 있으므로 동음이의어에 의한 중의성의 예이다. 한편, '영수는 한복을 입고 있다.'는 영수가 한복을 입는 행위가 이루어지고 있는 중임(진행)을 나타내는 것일 수도 있고, 한복을 입는 행위가 끝나고 그 상황이 지속됨(완료)을 나타내는 것일 수도 있으므로 동작상과 관련된 중의성의 예이다.

오답 설명

② '따르다'는 '다른 사람이나 동물의 뒤에서, 그가 가는 대로 같이 가다.'라는 의미와 '좋아하거나 존경하여 가까이 좇다.'라는 의미를 함께 가지고 있는 다의어이므로, '그는 스승을 따랐다.'는 다의어에 의한 중의성의 예이다. 한편, '형은 넥타이를 매고 있다.'는 형이 넥타이를 매는 행위가 이루어지고 있는 중임(진행)을 나타내는 것일 수도 있고, 넥타이를 매는 행위가 끝나고 그 상황이 지속됨(완료)을 나타내는 것일 수도 있으므로 동작상과 관련된 중의성의 예이다.

③ '그는 아이에게 옷을 입혔다.'라는 문장은 그가 직접 아이에게 옷을 입혀주었음(직접 사동)을 나타내는 것일 수도, 그가 아이에게 옷을 입으라고 지시하여 아이가 옷을 입었음(간접 사동)을 나타내는 것일 수도 있다. 이러한 중의성은 사동사를 사용하는 파생적 사동 표현에서 나타나는 것이다. 한편, '동생은 과자를 먹고 있다.'라는 문장의 경우 진행의 의미만을 나타내며, 완료의 의미를

나타내지 않으므로 동작상과 관련된 중의성과는 관련이 없다.

④ '날씬한 아버지와 어머니'의 경우 '날씬한'이 '아버지'만 수식하는지 아니면 '아버지'와 '어머니'를 함께 수식하는지 확실하지 않으므로 구조 차원의 중의성의 예라고 할 수 있다. 한편, '지금 가고 있어.'라는 문장의 경우 진행의 의미만을 나타내며, 완료의 의미를 나타내지 않으므로 동작상과 관련된 중의성과는 관련이 없다.

⑤ '다리'는 '사람이나 동물 혹은 물체의 아래에 붙어 있는 부분'일 수도 있고 '한편에서 다른 편으로 건너다닐 수 있도록 만든 시설물'일 수도 있으므로 '다리가 길다.'는 동음이의어에 의한 중의성의 예라고 할 수 있다. 한편, '그는 지금 책을 읽고 있다.'는 진행의 의미만을 나타내며, 완료의 의미를 나타내지 않으므로 동작상과 관련된 중의성과는 관련이 없다.

63. ④

정답 설명

앞 예문의 '불리다'는 관리들이 제 배만 부르게 했다는 의미로, '부르다'의 어근에 사동 접사 '-리-'가 덧붙어 만들어진 사동사이다. 반면, 뒤 예문의 '불리다'는 내 이름이 불려졌다는 의미로, '부르다'의 어근에 피동 접사 '-리-'가 덧붙어 만들어진 피동사이다. 이때, 앞 예문의 '부르다'는 '먹은 것이 많아 속이 꽉 찬 느낌이 들다.'라는 의미이지만, 뒤 예문의 '부르다'는 '이름이나 명단을 소리 내어 읽으며 대상을 확인하다.'라는 의미이므로 '동일한 동사'의 어근에서 파생된 사동사와 피동사라고 할 수 없다.

오답 설명

① 앞 예문의 '보이다'는 그녀가 나에게 편지를 보게 한다는 의미로, '보다'의 어근에 사동 접사 '-이-'가 덧붙어 만들어진 사동사이다. 반면, 뒤 예문의 '보이다'는 하늘을 보게 되었다는 의미로, '보다'의 어근에 피동 접사 '-이-'가 덧붙어 만들어진 피동사이다.

② 앞 예문의 '날리다'는 자전거가 흙먼지를 날게 한다는 의미로, '날다'의 어근에 사동 접사 '-리-'가 덧붙어 만들어진 사동사이다. 반면, 뒤 예문의 '날리다'는 꽃가루가 날게 되었다는 의미로, '날다'의 어근에 피동 접사 '-리-'가 덧붙어 만들어진 피동사이다.

③ 앞 예문의 '잡히다'는 기업주들이 토지를 담보로 잡게 하였다는 의미로, '잡다'의 어근에 사동 접사 '-히-'가 덧붙어 만들어진 사동사이다. 반면, 뒤 예문의 '잡히다'는 그의 집이 채권자에 의해 담보로 잡아졌다는 의미로, '잡다'의 어근에 피동 접사 '-히-'가 덧붙어 만들어진 피동사이다.

⑤ 앞 예문의 '업히다'는 엄마가 누이에게만 애를 업게 한다는 의미로, '업다'의 어근에 사동 접사 '-히-'가 덧붙어 만들어진 사동사이다. 반면, 뒤 예문의 '업히다'는 어린애가 엄마의 등에 업어졌다는 의미로, '업다'의 어근에 피동 접사 '-히-'가 덧붙어 만들어진 피동사이다.

64. ③

정답 설명

ㄷ은 주체인 '보라'의 달리는 능력의 부족을 표현하기 위해 '못' 부정문이 사용되었지만, ㄹ은 '비'가 내리지 않는 상황의 부정을 표현하기 위해 '안' 부정문이 사용되었다. '비'라는 자연 현상은 의지를 가지는 대상이 될 수 없으므로 ㄹ에 '의지에 의한 부정'이 나타나 있다는 선지의 설명은 적절하지 않다.

오답 설명

① ㄱ의 '남기시겠습니까?'에서는 상대 높임 종결 어미 '-습니까'를 활용해, ㄴ의

'생겼습니다'에서는 상대 높임 종결 어미 '-습니다'를 활용해 청자를 높이는 상대 높임이 실현되었다.

② ㄴ에서는 '께'라는 부사격 조사와 '여쭤보다'라는 어휘를 활용하여 객체 높임을 실현하고 있다.

④ ㄷ의 '달성하지 못했다.'는 본용언 '달성하다' 뒤에 부정을 나타내는 보조 용언 '못했다'를 사용해 긴 부정문의 형태를 취하고 있으며, ㄹ의 '내리지 않았다.'는 본용언 '내리다' 뒤에 부정을 나타내는 보조 용언 '않았다'를 사용해 긴 부정문의 형태를 취하고 있다.

⑤ ㅁ의 '곧 눈이 쏟아질'에서는 '시간적으로 머지않아'라는 의미를 가진 부사어 '곧'과 미래 시제 관형사형 전성 어미 '-ㄹ'이 쓰인 '쏟아질'을 통해 미래 시제가 나타난다. '가고 있다.'에서는 '-고 있-'의 표현을 통해 '가다'라는 행위가 진행 중임을 나타내고 있다.

65. ④

정답 설명

'어머니께서 사과와 귤 두 개를 주셨다.'의 문장은 어머니께 받은 것이 '사과 하나, 귤 하나'라서 총 두 개라고 해석할 수도 있고, '사과 하나와 귤 두 개' 또는 '사과 두 개와 귤 두 개'라고 해석할 수도 있다. 이때의 중의성은 수량을 나타내는 말 때문에 나타나는 것이므로, ⓒ이 아닌 ⓒ에 해당하는 예이다.

오답 설명

① 이 문장의 '차'는 '자동차'를 나타내는 것으로도, '마시는 차'를 나타내는 것으로도 해석될 수 있다. 이때의 중의성은 동음이의어로 인해 발생한 것이므로, ㉠에 해당하는 예이다.

② 이 문장의 '길'은 '도로'를 나타내는 것으로도, '인생의 방향'을 나타내는 것으로도 해석될 수 있다. 이때의 중의성은 다의어로 인해 발생한 것이므로, ㉠에 해당하는 예이다.

③ 이 문장의 '탈을 쓴'이라는 수식어에 대한 피수식어를 '청년'만으로도, '청년과 아가씨'로도 해석할 수 있다. 이때의 중의성은 수식어와 피수식어 사이의 관계가 여럿으로 해석되어 발생한 것이므로, ⓒ에 해당하는 예이다.

⑤ '않았다'가 부정하는 대상이 '영희'일 수도, '검은 신발'일 수도, '학교'일 수도, '오다'일 수도 있다. 이때의 중의성은 부정 표현에서 부정하는 대상이 여럿으로 해석되어 발생한 것이므로, ⓒ에 해당하는 예이다.

66. ③

정답 설명

이 문장에 쓰인 '-겠-'은 경민이의 마음 상태에 대한 추측을 드러내는 것이므로 ⓒ의 사례로 적절하다.

오답 설명

① 이 문장에 쓰인 '-었-'은 바빠서 저녁밥을 먹을 수 없을 것이라는, 미래 상황에 대한 확신을 표현한 것이므로 ㉠이 아니라 ⓒ의 예이다.

② 이 문장에 쓰인 '-았-'은 엄마를 닮은 영희의 모습이 현재까지 지속되는 것을 표현하고 있으므로 ⓒ이 아니라 ㉠의 예이다.

④ 이 문장에 쓰인 '-겠-'은 빵을 먹고 싶다는 것을 완곡한 태도로 드러내는 것이므로 ⓔ이 아니라 ⓜ의 예이다.

⑤ 이 문장에 쓰인 '-겠-'은 밀린 빨래를 하겠다는 의지를 드러내고 있으므로 ⓜ이 아니라 ⓔ의 예이다.

67. ⑤

정답 설명

ⓜ의 '-ㄹ'은 사건시보다 발화시가 앞선 시제 즉, 미래 시제를 표현한 경우가 맞지만, 선어말 어미가 아니라 관형사형 전성 어미(어말 어미)에 해당한다.

오답 설명

① ㉠은 '-어 간다'라는 표현을 통해 그림을 그리는 동작이 진행 중임을 나타내고 있다.

② ⓒ은 '-았-'이라는 과거 시제 선어말 어미를 사용하여 발화시보다 사건시가 앞선 시제를 표현한 경우이다. 화자가 말하는 발화시보다 그가 연극을 본 사건시가 앞선다.

③ ⓒ은 '-ㄴ-'이라는 현재 시제 선어말 어미를 사용하여 사건시와 발화시가 일치하는 시제를 표현한 경우이다. 화자가 말하는 발화시와 선수들이 농구를 하는 사건시가 일치한다.

④ ⓔ은 '-어 버렸다'라는 표현을 통해 '먹다'라는 동작이 이미 완료되었음을 나타내고 있다.

68. ⑤

정답 설명

ㅁ의 '먹었겠구나'의 '-었-'은 과거의 일을 나타내는 과거 시제 선어말 어미이고, '-겠-'은 추측의 의미를 나타내는 선어말 어미이다. 해당 문장의 경우 '-었-'과 '-겠-'이 함께 사용되어 과거의 사건을 추측하고 있으므로, 앞으로 일어나게 될 행위를 추측하고 있다는 이해는 적절하지 않다.

오답 설명

① '보았다'의 '-았-'은 발화시를 기준으로 할 때 사건이 이미 일어났음을 나타내는 과거 시제 선어말 어미이다. 그러므로 '그'가 건물로 들어가는 행위와 그 모습을 '철수'가 본 행위는 모두 과거에 일어난 일이라고 할 수 있다.

② '갔다'의 '-았-'은 발화시를 기준으로 할 때 미래의 사건이나 일을 이미 정하여진 사실인 양 말할 때 쓰는 선어말 어미이다. 비가 오는 것으로 미루어 볼 때 소풍이 취소될 것이 예측되므로 그것을 마치 정해진 사실인 것처럼 표현하는 데 쓰이고 있다.

③ '-ㄴ-'은 주로 현재 시제를 나타낼 때 쓰이는 선어말 어미이지만, '내일'이라는 시간 부사어와 함께 사용됨으로써 미래에 일어날 예정인 사건을 나타내고 있다.

④ '적었었다'의 '-었었-'은 현재와 비교하여 다르거나 단절되어 있는 과거의 사건을 나타내는 선어말 어미로, 현재와는 다른 과거의 일을 나타낼 때 사용된다.

69. ⑤

정답 설명

ⓒ 해당 문장의 '갈리다'는 '거칠고 쉰 소리가 나다.'라는 의미를 지닌 동사로, '갈다'의 피동사가 아니다. '윗니와 아랫니를 맞대고 소리를 내다.'라는 '갈다「2」'의 의미와도 관련이 없다.

ⓔ 해당 문장의 '갈리다'는 밭이 가는 행위를 당했다는 의미로, '갈다³'의 어근 '갈-'에 피동 접미사 '-리-'가 결합되어 만들어진 피동사이다.

오답 설명

㉠ 해당 문장의 '갈리다'는 지저분한 수건이 새 수건으로 가는 행위를 당했다는

의미로, '갈다'「1」의 어근 '갈-'에 피동 접미사 '-리-'가 결합되어 만들어진 피동사이다.
ⓒ 해당 문장의 '갈리다'는 칼 장수에게 칼을 갈게 했다는 의미로, '갈다²「1」'의 어근 '갈-'에 사동 접미사 '-리-'가 결합되어 만들어진 사동사이다.

70. ③

'날이 너무 추워서 아직 꽃이 피지 못했다.'는 날이 너무 춥다는 외부의 원인 때문에 꽃이 피는 사태가 일어나지 못함을 나타내는 '가능성 부정'에 해당한다. 또한, 예문에 사용된 서술어 '피다'도 형용사가 아니라 동사이므로, 제시된 예문은 ⓒ의 해당하는 예로 적절하지 않음을 알 수 있다. 참고로, 기준이나 기대에 미치지 못함을 나타내는 '못' 부정문의 예문으로는 '이 집은 다 좋은데 부엌이 넓지 못하다.' 등이 있다.

① '오늘은 공휴일이어서 학교에 안 간다.'는 주체의 의지와 상관없이 공휴일이므로 학교에 가지 않는 상황을 나타내므로, 주체의 의지와 무관한 단순 부정임을 알 수 있다.
② '나는 민주가 결석한 사실을 알지 못했다.'는 주체의 능력이 부족해 민주가 결석한 상황을 알지 못했음을 나타내므로, 능력 부정임을 알 수 있다. '알다'는 어떤 사실이나 대상이 감각이나 지각에 포착되는 것으로, 주체의 능력을 전제로 하는 서술어에 해당하며 이러한 서술어를 부정할 때는 '못' 부정문이 사용된다. 이러한 부류의 서술어로는 '깨닫다, 지각하다, 인식하다' 등이 있다.
④ '내일은 소풍 가는 날이니 춥지만 말아라.'는 형용사 '춥다'가 서술어로 쓰여 내일 날씨가 춥지 않으면 좋겠다는 희망과 기원을 나타낸다.
⑤ '그 사람은 그녀를 총으로 쏘지 않았다.'는 '-지 않다'의 부정이 미치는 범위에 따라 '그녀를 총으로 쏜 것은 그 사람이 아니다.', '그 사람이 총으로 쏜 것은 그녀가 아니다.', '그 사람이 그녀를 쏜 것은 총이 아니다.' 등으로 다양하게 해석될 수 있다.

71. ⑤

일반적으로 국어의 '못' 부정문은 주체의 능력 부정을 나타내는 것이므로 형용사를 서술어로 하는 문장에서 쓰이기 어렵다. 그런데, 제시된 예문 '그는 예산이 넉넉하지 못해서 여행을 가기 어려웠다.'는 형용사 '넉넉하다'에 부정 보조 용언 '-지 못하다'가 결합하여 주체의 능력과는 무관하게 어떤 대상이 어떤 기준에 이르지 못함을 나타내고 있다. 이처럼 기준이나 기대에 미치지 못함을 나타낼 때는 '넉넉하다, 우수하다, 넓다, 크다' 등의 형용사가 '못' 부정문과 쓰일 수 있다. 따라서 제시된 예문은 주체의 능력이 부족함을 나타내는 것이 아니라 어떤 대상이 어떤 기준이나 기대에 이르지 못함을 나타내는 것이므로, 제시된 선지는 적절하지 않다.

① ㉠에서는 파생어 '새파랗다'가 서술어로 쓰일 때 '*오늘 하늘이 안 새파랗다.'와 같이 부정 부사 '안'을 활용한 짧은 부정문은 형성되기 어려움을 보여 준다. 서술어가 파생어일 때는 '오늘 하늘이 새파랗지 않다.'와 같이 부정 보조 용언 '-지 않다'를 활용한 긴 부정문을 사용하는 것이 적절하다.
② ㉡에서는 '가다'와 같은 동사가 서술어로 쓰일 때는 '말다' 부정문이 쓰일 수 있지만, '친절하다'와 같은 형용사가 서술어로 쓰일 때는 '말다' 부정문이 쓰이

기 어려움을 보여 준다. 일반적으로 국어에서 '말다' 부정문은 주로 청유형과 명령형에 쓰이기 때문에 형용사와는 결합하기 어렵다.
③ ㉢에서는 '실패하다'와 같이 능력이 있다면 당연히 피하고 싶은 상황과 관련한 서술어는 능력 부정을 나타내는 '못' 부정과 쓰이기 어려움을 보여 준다. '못' 부정문은 의도는 있지만 능력이 부족하거나 외부의 환경이 적절하지 않아서 어떠한 사태가 일어나지 않는 것을 표현하기 때문에 능력만 있다면 당연히 피하고 싶은 상황을 나타내는 표현과 의미상 충돌이 일어난다. 이러한 부류의 서술어로는 '후회하다, 망하다, 지다, 잃다' 등이 있다.
④ ㉣에서는 서술어 '생기다'에 부정 부사 '못'이 결합할 경우 '없던 것이 새로 있게 되다.'의 뜻을 갖는 '생기다'의 의미를 부정하는 것이 아니라, '생김새가 보통에 미치지 못하다.'와 같은 관용적인 의미로 쓰이기도 함을 보여 준다. 이러한 단어는 '못생기다, 못살다, 못하다, 안되다' 등이 있는데, 이들은 '못'이나 '안'의 부정 부사와 서술어가 결합해 형성된 합성어이다.

72. ④

㉣의 '이렇게 어려운 문제를 누가 풀 수 있겠어?'는 의문형의 종결 표현을 활용하고 있다. 그런데, 해당 문장은 '이렇게 어려운 문제는 아무도 풀 수 없다.'와 같이 서술의 의미를 전달하므로, 종결 표현과 문장의 의미가 일치하지 않는 간접 화행(ⓑ)에 해당함을 알 수 있다.

① ㉠의 '저 좀 내립시다.'는 '-ㅂ시다'와 같이 청유형의 종결 표현을 활용하고 있다. 그런데, 일반적으로 청유문이 화자와 청자의 공동 행위를 요청하는 것과 달리 ㉠에서는 화자가 자신의 행동 수행만을 언급하고 있다. 즉, ㉠은 화자가 내리겠다는 의지를 표현하여 비켜 달라는 명령의 의미를 전달하므로, 종결 표현과 문장의 의미가 일치하지 않는 간접 화행(ⓑ)에 해당함을 알 수 있다.
② ㉡의 '조용히 하자.'는 '-자'와 같이 청유형의 종결 표현을 활용하고 있다. 그런데, 일반적으로 청유문이 화자와 청자의 공동 행위를 요청하는 것과 달리 ㉡에서는 청자의 행동 수행만을 언급하고 있다. 즉, ㉡은 청자에게 조용히 해 달라는 명령문의 의미를 전달하므로, 종결 표현과 문장의 의미가 일치하지 않는 간접 화행(ⓑ)에 해당함을 알 수 있다.
③ ㉢의 '이 얼마나 아름답고 평화로운 광경인가?'는 의문형의 종결 표현을 활용하고 있다. 그런데, 해당 문장은 '아름답고 평화로운 광경'에 대한 감탄의 의미를 전달하므로, 종결 표현과 문장의 의미가 일치하지 않는 간접 화행(ⓑ)에 해당함을 알 수 있다.
⑤ ㉤의 '이번에 그 영화가 재개봉한다는 소식 들었어?'는 의문형의 종결 표현을 활용하고 있다. 해당 문장은 영화가 재개봉한다는 소식을 들었는지 묻고 있는 의문의 의미를 나타내고 있으므로, 종결 표현과 문장의 의미가 일치하는 직접 화행(ⓐ)에 해당함을 알 수 있다.

73. ⑤

㉠에 제시된 예문 '집에 돌아온 언니는 씻지도 않고 지금 침대에 누웠다.'는 현재를 나타내는 부사어 '지금'과 과거 시제 선어말 어미 '-었-'이 함께 쓰여 언니가 지금 침대에 누운 현재 상황을 나타내고 있다. 따라서 ㉠에 해당하는 예문으로 적절하다. 한편, ㉡에 제시된 예문 '이렇게 날이 추운 걸 보니 설악산에는 벌써 눈이 내렸겠다.'는 부사어 '벌써'와 미래 시제 선어말 어미 '-겠-'이 함께 쓰여 설악산에는 말하는 시점보다 먼저 눈이 내렸을 것이라는 과거의 사건에 대한 추측을 나타내고 있다. 따라서 ㉡에 해당하는 예문으로 적절하다.

오답 설명

① ㉠에 제시된 예문 '언니는 도서관에 갔다.'는 과거 시제 선어말 어미 '-았-'이 쓰여 언니가 도서관에 간 과거의 사실을 나타내고 있으므로, 현재의 일을 나타내는 데 쓰였다고 보기 어렵다. 또한, ㉡에 제시된 예문 '이 문제는 나도 풀 수 있겠다.'는 미래 시제 선어말 어미 '-겠-'이 이 문제를 풀 수 있는 '가능성'을 나타내는 의미로 쓰였으므로, 과거의 사건을 추측하는 데 쓰였다고 보기 어렵다.

② ㉠에 제시된 예문 '나는 그날따라 조금 피곤하였다.'는 과거 시제 선어말 어미 '-었-'이 쓰여 '그날'과 관련한 과거의 일을 나타내고 있으므로, 현재의 일을 나타내는 데 쓰였다고 보기 어렵다. 또한, ㉡에 제시된 예문 '태풍이 온다니 내일은 바람이 심하겠군.'은 미래 시제 선어말 어미 '-겠-'이 내일 바람이 심할 것이라는 미래의 사건을 추측하는 의미로 쓰였으므로, 과거의 사건을 추측하는 데 쓰였다고 보기 어렵다.

③ ㉠에 제시된 예문 '두 시에 출발했으니 지금쯤 도착했을 거야.'에서 '출발했으니'는 과거 시제 선어말 어미 '-았-'이 쓰여 현재로부터 과거의 시간인 '두 시'에 출발하였음을 표현하고 있으므로, 어미 '-았/었-'이 현재의 일을 나타내는 데 쓰였다고 보기 어렵다. 한편, ㉡에 제시된 예문 '선생님은 어제 부산으로 출장을 가셨겠습니다.'는 미래 시제 선어말 어미 '-겠-'이 선생님이 어제 출장을 떠났을 것이라는 과거 상황을 추측하는 의미로 쓰였으므로, 과거의 사건을 추측하는 데 쓰였다고 볼 수 있다.

④ ㉠에 제시된 예문 '숙제를 하지 않다니 너는 이제 학교 가면 혼났다.'는 과거 시제 선어말 어미 '-았-'이 쓰여 '너'가 학교에 가서 혼날 것이라는 미래의 일이 이미 정해진 사실임을 나타내고 있으므로, 어미 '-았/었-'이 현재의 일을 나타낸다고 보기 어렵다. 또한, ㉡에 제시된 예문 '이번 주말에는 중부 지방에 비가 내리겠습니다.'는 미래 시제 선어말 어미 '-겠-'이 이번 주말에는 비가 내릴 것이라는 미래의 사건을 나타내고 있으므로, 과거의 사건을 추측하는 데 쓰였다고 보기 어렵다.

74. ③

정답 설명

㉢의 '읽은'은 동사 어간 '읽-'에 관형사형 어미 '-(으)ㄴ'이 붙어 과거 시제를 나타내고 있다. 관형사형 어미 '-(으)ㄴ'은 형용사와 서술격 조사에 쓰이면 현재 시제를 표시하지만, 동사에 쓰이면 과거 시제를 표시한다. 따라서, ㉢은 선어말 어미 '-(으)ㄴ-'이 아니라 어말 어미인 관형사형 전성 어미 '-(으)ㄴ'이 쓰였으며, 이를 통해 현재 시제가 아닌 과거 시제를 나타내므로 선지의 진술은 적절하지 않다.

오답 설명

① ㉠의 '닮았다'는 아이가 아버지의 모습을 닮은 상태가 현재까지 이어지고 있음을 나타내므로, 선어말 어미 '-았/었-'은 과거에 일어난 사건의 결과가 현재까지 지속됨을 나타낼 때 쓰인다고 할 수 있다.

② ㉡의 '살았었다'는 현재와 달리 아버지가 어렸을 때 시골에 살았던 과거의 상황을 나타내고 있으므로, 선어말 어미 '-았었-'은 과거와 현재 상황이 단절되었음을 강조할 때 쓰인다고 할 수 있다.

④ ㉣의 '하더라'는 화자가 운동장에서 친구들과 축구를 하는 형의 행위를 본 장면을 회상함을 나타내고 있으므로, 선어말 어미 '-더-'는 화자가 주체의 행위에 대해 목격한 것을 회상할 때 쓰인다고 할 수 있다.

⑤ ㉤의 '떠난다'는 현재 시제 선어말 어미 '-ㄴ-'이 쓰인 것으로, '-ㄴ-'이 미래를 표시하는 부사 '곧'과 함께 쓰여 가까운 미래를 나타내고 있다.

75. ⑤

정답 설명

해당 예문에서 선어말 어미 '-더-'는 가능성의 의미를 나타내는 선어말 어미 '-겠-'과 결합하여 쓰이고 있다. 이때, '-더-'는 가능성의 의미를 나타내는 것이 아니라 '과거 회상'의 의미를 나타냄을 알 수 있다. 따라서 '-더-'가 다른 선어말 어미와 결합하여 가능성의 의미를 나타낸다는 선지의 진술은 적절하지 않다.

오답 설명

① 해당 예문에서 선어말 어미 '-더-'는 어제 집에 손님이 찾아왔던 일을 화자가 목격하여 회상하고 있음을 보여 준다. 즉, '-더-'가 과거 회상을 나타내는 선어말 어미로 쓰였음을 알 수 있다.

② 해당 예문에서 선어말 어미 '-더-'는 미래를 나타내는 부사어 '내일'과 함께 쓰여 선행하는 사실이 미래의 일임을 나타내고 있다. 이때, '-더-'는 화자가 내일 다시 기온이 영하로 떨어진다는 사실을 과거에 알게 되었음을 나타낸다.

③ 선어말 어미 '-더-'는 과거 어느 시점에서 화자가 체험을 통해 새로 알게 된 사실을 말할 때 쓰인다. 이때, 해당 예문에서는 '조금 전에 [네가 / 형이] 짐을 챙기더라.'와 같이 화자가 목격이나 체험을 통해 새롭게 알게 된 사실을 나타낼 때는 2인칭 혹은 3인칭 주어와 결합할 수 있지만, 화자가 자기 자신에 대한 사실을 새롭게 알기는 어려우므로 '*조금 전에 내가 짐을 챙기더라.'와 같이 1인칭 주어와는 결합할 수 없음을 보여 준다.

④ 해당 예문에서 선어말 어미 '-더-'는 화자의 심리를 나타내는 형용사 '좋다'와 결합하여 쓰이고 있다. 이때, 일반적으로 선어말 어미 '-더-'는 화자가 과거 어느 시점에 새롭게 알게 된 일을 나타내므로 1인칭 주어와 어울리지 않지만, 주체의 심리나 감각을 나타내는 형용사와 '-더-'가 결합할 때는 오히려 1인칭 주어와만 어울릴 수 있음을 알 수 있다.

76. ③

정답 설명

'학생들이 도서관에서 책을 읽고 있다.'는 보조 용언 '-고 있다'를 활용하여 학생들이 도서관에서 책을 읽고 있는 중임을 나타내고 있다. 즉, 도서관에서 책을 읽는 학생들의 동작이 진행 중임을 나타내므로, 진행상(ⓐ)에 해당함을 알 수 있다.

오답 설명

① '빨래가 다 말라 간다.'는 보조 용언 '-아 가다'를 활용하여 빨래가 말라 가는 중임을 나타내고 있다. 즉, 빨래가 마르는 동작이 진행 중임을 나타내므로, 진행상(ⓐ)에 해당함을 알 수 있다.

② '그녀는 지금 의자에 앉아 있다.'는 보조 용언 '-아 있다'를 활용하여 그녀가 의자에 앉아 있는 상태가 지속되고 있음을 나타내고 있으므로 완료상(ⓑ)에 해당함을 알 수 있다.

④ '언니가 차에 타고 있다.'는 언니가 차에 타는 행위가 진행 중인 것으로도 읽힐 수 있고, 언니가 차를 탄 행위의 결과가 지속되는 것으로도 읽힐 수 있다. 따라서 진행상과 완료상(ⓒ)에 해당함을 알 수 있다.

⑤ '아버지는 내가 사 준 넥타이를 매고 있다.'는 보조 용언 '-고 있다'를 활용하여 아버지가 넥타이를 매는 동작이 진행 중임을 나타내기도 하고, 동시에 아버지가 넥타이를 매고 있는 동작의 결과가 지속되고 있음을 나타내기도 한다. 따라서 진행상과 완료상(ⓒ)에 해당함을 알 수 있다.

77. ③

정답 설명

ⓒ의 '가셨다'는 주어가 나타내는 대상 '아버지'를 높이기 위해 주체 높임의 선어말 어미 '-시-'가 사용된 표현이다. 한편, ⓔ은 '할머니께서 편찮으시다는 소리를 듣고'에서 주어가 나타내는 대상 '할머니'를 높이기 위해 주격 조사 '께서'와 주체 높임의 선어말 어미 '-시-'를 활용하고 있다. 따라서 ⓒ과 ⓔ은 모두 주어가 나타내는 대상을 높이는 선어말 어미가 쓰였으므로, 제시된 선지는 적절하다. 참고로, '편찮다'는 병을 앓는 상태에 있음을 나타내는 말로, 흔히 주체 높임 선어말 어미 '-시-'와 함께 쓰여 높임의 뜻을 나타낸다.

오답 설명

① ⓐ에서는 주어가 나타내는 대상인 '어머니'를 높이기 위해 높임의 주격 조사 '께서'가 쓰였다. 하지만, ⓑ은 주어가 나타내는 대상 '언니'를 높이기 위한 주격 조사가 쓰이지 않았다.
② ⓐ에서는 종결 어미가 아니라 높임의 보조사 '요'를 통해 청자를 높이고 있다. 또한 ⓒ에서는 담화 장면에서 청자를 높이는 종결 어미가 사용되지 않았다.
④ ⓐ은 '할머니 댁'에서 '댁'과 같은 높임의 명사가 쓰였으나, 이는 문장의 주어인 '어머니'와 관련한 대상이 아니라 '할머니'와 관련한 대상이다. ⓔ에도 주어와 관련한 대상을 높이는 명사는 쓰이지 않았다.
⑤ ⓑ은 서술의 객체가 되는 대상 '아버지'를 높이는 어휘가 쓰이지 않았지만, ⓔ은 '할머니를 뵈러 왔어요'에서 목적어로 나타난 객체인 '할머니'를 높이는 어휘 '뵈다'가 쓰이고 있다.

78. ⑤

정답 설명

ⓜ에서는 '확실히'가 아닌 '조금도'가 부정의 자질을 가진 부정극어이다. 이는 '그는 하루 종일 조금도 먹지 못했다 / *그는 하루 종일 조금도 먹었다.'의 비교를 통해 알 수 있다. '확실히'는 문장 전체를 수식하는 문장 부사로, '확실히 그는 하루 종일 먹었다.'와 같이 긍정문과도 어울려 쓰일 수 있으므로 부정극어라고 볼 수 없다.

오답 설명

① ⓐ에서 '아무도 그 사실을 믿지 않는다.'의 '아무도'는 '안' 부정문과 어울려 부정의 뜻을 강조하고 있으며, *아무도 그 사실을 믿는다.'가 성립하지 않는 것을 통해 부정의 자질을 가진 부정극어임을 알 수 있다.
② ⓑ의 '그곳에서 배운 지식은 비전문적이다.'에서 서술어 '비전문적이다'는 '일정한 분야를 전문으로 하지 아니한다.'는 부정의 의미를 나타낸다. 이때 '*그곳에서 배운 지식은 절대로 비전문적이다.'에서 부정극어 '절대로'와 부정의 의미를 지닌 '비전문적이다'가 어울리지 못하는 것을 통해 '비전문적이다'가 '*그곳에서 배운 지식은 비전문적이지 않다.'와 같은 부정문을 형성할 수 없음을 알 수 있다.
③ ⓒ에서 '누가 이 사태를 해결할 수 있겠는가?'는 수사 의문문으로, '(누구도) 이 사태를 해결할 수 없다.'라는 부정의 의미를 나타낸다. 이때 '도무지'는 '도무지 (누구도) 이 사태를 해결할 수 없다.'와 같이 부정문과 어울리는 부정극어로서, '도무지 누가 이 사태를 해결할 수 있겠는가?'와 같이 부정의 의미를 나타내는 수사 의문문과 어울려 쓰일 수 있음을 알 수 있다.
④ ⓔ에서 '절대로 집 밖에 나가지 마라.'가 성립하므로, 부정극어 '절대로'가 '말다' 부정문에 쓰일 수 있음을 알 수 있다.

79. ④

정답 설명

'그녀의 소식을 들으니 맥이 풀린다.'는 '*(누군가가) 맥을 풀다.'와 같이 대응하는 능동문이 존재하지 않는다. 이처럼 주어의 의지나 의도와는 관련이 없고 어떤 주체의 행동에 의한 것이 아닐 때는 대응하는 능동문이 설정되기 어렵다. 따라서 제시된 예문은 ⓐ에 해당한다.

오답 설명

① '온 세상이 하얀 눈에 덮였다.'는 '하얀 눈이 온 세상을 덮었다.'와 같이 대응하는 능동문을 설정할 수 있음을 알 수 있다. 참고로, '덮였다'는 동사 '덮다'의 어근 '덮-'에 피동 접사 '-이-'와 과거를 나타내는 선어말 어미 '-었-'이 결합한 것이다.
② '새로운 사실이 드러나게 되었다.'는 능동문과 피동문의 통사 구조가 변하지 않고 능동문에 '-게 되다'의 보조 용언이 결합하여 피동문을 형성한 것으로, '새로운 사실이 드러나다.'와 같이 대응하는 능동문을 설정할 수 있다.
③ '선생님께서는 내게 임무를 맡겼다.'는 주어 '선생님'이 '나'에게 동작을 시키는 사동문으로, '내가 임무를 맡았다.'와 같이 대응하는 주동문을 설정할 수 있다.
⑤ '아이들이 공원에 모여서 얼음을 녹인다.'는 주어 '아이들'이 얼음을 녹게 하고 있음을 나타내는 사동문으로, '얼음이 녹는다.'와 같이 대응하는 주동문을 설정할 수 있다.

80. ③

정답 설명

ⓓ '할머니께서는 다리가 아프시다고 하셨다.'는 주어로 나타나는 대상 '할머니'를 높이는 주격 조사 '께서'가 쓰였다. 이때, 높임의 대상인 '할머니'와 밀접하게 관련된 신체 일부분 '다리'를 주체 높임의 선어말 어미 '-시-'를 활용하여 높임으로써, '할머니'를 간접적으로 높이고 있음을 알 수 있다. 따라서 ⓒ에 해당하는 예문이다.
ⓔ '요즘 어머니께서는 고민이 있으신 것 같다.'는 주어로 나타나는 대상 '어머니'를 높이는 주격 조사 '께서'가 쓰였다. 이때, 높임의 대상인 '어머니'와 밀접하게 관련된 '고민'을 주체 높임의 선어말 어미 '-시-'를 활용하여 높임으로써, '어머니'를 간접적으로 높이고 있음을 알 수 있다. 따라서 ⓒ에 해당하는 예문이다.

오답 설명

ⓐ '선생님께 내일 준비물을 여쭤보았다.'는 부사어로 나타나는 대상 '선생님'을 높이는 부사격 조사 '께'와 객체 높임의 어휘 '여쭤보다'가 쓰였다. 즉, 문장의 주체는 생략되어 있으며 이를 높이고 있지 않으므로 ⓐ에 해당하는 예문이다.
ⓑ '아버지는 누나와 함께 진지를 잡수신다.'는 주어로 나타나는 대상 '아버지'를 높이는 어휘 '진지'와 '잡수시다'가 쓰였다. 즉, 문장의 주체를 간접적으로 높이는 것이 아니라 어휘를 활용하여 직접 높이고 있으므로 ⓑ에 해당하는 예문이다.

81. ③

정답 설명

ⓐ의 '연수가 암호를 풀었다.'의 서술어 '풀었다'는 주어와 목적어를 필수로 요구하는 두 자리 서술어이다. 그런데 이와 다르게 '풀었다'에 피동 접사 '-리-'를 결합하여 만든 피동문의 서술어 '풀렸다'는 '암호가 (연수에 의해) 풀렸다.'와 같이 주어만을 요구하는 한 자리 서술어이다. 따라서 ⓐ과 ⓑ을 통해 피동문은 능동문과 비교했을 때 능동문의 목적어가 피동문의 주어로 변하고, 기준이 되는 서술어의 자릿수는 하나 줄어드는 것을 알 수 있다.

① '아이가 개에게 물렸다.'는 '개가 아이를 물다.'의 능동문이 피동문으로 변한 것이다. 이때 동사 '물다'의 어근 '물-'에 피동 접사 '-리-'가 결합하여 피동문을 형성하고 있음을 알 수 있다.

② '학교에 있는데 교실 안이 갑자기 어두워졌다.'의 '어두워졌다'는 형용사 '어둡다'의 어간 '어둡-'에 '-어지다'가 결합한 문장이다. 이와 같이 형용사에 '-어지다'가 붙어 문장을 형성할 때는, 주어가 다른 주체에 의해 어떠한 행위를 당한다는 의미를 나타내기보다 '어두워지'고 있는 상태 변화를 나타낸다.

④ ⓒ의 '나는 벽지를 일부러 뜯었다.'는 주어의 의지와 관련한 부사어 '일부러'가 쓰였다. 그런데, '일부러, 열심히' 등과 같은 주어의 의지나 의도와 관련한 부사어가 쓰이면 '*벽지가 나에게 일부러 뜯겼다.'와 같이 대응하는 피동문을 설정할 수 없음을 알 수 있다.

⑤ ㉠에서 '아이들 열 명이 책 세 권을 읽었다.'라는 문장은, '아이들 열 명이 각각 책 세 권을 읽었다.'라는 의미와 '아이들 열 명이 총 세 권의 책을 읽었다.'라는 의미로 해석될 수 있다. 반면, ㉠의 피동문인 ⓒ의 '책 세 권이 아이들 열 명에게 읽혔다.'는 '책 세 권을 아이들 열 명이 읽었다.'라는 뜻으로만 해석할 수 있다.

82. ①

'민주는 도둑에게 돈을 다 빼앗겼다.'는 '도둑이 민주(의) 돈을 다 빼앗았다.'와 같은 능동문의 서술어 '빼앗다'에 피동 접미사 '-기-'가 붙어 실현된 피동문이다. 따라서 동사 어근에 사동 접사를 결합하는 파생적 사동문이 아니라 동사 어근에 피동 접사가 결합한 파생적 피동문에 해당하므로, ㉠의 예문으로 적절하지 않다.

② '언니는 아기가 생글생글 웃게 했다.'는 '아기가 웃다.'와 같은 주동문 서술어 '웃다'에 '-게 하다'가 붙어 통사적 사동문을 이루고 있으므로 ⓒ의 예문으로 적절하다.

③ '엄마는 민지에게 옷을 입혔다.'는 엄마가 자신의 손으로 민지에게 옷을 입혀 주는 직접 사동과 엄마가 민지에게 옷을 입도록 시키는 간접 사동의 의미로 해석할 수 있으므로 ⓒ의 예문으로 적절하다.

④ '혁수는 매우 잘생겼다.'는 인위적으로 만든 상태가 아니며, 주체의 의도가 개입할 수 없다는 점에서 '*(누군가가) 혁수를 매우 잘생기게 하다'와 같이 사동문을 형성하지 못하므로 ㉣의 예문으로 적절하다.

⑤ '할아버지께서는 자식들에게 재산을 남겼다.'에서 '재산'은 무정 명사이므로 독립적인 행위의 주체가 될 수 없다. 따라서 '*재산이 남다.'와 같이 대응하는 주동문을 형성할 수 없다.

83. ②

ⓒ의 통사적 사동문 '고모는 조카에게 옷을 빨리 입게 했다.'에서는 고모가 조카에게 옷을 입도록 시키는 간접 사동으로만 해석되지만, 파생적 사동문 '고모는 조카에게 옷을 빨리 입혔다.'에서는 고모가 자신의 손으로 조카에게 옷을 입히는 직접 사동뿐만 아니라 고모가 조카에게 스스로 옷을 입게 시키는 간접 사동의 의미도 나타낸다. 따라서 제시된 선지는 적절하지 않다.

① ㉠의 파생적 사동문 '그는 동생을 자기 방에서 울렸다.'에서는 '자기 방'이 '그의 방'만을 가리키지만, 통사적 사동문 '그는 동생을 자기 방에서 울게 했다.'에서 '자기 방'은 '그의 방'과 '동생의 방'을 모두 가리킬 수 있다. 이는 부사어 '자기 방에서'가 파생적 사동문에서는 '울렸다'를 수식하지만, 통사적 사동문에서는 본용언 '울다'와 보조 용언 '하다'를 수식할 수 있기 때문이다. 따라서 ㉠의 예문을 통해 부사어의 수식 범위가 다르게 나타남을 알 수 있다.

③ ⓒ의 파생적 사동문 '나는 그 아이를 울렸다.'에서는 동작을 당하는 주체 '그 아이'에 목적격 조사 '을/를'만 결합할 수 있고, 주격 조사 '이/가'는 결합할 수 없음을 알 수 있다. 그러나 통사적 사동문 '나는 그 아이를 울게 했다.'에서는 '나는 그 아이가 울게 했다.'와 같이 주격 조사 '이/가'가 결합할 수 있다. 통사적 사동문의 경우에는 '울다', '하다'와 같이 두 개의 동사가 쓰여 동작을 당하는 주체에도 주격 조사가 결합할 수 있는 것이다.

④ ㉣의 파생적 사동문 '어머니께서 아버지에게 책을 읽히셨다.'는 주체 높임 선어말 어미 '-시-'가 '읽히다'의 어간에만 결합할 수 있지만, 통사적 사동문 '어머니께서 아버지께 책을 읽으시게 하셨다.'는 '읽으시게 했다', '읽으시게 하셨다.' 등과 같이 주체 높임의 선어말 어미 '-시-'가 본용언 '읽다'의 어간뿐만 아니라 보조 용언 '하다'에도 붙을 수 있다.

⑤ ㉤의 파생적 사동문 '아이가 물을 잔에 가득 채웠다.'는 '채워 보았다'와 같이 보조 용언 '보다'가 결합할 수 있는 위치는 본용언의 뒤밖에 없다. 반면, 통사적 사동문 '아이가 물을 잔에 가득 차게 했다.'는 '차게 해 보았다'와 같이 보조 용언 '보다'가 '-게 하다' 뒤에 결합할 수도 있고, '차 보게 하였다'와 같이 보조 용언 '보다'가 본용언 뒤에 결합할 수도 있음을 알 수 있다.

84. ⑤

ⓜ의 '재우겠다'는 '자- + -이- + -우- + -겠- + -다'로 분석할 수 있다. 언니가 조카를 자게 하는 것이므로 '-이-'와 '-우-'는 사동 접사에 해당하며, 이들이 이중으로 결합하여 '-이우-'의 형태로 나타남을 알 수 있다. 또한 시간 부사어 '이제'와 선어말 어미 '-겠-'을 사용해 언니가 조카를 재우는 것이 미래의 일임을 나타내고 있으므로 '-겠-'은 미래 시제를 나타내는 선어말 어미임을 알 수 있다.

① ㉠의 '날린다'는 '날- + -리- + -ㄴ- + -다'로 분석할 수 있다. 낙엽이 나는 행위를 당하고 있으므로 '-리-'는 피동 접사에 해당하며, 선어말 어미 '-ㄴ-'을 사용해 낙엽이 현재 날리고 있음을 나타내고 있으므로 '-ㄴ-'은 현재 시제를 나타내는 선어말 어미임을 알 수 있다. 따라서 '날린다'는 피동 접사가 붙은 용언 어간에 현재 시제 선어말 어미가 쓰인 것이다.

② ⓒ의 '휩쓸렸다'는 '휩쓸- + -리- + -었- + -다'로 분석할 수 있다. 마을이 거센 폭풍에 휩쓰는 행위를 당하고 있으므로 '-리-'는 피동 접사에 해당하며, 선어말 어미 '-었-'을 사용해 마을이 거센 폭풍에 휩쓸린 것이 과거의 일임을 나타내고 있으므로 '-었-'은 과거 시제를 나타내는 선어말 어미임을 알 수 있다. 따라서 '휩쓸렸다'는 피동 접사가 붙은 용언 어간에 과거 시제 선어말 어미가 쓰인 것이다.

③ ⓒ의 '날렸다'는 '날- + -리- + -었- + -다'로 분석할 수 있다. 졸업생들이 학사모를 높이 날게 한 것이므로 '-리-'는 사동 접사에 해당하며, 선어말 어미 '-었-'을 사용해 졸업생들이 학사모를 날게 한 것이 과거의 일임을 나타내고 있으므로 '-었-'은 과거 시제를 나타내는 선어말 어미임을 알 수 있다. 따라서 '날렸다'는 사동 접사가 붙은 용언 어간에 과거 시제 선어말 어미가 쓰인 것이다.

04 | 문장 [표현]

④ ㉣의 '털린'은 '털- + -리- + -ㄴ'으로 분석할 수 있다. 집이 강도에 의해 터는 행위를 당한 것이므로 '-리-'는 피동 접사에 해당하며, 관형사형 전성 어미 '-ㄴ'과 '아니었다'의 선어말 어미 '-었-'을 사용해 집이 강도에 의해 털린 것이 과거의 일임을 나타내고 있으므로 이때 '-ㄴ'은 과거 시제를 나타내는 관형사형 전성 어미임을 알 수 있다. 따라서 '털린'은 피동 접사가 붙은 용언 어간에 관형사형 전성 어미가 쓰인 것이므로 현재 시제 선어말 어미가 쓰였다고 보기는 어렵다.

Part _05 음운 변동과 발음 규정

1. ③

정답 설명

ⓒ '닭만'은 자음군 단순화로 인해 겹받침 'ㄺ'의 'ㄹ'이 탈락하여 [닥만]이 된 후, 이 대표음이 후행하는 비음 'ㅁ'의 영향을 받아 'ㅇ'으로 교체되는 비음화로 인해 [당만]으로 발음된다. 즉, 대표음이 둘째 음절 첫소리의 영향을 받아 교체되는 현상이 일어난 것이므로 선지의 내용은 적절하지 않다.

오답 설명

① ㉠ '닭을'은 겹받침 뒤에 모음으로 시작하는 형식 형태소(조사)가 위치하고 있으므로, 겹받침 중 뒤엣것이 뒤 음절 첫소리로 연음되어 [달글]로 발음된다. 이때, 연음은 음운 변동에 해당하지 않으므로 선지의 내용은 적절하다.
② ㉡ '닭장'은 [닥짱]으로 발음되는데, 자음군 단순화로 인한 탈락(ㄺ→ㄱ)과 둘째 음절 첫소리가 첫째 음절의 종성 'ㄱ'의 영향을 받아 된소리가 되는 교체(ㅈ→ㅉ)가 일어나므로 선지의 내용은 적절하다.
④ ㉣ '삶아'는 [살마]로 발음되는데, 겹받침의 일부가 연음되므로 선지의 내용은 적절하다.
⑤ ㉤ '몫까지'는 [목까지]로 발음되는데, 자음군 단순화로 인한 탈락(ㄳ→ㄱ)이 일어나므로 선지의 내용은 적절하다.

2. ④

정답 설명

'길이'는 [기리]로 발음되는데, 첫음절 [기]와 둘째 음절 [리]는 모두 '초성+중성'의 유형이므로 둘 다 ㉡에 해당한다.

오답 설명

① '청사'는 [청사]로 발음되는데, 첫음절 [청]은 '초성+중성+종성'의 유형이므로 ㉣에 해당한다.
② '걸음'은 [거름]으로 발음되는데, 첫음절 [거]는 '초성+중성'의 유형이므로 ㉡에 해당하고 둘째 음절 [름]은 '초성+중성+종성'의 유형이므로 ㉣에 해당한다.
③ '융기'는 [융기]로 발음되는데, 국어에서 음절 초성에 오는 'ㅇ'은 음가가 없는 형식적 초성에 해당하므로 첫음절 [융]은 '중성+종성'의 유형인 ㉢에 해당한다.
⑤ '여자'는 [여자]로 발음되는데, 첫음절 [여]는 '중성'의 유형이므로 ㉠에 해당한다.

3. ③

정답 설명

'늦여름[는녀름]'은 'ㄴ' 첨가가 일어나 음운의 수가 늘어난 예이므로 ㉠에 해당하고, '넓디[널띠]'는 자음군 단순화에 의해 탈락이 일어나 음운의 수가 줄어든 예이므로 ㉡에 해당한다. 참고로, 겹자음(ㄼ, ㄳ 등)은 두 개의 음운이지만 쌍자음(ㄸ, ㄲ 등)은 한 개의 음운에 해당한다.

오답 설명

① '닫지[닫찌]'는 된소리되기에 의해 'ㅈ'이 'ㅉ'으로 교체되었을 뿐 음운의 수에는 변화가 없으므로 ㉠에 해당하지 않는다. 또한 '안팎[안팍]'도 음절의 끝소리 규칙에 의해 'ㄲ'이 'ㄱ'으로 교체되었을 뿐 음운의 수에는 변화가 없으므로

ⓛ에 해당하지 않는다.

② '물약[물략]'은 'ㄴ'이 먼저 첨가된 후 유음화에 의해 'ㄴ'이 'ㄹ'로 교체된 것으로, 결과적으로 음운의 수가 늘었으므로 ㉠에 해당한다. 한편 '굳이[구지]'는 구개음화에 의해 'ㄷ'이 'ㅈ'으로 교체되었을 뿐 음운의 수에는 변화가 없으므로 ⓛ에 해당하지 않는다.

④ '떡만[떵만]'은 비음화에 의해 'ㄱ'이 'ㅇ'으로 교체되었을 뿐 음운의 수에는 변화가 없으므로 ㉠에 해당하지 않는다. 한편 '맛없다[마덥따]'는 자음군 단순화에 의해 'ㅄ'의 'ㅅ'이 탈락되어 음운의 수가 줄어들었으므로 ⓛ에 해당한다.

⑤ '붙임[부침]'은 구개음화에 의해 'ㅌ'이 'ㅊ'으로 교체되었을 뿐 음운의 수에는 변화가 없으므로 ㉠에 해당하지 않는다. 한편 '밭이랑[반니랑]'은 'ㄴ'이 첨가되어 음운의 수가 늘었으므로 ⓛ이 아니라 ㉠에 해당한다.

4. ④

정답 설명

'외곬으로'는 겹받침 'ㄳ'의 'ㅅ'이 뒤 음절 첫소리로 연음된 후 'ㅅ'이 된소리 'ㅆ'으로 교체되어 [외골쓰로]로 발음된다. 교체가 일어날 뿐, 탈락과 첨가가 일어나지는 않으므로 적절하지 않다.

오답 설명

① '짖는'은 음절의 끝소리 규칙에 의해 받침 'ㅈ'이 'ㄷ'으로 교체된 후, 둘째 음절 초성인 'ㄴ'의 영향을 받아 'ㄷ'이 비음 'ㄴ'으로 교체되어 [진는]으로 발음되므로 적절하다.

② '붗하고'는 음절의 끝소리 규칙에 의해 받침 'ㅅ'이 'ㄷ'으로 교체된 후, 'ㄷ'이 'ㅎ'와 만나 'ㅌ'으로 축약되어 [부타고]로 발음되므로 적절하다.

③ '넓고'는 된소리되기에 의한 교체와 자음군 단순화에 의한 탈락이 일어나 [널꼬]가 되므로 적절하다. 상세한 순서보다는 탈락 및 교체가 일어났다는 최종적인 결과에 주목하면 된다.

⑤ '닳다'는 겹받침 'ㅀ'의 'ㅎ'과 둘째 음절 초성인 'ㄷ'이 만나 'ㅌ'으로 축약되어 [달타]로 발음되므로 적절하다.

5. ③

정답 설명

'들깻잎'은 사이시옷 뒤에 '이' 음이 결합된 경우이므로, 사이시옷을 [ㄴ]으로 발음하고 뒤의 '이' 음에 'ㄴ'을 첨가하여 [들깬닙]으로 발음하는 것이 표준 발음이다.

오답 설명

① '햇살'은 'ㅅ'으로 시작하는 '살' 앞에 사이시옷이 온 경우이므로 [해쌀]로 발음하는 것이 원칙이며, [핻쌀]로 발음하는 것도 허용하므로 적절하다.

② '콧날'은 사이시옷 뒤에 'ㄴ'이 결합된 경우이므로 사이시옷을 [ㄴ]으로 발음하여 [콘날]로 발음하므로 적절하다.

④ '뱃머리'는 사이시옷 뒤에 'ㅁ'이 결합된 경우이므로 사이시옷을 [ㄴ]으로 발음하여 [밴머리]로 발음하므로 적절하다.

⑤ '고갯짓'은 'ㅈ'으로 시작하는 '짓' 앞에 사이시옷이 온 경우이므로 [고개찓]으로 발음하는 것이 원칙이며, [고갣찓]으로 발음하는 것도 허용하므로 적절하다.

6. ④

정답 설명

'신발[신발]'을 [심발]로 잘못 발음했다면, '신'의 'ㄴ'을 입술소리인 'ㅂ'과 같은 조

음 위치에 있는 'ㅁ'으로 교체하여 발음한 것으로 볼 수 있다. 'ㅂ'은 파열음, 'ㅁ'은 비음이므로 두 음운의 조음 방법은 다르다.

오답 설명

① '높대[놉때]'를 옳게 발음했다면, '높'의 'ㅍ'을 같은 조음 위치(입술소리)에 있는 예사소리 'ㅂ'으로 교체하고, '다'의 'ㄷ'을 같은 조음 위치에 있는 된소리 'ㄸ'으로 교체하여 발음한 것이므로 적절한 설명이다.

② '인구[인구]'를 [잉구]로 잘못 발음했다면, '인'의 'ㄴ'을 'ㄱ'과 조음 위치가 같은 여린입천장소리 'ㅇ'으로 교체하여 발음한 것이므로 적절한 설명이다.

③ '홑몸[혼몸]'을 옳게 발음했다면, '홑'의 'ㅌ'을 같은 조음 위치(잇몸소리)에 있는 예사소리 'ㄷ'으로 교체한 후 'ㄷ'을 'ㅁ'과 조음 방법이 같은 비음 'ㄴ'으로 교체하여 발음한 것이므로 적절한 설명이다.

⑤ '닦는[당는]'을 옳게 발음했다면, '닦'의 'ㄲ'을 'ㄱ'으로 교체한 후 그 'ㄱ'을 'ㄴ'과 조음 방법이 같은 비음 'ㅇ'으로 교체하여 발음한 것이므로 적절한 설명이다.

7. ⑤

정답 설명

'입원료 → [이붠뇨]'에서 '입'의 종성 'ㅂ'이 둘째 음절의 첫소리로 연음되었으며, '료'가 [뇨]로 발음되는 것은 선행하는 'ㄴ'의 영향으로 'ㄹ'이 'ㄴ'과 조음 방법이 같은 비음 'ㄴ'으로 바뀐 것이므로 적절한 설명이다.

오답 설명

① '침략 → [침냑]'은 유음이 비음으로 바뀐 것이다.

② '쌀눈 → [쌀룬]'은 비음이 유음으로 바뀐 것이다.

③ '신라 → [실라]'는 'ㄹ' 앞에 오는 'ㄴ'이 비음에서 유음으로 '조음 방법'이 바뀐 것이므로 적절한 설명이 아니다.

④ '국론 → [궁논]'은 'ㄹ'이 'ㄴ'으로 교체되고([국논]), 'ㄱ'이 'ㄴ'과 '조음 방법'이 같은 비음 'ㅇ'으로 바뀐 것이므로 적절한 설명이 아니다.

8. ②

정답 설명

(가)의 '휘발유[휘발류]'는 '첨가(유→뉴)', '교체(ㄴ→ㄹ)'가 나타나고, (나)의 '읊조리다[읍쪼리다]'는 '탈락(ㄿ→ㅍ)', '교체(ㅍ→ㅂ, ㅈ→ㅉ)'가 나타난다. 따라서 (가)와 (나)에 나타나는 음운 변동 유형은 '첨가', '탈락', '교체'이다. ②의 '삯일[상닐]'은 '탈락(ㄳ→ㄱ)', '첨가(일→닐)', '교체(ㄱ→ㅇ)'가 모두 나타난다.

오답 설명

① '꽃덮개[꼳떱깨]'에는 '교체(ㅊ→ㄷ, ㄷ→ㄸ, ㅍ→ㅂ, ㄱ→ㄲ)'만 나타나고, '첨가'와 '탈락'은 나타나지 않는다.

③ '낮일[난닐]'에는 '교체(ㅈ→ㄷ, ㄷ→ㄴ)', '첨가(일→닐)'만 나타나고, '탈락'은 나타나지 않는다.

④ '설익다[설릭따]'에는 '첨가(익→닉)', '교체(ㄴ→ㄹ, ㄷ→ㄸ)'만 나타나고, '탈락'은 나타나지 않는다.

⑤ '급행열차[그팽녈차]'에는 '축약(ㅂ+ㅎ→ㅍ)', '첨가(열→녈)'만 나타나고, '교체'와 '탈락'은 나타나지 않는다.

9. ④

정답 설명

'쌓네 → [싼네]'는 음절의 끝소리 규칙에 의해 'ㅎ'이 'ㄷ'으로 교체된 후, 비음화에 의해 다시 'ㄷ'이 'ㄴ'으로 교체된 것이므로 ㉠에 해당한다. '좋고 → [조코]'는 'ㅎ'과 'ㄱ'이 'ㅋ'으로 축약된 것이므로 ㉡에 해당한다.

오답 설명

① '놓고 → [노코]'는 'ㅎ'과 'ㄱ'이 'ㅋ'으로 축약된 예이므로 ㉠이 아니라 ㉡에 해당하고, '뚫는 → [뚤른]'은 'ㅎ'이 탈락된 것이므로 ㉠, ㉡ 어디에도 해당되지 않는다. 참고로, '뚫는'은 'ㅎ'이 탈락되어 [뚤는]이 되고, 유음화가 일어나 [뚤른]으로 발음된다.

② '놓는 → [논는]'은 'ㅎ'이 'ㄷ'으로 교체된 후 'ㄷ'이 'ㄴ'으로 교체된 것이므로 ㉠에 해당하지만, '않네 → [안네]'는 'ㅎ'이 탈락된 것이므로 ㉠, ㉡ 어디에도 해당하지 않는다.

③ '끓아 → [고라]'와 '않는 → [안는]' 모두 'ㅎ'이 탈락된 예이므로 둘 다 ㉠, ㉡ 어디에도 해당하지 않는다.

⑤ '않던 → [안턴]'은 'ㅎ'과 'ㄷ'이 'ㅌ'으로 축약된 예이고, '쌓지 → [싸치]'는 'ㅎ'과 'ㅈ'이 'ㅊ'으로 축약된 예이므로 둘 다 ㉡에 해당한다.

10. ③

정답 설명

(나)의 '쏘이 + 어 → [쐬어]'는 모음 축약의 예이고, '꽃 + 잎 → [꼰닙]'은 자음 첨가('ㄴ' 첨가)의 예이므로 각각 ㉠과 ㉡에 해당하는 적절한 사례이다.
(다)의 '누이 + 어 → [뉘어]'는 모음 축약의 예이고, '물 + 약 → [물략]'은 자음 첨가('ㄴ' 첨가)의 예이므로 각각 ㉠과 ㉡에 해당하는 적절한 사례이다.

오답 설명

(가)의 '피 + 어 → [피여]'는 반모음 [j] 첨가의 예이고, '설 + 날 → [설랄]'은 'ㄴ'이 'ㄹ'로 교체(유음화)된 예이므로 각각 ㉠과 ㉡에 해당하는 사례가 아니다.
(라)의 '나서 + 어 → [나서]'는 모음이 탈락한 예이고, '밥 + 물 → [밤물]'은 'ㅂ'이 'ㅁ'으로 교체(비음화)된 예이므로 각각 ㉠과 ㉡에 해당하는 사례가 아니다.

11. ③

정답 설명

'짓는[진ː는]'은 결과적으로 비음 'ㄴ'이 세 번 발음되므로 비음이 두 번 발음된다는 선지의 설명은 적절하지 않다.

오답 설명

① '돌담에[돌ː다메]'는 유음 'ㄹ'과 비음 'ㅁ'이 발음되므로 적절하다.

② '같이[가치]'는 구개음 'ㅊ'이 발음되므로 적절하다.

④ '마음[마음]'은 비음 'ㅁ'이 두 번 발음되므로 적절하다. 참고로 음절 초성에 오는 'ㅇ'은 음가가 없는 형식적 초성이므로 비음이 발음된다고 볼 수 없다.

⑤ '하늘을[하느를]'은 비음 'ㄴ'과 유음 'ㄹ'이 발음되므로 적절하다.

12. ②

정답 설명

㉡은 받침이 제 음가대로 뒤 음절의 첫소리로 옮겨 발음되는 연음의 예이므로 선

지의 설명은 적절하지 않다.

오답 설명

① ㉠은 받침 'ㅎ(ㄶ, ㅀ)' 뒤에 모음으로 시작되는 어미나 접미사가 결합됐을 때 'ㅎ'이 탈락되는 예이므로 적절하다.

③ ㉢은 겹받침 뒤에 모음으로 시작되는 어미나 조사가 결합됐을 때 겹받침의 뒤엣것만이 뒤 음절 첫소리로 옮겨 발음되는 연음의 예이므로 적절하다.

④ ㉣은 받침 'ㄷ' 뒤에 접미사 '히'가 결합될 때 거센소리되기에 의해 'ㄷ'과 'ㅎ'이 축약된 후에 구개음화가 적용되는 예이므로 적절하다.

⑤ ㉤은 받침 'ㄱ, ㄷ, ㅂ'이 'ㄴ, ㅁ' 앞에서 각각 [ㅇ, ㄴ, ㅁ]으로 바뀌는 비음화가 적용되는 예이므로 적절하다.

13. ①

정답 설명

〈보기〉에 따르면 자음을 첫소리로 가지고 있는 음절의 'ㅢ'는 [ㅣ]로 발음해야 한다. '닐리리'의 'ㅢ'는 자음 'ㄴ'을 첫소리로 가지고 있으므로 [ㅢ]가 아닌 [ㅣ]로만 발음해야 한다.

오답 설명

② '의회'의 'ㅢ'는 자음을 첫소리로 갖지 않고, 단어의 첫음절에 쓰인 것이므로 이중 모음인 [ㅢ]로 발음해야 한다.

③ '주의'의 'ㅢ'는 원칙적으로 [ㅢ]로 발음하나, 단어의 첫음절 이외에 쓰인 것이므로 [ㅣ]로 발음함도 허용한다.

④ '그의 책'의 '의'는 원칙적으로 [ㅢ]로 발음하나, 조사로 쓰인 것이므로 [ㅔ]로 발음함도 허용한다.

⑤ '강의의 제목'의 첫 번째의 '의'는 단어의 첫음절 이외에 쓰인 것이므로 [ㅢ] 또는 [ㅣ]로 발음할 수 있다. 또한 두 번째의 '의'는 조사로 쓰인 것이므로 [ㅢ] 또는 [ㅔ]로 발음할 수 있다. 따라서 '강의의'를 [의의], [의에], [이의], [이에]로 발음할 수 있다는 선지의 내용은 적절하다.

14. ③

정답 설명

〈보기〉의 제17항은 구개음화, 제20항은 유음화에 대한 조항이다. '훑네[훌레]'는 유음화가 일어난 예이므로 ㉡에 해당되지만, '낱이삭[난ː니삭]'은 '낱'에 조사나 접미사의 모음 'ㅣ'가 결합한 게 아니라, '이삭'이라는 실질 형태소에 쓰인 'ㅣ'가 결합한 것이다. 따라서 구개음화가 일어나지 않아 ㉠에 해당되지 않는다. 참고로, '낱이삭[난ː니삭]'은 음절의 끝소리 규칙과 'ㄴ' 첨가, 비음화가 적용되었다.

오답 설명

① '미닫이[미ː다지]'는 구개음화가 일어난 예이고, '핥네[할레]'는 유음화가 일어난 예이다.

② '밭이[바치]'는 구개음화가 일어난 예이고, '뚫는[뚤른]'은 유음화가 일어난 예이다.

④ '굳이[구지]'는 구개음화가 일어난 예이고, '꿇는[꿀른]'은 유음화가 일어난 예이다.

⑤ '해돋이[해도지]'는 구개음화가 일어난 예이고, '앓는[알른]'은 유음화가 일어난 예이다.

15. ④

정답 설명

'헛웃음'은 [허두슴]으로 발음될 때, '헛[헏]'에서만 음절의 끝소리 규칙에 의해 받침이 대표음으로 바뀌는 교체가 일어나고 '웃음[우슴]'에서는 교체가 아닌 연음이 일어나므로 두 군데에서 받침의 교체가 일어난다는 설명은 적절하지 않다.

오답 설명

① '늪 앞'은 [느밥]으로 발음될 때, '늪[늡]', '앞[압]'에서 음절의 끝소리 규칙에 의해 받침이 대표음으로 바뀌는 교체가 일어나고 [늡]의 종성 'ㅂ'은 뒤 음절의 첫소리로 연음되므로 적절하다.

② '맛없다'는 [마덥따]로 발음될 때, '맛[맏]'에서 음절의 끝소리 규칙에 의해 받침이 대표음으로 바뀌는 교체가 일어나고 [맏]의 종성 'ㄷ'이 뒤 음절의 첫소리로 연음된다. 그리고 '없[업]'에서 자음군 단순화에 의한 탈락이 일어나고 '다'가 된소리되기에 의해 [따]가 되는 교체가 일어나므로 적절하다.

③ '겉옷'은 [거돋]으로 발음될 때, '겉[걷]', '옷[옫]'에서 음절의 끝소리 규칙에 의해 받침이 대표음으로 바뀌는 교체가 일어나고 [걷]의 종성 'ㄷ'이 뒤 음절의 첫소리로 연음되므로 적절하다.

⑤ '맛있다'는 [마딛따]로 발음될 때, '맛[맏]', '있[읻]'에서 음절의 끝소리 규칙에 의한 교체가 일어나고 [맏]의 종성 'ㄷ'이 뒤 음절의 첫소리로 연음된다. 그리고 '다'가 된소리되기에 의해 [따]가 되는 교체가 일어나므로 적절하다.

16. ①

정답 설명

'백마'와 '왕십리'는 비음화가 일어나 각각 [뱅마], [왕심니]로 발음되므로 이를 표기에 반영해 'Baengma', 'Wangsimni'로 적어야 한다. 또한 '별내'는 유음화가 일어나 [별래]로 발음되므로 '제2장 제2항 [붙임 2]'에 따라 'ㄹㄹ'은 'll'로 표기하는 것을 반영하여 'Byeollae'로 적어야 한다.

17. ②

정답 설명

'넓게'는 어간 받침 'ㄼ' 뒤에 결합되는 어미의 첫소리 'ㄱ'이 된소리로 발음되는 된소리되기가 일어나고, '넓'은 자음군 단순화가 일어나 [널께]로 발음된다. 따라서 '넓게'는 자음군 단순화와 된소리되기가 모두 나타나는 ⓒ의 예로 적절하다.

오답 설명

① '낮추니'는 음절의 끝소리 규칙이 적용되어 [낟추니]로 발음되므로 ㉠의 예로 적절하지 않다.

③ '얼굴'은 [얼굴]로 발음되어 음운 변동 현상이 일어나지 않으므로 ⓒ의 예로 적절하지 않다.

④ '닫니'는 'ㄴ'의 영향을 받아 'ㄷ'이 'ㄴ'으로 바뀌는 비음화가 일어나 [단니]로 발음되므로 ㉣의 예로는 적절하지 않다.

⑤ '색연필'은 'ㄴ' 첨가가 일어나 [색년필]이 된 후, 'ㄴ'의 영향을 받아 'ㄱ'이 'ㅇ'으로 바뀌는 비음화가 일어나 [생년필]로 발음되므로 ⓜ의 예로 적절하지 않다.

18. ⑤

정답 설명

'맛'의 받침 'ㅅ'은 뒤에 오는 형태소의 종류에 따라 발음이 달라진다. 모음으로 시작하는 문법 형태소가 뒤에 오면 'ㅅ'이 그대로 연음되지만 그 이외의 환경에서는 음절의 끝소리 규칙에 따라 [ㄷ]으로 바뀌어야 한다. '맛있다'의 경우 '맛' 뒤에 오는 형태소 '있-'은 모음으로 시작하는 실질 형태소이므로 '맛'의 'ㅅ'은 [ㄷ]으로 바뀌어야 한다. '맛있다'의 표준 발음인 [마딛따]와 [마신따] 중 [마딛따]를 원칙으로 삼은 이유는 이 때문이다.

오답 설명

① '맛있다'의 받침 'ㅅ'은 음절의 끝소리 규칙에 따라 대표음 [ㄷ]으로 발음한다.

② '맛있다'에서 '있-'은 자음이 아닌 모음으로 시작하는 실질 형태소이므로 적절하지 않다.

③ '맛있다'에서 '있-'은 모음으로 시작하지만 문법 형태소가 아니라 실질 형태소이므로 적절하지 않다.

④ '맛있다'에서 '있-'은 자음으로 시작하지도 않고 문법 형태소도 아니므로 적절하지 않다.

19. ⑤

정답 설명

㉠은 종성에서 발음될 수 있는 자음이 7개(ㄱ, ㄴ, ㄷ, ㄹ, ㅁ, ㅂ, ㅇ)로 제한되어 일어나는 음운 변동(음절의 끝소리 규칙), ㉡은 종성에 두 개의 자음이 놓일 때 둘 중 하나의 자음만 남고 나머지는 탈락하는 음운 변동(자음군 단순화)이 적용되었다. 따라서 음절 끝에 올 수 있는 자음이 제한되어 일어나는 음운 변동이라는 설명은 ㉠, ㉡에 공통적으로 적용할 수 있다.

오답 설명

① 음절의 끝소리 규칙, 자음군 단순화는 음절의 종성에 놓인 자음에서 일어나므로 ㉠, ㉡에 공통으로 적용할 수 없는 설명이다.

② 자음 동화에 대한 설명이므로 적절하지 않다.

③ 거센소리되기에 대한 설명이므로 적절하지 않다.

④ ㉠의 '밖[박]', 밭[받]', '빗[빋]', ㉡의 '넋[넉]', 값[갑], 삶[삼]'과 같이 체언이 홀로 쓰였을 때에도 음절의 끝소리 규칙, 자음군 단순화가 적용된다.

20. ②

정답 설명

'훑+는 → [훌른]'에서 겹받침 'ㄾ' 중 'ㄹ'만 발음되는 것은 자음군 단순화(탈락)가 적용된 결과이고, 'ㄴ'이 [ㄹ]로 바뀐 것은 유음화(교체)가 적용된 결과이다. 따라서 '훑는[훌른]'은 탈락과 교체라는 두 가지 음운 변동 유형이 적용된 예로 적절하다.

오답 설명

① '잡+고 → [잡꼬]'는 'ㄱ'이 [ㄲ]으로 바뀌는 된소리되기(교체)만 적용된 결과이다.

③ '덮+고 → [덥꼬]'에서 'ㅍ'이 [ㅂ]으로 바뀐 것은 음절의 끝소리 규칙(교체)이 적용된 결과이고, 'ㄱ'이 [ㄲ]으로 바뀐 것은 된소리되기(교체)가 적용된 결과이다. 즉, 교체 현상만 적용되었다.

④ '깎+다 → [깍따]'에서 'ㄲ'이 [ㄱ]으로 바뀐 것은 음절의 끝소리 규칙(교체)이 적용된 결과이고, 'ㄷ'이 [ㄸ]으로 바뀐 것은 된소리되기(교체)가 적용된 결과이다. 즉, 교체 현상만 적용되었다.

⑤ '놓+는 → [논는]'에서 'ㅎ'이 [ㄷ]으로 바뀐 것은 음절의 끝소리 규칙(교체)이 적용된 결과이고, 이 'ㄷ'이 [ㄴ]으로 바뀐 것은 비음화(교체)가 적용된 결과이

다. 즉, 교체 현상만 적용되었다.

21. ①

정답 설명

'달+님 → [달림]'은 앞 자음 'ㄹ'의 조음 방법에 동화되어 뒤 자음 'ㄴ'이 [ㄹ]로 바뀐 동화 현상(순행 동화)이므로 ㉠에 속한다. 한편, '작+년 → [장년]'은 뒤 자음 'ㄴ'의 조음 방법에 동화되어 앞 자음 'ㄱ'이 [ㅇ]으로 바뀐 동화 현상(역행 동화)이므로 ㉡에 속한다.

오답 설명

② '국+물 → [궁물]'은 뒤 자음 'ㅁ'의 조음 방법에 동화되어 앞 자음 'ㄱ'이 [ㅇ]으로 바뀐 동화 현상이므로 ㉠이 아니라 ㉡에 속한다. 한편, '칼+날 → [칼랄]'은 앞 자음 'ㄹ'의 조음 방법에 동화되어 뒤 자음 'ㄴ'이 [ㄹ]로 바뀐 동화 현상이므로 ㉡이 아니라 ㉠에 속한다.
③ '달+님 → [달림]'은 ㉠에 속한다. 한편, '능+력 → [능녁]'은 앞 자음 'ㅇ'의 조음 방법에 동화되어 뒤 자음 'ㄹ'이 [ㄴ]으로 바뀐 동화 현상이므로 ㉡이 아니라 ㉠에 속한다.
④ '국+물 → [궁물]'은 ㉠이 아니라 ㉡에 속한다. 한편, '능+력 → [능녁]'은 ㉡이 아니라 ㉠에 속한다.
⑤ '권+리 → [궐리]'는 뒤에 오는 'ㄹ'의 조음 방법에 동화되어 앞에 오는 'ㄴ'이 [ㄹ]로 바뀐 동화 현상이므로 ㉠이 아니라 ㉡에 속한다. 한편, '작+년 → [장년]'은 ㉡에 속한다.

22. ④

정답 설명

(나)의 설명에 따르면 '집합[지팝]'과 같이 체언에서 'ㄱ, ㄷ, ㅂ' 뒤에 'ㅎ'이 합하는 거센소리되기가 일어나면 로마자 표기에 이를 반영하지 않는다. 참고로 '집합'의 올바른 로마자 표기는 'jiphap'이다.

오답 설명

① '독립'이 [동닙]으로 발음되는 것은 자음 동화(비음화)가 적용된 결과이며 이를 로마자 표기에 반영했으므로 적절하다.
② '담요'가 [담뇨]로 발음되는 것은 'ㄴ'이 첨가된 결과이며 이를 로마자 표기에 반영했으므로 적절하다.
③ '굳이'가 [구지]로 발음되는 것은 구개음화가 적용된 결과이며 이를 로마자 표기에 반영했으므로 적절하다.
⑤ '박수'가 [박쑤]로 발음되는 것은 된소리되기가 적용된 결과이며, (나)에 따르면 된소리되기는 로마자 표기에 반영하지 않으므로 적절하다.

23. ④

정답 설명

'값없이'의 '값'이 [갑]으로 발음되는 것은 모음으로 시작하는 실질 형태소 '없-' 앞에서 '값'에 자음군 단순화가 적용된 결과이다.

오답 설명

① '끊고'가 [끈코]로 발음되는 것은 'ㅎ'과 'ㄱ'이 [ㅋ]으로 축약된 결과이므로 ㉠에 들어갈 예로 적절하지 않다.
② <보기>에 따르면 자음군 단순화는 모음으로 시작하는 문법 형태소 앞에서는

적용되지 않는다. '싫은'이 [시른]으로 발음되는 것은 자음군 단순화가 아니라 받침 'ㅎ'이 모음으로 시작되는 문법 형태소를 만나 탈락한 결과이므로 ㉠에 들어갈 예로 적절하지 않다.
③ '안팎'에는 겹받침을 가진 형태소가 없으므로 자음군 단순화의 적용과는 무관하다. 참고로 '안팎'의 'ㄲ'은 하나의 자음이므로 'ㄲ'이 [ㄱ]으로 발음되는 것은 자음군 단순화(탈락)가 아니라 음절의 끝소리 규칙(교체)이 적용된 결과이다.
⑤ '넓히다'가 [널피다]로 발음되는 것은 'ㅂ'과 'ㅎ'이 [ㅍ]으로 축약된 결과이므로 ㉠에 들어갈 예로 적절하지 않다.

24. ①

정답 설명

<보기>의 ㉡은 앞말이 모음으로 끝나는 경우이므로, 앞말이 'ㄴ'으로 끝나는 '한여름'과 관계가 없다. '한+여름 → 한여름[한녀름]'은 앞 단어나 접두사의 끝이 자음이고 뒤 단어나 접미사의 첫음절이 '이, 야, 여, 요, 유'인 경우에 'ㄴ' 음을 첨가하는 'ㄴ' 첨가 현상이 일어난 것이다. 또한 사잇소리 현상은 합성어에서 일어나기 때문에 파생어인 '한여름'은 사잇소리 현상이 나타나는 조건을 충족하지 않는다.

오답 설명

② '밤+길 → 밤길[밤낄]'은 앞말의 끝소리가 울림소리 'ㅁ'이고, 뒷말의 첫소리가 안울림 예사소리인 'ㄱ'에서 된소리 [ㄲ]로 변화했으므로 ㉠의 사례로 적절하다.
③ '시내+물 → 시냇물[시:낸물]'은 앞말이 모음으로 끝나고, 뒷말이 'ㅁ'으로 시작하여 앞말의 끝소리에 'ㄴ' 소리가 하나 덧났으므로 ㉡의 사례로 적절하다.
④ '예사+일 → 예삿일[예:산닐]'은 앞말이 모음으로 끝나고 뒷말이 모음 'ㅣ'로 시작하여 앞말의 끝소리와 뒷말의 첫소리에 'ㄴ'이 둘 덧나기 때문에 ㉢의 사례로 적절하다.
⑤ ㉡의 '후+날 → 훗날[훈:날]', ㉢의 '나무+잎 → 나뭇잎[나문닙]'은 앞말이 모음으로 끝나는 사례인데, 표기에 '사이시옷'이 첨가되었음을 알 수 있다.

25. ⑤

정답 설명

'희망'은 자음을 첫소리로 가지고 있는 음절의 'ㅢ'에 해당하므로 제5항 다만 3에 따라 [히망]으로만 발음해야 한다.

오답 설명

① '의사의'는 '의사'에 조사 '의'가 결합한 것으로, 제5항 다만 4에 따라 [의사에]로도 발음할 수 있다.
② '거쳐야'는 용언의 활용형이므로, 제5항 다만 1에 따라 '쳐'는 [처]로 발음해야 한다.
③ 제5항 다만 2에 따르면 '예, 례' 이외의 'ㅖ'인 경우에 [ㅔ]로 발음할 수 있다. 따라서 '실례'는 [실레]가 아닌 [실례]로 발음해야 한다.
④ '개폐'는 '예, 례' 이외의 'ㅖ'에 해당하므로, 제5항 다만 2에 따라 [개페]로도 발음할 수 있다.

26. ④

정답 설명

'지식의'와 '지혜의'에서 '의'는 모두 조사에 해당한다. 또한 조사 '의' 앞에 오는 말

이 자음으로 끝나든 모음으로 끝나든 조사 '의'의 발음에는 아무런 차이가 없다.

오답 설명

① 제5항 다만 4에 따르면 조사 '의'는 [ㅔ]로 발음하는 것도 허용한다.
② 제5항 다만 4는 조사 '의'를 [ㅔ]로 발음함도 허용하는 것이지 원칙은 아니다. 조사 '의'는 이중 모음으로 발음하는 것이 원칙이다.
③ 조사 '의'는 [ㅣ]로 발음할 수 없다. 제5항 다만 4에 따르면 단어의 첫 음절 이외의 '의'는 [ㅣ]로 발음함을 허용하지만, 조사는 하나의 단어이므로 '지식의'는 단어의 첫 음절 이외의 '의'가 온 것으로 볼 수 없기에 [지시기]로 발음할 수 없다.
⑤ '지식의'와 '법칙의'의 '의'는 모두 조사이므로 발음이 동일하다.

27. ②

정답 설명

〈보기〉는 'ㄹ'로 끝나는 용언의 어간 뒤에 불필요하게 '으'를 덧붙여서 발음하는 오류에 대해 설명한 것이다. 그런데 '되물은'의 어간 '되물-'은 기본형이 '되묻-'으로, 'ㄷ'으로 끝나는 용언 어간이 모음으로 시작하는 어미 앞에서 'ㄷ' 불규칙 활용을 한 경우이다. 즉 'ㄹ'로 끝나는 용언 어간이 아니므로 〈보기〉에서 설명하는 오류의 사례로 볼 수 없다.

오답 설명

① '날으는'의 어간 '날-'은 'ㄹ'로 끝나는 어간이며, 'ㄴ'으로 시작하는 어미 '-는' 앞에 '으'가 덧붙었으므로 〈보기〉에서 설명하는 오류의 사례로 적절하다.
③ '부풀은'의 어간 '부풀-'은 'ㄹ'로 끝나는 어간이며, 'ㄴ'으로 시작하는 어미 '-ㄴ' 앞에 '으'가 덧붙었으므로 〈보기〉에서 설명하는 오류의 사례로 적절하다.
④ '울으니까'의 어간 '울-'은 'ㄹ'로 끝나는 어간이며, 'ㄴ'으로 시작하는 어미 '-니까' 앞에 '으'가 덧붙었으므로 〈보기〉에서 설명하는 오류의 사례로 적절하다.
⑤ '끌으시다가'의 어간 '끌-'은 'ㄹ'로 끝나는 어간이며, 'ㅅ'으로 시작하는 어미 '-시다가' 앞에 '으'가 덧붙었으므로 〈보기〉에서 설명하는 오류의 사례로 적절하다.

28. ⑤

정답 설명

㉠의 '밭이랑'은 명사 '밭'에 조사 '이랑'이 결합한 것으로 제17항에 따라 [바치랑]으로 발음하며, ㉡의 '밭이랑'은 명사 '밭'과 명사 '이랑'의 합성어로 [받이랑](제8항) → [받니랑](제29항) → [반니랑](제18항)의 과정을 거쳐 발음한다. 따라서 ㉡에서 '밭'의 'ㅌ'은 '이랑'과 결합 후에 [ㄴ]으로 발음한다고 해야 적절하다.

오답 설명

①, ② ㉠의 '밭'의 'ㅌ'은 조사 '이랑'과 결합하므로 제8항(음절의 끝소리 규칙)이 적용되지 않으며 제17항에 의해 [ㅊ]이 된다.
③ ㉡의 '밭이랑'에서 '밭'의 'ㅌ'은 제8항에 의해 명사 '이랑'과 결합하기 전에 [ㄷ]으로 발음한다.
④ ㉡의 '밭이랑'은 '밭'과 '이랑'의 합성어이며 뒤 단어의 첫음절이 '이'이므로 제29항에 따라 'ㄴ' 음을 첨가하여 [받니랑]이 된다.

29. ③

정답 설명

㉠은 탈락 현상의 하나인 자음군 단순화가 적용된 사례들이고, ㉡은 교체 현상의

하나인 자음 동화(비음화)가 일어난 사례들이다. '값만'은 먼저 자음군 단순화가 일어나서 [갑만]이 되고 이후 자음 동화(비음화)가 일어나 최종적으로 [감만]으로 발음한다.

오답 설명

① ㉠은 탈락 현상의 하나인 자음군 단순화가, ㉡은 교체 현상의 하나인 된소리되기가 일어난 예이다.
② ㉠은 음절의 종성에 위치한 자음 중 하나가 탈락하는 자음군 단순화가 일어난 것이지만, ㉡은 음절의 첫소리 자음이 교체되는 된소리되기가 일어났다.
④ ㉡, ㉢은 모두 교체만 일어나므로, 음운의 수에는 변함이 없다.
⑤ ㉡은 예사소리가 된소리로 바뀐 것이지만('ㄷ→ㄸ', 'ㅂ→ㅃ'), ㉢은 비음이 아닌 소리가 비음으로 바뀐 것이다('ㄷ→ㄴ').

30. ②

정답 설명

'첫날'은 '처+날'에 사이시옷이 첨가된 것이 아니라, 본래 받침에 'ㅅ'을 가진 관형사 '첫'과 명사 '날'이 합성된 단어이다. [천날]로 발음되어 'ㄴ'이 덧나는 것처럼 보이지만 이는 사잇소리 현상이 아니라, [첟날 → 천날]과 같이 음절의 끝소리 규칙에 의해 'ㅅ'이 'ㄷ'으로 교체된 후에, 받침 'ㄷ'이 뒤 음절의 첫소리 'ㄴ'의 영향을 받아 [ㄴ]으로 바뀌는 비음화(자음 동화)가 적용된 것이다.

오답 설명

①, ④ '길+가'와 '장마+비'는 합성 명사에서 앞말의 끝소리가 울림소리이고 뒷말의 첫소리가 안울림 예사소리일 때 뒤의 예사소리가 된소리로 바뀐 경우로, '장맛비'와 달리 '길가'는 앞말이 자음으로 끝났기 때문에 사이시옷을 적지 않은 것이다.
③, ⑤ '콧물'은 'ㄴ', '나뭇잎'은 'ㄴㄴ' 소리가 덧나는 사잇소리 현상이 일어나고 앞말이 모음으로 끝나 사이시옷을 적은 것이다.

31. ④

정답 설명

'끓는'은 ㉣의 적용을 받아 'ㅀ' 중 'ㄹ'만 발음된다. 또한 종성 'ㄹ'의 영향으로 뒤에 오는 초성 'ㄴ'이 'ㄹ'로 발음되는 유음화가 적용되어 [끌른]으로 발음해야 한다.

오답 설명

① ㉠에 의하면 'ㅀ' 뒤에 'ㅈ'이 결합되는 경우에는, 뒤 음절 첫소리와 합쳐서 [ㅊ]으로 발음하므로 '닳지'는 [달치]로 발음된다.
② ㉡에 의하면 받침 'ㄺ'이 뒤 음절 첫소리 'ㅎ'과 결합되는 경우에는, 두 음을 합쳐서 [ㅋ]으로 발음하므로 '읽히다'는 [일키다]로 발음된다.
③ ㉢에 의하면 받침 'ㄶ' 뒤에 'ㅅ'이 결합되는 경우에는, 'ㅅ'을 [ㅆ]으로 발음하므로 '끊소'는 [끈쏘]로 발음된다.
⑤ ㉤에 의하면 'ㅎ' 뒤에 모음으로 시작된 어미가 결합되는 경우에는, 'ㅎ'을 발음하지 않으므로 '낳아'는 [나아]로 발음된다.

32. ②

정답 설명

'학여울'은 'ㄴ' 첨가 후 비음화가 일어나 [항녀울]로 발음된다. 'ㄴ'이 덧나는 경우

와 자음 사이에서 동화 작용이 일어나는 경우(비음화)는 로마자 표기에 반영해야 하므로 'Hakyeoul'이 아닌, 'Hangnyeoul'로 적어야 한다.

오답 설명

① '국민'은 비음화가 일어나 [궁민]으로 발음된다. 비음화는 자음 사이에서 동화 작용이 일어나는 경우이며, 이는 로마자 표기에 반영해야 하므로 'gungmin'으로 적어야 한다.

③ '같이'는 구개음화가 일어나 [가치]로 발음된다. 구개음화가 되는 경우는 로마자 표기에 반영해야 하므로 'gachi'로 적어야 한다.

④ '잡혀'는 거센소리되기가 일어나 [자펴]로 발음된다. 이때 '잡혀'는 체언이 아니면서 'ㅂ'이 'ㅎ'과 합하여 거센소리로 소리 나는 경우이므로 로마자 표기에 반영하여 'japyeo'로 적어야 한다.

⑤ '죽변'은 된소리되기가 일어나 [죽뼌]으로 발음된다. 된소리되기의 결과는 로마자 표기에 반영하지 않는다고 하였으므로, '죽변'은 된소리되기 이전의 발음인 [죽변]을 로마자로 옮긴 'Jukbyeon'으로 적어야 한다.

33. ④

정답 설명

'줄넘기[줄럼끼]'는 교체(유음화, 된소리되기)만 나타날 뿐, 〈보기〉에서 제시한 '교체, 탈락, 첨가, 축약' 중 두 가지 종류 이상의 음운 변동이 나타나지 않는다.

오답 설명

① '따뜻하다[따뜨타다]'는 교체(음절의 끝소리 규칙)와 축약(거센소리되기)이 나타난다.

② '설익대[설릭때]'는 첨가('ㄴ' 첨가)와 교체(유음화, 된소리되기)가 나타난다.

③ '꽃향기[꼬턍기]'는 교체(음절의 끝소리 규칙)와 축약(거센소리되기)이 나타난다.

⑤ '백분율[백뿐뉼]'은 첨가('ㄴ' 첨가)와 교체(된소리되기)가 나타난다.

34. ①

정답 설명

'보리', '부리'는 'ㅗ'와 'ㅜ'의 차이에 따라 단어의 뜻이 구별되므로 (ㄱ)의 예시로 적절하며, '불', '풀'은 예사소리 'ㅂ'과 거센소리 'ㅍ'의 차이에 따라 단어의 뜻이 구별되므로 (ㄴ)의 예시로 적절하다.

오답 설명

② '노비', '나비'는 첫째 음절의 'ㅗ'와 'ㅏ'의 차이에 따라 단어의 뜻이 구별되므로 (ㄱ)의 예시로 적절하지 않으며, '굴', '꿀'은 예사소리 'ㄱ'과 된소리 'ㄲ'의 차이에 따라 단어의 뜻이 구별되므로 (ㄴ)의 예시로 적절하지 않다.

③ '고성', '구성'은 첫째 음절의 'ㅗ'와 'ㅜ'의 차이에 따라 단어의 뜻이 구별되므로 (ㄱ)의 예시로 적절하다. 하지만 '날', '달'은 예사소리 'ㄴ'과 예사소리 'ㄷ'의 조음 방법 차이에 따라 단어의 뜻이 구별되므로 (ㄴ)의 예시로 적절하지 않다.

④ '고을', '가을'은 'ㅗ'와 'ㅏ'의 차이에 따라 단어의 뜻이 구별되므로 (ㄱ)의 예시로 적절하지 않다. 반면 '달', '탈'은 예사소리 'ㄷ'과 거센소리 'ㅌ'의 차이에 따라 단어의 뜻이 구별되므로 (ㄴ)의 예시로 적절하다.

⑤ '오리', '우리'는 'ㅗ'와 'ㅜ'의 차이에 따라 단어의 뜻이 구별되므로 (ㄱ)의 예시로 적절하다. 하지만 '쌀', '찰'은 된소리 'ㅆ'과 거센소리 'ㅊ'의 차이에 따라 단어의 뜻이 구별되므로 (ㄴ)의 예시로 적절하지 않다.

35. ②

정답 설명

'샅샅이'는 ⊙의 단계에서 첫 음절 '샅'의 받침 'ㅌ'이 대표음 [ㄷ]으로 발음되므로 음절의 끝소리 규칙이 적용되었음을 알 수 있다. ⓒ의 단계에서는 두 번째 음절의 '샅'의 초성 'ㅅ'이 앞에 오는 종성 'ㄷ'의 영향을 받아 된소리 [ㅆ]으로 발음되므로 된소리되기가 적용되었음을 알 수 있다. 또한 두 번째 음절의 '샅'의 종성 'ㅌ'이 'ㅣ'로 시작하는 형식 형태소(접미사) 앞에서 [ㅊ]으로 바뀌어 뒤 음절 첫소리로 옮겨 [삳싸치]로 발음되므로 구개음화가 적용되었음을 알 수 있다.

36. ②

정답 설명

[수집한 자료] 중 '살+느냐 → 사느냐'는 '1'과 마찬가지로 'ㄹ'로 끝나는 형태소 뒤에 'ㄴ'이 오는 경우 'ㄹ'이 탈락하는 예에 해당한다. 그러나 '칼+날 → 칼날[칼랄]'은 유음화에 의해 'ㄴ'이 'ㄹ'로 교체되는 것이므로 '1'의 예가 아닌, '2'의 예에 해당한다.

오답 설명

① [수집한 자료]의 '따님'과 '부나비'는 두 어근이 결합하여 새로운 단어를 형성하는 과정에서 'ㄹ'이 탈락되는 예에 해당하므로 '1'의 예시로 추가할 수 있다.

③ [수집한 자료]의 '논리'와 '훈련'은 'ㄴ'이 'ㄹ' 앞에 오는 경우에 나타나는 유음화의 예이며, '2'는 'ㄹ' 뒤에 'ㄴ'이 온 경우에 나타나는 유음화의 예이다. 따라서 [수집한 자료]는 '2'의 예로 추가할 수 있다.

④ '2'의 '핥는다'는 자음군 단순화에 의해 겹받침 'ㄾ' 중 'ㅌ'이 탈락한 후 'ㄹ'이 남아 유음화가 일어난 예이다([핥는다] → [할른다]). 한편 [수집한 자료] 중 '잃는다'는 겹받침 'ㅀ' 중 'ㅎ'이 탈락한 후 'ㄹ'이 남아 유음화가 일어났지만([잃는다] → [일른다]), '밟는다'는 겹받침 'ㄼ' 중 'ㄹ'이 탈락하여 유음화가 일어나지 않았다([밟:는다] → [밤:는다]). 따라서 [수집한 자료]는 'ㄹ'이 들어간 겹받침의 경우 탈락하는 자음에 따라 '2'의 적용 여부가 달라짐을 설명하는 자료로 활용할 수 있다.

⑤ [수집한 자료]의 '노인'과 '내일'은 두음 법칙(한자음 중 'ㄴ'이나 'ㄹ'이 단어 첫머리에 올 때 'ㄴ'이나 'ㄹ'로 적는 것을 피하고 'ㄴ'은 'ㅇ'으로, 'ㄹ'은 'ㅇ'이나 'ㄴ'으로 바꾸어 적는 법칙)이 적용된 예에 해당한다. 이는 '1'의 'ㄹ' 탈락이나 '2'의 유음화 어느 쪽에도 속하지 않으므로, 새로운 항목으로 설정하는 것이 적절하다.

37. ①

정답 설명

'고려[고려]'는 고유 명사이므로 @에 따라 첫 글자를 대문자로 적고, '려'의 초성 'ㄹ'은 모음 'ㅕ' 앞에 위치하므로 ⓒ에 따라 'r'로 적는다.

오답 설명

② '발해[발해]'에서 '발'의 초성 'ㅂ'은 모음 'ㅏ' 앞에 위치하므로 ⊙에 따라 'B'로 적고, 종성 'ㄹ'은 자음 'ㅎ' 앞에 위치하므로 ⓒ에 따라 'l'로 적는다.

③ '백제[백쩨]'에서 '백'의 초성 'ㅂ'은 모음 'ㅐ' 앞에 위치하므로 'B'로 적고, 종성 'ㄱ'은 자음 'ㅈ' 앞에 위치하므로 'k'로 적는다. 이는 모두 ⊙과 관련된 것이다.

④ '신라'는 유음화에 의해 [실라]로 발음되므로, ⓒ에 따라 'ㄹㄹ'을 'll'로 적는다.

⑤ '옥저'는 된소리되기에 의해 [옥쩌]로 발음되나, ⓒ에 따라 이를 표기에 반영하

지 않는다. 또한 고유 명사이므로 ㉣에 따라 첫 글자를 대문자로 적는다.

38. ④

정답 설명

제22항은 '-히-, -우-, -추-'와 같은 접미사와 결합된 용언의 어간을 '널피다, 도두다, 갖추다'와 같이 소리대로 적지 않고, 어간을 밝혀 '넓히다, 돋우다, 갖추다'로 적어야 한다는 조항이므로 ㉡(어법에 맞도록 함)의 원리가 반영된 것이다.

오답 설명

① 제6항은 '맏이, 같이, 닫히다'가 각각 [마지], [가치], [다치다]로 소리 나더라도 본모양을 밝혀 적어야 한다는 조항이므로 ㉠(소리대로 적되)이 아닌 ㉡의 원리가 반영된 것이다.
② 제9항은 '무늬, 희망'이 각각 [무니], [히망]으로 소리 나더라도 본모양을 밝혀 적어야 한다는 조항이므로 ㉠이 아닌 ㉡의 원리가 반영된 것이다.
③ 제18항은 '잇어, 잇으니'처럼 본모양을 밝혀 적는 것이 아니라 소리대로 '이어, 이으니'로 적어야 한다는 조항이므로 ㉡이 아닌 ㉠의 원리가 반영된 것이다.
⑤ 제28항은 '달달이, 딸님, 말소'처럼 본모양을 밝혀 적지 않고 'ㄹ' 소리가 나지 않는 대로 '다달이, 따님, 마소'로 적어야 한다는 조항이므로 ㉡이 아닌 ㉠의 원리가 반영된 것이다.

39. ③

정답 설명

'희다'에서 'ㅢ'는 자음을 첫소리로 가지고 있는 음절의 'ㅢ'이므로, '다만 3'에 따라 [히다]로만 발음해야 한다.

오답 설명

① '개폐식'에서 '개폐'는 [개폐]로 발음해야 하지만, '다만 2'에 따라 [개페]로 발음하는 것도 가능하다.
② '민무늬'에서 '무늬'의 'ㅢ'는 자음을 첫소리로 가지고 있는 음절의 'ㅢ'이므로, '다만 3'에 따라 [무니]로만 발음해야 한다.
④ '나의 집'에서 '나의'는 [나의]로 발음해야 하지만, 조사 '의'는 [ㅔ]로 발음함도 허용한다는 '다만 4'에 따라 [나에]로 발음하는 것도 가능하다.
⑤ '쩌서 먹다'에서 '쩌서'는 용언의 활용형에 나타나는 '쩌'이므로 '다만 1'에 따라 [쩌서]가 아닌, [쩌서]로만 발음해야 한다.

40. ①

정답 설명

'졸- + -는'은 활용 과정에서 자음 'ㄹ'이 탈락하였으므로 ㉠의 예로 적절하고, '크- + -어서'는 활용 과정에서 모음 'ㅡ'가 탈락하였으므로 ㉡의 예로 적절하다.

오답 설명

② '쌓- + -으니'와 '싫- + -은' 모두 활용 과정에서 자음 'ㅎ'이 탈락하였으므로 둘 다 ㉠의 예에 해당한다.
③ '크- + -어서'와 '기쁘- + -어서' 모두 활용 과정에서 모음 'ㅡ'가 탈락하였으므로 둘 다 ㉡의 예에 해당한다.
④ '기쁘- + -어서'는 활용 과정에서 모음 'ㅡ'가 탈락하였으므로 ㉠이 아닌 ㉡의 예에 해당하고, '쌓- + -으니'는 활용 과정에서 자음 'ㅎ'이 탈락하였으므로 ㉡이 아닌 ㉠의 예에 해당한다.

⑤ '싫- + -은'은 활용 과정에서 자음 'ㅎ'이 탈락하고, '졸- + -는'은 활용 과정에서 자음 'ㄹ'이 탈락하였으므로 둘 다 ㉠의 예에 해당한다.

41. ④

정답 설명

예사소리였던 것이 된소리로 바뀌는 현상은 된소리되기를 말한다. ㉤의 '몫도[목또]'와 '넓지[널찌]'는 모두 자음군 단순화와 된소리되기가 일어난 예이므로 된소리되기를 확인할 수 있다. 하지만 ㉢의 '많고[만ː코]'와 '앓지[알치]'는 예사소리인 'ㄱ'과 'ㅈ'이 'ㅎ'과 만나 각각 [ㅋ]과 [ㅊ]의 거센소리로 축약된 거센소리되기의 예이므로 된소리되기를 ㉢과 ㉤의 공통된 음운 변동 규칙이라고 할 수 없다.

오답 설명

① 음절 끝에서 발음되는 자음이 제한되는 현상으로는 음절의 끝소리 규칙과 자음군 단순화가 있다. ㉠의 '낮익히다 〉 [난닉히다](음절의 끝소리 규칙, 'ㄴ' 첨가) 〉 [난니키대](비음화, 거센소리되기)', '굿하다 〉 [굳하다](음절의 끝소리 규칙) 〉 [구타대](거센소리되기)'에서는 음절 끝에서 발음되는 자음이 제한되는 현상인 음절의 끝소리 규칙이 일어난다. 한편, ㉡의 '낚는 〉 [낙는](음절의 끝소리 규칙) 〉 [낭는](비음화)', '있는 〉 [읻는](음절의 끝소리 규칙) 〉 [인는](비음화)'에서도 음절의 끝소리 규칙이 일어남을 확인할 수 있다.
② ㉠의 '낮익히다 〉 [난닉히대](음절의 끝소리 규칙, 'ㄴ' 첨가) 〉 [난니키대](비음화, 거센소리되기)', '굿하다 〉 [굳하대](음절의 끝소리 규칙) 〉 [구타대](거센소리되기)'에서는 'ㅎ'과 다른 음운이 결합하여 한 음운으로 축약되는 현상인 거센소리되기가 일어난다. 한편, ㉢의 '많고 〉 [만ː코]', '앓지 〉 [알치]'에서도 거센소리되기가 일어남을 확인할 수 있다.
③ ㉡의 '낚는 〉 [낙는](음절의 끝소리 규칙) 〉 [낭는](비음화)'에서는 파열음 'ㄱ'이 비음 'ㄴ'의 영향을 받아 비음인 'ㅇ'으로 바뀌는 동화 현상을 확인할 수 있고, '있는 〉 [읻는](음절의 끝소리 규칙) 〉 [인는](비음화)'에서는 파열음 'ㄷ'이 비음 'ㄴ'의 영향을 받아 동일한 비음인 'ㄴ'으로 바뀌는 동화 현상을 확인할 수 있다. 한편, ㉣의 '닭만 〉 [닥만](자음군 단순화) 〉 [당만](비음화)'에서는 파열음 'ㄱ'이 비음 'ㅁ'의 영향을 받아 비음인 'ㅇ'으로 바뀌는 동화 현상을 확인할 수 있고, '값나가는 〉 [갑나가는](자음군 단순화) 〉 [감나가는](비음화)'에서는 파열음 'ㅂ'이 비음 'ㄴ'의 영향을 받아 비음인 'ㅁ'으로 바뀌는 동화 현상을 확인할 수 있다.
⑤ ㉣의 '닭만 〉 [닥만](자음군 단순화) 〉 [당만](비음화)', '값나가는 〉 [갑나가는](자음군 단순화) 〉 [감나가는](비음화)'에서는 받침 자음 중의 일부가 탈락하는 현상인 자음군 단순화가 일어난다. 한편, ㉤의 '몫도 〉 [목도](자음군 단순화) 〉 [목또](된소리되기)', '넓지 〉 [넓찌](된소리되기) 〉 [널찌](자음군 단순화)'에서도 자음군 단순화가 일어남을 확인할 수 있다.

42. ④

정답 설명

'흙냄새 〉 [흑냄새]'에서는 겹받침 'ㄺ' 중 'ㄹ'이 탈락하는 자음군 단순화(㉢)가 발생하며, '[흑냄새] 〉 [흥냄새]'에서는 'ㄱ'이 'ㅇ'으로 교체되는 비음화(㉠)가 발생한다.

오답 설명

① '겉모습 〉 [걷모습]'에서는 'ㅌ'이 'ㄷ'으로 교체되는 음절의 끝소리 규칙(㉠)이 발생하며, '[걷모습] 〉 [건모습]'에서는 'ㄷ'이 'ㄴ'으로 교체되는 비음화(㉠)가 발생한다.

② '탓하다 〉 [탇하다]'에서는 'ㅅ'이 'ㄷ'으로 교체되는 음절의 끝소리 규칙(㉠)이 발생하며, '[탇하다] 〉 [타타다]'에서는 'ㄷ'과 'ㅎ'이 만나 'ㅌ'으로 축약되는 거센소리되기(㉣)가 발생한다.

③ '색연필 〉 [색년필]'에서는 'ㄴ'이 첨가되는 'ㄴ' 첨가(㉡)가 발생하며, '[색년필] 〉 [생년필]'에서는 'ㄱ'이 'ㅇ'으로 교체되는 비음화(㉢)가 발생한다.

⑤ '값하다 〉 [갑하다]'에서는 겹받침 'ㅄ' 중 'ㅅ'이 탈락하는 자음군 단순화(㉢)가 발생하며, '[갑하다] 〉 [가파다]'에서는 'ㅂ'과 'ㅎ'이 만나 'ㅍ'으로 축약되는 거센소리되기(㉣)가 발생한다.

43. ④

정답 설명

'ㅓ'에서 'ㅡ'로 발음을 바꾸려면 입술을 동그랗게 오므리지 않고 혀의 최고점 위치가 뒤쪽인 상태를 그대로 유지한 채, 중모음에서 고모음으로 혀의 높낮이만 높여야 한다.

오답 설명

① 고모음 'ㅣ'에서 저모음 'ㅐ'로 바꾸는 것이므로 혀의 높이를 낮추면 된다. 혀의 높이가 낮아질수록, 입은 크게 벌어진다.

② 'ㅟ'와 'ㅜ' 두 모음의 차이점은 혀의 최고점의 앞뒤 위치이다. 'ㅟ'가 전설 모음이고 'ㅜ'가 후설 모음이므로 혀의 최고점을 뒤쪽으로 옮기면 된다.

③ 'ㅓ'와 'ㅔ' 두 모음의 차이는 혀의 최고점의 앞뒤 위치이다. 'ㅓ'가 후설 모음이고 'ㅔ'가 전설 모음이므로 혀의 최고점을 앞쪽으로 옮기면 된다.

⑤ 'ㅜ'에서 'ㅗ'로 발음을 바꾸려면 입술을 동그랗게 오므린 상태와 혀의 최고점 위치가 뒤쪽인 상태를 그대로 유지한 채, 고모음에서 중모음으로 혀의 높이를 낮추어 입이 더 벌어지도록 조절하면 된다.

44. ①

정답 설명

'흙을'과 '밖을'을 발음할 때 연음이 일어난다고 하였으므로, 각각 [흘글]과 [바끌]로 발음해야 한다. 한편 겹받침은 두 개의 자음이고, 쌍받침(=된소리)은 하나의 자음이다. 따라서 '흙[흑]'은 두 개의 음운 중 'ㄹ'이 탈락한 것이고, '밖[박]'은 'ㄲ'에서 'ㄱ'으로 음운이 교체된 것임을 알 수 있다.

45. ③

정답 설명

'멈추다'의 어간 '멈추-'는 2음절로, 단음절 어간이 아니다. 따라서 '제6항의 [붙임]'에 해당하지 않으므로 '멈추어'의 축약형 '멈춰'의 '춰'는 긴소리로 발음하지 않는다.

오답 설명

① '제6항'에 따르면 단어의 첫음절에서만 긴소리가 나타나므로, '함박눈'의 세 번째 음절인 '눈'은 짧게 발음해야 한다.

② '제6항'에 따르면 '밤나무[밤:나무]'의 '밤'은 단어의 첫음절이므로 긴소리가 나타나지만, '군밤'의 '밤'은 단어의 첫음절이 아니므로 짧게 발음해야 한다.

④ 단음절인 용언의 어간 '신-'에 모음으로 시작된 어미 '-으니', '-어'가 결합하고 있으므로 첫음절은 '제7항 1'에 따라 짧게 발음해야 한다.

⑤ '안다[안:따]'의 어간 '안-'에 피동의 접미사 '-기-'가 결합한 피동사 '안기다'의 첫음절은 '제7항 2'에 따라 짧게 발음해야 한다.

46. ③

정답 설명

㉠은 음운의 첨가('ㄴ' 첨가), ㉡은 음운의 교체(비음화)이다. 그러나 '식용유 〉 [시공뉴]('ㄴ' 첨가)'에서는 ㉠만 일어나고 있으며 ㉡의 음운 변동은 일어나지 않는다.

오답 설명

① '물엿 〉 [물녇]('ㄴ' 첨가, 음절의 끝소리 규칙) 〉 [물렫](유음화)'는 ㉠과 ㉡ 모두 나타나고 있다.

② '홑이불 〉 [혼니불]('ㄴ' 첨가, 음절의 끝소리 규칙) 〉 [혼니불](비음화)'는 ㉠과 ㉡ 모두 나타나고 있다.

④ '솔잎 〉 [솔닙]('ㄴ' 첨가, 음절의 끝소리 규칙) 〉 [솔립](유음화)'는 ㉠과 ㉡ 모두 나타나고 있다.

⑤ '영업용 〉 [영업뇽]('ㄴ' 첨가) 〉 [영엄뇽](비음화)'는 ㉠과 ㉡ 모두 나타나고 있다.

47. ④

정답 설명

㉠은 비음화만 일어난 경우, ㉡은 음절의 끝소리 규칙과 비음화가 일어난 경우, ㉢은 자음군 단순화와 비음화가 일어난 경우를 말한다. '먹는[멍는]'은 'ㄴ' 앞에서 'ㄱ'이 'ㅇ'으로 교체되는 비음화만 일어난 예로, ㉠에 해당한다. 한편, '깎는[깡는]'은 '깎는 〉 [깍는](음절의 끝소리 규칙) 〉 [깡는](비음화)'의 과정을 거치므로 ㉡에 해당한다. '읽는[잉는]'은 '읽는 〉 [익는](자음군 단순화) 〉 [잉는](비음화)'의 과정을 거치므로 ㉢에 해당한다.

오답 설명

① '젓는[전:는]'은 '젓는 〉 [젇는](음절의 끝소리 규칙) 〉 [전는](비음화)'의 과정을 거치므로 ㉡에 해당한다. 또한 '쫓는[쫀는]'은 '쫓는 〉 [쫃는](음절의 끝소리 규칙) 〉 [쫀는](비음화)'의 과정을 거치므로 ㉡에 해당한다. 한편, '긁는[긍는]'은 '긁는 〉 [극는](자음군 단순화) 〉 [긍는](비음화)'을 거치므로 ㉢에 해당한다.

② '잡는[잠는]'은 'ㄴ' 앞에서 'ㅂ'이 'ㅁ'으로 교체되는 비음화만 일어나는 예로 ㉠에 해당한다. 한편, '맞는[만는]'은 '맞는 〉 [맏는](음절의 끝소리 규칙) 〉 [만는](비음화)'의 과정을 거치므로 ㉡에 해당한다. 또한 '있는[인는]'은 '있는 〉 [읻는](음절의 끝소리 규칙) 〉 [인는](비음화)'의 과정을 거치므로 ㉡에 해당한다.

③ '뽑는[뽐는]'은 'ㄴ' 앞에서 'ㅂ'이 'ㅁ'으로 교체되는 비음화만 일어나는 예로 ㉠에 해당한다. 또한 '굳는[군는]'은 'ㄴ' 앞에서 'ㄷ'이 'ㄴ'으로 교체되는 비음화만 일어나는 예로 ㉠에 해당한다. 한편, '낚는[낭는]'은 '낚는 〉 [낙는](음절의 끝소리 규칙) 〉 [낭는](비음화)'의 과정을 거치므로 ㉡에 해당한다.

⑤ '긋는[근:는]'은 '긋는 〉 [귿는](음절의 끝소리 규칙) 〉 [근는](비음화)'의 과정을 거치므로 ㉡에 해당한다. 또한 '꽂는[꼰는]'은 '꽂는 〉 [꼳는](음절의 끝소리 규칙) 〉 [꼰는](비음화)'의 과정을 거치므로 ㉡에 해당한다. 한편, '없는[엄:는]'은 '없는 〉 [업는](자음군 단순화) 〉 [엄는](비음화)'의 과정을 거치므로 ㉢에 해당한다.

48. ⑤

정답 설명

'넓적하다'는 자음군 단순화와 된소리되기, 거센소리되기의 음운 변동이 나타나 [넙쩌카다]로 발음된다. 음운 변동이 일어나기 전의 음운의 수는 11개(ㄴ, ㅓ, ㄹ, ㅂ, ㅈ, ㅓ, ㄱ, ㅎ, ㅏ, ㄷ, ㅏ)이고, 음운 변동 후의 음운의 수는 9개(ㄴ, ㅓ,

ㅂ, ㅉ, ㅓ, ㅋ, ㅏ, ㄷ, ㅏ)로 음운의 수가 줄어들었음을 알 수 있다. 반면에 '삯일'은 자음군 단순화와 'ㄴ' 첨가, 비음화의 음운 변동이 나타나 [상닐]로 발음된다. 이때 음운 변동이 일어나기 전의 음운의 수는 6개(ㅅ, ㅏ, ㄱ, ㅅ, ㅣ, ㄹ)이고, 음운 변동 후의 음운의 수도 동일하게 6개(ㅅ, ㅏ, ㅇ, ㄴ, ㅣ, ㄹ)이므로 음운의 수가 줄어들지 않았음을 알 수 있다.

오답 설명

① '넓적하다'는 'ㄱ'과 'ㅎ'이 합쳐져 'ㅋ'이 되는 축약 현상이 일어나지만, '삯일'에서는 축약 현상이 일어나지 않는다.
② '삯일'에서는 'ㄴ' 첨가 현상이 일어나지만 '넓적하다'는 음운의 첨가 현상이 일어나지 않는다.
③ '넓적하다'는 'ㄹ'이, '삯일'은 'ㅅ'이 탈락한다.
④ '넓적하다'는 음운의 탈락, 교체, 축약이 일어나고, '삯일'은 음운의 탈락, 첨가, 교체가 일어난다.

49. ④

정답 설명

'놓다'는 거센소리되기가 일어나 [노타]로 발음된다. 이때 '놓다[노타]'는 용언의 어간과 어미 사이에서 일어난 거센소리되기이므로 ㉣에 따라 변화의 결과를 반영하여 'nota'로 표기해야 한다.

오답 설명

① '국민'은 비음화가 일어나 [궁민]으로 발음되므로 ㉠에 따라 'gungmin'으로 표기해야 한다.
② '한여름'은 'ㄴ' 첨가가 일어나 [한녀름]으로 발음되므로 ㉡에 따라 'hannyeoreum'으로 표기해야 한다.
③ '같이'는 구개음화가 일어나 [가치]로 발음하므로, ㉢에 따라 'gachi'로 표기해야 한다.
⑤ '압정'은 된소리되기가 일어나 [압쩡]으로 발음하지만, ㉤에 따라 이를 반영하지 않은 'apjeong'으로 표기해야 한다.

50. ②

정답 설명

'끝을'의 첫째 음절의 받침 자음 'ㅌ'은 ㉠에 해당되지만, 조사(형식 형태소) '을'은 'ㅣ'나 반모음 'ㅣ'로 시작하는 음운이 아니므로 ㉡에 해당되지 않기 때문에 구개음화가 일어나지 않는다.

오답 설명

① '솥이'의 첫째 음절의 받침 자음 'ㅌ'은 ㉠에 해당되고, '이'는 조사(형식 형태소)이므로 ㉡에 해당한다. 따라서 '솥이'는 구개음화가 일어나 [소치]로 발음된다.
③ '굳히다'는 자음 'ㄷ' 뒤에 사동 접미사(형식 형태소) '-히-'가 결합한 것이므로, ㉢이 일어나 구개음화가 나타난다.
④ '홑이불'의 첫째 음절의 받침 자음 'ㅌ'은 ㉠에 해당되지만, '이불'의 '이'는 실질 형태소로 ㉡에 해당되지 않으므로 구개음화가 일어나지 않는다.
⑤ '굳어'의 첫째 음절의 받침 자음 'ㄷ'은 ㉠에 해당되지만, 어미(형식 형태소) '-어'는 ㉡에 해당되지 않기 때문에 구개음화가 일어나지 않는다.

51. ③

정답 설명

'형은 어머니의 품에 안긴 동생을 바라보며 웃었다.'의 '안긴'은 피동 표현으로, '안다'의 어간 '안-'에 피동 접미사 '-기-'가 결합된 것이다. 〈보기〉의 '제24항 다만'에서, "피동, 사동의 접미사 '-기-'는 된소리로 발음하지 않는다."라고 하였으므로 '안긴'은 [안낀]이 아니라 [안긴]으로 발음해야 한다.

오답 설명

① '국밥은 〈보기〉의 제23항에 따라 된소리되기가 일어나 [국빱]으로 발음된다.
② '더듬지'는 〈보기〉의 제24항에 따라 된소리되기가 일어나 [더듬찌]로 발음된다.
④ '일시(一時)'는 〈보기〉의 제26항에 따라 된소리되기가 일어나 [일씨]로 발음된다.
⑤ '그만둘 것'은 〈보기〉의 제27항에 따라 된소리되기가 일어나 [그만둘껃]으로 발음된다.

52. ⑤

정답 설명

㉡의 '읽고 〉 [읽꼬](된소리되기) 〉 [일꼬](자음군 단순화)', '넓다 〉 [넓따](된소리되기) 〉 [널따](자음군 단순화)'에서는 자음군 단순화로 인해 음운이 탈락함을 확인할 수 있다. 반면, ㉢의 '물약 〉 [물냑]('ㄴ' 첨가) 〉 [물략](유음화), '할 일 〉 [할닐]('ㄴ' 첨가) 〉 [할릴](유음화)'에서는 음운의 첨가와 교체만 일어날 뿐 음운이 탈락하지 않으므로 적절하지 않다.

오답 설명

① 'ㄷ, ㅌ'으로 끝나는 말 뒤에 '이'가 아닌 '-히-'가 결합될 때에도 구개음화가 일어난다. 이 경우 먼저 'ㄷ'과 'ㅎ'이 [ㅌ]으로 축약되는데, 이는 'ㅌ' 뒤에 'ㅣ'가 결합하는 것과 비슷하기에 구개음화가 적용되어 [ㅊ]이 된다. ㉠의 '굳히다 〉 [구티다](거센소리되기) 〉 [구치다](구개음화), '묻히다 〉 [무티다](거센소리되기) 〉 [무치다](구개음화)'에서는 모두 구개음화가 일어남을 알 수 있다.
② ㉡의 '읽고 〉 [읽꼬](된소리되기) 〉 [일꼬](자음군 단순화)', '넓다 〉 [넓따](된소리되기) 〉 [널따](자음군 단순화)'에서는 모두 된소리되기와 자음군 단순화가 일어남을 확인할 수 있다.
③ ㉢의 '물약 〉 [물냑]('ㄴ' 첨가) 〉 [물략](유음화)', '할 일 〉 [할닐]('ㄴ' 첨가) 〉 [할릴](유음화)'에서는 모두 'ㄴ' 첨가가 일어난 후에 유음화가 일어남을 확인할 수 있다.
④ ㉠의 '굳히다 〉 [구티다](거센소리되기) 〉 [구치다](구개음화), '묻히다 〉 [무티다](거센소리되기) 〉 [무치다](구개음화)'에서는 거센소리되기로 인해 자음의 수가 한 개 줄어듦을 알 수 있다. 또한 ㉡의 '읽고 〉 [읽꼬](된소리되기) 〉 [일꼬](자음군 단순화)', '넓다 〉 [넓따](된소리되기) 〉 [널따](자음군 단순화)'에서는 자음군 단순화에 의해 자음의 수가 한 개 줄어듦을 확인할 수 있으므로 적절하다.

53. ④

정답 설명

㉠에는 음절의 끝소리 규칙, 된소리되기가 적용되었고, ㉡과 ㉢에는 자음군 단순화, 된소리되기가 적용되었다. 따라서 ㉠~㉢에 공통적으로 적용된 음운 변동은 된소리되기이다. 된소리되기는 예사소리가 된소리로 바뀌는 교체에 해당하며 첨가로 볼 수는 없으므로 선지의 설명은 적절하지 않다.

05 | 음운 변동과 발음 규정

오답 설명

① 된소리되기는 예사소리를 된소리로 바꾸어 주는 현상이므로 적절하다.

② 된소리되기는 음절의 초성에 놓인 예사소리에 적용되므로 적절하다.

③ 된소리되기는 예사소리의 조음 위치에 영향을 주지 않으므로 적절하다.

⑤ ㄱ~ㄷ의 된소리되기는 예사소리 앞에 'ㅂ(ㅍ), ㄷ(ㅅ, ㅆ, ㅈ, ㅊ, ㅌ), ㄱ(ㄲ, ㅋ)'이 올 때 혹은 어간 받침 'ㄾ' 뒤에서 일어나므로 인접한 자음의 종류가 음운 변동의 조건이 됨을 알 수 있다.

54. ⑤

정답 설명

'나무 + 잎', '깨 + 잎'의 결합을 통해 만들어진 합성어 '나뭇잎'과 '깻잎'은 '제30항 3'에 의해 각각 [나문닙], [깬닙]으로 발음된다. 즉, 'ㄴㄴ' 음이 첨가된 것인데, 이러한 음의 첨가를 표시하는 것이 사이시옷이다. 이때, 사이시옷(ㅅ)은 소리가 첨가되었다는 것을 표시하고 있을 뿐 실제 발음되는 소리(ㄴㄴ)와는 다르므로 선지의 설명은 적절하지 않다.

오답 설명

① '송곳 + 이'와 '덧- + 이'의 결합을 통해 만들어진 합성어 '송곳니'와 파생어 '덧니'는 제29항에 의해 'ㄴ' 음이 첨가되어 [송ː곤니], [던니]로 발음된다. 이때, '송곳니'와 '덧니'는 단어 형성 과정에서 'ㄴ' 음의 첨가가 표기에 반영되었음을 알 수 있다. 반면, '막일'은 '제29항'에 의해 'ㄴ' 음이 첨가되어 [망닐]로 발음되지만 표기에는 반영되지 않았으므로 선지의 설명은 적절하다.

② '물 + 약'의 결합을 통해 만들어진 합성어 '물약'은 '제29항'에 의해 'ㄴ' 음이 첨가되어 [물냑]이 된다. 이때 [물냑]은 '제29항 [붙임 1]'에 의해 유음화가 일어나 최종적으로 [물략]으로 발음된다.

③ 'ㄷ, ㅂ'으로 시작하는 단어 앞에 사이시옷이 오는 '빨랫돌', '깃발'은 '제30항 1'의 적용을 받아 발음된다. 뒤의 자음만을 된소리로 발음한다는 규정에 따라, [빨래똘], [기빨]로 발음하는 것이 원칙이며 [빨랟똘], [긷빨]과 같이 발음하는 것도 허용됨을 알 수 있다.

④ '콧날'과 '혼잣말'은 사이시옷 뒤에 각각 'ㄴ'과 'ㅁ'이 결합되는 단어들로, '제30항 2'에 의해 사이시옷이 [ㄴ]으로 발음되어 [콘날], [혼잔말]로 발음된다.

55. ⑤

정답 설명

제11항에 따라, '흙과'에서 겹받침 'ㄺ'은 자음 'ㄱ' 앞에서 [ㄱ]으로 발음하고, '과'의 초성 'ㄱ'은 제23항에 따라 된소리로 바뀌어 [ㄲ]으로 발음해야 하므로 '흙과'는 [흑꽈]로 발음해야 한다. 참고로, '제11항 다만'에서 용언의 어간 말음 'ㄺ'은 'ㄱ' 앞에서 [ㄹ]로 발음한다고 했는데, '흙'은 용언이 아니라 체언(명사)이므로 해당하지 않는다.

오답 설명

① '닭다'는 제9항에 따라 종성 'ㄲ'은 자음 'ㄷ' 앞에서 대표음 [ㄱ]으로 바뀌어 발음되고, '다'의 초성 'ㄷ'은 제23항에 따라 된소리 [ㄸ]으로 바뀌어 최종적으로 [닥따]로 발음한다.

② '꽃길'은 제9항에 따라 종성 'ㅊ'은 자음 'ㄱ' 앞에서 대표음 [ㄷ]으로 바뀌어 발음되고, '길'의 초성 'ㄱ'은 제23항에 따라 된소리 [ㄲ]으로 바뀌어 최종적으로 [꼳낄]로 발음한다.

③ '없다'는 제10항에 따라 겹받침 'ㅄ'은 자음 'ㄷ' 앞에서 대표음 [ㅂ]으로 발음

하고, '다'의 초성 'ㄷ'은 제23항에 따라 된소리 [ㄸ]으로 바뀌어 최종적으로 [업ː때]로 발음한다.

④ '읊고'는 제11항에 따라 겹받침 'ㄿ'은 자음 'ㄱ' 앞에서 대표음 [ㅂ]으로 발음하고, '고'의 초성 'ㄱ'은 제23항에 따라 된소리 [ㄲ]으로 바뀌어 [읍꼬]로 발음한다.

56. ①

정답 설명

'맨입'은 접두사 '맨-'과 명사 '입'이 결합되어 만들어진 파생어이다. 접두사 '맨-'의 끝이 자음인 'ㄴ'이고 이와 결합되는 뒤 단어 '입'의 첫음절이 '이'이므로, ㄱ의 음운 변동이 일어나 '맨입'은 'ㄴ' 음이 첨가된 [맨닙]으로 발음한다.

오답 설명

② '침략[침ː냑]'은 비음화(비음이 아닌 자음이 비음의 영향으로 비음인 'ㄴ, ㅁ, ㅇ'으로 바뀌는 현상)가 나타나 음운의 교체가 일어나므로, ㄱ의 사례로 적절하지 않다.

③ '놓다[노타]'는 'ㅎ' 뒤에 'ㄷ'이 결합되는 경우로 뒤 음절 첫소리와 합쳐서 [ㅌ]으로 발음되므로 ㄴ의 사례는 맞지만, 이는 탈락이 아니라 축약에 해당한다.

④ '닭[닥]'은 겹받침 'ㄺ'이 어말에서 [ㄱ]으로 발음되므로 ㄷ의 사례는 맞지만, 이는 교체가 아니라 탈락에 해당한다.

⑤ '참삶[참삼]'은 겹받침 'ㄻ'이 어말에서 [ㅁ]으로 발음되므로 ㄷ의 사례는 맞지만, 이는 축약이 아니라 탈락에 해당한다.

57. ③

정답 설명

'밭+도'는 '밭도 〉 [받도](음절의 끝소리 규칙) 〉 [받또](된소리되기)'의 과정을 거쳐 발음된다.

오답 설명

① '밭+이'는 [바치]로 발음되는데, 받침 'ㅌ'이 형식 형태소(조사) 모음 'ㅣ'와 결합하여 [ㅊ]으로 교체된 구개음화가 적용된 것이다.

② '밭+은[바튼]'은 연음이 일어났을 뿐, 음운의 변동은 일어나지 않았다. 연음은 앞 음절의 종성이 뒤 음절의 초성으로 옮겨 발음되는 현상인데, 음운 변동에 해당하지는 않으므로 '발음이 달라지는 경우'가 아니다.

④ '밭+만'은 '밭만 〉 [받만](음절의 끝소리 규칙) 〉 [반만](비음화)'의 과정을 거쳐 발음되므로, 된소리되기는 적용되지 않았다.

⑤ '밭+에[바테]'은 연음이 일어났을 뿐, 음운의 변동은 일어나지 않았다.

58. ③

정답 설명

'둥그니'의 기본형은 '둥글다'로 어간 '둥글-'이 어미 '-니'와 결합하는 과정에서 어간의 음운 'ㄹ'이 탈락한 것이다.

오답 설명

① '따님'은 어근 '딸'과 접사 '-님'이 결합된 파생어로, 파생의 과정에서 어근 '딸'의 음운 'ㄹ'이 탈락한 것이다.

② '소나무'는 어근 '솔'과 어근 '나무'가 결합된 합성어로, 합성의 과정에서 어근 '솔'의 음운 'ㄹ'이 탈락하고 이러한 결과가 표기에 반영되었다.

④ '좋아'는 [조아]로 발음되어 음운 'ㅎ'이 탈락하지만, 표기는 '좋아'로 음운 변동의 결과가 반영되지 않았음을 알 수 있다.

⑤ '꺼'는 '끄다'의 어간 '끄-'가 어미 '-어'와 결합하면서 어간의 음운 'ㅡ'가 탈락한 것이다.

59. ③

정답 설명

[제12항] ㉢의 [붙임]에 따르면, 'ㄶ, ㅀ' 뒤에 'ㄴ'이 결합되는 경우에는 'ㅎ'은 발음되지 않으므로 '끓는'은 [끌는]이 된다. 그리고 [제20항]에 의해 유음화가 일어나 최종적으로 [끌른]으로 발음하므로 선지의 설명은 적절하지 않다.

오답 설명

① '놓고'는 'ㅎ' 뒤에 'ㄱ'이 결합되었으므로, [제12항]의 ㉠에 따라 [노코]로 발음된다.

② '많소'는 'ㄶ' 뒤에 'ㅅ'이 결합되었으므로, [제12항]의 ㉡에 따라 [만:쏘]로 발음된다.

④ '쌓네'는 'ㅎ' 뒤에 'ㄴ'이 결합되었으므로, [제12항]의 ㉢에 따라 [싼네]로 발음된다.

⑤ '낳은'은 'ㅎ' 뒤에 모음으로 시작하는 어미 '-은'이 결합되었으므로 [제12항]의 ㉣에 따라 [나은]으로 발음된다.

60. ②

정답 설명

㉮(음절의 끝소리 규칙)은 음절 종성에서 대표음 'ㄱ, ㄴ, ㄷ, ㄹ, ㅁ, ㅂ, ㅇ'만 발음되고, 그 외의 자음은 대표음으로 교체되어 발음되는 음운 변동을 말한다. 음절의 끝소리 규칙은 어말이나 자음 앞 혹은 모음으로 시작하는 실질 형태소 앞에서 일어나는데, '무릎이'에서의 'ㅍ'은 모음으로 시작하는 형식 형태소(조사) 앞에 놓여 이 규칙이 적용되지 않고 연음되어 [무르피]로 발음되므로 적절하지 않다.

오답 설명

① '밖[박]'의 받침 'ㄲ'은 ㉮에 의해 'ㄱ'으로 교체되어 발음된다.

③ '여덟[여덜]'의 겹받침 'ㄼ'은 ㉯(자음군 단순화)에 의해 'ㅂ'이 탈락되어 'ㄹ'만 발음된다.

④ '젊다[점따]'의 겹받침 'ㄻ'은 ㉯에 의해 'ㄹ'이 탈락되어 'ㅁ'으로 발음된다.

⑤ '읊다[읍따]'의 겹받침 'ㄿ'은 ㉯에 의해 'ㄹ'이 탈락되고, 남은 'ㅍ'은 ㉮에 의해 'ㅂ'으로 교체되어 발음된다.

61. ⑤

정답 설명

〈보기〉는 음운 변동 중 구개음화에 대한 설명이다. '겉치레'는 구개음화가 아니라 음절의 끝소리 규칙에 의해 종성 'ㅌ'이 대표음 [ㄷ]으로 교체되어 [걷치레]로 발음된다.

오답 설명

① '닫히다'는 거센소리되기가 일어나 'ㄷ + ㅎ 〉 ㅌ'으로 축약되어 [다티다]가 된 후, 구개음화가 일어나 'ㅌ 〉 ㅊ'으로 교체되어 [다치다]로 발음된다.

② '낱낱이'는 음절의 끝소리 규칙에 따라 [낟:낱이]가 되고, 이어 비음화와 구개음화가 일어나 [난:나치]로 발음된다.

③ '땀받이'는 구개음화가 일어나 'ㄷ 〉 ㅈ'으로 교체되어 [땀바지]로 발음된다.

④ '벼훑이'는 구개음화가 일어나 'ㅌ 〉 ㅊ'으로 교체되어 [벼훌치]로 발음된다.

62. ④

정답 설명

'잃- + -지'는 'ㅎ'과 'ㅈ'이 [ㅊ]으로 축약되는 거센소리되기에 의해 [일치]로 발음된다. 즉, '잃- + -지'는 자음이 축약되는 음운 변동이 나타나지만 ㉠과 ㉡에서는 자음이 축약되는 음운 변동이 나타나지 않으므로 적절하지 않다.

오답 설명

① ㉠의 '굳- + -이'가 [구디]가 아닌 [구지]로 발음되는 것은 구개음화에 의해 치조음(ㄷ, ㅌ)이 경구개음(ㅈ, ㅊ)으로 조음 위치가 바뀌었기 때문이다. '같- + -이'가 [가치]로 발음되는 과정에서도 구개음화가 일어난다.

② ㉡의 '값 + 도가 [갑또]로 발음되는 과정에서 음절 끝에 놓인 겹받침 'ㅄ' 중 'ㅅ'이 탈락하여 [ㅂ]으로 발음되는 자음군 단순화가 일어난다. 이는 음절 끝에서 둘 이상의 자음이 발음되는 것이 허용되지 않기 때문이다. '앉- + -는'이 [안는]으로 발음되는 과정에서도 겹받침 'ㄵ' 중 'ㅈ'이 탈락하여 'ㄴ'으로 발음되는 자음군 단순화가 일어난다.

③ ㉢의 '팥 + 밥 → [팓빱]'은 음절 끝에서 발음되는 자음이 'ㄱ, ㄴ, ㄷ, ㄹ, ㅁ, ㅂ, ㅇ'으로 제한되는 음절의 끝소리 규칙이 적용되어 '팥'의 종성 'ㅌ'이 [ㄷ]으로 교체되는 음운 변동이 일어난다. 한편, '닦- + -지'가 [닥찌]로 발음되는 과정에서도 음절의 끝소리 규칙에 의해 종성 'ㄲ'이 [ㄱ]으로 바뀌는 음운 변동이 일어난다. 따라서 ㉢과 '닦- + -지' 모두 음절 끝에서 발음되는 자음이 7개로 제한되기 때문에 일어난 음운 변동이 있음을 알 수 있다.

⑤ ㉡의 '값 + 도가 [갑또]가 되는 과정과 ㉢의 '팥 + 밥'이 [팓빱]이 되는 과정에서는 예사소리 'ㄷ'과 'ㅂ'이 각각 된소리 [ㄸ]과 [ㅃ]으로 바뀌는 된소리되기가 일어난다. '덮- + -지'가 [덥찌]로 발음되는 과정에서도 예사소리 'ㅈ'이 된소리 [ㅉ]으로 바뀌는 된소리되기가 일어난다.

63. ②

정답 설명

㉠ 'ㄱ, ㄴ, ㄷ, ㄹ, ㅁ, ㅂ, ㅇ' 이외의 받침이 모음으로 시작하는 실질 형태소와 결합한 예를 〈보기〉에서 찾으면, '팥알[파달]'과 '밑알[미달]'이 있다. 모두 받침 자음 'ㅌ'이 대표음 [ㄷ]으로 교체된 후 뒤 음절 초성으로 옮겨 발음됨을 확인할 수 있다.

㉡ 'ㄱ, ㄴ, ㄷ, ㄹ, ㅁ, ㅂ, ㅇ' 이외의 받침이 모음으로 시작하는 형식 형태소와 결합한 예를 〈보기〉에서 찾으면, '옷이[오시]', '팥알이[파다리]', '팥죽이[팓쭈기]', '밑알을[미다를]', '암탉의[암탈게]'가 있다. 이를 살펴보면, 받침이 교체되지 않고 그대로 뒤 음절 초성으로 옮겨 발음됨을 확인할 수 있다.

64. ⑤

정답 설명

'핥아'는 〈보기〉의 (가)~(다) 중 어느 것에도 속하지 않는다. 겹받침 'ㄾ' 뒤에 모음으로 시작되는 형식 형태소 '-아'가 쓰였으므로, 받침 자음 중 뒤엣것이 연음(받침이 다음 음절 초성으로 옮겨 발음되는 현상)되어 [할타]로 발음된다.

오답 설명

① '낯과'는 음절의 끝소리 규칙(ㅈ 〉 ㄷ)에 따라 [낟과]가 된 후 (가)에 따라 [낟

꽤로 발음된다.

② '젊지'는 자음군 단순화가 일어나 [점:지]가 된 후 (나)에 따라 [점:찌]로 발음된다.

③ '볼 수'는 용언의 관형형 '볼' 뒤에 예사소리 'ㅅ'이 왔으므로, (다)에 따라 [볼 쒸]로 발음된다.

④ '부엌도'는 음절의 끝소리 규칙(ㅋ 〉ㄱ)에 따라 [부억도]가 된 후 (가)에 따라 [부억또]로 발음된다.

65. ⑤

정답 설명

'맏+형'이 [마텽]으로 발음되는 이유는 'ㄷ'과 'ㅎ'이 만나 [ㅌ]으로 축약되는 거센소리되기가 일어났기 때문이다. 이는 동화에 해당하지 않는다.

오답 설명

① '설+날'의 'ㄴ'은 인접한 음운인 'ㄹ'의 영향으로 동일한 음운인 [ㄹ]로 동화(유음화)되어 [설:랄]로 발음한다.

② '겹+말'의 'ㅂ'은 인접한 음운인 'ㅁ'의 영향으로 동일한 음운인 [ㅁ]으로 동화(비음화)되어 [겸말]로 발음한다.

③ '묻+는'의 'ㄷ'은 인접한 음운인 'ㄴ'의 영향으로 동일한 음운인 [ㄴ]으로 동화(비음화)되어 [문는]으로 발음한다.

④ '쪽+문'의 'ㄱ'은 인접한 음운인 'ㅁ'의 영향으로 'ㅁ'과 조음 방식(비음)이 같은 [ㅇ]으로 동화(비음화)되어 [쫑문]으로 발음한다.

66. ②

성납 설명

ㄱ. '천리마[철리마]'에서 '천'의 종성 'ㄴ'은 '리'의 초성 'ㄹ'을 만나 [ㄹ]로 교체되는 유음화가 일어난다.

ㄷ. '갑옷[가봗]'에서 '옷'의 종성 'ㅅ'은 음절의 끝소리 규칙에 의해 [ㄷ]으로 교체된다.

오답 설명

ㄴ. '않고[안코]'에서 'ㅎ'과 'ㄱ'이 합쳐져 [ㅋ]이 되는 축약(거센소리되기)이 일어난다.

ㄹ. '낳아서[나아서]'에서는 'ㅎ'으로 끝나는 어간 뒤에 모음으로 시작하는 어미가 왔을 때 'ㅎ'이 탈락하여 발음이 되지 않는 탈락('ㅎ' 탈락)이 일어난다.

ㅁ. '솜이불[솜:니불]'은 합성어나 파생어에서 앞말이 자음 'ㅁ'으로 끝나고 뒷말이 '이'인 경우 'ㄴ'이 덧나는 첨가('ㄴ' 첨가)가 일어난다.

67. ③

정답 설명

비음화는 비음이 아닌 소리가 비음의 영향을 받아 비음으로 바뀌는 동화이다. 〈보기〉를 보면 '밥물[밤물]', '굳는다[군는다]', '녹는대[농는대]'는 'ㅂ, ㄷ, ㄱ'이 각각 'ㅁ, ㄴ, ㅇ' 앞에서 [ㅁ, ㄴ, ㅇ]으로 바뀌었음을 알 수 있다. 이를 자음 체계표에 대응시켜 보면, 파열음이 같은 조음 위치의 비음으로 바뀌었음을 확인할 수 있다. 따라서 비음화는 파열음이 비음의 영향을 받을 때, 원래의 조음 위치(㉠)는 그대로 유지한 채 조음 방식(㉡)만 파열음에서 비음으로 바뀌는 것이라는 결론을 도출할 수 있다.

68. ⑤

정답 설명

'곤란'은 'ㄴ + ㄹ → ㄹ + ㄹ'의 변동이 일어나 [골:란]으로 발음되는데 이는 뒤 자음의 영향을 받아 앞 자음이 바뀌는 역행 동화가 일어난 것이다.

오답 설명

① '밥만'은 [밤만]으로 발음되며 'ㅂ + ㅁ → ㅁ + ㅁ'의 역행 동화가 일어난다.

② '닫는'은 [단는]으로 발음되며 'ㄷ + ㄴ → ㄴ + ㄴ'의 역행 동화가 일어난다.

③ '실내'는 [실래]로 발음되며 'ㄹ + ㄴ → ㄹ + ㄹ'의 순행 동화가 일어난다.

④ '강릉'은 [강능]으로 발음되며 'ㅇ + ㄹ → ㅇ + ㄴ'의 순행 동화가 일어난다.

69. ③

정답 설명

'보이다'를 [뵈다]로 발음하는 현상은 'ㅣ' 모음 역행 동화에 따른 것이 아니라 'ㅗ + ㅣ 〉 ㅚ'와 같이 두 음절이 한 음절로 줄어드는 모음 축약이 일어난 것이다. 이는 표준 발음에 해당한다.

오답 설명

① 전설모음 'ㅣ' 모음의 영향으로 후설 모음 'ㅏ'를 전설 모음 'ㅐ'로 발음하는 경우이다.

② 전설모음 'ㅣ' 모음의 영향으로 후설 모음 'ㅓ'를 전설 모음 'ㅔ'로 발음하는 경우이다.

④ 전설모음 'ㅣ' 모음의 영향으로 후설 모음 'ㅡ'를 전설 모음 'ㅣ'로 발음하는 경우이다.

⑤ 전설모음 'ㅣ' 모음의 영향으로 후설 모음 'ㅜ'를 전설 모음 'ㅟ'로 발음하는 경우이다.

70. ②

정답 설명

〈보기〉는 중복되는 모음의 탈락, 즉 동음 탈락에 대한 설명이다. '보- + -아라'가 [봐:라]로 발음되는 것은 'ㅗ + ㅏ 〉 ㅘ'의 모음 축약 때문이며, 여기서 음운의 탈락은 일어나지 않는다.

오답 설명

① 어간 '차-'와 어미 '-아서'가 결합하면서 어간의 'ㅏ'가 탈락하여 [차서]로 발음된다.

③ 어간 '건너-'와 어미 '-어'가 결합하면서 어간의 'ㅓ'가 탈락하여 [건:너]로 발음된다.

④ 어간 '서-'와 선어말 어미 '-었-'이 결합하면서 어간의 'ㅓ'가 탈락하여 [선꼬]로 발음된다.

⑤ 어간 '만나-'와 선어말 어미 '-았-'이 결합하면서 어간의 'ㅏ'가 탈락하여 [만 낟때]로 발음된다.

71. ②

정답 설명

'늙지[늑찌]'에서는 겹받침 'ㄺ' 중 'ㄹ'이 탈락하는 현상(ⓓ)과 예사소리 'ㅈ'이 된소리 [ㅉ]으로 바뀌는 교체(ⓐ)가 일어난다.

으로 바뀌는 비음화가 일어난 것이다. '섞는다'가 [성는대]로 발음되는 것은 이와 동일하게 음절의 끝소리 규칙이 적용되어 'ㄲ'이 'ㄱ'으로 교체된 후, 뒤에 오는 비음 'ㄴ'에 동화되어 비음 [ㅇ]으로 바뀌는 비음화가 일어난 것이다. 하지만 '눈요기'가 [눈뇨기로 발음되는 것은 합성어나 파생어에서 앞말이 자음으로 끝나고 뒷말이 모음 'ㅣ'나 반모음 'ㅣ'로 시작할 때 'ㄴ'이 첨가되는 'ㄴ' 첨가가 일어난 것이다.

② ⓛ의 '천리'가 [철리]로 발음되는 것은 'ㄴ'과 'ㄹ'이 만났을 때 'ㄴ'이 유음 [ㄹ]로 바뀌는 유음화가 일어난 것이다. '광한루'가 [광할루]로 발음되는 것은 유음화가 일어난 것이지만, '밟는다'가 [밤는대]로 발음되는 것은 비음화가 일어난 것이다. 참고로 '밟는다'는 '밟는다 〉 [밥는다](자음군 단순화) 〉 [밤는다](비음화)'의 과정을 거쳐 발음된다.

④ ⓔ의 '많던'이 [만:턴]으로 발음되는 것은 'ㄱ, ㄷ, ㅂ, ㅈ'과 'ㅎ'이 만나 거센소리 [ㅋ, ㅌ, ㅍ, ㅊ]으로 축약되는 거센소리되기가 일어난 것이다. '옳고'가 [올코]로 발음되는 것은 거센소리되기가 일어난 것이지만, '좋은'이 [조은]으로 발음되는 것은 모음으로 시작하는 형식 형태소 앞에서 어간 받침 'ㅎ'이 탈락하는 'ㅎ' 탈락이 일어난 것이다.

⑤ ⓜ의 '넣어'가 [너어]로 발음되는 것은 'ㅎ' 탈락이 일어난 것이다. '끓이다'가 [끄리다]로 발음되는 것은 'ㅎ' 탈락이 일어난 것이지만, '잡히다'가 [자피다]로 발음되는 것은 거센소리되기가 일어난 것이다.

74. ④

'옳지'는 'ㅎ + ㅈ〉ㅊ'의 거센소리되기(축약)가 일어나 [올치]로 발음된다. 따라서 '옳지'의 발음 과정에는 ⑤(된소리되기)과 ⓛ(자음군 단순화)이 모두 나타나지 않는다.

① '닭장[닥짱]'은 ⓛ(겹받침 'ㄺ'에서 'ㄹ' 탈락)과 ⑤(ㅈ〉ㅉ)이 모두 나타난다.
② '흙과[흑꽈]'는 ⓛ(겹받침 'ㄺ'에서 'ㄹ' 탈락)과 ⑤(ㄱ〉ㄲ)이 모두 나타난다.
③ '핥게[할께]'는 ⓛ(겹받침 'ㅌ'에서 'ㅌ' 탈락)과 ⑤(ㄱ〉ㄲ)이 모두 나타난다.
⑤ '값도[갑또]'는 ⓛ(겹받침 'ㅄ'에서 'ㅅ' 탈락)과 ⑤(ㄷ〉ㄸ)이 모두 나타난다.

75. ③

'영업용'은 '영업용 〉 [영업뇽]('ㄴ' 첨가) 〉 [영엄뇽](비음화)'의 과정을 거쳐 발음되므로 적절하다.

① '천리마[철리마]'는 유음 'ㄹ'의 앞에서 'ㄴ'이 유음 'ㄹ'로 바뀌는 유음화만 일어난다.
② '청량리[청냥니]'는 비음 'ㅇ' 뒤에서 'ㄹ'이 비음 'ㄴ'으로 바뀌는 비음화만 일어난다.
④ '맨입[맨닙]'에서는 'ㄴ' 첨가만 일어난다.
⑤ '앞마당'은 '앞마당 〉 [압마당](음절의 끝소리 규칙) 〉 [암마당](비음화)'의 과정을 거쳐 발음된다.

76. ①

⑤에서 'ㅎ(ㄶ, ㅀ)' 뒤에 'ㄱ, ㄷ, ㅈ'이 결합되는 경우에는 뒤 음절 첫소리와 합

---

① '몫이[목씨]'에서는 받침 'ㅅ'이 연음된 후 예사소리 'ㅅ'이 된소리 [ㅆ]으로 바뀌는 교체(ⓐ)만 일어난다.
③ '뜻깊대[뜯깁때]'에서는 받침 'ㅅ', 'ㅍ'이 각각 대표음 [ㄷ], [ㅂ]으로 바뀌는 교체(ⓐ)와 초성의 예사소리 'ㄱ', 'ㄷ'이 각각 된소리 [ㄲ], [ㄸ]으로 바뀌는 교체(ⓐ)가 일어난다.
④ '젖히다[저치다]'에서는 'ㅈ'과 'ㅎ'이 [ㅊ]으로 축약되는 현상(ⓒ)이 일어난다.
⑤ '놓이다[노이다]'에서는 'ㅎ'이 탈락하는 현상(ⓓ)이 일어난다.

72. ④

받침 자음 중의 일부가 탈락하는 현상은 자음군 단순화에서만 일어난다. ⓒ과 달리 ⓔ에서는 자음군 단순화가 일어나지 않는다.

ⓐ : 음절의 끝소리 규칙(교체), 된소리되기(교체)
→ '있고 〉 읻고(음절의 끝소리 규칙) 〉 읻꼬(된소리되기)', '낯도 〉 낟도(음절의 끝소리 규칙) 〉 낟또(된소리되기)'의 과정을 거쳐 발음된다.

ⓛ : 음절의 끝소리 규칙(교체), 비음화(교체)
→ '묶는 〉 묵는(음절의 끝소리 규칙) 〉 뭉는(비음화)', '바깥문 〉 바깓문(음절의 끝소리 규칙) 〉 바깐문(비음화)'의 과정을 거쳐 발음된다.

ⓒ : 자음군 단순화(탈락), 된소리되기(교체)
→ '맑다 〉 막다(자음군 단순화) 〉 막따(된소리되기)', '밟지 〉 밥지(자음군 단순화) 〉 밥찌(된소리되기)'의 과정을 거쳐 발음된다.

ⓔ : 거센소리되기(축약)
→ '끊기다 〉 끈키다', '옳지 〉 올치'로 발음된다.

ⓜ : 거센소리되기(축약), 구개음화(교체)
→ '닫히다 〉 다티다(거센소리되기) 〉 다치다(구개음화)', '굳히다 〉 구티다(거센소리되기) 〉 구치다(구개음화)'의 과정을 거쳐 발음된다.

① ⓐ과 ⓛ에서는 모두 음절 끝에서 발음되는 자음이 일곱 개로 제한되는 현상인 음절의 끝소리 규칙이 일어나므로 적절하다.
② ⓐ과 ⓒ에서는 모두 앞 음절의 종성에 따라 뒤 음절의 초성이 된소리로 교체되는 현상인 된소리되기가 일어나므로 적절하다.
③ ⓛ에서는 음절의 끝소리 규칙과 비음화, ⓜ에서는 구개음화가 일어나는데, 이들은 모두 한 음운이 다른 음운으로 교체되는 현상이므로 적절하다.
⑤ ⓔ과 ⓜ에서는 모두 앞 음절의 종성과 뒤 음절의 초성이 축약되는 현상인 거센소리되기가 일어나므로 적절하다.

73. ③

ⓒ의 '곧이듣은'은 끝소리가 'ㄷ, ㅌ'인 형태소가 모음 'ㅣ'나 반모음 'ㅣ'로 시작되는 형식 형태소와 만나 구개음 [ㅈ, ㅊ]으로 교체되어 발음되는 구개음화가 일어나 [고지드른]으로 발음된다. '붙이다'와 '굳히다' 역시 구개음화가 일어나 각각 [부치다], [구치다]로 발음된다.

① ⑤의 '앞마당'이 [암마당]으로 발음되는 것은 음절의 끝소리 규칙이 적용되어 'ㅍ'이 'ㅂ'으로 교체된 후, 이 'ㅂ'이 뒤에 오는 비음 'ㅁ'에 동화되어 비음 [ㅁ]

쳐서 [ㅋ, ㅌ, ㅊ]으로 발음한다고 했으므로, '낳고'는 [나:코]로 발음된다.

ⓒ '예'는 'ye'로, 'ㅡ'는 'eu'로 적어야 한다.

오답 설명

② ㉡에서 받침 'ㄱ(ㄺ), ㄷ, ㅂ(ㄼ), ㅈ(ㄵ)'이 'ㅎ'과 결합되는 경우, 두 음을 합쳐 [ㅋ, ㅌ, ㅍ, ㅊ]으로 발음한다고 했으므로, '밝히는'은 [발켜]로 발음된다.

③ ㉢에서 'ㅎ(ㄶ, ㅀ)' 뒤에 'ㅅ'이 결합되는 경우에는 'ㅅ'을 [ㅆ]으로 발음한다고 했으므로, '싫소'는 [실쏘]로 발음된다.

④ ㉣에서 'ㅎ' 뒤에 'ㄴ'이 결합되는 경우에는 'ㅎ'을 [ㄴ]으로 발음한다고 했으므로, '낳는'은 [난:는]으로 발음된다.

⑤ ㉤에서 'ㅎ(ㄶ, ㅀ)' 뒤에 모음으로 시작되는 어미나 접미사가 결합되는 경우에는 'ㅎ'을 발음하지 않는다고 했으므로, '쌓였다'는 [싸연따]로 발음된다. 참고로 '쌓였다'는 'ㅎ' 탈락과 음절의 끝소리 규칙([싸연다]), 된소리되기([싸연따])의 과정을 거쳐 발음된다.

77. ②

정답 설명

'울산[울싼]'의 첫째 음절 종성 'ㄹ'은 자음 'ㅅ' 앞에 위치하므로 〈보기〉의 두 번째 항목에 따라 'l'로 적는 것이 맞다. 그러나 〈보기〉의 세 번째 항목에서 된소리되기는 표기에 반영하지 않는다고 했으므로 둘째 음절의 초성은 'ss'가 아닌 's'로 적어야 한다. 따라서 '울산[울싼]'의 올바른 로마자 표기는 'Ulssan'이 아닌 'Ulsan'이다.

오답 설명

① '가곡[가곡]'을 로마자로 표기할 때 〈보기〉의 첫 번째 항목에 따라 모음 앞의 'ㄱ'은 'g'로, 어말의 'ㄱ'은 'k'로 적어야 한다. 따라서 'gagok'은 올바른 로마자 표기이다.

③ '묵호[무코]'는 체언이기 때문에 〈보기〉의 네 번째 항목에 따라 거센소리되기(축약)가 일어나더라도 'ㅎ'을 밝혀 적어야 한다. 한편 첫째 음절의 종성 'ㄱ'은 첫 번째 항목에 따라 'k'로 적는다. 따라서 'Mukho'는 올바른 로마자 표기이다.

④ '같이[가치]'의 첫째 음절의 초성 'ㄱ'은 〈보기〉의 첫 번째 항목에 따라 'g'로 적어야 하며, 세 번째 항목에서 구개음화가 일어날 경우에는 로마자 표기에 반영한다고 했으므로 'gachi'는 올바른 로마자 표기이다.

⑤ '난로[날:로]'에서는 자음 동화(유음화)가 일어나므로 〈보기〉의 세 번째 항목에 따르면 이를 로마자 표기에 반영해야 한다. 또한 두 번째 항목에서 'ㄹㄹ'은 'll'로 적는다고 했으므로 'nallo'는 올바른 로마자 표기이다.

78. ④

정답 설명

ⓑ 이중 모음 'ㅑ, ㅕ, ㅛ, ㅠ'는 단모음 'ㅏ, ㅓ, ㅗ, ㅜ'에 반모음 [j]가 더해져 만들어진 소리이므로 로마자 표기에도 이 점을 반영하여 'y'를 더해 표기하고 있다.

ⓓ 현재의 표기법상, '우이'도 'ui', 이중 모음 '의'도 'ui'로 표기되므로, 우리말을 모르는 외국인이라면 오해할 수 있는 부분이다.

오답 설명

ⓐ 이중 모음 'ㅘ, ㅙ, ㅞ'는 단모음 'ㅏ, ㅐ, ㅔ'에 반모음 [w]가 더해진 소리이므로 로마자 표기에도 이 점을 반영하고 있다. 그러나 'ㅟ'는 'ㅣ'의 로마자 표기인 'eo' 앞에 'w'를 붙이는 방식으로 표기하지 않고 'wo'로 적게 하고 있다.

79. ②

정답 설명

'국사[국싸]'는 'ㄱ' 뒤에서 'ㅅ'이 [ㅆ]으로 바뀌었으므로 ㉠의 예로 볼 수 있으며, '담자[담짜]'는 비음 'ㅁ'으로 끝나는 용언 어간 '담-' 뒤에서 어미의 'ㅈ'이 [ㅉ]으로 바뀌었으므로 ㉡의 예로 볼 수 있다.

오답 설명

① '신지[신찌]'는 'ㄴ'으로 끝나는 용언 어간 '신-' 뒤에서 어미의 'ㅈ'이 [ㅉ]으로 바뀌었으므로 ㉡의 예가 맞으나, '법치[법치]'는 된소리되기가 일어나지 않았으므로 ㉠의 예가 될 수 없다.

③ '입고[입꼬]'는 'ㅂ' 뒤에서 'ㄱ'이 [ㄲ]으로 바뀌었으므로 ㉠의 예가 맞으나, '안방[안빵]'은 '안'과 '방'이 각각 용언의 어간과 어미가 아니므로 ㉡의 예가 될 수 없다. 참고로 '안방[안빵]'에서 'ㅂ'이 'ㅃ'으로 바뀌는 것은 합성어에서 앞말이 울림소리(ㄴ, ㄹ, ㅇ, ㅁ, 모음)일 때 뒷말의 안울림 예사소리가 된소리로 교체되는 사잇소리 현상에 의한 것이다.

④ '맏형[마텽]'은 'ㄷ'과 'ㅎ'이 만나 [ㅌ]으로 축약되는 거센소리되기가 일어났으므로 ㉠의 예가 될 수 없고, '잠자리[잠짜리]'는 '잠'과 '자리'가 각각 용언의 어간과 어미가 아니므로 ㉡의 예가 될 수 없다. 참고로 '잠자리[잠짜리]'에서 'ㅈ'이 'ㅉ'으로 바뀌는 것은 사잇소리 현상에 의한 것이다.

⑤ '숨고[숨꼬]'는 'ㅁ'으로 끝나는 용언 어간 '숨-' 뒤에서 어미의 'ㄱ'이 [ㄲ]으로 바뀌었으므로 ㉡의 예가 맞으나, '국화[구콰]'는 'ㄱ'과 'ㅎ'이 만나 [ㅋ]으로 축약되는 거센소리되기가 일어났으므로 ㉠의 예가 될 수 없다.

80. ④

정답 설명

㉡의 '훑는[훌른]'은 '훑는 〉 [훌는](자음군 단순화) 〉 [훌른](유음화)', '없네[엄네]'는 '없네 〉 [업네](자음군 단순화) 〉 [엄네](비음화)', '흙과[흑꽈]'는 '흙과 〉 [흑과](자음군 단순화) 〉 [흑꽈](된소리되기)'와 같이 탈락과 교체가 일어난다. 한편 '꺾네[껑네]'는 '꺾네 〉 [꺽네](음절의 끝소리 규칙) 〉 [껑네](비음화)'와 같이 두 번의 교체가 일어나므로 ㉡과 동일한 변동이 일어난 예가 아니다.

오답 설명

① ㉠의 '솟고[솓꼬]', '엎지[업찌]', '뱉다[밷따]'는 '솟고 〉 [솓고](음절의 끝소리 규칙) 〉 [솓꼬](된소리되기)', '엎지 〉 [업지](음절의 끝소리 규칙) 〉 [업찌](된소리되기)', '뱉다 〉 [밷다](음절의 끝소리 규칙) 〉 [밷따](된소리되기)'와 같이 두 번의 교체(음절의 끝소리 규칙, 된소리되기)가 일어난 단어들이다.

② ㉡의 '훑는[훌른]', '없네[엄네]', '흙과[흑꽈]'는 '훑는 〉 [훌는](자음군 단순화) 〉 [훌른](유음화)', '없네 〉 [업네](자음군 단순화) 〉 [엄네](비음화)', '흙과 〉 [흑과](자음군 단순화) 〉 [흑꽈](된소리되기)'와 같이 교체와 탈락이 일어난 단어들이다.

③ '빗고[빋꼬]'는 ㉠과 동일하게 '빗고 〉 [빋고](음절의 끝소리 규칙) 〉 [빋꼬](된소리되기)'와 같이 두 번의 교체가 일어난 단어이다.

⑤ 국어의 음절 종성에서는 최대 하나의 자음만 발음되며, 그 하나의 자음은 'ㄱ, ㄴ, ㄷ, ㄹ, ㅁ, ㅂ, ㅇ'의 7가지로 제한된다. 즉 종성에서 발음될 수 있는 자음을 제한하는 음운 변동은 '자음군 단순화'와 '음절의 끝소리 규칙'이다. ㉠에서는 '솟고 〉 [솓고]', '엎지 〉 [업지]', '뱉다 〉 [밷다]'에서 음절의 끝소리 규칙이, ㉡에서는 '훑는 〉 [훌는]', '없네 〉 [업네]', '흙과 〉 [흑과]'에서 자음군 단

순화가 적용되었다.

81. ⑤

> **정답 설명**

〈보기 2〉에 제시된 ㉠('ㅣ' 모음 역행 동화 현상)의 예들을 보면 'ㅏ'가 'ㅐ'로 바뀌고 있음을 확인할 수 있다. 'ㅏ'와 'ㅐ'의 특성을 〈보기 1〉에서 비교해 보면 혀의 최고점 위치를 제외한 나머지 특성(입술의 모양, 혀의 높낮이)은 동일하므로, ㉠은 후설 모음이 전설 모음으로 바뀌는 음운 변동으로 볼 수 있다.

82. ④

> **정답 설명**

'숱한'은 'ㅌ'이 대표음 [ㄷ]으로 바뀌는 음절의 끝소리 규칙을 거쳐 [숟한]이 된 후 'ㄷ'과 'ㅎ'이 [ㅌ]으로 축약되는 거센소리되기가 일어나 [수탄]으로 발음되는 것이다. 따라서 축약만 일어난다는 선지의 설명은 적절하지 않다.

> **오답 설명**

① '앞일'이 [암닐]로 발음되는 것은 음절의 끝소리 규칙, 'ㄴ' 첨가, 비음화가 일어나기 때문이다. 음절의 끝소리 규칙과 비음화는 교체, 'ㄴ' 첨가는 첨가에 해당하므로 음운의 수가 하나 늘어난다.
② '넓고'가 [널꼬]로 발음되는 것은 된소리되기, 자음군 단순화가 일어나기 때문이다. 된소리되기는 교체, 자음군 단순화는 탈락에 해당하므로 음운의 수가 하나 줄어든다.
③ '끓고'가 [끌코]로 발음되는 것은 'ㅎ'과 'ㄱ'이 [ㅋ]으로 축약되는 거센소리되기가 일어나기 때문이다. 거센소리되기는 축약에 해당하므로 음운의 수가 하나 줄어든다.
⑤ '숲만'이 [숨만]으로 발음되는 것은 음절의 끝소리 규칙, 비음화가 일어나기 때문이다. 음절의 끝소리 규칙과 비음화는 교체에 해당하므로 음운의 수에 변화가 없다.

83. ①

> **정답 설명**

'맡는[만는]'의 경우 음절의 끝소리 규칙과 비음화가 적용되며, 이 둘은 모두 교체에 속하므로 ㉠에 해당한다. '흙과[흑꽈]'의 경우 된소리되기와 자음군 단순화가 적용되며, 된소리되기는 교체에, 자음군 단순화는 탈락에 속하므로 ㉡에 해당한다.

> **오답 설명**

② '닭고[닥꼬]'의 경우 자음군 단순화와 된소리되기가 적용되며, 된소리되기는 교체에, 자음군 단순화는 탈락에 속하므로 ㉠이 아닌 ㉡에 해당한다. '읊다[읍따]'의 경우 자음군 단순화, 음절의 끝소리 규칙, 된소리되기가 적용되며, 음절의 끝소리 규칙과 된소리되기는 교체에, 자음군 단순화는 탈락에 속하므로 ㉡에 해당한다.
③ '옷하고[오타고]'의 경우 음절의 끝소리 규칙과 거센소리되기가 적용되며, 음절의 끝소리 규칙은 교체에, 거센소리되기는 축약에 속하므로 ㉠이 아닌 ㉡에 해당한다. '홑자[홑째]'의 경우 음절의 끝소리 규칙, 된소리되기, 자음군 단순화가 적용되며, 음절의 끝소리 규칙과 된소리되기는 교체에, 자음군 단순화는 탈락에 속하므로 ㉡에 해당한다.
④ '빚고[빋꼬]'의 경우 음절의 끝소리 규칙과 된소리되기가 적용되며, 이 둘은 모

두 교체에 속하므로 ㉠에 해당한다. '핥이대[할치대]'의 경우 교체에 속하는 구개음화만 적용되므로 ㉠, ㉡ 둘 다 해당되지 않는다.
⑤ '밑이[미치]'의 경우 교체에 속하는 구개음화만 적용되므로 ㉠, ㉡ 둘 다 해당되지 않는다. '꽃잎[꼰닙]'의 경우 음절의 끝소리 규칙, 'ㄴ' 첨가, 비음화가 적용되며, 음절의 끝소리 규칙과 비음화는 교체에, 'ㄴ' 첨가는 첨가에 속하므로 ㉡에 해당한다.

84. ④

> **정답 설명**

㉠은 피동화음인 'ㄴ'이 동화음 'ㄹ'과 같아졌지만, ㉢은 피동화음인 'ㄷ, ㅌ'이 동화음인 'ㅣ'와 같아지지는 않았으므로 적절하지 않다.

> **오답 설명**

① ㉠은 동화음인 'ㄹ'이 피동화음인 'ㄴ'보다 앞서는 순행 동화이지만 ㉡은 피동화음 'ㄴ'이 동화음인 'ㄹ'보다 앞서는 역행 동화이므로, 둘은 동화음과 피동화음의 순서가 서로 반대임을 알 수 있다.
② ㉠, ㉡의 동화음은 모두 'ㄹ'로 동일하고, 피동화음은 'ㄴ'으로 동일하다. ㉠과 ㉡의 차이는 동화음과 피동화음이 놓인 순서에 있다.
③ ㉡은 동화음인 'ㄹ'이 피동화음인 'ㄴ'보다 뒤에 오고 ㉢ 역시 동화음인 'ㅣ'가 피동화음인 'ㄷ, ㅌ'보다 뒤에 온다.
⑤ ㉠, ㉡, ㉢은 모두 동화음과 피동화음이 인접하고 있다. ㉢의 '굳이', '같이'의 경우, '이'의 'ㅇ'이 실제 음가를 가진 것이 아니라 단순히 초성의 자리를 메꿔주고 있는 것이므로 'ㄷ'과 'ㅣ', 'ㅌ'과 'ㅣ'가 인접해 있다고 볼 수 있다.

85. ④

> **정답 설명**

ⓓ에는 겹받침이 아닌 받침이 하나의 자음(홑받침, 쌍받침)을 가진 말 뒤에 모음으로 시작하는 실질 형태소가 결합하여 음절의 끝소리 규칙이 일어나는 예가 제시되어야 한다. '맛있다[마싣따]'의 경우 홑받침을 가진 말인 '맛' 뒤에 모음으로 시작하는 실질 형태소 '있-'이 결합했지만, '맛'의 받침 'ㅅ'이 음절의 끝소리 규칙을 적용받지 않고 그대로 연음이 되었다. 따라서 ⓓ에 들어갈 수 없다. 참고로 '맛있다'는 원칙대로라면 [마딛따]로 발음되어야 하지만, 사람들이 관습적으로 [마싣따]로 발음해 왔다는 점을 고려하여 [마딛따]와 [마싣따]를 모두 표준 발음으로 인정하고 있다.

> **오답 설명**

① ⓐ에는 겹받침을 가진 말 뒤에 모음으로 시작하는 형식 형태소가 결합하여 연음이 되는 예가 제시되어야 한다. '여덟이'를 [여덜비]로 발음하는 것은 '여덟'의 겹받침 중 'ㅂ'을 뒤의 형식 형태소 '이'와 결합하여 연음한 결과이므로 이러한 조건을 충족한다.
② ⓑ에는 겹받침을 가진 말 뒤에 모음으로 시작하는 실질 형태소가 결합하여 자음군 단순화가 일어나는 예가 제시되어야 한다. '흙얼개'를 [흐걸개]로 발음하는 것은 '흙'의 겹받침 중 'ㄹ'이 자음군 단순화에 의해 탈락한 후 'ㄱ'이 연음된 결과이므로 이러한 조건을 충족한다. 참고로, '얼개'는 '어떤 사물이나 조직의 전체를 이루는 짜임새나 구조'라는 뜻의 실질 형태소이다.
③ ⓒ에는 겹받침이 아닌 받침을 가진 말 뒤에 모음으로 시작하는 형식 형태소가 결합하여 연음이 되는 예가 제시되어야 한다. '밭은'을 [바튼]으로 발음하는 것은 '밭'의 받침 'ㅌ'을 뒤의 형식 형태소 '은'과 결합하여 연음한 결과이므로 이러한 조건을 충족한다.

⑤ ⓔ에는 겹받침이 아닌 받침을 가진 말 뒤에 자음으로 시작하는 형태소가 결합하거나 아무런 형태소도 결합하지 않아서 음절의 끝소리 규칙이 적용되는 예가 제시되어야 한다. '숲과'를 [숩꽈]로 발음하는 것은 '숲'의 'ㅍ'이 자음 앞에서 음절의 끝소리 규칙에 의해 [ㅂ]으로 바뀐 결과이므로 이러한 조건을 충족한다.

86. ③

정답 설명

'읽는'은 자음군 단순화가 일어나 [익는]이 된 후 비음화가 일어나 [잉는]으로 발음된다. 따라서 음절의 끝소리 규칙이 적용되었다는 선지의 설명은 적절하지 않다.

오답 설명

① '할는지'는 'ㄹ' 뒤의 'ㄴ'에서 유음화가 일어나 [할른지]로 발음되므로 유음화가 한 번 적용되었다는 선지의 설명은 적절하다.

② '걷히다'는 거센소리되기에 의해 'ㄷ'과 'ㅎ'이 'ㅌ'으로 축약되어 [거티다]가 되고, 'ㅌ'이 'ㅣ'와 만나 'ㅊ'으로 바뀌는 구개음화가 일어나 [거치다]로 발음된다. 따라서 거센소리되기와 구개음화가 각각 한 번씩 적용되었다는 선지의 설명은 적절하다.

③ '밥맛만'은 음절의 끝소리 규칙에 의해 [밥맏만]이 되고, '밥'의 종성 'ㅂ'과 '맏'의 종성 'ㄷ'이 각각 뒤에 오는 'ㅁ'에 의해 비음화가 일어나 [밤만만]으로 발음된다. 따라서 음절의 끝소리 규칙이 한 번, 비음화가 두 번 적용되었다는 선지의 설명은 적절하다.

⑤ '붓하고'는 음절의 끝소리 규칙에 의해 [붇하고]가 되고, 거센소리되기에 의해 'ㄷ'과 'ㅎ'이 'ㅌ'으로 축약되어 [부타고]로 발음된다. 따라서 음절의 끝소리 규칙과 거센소리되기가 각각 한 번씩 적용되었다는 선지의 설명은 적절하다.

87. ⑤

정답 설명

'호도〉호두'에서는 중모음 'ㅗ'가 고모음 'ㅜ'로 변했으므로 혀의 최고점 위치가 아니라 혀의 높낮이가 달라진 경우에 해당한다.

오답 설명

① '믈〉물'에서는 평순 모음 'ㅡ'가 원순 모음 'ㅜ'로 변했으므로 입술 모양이 달라지는 모음 변동에 해당한다.

② '보션〉버선'에서는 원순 모음 'ㅗ'가 평순 모음 'ㅓ'로 변했으므로 입술 모양이 달라지는 모음 변동에 해당한다.

③ '츩〉칡'에서는 후설 모음 'ㅡ'가 전설 모음 'ㅣ'로 변했으므로 혀의 최고점 위치가 달라지는 모음 변동에 해당한다.

④ '남비〉냄비'에서는 후설 모음 'ㅏ'가 전설 모음 'ㅐ'로 변했으므로 혀의 최고점 위치가 달라지는 모음 변동에 해당한다.

88. ①

정답 설명

'낯설다'는 음절의 끝소리 규칙이 일어나 'ㅊ'이 'ㄷ'으로 교체되어 [낟설다]가 되고, 된소리되기가 일어나 'ㅅ'이 'ㅆ'으로 교체되어 [낟썰다]로 발음된다. 이때, 'ㅆ'은 그 자체로 하나의 음운이므로, 'ㅅ'이 'ㅆ'으로 바뀌는 첨가에 의해서 음운의 수가 늘었다는 선지의 설명은 적절하지 않다.

오답 설명

② '물엿'은 음절의 끝소리 규칙과 'ㄴ' 첨가, 유음화가 일어나 [물렫]으로 발음되며, 'ㄴ' 첨가는 첨가 현상, 유음화는 교체 현상에 해당한다. 따라서 'ㄴ' 첨가에 의해서는 음운의 수가 늘었지만, 'ㄴ'이 'ㄹ'로 바뀌는 유음화에 의해서는 음운의 수에 변화가 없다.

③ '꽃 한 송이'는 음절의 끝소리 규칙과 거센소리되기가 일어나 [꼬탄송이]로 발음되며, 음절의 끝소리 규칙은 교체 현상, 거센소리되기는 축약 현상에 해당한다. 따라서 'ㅊ'이 'ㄷ'으로 바뀌는 음절의 끝소리 규칙에 의해서는 음운의 수에 변화가 없지만, 'ㄷ'과 'ㅎ'이 만나 'ㅌ'으로 축약되는 거센소리되기에 의해서는 음운의 수가 하나 줄어든다.

④ '긁는'은 자음군 단순화와 비음화가 일어나 [긍는]으로 발음되며, 자음군 단순화는 탈락 현상, 비음화는 교체 현상에 해당한다. 따라서 'ㄹㄱ'에서 'ㄹ'이 탈락되는 자음군 단순화에 의해서는 음운의 수가 하나 줄었지만, 'ㄱ'이 'ㅇ'으로 바뀌는 비음화에 의해서는 음운의 수에 변화가 없다.

⑤ '색연필'은 'ㄴ' 첨가와 비음화가 일어나 [생년필]로 발음되며, 'ㄴ' 첨가는 첨가 현상, 비음화는 교체 현상에 해당한다. 따라서 'ㄴ' 첨가에 의해서는 음운의 수가 하나 늘었지만, 'ㄱ'이 'ㅇ'으로 바뀌는 비음화에 의해서는 음운의 수에 변화가 없다.

89. ⑤

정답 설명

〈보기〉에 따르면 비음화와 유음화는 조음 위치가 같고 조음 방법만 바뀌는 '조음 방법 동화'에 해당한다. '권력'은 '권'의 종성인 'ㄴ'이 유음 'ㄹ' 앞에서 유음인 'ㄹ'로 바뀌는 유음화로 인해 [궐력]으로 발음되고, '국난'은 '국'의 종성인 'ㄱ'이 비음 'ㄴ' 앞에서 비음 'ㅇ'으로 바뀌는 비음화로 인해 [궁난]으로 발음된다. 따라서 '권력[궐력]'과 '국난[궁난]'은 모두 조음 위치는 같고 조음 방법만 바뀐 경우에 해당한다.

오답 설명

① '곡물'은 '곡'의 종성인 'ㄱ'이 비음 'ㅁ' 앞에서 비음 'ㅇ'으로 바뀌어 [공물]로 발음되므로 비음화에 해당한다.

② '설날'은 '날'의 초성인 'ㄴ'이 유음 'ㄹ' 뒤에서 유음 'ㄹ'로 바뀌어 [설랄]로 발음되므로 순행적 유음화에 해당한다.

③ '꽃망울'은 '꽃'의 종성이 음절의 끝소리 규칙에 따라 'ㄷ'으로 교체되고, 'ㅁ' 앞에서 비음 'ㄴ'으로 바뀌어 [꼰망울]로 발음된다. 한편, '대관령'은 '관'의 종성인 'ㄴ'이 유음 'ㄹ' 앞에서 유음 'ㄹ'로 바뀌어 [대괄령]으로 발음되므로, 둘 다 뒤에 오는 소리의 영향으로 동화가 이루어진 경우에 해당한다.

④ '맏며느리'는 '맏'의 종성인 파열음 'ㄷ'이 비음 'ㅁ' 앞에서 비음인 'ㄴ'으로 바뀌어 [만며느리]로 발음되므로 파열음에서 비음으로 조음 방법만 바뀐 경우에 해당한다.

90. ②

정답 설명

ⓒ '막일'의 경우 'ㄴ' 첨가, 비음화가 일어나 최종적으로 [망닐]로 발음된다. 한편 ⓔ '핥네'의 경우 자음군 단순화, 유음화가 일어나 최종적으로 [할레]로 발음된다. 이때, 비음화와 유음화는 조음 위치가 같고 조음 방법만 바뀌는 현상이므로 ⓒ과 ⓔ에서 조음 위치가 달라지는 음운 현상이 일어났다는 선지의 설명은 적절하지 않다.

① ㉠ '닭발'의 경우 자음군 단순화, 된소리되기가 일어나 최종적으로 [닥빨]로 발음되며, 자음군 단순화로 인해 음운의 수가 하나 줄어든다. 반면, ㉡ '막일'의 경우 'ㄴ' 첨가, 비음화가 일어나 최종적으로 [망닐]로 발음되며, 'ㄴ' 첨가로 인해 음운의 개수가 하나 늘어난다.

③ ㉡ '막일'은 'ㄴ' 첨가, 비음화가 일어나 [망닐]로 발음된다. 반면, ㉢ '숱한'의 경우 음절의 끝소리 규칙, 거센소리되기가 일어나 최종적으로 [수탄]으로 발음된다.

④ ㉠ '닭발'에는 자음군 단순화와 된소리되기가, ㉡ '막일'에는 'ㄴ' 첨가, 비음화가, ㉢ '숱한'에는 음절의 끝소리 규칙과 거센소리되기가, ㉣ '핥네'에는 자음군 단순화와 유음화가 일어난다. 따라서 모두 2회 이상의 음운 변동이 일어남을 알 수 있다.

⑤ ㉠ '닭발'에 일어나는 된소리되기, ㉡ '막일'에 일어나는 비음화, ㉢ '숱한'에 일어나는 음절의 끝소리 규칙, ㉣ '핥네'에 일어나는 유음화는 모두 자음이 교체되는 현상들이다.

91. ③

㉠의 '밤윷'은 음절의 끝소리 규칙, 'ㄴ' 첨가에 의해 [밤ː뉻]으로 발음되며, ㉢의 '콩엿'은 음절의 끝소리 규칙, 'ㄴ' 첨가에 의해 [콩녇]으로 발음된다. 따라서 ㉠과 ㉢에 일어난 음운 변동의 횟수는 2회로 같다.

① ㉠의 '밤윷'은 음절의 끝소리 규칙, 'ㄴ' 첨가가 일어나 [밤ː뉻]으로, ㉡의 '키읔만'의 경우 음절의 끝소리 규칙과 비음화에 의해 [키응만]으로 발음된다. 한편, ㉢ '콩엿'은 음절의 끝소리 규칙, 'ㄴ' 첨가가 일어나 [콩녇]으로 발음되므로 ㉠~㉢은 모두 음운 변동이 2회 일어난다.

② ㉠의 '밤윷'은 음절의 끝소리 규칙, 'ㄴ' 첨가를 거쳐 발음되고 ㉡의 '키읔만'은 음절의 끝소리 규칙, 비음화를 거쳐 발음된다. 따라서 ㉠과 ㉡에 공통적으로 일어난 음운 변동은 첨가가 아니라 교체이다.

④ ㉠~㉢ 모두 음운 변동의 결과로 음운의 수가 줄어들지 않았다. ㉠의 '밤윷'과 ㉢의 '콩엿'은 'ㄴ' 첨가로 인해 음운이 늘어났으며, ㉡의 '키읔만'은 교체만 일어나 음운의 수에 변화가 없다.

⑤ ㉠의 '밤윷'과 ㉢의 '콩엿'에서 첨가되는 음운은 'ㄴ'으로 동일하다.

92. ⑤

㉠의 '얇고'는 된소리되기, 자음군 단순화를 거쳐 [얄꼬]로 발음되며, ㉡의 '끝없이'는 음절의 끝소리 규칙, 된소리되기를 거쳐 [끄덥씨]로 발음된다. 한편, ㉢의 '넓죽하다'는 된소리되기, 자음군 단순화, 거센소리되기를 거쳐 [넙쭈카다]로 발음된다. 따라서 ㉠~㉢에 공통적으로 일어난 음운 변동은 자음군 단순화가 아니라 된소리되기이다.

① ㉠의 '얇고'는 된소리되기, 자음군 단순화를 거쳐 [얄꼬]로 발음된다. 한편, ㉡의 '끝없이'는 음절의 끝소리 규칙, 된소리되기를 거쳐 [끄덥씨]로 발음된다. 따라서 ㉠과 ㉡에 일어난 음운 변동의 횟수는 2회로 같다.

② ㉠의 '얇고[얄꼬]'는 자음군 단순화에 의해 음운이 하나 줄어들고, ㉢의 '넓죽

하다[넙쭈카다]'는 자음군 단순화와 거센소리되기에 의해 음운이 두 개 줄어든다. 하지만 ㉡의 '끝없이[끄덥씨]'에는 교체(음절의 끝소리 규칙, 된소리되기) 현상만 일어나므로 음운의 수에 변화가 없다.

③ ㉠의 '얇고[얄꼬]'에는 된소리되기와 자음군 단순화가, ㉡의 '끝없이[끄덥씨]'에는 음절의 끝소리 규칙과 된소리되기가, ㉢의 '넓죽하다[넙쭈카다]'에는 된소리되기와 자음군 단순화, 거센소리되기가 일어난다. 따라서 ㉠~㉢에 각각 2회 이상의 음운 변동이 일어남을 알 수 있다.

④ ㉠~㉢에 공통적으로 일어난 음운 변동은 교체 현상에 해당하는 된소리되기이다.

93. ②

'나뭇잎'은 '나무'와 '잎'이 결합되는 과정에서 사잇소리 현상이 나타나기 때문에 사이시옷을 표기한 경우에 해당한다. 이때 '나뭇잎'이 [나문닙]으로 발음되는 것은 사이시옷 뒤에 '이' 음이 결합되는 경우에 [ㄴㄴ]으로 발음한다는 제30항-3에 의한 것이므로 제29항을 따랐다는 선지의 설명은 적절하지 않다. '나무'는 모음으로 끝나는 단어이므로 제29항의 조건을 충족하지 않는다.

① '아침밥'은 표기상으로는 사이시옷이 없지만 '아침'이 '밥'을 수식하는 관형격 기능을 하고 있으므로, 제28항에 따라 [아침빱]으로 발음해야 한다.

③ '고개'와 '짓'이 결합되는 과정에서 사잇소리 현상이 일어나 사이시옷을 표기한 '고갯짓'은 'ㅈ'으로 시작하는 단어 앞에 사이시옷이 오는 경우인 제30항-1에 해당한다. 이때, 자음만을 된소리로 발음하는 것이 원칙이므로 [고개찓]으로 발음해야 하지만, 사이시옷을 [ㄷ]으로 발음하는 것도 허용한다고 하였으므로 [고갣찓]으로 발음할 수도 있다.

④ '배'와 '머리'가 결합되는 과정에서 사잇소리 현상이 일어나 사이시옷을 표기한 '뱃머리'는 사이시옷 뒤에 'ㅁ'이 결합되는 경우인 제30항-2에 해당한다. 이때, 사이시옷을 [ㄴ]으로 발음한다고 하였으므로 [밴머리]로 발음해야 한다.

⑤ '베개'와 '잇'이 결합되는 과정에서 사잇소리 현상이 일어나 사이시옷을 표기한 '베갯잇'은 사이시옷 뒤에 '이' 음이 결합되는 경우인 제30항-3에 해당한다. 이때 사이시옷을 [ㄴㄴ]으로 발음한다고 하였으므로 [베갠닏]으로 발음해야 한다.

94. ④

'뚫는'은 'ㅀ' 뒤에 'ㄴ'이 결합되는 경우이므로 ㉣에 따라 'ㅎ'을 발음하지 않아야 하므로 [뚤는]이 된다. 이때, 'ㄹ' 뒤에서 'ㄴ'이 'ㄹ'로 교체되는 유음화가 일어나므로 [뚠는]이 아닌 [뚤른]으로 발음해야 한다.

① '꽃히다'는 'ㅈ'이 뒤 음절 첫소리 'ㅎ'과 결합되므로 ㉠에 따라 'ㅊ'으로 축약하여 [꼬치다]로 발음해야 한다.

② '낮 한때'는 'ㅈ'이 음절의 끝소리 규칙에 의해 'ㄷ'으로 교체되므로 ㉡에 따라 'ㅌ'으로 축약하여 [나탄때]로 발음해야 한다.

③ '많소'는 'ㄶ' 뒤에 'ㅅ'이 결합되므로 ㉢에 따라 'ㅅ'을 [ㅆ]으로 발음하여 [만ː쏘]로 발음해야 한다.

⑤ '싫어도'는 'ㅀ' 뒤에 모음으로 시작하는 어미 '-어도'가 결합하므로 ㉤에 따라 [실어도]로 발음하며, 이때 받침 'ㄹ'이 연음되어 [시러도]로 발음해야 한다.

95. ②

정답 설명

㉠의 '모으- + -아'는 '모으아'가 아닌 '모아'로, '파- + -아서'는 '파아서'가 아닌 '파서'로 표기한다. 즉 ㉠은 음운 변동의 결과가 표기에 반영된 경우이다. 또한 ㉡의 '놀- + -는' 역시 '놀는'이 아닌 '노는'으로 표기하므로 음운 변동의 결과가 표기에 반영된 경우이다. 하지만 '좋- + -은'은 '조은'이 아니라 '좋은'으로 표기하므로 음운 변동의 결과가 표기에 반영되지 않는 경우에 해당한다. 마찬가지로 ㉢은 '조피다'가 아닌 '좁히다'로, '노코'가 아닌 '놓고'로 표기하므로 음운 변동의 결과가 표기에 반영되지 않는다.

오답 설명

① ㉠의 '모으- + -아 → [모아]'는 모음 'ㅡ'가 탈락하였고, '파- + -아서 → [파서]'는 모음 'ㅏ'가 탈락하였으므로 모음 탈락에 해당하고, ㉡의 '놀- + -는 → [노는]'은 자음 'ㄹ'이 탈락하였고, '좋- + -은 → [조은]'은 자음 'ㅎ'이 탈락하였으므로 둘 다 자음 탈락에 해당한다. ㉢의 '좁히다'는 'ㅂ'과 'ㅎ'이 축약되어 'ㅍ'이 되었고, '놓고'는 'ㅎ'과 'ㄱ'이 축약되어 'ㅋ'이 되었으므로 축약 현상인 거센소리되기에 해당한다.

③ ㉠과 ㉡은 모두 어간(모으-, 파-, 놀-, 좋-)과 어미(-아, -아서, -는, -은)가 결합하는 과정에서 음운 변동이 일어난다.

④ 거센소리되기는 예사소리 'ㄱ, ㄷ, ㅂ, ㅈ'이 'ㅎ'와 만나 거센소리 'ㅋ, ㅌ, ㅍ, ㅊ'으로 축약되는 음운 변동이다. ㉢과 같이 거센소리되기가 일어나기 위해서는 자음 'ㅎ'이 있어야 한다.

⑤ 탈락과 축약 현상 모두 음운의 개수가 하나씩 줄어드는 음운 변동이므로 탈락 현상에 해당하는 ㉠, ㉡과 축약 현상에 해당하는 ㉢ 모두 음운의 개수가 하나씩 줄어든다.

96. ③

정답 설명

〈보기〉를 참고할 때, '넋이라도'에서 '이라도'는 형식 형태소(조사)이므로, 겹받침을 모두 발음해야 한다. 따라서 '넋이라도'는 [넉시라도]로 연음된 후, 'ㄱ' 뒤에서 된소리되기가 일어나 최종적으로 [넉씨라도]라고 발음한다.

오답 설명

① 〈보기〉를 참고할 때, '흙이'에서 '이'는 형식 형태소(조사)이므로, 겹받침을 모두 발음해야 한다. 따라서 '흙이'는 겹받침 중 'ㄱ'이 뒤 음절 첫소리로 연음되어 [흘기]라고 발음한다.

② 〈보기〉를 참고할 때, '닭에게'에서 '에게'는 형식 형태소(조사)이므로, 겹받침을 모두 발음해야 한다. 따라서 '닭에게'는 겹받침 중 'ㄱ'이 뒤 음절 첫소리로 연음되어 [달게게]로 발음한다.

④ 〈보기〉를 참고할 때, '읊었다'에서 '-었-'은 형식 형태소(어미)이므로, 겹받침을 모두 발음해야 한다. 따라서 '읊었다'는 겹받침 중 'ㅍ'이 뒤 음절 첫소리로 연음되어 [을펐다]가 된다. 이때, [을펐다]는 음절 끝소리 규칙에 의해 [을펃다]가 된 후 된소리되기가 일어나 최종적으로 [을펃따]로 발음한다.

⑤ 〈보기〉를 참고할 때, '값있는'에서 '있-'은 실질 형태소(어간)이므로, 겹받침을 대표음으로 발음해야 한다. 따라서 겹받침 'ㅄ'은 대표음 'ㅂ'으로 발음되고, '있-'의 종성 'ㅆ'은 음절 끝소리 규칙으로 'ㄷ'으로 발음되어 [갑읻는]이 된다. 이때, 교체된 'ㄷ'은 뒤에 오는 'ㄴ'에 의해 비음화가 일어나 [갑인는]이 되고, 받침 'ㅂ'이 뒤 음절 첫소리로 연음되어 최종적으로 [가빈는]으로 발음한다.

97. ②

정답 설명

'땔나무'는 'ㄴ'이 선행하는 유음 'ㄹ'의 영향을 받아 같은 조음 방법의 유음 'ㄹ'로 교체되는 유음화가 일어난다. 동화주 'ㄹ'이 피동화주 'ㄴ'에 선행하는 경우에 해당하므로 '땔나무'는 ㉠에 해당하는 예이다. 한편, '편리'는 'ㄴ'이 후행하는 유음 'ㄹ'의 영향을 받아 같은 조음 방법의 유음 'ㄹ'로 교체되는 유음화가 일어난다. 동화주 'ㄹ'이 피동화주 'ㄴ'에 후행하므로 '편리'는 ㉡에 해당하는 예로 적절하다.

오답 설명

① '믿는'은 'ㄷ'이 후행하는 비음 'ㄴ'의 영향을 받아 같은 조음 방법의 비음 'ㄴ'으로 교체되는 비음화가 일어난다. 동화주 'ㄴ'은 피동화주 'ㄷ'에 후행하므로 '믿는'은 ㉠이 아닌 ㉡에 해당하는 예이다. 한편, '밥물'은 'ㅂ'이 후행하는 비음 'ㅁ'의 영향을 받아 같은 조음 방법의 비음 'ㅁ'으로 교체되는 비음화가 일어난다. 동화주 'ㅁ'이 피동화주 'ㅂ'에 후행하므로 '밥물'은 ㉡에 해당하는 예로 적절하다.

③ '실내'는 'ㄴ'이 선행하는 유음 'ㄹ'의 영향을 받아 같은 조음 방법의 유음 'ㄹ'로 교체되는 유음화가 일어난다. 동화주 'ㄹ'이 피동화주 'ㄴ'에 선행하므로 '실내'는 ㉠에 해당하는 예이다. 한편, '원심력'은 'ㄹ'이 선행하는 비음 'ㅁ'의 영향을 받아 'ㅁ'과 같은 조음 방법의 비음 'ㄴ'으로 교체되는 비음화가 일어난다. 동화주 'ㅁ'이 피동화주 'ㄹ'에 선행하므로 '원심력'은 ㉡이 아닌 ㉠에 해당하는 예이다.

④ '맏며느리'는 'ㄷ'이 후행하는 비음 'ㅁ'의 영향을 받아 같은 조음 방법의 비음 'ㄴ'으로 교체되는 비음화가 일어난다. 동화주 'ㅁ'이 피동화주 'ㄷ'에 후행하므로 '맏며느리'는 ㉠이 아닌 ㉡에 해당하는 예이다. 한편, '난리'는 'ㄴ'이 후행하는 유음 'ㄹ'의 영향을 받아 같은 조음 방법의 유음 'ㄹ'로 교체되는 유음화가 일어난다. 동화주 'ㄹ'이 피동화주 'ㄴ'에 후행하므로 '난리'는 ㉡에 해당하는 예이다.

⑤ '붙이고는' 음절 종성의 'ㅌ'과 후행하는 형식 형태소의 모음 'ㅣ'가 만난 후, 'ㅌ'이 'ㅣ'와 비슷한 조음 위치의 자음인 'ㅊ'으로 교체되는 구개음화가 일어난다. 동화주 'ㅣ'가 피동화주 'ㅌ'에 후행하므로 '붙이고는' ㉠이 아닌 ㉡에 해당하는 예이다. 한편, '앓는'은 자음군 단순화로 'ㅎ'이 탈락하여 [알는]이 되는데, 이때 'ㄴ'이 선행하는 유음 'ㄹ'의 영향을 받아 같은 조음 방법의 유음 'ㄹ'로 교체되는 유음화가 일어난다. 동화주 'ㄹ'이 피동화주 'ㄴ'에 선행하므로 '앓는'은 ㉡이 아닌 ㉠에 해당하는 예이다.

98. ③

정답 설명

㉢의 '솜이불[솜:니불]'은 합성어 및 파생어에서 앞말이 자음으로 끝나고 뒷말이 '이, 야, 여, 요, 유'인 경우에 해당하므로 'ㄴ' 첨가가 일어났다. '식용유[시굥뉴]' 또한 'ㄴ' 첨가가 일어났으며 '식'의 받침 'ㄱ'이 뒤 음절 첫소리로 연음되었음을 확인할 수 있다. '삯일[상일]'은 자음군 단순화로 음절 종성의 겹받침 'ㄳ'이 'ㄱ'이 되고, 이후 'ㄴ' 첨가가 일어나 대표음 'ㄱ'이 'ㄴ'으로 인해 비음화된다. 따라서 ㉢에 제시된 예들의 공통점은 'ㄴ' 첨가임을 알 수 있다. 이때, 선지에 제시된 '받침이 뒤의 첫소리로 옮겨가'며 소리 나는 현상은 연음을 말하는데, ㉢에서 연음이 일어나는 단어는 '식용유'뿐이므로 선지의 설명은 적절하지 않다.

오답 설명

① '놓아[노아]'는 어간 받침 'ㅎ'이 모음으로 시작하는 어미 앞에서 탈락하는 'ㅎ' 탈락 현상, '맏형[마텽]'은 'ㄷ'이 후행하는 'ㅎ'과 축약되어 거센소리 'ㅌ'으로

바뀌는 거센소리되기, '맨입[맨닙]'은 합성어 및 파생어에서 앞말이 자음으로 끝나고 뒷말이 '이, 야, 여, 요, 유'인 경우에 'ㄴ'이 첨가되는 'ㄴ' 첨가 현상이 일어난다. 이때, 탈락은 음운의 수가 하나 줄어들고 첨가는 음운의 수가 하나 늘어나므로 ⓐ에 제시된 예들은 음운 변동의 결과로 음운의 수가 달라진다는 공통점이 있다.

② '대관령[대괄령]'은 'ㄴ'이 후행하는 유음 'ㄹ'의 영향을 받아 'ㄹ'과 같은 조음 방법의 유음 'ㄹ'로 교체되는 유음화가 일어난다. '중력[중녁]'은 'ㄹ'이 선행하는 비음 'ㅇ'의 영향을 받아 'ㅇ'과 같은 조음 방법의 비음 'ㄴ'으로 교체되는 비음화가 일어나고, '밥물[밤물]'은 'ㅂ'이 후행하는 비음 'ㅁ'의 영향을 받아 'ㅁ'과 같은 조음 방법의 비음 'ㅁ'으로 교체되는 비음화가 일어난다. 따라서 ⓑ에 제시된 예들은 모두 인접한 음운의 조음 방법이 같아지는 음운 변동이 일어난 경우에 해당한다.

④ '겉모습[건모습]'은 음절 끝소리 규칙에 따라 음절 종성의 'ㅌ'이 'ㄷ'으로 교체되고, 'ㄷ'이 후행하는 비음 'ㅁ'의 영향을 받아 'ㅁ'과 같은 조음 방법의 비음 'ㄴ'으로 교체되는 비음화가 일어난다. '낚시[낙씨]'도 음절 끝소리 규칙에 따라 음절 종성의 'ㄲ'이 'ㄱ'으로 교체되고, 교체된 'ㄱ' 뒤에서 예사소리 'ㅅ'이 된소리 'ㅆ'으로 교체되는 된소리되기가 일어난다. '부엌[부억]' 역시 음절 끝소리 규칙에 따라 'ㅋ'이 'ㄱ'으로 교체된다. 따라서 ⓓ에 제시된 예들은 모두 종성에 올 수 있는 자음 종류가 제한되는 음절의 끝소리 규칙이 일어나므로 선지의 설명은 적절하다.

⑤ '문고리[문꼬리]', '강줄기[강쭐기]'는 앞말이 울림소리로 끝나고 뒷말 첫소리가 안울림 예사소리일 때, 뒷말 첫소리가 된소리로 발음되는 사잇소리 현상의 예에 해당한다. 한편, '눈요기[눈뇨기]'는 합성어 및 파생어에서 앞말이 자음으로 끝나고 뒷말이 '이, 야, 여, 요, 유'인 경우에 'ㄴ'이 첨가되는 'ㄴ' 첨가 현상의 예에 해당한다. 이때, 'ㄴ' 첨가는 합성어 및 파생어에서 일어나고 사잇소리 현상은 합성어에서만 일어나므로 선지의 설명은 적절하다.

99. ②

정답 설명

㉠의 '갓난애'는 음절 끝소리 규칙이 일어나 '갓'의 종성 'ㅅ'이 'ㄷ'으로 교체되어 [갇난애]가 된 후, 교체된 'ㄷ'이 후행하는 비음 'ㄴ'으로 인해 비음화되어 [간난애]가 된다. '난'의 종성 'ㄴ'이 뒤 음절 첫소리로 연음되므로 최종적으로 [간나내]로 발음된다. 한편, ㉡의 '끝일'은 합성어 및 파생어에서 자음으로 끝난 말 '끝'과 모음 'ㅣ'로 시작하는 말 '일' 사이에 'ㄴ'이 첨가되어 [끝닐]이 된 후, 음절의 끝소리 규칙과 비음화를 거쳐 [끈닐]로 발음된다. 따라서, ㉠과 ㉡은 모두 음절 끝에 오는 자음의 종류가 7개('ㄱ, ㄴ, ㄷ, ㄹ, ㅁ, ㅂ, ㅇ)로 제한되어 발생하는 음절의 끝소리 규칙이 일어나므로 선지의 설명은 적절하다.

오답 설명

① ㉠의 '갓난애'는 음절의 끝소리 규칙과 비음화라는 두 번의 음운 변동을 겪지만, ㉡의 '끝일'은 'ㄴ' 첨가와 음절의 끝소리 규칙, 비음화라는 세 번의 음운 변동을 겪으므로 선지의 설명은 적절하지 않다.

③ ㉠의 '갓난애'는 음절의 끝소리 규칙이 일어나 [갇난애]가 된 후, 교체된 'ㄷ'이 후행하는 비음 'ㄴ'의 영향을 받아 'ㄴ'과 같은 조음 방법의 비음 'ㄴ'으로 바뀌어 [간난애]가 된다. 이때, '난'의 받침 'ㄴ'이 뒤 음절 첫소리로 연음되므로 최종적으로 [간나내]로 발음된다. 반면 ㉢의 '붙임'은 음절 종성의 'ㅌ'과 형식 형태소의 모음 'ㅣ'가 만나 'ㅌ'이 'ㅣ'와 비슷한 조음 위치의 자음 'ㅊ'으로 바뀌는 구개음화가 일어난다. 따라서 인접한 자음과 조음 방법이 같아지는 음운 변동이 일어난 경우에는 ㉠만 해당하므로 선지의 설명은 적절하지 않다.

④ ㉡의 '끝일'은 음운의 개수가 하나 늘어나는 음운 변동인 'ㄴ' 첨가가 일어나지만, ㉢의 '붙임'에서는 구개음화라는 교체 현상만 있을 뿐 음운의 개수가 달라

지는 음운 변동은 일어나지 않는다. 따라서 음운의 개수가 달라지는 음운 변동이 일어난 경우에는 ㉡만 해당하므로 선지의 설명은 적절하지 않다.

⑤ ㉢의 '붙임'은 모음 'ㅣ'로 인해 'ㅌ'이 모음 'ㅣ'와 조음 위치가 유사해지는 구개음화가 일어나므로 모음 'ㅣ'로 인해 동화되는 음운 변동이 일어났다고 볼 수 있다. 반면 ㉡의 '끝일'은 모음 'ㅣ'로 인해 동화되는 음운 변동이 일어나지 않았다. 따라서 모음 'ㅣ'로 인해 동화되는 음운 변동이 일어난 경우에는 ㉢만 해당하므로 선지의 설명은 적절하지 않다.

100. ④

정답 설명

㉮의 '스물여덟'은 자음으로 끝난 '물'과 반모음 'ㅣ'로 시작하는 'ㅕ' 사이에서 'ㄴ'이 첨가된 후, 첨가된 'ㄴ'이 선행하는 유음 'ㄹ'의 영향을 받아 유음화가 일어난다. 또한 '덟'의 겹받침은 자음군 단순화가 일어나 'ㄹ'이 되므로 최종적으로 [스물려덜]로 발음된다. 따라서 '스물여덟'은 첨가와 탈락이 한 번씩 일어나 음운의 개수가 달라지지 않고, 인접하는 음운의 조음 방법이 서로 같아지는 유음화가 일어나므로 ⓑ에 해당하는 사례임을 알 수 있다. 또한 ㉯의 '읊는'은 자음군 단순화가 일어나 겹받침 'ㄿ'이 'ㅍ'이 되고, 음절의 끝소리 규칙에 따라 'ㅍ'은 'ㅂ'으로 교체된다. 교체된 'ㅂ'은 후행하는 비음 'ㄴ'의 영향을 받아 비음화되어 'ㅁ'으로 바뀌므로 최종적으로 [음는]으로 발음된다. 따라서 '읊는'은 음운 변동의 결과 음운 개수가 하나 줄어들고, 인접하는 음운의 조음 방법이 서로 같아지는 비음화가 일어났으므로 ⓑ에 해당하는 사례임을 알 수 있다.

오답 설명

④ '놓고'는 음절 종성의 'ㅎ'과 후행하는 자음 'ㄱ'이 축약되어 'ㅋ'이 되는 거센소리되기가 일어나 [노코]로 발음된다. 따라서 '놓고'는 음운 변동의 결과 음운 개수가 하나 줄어들지만, 인접하는 음운의 조음 방법이 서로 같아지는 음운 변동은 일어나지 않으므로 ⓒ에 해당하는 사례임을 알 수 있다.

㉰ '태양열'은 자음으로 끝난 '양'과 반모음 'ㅕ'로 시작하는 말 사이에서 'ㄴ'이 첨가되어 [태양녈]로 발음된다. 따라서 '태양열'은 음운 변동의 결과 음운 개수가 하나 늘었으므로 ⓐ에 해당하는 사례임을 알 수 있다.

101. ③

정답 설명

㉡의 '밟히다 → [발피다]'와 '끓다 → [끌타]'는 각각 'ㅂ', 'ㄷ'이 'ㅎ'과 만나 'ㅍ', 'ㅌ'으로 축약되는 거센소리되기가 일어났다. 이때, '옳지 → [올치]' 역시 'ㅈ'이 'ㅎ'과 만나 'ㅊ'으로 축약되는 거센소리되기가 일어나고 있으므로, ㉡과 '옳지' 모두 하나의 음운이 다른 음운과 만나 새로운 음운으로 줄어드는 음운 변동이 일어났다는 선지의 설명은 적절하다.

오답 설명

① ㉠의 '침략 → [침냑]'과 '강릉 → [강능]'은 각각 선행하는 비음 'ㅁ', 'ㅇ'의 영향으로 후행하는 'ㄹ'이 비음 'ㄴ'으로 교체되는 비음화가 일어났다. 한편, '막일 → [망닐]'은 자음으로 끝난 '막'과 모음 'ㅣ' 사이에서 'ㄴ'이 첨가되고, 첨가된 비음 'ㄴ'의 영향으로 선행하는 'ㄱ'이 비음 'ㅇ'으로 비음화 된다. 따라서 '막일'은 후행하는 음운의 영향을 받아 선행하는 음운이 바뀌는 음운 변동이 일어났지만, ㉠의 경우 선행하는 음운의 영향을 받아 후행하는 음운이 바뀌었으므로 선지의 설명은 적절하지 않다.

② ㉠에는 공통적으로 비음화가 일어나는데, 비음화는 조음 위치는 같고 조음 방법만 바뀌는 음운 변동에 해당한다. 한편, ㉡의 '밟히다 → [발피다]'와 '끓다

→ [끝태]는 모두 거센소리되기만 일어났을 뿐, 한 음운이 다른 음운의 조음 위치를 닮는 음운 변동은 일어나지 않았다.

④ 음절 끝에 둘 이상의 자음이 오지 못해 발생하는 음운 변동은 자음군 단순화에 해당한다. ⓒ의 경우 거센소리되기만 일어났으며, ⓒ의 '훑더라 → [흘떠라]'는 '훑'의 받침 'ㅌ'이 음절의 끝소리 규칙에 따라 'ㄷ'으로 교체되었다. ⓒ의 '읽기 → [일끼]'는 겹받침 'ㄺ' 중 'ㄱ'의 영향으로 'ㄱ'의 'ㄱ'이 된소리가 된 후, 자음군 단순화로 인해 겹받침이 'ㄹ'이 된 경우에 해당한다. 따라서 자음군 단순화가 일어난 예시는 ⓒ의 '읽기 → [일끼]'밖에 없으므로 선지의 설명은 적절하지 않다.

⑤ ⓒ에서 공통적으로 일어난 된소리되기는 한 음운이 다른 음운으로 바뀌는 교체 현상에 해당한다. 없던 음운이 새로 생기는 음운 변동은 'ㄴ' 첨가 현상이므로 선지의 설명은 적절하지 않다.

102. ①

정답 설명

'좋- + -아 → [조아]'는 'ㅎ'이 모음 사이에서 탈락하는 예시이다. 〈보기〉에 따르면 'ㅎ'의 소리가 불명확하여 다른 음운과 인접하였을 때 쉽게 탈락하는 것은 내재적 요인에 의한 것에 해당하므로, '좋아'는 ㉠의 예로 적절하다. 한편, '닮- + -지만 → [담찌만]'은 첫 번째 음절의 받침 'ㄻ'이 자음으로 시작하는 어미 앞에서 자음군 단순화가 일어나 'ㅁ'으로 발음된다. 〈보기〉에 따르면 종성 위치에 자음이 둘 이상 올 수 없는 제약으로 인해 탈락 현상이 일어나는 것은 외재적 요인에 의한 것이므로 '닮지만'은 ⓒ의 예로 적절하다.

오답 설명

② '읊- + -고 → [읍꼬]'는 첫 번째 음절의 받침 'ㄿ'이 자음으로 시작하는 어미 앞에서 자음군 단순화가 일어나 'ㅍ'이 된 후, 음절 끝소리 규칙에 따라 'ㅍ'이 'ㅂ'으로 된 경우이다. 〈보기〉에 따르면 종성 위치에 자음이 둘 이상 올 수 없는 제약으로 인해 탈락 현상이 일어나는 것은 외재적 요인에 의한 것이므로, '읊고'는 ㉠이 아니라 ⓒ의 예에 해당한다. 한편, '맑- + -다 → [막따]'는 음절 받침 'ㄺ'이 자음군 단순화로 인해 'ㄱ'이 된 경우이다. 〈보기〉에 따르면 종성 위치에 자음이 둘 이상 올 수 없는 제약으로 인해 탈락 현상이 일어난 것은 외재적 요인에 의한 것이므로, '맑다'는 ⓒ의 예로 적절하다.

③ '끓- + -이- + -다 → [끄리대]'는 첫 번째 음절의 받침 'ㅀ'의 'ㅎ'이 모음으로 시작하는 어미 앞에서 탈락한 경우이다. 〈보기〉에 따르면 소리가 불명확한 'ㅎ'이 다른 음운과 인접하였을 때 쉽게 탈락하는 현상은 내재적 요인에 의한 것이므로, '끓이다'는 ㉠의 예로 적절하다. 한편, '얼- + -ㄴ → [언:]'은 어간 받침 'ㄹ'이 어미 앞에서 탈락한 경우이다. 〈보기〉에 따르면 'ㄹ'과 같이 소리의 성격이 약한 음운이 다른 음운과 인접하였을 때 쉽게 탈락하는 것은 내재적 요인에 의한 것이다. 따라서 이는 ⓒ이 아니라 ㉠의 예에 해당한다.

④ '치르- + -어도 → [치러도]'는 모음과 모음이 인접하는 상황에서 모음 'ㅡ'가 탈락하는 경우이다. 〈보기〉에 따르면 중성끼리 잇따르는 것을 회피하는 제약으로 인해 모음 중 하나가 탈락하는 현상은 외재적 요인에 해당하므로, '치러도'는 ㉠이 아니라 ⓒ의 예에 해당한다. 한편, '흙 + 얼개 → [흐걸개]'는 첫 번째 음절의 받침 'ㄺ'이 자음군 단순화로 인해 'ㄱ'이 된 후, 연음된 경우이다. 〈보기〉에 따르면 종성 위치에 자음이 둘 이상 올 수 없는 제약으로 인해 탈락 현상이 일어나는 것은 외재적 요인에 의한 것이므로, '흙얼개'는 ⓒ의 예로 적절하다.

⑤ '값 + -어치 → [가버치]'는 첫 음절의 받침 'ㅄ'이 자음군 단순화로 인해 'ㅂ'이 된 후, 연음된 경우이다. 〈보기〉에 따르면 종성 위치에 자음이 둘 이상 올 수 없는 제약으로 인해 탈락 현상이 일어나는 것은 외재적 요인에 의한 것이다. 따라서 '값어치'는 ㉠이 아니라 ⓒ에 해당하는 예로 적절하다. 참고로, '-

'어치'는 접미사이므로 형식 형태소에 해당하나, 통시적으로 '-어치'는 실질 형태소에 가깝게 쓰여 예외적으로 자음군 단순화가 적용된 경우에 해당한다. 한편, '앉- + -고 → [안꼬]'는 음절 받침 'ㄵ'이 자음군 단순화로 인해 'ㄴ'이 된 경우이다. 이는 '값어치'에서와 같이 외재적 요인에 의한 것이므로, '앉고'는 ⓒ의 예로 적절하다.

103. ①

정답 설명

'핥더라'에서 자음군 단순화가 먼저 일어날 경우, 받침 'ㄾ'이 'ㄹ'이 되어 [할더라]가 된다. 이때 [할더라]에서는 후행하는 'ㄷ'이 된소리되기가 일어날 조건을 갖추고 있지 않으므로, 올바른 발음이 도출될 수 없다. 따라서 '핥더라[할떠라]'는 자음군 단순화 이전에 된소리되기가 먼저 일어나야 하므로 선지의 설명은 적절하지 않다.

오답 설명

② '일일이[일리리]'는 합성어 및 파생어에서 자음으로 끝난 '일'과 모음 'ㅣ' 사이에 'ㄴ'이 첨가되어 [일닐이]가 된다. 이후 첫 번째 음절 종성의 'ㄹ'의 영향을 받아 후행하는 비음 'ㄴ'이 유음화되고, '릴'의 'ㄹ'이 뒤 음절의 첫소리로 연음되어 [일리리]로 발음된다. 즉, '일일이'는 'ㄴ' 첨가가 먼저 일어나야만 유음화가 일어날 수 있으므로, 음운 변동의 순서가 고정된 예라고 볼 수 있다.

③ '읽게[일께]'는 자음군 단순화가 먼저 일어날 경우, 받침 'ㄺ'이 'ㄹ'이 되어 [일게]가 된다. 이때 [일게]에서는 후행하는 'ㄱ'이 된소리되기가 일어날 조건을 갖추고 있지 않으므로, 올바른 발음이 도출될 수 없다. 따라서 된소리되기가 먼저 일어난 후 자음군 단순화를 적용해야 올바른 발음이 도출되므로, 음운 변동의 순서가 고정된 예라고 볼 수 있다.

④ '학력[항녁]'은 'ㄹ'이 'ㄱ' 뒤에서 'ㄴ'으로 바뀌는 'ㄹ'의 비음화가 일어나 [학녁]이 된 후, 앞 음절 종성의 'ㄱ'이 후행하는 비음 'ㄴ'의 영향을 받아 비음 'ㅇ'으로 교체된다. 즉, 'ㄹ'의 비음화가 먼저 일어나야만 'ㄱ'이 'ㅇ'으로 교체되는 비음화가 일어날 수 있으므로, 음운 변동의 순서가 고정된 예라고 볼 수 있다.

⑤ '흙일[흥닐]'은 자음군 단순화와 'ㄴ' 첨가가 일어나 [흑닐]이 된 후, 선행하는 'ㄱ'이 첨가된 'ㄴ'의 영향을 받아 비음 'ㅇ'으로 교체되어 [흥닐]로 발음된다. 즉, 'ㄴ' 첨가가 먼저 일어나야만 'ㄱ'이 'ㅇ'으로 교체되는 비음화가 일어날 수 있으므로, 음운 변동의 순서가 고정된 예라고 볼 수 있다.

104. ④

정답 설명

'배우- + -어 → 배워'는 'ㅗ, ㅜ로 끝나는 용언 어간 뒤에 '-아/어'로 시작하는 어미가 올 때, 용언 어간의 'ㅗ, ㅜ가 반모음 [w]로 교체되는 현상에 해당한다. 따라서 ㉠에 해당하는 예로 적절하다. 한편, '쓰- + -어도 → 써도'는 'ㅡ'로 끝나는 용언 어간 뒤에 '-아/어'로 시작하는 어미가 올 때, 용언 어간의 'ㅡ'가 탈락하는 현상에 해당한다. 따라서 ⓒ에 해당하는 예로 적절하다. 또한, '되- + -어도 → 되여도'는 'ㅚ'로 끝난 용언 어간 뒤에서 반모음 [j]가 첨가된 현상에 해당한다. 이는 이전에는 없던 음운 반모음 [j]가 첨가되어 단모음 'ㅓ'가 이중 모음 'ㅕ'로 변한 것을 통해 알 수 있다. 따라서 ⓒ에 해당하는 예로 적절하다.

오답 설명

① '피- + -어 → 펴:'는 'ㅣ'로 끝나는 용언 어간 뒤에 '-아/어'로 시작하는 어미가 올 때, 용언 어간의 'ㅣ'가 반모음 [j]로 교체되는 현상에 해당한다. 따라서 ㉠에 해당하는 예로 적절하다. 한편, '자- + -아서 → 자서'는 'ㅏ'나 'ㅓ'

로 끝나는 용언 어간 뒤에 '-아'나 '-어'로 시작하는 어미가 올 때 두 모음 중 하나가 탈락하는 현상이다. 따라서 ⓛ에 해당하는 예로 적절하다. 반면, '살피- + -어 → 살펴'는 'ㅣ'로 끝나는 용언 어간 뒤에 '-아/어'로 시작하는 어미가 올 때, 용언 어간의 'ㅣ'가 반모음 [j]로 교체되는 현상에 해당한다. 따라서 ⓒ이 아니라 ㉠에 해당하는 예이다.

② '크- + -어도 → 커도'는 'ㅡ'로 끝나는 용언 어간 뒤에 '-아/어'로 시작하는 어미가 올 때, 용언 어간의 'ㅡ'가 탈락하는 현상에 해당한다. 따라서 ㉠이 아니라 ⓛ에 해당하는 예이다. '두- + -어 → 둬:'는 'ㅗ, ㅜ'로 끝나는 용언 어간 뒤에 '-아/어'로 시작하는 어미가 올 때, 용언 어간의 'ㅗ, ㅜ'가 반모음 [w]로 교체되는 현상에 해당한다. 따라서 ⓛ이 아니라 ㉠에 해당하는 예이다. 한편, '피- + -어 → 피여'는 'ㅣ'로 끝나는 용언 어간 뒤에서 반모음 [j]가 첨가된 현상에 해당한다. 이는 이전에는 없던 음운 반모음 [j]가 첨가되어 단모음 'ㅓ'가 이중 모음 'ㅕ'로 변한 것을 통해 알 수 있다. 따라서 ⓒ에 해당하는 예로 적절하다.

③ '두- + -어 → 둬:'는 'ㅗ, ㅜ'로 끝나는 용언 어간 뒤에 '-아/어'로 시작하는 어미가 올 때, 용언 어간의 'ㅗ, ㅜ'가 반모음 [w]로 교체되는 현상에 해당한다. 따라서 ㉠에 해당하는 예로 적절하다. '배우- + -어 → 배워'는 'ㅗ, ㅜ'로 끝나는 용언 어간 뒤에 '-아/어'로 시작하는 어미가 올 때, 용언 어간의 'ㅗ, ㅜ'가 반모음 [w]로 교체되는 현상에 해당한다. 따라서 ⓛ이 아니라 ㉠에 해당하는 예이다. 한편, '견디- + -어서 → 견뎌서'는 'ㅣ'로 끝나는 용언 어간 뒤에 '-아/어'로 시작하는 어미가 올 때, 용언 어간의 'ㅣ'가 반모음 [j]로 교체되는 현상에 해당한다. 따라서 ⓒ이 아니라 ㉠에 해당하는 예이다.

⑤ '자- + -아서 → 자서'는 'ㅏ'나 'ㅓ'로 끝나는 용언 어간 뒤에 '-아'나 '-어'로 시작하는 어미가 올 때 두 모음 중 하나가 탈락하는 현상이다. 따라서 ㉠이 아니라 ⓛ에 해당하는 예이다. '바꾸- + -어라 → 바꿔라'는 'ㅗ, ㅜ'로 끝나는 용언 어간 뒤에 '-아/어'로 시작하는 어미가 올 때, 용언 어간의 'ㅗ, ㅜ'가 반모음 [w]로 교체되는 현상에 해당한다. 따라서 ⓛ이 아니라 ㉠에 해당하는 예이다. 한편, '살피- + -어 → 살펴'는 'ㅣ'로 끝나는 용언 어간 뒤에 '-아/어'로 시작하는 어미가 올 때, 용언 어간의 'ㅣ'가 반모음 [j]로 교체되는 현상에 해당한다. 따라서 ⓒ이 아니라 ㉠에 해당하는 예이다.

105. ③

정답 설명

'외박'은 'ㅚ, ㅂ, ㅏ, ㄱ'의 4개의 음운으로, '우박'은 'ㅜ, ㅂ, ㅏ, ㄱ'의 4개의 음운으로 구성되어 있다. 따라서 '외박'과 '우박'은 두 음운의 개수가 같고, 다른 음운은 모두 동일한 조건에서 오직 앞 음절 중성 'ㅚ'와 'ㅜ'로 뜻이 구별되므로, 최소 대립쌍에 해당한다.

오답 설명

① '있다'는 표준 발음이 [읻따]이므로 'ㅣ, ㄷ, ㄸ, ㅏ' 4개의 음운으로 구성되어 있다. '없다'는 표준 발음이 [업따]이므로 'ㅓ, ㅂ, ㄸ, ㅏ' 4개의 음운으로 구성되어 있다. 두 단어의 음운의 개수는 같으나, 같은 자리에 있는 하나의 음운만 달라야 한다는 최소 대립쌍의 조건을 만족하지 못하므로 두 단어는 최소 대립쌍에 해당하지 않는다.

② 국어에서 음절 초성에 오는 'ㅇ'은 음가가 없는 형식적 초성에 해당하므로, 음운이라 보기 어렵다. 즉, '유학'의 'ㅇ'은 형식적 초성으로, 음운이 아니다. '유학'은 'ㅠ, ㅎ, ㅏ, ㄱ'의 4개의 음운으로, '휴학'은 'ㅎ, ㅠ, ㅎ, ㅏ, ㄱ'의 5개의 음운으로 구성되어 있다. 따라서, '유학'과 '휴학'은 음운의 개수가 같지 않으므로, 최소 대립쌍에 해당하지 않는다.

④ '쌈'은 'ㅆ, ㅏ, ㅁ'의 3개의 음운으로, '삼'은 'ㅅ, ㅏ, ㅁ'의 3개의 음운으로 구성되어 있다. 따라서 '쌈'과 '삼'은 두 음운의 개수가 같고 다른 음운은 모두

동일한 조건에서, 초성의 'ㅆ'과 'ㅅ'으로 뜻이 구별되므로 최소 대립쌍에 해당한다.

⑤ '구슬'은 'ㄱ, ㅜ, ㅅ, ㅡ, ㄹ'의 5개의 음운으로, '구실'은 'ㄱ, ㅜ, ㅅ, ㅣ, ㄹ'의 5개의 음운으로 구성되어 있다. 따라서 '구슬'과 '구실'은 두 단어의 음운 개수가 같고 다른 음운은 모두 동일한 조건에서, 오직 두 번째 음절의 중성 'ㅡ'와 'ㅣ'로 뜻이 구별되므로 최소 대립쌍에 해당한다.

106. ②

정답 설명

'닭이'를 [달기]로 발음하는 것은 음절 종성에서 겹받침 'ㄺ'이 모두 발음될 수 없기 때문이다. 즉, 국어의 종성에는 올 수 있는 자음의 개수가 1개로 정해져 있으므로, 겹받침 중 'ㄱ'이 뒤 음절 초성으로 연음되어 [달기]라고 발음하는 것이다. 따라서 '닭이'를 '[달기]로 발음하는 것은 음절 초성에 올 수 있는 자음의 종류가 정해져 있기 때문이 아니라, 음절 종성에 올 수 있는 자음의 개수가 정해져 있기 때문이므로 선지의 설명은 적절하지 않다.

오답 설명

① 'shop'을 [쇺]이 아니라 [숍]으로 인식하는 것은, 국어의 음절 구조 제약을 고려한 결과라고 볼 수 있다. 이는 국어의 종성에는 올 수 있는 자음의 종류가 7개('ㄱ, ㄴ, ㄷ, ㄹ, ㅁ, ㅂ, ㅇ')로 한정되어 있으므로, [쇺]이 아니라 음절 종성의 'ㅍ'이 대표음 'ㅂ'으로 교체된 [숍]으로 인식한 것으로 볼 수 있다.

③ '훑지'를 [훌찌]로 발음하는 것은 음절 종성에서 겹받침 'ㄾ'이 모두 발음될 수 없기 때문이다. 국어의 종성에는 올 수 있는 자음의 개수가 1개로 정해져 있으므로, 이러한 음절 구조 제약을 위배하지 않기 위해 자음군 단순화가 일어난 것이다.

④ 'mint'를 [믿]가 아니라 [민트]로 인식하는 것은 영어와 달리 국어의 종성에 올 수 있는 자음의 개수는 1개로 정해져 있기 때문이다. 따라서 모음 'ㅡ'를 삽입하여 종성에 자음이 1개만 올 수 있도록 한 것이므로 선지의 설명은 적절하다.

⑤ '놓는'을 [논는]으로 발음하는 것은 음절 종성에서 올 수 있는 자음의 종류가 7개('ㄱ, ㄴ, ㄷ, ㄹ, ㅁ, ㅂ, ㅇ')로 정해져 있기 때문이다. 즉, 'ㅎ'이 음절의 끝소리 규칙에 따라 'ㄷ'으로 교체된 것이므로 선지의 설명은 적절하다. 참고로 [논는]은 음절의 끝소리 규칙 적용 후 뒤 음절의 'ㄴ'으로 인해 종성의 'ㄷ'에서 비음화가 일어나 최종적으로 [논는]으로 발음된다.

107. ④

정답 설명

〈보기〉의 ⓔ '실낙원[실라권]'은 둘째 음절의 'ㄴ'이 선행하는 유음 'ㄹ'의 영향을 받아 같은 조음 방법의 유음 'ㄹ'로 교체되는 유음화가 일어난 사례이다. ④의 '핥네'는 자음군 단순화로 인해 겹받침 'ㄾ'에서 'ㅌ'이 탈락해 'ㄹ'이 된 후, 후행하는 'ㄴ'이 받침 'ㄹ'의 영향을 받아 자음 'ㄹ'로 바뀌는 유음화가 일어난다. '설익다'는 자음으로 끝난 '설'과 모음 'ㅣ' 사이에 'ㄴ'이 첨가되고, 첨가된 'ㄴ'이 선행하는 유음 'ㄹ'의 영향을 받아 유음 'ㄹ'로 교체되는 유음화가 일어난다. 따라서 '핥네[할레]'와 '설익다[설릭따]'는 모두 유음화가 일어난 ⓔ의 예에 해당한다.

오답 설명

① 〈보기〉의 ㉠ '덮고[덥꼬]'는 음절의 끝소리 규칙으로 '덮'의 종성 'ㅍ'이 'ㅂ'으로 바뀌고, 'ㅂ' 뒤에서 예사소리 'ㄱ'이 된소리 'ㄲ'으로 교체되는 된소리되기가 일어난 사례이다. ①의 '낯설다'는 음절의 끝소리 규칙으로 '낯'의 종성 'ㅊ'이

05 | 음운 변동과 발음 규정

'ㄷ'으로 변한 뒤, 'ㄷ' 뒤에서 예사소리 'ㅅ'이 된소리 'ㅆ'으로 교체된다. 한편, '잊히다'는 'ㅈ'과 'ㅎ'이 'ㅊ'으로 축약되는 거센소리되기가 일어난다. 따라서 '낯설대[낟썰대]'와 달리 '잊히다[이치다]'는 된소리되기의 예에 해당하지 않는다.

② 〈보기〉의 ⓒ '외곬[외골]'은 겹받침 'ㄼ'의 'ㅅ'이 탈락해 'ㄹ'이 되는 자음군 단순화가 일어난 사례이다. ②의 '많니'는 자음으로 시작하는 어미 '-니' 앞에서 자음군 단순화가 일어나 [만니]가 된다. 반면, '닳아'는 모음으로 시작하는 어미 '-아' 앞에서 'ㅎ'이 탈락하여 [다라]가 된다. 따라서 '많니[만니]'와 달리 '닳아[다라]'는 자음군 단순화의 예에 해당하지 않는다. 참고로, 'ㅎ' 탈락은 공명음(비음, 유음)과 모음 사이에서 'ㅎ'이 탈락하는 현상을 말한다.

③ 〈보기〉의 ⓒ '각해[가캐]'는 받침 'ㄱ'과 'ㅎ'이 결합해 'ㅋ'으로 축약되는 거센소리되기가 일어난 사례이다. ③의 '점잖고'는 받침 'ㄶ'의 'ㅎ'과 후행하는 어미 '-고'의 'ㄱ'이 결합해 'ㅋ'으로 축약된다. 한편, '읊지'는 자음군 단순화와 음절의 끝소리 규칙이 일어나 겹받침 'ㄿ'이 'ㅂ'이 된 후 받침 'ㅂ' 뒤에서 예사소리 'ㅈ'이 된소리 'ㅉ'으로 교체되는 된소리되기가 일어난다. 따라서 '점잖고[점잔코]'와 달리 '읊지[읍찌]'는 거센소리되기의 예에 해당하지 않는다.

⑤ 〈보기〉의 ⑩ '같이[가치]'는 'ㅌ'과 모음 'ㅣ'로 시작하는 형식 형태소가 만나 'ㅌ'이 'ㅊ'으로 변하는 구개음화가 일어난 사례이다. ⑤의 '벼훑이'는 'ㅌ'과 모음 'ㅣ'로 시작하는 형식 형태소가 만나 'ㅌ'이 'ㅊ'으로 변하는 구개음화가 일어난다. 반면, '끝일'의 '일'은 모음 'ㅣ'로 시작하는 실질 형태소에 해당하므로 앞 음절 종성에서 음절 끝소리 규칙이 일어난다. 이후 자음으로 시작하는 말과 모음 'ㅣ'로 시작하는 말 사이에서 'ㄴ'이 첨가되고, 이 'ㄴ'의 영향으로 선행하는 자음 'ㄷ'이 'ㄴ'으로 교체되는 비음화가 일어난다. 따라서 '벼훑이[벼훌치]'와 달리 '끝일[끈닐]'은 구개음화의 예에 해당하지 않는다.

108. ④

정답 설명

'꽃이삭[꼰니삭]'은 첫 번째 음절 '꽃'의 종성 'ㅊ'이 음절의 끝소리 규칙에 따라 'ㄷ'으로 교체된다. 그리고 자음으로 끝난 말과 모음 'ㅣ'로 시작하는 말 사이에서 'ㄴ'이 첨가되어 [꼳니삭]이 된다. 이때 교체된 'ㄷ'은 후행하는 비음 'ㄴ'의 영향을 받아 'ㄴ'과 같은 조음 방법의 비음 'ㄴ'이 된다. 따라서 '꽃이삭[꼰니삭]'은 ㉠(교체)와 ⓒ(첨가)의 음운 변동이 일어나므로, 제시된 선지는 적절하다.

오답 설명

① '없는[엄ː는]'은 자음군 단순화에 인해 음절 종성의 겹받침 'ㅄ' 중 'ㅅ'이 탈락하여 [업는]이 된 후, 종성 'ㅂ'이 후행하는 비음 'ㄴ'의 영향을 받아 비음 'ㅁ'으로 교체되는 비음화가 일어난다. 따라서 '없는[엄ː는]'은 ⓒ(탈락)과 ㉠(교체)의 음운 변동이 일어나므로, 제시된 선지는 적절하지 않다.

② '색연필[생년필]'은 자음으로 끝난 '색'과 반모음 'ㅣ' 사이에서 'ㄴ'이 첨가되어 [색년필]이 된 후, '색'의 종성 'ㄱ'이 첨가된 비음 'ㄴ'의 영향을 받아 비음 'ㅇ'으로 바뀌는 비음화가 일어난다. 즉, '색연필[생년필]'은 ⓒ(첨가)와 ㉠(교체)의 음운 변동이 일어나므로, 제시된 선지는 적절하지 않다.

③ '몫몫이[몽목씨]'는 첫 번째 음절 '몫'의 종성 'ㄳ'이 자음군 단순화에 의해 'ㅅ'이 탈락하여 'ㄱ'이 되는데, 이 'ㄱ'은 후행하는 비음 'ㅁ'의 영향을 받아 비음 'ㅇ'으로 비음화 되어 [몽목이]가 된다. 두 번째 음절 '몫'의 받침 'ㄳ'은 뒤에 모음으로 시작하는 어미가 오므로 연음된 후, 받침 'ㄱ' 뒤에서 연음된 'ㅅ'은 된소리 'ㅆ'로 교체되어 [몽목씨]가 된다. 따라서 '몫몫이[몽목씨]'는 ⓒ(탈락)과 ㉠(교체)가 일어나므로, 제시된 선지는 적절하지 않다. 참고로, 연음은 음운 변동에 해당하지 않는다.

⑤ '여덟아홉[여더라홉]'은 두 번째 음절의 종성 'ㄼ'이 자음군 단순화에 의해 'ㅂ'이 탈락하여 [여덜아홉]이 되고, 이후 종성 'ㄹ'이 연음되어 [여더라홉]이 된

다. 따라서 '여덟아홉[여더라홉]'은 ⓒ(탈락)의 음운 변동만 일어나므로, 제시된 선지는 적절하지 않다.

109. ⑤

정답 설명

⑩의 '만날 + 사람 → [만날싸람]'은 관형사형 어미 'ㄹ' 뒤에서 예사소리 'ㅅ'이 된소리 'ㅆ'으로 변하는 된소리되기 현상이 일어난다. 이때, 'ㄹ'과 'ㅆ'은 조음 방식이 유음과 마찰음으로 다르다. 또한 'ㄹ'과 'ㅆ'은 치조음으로 조음 위치가 같지만, 'ㅆ'이 바뀌기 전의 'ㅅ' 또한 치조음이므로 'ㄹ'의 영향을 받아 조음 위치가 유사해진 것도 아니다. 따라서 ⑩은 동화 현상에 해당하지 않는다.

오답 설명

① ㉠의 '섞 + 는 → [성는]'은 음절의 끝소리 규칙으로 음절 종성의 'ㄲ'이 'ㄱ'으로 교체된 후, 교체된 'ㄱ'이 후행하는 비음 'ㄴ'의 영향을 받아 'ㄴ'과 같은 조음 방법의 비음 'ㅇ'으로 바뀌는 변화가 일어난다. ㉠에 나타나는 비음화는 동화 현상이므로 선지의 설명은 적절하지 않다.

② ⓒ의 '앉 + 고 → [안꼬]'는 겹받침 'ㄵ'에서 'ㅈ'이 탈락하기 전에 음절의 끝소리 규칙에 의해 'ㄷ'으로 교체되어 된소리되기가 일어난 후, 'ㄷ'이 탈락하는 현상이 일어난다. 'ㄴ(ㄵ)'과 'ㄲ'은 어떠한 음운론적 성질도 공유하고 있지 않으므로 된소리되기는 동화 현상으로 볼 수 없다.

③ ⓒ의 '꽃 + 씨 → [꼳씨]'는 음절의 끝소리 규칙으로 음절 종성의 'ㅊ'이 'ㄷ'이 되는 현상이 일어난다. 즉, 선지에서 말하는 바와 같이 'ㅊ'이 후행하는 'ㅆ'의 영향을 받아 조음 위치가 'ㅆ'과 유사한 'ㄷ'으로 바뀐 것이 아니라, 음절 말에 올 수 있는 자음의 종류가 제한되는 음절 구조 제약에 따라 다른 음절과는 상관없이 음절 말에서 'ㅊ'이 'ㄷ'으로 바뀐 것이다.

④ ⓔ의 '밭 + 이 → [바치]'는 구개음화로 음절 말의 'ㅌ'이 모음 'ㅣ'로 시작하는 형식 형태소와 만나 구개음 'ㅊ'으로 바뀐 현상이 일어난다. 이때, 구개음화는 'ㅌ'이 모음 'ㅣ'의 영향을 받아 모음 'ㅣ'와 비슷한 조음 위치(경구개)의 자음 'ㅊ'으로 바뀐 것이므로, 동화 현상에 해당한다.

110. ⑤

정답 설명

'꽃밭'은 음절 끝소리 규칙과 된소리되기에 따라 최종적으로 [꼳빧]으로 발음된다. 그런데, 간혹 [꼳빧]을 [꼽빧]으로 발음하기도 하는데, 이는 선행 음절의 종성에 오는 자음이 뒤에 오는 자음의 조음 위치를 닮아 가는 조음 위치 동화가 일어난 것이다. '꽃밭'의 최종 발음인 [꼳빧]에서 음절 종성 'ㄷ'이 후행하는 양순음 'ㅃ'의 영향을 받아 같은 조음 위치의 자음인 'ㅂ'으로 바뀌는 것이 바로 조음 위치 동화이다. '감기' 또한 마찬가지로, 선행하는 음절 종성 'ㅁ'이 후행하는 연구개음 'ㄱ'의 영향을 받아 같은 조음 위치의 자음인 'ㅇ'으로 교체되는 조음 위치 동화가 일어난 예이다. 따라서 [A]에 들어갈 말은 '선행 음절의 종성 자음이 뒤에 오는 자음의 조음 위치를 닮아 갔기'가 적절하다. 참고로, 조음 위치 동화는 필수적으로 일어나는 음운 현상이 아닌 수의적인 현상이며, 비표준 발음이다.

문법N제

Part _06 　중세 국어

1. ⑤

> **정답 설명**

'거말이(거머리)'를 표현하기 위해서 '巨末里(클 거, 끝 말, 마을 리(이))'를 활용했다면 모두 한자의 음을 활용한 것이므로 ㉠, ㉡이 모두 나타난 예가 아닌, ㉡이 나타난 예이다.

> **오답 설명**

① '안마을'을 표현하기 위해서 '內里(안 내, 마을 리)'를 활용했다면 모두 한자의 뜻을 활용한 것이므로 ㉠의 예로 볼 수 있다.

② '물푸레나무'를 표현하기 위해 '水靑木(물 수, 푸를 청, 나무 목)'을 활용했다면 모두 한자의 뜻을 활용한 것이므로 ㉠의 예로 볼 수 있다.

③ '소나'를 표현하기 위해 '素那(흴 소, 어찌 나)'를 활용했다면 모두 한자의 음을 활용한 것이므로 ㉡의 예로 볼 수 있다.

④ '고치'를 표현하기 위해서 '高致(높을 고, 이를 치)'를 활용했다면 모두 한자의 음을 활용한 것이므로 ㉡의 예로 볼 수 있다.

2. ②

> **정답 설명**

㉣ '뿌메'의 'ㅃ'은 초성에 합용 병서가 사용된 예(㉮), '뿌'는 중성을 초성 아래 붙여 쓴 예(㉯), '메'는 중성을 초성 오른쪽에 붙여 쓴 예(㉰)로 볼 수 있다.
㉤ '쓰ᄅ미니라'의 'ㅆ'은 초성에 합용 병서가 사용된 예(㉮), '쓰, ᄅ'는 중성을 초성 아래 붙여 쓴 예(㉯), '미, 니, 라'는 중성을 초성 오른쪽에 붙여 쓴 예(㉰)로 볼 수 있다.

> **오답 설명**

㉠ '뜯들'의 'ㅳ'은 초성에 합용 병서가 사용된 예(㉮), '뜨, 들'은 중성을 초성 아래 붙여 쓴 예(㉯)로 볼 수 있다. 그러나 ㉰는 확인할 수 없다.

㉡ '스믈여듧'의 '스, 믈, 듧'은 중성을 초성 아래 붙여 쓴 예(㉯), '여'는 중성을 초성 오른쪽에 붙여 쓴 예(㉰)로 볼 수 있다. 그러나 ㉮는 확인할 수 없다. 참고로 '듧'의 'ㄼ'은 초성이 아닌 종성에 합용 병서가 사용된 것이므로 ㉮의 예로 볼 수 없다.

㉢ '수비'는 '수'는 중성을 초성 아래 붙여 쓴 예(㉯), '비'는 중성을 초성 오른쪽에 붙여 쓴 예(㉰)로 볼 수 있다. 그러나 ㉮는 확인할 수 없다. 참고로 순경음 'ㅸ'은 초성 글자를 위아래로 이어 쓴 연서이므로, 초성 글자를 나란히 합한 합용 병서의 예가 아니다.

3. ④

> **정답 설명**

'모딘', '디나리잇가'는 현대 국어의 '모진', '지나겠습니까?'에 대응되므로 중세 국어에서 구개음화가 실현되지 않은 예에 해당하지만, '도즈기'는 'ㄷ, ㅌ'이 'ㅣ'와 인접하는 환경에 있지 않으므로 구개음화의 실현과는 관련이 없다. 중세와 현대 모두 같은 자음을 쓰는 것에서도 이를 확인할 수 있다.

> **오답 설명**

① '셔븘'과 'ᄒᆡᄫᅡ'에는 현대 국어에는 존재하지 않는 글자인 'ㅸ', 'ㆍ', 'ㅿ' 등이 쓰였으므로 적절한 이해이다.

② '셔븘'은 현대어 '서울의'로 해석된다. 따라서 종성의 'ㅅ'은 관형격 조사로 쓰였음을 알 수 있다.

③ '믈리시니이다'는 현대어 '물리치셨습니다.'에 대응된다. 이때 쓰인 '-시-'는 생략된 주체를 높이는 기능을 수행하고 있으므로 적절한 이해이다.

⑤ '긔벼를'은 음성 모음(ㅓ, ㅕ, ㅡ)끼리, '도즈굴'은 양성 모음(ㅗ, ㆍ), 'ᄆᆞᄅ'은 양성 모음(ㆍ)끼리 어울려서 모음 조화를 지켜 표기했으므로 적절한 이해이다.

4. ④

> **정답 설명**

㉣은 의문사 '엇던'이 실현되어 구체적인 설명을 요구하는 의문문이며, 의문형 어미 '-고'가 사용되었으므로 선지의 설명은 적절하다.

> **오답 설명**

① ㉠은 의문사 '엇던'이 실현되어 구체적인 설명을 요구하는 의문문이며, 체언 '사ᄅᆞᆷ' 뒤에 의문 보조사 '고'가 결합하여 쓰였으므로 적절한 이해가 아니다.

② ㉡은 의문사의 실현 없이 긍정이나 부정의 대답을 요구하는 의문문이며, 체언 '죵' 뒤에 의문 보조사 '가'가 결합하여 쓰였으므로 적절한 이해가 아니다.

③ ㉢은 의문사 '엇뎨'가 실현되어 구체적인 설명을 요구하는 의문문이며, 2인칭 주어 '너'가 사용되어 의문형 어미 '-ㄴ다'가 쓰였으므로 적절한 이해가 아니다.

⑤ ㉤은 의문사의 실현 없이 긍정이나 부정의 대답을 요구하는 의문문이며, 의문형 어미 '-가'가 쓰였으므로 적절한 이해가 아니다.

5. ②

> **정답 설명**

'시미'는 현대어 풀이 '샘이'에 대응되며 '십+이'로 분석되므로, 자음으로 끝나는 체언 뒤에서 주격 조사가 '이'로 실현된 예로 적절하다.

> **오답 설명**

① 'ᄂᆞ믜'는 현대어 풀이 '남의'에 대응되며 'ᄂᆞᆷ+의'로 분석되므로, 주격 조사가 아닌 관형격 조사가 '의'로 실현된 예이다.

③ '쇠'는 현대어 풀이 '소의'에 대응되며 '쇼+ㅣ'로 분석되므로, 주격 조사가 아닌 관형격 조사가 'ㅣ'로 실현된 예이다.

④ '불휘'는 현대어 풀이 '뿌리가'에 대응되며 '불휘+∅'로 분석된다. 따라서 반모음 'ㅣ'로 끝나는 체언 뒤에서 주격 조사가 '∅'로 실현된 예이다.

⑤ '머리'는 현대어 풀이 '머리가'에 대응되며 '머리+∅'로 분석된다. 따라서 모음 'ㅣ'로 끝나는 체언 뒤에서 주격 조사가 '∅'로 실현된 예이다.

6. ⑤

> **정답 설명**

'서리'는 말음이 'ㅣ'이므로 부사격 조사로 '예'가 쓰인다. 한편 'ᄇᆞᄅᆞᆷ'은 끝 음절 'ᄅᆞᆷ'의 모음(ㆍ)이 양성 모음이므로 '애'가 쓰이며, 이어 적기를 하면 'ᄇᆞᄅᆞ매'가 된다.

06 | 중세 국어

정답과 해설 　267

7. ②

정답 설명

15세기 국어에서는 종성에서 'ㄷ'과 'ㅅ'이 다르게 발음되었다고 하였으므로, '몃'의 종성은 'ㄷ'이 아닌 'ㅅ'으로 발음되었다고 이해하는 것이 적절하다.

오답 설명

① 해당 문장에서 '四祖ㅣ'는 '사조가'라는 주어로 사용되었으므로 '四祖ㅣ'의 'ㅣ'는 주격 조사로 쓰였음을 알 수 있다.
③ '누리삸'에는 오늘날에는 쓰이지 않는 글자인 'ㆆ'이 쓰였으므로 적절한 이해이다.
④ ㉣에 따르면 '쁘들'의 초성 'ㅄ'은 'ㅂ'과 'ㄷ'이 각각 발음되었을 것이므로 적절한 이해이다.
⑤ '지븨'는 '집의'처럼 분철 표기를 하지 않고 연철 표기 방식으로 쓰였으므로 적절한 이해이다.

8. ④

정답 설명

〈보기 1〉에 따르면 연철 표기의 환경은 '받침이 있는 체언이나 용언의 어간에 모음으로 시작되는 조사나 어미가 붙을 때'이다. '너겨'는 현대어 풀이로 미루어 볼 때 '너기다'가 기본형에 해당하므로 '너기-'가 어간이다. 이는 받침이 있는 용언 어간 뒤에 모음으로 시작되는 어미가 온 경우가 아니므로 연철 표기나 분철 표기가 적용되는 경우가 아니다. 따라서 분철 표기를 한다 하더라도 '너겨'를 '넉여'로 적을 수 없다.

오답 설명

① '말ㅆ미'는 '말ㅆ'에 주격 조사 '이'가 결합된 형태로, 연철 표기를 한 것이므로 적절한 이해이다.
② '쁘들'은 '쁟'에 목적격 조사 '을'이 결합된 형태로, 형태를 밝혀 적는다면(분철 표기 방식으로 적으면) '뜯을'처럼 적을 수 있으므로 적절한 이해이다.
③ '노미'는 '놈'에 주격 조사 '이'가 결합된 형태로, 연철 표기를 한 것이므로 적절한 이해이다.
⑤ 'ᄯᆞᄅᆞ미니라'는 의존 명사 'ᄯᆞᄅᆞᆷ' 뒤에 서술격 조사 '이니라'가 결합된 형태로, 연철 표기를 한 것이므로 적절한 이해이다.

9. ③

정답 설명

'바ᄂᆞᄅᆞᆯ'은 '바ᄂᆞᆯ(바늘)+ᄋᆞᆯ'로 분석할 수 있는데, 여기에 쓰인 목적격 조사는 'ᄅᆞᆯ'이 아니라 'ᄋᆞᆯ'이므로 적절한 이해가 아니다. 'ᄅᆞᆯ'과 같은 표기는 '바ᄂᆞᆯ'의 종성 'ㄹ'을 이어 적은 것이다.

오답 설명

① '죠히ᄅᆞᆯ'은 '죠히(종이)+ᄅᆞᆯ'로 분석할 수 있는데, 여기에 쓰인 목적격 조사는 'ᄅᆞᆯ'이므로 적절한 이해이다.
② '쟝긔파ᄂᆞᆯ'은 '쟝긔판(장기판)+ᄋᆞᆯ'로 분석할 수 있는데, 여기에 쓰인 목적격 조사는 'ᄋᆞᆯ'이므로 적절한 이해이다.
④ '낙술'은 '낛(낚시)+ᄋᆞᆯ'로 분석할 수 있는데, 여기에 쓰인 목적격 조사는 'ᄋᆞᆯ'이므로 적절한 이해이다.
⑤ '므스글'은 '므슥(무엇)+을'로 분석할 수 있는데, 여기에 쓰인 목적격 조사는 '을'이므로 적절한 이해이다.

10. ④

정답 설명

'바ᄆᆡ(밤+ᄋᆡ)'는 '밤에'로 풀이되므로, 앞말 '밤'의 끝에 오는 모음('ㅏ')이 양성이기에 부사격 조사로 'ᄋᆡ'가 쓰인 예에 해당한다.

오답 설명

① '아ᄃᆞᆯᄋᆡ(아ᄃᆞᆯ+ᄋᆡ)'는 '아들의'로 풀이되므로, 앞말 '아ᄃᆞᆯ'의 끝에 오는 모음('ㆍ')이 양성이기에 관형격 조사로 'ᄋᆡ'가 쓰인 예에 해당한다.
② '사ᄅᆞᄆᆡ(사ᄅᆞᆷ+ᄋᆡ)'는 '사람의'로 풀이되므로, 앞말 '사ᄅᆞᆷ'의 끝에 오는 모음('ㆍ')이 양성이기에 관형격 조사로 'ᄋᆡ'가 쓰인 예에 해당한다.
③ '올ᄒᆞᆫ녀긔(올ᄒᆞᆫ녁+의)'는 '오른쪽에'로 풀이되므로, 앞말 '올ᄒᆞᆫ녁'의 끝에 오는 모음('ㅕ')이 음성이기에 부사격 조사로 '의'가 쓰인 예에 해당한다.
⑤ '아기아ᄃᆞᆯᄋᆡ(아기아ᄃᆞᆯ+ᄋᆡ)'는 '막내아들의'로 풀이되므로, 앞말 '아기아ᄃᆞᆯ'의 끝에 오는 모음('ㆍ')이 양성이기에 관형격 조사로 'ᄋᆡ'가 쓰인 예에 해당한다.

11. ③

정답 설명

'니ᄅᆞ샤ᄃᆡ'는 현대어 풀이 '이르시되'와 대응하므로, 주체 높임 선어말 어미 '-샤-'가 쓰인 것으로 볼 수 있다. 따라서 객체를 높이는 선어말 어미는 쓰이지 않았다.

오답 설명

① '世尊하'가 '세존이시여'로 풀이되는 것으로 보아, '하'는 높임의 대상을 부르는 호격 조사임을 알 수 있다.
② '날'은 '나'에 목적격 조사 'ㄹ'이 결합된 것이다. 모음으로 끝나는 체언 뒤에는 '를, 를'이 주로 쓰이지만 '날'과 같이 'ㄹ'이 쓰이는 경우가 있다. 참고로 현대 국어에서도 '널(너를), 절(저를)' 등과 같이 목적격 조사로 '를' 대신 'ㄹ'이 사용되는 경우가 있다.
④ '누분'에 쓰인 순경음 'ㅸ'은 현대 국어에서는 쓰이지 않는 음운이다.
⑤ '바ᄅᆞ래'는 명사 '바ᄅᆞᆯ(바다)'에 부사격 조사 '애'가 결합된 것으로, 받침 'ㄹ'을 이어 적기한 것이다.

12. ③

정답 설명

'올마가더니라'는 '옮-'과 '가-'가 결합한 합성어 '올마가다'의 활용형이다. '올마가다'의 '올마'는 어간 '옮-'에 어미 '-아'가 결합된 것이므로 ㉠에 해당하지 않는다.

오답 설명

① '솟나아'는 '솟-'과 '나-'가 결합한 합성어 '솟나다'의 활용형이다. '솟나다'의 어간 '솟-'은 어미와 결합하지 않았으므로 ㉠에 해당한다.
② '옮ᄃᆞ니ᄂᆞᆫ'은 '옮-'과 'ᄃᆞ니-'가 결합한 합성어 '옮ᄃᆞ니다'의 활용형이다. '옮ᄃᆞ니다'의 어간 '옮-'은 어미와 결합하지 않았으므로 ㉠에 해당한다.
④ '보슬펴'는 '보-'와 '슬피-'가 결합한 합성어 '보슬피다'의 활용형이다. '보슬피다'의 어간 '보-'는 어미와 결합하지 않았으므로 ㉠에 해당한다.
⑤ '미얽거'는 '미-'와 '얽-'이 결합한 합성어 '미얽다'의 활용형이다. '미얽다'의 어간 '미-'는 어미와 결합하지 않았으므로 ㉠에 해당한다.

13. ③

정답 설명

현대 국어의 '걱정하시고'는 중세 국어 자료에서 '분별ᄒ시고'로 나타나고 있는데, 주체 높임 선어말 어미 '-시-'의 사용에는 차이가 없으므로 적절하지 않다.

오답 설명

① 현대 국어의 '야수가'에서는 주격 조사 '가'의 모습이 나타나지만 중세 국어 자료에서는 '耶輸ㅣ'와 같이 주격 조사 'ㅣ'가 사용되고 있어, 현대 국어의 주격 조사와 차이를 보인다.

② 현대 국어의 '들으시고'는 중세 국어 자료에서 '드르시고'로 사용되고 있어, 중세 국어에서는 앞말의 받침을 소리 나는 대로 뒷말로 옮겨 적는 이어 적기가 적용 되었음을 알 수 있다.

④ 현대 국어의 '세존의'에서는 관형격 조사 '의'의 모습이 나타나지만, 중세 국어 자료에서는 '世尊ㅅ'로 사용되고 있어 중세 국어에서는 'ㅅ'이 관형격 조사로 사용되었음을 알 수 있다.

⑤ 현대 국어에서 '묻고'는 '여쭙다' 등의 높임의 어휘를 통해 객체 높임이 표현되지만, 중세 국어 자료에서는 '묻ᄌᆞᆸ고'로 객체 높임이 표현되고 있다. 이는 현대 국어에서는 사용하지 않는 객체 높임 선어말 어미 '-ᄌᆞᆸ-'이 사용된 사례로 볼 수 있다.

14. ④

정답 설명

ⓔ의 '믈(물), 블(불), 플(풀)'에서 'ㅁ, ㅂ, ㅍ'은 모두 'ㅡ' 음과 만나고 있는데, 세 단어는 모두 다른 의미를 나타내고 있으므로 'ㅁ, ㅂ, ㅍ'이 'ㅡ' 음을 만나면 의미를 변별해 주는 기능을 하지 못했다고 할 수 없다. ⓔ은 순음 'ㅁ, ㅂ, ㅍ'이 'ㅡ' 음 앞에 쓰였을 때 'ㅡ'가 'ㅜ'로 발음되는 원순 모음화 현상이 적용되지 않았음을 보여 주는 사례이다.

오답 설명

① ㉠을 통해 중세 국어의 어두에는 현대 국어에서는 쓰지 않는 'ㅳ', 'ㅄ'과 같은 어두 자음군이 사용되었음을 알 수 있다.

② ㉡을 통해 중세 국어에서는 현대 국어에 없는 'ㅸ, ㅿ, ㆆ' 등의 자음들이 쓰였음을 알 수 있다.

③ ㉢을 통해 중세 국어에서는 'ㄴ, ㄴ, ㄹ, ㄹ'가 단어 첫머리에 올 때 'ㅇ, 여, 야, 여'로 적는 두음 법칙이 지켜지지 않아 '녀자', '량식'과 같이 어두에 'ㄴ'이나 'ㄹ'이 쓰였음을 알 수 있다.

⑤ '말ᄊᆞᆷ'에는 양성 모음 'ㅏ'와 'ㆍ', 'ᄇᆞ르매'에는 양성 모음 'ㆍ'와 'ㅐ'가 쓰였으므로 ⓜ은 모음 조화가 지켜진 사례에 속한다.

15. ②

정답 설명

'ᄇᆞ르매'는 첫째 음절의 'ㆍ'와 둘째 음절의 'ㆍ'가 현대 국어에서 모두 'ㅏ'로 바뀌었으므로 'ᄇᆞ르매'를 통해 음절의 위치에 따라 달라지는 'ㆍ'의 변천을 파악할 수 없다.

오답 설명

① '기픈'은 연철 표기로, 분철 표기인 '깊은'과 표기 형태상 차이가 있다.

③ '됴코'는 중세 국어에서 'ㄷ'이 'ㅣ'나 반모음 'ㅣ[j]' 앞에서 'ㅈ'으로 바뀌는 구

개음화가 아직 일어나지 않았음을 보여 준다.

④ 중세 국어에서 '여름'은 '열매'를 뜻하는 단어였다. 즉 '한 해의 네 철 가운데 둘째 철'을 뜻하는 현대 국어 '여름'과 형태는 동일하지만 뜻이 다름을 알 수 있다.

⑤ 중세 국어 단어의 '하다'는 현대 국어의 '많다'에 해당한다. 따라서 중세 국어의 '하다'는 현대 국어의 '하다'와 다른 의미를 가진 별개의 단어임을 알 수 있다.

16. ⑤

정답 설명

〈보기〉에 따르면, 초출자에 'ㆍ'를 합성하여 재출자를 만들었다. 따라서 재출자는 초출자 'ㅗ, ㅏ, ㅜ, ㅓ'에 'ㆍ'를 합성한 'ㅛ, ㅑ, ㅠ, ㅕ'이다. 'ㅘ'는 초출자인 'ㅗ'와 'ㅏ'를 합성한 것으로 재출자에 해당하지 않으며 훈민정음 28자에도 포함되지 않는다. 훈민정음 28자는 초성 17자(ㄱ, ㅋ, ㆁ, ㄴ, ㄷ, ㅌ, ㄹ, ㅁ, ㅂ, ㅍ, ㅅ, ㅈ, ㅊ, ㅿ, ㅇ, ㆆ, ㅎ)와 중성 11자(ㆍ, ㅡ, ㅣ, ㅗ, ㅏ, ㅜ, ㅓ, ㅛ, ㅑ, ㅠ, ㅕ)로 구성되었다.

오답 설명

① 'ㄷ'과 'ㅌ'은 기본자 'ㄴ'에 가획을 한 것이다.

② 'ㅂ'과 'ㅍ'은 기본자 'ㅁ'에 가획을 한 것이다.

③ 'ㆆ'과 'ㅎ'은 기본자 'ㅇ'에 가획을 한 것이다.

④ 초출자는 기본자 'ㆍ'에 나머지 기본자 하나를 합성하여 만든 'ㅗ, ㅏ, ㅜ, ㅓ' 이다. 'ㅏ'는 기본자 'ㅣ'와 'ㆍ'를 합성한 초출자이다.

17. ①

정답 설명

ⓒ의 '누', ⓓ의 '엇던'은 모두 의문사에 해당한다. 그런데 ㉠과 ⓛ에는 의문사가 쓰이지 않았다. 이를 통해 중세 국어에서 '고'는 '가'와 달리 의문사를 사용하는 설명 의문문(상대에게 구체적인 설명을 요구하는 의문문)에서 사용되었음을 알 수 있다.

오답 설명

② ㉠~ⓓ의 주어는 2인칭으로 볼 수 없다.

③ ⓒ, ⓓ은 판정 의문문이 아니므로 적절하지 않다. 상대에게 '예, 아니요'의 답변을 요구하는 의문문을 판정 의문문이라고 한다.

④ ㉠~ⓓ은 과거 사실에 대한 의문을 나타내는 문장이 아니다.

⑤ ⓒ, ⓓ에 쓰인 '고'는 의문형 종결 어미가 아니라 체언에 결합하는 의문 보조사이다. 또한 ⓒ, ⓓ에 목적어가 사용되지도 않았다.

18. ④

정답 설명

현대어 풀이를 참고하면, '더디다'가 후대에 '던지다'로 변화한 과정을 통해 구개음화가 나타났을 것임을 추론할 수 있다. ⓓ에서는 구개음화가 일어나기 전의 모습이 확인된다.

오답 설명

① 선생님의 질문에 따르면 〈보기〉의 글은 이응태의 아내가 이응태에게 쓴 편지의 일부분이다. 따라서 현대 국어의 '당신'에 대응되는 '자내'는 이응태의 아내가 자신의 남편을 가리키는 말로 사용한 것임을 알 수 있다.

② 현대어 풀이를 참고하면, '셰다'가 후대에 '세다'로 단모음화(이중 모음으로 쓰이던 표현이 현대 국어에서 단모음으로 바뀌는 것)되었음을 알 수 있다.

③ ⓒ과 '하시더니'에서는 모두 주체인 '자내(당신)'를 높이는 주체 높임 선어말 어미 '-시-'가 사용되었음을 확인할 수 있다.

⑤ ⓜ은 'ᄆᆞᆷ + 을'로, 'ᄆᆞᆷ을'이 아닌 'ᄆᆞᄆᆞᆯ'로 적었다는 것에서 끊어 적기를 하지 않고 이어 적기를 하였음을 알 수 있다.

19. ④

정답 설명

'어엿비'가 현대에는 '가엾게'로 해석되는 것으로 보아, 의미가 전혀 다르게 변화했음(의미가 이동했음)을 알 수 있다. 그러므로 이 어휘는 현대에 오면서 의미가 확대된 어휘가 아니라, 의미가 이동한 어휘에 해당한다.

오답 설명

① '니르다'는 현대 국어의 '이르다'로, 현대와 달리 두음 법칙이 적용되지 않은 표기에 해당한다.

② ⓛ에서는 '뜯을'(끊어 적기의 형태)이 아닌 '뜨들'로 표기하였는데, 이는 이어 적기에 따른 형태이다.

③ ⓒ에서는 '펴지'가 아닌 '펴디'로 표기하였는데, '펴디'는 구개음화 적용 이전의 형태이다.

⑤ '뿜' 다음에 '에'라는 조사가 결합하여 '뿌메'로 표기하였음을 고려하면, 음성 모음(ㅜ, ㅔ)끼리의 모음 조화에 따른 표기임을 이해할 수 있다.

20. ③

정답 설명

'눈물'과 '올' 사이에 앞말의 종성인 'ㄹ'을 내리 적으면 '눈물롤'로 표기하게 되고, '들'과 '올' 사이에 앞말의 종성인 'ㄹ'을 내리 적으면 '들롤'로 표기하게 된다. 이는 모두 거듭 적기에 의한 표기에 해당한다.

오답 설명

①, ②, ④, ⑤ '플와'는 끊어 적기, 'ᄆᆞᄋᆞᆯ'은 이어 적기에 의한 표기이며, '머리롤'이나 '빈혀롤'은 모두 앞말이 모음으로 끝났으므로 거듭 적기와는 상관이 없다.

21. ③

정답 설명

'원각'은 높임의 대상이 아닌 유정 명사이므로 모음 조화에 따라 관형격 조사로 '이(ⓐ)'를 취하며, 주어에 해당하는 '한아비'는 '이'로 끝나는 명사이므로 주격 조사로 '∅(ⓑ)'를 취한다. 그리고 '원각'은 자음으로 끝나는 말이므로 주격 조사로 '이(ⓒ)'를 취한다.

22. ②

정답 설명

'듣줍고(배우고)'는 객체인 '스승님'을 높이기 위한 표현이므로 선지의 내용은 적절하지 않다. '-줍-'은 주체가 아니라 객체를 높이는 선어말 어미에 해당한다.

오답 설명

① '글'의 모음이 음성이므로 음성 모음을 지닌 조사 '을'을 결합한 후 '그를'로 이어 적기한 것이므로, 이는 모음 조화를 준수한 표기에 해당한다.

---

③ '집'과 '의'의 결합형을 '지븨'로 이어 적은 것으로 이해할 수 있다.

④ 초성 'ᄯ'은 'ㅅ'과 'ㄷ'이라는 서로 다른 자음을 나란히 적은 것이다.

⑤ 현대어 풀이를 참고할 때 '녈구ᅘᅵ기'는 '시 짓기'로 해석되며, 이때 어간 '녈구ᅙ-' 뒤의 '-기'는 명사형 어미에 해당한다.

23. ⑤

정답 설명

ⓜ에 쓰인 주체 높임 선어말 어미 '-시-'는 주체인 '선혜'를 높이기 위한 것이다.

오답 설명

① ⓐ은 양성 모음 'ㅏ', 'ㅐ'만 쓰였으므로 모음 조화를 준수한 표기임을 알 수 있다. 참고로 ⓐ은 'ㅎ' 종성 체언 '나라ㅎ'과 부사격 조사 '애'가 결합한 형태로 분석할 수 있다.

② ⓛ은 'ㄷ'이 'ㅈ'으로 구개음화되기 이전의 모습을 보여 준다.

③ ⓒ의 '의'는 현대어 풀이를 참고할 때 조사 '께'에 대응한다.

④ ⓓ은 '들으시고'를 이어 적기한 것이다.

24. ④

정답 설명

ⓓ은 '셤김(셤기- + -ㅁ)'과 '올'의 결합형으로, 명사형 어미로 '-기'가 아니라 '-ㅁ'이 사용되었음을 알 수 있다.

오답 설명

① ⓐ은 끊어 적기에 따른 형태이고, ⓜ은 이어 적기에 따른 형태이다.

② ⓛ은 음성 모음(ㅡ, ㅣ)끼리의 모음 조화가 지켜진 표기이고, ⓑ은 음성 모음(ㅓ)과 양성 모음(ㆍ)이 함께 쓰여 모음 조화가 파괴된 표기이다. 따라서 근대 국어에서는 모음 조화를 철저히 지키지는 않았음을 알 수 있다. 참고로, '어미'와 같이 맨 뒤 중성 모음 'ㅣ'가 쓰인 단어는 중성 모음의 앞 모음이 양성인지 음성인지를 확인해 주면 된다.

③ ⓒ은 현대어 풀이로 '시어미'에 해당하므로, 단모음화 이전의 표기임을 알 수 있다.

⑤ ⓐ은 현대어 '뒷간에'에 대응하므로, 당시에 '의'가 부사격 조사로 쓰였음을 보여 주는 사례이다.

25. ③

정답 설명

ⓑ ⓐ은 우리말의 접미사 '-님'을 표기한 것이므로 뜻을 빌린 것(훈차)이고, ⓛ과 ⓒ은 보조사 '은'을 표기한 것이므로 음을 빌린 것(음차)이다.

ⓒ ⓛ과 ⓒ은 모두 보조사 '은'이므로 형식 형태소이다.

오답 설명

ⓐ ⓐ은 접미사이고 ⓛ은 보조사이다.

ⓓ ⓒ은 보조사 '은'을 표기한 것이다.

26. ③

정답 설명

'효도이'는 '효도의'로 해석된다. 이는 관형격 조사 '의'가 결합한 것으로, 부사격 조사를 탐구하는 자료로 적절하지 않다.

오답 설명

① '공ᄌᆞ'에 주격 조사 'ㅣ'가 결합하여 '공지'가 되었고, '아니홈'에 주격 조사 '이'가 결합하여 '아니홈이'가 되었다. 주격 조사 앞에 모음이 오는지 자음이 오는지에 따라 주격 조사의 형태가 달라졌음을 보여 줄 수 있다.

② '거시라'는 '것+이라'의 구성으로서 서술격 조사가 앞말로부터 연철된 예인 반면, 'ᄆᆞᄎᆞᆷ이니라'는 'ᄆᆞᄎᆞᆷ+이니라'의 구성으로서 서술격 조사가 앞말로부터 분철된 예이다.

④ '부모'에 결합한 목적격 조사 '를'은 모음 조화에 맞게 양성 모음의 형태가 쓰였지만, '일홈'에 결합한 목적격 조사 '을'은 모음 조화에 맞지 않게 음성 모음의 형태가 쓰였다.

⑤ '부모'에 결합한 부사격 조사 'ᄭᅴ(께)'는 객체 높임을 실현하지만, '증자'에 결합한 'ᄃᆞ려(에게)'는 객체 높임을 실현하지 않는다.

27. ②

정답 설명

〈보기〉의 '다', '라'에 따르면, 자음 'ㅸ'이 어미 '-어' 앞에서는 반모음 'ㅜ'가 되고, 어미 '-아' 앞에서는 반모음 'ㅗ'가 되었다. 이를 통해, 자음의 변화가 모음 조화를 지키는 방향으로 진행되었음을 알 수 있다.

오답 설명

① 'ㄱ'을 통해 'ㅿ'은 완전히 소멸하였음을 알 수 있고, 'ㄴ'을 통해 'ㆍ'는 'ㅏ' 또는 'ㅡ'로 바뀌었음을 알 수 있다.

③ 'ㄱ'의 첫 번째 단계에서 두 번째 단계로 넘어갈 때 'ㆍ'는 여전히 있고 'ㅿ'만 없어졌으므로 'ㅿ'이 먼저 소실되었음을 알 수 있다.

④ 'ㄴ'의 두 번째 단계에서 두 번째 음절의 'ㆍ'가 'ㅡ'로 먼저 변화한 후, 마지막 단계에서 첫 번째 음절의 'ㆍ'가 'ㅏ'로 변화하였음을 알 수 있다.

⑤ 'ㅘ, ㅝ'는 반모음 'ㅗ, ㅜ'가 결합한 이중 모음에 해당한다. 자음 'ㅸ'이 'ㅗ, ㅜ'로 변화한 후 'ㅏ, ㅓ'와 결합해 이중 모음이 된 것으로 볼 때 'ㅸ'이 변화한 'ㅗ, ㅜ'는 반모음에 해당한다고 할 수 있다.

28. ②

정답 설명

〈보기〉를 통해 'ㅎ' 종성 체언이 'ㄱ'이나 'ㄷ'으로 시작하는 조사와 만나면 'ㅎ'은 뒤따르는 'ㄱ', 'ㄷ'과 어울려 'ㅋ', 'ㅌ'으로 나타남을 알 수 있다. 따라서 'ᄒᆞ낳'이 '과'와 결합하면 'ᄒᆞ나콰'로 나타나야 한다. 종성 'ㅎ'이 남아 있는 'ᄒᆞ낳과'는 적절하지 않다.

오답 설명

① 〈보기〉를 통해 'ㅎ' 종성 체언이 관형격 조사 'ㅅ'과 결합하면 'ㅎ'은 나타나지 않음을 알 수 있다. 따라서 '바닿'과 관형격 조사 'ㅅ'이 결합하면 '바닷'으로 나타나야 한다.

③ 〈보기〉를 통해 'ㅎ' 종성 체언이 모음으로 시작하는 조사와 결합하면 'ㅎ'은 뒤따르는 모음에 이어 적음을 알 수 있다. 따라서 '숳'과 '은'이 결합하면 '수훈'으로 나타나야 한다.

④ 〈보기〉를 통해 'ㅎ' 종성 체언이 모음으로 시작하는 조사와 결합하면 'ㅎ'은 뒤따르는 모음에 이어 적음을 알 수 있다. 따라서 '않'과 '으로'가 결합하면 '안흐로'로 나타나야 한다.

⑤ 〈보기〉를 통해 'ㅎ' 종성 체언이 관형격 조사 'ㅅ'과 결합하면 'ㅎ'은 나타나지 않음을 알 수 있다. 따라서 '긿'과 관형격 조사 'ㅅ'이 결합하면 '깃'로 나타나야 한다.

29. ④

정답 설명

ㄹ은 의문사 '어듸'가 실현되어 그에 대한 설명을 요구하는 설명 의문문이며, 용언의 어간에 '-오' 계열의 의문형 종결 어미 '-뇨'가 붙어서 의문문이 실현되고 있다.

오답 설명

① ㄱ은 의문사 '엇던'이 실현된 설명 의문문이며, 명사 'ᄉᆞ룸' 뒤에 의문 보조사 '고'가 결합하고 있다.

② ㄴ은 의문사 없이 '예' 또는 '아니요'로 대답할 수 있는 판정 의문문이며, 명사 '죵' 뒤에 의문 보조사 '가'가 결합하고 있다.

③ ㄷ은 판정 의문문이며, 용언의 어간에 '-아' 계열의 의문형 종결 어미 '-녀'가 붙어서 의문문이 실현되고 있다.

⑤ ㅁ은 의문사 없이 '예' 또는 '아니요'로 대답할 수 있는 판정 의문문이며, 용언의 어간에 '-아' 계열의 의문형 종결 어미 '-가'가 붙어서 의문문이 실현되고 있다.

30. ⑤

정답 설명

'둙(닭)'은 동물이며, 끝 음절의 모음인 'ㆍ'가 양성 모음이기 때문에 관형격 조사 '익'와 결합해야 한다. 따라서 '둘긔'가 아닌 '둘기(둙+익)'로 나타나야 한다. 이때, 'ㆍ'가 양성 모음인지의 여부는 〈보기〉에 제시된 사례 '도ᄌᆞ기(도죽+익)'를 통해서도 확인할 수 있다.

오답 설명

① '거붑(거북)'은 동물이며, 끝 음절의 모음인 'ㅜ'가 음성 모음이기 때문에 관형격 조사 '의'와 결합해야 한다. 따라서 '거부븨(거붑+의)'로 나타난다. 이때, 'ㅜ'가 음성 모음인지의 여부는 〈보기〉에 제시된 사례 '大衆의(대중+의)'를 통해서도 확인할 수 있다.

② '술위(수레)'는 사람도 아니고 동물도 아니기 때문에 관형격 조사 'ㅅ'과 결합해야 한다. 따라서 '술윗(술위+ㅅ)'으로 나타나야 한다.

③ '사슴(사슴)'은 동물이며, 끝 음절의 모음인 'ㆍ'가 양성 모음이기 때문에 관형격 조사 '익'와 결합해야 한다. 따라서 '사ᄉᆞ믹(사슴+익)'로 나타나야 한다.

④ '나모(나무)'는 사람도 아니고 동물도 아니기 때문에 관형격 조사 'ㅅ'과 결합해야 한다. 따라서 '나못(나모+ㅅ)'으로 나타나야 한다.

31. ⑤

정답 설명

'내히'는 'ㅎ'을 끝소리로 가지는 체언('ㅎ' 종성 체언)인 '내ㅎ'에 주격 조사 '이'가 결합하여 이루어진 형태이다. 따라서 15세기에 특수한 주격 조사 '히'가 있었던 것이 아니므로 적절하지 않다.

오답 설명

① '불휘(뿌리)'와 같이 'ㅣ' 모음으로 끝나는 경우, 뒤에 따르는 주격 조사는 영형

태(Ø)로 실현되어 표기상 드러나지 않는다.

② '움직이다(흔들리다)'라는 의미를 나타내는 '뮈다'라는 어휘는 오늘날 쓰이지 않고 있다.

③ '시미(샘이)'는 '심+이'를 이어 적은 표기이다. 즉, 앞말의 종성 'ㅁ'을 뒷말 '이'의 초성으로 옮겨 적은 것이다.

④ '아니 그츨씨(아니 그치므로)'를 통해 15세기에는 부사어 '아니'를 서술어 앞에 둠으로써 부정을 표현했음을 알 수 있다.

32. ④

정답 설명

㉠은 '돼지'를 뜻하는 단어 '돝'에 관형격 조사 'ᄋᆡ'가 결합한 다음 명사 '고기'가 결합한 구조이므로 동물 이름인 명사 '돼지'에 관형격 조사 없이 바로 '고기'가 결합한 현대어 '돼지고기'의 구조와는 다르다.

오답 설명

① ㉠을 현대 국어로 풀이하면 '돼지의 고기'라는 뜻이다.

② '돝ᄋᆡ고기'와 같이 분철 표기하지 않고 ㉠과 같이 연철 표기했음을 알 수 있다.

③ 오늘날의 '돼지고기'가 중세 국어에서는 ㉠이라고 했으므로 '돝'이 '돼지'임을 알 수 있다.

⑤ ㉠과 동일하게 '동물의 이름+관형격 조사+고기'가 결합한 구조로 'ᄃᆞᆰᄋᆡ고기'라는 표현을 만들 수 있고, 이를 연철 표기하면 'ᄃᆞᆯᄀᆡ고기'가 된다.

33. ③

정답 설명

(가)의 '녀코'는 '넣- + -고'를 발음할 때 나타나는 음운 변동인 축약 현상을 표기에 그대로 반영한 형태이다. 그러나 (나)의 '넣고'는 [너코]로 발음되어 음운의 축약이 여전히 일어나지만 표기에는 반영하지 않은 형태이다. 즉 음운의 축약이 표기에 반영되었다가 반영되지 않는 방향으로 변화하였다고 볼 수 있다.

오답 설명

① 'ᄇᆞᆯ라 〉 발라', '그ᄅᆞ시 〉 그릇이(그ᄅᆞᆺ 〉 그릇)'의 변화를 관찰할 수 있으므로 적절하다. 'ㆍ'는 첫 번째 음절에서는 주로 'ㅏ'로, 두 번째 음절에서는 주로 'ㅡ'로 변화하였다.

② 'ᄯᅩ 〉 또', 'ᄭᅡᆯ고 〉 깔고'에서 'ㅅ'계 합용 병서 표기가 'ㄸ, ㄲ'의 각자 병서 표기로 변화하였음을 관찰할 수 있으므로 적절하다. 참고로 'ㅅ'계 합용 병서는 된소리 표기로 정착되었다.

④ (가)에서는 '독의'와 같이 분철된 예도 찾아볼 수 있으나, '더퍼'와 같이 연철도 여전히 함께 쓰이고 있다. (나)에서는 '더퍼'를 '덮어'로 적음으로써 분철의 표기법이 더욱 확대된 모습을 보이므로 적절하다.

⑤ (가)의 '겨을헤'는 '겨을ㅎ+에'로, 이는 'ㅎ' 종성 체언 '겨을ㅎ'에 부사격 조사 '에'가 결합된 형태이다. (나)에서 'ㅎ'이 사라진 '겨울에'로 표기되고 있으므로 적절하다.

34. ①

정답 설명

㉠ '짐승'은 중세 국어에서는 '사람'을 포함한 '동물' 전체를 가리키는 표현이었으나, 현대 국어에서는 '사람'을 제외한 '동물'을 가리키는 표현으로 지시 대상이 좁아졌으므로 의미의 축소에 해당한다.

㉡ '얼굴'은 중세 국어에서 얼굴과 몸을 포함한 '신체'의 의미로 쓰이다가 현대 국어에서는 '얼굴'의 의미로만 쓰이게 되었으므로 의미의 축소에 해당한다.

㉢ '바가지'는 중세 국어에서는 '박'으로 만든 것만을 가리키는 표현이었으나, 현대 국어에서는 '박' 이외에 나무나 플라스틱 등으로 만든 것도 가리킬 수 있게 되었으므로 의미의 확대에 해당한다.

㉣ '어여쁘다'는 단어의 의미가 '불쌍하다'에서 '예쁘다'로 바뀌었으므로 의미의 이동에 해당한다.

㉤ '세수하다'는 중세 국어에서는 '손을 씻는 행위'만을 가리키는 표현이었으나, 현대 국어에서는 '손이나 얼굴을 씻는 행위'를 가리키게 되었으므로 의미의 확대에 해당한다.

35. ④

정답 설명

㉣의 '공슌호ᄆᆞᆯ'은 '공슌홈+ᄋᆞᆯ'을 이어 적은 것이다. 따라서 ㉣을 통해 중세 국어에서 끊어 적기 방식이 사용되었다고 분석하는 것은 적절하지 않다.

오답 설명

① ㉠의 '스믈히어든'은 '스므ᇙ + 이어든'을 이어 적은 것이므로 '스므ᇙ'을 통해 'ㅎ' 종성 체언이 존재하였음을 알 수 있다.

② ㉡의 어두에는 'ㅄ'이 사용되었는데, 이를 통해 어두에 합용 병서가 사용되었음을 알 수 있다.

③ ㉢은 '효도ᄒᆞ- + -옴'의 구성으로, 명사형 어미 '-옴'이 사용되었음을 알 수 있다.

⑤ ㉤의 '가ᄅᆞ치디'의 '-디'는 구개음화가 일어나지 않은 표기가 사용되었음을 보여 준다.

36. ②

정답 설명

㉠ 'ᄠᅳ들(ᄠᅳᆮ을)'은 음성 모음 'ㅡ' 뒤에서 조사 'ᄋᆞᆯ'이 아닌 '을'이 쓰였다. 'ᄡᅮ메(ᄡᅮᆷ에)'는 음성 모음 'ㅜ' 뒤에서 조사 '애'가 아닌 '에'가 쓰였다. 이는 모두 모음 조화를 지킨 사례이다.

㉡ 'ᄠᅳ들'과 'ᄡᅮ메'의 'ㅵ'과 'ㅄ'은 모두 어두에서 발음되는 어두 자음군이면서, 서로 다른 자음을 나란히 적은 합용 병서에 해당한다.

㉤ 'ᄠᅳᆮ을'과 'ᄡᅮᆷ에'를 이어 적기 한 것이므로 옳은 진술이다.

오답 설명

㉢ 'ᄡᅮᆷ'에는 명사형 어미 '-움'이 사용되었지만, 'ᄠᅳᆮ'에는 명사형 어미가 나타나지 않는다.

㉣ 'ᄠᅳ들'과 'ᄡᅮ메'에는 객체 높임 선어말 어미가 나타나지 않는다.

37. ④

정답 설명

'치ᄫᅳ니'의 'ㅸ'은 'ㅡ' 앞에 있으므로, 'ㅡ'와 합쳐져 'ㅜ'로 바뀐다. 따라서 '치ᄫᅳ니 〉 치우니'가 된다. 이는 ㉢이 아니라 ㉡에 해당하는 예이다.

오답 설명

① '글ᄫᅡᆯ'의 'ㅸ'은 'ㅏ' 앞에 있으므로 반모음 'ㅗ'로 바뀌어 '글ᄫᅡᆯ 〉 글왈'이 되는

데, 이는 ⊙에 해당하는 예이다.

② '더버'의 'ㅸ'은 'ㅓ' 앞에 있으므로 반모음 'ㅜ'로 바뀌어 '더워'가 되는데, 이는 ⊙에 해당하는 예이다.

③ '사오나ᄫᆞᆯ'의 'ㅸ'은 'ㆍ' 앞에 있으므로 'ㆍ'와 합쳐져 'ㅗ'로 바뀐다. 따라서 '사오나ᄫᆞᆯ 〉 사오나온'이 되는데, 이는 ⊙에 해당하는 예이다.

⑤ '고ᄫᅵ'는 '곱다'의 어간에 부사 파생 접미사 '-이'가 결합하여 파생된 부사이다. 'ㅸ'이 부사 파생 접미사 '-이' 앞에서 탈락하여 '고이'가 되는데, 이는 ⓒ에 해당하는 예이다.

38. ②

정답 설명

'聖孫(성손)을', '聖子(성자)를'의 목적격 조사 '을'과 '를'은 둘 다 양성 모음에 해당하므로 모음 조화에 따라 달리 쓰인 것이 아니다. 앞 음절이 자음으로 끝나면 '을'이, 모음으로 끝나면 '를'이 쓰인 것이므로 앞 음절의 말음에 따라 달리 쓰였음을 확인할 수 있다.

오답 설명

① '블근'과 '므러'는 '붉은'과 '믈어'를 이어 적기를 한 것이다.

③ '뵈ᅀᆞᄫᆞ니'를 통해 알 수 있듯이 중세 국어 에서는 현대 국어에서 사용하지 않는 'ㅿ', 'ㅸ', 'ㆍ'와 같은 글자를 사용하였다.

④ 중세 국어에서는 현대 국어와 달리 '쁘디'의 'ㅄ'와 같은 어두 자음군이 존재하였다.

⑤ '내시니이다'의 '-시-'는 생략된 주체인 '하ᄂᆞᆯ'을 높이기 위해 사용된 주체 높임 선어말 어미이다.

39. ④

정답 설명

'의'는 '와'를 제외한 모음으로 시작하는 조사에 해당하기 때문에 '나모'가 아닌 '낡'으로 실현된다. 따라서 '남기(낡+익)'로 실현되어야 한다.

오답 설명

① '이'는 '와'를 제외한 모음으로 시작하는 조사에 해당하기 때문에 '나모'가 아닌 '낡'으로 실현되어 '남기'가 된다.

② 조사 '와'와 결합할 때는 '낡'이 아닌 '나모'로 실현되기 때문에 '나모와'의 형태가 된다.

③ '을'은 '와'를 제외한 모음으로 시작하는 조사에 해당하기 때문에 '나모'가 아닌 '낡'으로 실현되어 '남글'이 된다.

⑤ '마다'는 자음으로 시작하는 조사이기 때문에 '낡'이 아닌 '나모'로 실현되어 '나모마다'가 된다.

40. ⑤

정답 설명

'히오'는 '히 + -오'로 자음으로 끝나는 형태소 뒤에 모음으로 시작하는 형식 형태소가 오는 구성이 아니므로 연철의 예로 볼 수 없다.

오답 설명

① 'ᄀᆞᄅᆞ미'는 'ᄀᆞᄅᆞᆷ' 뒤에 조사 '이'가 결합할 때 'ᄀᆞᄅᆞᆷ'의 'ㅁ'을 연철한 경우이므로 올바른 예이다.

② '비치'는 '빛' 뒤에 조사 '이'가 결합할 때 '빛'의 'ㅊ'을 연철한 경우이므로 올바른 예이다.

③ '옰보미'는 '옰봄' 뒤에 조사 '이'가 결합할 때 '봄'의 'ㅁ'을 연철한 경우이므로 올바른 예이다.

④ '나리'는 '날' 뒤에 조사 '이'가 결합할 때 '날'의 'ㄹ'을 연철한 경우이므로 올바른 예이다.

41. ①

정답 설명

'쓰'의 초성자 'ㅆ'는 동일한 초성자 'ㅅ' 두 개가 나란히 적혀 있으므로 ⊙에 속한다. '뿔'의 초성자 'ㅄ'는 서로 다른 초성인 'ㅂ'과 'ㅅ'이 나란히 적혀 있으므로 ⓒ에 속한다. 'ᄫᅡ'의 초성자 'ㅸ'은 'ㅂ'과 'ㅇ'이 세로로 적혀 있으므로 ⓒ에 속한다. '첫'은 초성자를 합쳐서 적은 글자가 없으므로, ⊙~ⓒ 중 어디에도 속하지 않는다.

42. ⑤

정답 설명

ⓜ의 '받ᄌᆞᄫᆞ리라'에는 객체를 높이는 '-ᄌᆞᆸ-'이 포함되어 있으며, 이때 객체는 '부텻긔(부처께)'의 '부텨(부처)'이다. 따라서 ⓜ에는 '선혜'를 높이는 표현이 들어 있지 않다.

오답 설명

① ⊙의 '니ᄅᆞ샤디'에는 주체를 높이는 '-샤-'가 포함되어 있으며, 그 주체는 '선혜'이다.

② ⓒ의 '묻ᄌᆞᄫᆞ샤디'에는 주체를 높이는 '-샤-'와 객체를 높이는 '-ᄌᆞᆸ-'이 포함되어 있으며, 그 주체는 '구이'이고 객체는 '선혜'이다. 따라서 ⓒ에는 '선혜'를 높이는 표현이 들어 있다.

③ ⓒ의 '쓰시리'에는 주체를 높이는 '-시-'가 포함되어 있으며, 그 주체는 '선혜'이이다.

④ ⓔ의 '대답ᄒᆞ샤디'에는 주체를 높이는 '-샤-'가 포함되어 있으며, 그 주체는 '선혜'이다.

43. ②

정답 설명

어간의 형태가 변화하는 것은 ⊙이 아니라 ⓒ이다. ⊙은 〈보기〉의 용례에서 어간이 언제나 '곱-'으로만 실현되므로, 어간이 변화한다고 볼 수 없다. '고ᄫᆞᆯ(곱- + -ᄋᆞᆯ)'과 '고바(곱- + -아)'은 어간이 변화한 것이 아니라 받침이 연음된 것이다. 그러나 ⓒ의 어간은 모음으로 시작하는 어미 앞에서는 '고ᄫᆞ-', 자음으로 시작하는 어미 앞에서는 '곱-'으로 실현되고 있으므로 어간의 형태가 변화한다고 볼 수 있다.

오답 설명

① 방점은 음절의 왼쪽에 찍는다. ⊙의 '곱-'은 어간의 성조가 평성(점X, 낮은 소리)이지만 ⓒ의 '곱-'은 어간의 성조가 상성(점2, 낮았다가 높아지는 소리)이다. 성조를 지켜 발음했던 15세기에는 두 단어의 소리가 달랐을 것이다. 동음이의어는 소리가 같으나 뜻이 다른 단어이므로, ⊙과 ⓒ은 동음이의어가 아니었을 것이다.

③ 자음으로 시작하는 어미 앞에서 ⊙과 ⓒ의 어간 끝 자음은 모두 'ㅂ'으로 나타나고 있다.

④ 자음으로 시작하는 어미 앞에서는 ㉠, ㉡의 받침이 'ㅂ'으로 같지만, 모음으로 시작하는 어미 앞에서의 어간 받침은 ㉠은 'ㅂ', ㉡은 'ㅸ'으로 나타나고 있다.

⑤ 용례의 현대어 풀이를 보면, ㉠은 어간이 변하지 않는 규칙 활용을 하지만 ㉡은 그렇지 않다는 것을 알 수 있다. '고ᄫᆞᆫ 〉 고운', '고ᄫᆞ시고 〉 고우시고'를 통해, ㉡이 모음으로 시작하는 어미와 활용할 경우 불규칙 활용을 한다는 것을 알 수 있다. 이는 'ㅸ'이 자음 체계에서 소멸하였기 때문이다.

44. ②

정답 설명

중세 국어에서도 주체를 높이기 위해 주체 높임 선어말 어미 '-시-'를 사용하였다. 하지만 '선혜가 왕명을 들으시고'라는 현대어 풀이를 고려했을 때, '드르시고'의 주체는 '왕'이 아니라 '선혜'임을 알 수 있다.

오답 설명

① '좋은'을 '됴ᄒᆞᆫ'으로 쓴 것을 통해, 중세 국어에는 아직 구개음화가 일어나지 않았다는 것을 알 수 있다.

③ 중세 국어에서는 한자의 음을 적을 때 초성, 중성, 종성을 모두 갖춰 적는 동국정운식 한자음 표기 방법이 사용되었다. 동국정운식 표기에서 종성 'ㅇ'은 실질적인 음가를 지니지 않는다. ㉢은 한자 '구이'의 음에 음가 없는 'ㅇ'을 종성으로 쓴 것이다. 실제 음가가 있을 때에는 'ㆁ(옛이응)'으로 표기하였다.

④ '곶+이(꽃이)'를 '고지'로 적은 것으로 보아, 소리 나는 대로 적었음을 알 수 있다. 현대 국어에서는 소리 나는 대로 적거나(표음주의), 의미 전달에 장애가 생길 경우 형태소의 원형을 밝혀 적는다(표의주의). 하지만 중세 국어에서는 원형을 밝히지 않고 소리 나는 대로 표기하는 방식(표음주의)을 택하였다.

⑤ 현대 국어와 달리 중세 국어에서는 문장에서 부사어로 표현되는 객체를 높이기 위해 객체 높임 선어말 어미 '-ᅀᆞᆸ/ᅀᆞᆸ/ᄉᆞᆸ(ᅀᆞᇦ/ᄌᆞᇦ/ᄉᆞᇦ)-'을 사용하였다.

45. ①

정답 설명

'도와-'는 어간 '돕-'과 어미 '-아'가 결합한 것이므로, 모음 조화에 따라 양성 모음끼리 어울린 것이다. '고마워'는 양성 모음 어간 '고맙-'과 음성 모음 어미 '-어'가 어울리고 있어 모음 조화가 파괴된 예이다. 하지만 '어려워'는 음성 모음으로 끝난 어간 '어렵-'에 음성 모음 어미 '-어'가 쓰였으므로 모음 조화 파괴의 사례가 될 수 없다.

오답 설명

② ㉡의 의태어 '졸졸'은 양성 모음끼리, '줄줄'은 음성 모음끼리 어울려 모음 조화가 지켜진 반면, ㉠의 의태어 '깡충깡충'은 양성 모음과 음성 모음이 어울리고 있으므로 모음 조화가 파괴된 예다.

③ ㉡의 '나의', '너의'는 앞의 체언이 양성 모음이든 음성 모음이든 관형격 조사 '의'를 사용하고 있다. 반면 ⓐ의 '사ᄅᆞᄆᆡ'는 양성 모음 뒤에 관형격 조사 'ᄋᆡ'를 사용하고 있으므로 모음 조화 현상을 고려했다고 볼 수 있다.

④ ㉠의 '뛰었'은 음성 모음끼리, ㉡의 '보았'과 ⓑ의 'ᄀᆞ티'는 양성 모음끼리 어울리고 있는 예다.

⑤ ⓑ의 'ᄀᆞᄂᆞᆫ'에서 'ᄂᆞᆫ'은 양성 모음이 사용된 조사이므로 'ᄀᆞ'의 발음에 양성 모음이 있었을 것이라 추측할 수 있다. 현대 국어에서와 같이 '기역'이었다면 음성 모음이 사용된 조사를 사용해야 하는데, ⓑ에서는 'ᄂᆞᆫ'을 사용하였으므로 'ᄀᆞ'이 '기역'이 아니라 다르게 읽혔을 가능성이 크다는 분석은 적절하다.

46. ④

정답 설명

현대어 풀이에 따르면 ⓔ '제(저+ㅣ)'는 '제(저의)'로 해석되므로, 여기서의 'ㅣ'는 관형격 조사이다.

오답 설명

① ㉠ '말ᄊᆞ미(말ᄊᆞᆷ+이)'의 '이'는 '말ᄊᆞᆷ'을 서술어 '달아'의 주어가 될 수 있게 하는 주격 조사이다.

② ㉡ '百빅姓셩이'의 '이'는 '百빅姓셩'이 서술어 '니르고져'의 주어가 될 수 있게 하는 주격 조사이다.

③ ㉢ '홇 배(바+ㅣ)'는 현대어 풀이를 참고해 볼 때, '홇(하는)+바(바)+ㅣ(가)'로 분석할 수 있다. 여기서 'ㅣ'는 현대 국어 주격 조사 '가'와 동일한 기능을 하는 주격 조사이다.

⑤ ㉤ '내(나+ㅣ)'의 현대어 풀이를 보면 '내가'라고 되어 있으므로 여기서 'ㅣ'는 현대 국어 주격 조사 '가'와 동일한 기능을 하는 주격 조사라고 볼 수 있다.

47. ②

정답 설명

구개음화는 'ㄷ, ㅌ'이 'ㅣ' 또는 반모음 'ㅣ'로 시작하는 형식 형태소 앞에서 'ㅈ, ㅊ'으로 바뀌는 현상이다. 'ᄉᆞ뭇디'는 현대 국어 '통하지'에 대응하므로 구개음화 현상이 실현되지 않았음을 알 수 있다. 두음 법칙은 어두에 'ㄴ, ㄹ'이 오는 것에 대한 제약으로, 한자로 이루어진 단어의 첫머리에 'ㄴ'과 'ㄹ'이 올 경우 'ㄴ'은 'ㅇ'으로, 'ㄹ'은 'ㄴ'으로 발음되는 현상이다. '니르고져'는 현대 국어 '이르고자'에 대응하므로 두음 법칙이 실현되지 않은 예가 될 수 있다. 연철 표기는 종성(받침)이 있는 말 뒤에 모음으로 시작하는 말이 왔을 때, 앞말의 종성을 뒷말의 초성으로 이어 적는 방식이다. '뜨들'은 현대 국어 '뜻을'에 대응하므로 '뜯'과 '을'을 연철 표기했음을 알 수 있다.

오답 설명

① '아니홀씨'는 현대 국어 '아니하여서'에 대응하며, 두음 법칙과 관련이 없다. '서르'는 현대 국어 '서로'에 대응하며, 받침이 없으므로 연철 표기와 관련이 없다.

③ '펴디'는 현대 국어 '펴지'에 대응하므로 구개음화 현상이 실현되지 않은 사례가 될 수 있다. 그러나 '이셔도'는 현대 국어 '있어도'에 대응하므로 두음 법칙과 관련이 없다. '어엿비'는 받침 뒤에 모음으로 시작하는 말이 오지 않았으므로 연철 표기와 무관하다.

④ '니겨'는 현대 국어 '익혀'에 해당하므로, 두음 법칙이 실현되지 않은 사례이다. 그러나 '사름마다'는 현대 국어 '사람마다'에 대응하며, 받침 뒤에 모음으로 시작하는 말이 오지 않았으므로 연철 표기와 무관하다.

⑤ 현대 국어의 '날마다'에 대응하는 '날로'는 받침 뒤에 모음으로 시작하는 말이 오지 않았으므로 연철 표기와 관련이 없다.

48. ③

정답 설명

〈보기〉에서 동사는 현재 시제를 표현하기 위해 '-ᄂᆞ-'를 사용한다고 하였다. '묻ᄂᆞ다'는 현대어 '묻는다'에 대응하는 것으로 보아, '묻다'라는 동사에 '-ᄂᆞ-'을 사용하여 현재 시제를 표현한 것임을 알 수 있다.

오답 설명

① '오라다'라는 형용사에 선어말 어미를 사용하지 않고 현재 시제를 표현하고 있다.

② '득ᄒ다'에 '-리-'를 사용하여 미래 시제를 표현하고 있다.

④ '롱담ᄒ라'라는 동사에 '-다-(-더- + -오-)'를 사용하여 과거 시제를 표현하고 있다.

⑤ '주그니라'는 '죽- + -으니라'로 분석되므로, 동사에 선어말 어미를 쓰지 않고 과거 시제를 표현한 것이다.

49. ⑤

정답 설명

이어 적기는 소리 나는 대로 적는 방법으로, 앞 음절이 자음으로 끝나고 뒤 음절이 모음으로 시작할 때 앞 음절의 종성이 뒤 음절의 초성으로 표기된다. '블·러(불러)'는 뒤 음절이 자음이므로 이어 적기가 적용된 예로 볼 수 없다.

오답 설명

① 왼쪽에 찍혀 있는 방점의 개수가 다른 것으로 보아, 둘의 성조가 같지 않았음을 알 수 있다. 참고로, ':소'는 상성(:)으로 낮았다가 높아지는 소리를, '·배'는 거성(·)으로 높은 소리를 표시한다.

② 두음 법칙이란, 일부 소리(ㄴ, ㄹ)가 단어의 첫머리에 발음되는 것을 꺼려 다른 소리로 발음되는 현상을 말한다. 예를 들어, '녀, 뇨, 뉴, 니'가 단어 첫머리에 올 때 '여, 요, 유, 이'로 변하는 것을 말한다. '니ᄅ·샤·ᄃᆡ'가 현대어 풀이에서 '이르시되'에 대응되는 것으로 보아, 두음 법칙이 적용되지 않았음을 알 수 있다.

③ 구개음화란 'ㄷ', 'ㅌ'이 모음 'ㅣ'나 반모음 'ㅣ'를 만나면 그것이 구개음 'ㅈ', 'ㅊ'이 되거나, 'ㄷ' 뒤에 형식 형태소 '히'가 올 때 'ㅎ'과 결합하여 이루어진 'ㅌ'이 'ㅊ'이 되는 현상을 말한다. '부텨'의 'ㅌ'이 'ㅊ'으로 바뀌지 않았기 때문에 구개음화가 일어나지 않은 것으로 볼 수 있다.

④ 현대 국어에서 '·'와 'ㅸ'의 모습은 찾아볼 수 없다.

50. ⑤

정답 설명

ㅁ의 '나랏 말ᄊᆞ미'는 '나라의 말이'로 풀이되므로, 이때 'ㅅ'은 현대 국어의 관형격 조사 '의'에 대응된다는 것을 알 수 있다. 'ㅅ' 앞에 온 명사 '나라'는 유정 명사(사람이나 동물을 가리키는 명사)가 아니라 무정 명사(식물이나 무생물을 가리키는 명사)에 해당한다. 중세 국어에서 관형격 조사 'ㅅ'은 앞에 오는 명사가 무정 명사이거나 높임의 대상인 경우에 쓰였다.

오답 설명

① ㄱ의 '아당ᄒ기'에서 명사형 어미 '-기'가 사용되었다.

② ㄴ의 '광명고'에서 체언 '광명' 뒤에 '고'가 결합한 것으로 보아 의문문에 '오' 계열의 의문 보조사가 사용되었음을 알 수 있다.

③ ㄷ의 '비혼다'에는 의문형 어미 '-ㄴ다'가 사용되었고 주어는 '네'로 2인칭이 사용되었다. 이를 통해 주어가 2인칭인 경우에 의문형 어미 '-ㄴ다'가 사용되었다는 것을 알 수 있다.

④ ㄹ의 '야수ㅣ'는 '야수가'로 풀이된다. 'ㅣ' 이외의 모음(ㅜ)으로 끝난 체언 '야수' 뒤에서 주격 조사 'ㅣ'가 사용되었음을 알 수 있다.

51. ③

정답 설명

'받ᄌᆞ온'에 포함된 '-ᄌᆞᆸ(ᄌᆞᆸ)-'은 주체를 높이는 형태소가 아니라 목적어나 부사어와 같은 객체를 높이는 형태소이다. 이 문장에서는 '받ᄌᆞ온'이 부사어인 '父母(부모)씌'를 높이고 있다.

오답 설명

① '孔子(공ᄌᆞ)ㅣ'는 현대 국어라면 '공자가'와 같이 주격 조사 '가'가 쓰여야 할 자리에 'ㅣ'가 쓰였음을 보여 준다. 따라서 이 자료는 중세 국어에 주격 조사 '가'가 없었다는 사례로 제시할 수 있다.

② '슬ᄒᆞᆫ'은 'ㅎ'으로 끝나는 체언 '슬ㅎ' 뒤에 조사 '은'이 결합된 말로, 말음 'ㅎ'을 다음 음절 첫 소리로 이어서 적은 경우이다. 따라서 이 단어는 중세 국어에 'ㅎ'으로 끝나는 체언이 있었다는 사례로 제시할 수 있다. 참고로 현대 국어에는 'ㅎ'으로 끝나는 체언이 없지만 '살코기(슬ㅎ+고기)', '머리카락(머리ㅎ+가락)', '수탉(수ㅎ+닭)' 등과 같이 흔적으로 남아 있음을 알 수 있다.

④ '거시라'는 '것' 뒤에 조사 '이라'가 결합한 말로, '것'의 'ㅅ'을 다음 음절 첫 소리로 이어서 적은 경우이다. 현대 국어에서는 '것이라'와 같이 분리해서 적으므로 이 자료는 중세 국어의 이어 적기 사례로 제시할 수 있다.

⑤ 중세 국어에는 'ㅄ, ㅲ, ㅄ, ㅵ, ㅺ, ㅼ' 등과 같이 'ㅂ'이나 'ㅅ'으로 시작하는 어두 자음군이 존재했으며, ⑩을 통해서 그 사실을 확인할 수 있다. 따라서 이 자료는 중세 국어 시기에 초성에 두 개의 자음이 놓일 수 있었다는 사례로 제시할 수 있다.

52. ④

정답 설명

현대 국어의 '빌어먹-'은 '어간(빌-)+어미(-어)+어간(먹-)'으로 구성된 것이므로 ㉠의 예로 적절하고, 중세 국어의 '빌먹-'은 '어간(빌-)+어간(먹-)'으로 구성된 것이므로 ㉡의 예로 적절하다.

오답 설명

① 현대 국어의 '나아가-'는 '어간(나-)+어미(-아)+어간(가-)'으로 구성된 것이므로 ㉠의 예로 적절하지만, 중세 국어의 '나ᅀᅡ가-'는 '어간(낫-)+어미(-아)+어간(가-)'으로 구성된 것이므로 ㉡의 예로 적절하지 않다.

② 현대 국어의 '돌아오-'는 '어간(돌-)+어미(-아)+어간(오-)'으로 구성된 것이므로 ㉠의 예로 적절하지만, 중세 국어의 '도라오-'는 '어간(돌-)+어미(-아)+어간(오-)'으로 구성된 것이므로 ㉡의 예로 적절하지 않다.

③ 중세 국어의 '듣보-'는 '어간(듣-)+어간(보-)'으로 구성된 것이므로 ㉡의 예로 적절하지만, 현대 국어의 '듣보-'는 '어간(듣-)+어간(보-)'으로 구성된 것이므로 ㉠의 예로 적절하지 않다.

⑤ 중세 국어의 '오ᄅᄂ리-'는 '어간(오ᄅ-)+어간(ᄂ리-)'으로 구성된 것이므로 ㉡의 예로 적절하지만, 현대 국어의 '오르내리-'는 '어간(오르-)+어간(내리-)'으로 구성된 것이므로 ㉠의 예로 적절하지 않다.

53. ②

정답 설명

'곶'에 격 조사가 결합되지 않은 것은 맞으나, 현대어 풀이 '꽃 좋고'로 미루어 보아 ㄴ에서 '곶'은 목적어가 아니라 주어이다.

오답 설명

① 체언 '太子(태자)'에 목적격 조사 '룰'이 붙어 목적어가 실현되었다.
③ 체언 '곶'에 목적격 조사(을/를, 올/를, ㄹ) 없이 보조사 'ᄋ란'이 붙어 목적어가 실현되었다.
④ 명사구 '뎌 부텻 像(저 부처의 형상)'에 목적격 조사 '올'이 붙어 목적어가 실현되었다.
⑤ 명사절 '비 ᄐ기(배 타기)'에 목적격 조사 'ㄹ'이 붙어 목적어가 실현되었다. 해당 문장은 '(주어가) ~룰 알지 못하다.'라는 문장 안에 '(주어가) 배(룰) 타다.'라는 문장이 명사절로 안긴 것으로 볼 수 있다.

54. ②

정답 설명

'블븐ᄂ'에 비음화가 적용되면 '블븐ᄂ'이 되어야 하므로, '블븐ᄂ'이라는 형태에서는 비음화를 확인할 수 없다.

오답 설명

① [현대어 풀이]에서 'ᄀ룸이'가 '강이'에 대응됨을 확인할 수 있다. 'ᄀ룸이'는 명사 'ᄀ룸'에 주격 조사 '이'가 결합된 것으로, 'ᄀ룸'은 한자어 '강(江)'의 고유어이다.
③ [현대어 풀이]에서 '옰'이 '올해의'에 대응됨을 확인할 수 있다. '옰'은 명사 '올'에 'ㅅ'이 결합한 것으로, 이를 통해 15세기에 관형격 조사로 'ㅅ'이 쓰였음을 확인할 수 있다.
④ [현대어 풀이]에서 '나리'가 '날이'에 대응됨을 확인할 수 있다. '나리'는 명사 '날'에 주격 조사 '이'가 결합된 것으로, '날이'를 소리 나는 대로 이어 적은 것이다.
⑤ [현대어 풀이]에서 '도라갈'이 '돌아갈'에 대응됨을 확인할 수 있다. 현대 국어의 '돌아가다'와 같이 '도라가다' 역시 '돌다'와 '가다'가 결합한 합성어임을 알 수 있다. '돌아'를 소리 나는 대로 이어 적어 '도라가다'의 형태가 된 것이다.

55. ②

정답 설명

'ᄣ름'은 단어의 첫째 음절에서의 'ᆞ 〉 ㅏ' 변화(가), 둘째 음절 이하에서의 'ᆞ 〉 ㅡ' 변화(나)에 의해 '따름'이 되었다. 따라서 'ᄣ름 〉 따름'에는 (가), (나)의 변화가 적용되었다. 발문에서 적용된 음운 변화를 〈보기〉에서 '모두' 찾으라고 하였으므로 선지의 '적용된 음운 변화'에 (가)와 (나)가 모두 제시되어야 한다.

오답 설명

① '둘'은 단어의 첫째 음절에서의 'ᆞ 〉 ㅏ' 변화(가)에 의해 '달'이 되었다.
③ '두서'는 'ㅿ'의 소멸(다)에 의해 '두어'가 되었다.
④ 'ᄉᄉ'는 단어의 첫째 음절에서의 'ᆞ 〉 ㅏ' 변화(가)와 'ㅿ'의 소멸(다)에 의해 '사이'가 되었다.
⑤ 'ᄆᄉᆷ'은 단어의 첫째 음절에서의 'ᆞ 〉 ㅏ' 변화(가)와 둘째 음절 이하에서의 'ᆞ 〉 ㅡ' 변화(나)와 'ㅿ'의 소멸(다)에 의해 '마음'이 되었다.

56. ④

정답 설명

'쑤메'는 동사 '쓰다'에 명사형 전성 어미 '-움'이 결합한 동사의 명사형 '쑴'에 부사격 조사 '에'가 결합되어 있는 부사어이다. 여기서 '쑴'이 명사가 아니라 용언의 명

사형인 것은 '쑴'이 '날로'라는 부사어의 수식을 받고 있는 것을 통해 알 수 있다.

오답 설명

① '나랏'은 '나라의'의 뜻으로, 명사 '나라'에 관형격 조사 'ㅅ'이 결합된 관형어이다. 이 'ㅅ'은 현대 국어에서는 관형격 조사로 쓰이지 않지만, 중세 국어에서는 무정 명사나 존칭의 유정 명사 뒤에서 관형격 조사로 기능했다.
② '배'는 '바가'의 뜻으로, 명사 '바'에 주격 조사 'ㅣ'가 결합된 주어이다.
③ '뜨들'은 '뜻을'의 뜻으로, 명사 '뜯'에 목적격 조사 '을'이 결합된 목적어이다.
⑤ 'ᄯ릇미니라'는 '따름이니라'의 뜻으로, 명사 'ᄯ름'에 서술격 조사 '이니라'가 결합한 형태이다.

57. ②

정답 설명

'ᄀ룺(ᄀ룸+ㅅ)'이 현대 국어의 '강의(강+의)'에 대응하고 있으므로 'ㅅ'은 부사격 조사가 아닌 관형격 조사 '의'의 역할을 한다고 볼 수 있다.

오답 설명

① '몰ᄀ'이 현대 국어의 '맑은'에 대응하는 것으로 볼 때, 중세 국어에는 '-ᄋᆫ'이라는 어미가 사용되었음을 알 수 있다. '몰ᄀ'은 '몱- + -ᄋᆫ'을 이어 적은 것이다.
③ 'ᄆᄉᆯ'에 쓰인 모음 'ᆞ'와 자음 'ㅿ'은 현대 국어에서 쓰이지 않는 음운들이다.
④ 'ᄆᄉᆯ흘'이 현대 국어의 '마을을'에 대응하는 것으로 볼 때, '마을'을 뜻하는 옛말은 모음으로 시작하는 조사와 결합할 때 'ㅎ'이 그대로 유지되는 'ㅎ' 종성 체언이었음을 알 수 있다. 'ᄆᄉᆯ흘'은 'ᄆᄉᆯㅎ + 을'을 이어 적은 것이다.
⑤ '아나'가 현대 국어의 '안아'에 대응하는 것으로 볼 때, 중세 국어에서는 이어 적기 표기를 했음을 알 수 있다.

58. ③

정답 설명

㉠ : 현대 국어의 '젊은'과 대응되므로, '졈 + 은'을 이어 적은 것으로 파악할 수 있다. 따라서 ⓑ에 해당한다.
㉡ : 현대 국어의 '배움을'과 대응되므로, '비홈 + 올'을 이어 적은 것으로 파악할 수 있다. 따라서 ⓑ에 해당한다.
㉢ : 현대 국어의 '걸음을'과 대응되므로, '거름(걸- + -음) + 을'을 이어 적은 것으로 파악할 수 있다. 따라서 ⓑ에 해당한다.
㉣ : 현대 국어의 '이르시되'와 대응되므로, 주체 높임의 선어말 어미 '-샤-'가 사용된 것으로 파악할 수 있다. 중세 국어에서는 주체 높임 선어말 어미 '-시-'가 모음 어미 앞에서 '-샤-'의 형태로 바뀌기도 하였다. 따라서 ⓒ에 해당한다.
㉤ : 현대 국어의 '꽃'과 대응되므로, '곶'의 형태가 '꽃'의 형태로 변화했다는 것을 파악할 수 있다. 하지만 이는 ⓐ~ⓒ 어디에도 해당하지 않는다.
㉥ : 현대 국어의 '좋고'와 대응되므로, 'ㄷ'과 반모음 'ㅣ'로 시작하는 모음이 인접할 때 'ㄷ'이 'ㅈ'으로 교체되는 구개음화가 아직 일어나지 않았음을 확인할 수 있다. 따라서 ⓐ에 해당한다.

59. ③

정답 설명

어두 자음군은 음절의 초성에 두 개 이상의 서로 다른 자음이 위치하는 현상으로, '가·온·딧소·리'에는 어두 자음군이 나타나지 않음을 확인할 수 있다. '딧'은

초성 'ㄷ'에 중성 'ㅣ', 종성 'ㅅ'이 결합되어 있는 글자이다.

① '·ᄀᆞ·티니·라'의 현대어 표기가 '같으니라'이므로, 연철 표기(이어 적기)를 확인할 수 있다.

② '·처섬'에서 현재는 쓰이지 않는 자음 'ㅿ'이 쓰였음을 확인할 수 있다.

④ 모음 조화 현상은 뒤 음절의 모음이 앞 음절의 모음과 가깝거나 같은 소리로 결정되는 언어 현상으로, 'ㅏ', 'ㅗ' 따위의 양성 모음은 양성 모음끼리, 'ㅓ', 'ㅜ' 따위의 음성 모음은 음성 모음끼리 어울리는 현상이다. 'ㅏ·ᄂᆞᆫ'의 경우 'ㅏ'가 양성 모음이므로 'ᄂᆞᆫ'과 결합하였고, 'ㅓ·ᄂᆞᆫ'의 경우 'ㅓ'가 음성 모음이므로 'ᄂᆞᆫ'과 결합하였음을 확인할 수 있다.

⑤ 점이 없는 것은 낮은 소리인 평성, 점이 하나 찍힌 것은 높은 소리인 거성을, 점이 두 개 찍힌 것은 처음이 낮고 끝이 높은 소리인 상성을 나타낸다. '乃:냉終중ㄱ소·리'의 경우 '終중'과 '소'에는 평성의 성조가, '·리'에는 거성의 성조가, '乃:냉'에는 상성의 성조가 사용되고 있다. 이를 통해 평성, 거성, 상성의 성조를 방점으로 구분하였음을 확인할 수 있다.

60. ②

'쓰다'에 해당하는 중세 국어는 'ᄡᅳ다'이며, ㉠이 들어가 있는 의문문에서 '구이'가 높이고자 하는 것은 주체인 '선혜'이다. 뒤에 자음으로 시작되는 어미 '-리'가 결합되어 있으므로, 주체 높임 선어말 어미는 '-시-'가 쓰여야 한다. 따라서 ㉠에는 'ᄡᅳ시리'가 들어가야 한다.

㉡이 들어가 있는 의문문에서 '선혜'가 높이고자 하는 것은 객체인 '부텨'이다. 앞에 어간 '받-'의 받침이 'ㄷ'이므로 객체를 높이는 선어말 어미로 '-ᄌᆞᆸ-'이 오고, 그 뒤에 모음으로 시작하는 어미 '-오리라'가 사용되므로 'ㅂ'이 'ㅸ'으로 바뀌어 '받ᄌᆞᄫᅩ리라'와 같이 활용된다.

61. ③

ㄱ에서 연결 어미 '-아'와 보조 용언 '잇다'를 사용하여 '안자 잇다(앉아 있다)'라는 동작상을 구현한 것은 맞지만, 이때의 동작상은 진행상이 아니라 완료상이다. 이는 '앉다'라는 행위가 끝나고 그것이 지속되고 있는 상태를 나타내는 표현이다.

① ㄱ에서는 '앉아'를 '안자'로 표기하였다. 이는 자음으로 끝난 어간 '앉-'에 모음으로 시작하는 어미 '-아'가 결합할 때 현대 국어와 달리 이어 적기를 한 것임을 알 수 있다.

② 현대어의 '비구가'를 통해 ㄱ의 '比丘(비구)ㅣ'는 모음으로 끝난 체언 '比丘(비구)'의 뒤에 주격 조사 'ㅣ'가 결합된 형태임을 알 수 있다. 이는 현대 국어에서 주격 조사 '가'가 쓰이는 것과는 다른 양상이다.

④ ㄴ의 '듣ᄌᆞᄫᅥ며'는 현대어의 '들으며'에 대응한다는 점을 통해, 객체 높임의 선어말 어미 '-ᄌᆞᆸ-'을 이용하여 객체 '부텨(부처)'를 높이는 표현임을 알 수 있다. 따라서 중세 국어는 현대 국어와 달리 선어말 어미에 의해서도 객체 높임이 실현되었음을 알 수 있다.

⑤ ㄴ의 '몯 듣ᄌᆞᄫᅥ며'는 부정 부사 '몯'을 용언 '듣ᄌᆞᄫᅥ며'의 앞에 놓아 짧은 부정을 만든 것이다. [현대어 풀이] '못 들으며'를 통해 알 수 있듯이 현대 국어에서도 부정 부사 '못'을 용언 '들으며' 앞에 놓음으로써 짧은 부정문을 만들고 있으므로 선지의 설명은 적절하다.

62. ③

'나모'는 주격 조사와 결합할 때 '남기'로, 목적격 조사와 결합할 때 '남ᄀᆞᆯ'로 표기된다. 주격 조사는 '이', 목적격 조사는 '올'이므로 단독형 '나모'는 '남'이 아닌 '남ㄱ'의 형태로 바뀌었음을 알 수 있다.

① '나모, 아ᅀᆞ, 노ᄅᆞ'는 15세기와는 달리 현대어에서 '나무, 아우, 노루'로 표기함을 알 수 있다.

② '나모, 아ᅀᆞ, 노ᄅᆞ'는 부사격 조사나 보조사와 결합할 때 '나모, 아ᅀᆞ, 노ᄅᆞ'로 표기되어 있는데, 이는 단독형과 그 형태가 동일하다.

④ '아ᅀᆞ'는 주격 조사나 목적격 조사와 결합할 때는 '앗이, 앗을'로 표기하는데, 이를 통해 단독형과 달리 '앗'으로 그 형태가 변했음을 알 수 있다.

⑤ '노ᄅᆞ'는 주격 조사나 목적격 조사와 결합할 때는 '놀이, 놀을'로 표기하는데 이를 통해 단독형과는 달리 '놀'로 그 형태가 변했음을 알 수 있다.

63. ①

두음 법칙이란 일부 소리가 단어의 첫머리에 발음되는 것을 꺼려 나타나지 않거나 다른 소리로 발음되는 것으로, 'ㅣ, ㅑ, ㅕ, ㅛ, ㅠ' 앞에서 'ㄹ'과 'ㄴ'이 'ㅇ'이 되거나, 'ㅏ, ㅓ, ㅗ, ㅜ, ㅡ, ㅐ, ㅔ, ㅚ' 앞의 'ㄹ'이 'ㄴ'으로 변하는 현상을 의미한다. 16세기 중세 국어의 '닐러'가 현대어 '일러'에 대응되는 것으로 보아, 16세기 중세 국어에서는 두음 법칙이 적용되지 않았으며 현대 국어로 오는 과정에서 적용된 것임을 확인할 수 있다.

② 16세기 중세 국어의 '슬흔'은 '슳+은'으로 분석되므로 16세기에 '슳'과 같이 'ㅎ'을 말음으로 가지는 체언이 존재하였음을 확인할 수 있다. 현대어 '살코기(살ㅎ+고기)', '머리카락(머리ㅎ+가락)' 등에서 'ㅎ' 종성 체언의 영향을 확인할 수 있다.

③ 16세기 중세 국어의 '받ᄌᆞ온'은 '받- + -ᄌᆞᆸ- + -은'으로 분석되며, 이때 '-ᄌᆞᆸ-'은 부사어에 해당하는 대상 '부모'를 높이기 위해 사용된 객체 높임의 선어말 어미이다. 객체 높임 선어말 어미의 받침 'ㅂ' 뒤에 모음으로 시작하는 어미가 오면 'ㅸ'이 되는데, 시간이 흐르며 'ㅸ'은 반모음 'ㅗ' 혹은 'ㅜ'로 바뀌면서 소멸되는 양상을 보인다. '받ᄌᆞ온' 역시 'ㅸ'이 반모음 'ㅗ'로 변화한 후, '·'와 충돌한 결과 '받ᄌᆞᄫᆯ 〉 받ᄌᆞ온'과 같이 변화한 것이다.

④ '비르소미오'는 '비릇- + -옴 + 이- + -오'로 분석된다. '비릇다'의 어간 '비릇-'에 명사형 어미 '-옴'이 결합된 것인데, 어간 말 음절의 중성 'ㅡ'가 음성 모음인데도 명사형 어미로 '-움'이 아닌 '-옴'이 결합하였으므로 모음 조화 현상이 잘 지켜지지 않은 사례로 볼 수 있다.

⑤ 'ᄆᆞᄎᆞᆷ이니라'는 'ᄆᆞᄎᆞ미니라'로 이어 적기 한 것이 아니라 용언의 명사형 'ᄆᆞᄎᆞᆷ'과 서술격 조사 '이니라'를 끊어 적기 하여 'ᄆᆞᄎᆞᆷ이니라'로 적은 것이다. 이를 통해 16세기 중세 국어에서 끊어 적기가 쓰이기도 하였음을 알 수 있다.

90 | 중세 국어

정답과 해설   277

1. ②

정답 설명

㉠의 '밥 먹는데[밤멍는데]'에서 첫 번째 음절의 종성 'ㅂ'은 피동화음이고 두 번째 음절의 초성 'ㅁ'은 동화음이다. 그리고 두 번째 음절의 종성 'ㄱ'은 피동화음, 세 번째 음절의 초성 'ㄴ'은 동화음이다. ㉡의 '국민[궁민]'에서 첫 번째 음절의 종성 'ㄱ'은 피동화음이고 두 번째 음절의 초성 'ㅁ'은 동화음이다. ㉢의 '접는[점는]'에서 첫 번째 음절의 종성 'ㅂ'은 피동화음이고 두 번째 음절의 초성 'ㄴ'은 동화음이다. ㉣의 '듣는[든는]'에서 첫 번째 음절의 종성 'ㄷ'은 피동화음이고 두 번째 음절의 초성 'ㄴ'은 동화음이다. ㉤의 '막내[망내]'에서 첫 번째 음절의 종성 'ㄱ'은 피동화음이고 두 번째 음절의 초성 'ㄴ'은 동화음이다. 즉, ㉠도 ㉡, ㉢, ㉣, ㉤처럼 피동화음이 동화음의 앞에 위치하므로 적절하지 않다.

오답 설명

① ㉠의 명사 '밥'과 동사 '먹는다'는 별개의 단어인데 '밥'의 종성인 'ㅂ'과 '먹'의 초성인 'ㅁ' 사이에서 비음화가 일어나 '밥'의 종성 'ㅂ'이 비음 'ㅁ'으로 동화되었으므로, 비음화는 단어와 단어 사이에서 적용되기도 함을 확인할 수 있다. 이처럼 두 단어를 이어서 한 마디로 발음할 때에도 동화 현상을 적용할 수 있다.

③ ㉡의 '국민[궁민]'에서 피동화음은 '국'의 종성인 파열음 'ㄱ'이고 동화음은 '민'의 초성인 'ㅁ'이다. ㉤의 '막내[망내]'에서 피동화음은 '막'의 종성인 파열음 'ㄱ'이고 동화음은 '내'의 초성인 'ㄴ'이다. 그러므로 ㉡과 ㉤은 피동화음은 'ㄱ'으로 같지만, 동화음은 각각 'ㅁ', 'ㄴ'으로 서로 다른 음운임을 알 수 있다.

④ ㉢, ㉣, ㉤의 동화음은 모두 'ㄴ'으로 동일하지만 피동화음은 ㉢에서 'ㅂ', ㉣에서 'ㄷ', ㉤에서 'ㄱ'으로 서로 다른 음운임을 알 수 있다.

⑤ ㉠의 '밥 먹는데[밤멍는데]'에서 동화음은 두 번째 음절의 초성 'ㅁ'과 세 번째 음절의 초성 'ㄴ'으로 모두 비음이다. 피동화음은 첫 번째 음절의 종성 'ㅂ', 두 번째 음절의 종성 'ㄱ'으로 모두 파열음이다. ㉡의 '국민[궁민]'에서 동화음은 두 번째 음절의 초성 'ㅁ'으로 비음이고 피동화음은 첫 번째 음절의 종성 'ㄱ'으로 파열음이다. ㉢의 '접는[점는]'에서 동화음은 두 번째 음절의 초성 'ㄴ'으로 비음이고 피동화음은 첫 번째 음절의 종성 'ㅂ'으로 파열음이다. ㉣의 '듣는[든는]'에서 동화음은 두 번째 음절의 초성 'ㄴ'으로 비음이고 피동화음은 첫 번째 음절의 종성 'ㄷ'으로 파열음이다. ㉤의 '막내[망내]'에서 동화음은 두 번째 음절의 초성 'ㄴ'으로 비음이고 피동화음은 첫 번째 음절의 종성 'ㄱ'으로 파열음이다. 이렇듯 ㉠~㉤은 모두 동화음이 비음이고 피동화음이 파열음임을 알 수 있다.

2. ④

정답 설명

ⓓ의 '굳이[구지]'는 'ㄷ'이 뒤에 위치한 모음 'ㅣ'의 영향을 받아 구개음 'ㅈ'으로 변하는 구개음화 현상이 일어난 경우로, 동화의 방향으로 볼 때는 역행 동화에 속한다. 3문단에서 구개음화는 "동화음인 모음 'ㅣ'의 조음 위치에 피동화음인 자음 'ㅌ'이 'ㅊ'이 되는데, 이는 'ㅣ'와 같은 음운이 아니므로 부분 동화에 속한다."라고 하였으므로 조음 위치라는 음운의 일부 특성만 닮은 부분 동화임을 알 수 있다.

오답 설명

① ⓐ의 '겁내다[검내다]'에서 동화음은 두 번째 음절의 초성 'ㄴ'이고 피동화음이 첫 번째 음절의 종성 'ㅂ'이므로 동화의 방향으로 볼 때는 역행 동화에 속한다. 그리고 피동화음인 'ㅂ'이 동화음인 비음 'ㄴ'의 조음 방식만 닮아 비음 'ㅁ'으로 동화되므로 부분 동화에 속한다.

② ⓑ의 '발놀림[발롤림]'에서 동화음은 첫 번째 음절의 종성 'ㄹ'이고 피동화음이 두 번째 음절의 초성 'ㄴ'이므로 동화의 방향으로 볼 때는 순행 동화에 속한다. 그리고 피동화음인 두 번째 음절의 초성 'ㄴ'이 동화음인 첫 번째 음절의 종성 'ㄹ'과 같아지므로 완전 동화에 속한다.

③ ⓒ의 '맏며느리[만며느리]에서 동화음은 두 번째 음절의 초성 'ㅁ'이고 피동화음은 첫 번째 음절의 종성 'ㄷ'이므로 동화의 방향으로 볼 때는 역행 동화에 속한다. 그리고 피동화음인 'ㄷ'이 동화음인 비음 'ㅁ'의 조음 방식만 닮아 비음 'ㄴ'으로 동화되므로 부분 동화에 속한다.

⑤ ⓔ의 '불난리[불랄리]'는 두 번째 음절의 초성과 종성이 모두 'ㄴ'에서 'ㄹ'로 교체되는데, 이는 첫 번째 음절의 종성과 세 번째 음절의 초성에 동화된 것이다. 따라서 순행 동화와 역행 동화가 모두 일어난다.

3. ⑤

정답 설명

2문단에 따르면, 중세 국어의 객체 높임 선어말 어미 중 '-숩-'은 자음으로 시작하는 어미와 결합할 때 나타나는 형태였고, '-쏳-'은 모음으로 시작하는 어미와 결합할 때 나타나는 형태였다. 따라서 어간의 끝소리에 따라 형태가 달라졌다는 진술은 옳지 않다.

오답 설명

① 1문단에서 알 수 있듯이, 중세 국어와 현대 국어의 객체 높임은 모두 문장의 목적어나 부사어가 지시하는 대상을 높인다.

② 현대 국어의 객체 높임은 선어말 어미가 아니라 '모시다, 뵙다, 여쭈다, 드리다'와 같은 특수 어휘를 통해 실현된다.

③ (가)의 '보◇부면'과 (다)의 '보◇붕'은 각각 현대 국어의 객체 높임 특수 어휘인 '뵈면, 뵌'으로 바꿀 수 있지만 '듣ㅈ부며'는 대응되는 현대 국어의 객체 높임 특수 어휘가 없다.

④ (가)의 '보◇부면'과 같이, 용언의 연결형에서도 객체 높임 선어말 어미가 사용되고 있음을 알 수 있다. 따라서 객체 높임 선어말 어미가 용언의 관형사형 이외의 활용형에서도 실현된 것으로 이해할 수 있다.

4. ④

정답 설명

어간 '돕-'은 'ㅂ'으로 끝나고, 어말 어미 '-♀니'는 모음으로 시작하기 때문에 객체 높임 선어말 어미로는 '-쏳-'이 와야 하고, 활용형은 이어 적기를 적용하여 '돕◇부니'가 되어야 한다.

오답 설명

① 어간 '듣-'은 'ㄷ'으로 끝나고, 어말 어미 '-고'는 자음으로 시작하기 때문에 객체 높임 선어말 어미로는 '-쥽-'이 오고, 활용형은 '듣쥽고'가 되어야 하므로 적절하다.

② 어간 '초-'는 모음인 'ㆍ'로 끝나고, 어말 어미 '-고'는 자음으로 시작하기 때문에 객체 높임 선어말 어미로는 '-숩-'이 오고, 활용형은 '초숩고'가 되어야 하

문법N제

므로 적절하다.

③ 어간 '얻-'은 'ㄷ'으로 끝나고, 어말 어미 '-아'는 모음으로 시작하기 때문에 객체 높임 선어말 어미로는 '-줍-'이 오고, 활용형은 이어 적기를 하여 '얻주봐'가 되어야 하므로 적절하다.

⑤ 어간 '막-'은 'ㄱ'으로 끝나고, 어말 어미 '-거늘'은 자음으로 시작하기 때문에 객체 높임 선어말 어미로는 '-숩-'이 오고, 활용형은 '막숩거늘'이 되어야 하므로 적절하다.

5. ①

정답 설명

〈자료〉의 1문단에서 '명사화 접미사가 붙은 말은 국어사전에 새로운 단어(명사)로 등재'된다고 하였으며, 〈대화〉에서 ㉮(믿음)는 국어사전에 실려 있다고 하였으므로, ㉮의 '-(으)ㅁ'은 명사화 접미사임을 알 수 있다. 하지만 같은 1문단에서 명사화 접미사는 특정 단어에만 선택적으로 붙는다고 하였으므로 선지의 설명은 적절하지 않다.

오답 설명

② 〈대화〉에서 ㉯(얻음)는 국어사전에 실려 있지 않다고 하였으므로 ㉯의 '-(으)ㅁ'은 명사형 어미임을 알 수 있다. ㉯의 품사는 동사이지만 명사처럼 쓰이기 때문에 주격 조사 '이/가'와 결합 시 문장에서 주어 역할을 할 수 있다.

③ ㉮(믿음)의 '-(으)ㅁ'은 명사화 접미사로 새로운 단어를 파생시키는 역할을 하기 때문에 '믿음'이 국어사전에 등재된 것이다.

④ 〈대화〉에서 ㉯(얻음)는 국어사전에 실려 있지 않다고 하였으므로 ㉯의 '-(으)ㅁ'은 명사형 어미임을 알 수 있다. 따라서 ㉯(얻음)는 용언 '얻다'가 활용되는 한 형태 중 하나에 해당한다.

⑤ ㉮(믿음)의 '-(으)ㅁ'과 '먹이'의 '-이'는 모두 명사화 접미사이므로 문법적인 성격이 같다.

6. ⑤

정답 설명

ⓒ '기쁨'은 관형어 '승리의(체언+관형격 조사)'의 수식을 받고 있으므로 명사이다.
ⓔ '꿈'은 관형어 '놀라운(용언의 관형사형)'의 수식을 받고 있으므로 명사이다.
ⓕ '크기'는 관형어 '어미의(체언+관형격 조사)'의 수식을 받고 있으므로 명사이다.

오답 설명

㉠ '떠나기'는 부사어 '바로(부사)'의 수식을 받고 있으므로 용언(동사)임을 알 수 있다.
ⓒ '빼기'는 부사어 '효율적으로(체언+부사격 조사)'의 수식을 받고 있으므로 용언(동사)이다.

7. ⑤

정답 설명

'굳세게'의 '굳-'은 용언 '굳다'의 어간으로 형식 형태소가 아니라 실질 형태소이다. 또한 어근 '굳-'은 '세다'와 결합하여 파생어가 아닌 합성어를 형성한다. 따라서 어근 '굳-'은 새로운 단어를 파생하는 접사가 아니고 실질 형태소에 해당하므로 적절하지 않다.

오답 설명

① 2문단에 따르면, 학교 문법에서는 일정 정도 어휘적인 의미를 지닌다고 하더라도 '-답-'과 같은 접사는 형식 형태소로 분류한다.

② 3문단에 따르면, 학교 문법에서는 다소간 어휘적인 의미를 지니더라도 '만'과 같은 보조사는 형식 형태소에 포함시킨다. 또한 4문단에서 조사는 단어이자 의존 형태소에 해당한다고 하였으므로 선지의 설명은 적절하다.

③ '-추-'는 사동의 의미를 지니는 접사이다. 3문단에 따르면, 학교 문법에서는 단어를 파생하는 기능을 하는 이러한 파생 접사를 형식 형태소로 분류한다.

④ 2문단에 따르면, 학교 문법에서는 일정 정도 어휘적인 의미를 지닌다고 하더라도 '-개'와 같은 접사는 형식 형태소로 분류한다.

8. ③

정답 설명

㉠ 명사 '사람' 뒤에 쓰인 '은'은 화제를 나타내는 기능을 하는 보조사에 해당한다.
ⓒ 명사 '라이벌' 뒤에 쓰인 '로'는 어떤 사물에 대하여 생각하는 바임을 나타내는 부사격 조사에 해당한다.
ⓔ '고'는 간접 인용의 부사격 조사이다. '새로운 바람을 일으키겠다'라는 '그'의 말을 인용절로 안기게 해준다.

오답 설명

ⓒ '-은'은 관형사형 전성 어미이다. 형용사 '검붉다'의 어간 '검붉-' 뒤에 결합하여 명사 '피'를 수식할 수 있게 해준다.
ⓕ '-스럽-'은 형용사를 만드는 접미사이다. 어근 '자랑'에 붙어 형용사 '자랑스럽다'를 파생하였다.

9. ①

정답 설명

〈보기〉를 보면 표제항 '팥'은 조건에 따라 '팥(ㅣ를 제외한 모음 앞), 팓(어말, 자음 앞), 팣(모음 'ㅣ' 앞), 판(비음 앞)'의 네 가지 형태로 실현된다. ⓑ에서 표제항의 다양한 발음 정보가 모두 반영되어야 한다고 하였으므로 이 네 가지가 모두 포함된 ①이 가장 적절함을 알 수 있다.

오답 설명

② '팥'의 네 가지 발음 형태 중 '팥'이 제시되어 있지 않다.
③ '팥'의 네 가지 발음 형태 중 '팣, 판'이 제시되어 있지 않다.
④ '팥'의 네 가지 발음 형태 중 '팣'이 제시되어 있지 않다.
⑤ '팥'의 네 가지 발음 형태 중 '판'이 제시되어 있지 않다.

10. ③

정답 설명

'뜨다⁰⁴'가 목적어를 반드시 필요로 한다는 부분은 맞다. 그러나 '뜨다⁰¹'이 부사어를 반드시 필요로 한다는 부분은 적절하지 않다. 문형 정보에 의하면 '뜨다⁰¹[1]'은 부사어가 필수적이지만 '뜨다⁰¹[2]'는 부사어 없이도 쓰일 수 있다.

오답 설명

① '뜨다⁰¹'과 '뜨다⁰⁴'는 활용 정보에 의하면 모두 모음으로 시작하는 어미 '-어'와 결합할 때 어간의 모음 'ㅡ'가 탈락하여 '떠'로 활용된다. 자음으로 시작하는

어미 '-니'와 결합할 때도 활용하는 양상이 '뜨니'로 동일하다.

② '뜨다⁰¹'의 문형 정보에 의하면 '뜨다⁰¹'은 목적어를 요구하지 않는 자동사임을 알 수 있다. 반면 '뜨다⁰⁴'는 문형 정보에 모두 【…을】이 쓰여 있으므로, 목적어가 필요한 타동사임을 알 수 있다.

④ '뜨다⁰¹[1]'은 문형 정보에 【…에】【…으로】가 쓰여 있으므로, 주어와 부사어를 필수적으로 요구하는 두 자리 서술어이지만, '뜨다⁰¹[2]'는 주어만을 요구하는 한 자리 서술어임을 알 수 있다. 모든 서술어는 주어를 필수적으로 요구하므로, 주어는 문형 정보에 따로 표시하지 않는다. 문형 정보를 표시한 【 】가 없는 서술어는 주어만을 요구하는 한 자리 서술어이다. '뜨다⁰⁴[1]'은 문형 정보에 【…에서 …을】이 쓰여 있으므로, 주어와 목적어, 부사어를 필수적으로 요구하는 세 자리 서술어이지만, '뜨다⁰⁴[2]'는 문형 정보에 【…을】이 쓰여 있으므로, 주어와 목적어를 필수적으로 요구하는 두 자리 서술어임을 알 수 있다. 이처럼 '뜨다⁰¹'과 '뜨다⁰⁴'는 용법에 따라 서술어의 자릿수가 달라지고 있음을 확인할 수 있다.

⑤ 동음이의 관계란, 발음은 동일하지만 의미가 전혀 다른 단어 관계이다. '뜨다⁰¹'과 '뜨다⁰⁴'는 동음이의 관계이므로 별개의 표제어로 등재되어 있다.

11. ③

'틈'은 [+시간]의 의미 성분을 갖는다. 예를 들어 "요즘 취미 생활을 할 틈이 없다."에서 '틈'은 '어떤 일을 하다가 생각 따위를 다른 데로 돌릴 수 있는 시간적인 여유'의 의미로 쓰였으므로 [+시간]의 의미 성분을 가진다. 반면, "벽에 틈이 벌어졌다."에서 '틈'은 '벌어져 사이가 난 자리'의 의미로, 시간이 아니라 공간의 의미를 갖기 때문에 [-시간]의 의미 성분을 가진다. 그러나 '겨를'은 '어떤 일을 하다가 생각 따위를 다른 데로 돌릴 수 있는 시간적인 여유'의 의미만을 가지고 "요즘 취미 생활을 할 겨를이 없다."와 같이 쓰이므로, [+시간]의 의미 성분만을 가진다.

① (가)의 2문단에서 반의어는 하나의 의미 성분만 반대되고 나머지 의미 성분은 동일한 단어 사이에 성립한다고 하였다. 따라서 두 개의 의미 성분이 반대되는 '총각([+성년], [+남성])'과 '소녀([-성년], [-남성])'는 반의 관계에 있다고 할 수 없다.

② (가)의 2문단에 따르면 다의어는 여러 의미를 가지고 있으므로, 각 의미에 따라 반의어가 여러 개 있을 수 있다. '(시계가) 서다'의 반의어는 '(시계가) 가다'이고 '(체면이) 서다'의 반의어는 '(체면이) 깎이다'이다.

④ '상위어, 하위어는 '관계'의 개념이므로, 어떤 말이 상위어인지는 반드시 둘 이상의 말을 상대적으로 비교해 보아야 판단할 수 있다.

⑤ (가)의 1문단에서 [+포유류], [+생물] 등의 의미 성분은 모두 [+인간]에 포함되어 있으므로 잉여 성분이라고 하였다. 이는 어떤 의미 성분이 다른 의미 성분을 포함하기 때문에 생기는 것이다.

12. ⑤

(나)에서 하위어의 지시 대상은 자동적으로 상위어의 지시 대상이 되고, 상위어는 하위어를 포함하지만 자동적으로 하위어가 되는 것은 아니라고 하였다. 상위어와 하위어의 이러한 관계를 일방 함의 관계라고 한다고 설명하였다. ㉩(스포츠)은 ㉪(축구)의 상위어이다. 따라서 ㉩은 ㉪을 포함하므로, ㉪이 ㉩을 함의하는 일방 함의 관계가 성립한다.

① ㉡은 ㉠의 한 종류이므로 ㉡이 ㉠의 하위어이다.

② ㉢과 ㉣과 같은 관계를 전체와 부분 관계라고 한다. '꼬리'는 '개'의 한 종류가 아니므로, 상하 관계라고 볼 수는 없다. 상위어는 하위어의 의미를 포함하므로, 상하 관계에서는 "고래는 포유동물이다."와 같은 문장이 성립한다. 그러나 전체와 부분 관계에서는 "꼬리는 개이다."와 같은 문장이 성립하지 않는다.

③ ㉧은 ㉥의 상위어이다. 상위어인 ㉧보다 하위어인 ㉥이 [-남성] 혹은 [+여성]이라는 의미 성분을 더 가진다.

④ ㉠은 ㉤이라는 행위의 대상으로 목적어에 해당한다. ㉠과 ㉤에 상하 관계가 성립하는 것은 아니다.

13. ③

서술어 '되다'는 주어와 보어를 필수적으로 요구하는 두 자리 서술어이다. '사람이'는 주어, '교사가'는 '되다' 앞에 쓰인 보어이므로 '이'는 주격 조사, '가'는 보격 조사이다. 주격 조사와 보격 조사는 '이/가'로 형태는 동일하지만 그 기능은 다르므로 음운론적 이형태가 아니다. 음운론적 이형태는 기능은 동일하지만 음운론적 환경에 따라 형태를 달리한다는 것이므로, 주격 조사 '이'와 보격 조사 '가'는 이형태일 수 없다. 〈주격 조사 '이'/주격 조사 '가'〉, 〈보격 조사 '이'/보격 조사 '가'〉가 각각 음운론적 이형태 관계에 해당한다.

① '만'과 '도'는 체언에 붙어 특수한 의미를 더해 주는 보조사이다.

② 서술격 조사 '이다'는 다른 격 조사와 달리 '이고, 이며, 이니' 등과 같이 여러 형태로 활용된다.

④ 보조사는 특정 문장 성분에만 쓰일 수 있는 격 조사와 달리 여러 문장 성분에 두루 쓰일 수 있고, 결합할 수 있는 앞말이 체언으로 한정되지 않으므로 ㉣에 쓰인 '는'은 보조사이다. 또한 ㉣에서 '는'이 '강조'의 의미를 더하고 있으므로 선지의 진술은 적절하다.

⑤ '불굴'은 〈보기〉에 비문으로 제시된 '불굴에' 이외에도 '불굴이, 불굴을, 불굴도'와 같이 '의'가 아닌 다른 조사와 결합하였을 때 자연스럽지 않다. 따라서 조사와의 결합에 제약을 받는 체언임을 알 수 있다.

14. ④

접속 조사는 체언과 체언 사이에서 둘을 이어주는 조사이다. 부사격 조사는 체언 사이에 위치하지 않거나, 체언 사이에 있더라도 둘을 이어주지 않고 '비교, 동반, 상대'의 자격을 부여한다. ④의 '와'는 '아빠'와 '동생'을 동등한 자격으로 연결하는 것이 아니라 '아빠'가 '동생'의 외모와 비교되는 대상임을 나타내므로 부사격 조사에 해당한다.

15. ③

'그녀가 (그를) 사랑했다.'라는 문장의 서술어에 관형사형 전성 어미 '-던'을 결합해 만든 관형절이 '그는 많이 변했다.'라는 문장에 안겨 체언 '그'를 수식하는 관형어로 쓰였음을 알 수 있다.

오답 설명

① '발에 땀이 나다.'라는 문장의 서술어에 부사형 전성 어미 '-도록'을 결합해 만든 부사절이 '그는 뛰었다.'라는 문장에 안겨 서술어 '뛰었다'를 수식하는 부사어로 쓰였다.

② '그가 옳았다.'라는 문장의 서술어에 명사형 전성 어미 '-음'을 결합해 만든 명사절이 '우리는 ~을 깨달았다.'라는 문장에 안겨 목적어로 쓰였다.

④ '(~가) 밥을 먹다.'라는 문장의 서술어에 명사형 전성 어미 '-기'를 결합해 만든 명사절이 '지금 시간은 ~에는 이르다.'라는 문장에 안겨 부사어로 쓰였다.

⑤ '(들국화가) 아름답다.'라는 문장의 서술어와 부사형 전성 어미 '-게'가 결합한 부사절이 '그곳에는 들국화가 피었다.'에 안겨 서술어를 수식하는 부사어로 쓰였다.

16. ④

정답 설명

ⓓ(서로)은 [현대어 풀이]와 비교해 보았을 때 '서로'에 대응된다. '서로'는 부사로, 서술어 '내어'를 수식하는 부사어에 해당하므로, ⓓ은 관형사가 아닌 부사임을 알 수 있다.

오답 설명

① ㉠(이)에서는 현대 국어와 동일한 형태의 관형사인 '이'가 사용되어 명사 '약사유리광여래'를 수식하는 관형어의 역할을 하고 있다.

② ㉡(약사유리광여래ㅅ)은 [현대어 풀이]와 비교해 보았을 때 '약사유리광여래의'에 대응된다. 'ㅅ'은 현대 국어의 관형격 조사 '의'에 대응되므로, 현대 국어와는 다른 형태의 관형격 조사가 사용되었음을 알 수 있다. 참고로 현대 국어의 관형격 조사는 '의' 하나뿐이다.

③ ㉢(모딘)은 형용사인 '모딜다'에 관형사형 어미인 '-ㄴ'이 결합한 형태로, 품사는 여전히 형용사이다. 형용사 '모딘'이 뒤에 오는 명사 '일'을 꾸미고 있으므로 선지의 설명은 적절하다.

⑤ ㉤(밑본)은 용언 어간 '밉-'에 관형사형 어미인 '-은'이 결합한 형태로, '밑은'을 이어 적기한 '밑본'이 명사 'ㅁ숨'을 꾸미는 관형어의 역할을 하고 있다.

17. ④

정답 설명

ⓓ에서 '추적추적'은 '비나 진눈깨비가 자꾸 축축하게 내리는 모양'의 의미로 쓰인 부사이며, '내리는'을 수식하는 성분 부사어로 쓰였다.

오답 설명

① '매우'는 '보통 정도보다 훨씬 더'의 의미를 가진 부사이며, ⓐ에서 부사 '높이'를 수식하는 성분 부사어로 쓰였다.

② '아주'는 ⓑ에서 '보통 정도보다 훨씬 더 넘어선 상태로'라는 의미로 쓰인 부사이며, 형용사 '맛있는'을 수식하는 성분 부사어로 쓰였다.

③ '유난히'는 '언행이나 상태가 보통과 아주 다르게'의 의미를 가진 부사이며, ⓒ에서 형용사 '푸르다'를 수식하는 성분 부사어로 쓰였다.

⑤ '모름지기'는 '사리를 따져 보건대 마땅히'의 의미를 가진 부사이며, ⓔ에서 문장 전체의 당위성을 말하는 문장 부사어로 쓰였다.

18. ④

정답 설명

㉠의 '노래했다'는 동사로, 주어('그녀는') 하나만 요구하는 한 자리 서술어이다. 따라서 '우아하게'는 한 자리 서술어에 쓰인 수의적 부사어이다. ㉡의 '넣었다'는 주어('형이')와 목적어('손을'), 그리고 필수적 부사어('주머니에')를 요구하는 세 자리 서술어이다. 따라서 '주머니에'는 세 자리 서술어에 쓰인 필수적 부사어이다.

오답 설명

① ㉠의 '만들었다'는 주어('동생이')와 목적어('장난감을')를 필수적으로 요구하는 두 자리 서술어이다. 따라서 '멋있게'는 두 자리 서술어에 쓰인 수의적 부사어이다. ㉡의 '맛없다'는 형용사로, 주어('음식이') 하나만 요구하는 한 자리 서술어이다. 따라서 '너무'는 생략 가능한 수의적 부사어이다.

② ㉠의 '간다'는 주어('누나가')와 필수적 부사어('도서관에')를 요구하는 두 자리 서술어이다. 따라서 '도서관에'는 두 자리 서술어에 쓰인 필수적 부사어이다. ㉡의 '먹는다'는 주어('오빠가')와 목적어('밥을')를 필수적으로 요구하는 두 자리 서술어이다. 따라서 '천천히'는 생략해도 무방한 수의적 부사어이다.

③ ㉠의 '드렸다'는 주어('내가')와 필수적 부사어('엄마에게'), 그리고 목적어('생신 선물을')를 요구하는 세 자리 서술어이다. 따라서 '엄마에게'는 세 자리 서술어에 쓰인 필수적 부사어이다. ㉡의 '같다'는 형용사로 주어('사랑은')와 필수적 부사어('보석과')를 요구하는 두 자리 서술어이다. 따라서 '보석과'는 두 자리 서술어에 쓰인 필수적 부사어이다.

⑤ ㉠의 '만났다'는 주어('나는')와 목적어('친구를')를 필수적으로 요구하는 두 자리 서술어이다. 따라서 '영화관에서'는 생략 가능한 수의적 부사어이다. ㉡의 '잡았다'는 주어('포수가')와 목적어('멧돼지를')를 필수적으로 요구하는 두 자리 서술어이다. 따라서 '총으로'는 생략 가능한 수의적 부사어이다.

19. ④

정답 설명

돕다 : '돕- + -아 〉 도와'와 같이 활용된다. 모음 어미 앞에서 어간의 'ㅂ'이 반모음 'ㅗ'로 변화하므로 어간의 형태가 바뀌는 불규칙 용언(㉠)이다.

푸르다 : '푸르- + -어 〉 푸르- + -러 푸르러'와 같이 활용된다. 어미 '-어'가 '-러'로 변화하므로 어미의 형태가 바뀌는 불규칙 용언(㉡)이다.

빨갛다 : '빨갛- + -아 〉 빨개'와 같이 활용되므로, 어간과 어미의 형태가 모두 바뀌는 불규칙 용언(㉢)이다.

오답 설명

① '묻다(問)'의 경우 '묻- + -어 〉 물- + -어 〉 물어'와 같이 모음 어미 앞에서 어간의 'ㄷ'이 'ㄹ'로 변화하므로 어간의 형태가 바뀌는 불규칙 용언이다. 따라서 ㉠에 해당하는 것이 맞다. 또한 '하얗다'의 경우 '하얗- + -아 〉 하얘'와 같이 어간과 어미의 형태가 모두 바뀌는 불규칙 용언이므로 ㉢에 해당한다. 하지만 '아프다'는 '아프- + -아 〉 아ㅍ- + -아 〉 아파'와 같이 모음 어미 앞에서 어간의 'ㅡ'가 탈락하는 양상을 보이므로 ㉡에 해당하지 않는다. 참고로 모음 어미를 취할 때 'ㅡ'가 탈락하는 양상은 규칙적으로 일어나는 현상이므로 ㉠~㉢ 어디에도 속하지 않는다.

② '붓다'의 경우 '붓- + -어 〉 부- + -어〉 부어'와 같이 모음 어미 앞에서 어간의 'ㅅ'이 탈락하므로 어간의 형태가 바뀌는 불규칙 용언이다. 따라서 ㉠에 해당하는 것이 맞다. 또한 '이르다(至)'의 경우 '이르- + -어 〉 이르- + -러 〉 이르러'와 같이 어미 '-어'가 '-러'로 변화하므로 어미의 형태가 바뀌는 불규칙 용언이다. 따라서 ㉡에 해당하는 것이 맞다. 하지만 '검다(黑)'는 '검- +

-어 〉 검어'와 같이 모음 어미를 취하는 경우 어간과 어미의 형태가 모두 변화하지 않으므로 불규칙 활용이 아닌 규칙 활용에 해당한다.

③ '솟다'의 경우 '솟- + -아 〉 솟아'와 같이 모음 어미를 취하는 경우 어간과 어미의 형태가 모두 변화하지 않으므로 불규칙 활용이 아닌 규칙 활용에 해당한다. '흐르다(流)'의 경우 '흐르- + -어 〉 흐르ㄹ- + -어 〉 흘러'와 같이 모음 어미 앞에서 어간의 '르'가 'ㄹㄹ'로 변화하므로 어간의 형태가 바뀌는 불규칙 용언이다. 따라서 ㉠에 해당한다. 또한 '누르다(黃)'의 경우 '누르- + -어 〉 누르- + -러 〉 누르러'와 같이 어미 '-어'가 '-러'로 변화하므로 어미의 형태가 바뀌는 불규칙 용언이다. 따라서 ㉡에 해당한다.

⑤ '자르다(斷)'의 경우 '자르- + -아 〉 자르ㄹ- + -아 〉 잘라'와 같이 모음 어미 앞에서 어간의 '르'가 'ㄹㄹ'로 변화하므로 어간의 형태가 바뀌는 불규칙 용언이다. 따라서 ㉠에 해당하는 것이 맞다. 하지만 '즐겁다'의 경우 '즐겁- + -어 〉 즐거워'와 같이 모음 어미 앞에서 어간의 'ㅂ'이 반모음 'ㅜ'로 변화하므로 어간의 형태가 바뀌는 불규칙 용언이다. 또한 '희다'의 경우 '희- + -어 〉 희어'와 같이 모음 어미를 취하는 경우 어간과 어미의 형태가 모두 변화하지 않으므로 불규칙 활용이 아닌 규칙 활용에 해당한다.

20. ③

정답 설명

ㄴ에 쓰인 '-고'는 본용언 '하다'와 보조 용언 '싶다'를 이어 주는 역할을 하는 보조적 연결 어미이다.

오답 설명

① ㄱ에 쓰인 '-구나'는 문장을 끝맺어 주는 감탄형 종결 어미이다.
② ㄴ에 쓰인 '-면'은 앞의 문장인 '바람이 분다.'와 뒤의 문장인 '나는 외출을 하고 싶다.'를 연결해 주는 종속적 연결 어미이다.
④ ㄷ에 쓰인 '-는'은 용언을 관형어로 만들어 주는 관형사형 전성 어미이다. '(사람이) 최선을 다하다.'라는 문장의 서술어 '다하다'에 관형사형 전성 어미 '-는'을 결합하여 만든 관형절 '최선을 다하는'이 뒤에 오는 체언인 '사람'을 수식하고 있다.
⑤ ㄷ에 쓰인 '-기'는 용언을 명사처럼 쓰일 수 있게 하는 명사형 전성 어미이다. '네가 최선을 다하는 사람이 되다.'라는 문장의 서술어 '되다'에 명사형 전성 어미 '-기'를 결합하여 만든 명사절 '네가 최선을 다하는 사람이 되기'가 '나는 ~를 바란다.'라는 문장 안에서 명사처럼 기능하고 있다.

21. ②

정답 설명

능동문인 '바람이 불을 끄다.'가 피동문인 '불이 바람에 꺼지다.'로 바뀔 때 행위의 주체인 주어(바람이)가 생략된 것이 아니라, 피동문의 부사어(바람에)로 교체되었다.

오답 설명

① ㄱ은 피동문으로 '풀리다'는 한 자리 서술어이지만, 능동문의 서술어 '풀다'는 주어와 목적어를 필요로 하는 두 자리 서술어이다.
③ 피동사 '불리다'는 동사 '부르다'의 어간 '부르-'가 피동 파생 접사 '-이-'와 결합함에 따라 '부르- + -이- 〉 불리-'와 같이 '르' 불규칙 활용 형태가 파생어 형성에 나타난 것이다.
④ '보태어졌다'의 기본형 '보태어지다'는 동사 '보태다'에 '-어지다'를 결합하여 만든 피동 표현이다.

⑤ '만들어지다'는 '만들다'의 어간 '만들-'에 '-어지다'를 결합하여 만든 피동 표현이다. 하지만 '만들다'는 피동 접사를 취하여 피동사를 만들 수 없는 단어이므로 선지의 설명은 적절하다.

22. ⑤

정답 설명

ⓐ의 '잡다'는 '잡히다'라는 피동사가 존재하지만, ⓐ를 '손잡이가 진희에게 일부러 잡혔다.'의 피동문으로 바꿀 수 없다. '손잡이'는 '전혀 의지를 가질 수 없어 의미가 통하지 않게 되는 경우'에 해당하기 때문에 '일부러'라는 부사와 어울리지 않는다. ⓑ의 '놓였다'는 피동사이지만, '(~가) 진희를 난처한 입장에 놓았다.'와 같은 능동문으로 바꿀 수 없다. 이는 마지막 문단에서 설명한 '변화를 표현하는 피동문'에 해당하기 때문이다.

오답 설명

① ⓐ의 '인부가 나무를 뽑았다.'는 '나무가 인부에 의해 뽑혔다.'의 피동문으로 바꿀 수 있으므로, 대응되는 피동문이 있는 능동문에 해당한다. ⓑ의 '날씨가 많이 풀렸다.'는 '(누가) 날씨를 풀었다.'의 능동문으로 바꿀 수 없으므로, 대응되는 능동문이 없는 피동문에 해당한다.
② ⓐ의 '손자는 할머니의 사랑을 받았다.'는 '할머니의 사랑이 손자에게 받혔다.'의 피동문으로 바꿀 수 없으므로, 대응되는 피동문이 없는 능동문에 해당한다. ⓑ의 '사냥꾼이 사슴에게 받혔다.'는 '사슴이 사냥꾼을 받았다.'의 능동문으로 바꿀 수 있으므로, 대응하는 능동문이 있는 피동문에 해당한다.
③ ⓐ의 '어부가 물고기를 잡았다.'는 '물고기가 어부에게 잡혔다.'의 피동문으로 바꿀 수 있으므로, 대응되는 피동문이 있는 능동문에 해당한다. ⓑ의 '나무가 사람들에게 꺾였다.'는 '사람들이 나무를 꺾었다.'의 능동문으로 바꿀 수 있으므로, 대응되는 능동문이 있는 피동문에 해당한다.
④ ⓐ의 '인부들이 구들장을 뜯었다.'는 '구들장이 인부들에 의해 뜯겼다.'의 피동문으로 바꿀 수 있으므로, 대응되는 피동문이 있는 능동문에 해당한다. ⓑ의 '그 사건이 김 형사에게 맡겨졌다.'는 '김 형사가 그 사건을 맡았다.'의 능동문으로 바꿀 수 있으므로, 대응되는 능동문이 있는 피동문에 해당한다.

23. ③

정답 설명

2문단에서 "15세기의 객체 높임 선어말 어미인 '-ᄉᆞᆸ-'은 근대 국어에서 상대 높임 표현의 어미 일부가 되었"음을 알 수 있다. ㄴ의 '-습니다'는 현대 국어에서 상대 높임 표현을 실현하기 위해 사용되는 종결 어미이다. 따라서 현대 국어의 '습'은 15세기 국어의 '-ᄉᆞᆸ-'이 아니라 근대 국어의 '-ᄉᆞᆸ-'과 같은 기능을 한다고 할 수 있다.

오답 설명

① ㄱ의 '주무시다'는 주체인 '할머니'를 높이는 특수 어휘이다. 마지막 문단에서 15세기 국어에도 주체를 높이는 특수 어휘가 쓰였다고 하였으므로 선지의 설명은 적절하다.
② ㄴ의 '여쭙다'는 객체인 '선생님'을 높이는 특수 어휘로, 마지막 문단에서 15세기 국어에도 객체를 높이는 특수 어휘가 쓰였다고 하였으므로 선지의 설명은 적절하다.
④ ㄷ의 '-십시오'는 현대 국어의 '하십시오체'에 해당하는 종결 어미이다. 4문단에 따르면 15세기 국어에서는 '하십시오체'에 해당하는 상대 높임 표현으로 청자를 아주 높이는 'ᄒᆞ쇼셔체'가 사용되었다.

문법N제

⑤ ㄹ의 '오신 거니?'에서 '-시-'는 주체 높임 선어말 어미로, 1문단에 따르면 15세기에도 이와 같은 형태의 주체 높임 선어말 어미가 쓰였다.

24. ④

정답 설명

㉮에 쓰인 객체 높임 선어말 어미 '-줍-'은 생략되어 있는 객체인 '선혜'를 높이고, 주체 높임 선어말 어미 '-샤-'는 주체인 '구이'를 높이고 있다. 한편, ㉯에 쓰인 부사격 조사 '끠', 객체 높임 선어말 어미 '-줍-'은 모두 객체인 '부처'를 높이고 있다.

25. ②

정답 설명

보어는 서술어가 '되다' 또는 '아니다'일 경우 보격 조사 '이/가'를 통해 나타나는 문장 성분으로, 해당 문장에서는 보어가 쓰이지 않았다. '잘못되다'는 '어떤 일이 그릇되거나 실패로 돌아가다'라는 의미의 동사로 '되다'와는 별개의 단어이다. 따라서 ⓑ의 '이'를 보격 조사로 볼 수 없다. '무엇이'는 '잘못되다'에 대응하는 주어로, '이'는 주격 조사에 해당한다.

오답 설명

① '불평이니?'의 '이니'는 명사 '불평' 뒤에 결합한 서술격 조사 '이다'의 의문형이다. 서술격 조사 '이다'는 예외적인 조사로, 동사나 형용사처럼 활용할 수 있다.
③ '야'는 받침이 없는 음절 뒤에 쓰는 호격 조사이다. 받침이 있는 음절 뒤에는 '아'를 쓴다.
④ '에서'는 '운동장'에 붙어서 이를 처소를 나타내는 부사어로 만드는 부사격 조사이다.
⑤ '의'는 관형격 조사로, '표범'과 '치타'가 뒤에 오는 '무늬'를 수식하는 관형어가 되도록 하고 있다.

26. ①

정답 설명

'말ᄊᆞ미'는 자음으로 끝나는 주어 '말씀'에 주격 조사 '이'를 붙인 다음 이어 적은 것이다. [현대 국어]에서도 주격 조사 '이'가 쓰임을 알 수 있다.

오답 설명

② '솝·빅姓·셩'은 끝소리가 자음인 'ㅇ'으로 끝이 났으므로 중세 국어에서는 주격 조사 '이'를 사용하였고 [현대 국어]에서도 '이'를 사용한다.
③ '·바'는 끝소리가 'ㅣ' 모음 외의 모음인 'ㅏ'로 끝이 났으므로 중세 국어에서는 주격 조사 'ㅣ'를 사용하였고 [현대 국어]에서는 '가'를 사용한다.
④ '불·휘'는 끝소리가 'ㅣ' 모음으로 끝이 났으므로 중세 국어에서는 주격 조사를 표기하지 않았지만 [현대 국어]에서는 '가'를 사용한다.
⑤ '孔·공子·ᄌᆞ'는 끝소리가 'ㅣ' 모음 외의 모음인 'ㆍ'로 끝이 났으므로 중세 국어에서는 주격 조사 'ㅣ'를 사용하였다. [현대 국어]에서는 '말씀하시기를'에서 주체 높임 선어말 어미 '-시-'를 결합해 주체 높임을 표현하고 있으므로 주격 조사 '께서'를 사용한다.

27. ④

정답 설명

마지막 문단의 '대체적으로 합성어의 품사는 가장 나중에 오는 어근의 품사에 따

라 결정'된다는 내용과 일치하는 내용이다. '척척'이라는 부사와 '박사'라는 명사가 결합되어 '척척박사'라는 명사가 되었으므로 나중에 오는 어근 '박사'의 품사에 따라 합성어의 품사가 결정된 것으로 보아야 한다.

오답 설명

① '접칼'은 '접을 수 있게 만든 칼'이란 뜻의 단어이다. 그러므로 어근은 '접-'과 '칼'로 볼 수 있다. '접-'이 '접을 수 있는'의 의미로 '칼'을 수식하고 있으므로 의미 관계에 따라 분류하면 '종속 합성어'로 볼 수 있다.
② '돌부처'는 어근 '돌'과 어근 '부처'로 이루어진 합성어로, '명사+명사'의 구조인 '통사적 합성어'이다. 3문단에 제시된 '밤낮'은 '밤'과 '낮'으로 이루어진 합성어이며, '명사+명사'로 이루어졌는데 이를 우리말 배열법과 일치하는 통사적 합성어로 분류한다는 것을 통해 '돌부처'도 통사적 합성어라는 점을 알 수 있다.
③ '날아가다'는 '동사+동사'로 이루어진 '합성 동사'이다. 마지막 문단의 '대체적으로 합성어의 품사는 가장 나중에 오는 어근의 품사에 따라 결정'된다는 것에 근거해 보더라도 '날아가다'는 '합성 동사'인 것이 분명하다.
⑤ '오가다'는 '일정한 곳을 오고 가다.'라는 의미로, '오다'와 '가다'의 의미가 모두 살아 있다. 따라서 한쪽의 어근이 다른 한쪽의 어근을 꾸며 주는 합성어가 아니라, '어근이 각각 본래의 의미를 유지하면서 대등하게 붙어서 된 합성어', 즉 '대등 합성어'임을 알 수 있다.

28. ③

정답 설명

'덮밥'은 동사의 어간 '덮-'과 명사 '밥'이 결합된 합성어이므로 '동사+명사'인 ㉠과 단어 배열이 같다. '힘내서는'은 '힘'과 '내다'가 결합하여 이루어진 합성어이다. '힘'은 명사이고 '내다'는 동사이므로 '명사+동사'인 ㉡과 단어 배열이 같다.

오답 설명

① 동사인 '늙다'의 관형형인 '늙은'에 명사 '이'를 결합한 형태이므로 ㉠과 단어 배열이 같은 예로 볼 수 있다. 그러나 '여닫는'은 '열다'와 '닫다'라는 두 동사가 결합한 형태이므로 ㉡과 단어 배열이 다르다.
② '검버섯'은 형용사 '검다'의 어간인 '검-'과 명사 '버섯'이 결합된 형태이므로 ㉠과 단어 배열이 다르다. '갈아입다'는 '갈다'와 '입다'라는 두 동사가 결합된 형태이므로 ㉡과 단어 배열이 다르다.
④ '작은형'은 형용사인 '작다'와 명사 '형'이 결합된 형태이므로 ㉠과 단어 배열이 다르다. '배부르다'는 명사 '배'와 형용사 '부르다'가 결합한 형태이므로 ㉡과 단어 배열이 다르다.
⑤ '새해'는 관형사 '새'와 명사인 '해'가 결합한 형태이므로 ㉠과 단어 배열이 다르다. '정들다'는 명사인 '정'과 동사인 '들다'가 결합된 형태로 구성되었으므로 ㉡과 단어 배열이 같은 예로 볼 수 있다.

29. ③

정답 설명

㉢은 '진주는 집에 왔다.'라는 문장과 '(진주는) 어제 남긴 밥을 먹었다.'라는 문장이 앞뒤로 이어져 있는 문장이다. 뒤 문장의 경우 '(진주는) 밥을 먹었다.'라는 문장 안에 '(진주는) 어제 (밥을) 남겼다.'라는 문장이 관형절로 안겨 '밥'을 수식하고 있다. 즉, ㉢에는 서술어로 '오자마자', '남긴', '먹었다' 세 개가 사용되었는데 주어로 제시된 말은 '진주는' 하나이므로 두 개의 주어가 생략되어 있음을 알 수 있다.
㉣은 '(너는) 사실을 아니?'라는 문장 안에 '언니가 내년에 유학 가기를 바란다.'라

는 문장이 관형절로 안겨 '사실'을 수식하고 있는 문장이다. 관형절의 경우 '언니가 ~를 바란다.'라는 문장 안에 '(언니가) 내년에 유학 가다.'라는 문장이 명사절로 안겨 목적어의 역할을 하고 있다. 즉, ㉣에는 서술어로 '가기', '바란다', '아니' 세 개가 사용되었는데 주어로 제시된 말은 '언니가' 하나이므로 두 개의 주어가 생략되어 있음을 알 수 있다.

오답 설명

㉠은 '그 친구는 (어떠하다).'라는 문장 안에 '일을 처리할 때에 빈틈이 없다.'라는 문장이 서술절로 안겨 서술어로 기능하고 있는 문장이다. 서술절의 경우 '~ 때에 빈틈이 없다.'라는 문장 안에 '(그 친구가) 일을 처리하다.'라는 문장이 관형절로 안겨 '때'를 수식하고 있다. 즉, ㉠에는 서술어로 '처리할', '빈틈이 없다', '없다' 세 개가 사용되었는데 주어로 제시된 말은 '그 친구는', '빈틈이' 두 개이므로 한 개의 주어가 생략되어 있음을 알 수 있다.

㉡은 '식당은 마침 휴업 중이었다.'라는 문장 안에 '그날 명희가 (식당에) 갔다.'라는 문장이 관형절로 안겨 '식당'을 수식하고 있는 문장이다. 즉, ㉡에는 서술어로 '간', '휴업 중이었다' 두 개가 사용되었는데 주어로 제시된 말 역시 '명희가', '식당은' 두 개이므로 생략된 주어가 없음을 알 수 있다.

30. ③

정답 설명

지문 내용을 바탕으로 할 때, 문장의 주어와 서술어의 개수는 일치해야 함을 알 수 있다. 만약 서술어의 개수보다 주어의 개수가 적으면 주어 중 일부가 생략된 것이고, 주어의 개수보다 서술어의 개수가 적으면 서술어 중 일부가 생략된 것이다. '정수는 피자를, 지수는 냉면을 먹는다.'에서는 주어가 '정수는'과 '지수는'으로 두 개 제시되어 있으나 서술어는 '먹는다' 하나만 나타나 있으므로, '정수는 피자를 먹고, 지수는 냉면을 먹는다.'에서 서술어 '먹고'가 생략된 문장으로 볼 수 있다.

오답 설명

① 해당 문장은 '진희는 책을 또 읽었다.'라는 문장 안에 '(진희는) (책을) 이미 읽었다.'라는 문장이 관형절로 안겨 '책'을 수식하고 있는 문장이다. 즉, 서술어로 '읽은'과 '읽었다' 두 개가 사용되었는데 주어로 제시된 말은 '진희는' 하나이므로 주어 하나가 생략되어 있음을 파악할 수 있다.

② 해당 문장은 '철주는 성격이 좋다.'라는 문장과 '(철주는) 남을 잘 돕는다.'라는 문장이 앞뒤로 이어져 있는 문장이다. 앞 문장의 경우 '철주는 (어떠하다).'라는 문장 안에 '성격이 좋다.'라는 문장이 서술절로 안겨 서술어로 기능하고 있다. 즉, 서술어로 '성격이 좋아', '좋아', '돕는다' 세 개가 사용되었는데 주어로 제시된 말은 '철주는', '성격이' 두 개이므로 주어 하나가 생략되어 있음을 파악할 수 있다.

④ 해당 문장은 '지금 밖에는 비가 오겠다.'라는 문장과 '(지금) (밖에는) 바람이 불겠다.'라는 문장이 앞뒤로 이어져 있는 문장이다. 즉, 서술어로 '오고'와 '불겠다' 두 개가 사용되었는데 주어로 제시된 말 역시 '비가', '바람이' 두 개이므로 생략된 주어나 서술어가 없음을 파악할 수 있다.

⑤ 해당 문장은 '봄이 왔다.'라는 문장과 '그는 밭을 갈고 씨를 뿌렸다.'라는 문장이 앞뒤로 이어져 있는 문장이다. 이때, 뒤 문장의 경우 '그는 밭을 갈았다.'라는 문장과 '(그는) 씨를 뿌렸다.'라는 문장이 앞뒤로 이어져 있는 문장임을 알 수 있다. 즉, 서술어로 '오자', '갈고', '뿌렸다' 세 개가 사용되었는데 주어로 제시된 말은 '봄이', '그는' 두 개이므로 주어 하나가 생략되어 있음을 파악할 수 있다.

31. ④

정답 설명

'이파리'는 '잎'에 접미사 '-아리'가 결합되면서 어근과 접미사를 분리하지 않고 발음대로 이어서 적은 것이므로 소리대로 적은 예에 속한다.

오답 설명

① '밥이(밥+이)'와 같이 체언과 조사를 분리해서 적는 것은 어법에 맞도록 적은 경우에 해당한다.

② '버들'과 '나무'가 결합한 합성어를 표기할 때 '버들나무'와 같이 어근을 그대로 밝히지 않고 '버드나무'로 적는 것은 소리대로 적은 경우에 해당한다.

③ '老人'의 '老'는 원래 음이 '로'인데, 첫음절일 때 '노'로 소리 난다는 점을 반영해 '노인'으로 적은 것이므로 소리대로 적은 경우에 해당한다.

⑤ 어간 '읽-' 뒤에 어떤 어미가 오든 항상 어간을 '읽'으로 고정시키는 것은 형태소의 원형을 밝혀 적는 것이므로 어법에 맞도록 적은 경우이다.

32. ①

정답 설명

중세 국어의 '도ᄫᅡ'는 용언의 어간 '돕-'과 어미 '-아'가 결합할 때 어간의 종성 자음을 어미에 이어서 적은 것이므로 소리대로 적은 예에 속한다. 현대 국어의 '도와' 역시 불규칙 용언인 '돕다'의 활용형을 소리 대로 적은 예에 속한다. 따라서 '도ᄫᅡ'와 '도와' 모두 소리대로 적은 경우에 해당하므로 ㉠의 사례로 볼 수 없다.

오답 설명

② 중세 국어의 '어러'는 용언의 어간 '얼-'과 어미 '-어'가 결합할 때 어간의 종성 자음을 어미에 이어서 적은 것이므로 소리대로 적은 예에 속한다. 반면 현대 국어의 '얼어'는 용언의 어간과 어미를 분리해서 적었으므로 어법에 맞도록 적은 예에 속한다. 따라서 ㉠을 보여 주는 사례로 적절하다.

③ 중세 국어의 '사ᄅᆞ미'는 체언 '사ᄅᆞᆷ'과 조사 '이'가 결합할 때 체언 끝 음절의 종성 자음을 조사에 이어서 적은 것이므로 소리대로 적은 예에 속한다. 반면 현대 국어의 '사람이'는 체언과 조사를 분리해서 적었으므로 어법에 맞도록 적은 예에 속한다. 따라서 ㉠을 보여 주는 사례로 적절하다.

④ 중세 국어의 '더프며'는 용언의 어간 '덮-'과 어미 '-으며'가 결합할 때 어간의 종성 자음을 어미에 이어서 적은 것이므로 소리대로 적은 예에 속한다. 반면 현대 국어의 '덮으며'는 용언의 어간과 어미를 분리해서 적었으므로 어법에 맞도록 적은 예에 속한다. 따라서 ㉠을 보여 주는 사례로 적절하다.

⑤ 중세 국어의 '얼구른'은 체언 '얼굴'과 조사 '은'이 결합할 때 체언 끝 음절의 종성 자음을 조사에 이어서 적은 것이므로 소리대로 적은 예에 속한다. 반면 현대 국어의 '얼굴은'은 체언과 조사를 분리해서 적었으므로 어법에 맞도록 적은 예에 속한다. 따라서 ㉠을 보여 주는 사례로 적절하다.

33. ③

정답 설명

4문단에서 "국어사의 시기를 막론하고 사동법에는 접미사에 의한 것과 '-게 하(-게 ᄒᆞ-)'에 의한 것이 있다."라고 하였으므로, 중세 국어에서 '-게 ᄒᆞ-'에 의한 사동법이 있었음을 알 수 있다.

오답 설명

① 마지막 문단의 "중세 국어에서 현대 국어로 오면서 선어말 어미 '-었-'이나 '-

겠-'이 쓰이게 된 것도 문법 현상이 새로이 나타난 예이다."에서 확인할 수 있다.

② 2문단의 "중세 국어에서 객체 높임법은 주로 선어말 어미 '-숩-'에 의해 실현되었다."에서 확인할 수 있다.

④ 5문단의 "주어가 2인칭인 의문문에는 의문사 사용 여부와 관계없이 '네 엇뎨 안다?'처럼 '-ㄴ다'가 사용되었다."에서 확인할 수 있다.

⑤ 5문단의 "'아' 계열 어미는 '西京(서경)은 편안ᄒᆞᆫ가 몯 ᄒᆞᆫ가?'와 같이 의문사가 없는 의문문에 사용되었고, '오' 계열 어미는 '古園(고원)은 이제 엇더ᄒᆞᆫ고?'와 같이 의문사가 있는 의문문에 사용되었다."에서 확인할 수 있다.

34. ②

정답 설명

'듣다'는 어간의 끝소리가 'ㄷ'이므로 객체 높임법의 선어말 어미로 '-ᄌᆞᆸ-'이나 '-ᄌᆞᇦ-'이 올 수 있는데, '-ᄌᆞᆸ-'은 자음으로 시작하는 어미 앞에, '-ᄌᆞᇦ-'은 모음으로 시작하는 어미 앞에 온다. 모음으로 시작하는 어미 '-아'가 결합되는 경우 '-ᄌᆞᇦ-'으로 실현되므로 '듣ᄌᆞᄫᅡ'가 적절하다.

오답 설명

① '듣다'의 어간 끝소리가 'ㄷ'이고 어미는 자음으로 시작하는 '-고'이므로 '-ᄌᆞᆸ-'이 사용되어 '듣ᄌᆞᆸ고'의 형태로 활용된다.

③ '막다'의 어간 끝소리가 'ㄱ'이고 어미는 모음으로 시작하는 '-아'이므로 '-ᄉᆞᇦ-'이 사용되어 '막ᄉᆞᄫᅡ'의 형태로 활용된다.

④ '막다'의 어간 끝소리가 'ㄱ'이고 어미는 자음으로 시작하는 '-고'이므로 '-ᄉᆞᆸ-'이 사용되어 '막ᄉᆞᆸ고'의 형태로 활용된다.

⑤ '막다'의 어간 끝소리가 'ㄱ'이고 어미는 자음으로 시작하는 '-거늘'이므로 '-ᄉᆞᆸ-'이 사용되어 '막ᄉᆞᆸ거늘'의 형태로 활용된다.

35. ③

정답 설명

3문단에서 음절 끝의 파찰음은 같은 위치에서 조음되는 파열음이 없기 때문에 가장 가까운 위치인 '혀끝-윗잇몸' 위치의 파열음인 음절 끝소리 'ㄷ'으로 교체된다고 하였다. 그리고 조음 위치가 뚜렷하지 않은 마찰음 'ㅎ'도 음절 끝에서 음절 끝소리 'ㄷ'으로 교체된다고 하였으므로 선지의 설명은 적절하지 않다.

오답 설명

① 4문단에서 울림소리인 'ㄴ, ㄹ, ㅁ, ㅇ'은 음운 특성상 음절 끝에서 개방 단계를 거치지 않더라도 공기의 흐름이 완전히 차단되지 않기 때문에 제 소릿값대로 조음된다고 하였다. 따라서 파열음의 예사소리로 바뀌지 않음을 알 수 있다.

② 2문단에서 파열음은 일반적으로 '폐쇄→지속→개방'의 세 단계를 거쳐 소리 나게 되는데, 음절 끝에서는 이러한 과정 중 개방 단계가 생략되는 현상이 나타난다고 하였다.

④ 1문단에서 음절 끝소리로 발음될 수 있는 자음은 'ㄱ, ㄴ, ㄷ, ㄹ, ㅁ, ㅂ, ㅇ' 일곱 개뿐이며, 음절 끝에 이 일곱 자음 이외의 것이 있을 때는 이 일곱 자음 중 하나로 바뀌어 발음된다고 하였다. 이러한 현상이 일어나는 이유는 자음이 음절 끝에서는 닫혀서 발음되기 때문이다.

⑤ 2문단에서 우리말의 예사소리, 된소리, 거센소리는 개방 단계에서 구별된다고 하였다. 따라서 동일한 위치의 된소리 파열음과 거센소리 파열음이 개방 단계 없이 조음된다면 둘을 구별할 수 없게 되어 같은 음운으로 교체된다.

36. ③

정답 설명

제13항에서, 뒤 음절이 모음으로 시작되는 형식 형태소인 경우 앞 음절의 끝소리가 파열음의 예사소리로 바뀌지 않고 뒤 음절의 첫소리로 연음되어 발음된다고 하였다. 따라서 제9항에 열거된 자음들도 뒤 음절이 모음으로 시작하는 형식 형태소인 경우, 뒤 음절의 첫소리로 이동하여 발음될 것이다. 이는 '음절 끝'에서 '음절 끝소리'로 발음되는 것과는 다르므로 선지의 설명은 적절하지 않다. 우리말의 자음은 음절 끝에서 닫혀서 발음되기 때문에, 제9항에 열거된 자음들은 파열음의 예사소리로 바뀌지 않고는 '음절 끝소리'로 발음될 수 없다.

오답 설명

① 제8항에 열거된 자음들을 보면, 'ㄱ, ㄷ, ㅂ'은 파열음의 예사소리, 'ㄴ, ㅁ, ㅇ'은 비음, 'ㄹ'은 유음임을 알 수 있다.

② 제9항을 보면, 파열음의 거센소리인 'ㅋ'은 [ㄱ]으로, 'ㅌ'은 [ㄷ]으로, 'ㅍ'은 [ㅂ]으로 각각 바뀌므로, 음절 끝 파열음의 거센소리가 모두 파열음의 예사소리로 바뀐다는 것을 알 수 있다.

④ 제15항을 보면, 'ㅏ, ㅓ' 등의 모음으로 시작하는 실질 형태소 앞에서 음절 끝소리 자음은 대표음, 즉 파열음의 예사소리로 바꾼 후 뒤 음절의 첫소리로 연음된다는 것을 알 수 있다.

⑤ 제13항과 제15항을 통해, 뒤 음절이 모음이라고 하더라도 그것의 문법적 성질이 실질 형태소인지 형식 형태소인지에 따라 음절 끝소리가 파열음의 예사소리로 바뀌는지의 여부가 달라진다는 것을 알 수 있다. 따라서 음절 끝소리 자음의 교체 현상이 조음상의 특징 외에 다른 요인에 의해서도 영향을 받는다는 것을 알 수 있다.

37. ⑤

정답 설명

ㅁ에서 주어는 '학교에서 축구를 하는 것이'로, 명사구 뒤에 주격 조사 '이'가 결합하여 주어로 사용된 것이다. '학교에서'는 관형절 '학교에서 축구를 하는'에서 행위가 일어나는 장소를 나타내는 부사어로 활용되고 있다. 따라서 ㅁ은 명사 뒤에 '에서'가 결합하여 주어로 기능할 수 있음을 나타내는 예가 아니다.

오답 설명

① 체언 '우리'에 보조사 '는'이 결합한 '우리는'이 주어로 기능하고 있다.

② '철수와 영희'라는 명사구에 주격 조사 '가'가 결합한 '철수와 영희가'가 주어로 기능하고 있다.

③ 높임의 대상이 되는 '부모님'에 주격 조사 '께서'가 결합한 '부모님께서'가 주어로 기능하고 있다.

④ 명사절 '그가 잘못을 저질렀음'에 주격 조사 '이'가 결합한 '그가 잘못을 저질렀음이'가 안은문장의 주어로 기능하고 있다. '그가'는 명사절의 주어이다.

38. ①

정답 설명

[A]의 '시미'에서 확인할 수 있듯, 조사에 선행되는 체언의 끝소리가 자음인 경우에는 주격 조사 '이'를 결합한 후 이어 적기를 하므로 '사ᄅᆞᆷ' 뒤에 주격 조사가 결합하면 '사ᄅᆞ미'의 형태가 될 것임을 알 수 있다. 또한 [A]에 제시된 '불휘'와 같이, 조사에 선행되는 체언의 끝소리가 모음 '이'나 반모음 'ㅣ[j]'인 경우에는 주격 조사가 생략되므로 '다리' 뒤에 주격 조사가 결합하면 '다리'의 형태가 될 것이다.

끝으로 [A]에서 설명한 '배'를 통해, 조사에 선행되는 체언의 끝소리가 모음 '이'
나 반모음 'ㅣ[j]' 이외의 모음인 경우에는 주격 조사 'ㅣ'가 사용되므로 '전ᄎ' 뒤
에 주격 조사가 결합하면 '전치'의 형태가 될 것임을 알 수 있다.

39. ③

'눈요기'의 경우 '눈'과 '요기'가 결합해 합성어가 되면서 두 형태소 사이에 'ㄴ'이
첨가되는 현상이 일어나 [눈뇨기]로 발음되므로, 음운의 탈락이 아닌 첨가 현상이
일어난 것으로 파악해야 한다.

① '굳이'는 '굳'의 종성 'ㄷ'이 'ㅣ' 앞에서 'ㅈ'으로 바뀌어 [구지]로 발음되므로,
음운의 교체 현상이 일어난 것으로 볼 수 있다.
② '축하'는 'ㄱ'과 'ㅎ'이 'ㅋ'으로 합쳐져 [추카]로 발음되므로, 음운의 축약 현상
이 일어난 것으로 볼 수 있다.
④ '칼날'은 비음인 'ㄴ'이 인접한 음운인 유음 'ㄹ'의 영향을 받아 'ㄹ'로 같아지는
동화 현상이 일어난 것으로 볼 수 있다.
⑤ '국민[궁민]'은 파열음인 'ㄱ'이 비음인 'ㅁ' 앞에서 'ㅁ'과 같은 조음 방법의 비
음인 'ㅇ'으로 바뀌었으므로 인접 음운인 'ㅁ'과 비슷해지는 동화 현상이 일어
난 것으로 볼 수 있다.

40. ②

쌍자음 'ㄲ'은 두 개의 음운이 아니라 하나의 음운이다. 따라서 'ㄲ'이 'ㄱ'으로 바
뀌는 현상은 탈락이 아닌 교체 현상이다. '꺾고'는 음절의 끝소리 규칙을 적용받
아 [꺽고]가 되고, 교체된 'ㄱ'에 의해 뒤 음절의 초성 'ㄱ'에 된소리되기 현상이
일어나 [꺽꼬]로 발음된다.

① '낮다'는 음절의 끝소리 규칙을 적용받아 [낟다]가 되고, 교체된 'ㄷ'에 의해 뒤
음절의 초성 'ㄷ'에 된소리되기 현상이 일어나 [낟따]로 발음된다.
③ '색연필'은 '색'과 '연필'이 결합해 합성어가 되면서 두 형태소 사이에 'ㄴ'이 첨
가되는 현상이 일어나 [색년필]이 되고, 첨가된 'ㄴ'에 의해 앞 음절의 종성
'ㄱ'이 'ㅇ'으로 교체되는 비음화 현상이 일어나 [생년필]로 발음된다.
④ '꽃망울'은 음절의 끝소리 규칙을 적용받아 [꼳망울]이 되고, 교체된 'ㄷ'이 인접
한 'ㅁ'에 의해 'ㄴ'으로 교체되는 비음화 현상이 일어나 [꼰망울]로 발음된다.
⑤ '닫히다'는 'ㄷ'과 'ㅎ'이 'ㅌ'으로 축약되는 거센소리되기(자음 축약)가 일어나
[다티다]가 되고, 'ㅌ'이 'ㅣ'와 인접하여 'ㅊ'으로 변하는 구개음화 현상이 일어
나 [다치다]로 발음된다.

41. ⑤

'우리는 급히 부대로 돌아오라는 명령을 받았다.'에서 관형절은 '급히 부대로 돌아
오라는'이며, 관형절의 본래 문장은 '(여러분은) 급히 부대로 돌아와라.'이다. 관형
절의 내용이 꾸밈을 받는 체언 '명령'의 내용과 동일하므로 해당 문장은 ㉠의 사
례로 볼 수 있다.
반면 '버드나무가 서 있는 언덕에 올라가 들판을 바라본다.'에서 관형절은 '버드나
무가 서 있는'이며, 관형절의 본래 문장은 '버드나무가 (언덕에) 서 있다.'이다. 이

때, 꾸밈을 받는 체언인 '언덕'이 관형절의 부사어로 사용되었음을 알 수 있다.
관형절로 안길 때 꾸밈을 받는 체언과 중복되는 '언덕에'가 생략되어 '버드나무가
서 있는'의 형태로 안기게 된 것이므로 해당 문장은 ㉡의 사례로 볼 수 있다.

① '나는 이마에 흐르는 땀을 씻었다.'에서 관형절은 '이마에 흐르는'이며, 관형절
의 본래 문장은 '(땀이) 이마에 흐른다.'이다. 이때, 꾸밈을 받는 체언인 '땀'이
관형절의 주어로 사용되었음을 알 수 있다. 관형절로 안길 때 꾸밈을 받는
체언과 중복되는 '땀이'가 생략되어 '이마에 흐르는'의 형태로 안기게 된 것이
므로 해당 문장은 ㉠이 아닌 ㉡의 사례이다.
'충무공이 만든 거북선은 세계 최초의 철갑선이다.'에서 관형절은 '충무공이 만
든'이며, 관형절의 본래 문장은 '충무공이 (거북선을) 만들었다.'이다. 이때, 꾸
밈을 받는 체언인 '거북선'이 관형절의 목적어로 사용되었음을 알 수 있다. 관
형절로 안길 때 꾸밈을 받는 체언과 중복되는 '거북선을'이 생략되어 '충무공
이 만든'의 형태로 안기게 된 것이므로 해당 문장은 ㉡의 사례로 볼 수 있다.
② '내가 책을 산 서점은 바로 우리 집 옆에 있다.'에서 관형절은 '내가 책을 산'
이며, 관형절의 본래 문장은 '내가 (서점에서) 책을 샀다.'이다. 이때, 꾸밈을
받는 체언인 '서점'이 관형절의 부사어로 사용되었음을 알 수 있다. 관형절로
안길 때 꾸밈을 받는 체언과 중복되는 '서점에서'가 생략되어 '내가 책을 산'
의 형태로 안기게 된 것이므로 해당 문장은 ㉠이 아닌 ㉡의 사례이다.
'선생님께서는 우리가 친구를 학교에 추천하자는 제안을 하셨다.'에서 관형절
은 '우리가 친구를 학교에 추천하자는'이며, 관형절의 본래 문장은 '우리가 친
구를 학교에 추천하자.'이다. 관형절의 내용이 꾸밈을 받는 체언 '제안'의 내용
과 동일하므로 해당 문장은 ㉡이 아닌 ㉠의 사례이다.
③ '나는 그가 매우 착하다는 생각을 했다.'에서 관형절은 '그가 매우 착하다는'이
며, 관형절의 본래 문장은 '그가 매우 착하다.'이다. 관형절의 내용이 꾸밈을
받는 체인 '생각'의 내용과 동일하므로 해당 문장은 ㉠의 사례로 볼 수 있다.
'나에게는 내가 그를 직접 만난 기억이 없다.'에서 관형절은 '내가 그를 직접
만난'이며, 관형절의 본래 문장은 '내가 그를 직접 만나다.'이다. 관형절의 내
용이 꾸밈을 받는 체언 '기억'의 내용과 동일하므로 해당 문장은 ㉡이 아닌
㉠의 사례이다.
④ '그가 우리의 일을 도와주었던 것을 잊지 말자.'에서 관형절은 '그가 우리의 일
을 도와주었던'이며, 관형절의 본래 문장은 '그가 우리의 일을 도와주었다.'이
다. 관형절의 내용이 꾸밈을 받는 체언 '것'의 내용과 동일하므로 해당 문장은
㉠의 사례로 볼 수 있다.
'우리 선수가 경기를 하고 있다는 소식을 들었다.'에서 관형절은 '우리 선수가
경기를 하고 있다는'이며, 관형절의 본래 문장은 '우리 선수가 경기를 하고 있
다.'이다. 관형절의 내용이 꾸밈을 받는 체언 '소식'의 내용과 동일하므로 해당
문장은 ㉡이 아닌 ㉠의 사례이다.

42. ②

㉯의 [현대어 풀이]를 통해 '남기'가 '나무가'에 대응됨을 알 수 있다. 즉 '남기'는
체언+주격 조사(낡+이)로 이루어진 것이므로 '명사절'이라고 볼 수 없다.

① ㉮의 '나랏 有情이 正覺 일우옴(나라의 유정이 정각 이룸)'은 명사형 어미 '-옴'
으로 이루어진 명사절로, 목적격 조사 '올'과 함께 쓰여 목적어로 기능하고 있
다.
③ ㉯의 '돈 업시(돈 없이)'는 접미사 '-이'로 이루어진 부사절로, 격 조사 없이

부사어의 역할을 하고 있다.

④ ㉑의 '바미 깁도록(밤이 깊도록)'은 부사형 어미 '-도록'으로 이루어진 부사절로, 격 조사 없이 부사어의 역할을 하고 있다.

⑤ ㉒의 경우 안은문장의 서술어가 '무로디(묻되)'와 같이 연결형으로 나타나고, 안긴문장 '네 어느 고대 난다(너는 어느 곳에서 태어났느냐)'가 그 뒤에 안겨 있다. 이때 인용절 '네 어느 고대 난다'는 '선수'가 묻는 내용을 나타낸다.

43. ④

정답 설명

㉠은 시제 선어말 어미 '-았/었-', '-ㄴ/는-', '-겠-' 등이 시제를 나타내는 것이 아닌 다른 의미로 쓰일 수 있음을 뜻한다. 그러나 '어제는 너무 피곤해서 10시간을 잤어요.'라는 문장의 경우 '어제' 일어난 '자다'라는 행위에 대해 이야기하고 있으므로 이때 쓰인 '-았-'은 단순한 과거 시제를 나타내는 것으로 이해할 수 있다.

오답 설명

① '별 이상한 사람을 다 보겠네.'라는 문장의 경우 자신이 경험한 사람이 이상하다는 의미를 나타내고 있으므로, 미래 시제를 나타내는 것이라고는 볼 수 없다. 이때의 '-겠-'은 헤아리거나 따져 보면 그렇게 된다는 뜻을 나타내는 선어말 어미로 쓰인 것이다.

② '그런 것은 삼척동자도 알겠다.'라는 문장의 경우 어린아이도 이미 알고 있을 것임을 나타내고 있으므로, 단순히 미래 시제를 나타내는 것이라고는 볼 수 없다. 이때의 '-겠-'은 가능성이나 능력을 나타내는 선어말 어미로 쓰인 것이다.

③ '벌써 개나리가 활짝 피었구나.'라는 문장의 경우 개나리가 핀 것이 과거부터 현재까지 지속되고 있음을 나타내고 있으므로, '-었-'이 단순히 과거 시제를 나타낸 것이라고 볼 수 없다.

⑤ '이렇게 흉터가 많으니 이다음에 장가는 다 갔다.'라는 문장의 경우 장가를 아직 가지 않았지만 미래에도 가지 못할 것이라는 의미를 나타내고 있으므로, 과거 시제를 나타내는 것이라고 볼 수 없다. 이때의 '-았-'은 미래의 사건이나 일을 이미 정하여진 사실인 양 말할 때 쓰는 선어말 어미이다.

44. ③

정답 설명

[A]에서 절대 시제는 발화시를 기준으로 하는 시제라고 하였다. 이를 고려하여 ㄷ을 보면, 발화시를 기준으로 '뛰어내렸다'가 과거이므로 '달리는' 역시 절대 시제는 과거가 된다.

오답 설명

① 발화시를 기준으로 선생님이 학생들을 부르는 것이 미래이므로, '축구를 하는' 역시 절대 시제는 미래가 된다.

② [A]에서 상대 시제는 사건시를 기준으로 하는 시제라고 하였다. 이를 고려하여 ㄴ을 보면, 기분이 좋아진 시점을 기준으로 맑은 하늘을 보는 것은 현재가 된다. 따라서 '맑은 하늘을 보니'의 상대 시제는 현재임을 알 수 있다.

④ ㄱ에서 선생님이 학생들을 부르는 시점을 기준으로 보면 학생들이 축구를 하는 것은 현재가 된다. 또한 ㄷ에서 '나'가 기차에서 뛰어내린 시점을 기준으로 보면 기차가 달리는 것은 현재가 된다. 따라서 ㄱ의 '축구를 하는'과 ㄷ의 '달리는'의 상대 시제는 모두 현재임을 알 수 있다.

⑤ ㄴ에서 발화시를 기준으로 기분이 좋아지는 것이 현재이므로, '맑은 하늘을 보니' 역시 절대 시제는 현재가 된다. 또한 ㄹ에서 발화시를 기준으로 내가 진

태를 보는 것이 현재이므로, '저기 걸어오는' 역시 절대 시제는 현재가 된다.

45. ①

정답 설명

'먹을 대로 먹어라.'에서 의존 명사 '대로' 앞에는 '먹을' 외에도 '먹은, 먹는, 먹던' 등의 관형사형이 올 수 있다.

오답 설명

② ㉠ : '그는 웃고만 있을 뿐이었다.'에서 의존 명사 '뿐' 앞에 올 수 있는 관형사형으로는 '있을'만 허용되고 '있은, 있는'은 허용되지 않는다.

③ ㉠ : '그를 만난 지 너무 오래되었다.'에서 의존 명사 '지' 앞에 올 수 있는 관형사형으로는 '만난'만 허용되고 '만나는, 만날'은 허용되지 않는다.

④ ㉡ : '그 애가 이 일을 알 턱이 없지.'에서처럼 의존 명사 '턱'은 서술어 '있다, 없다'와 주로 어울린다.

⑤ ㉡ : '기분이 더할 나위 없이 좋다.'에서처럼 의존 명사 '나위'는 서술어 '없다'와 주로 어울린다.

46. ④

정답 설명

'살다 보면 그럴 수도 있다.'의 '수'는 '있다'의 주어이다. 이와 같이 '수'는 주로 '있다, 없다' 따위와 어울려 그 주어로 사용되는 주어성 의존 명사이다.

오답 설명

① '리'는 주로 서술어 '있다, 없다'와 어울리며 해당 서술어의 주어로 사용되는 주어성 의존 명사이다.

② '따름'은 주로 '~을 따름이다'의 구성으로 쓰여 문장의 서술어로 실현되는 서술어성 의존 명사이다.

③ '줄'은 주로 서술어 '알다, 모르다' 따위와 어울리며 해당 서술어의 목적어로 사용되는 목적어성 의존 명사이다.

⑤ '것'은 '그녀는 나에게 먹을 것을 주었다.'에서는 목적어로, '이 우산은 언니 것이다.'에서는 서술어로, '예쁜 것이 가장 좋다.'에서는 주어로 사용되었다. 이를 통해 '것'은 여러 문장 성분에 쓰이는 보편성 의존 명사라고 판단할 수 있다.

47. ③

정답 설명

사잇소리 현상이 나타나기 위해서는 음운론적 조건과 의미론적 조건을 모두 충족해야 한다. '소낙비'가 [소낙삐]로 발음되는 것은 맞지만, 이는 안울림소리 'ㄱ' 뒤에서 'ㅂ'이 된소리로 교체되는 된소리되기 현상이 일어났기 때문이다. 사잇소리 현상이 일어나기 위한 음운론적 조건은 선행 요소가 울림소리여야 하는 것이다. 하지만 '소낙비'는 이러한 음운론적 조건을 만족하지 않는다. 또한 '소낙비'는 '소낙(소나기)+비'의 구성으로, 선행 요소가 후행 요소의 시간적 혹은 공간적 배경이거나, 귀속 대상이거나, 용도나 목적인 것이 아니다. 따라서 사잇소리 현상이 일어나는 의미론적 조건도 충족하지 못한다.

한편, '이슬비'는 명사 '이슬'과 명사 '비'가 합쳐져 만들어진 합성 명사이며, 울림소리 뒤에 안울림 예사소리가 위치하지만, 선행 요소가 후행 요소의 시간적 혹은 공간적 배경이거나, 귀속 대상이거나, 용도나 목적인 것이 아니므로 의미론적 조건을 충족하지 못해 사잇소리 현상이 일어나지 않는 것이다.

07 | 지문앞

오답 설명

① '비+물'은 명사 '비'와 명사 '물'이 합쳐져 합성 명사가 만들어지는 과정에서, 선행 요소가 모음으로 끝나고 후행 요소가 'ㅁ'으로 시작하며, 선행 요소가 후행 요소의 귀속 대상이라는 음운론적·의미론적 조건을 모두 충족하기 때문에 사잇소리 현상이 일어나 [빈물]로 발음된다. 사잇소리 현상이 일어나며 구성 요소 모두가 고유어이고 선행 요소가 모음으로 끝나므로 사잇소리 현상을 반영해 사이시옷을 표기한 '빗물'로 적는 것이 원칙이다.

② '물고기'를 [물꼬기]로 발음하는 것은 명사 '물'과 명사 '고기'가 합쳐져 합성 명사가 만들어지는 과정에서, 울림소리 뒤에 안울림 예사소리가 위치하고, 선행 요소가 후행 요소의 공간적 배경이라는 음운론적·의미론적 조건을 모두 충족했기 때문이다. '불고기' 역시 명사 '불'과 명사 '고기'가 합쳐져 만들어진 합성 명사이며 울림소리 뒤에 안울림 예사소리가 위치하지만, 선행 요소가 후행 요소의 시간적 혹은 공간적 배경이거나, 귀속 대상이거나, 용도나 목적인 것이 아니므로 의미론적 조건을 충족하지 못해 사잇소리 현상이 일어나지 않는 것이다.

④ 곤충인 '잠자리'는 단일어이므로 [잠자리]로 발음한다. 하지만 잠을 자는 곳을 가리키는 '잠자리'는 '잠+자리' 구성의 합성어로, 울림소리 뒤에 안울림 예사소리가 위치하고, 선행 요소가 후행 요소의 목적이라는 음운론적·의미론적 조건을 충족하므로 사잇소리 현상이 일어나 [잠짜리]로 발음한다.

⑤ '전세+방'은 명사 '전세'와 명사 '방'이 합쳐져 합성 명사가 만들어지는 과정에서, 울림소리 뒤에 안울림 예사소리가 위치하고, 선행 요소가 후행 요소의 용도라는 음운론적·의미론적 조건을 충족하므로 [전세삥]으로 발음된다. 하지만 합성어의 구성 요소 모두가 한자어이므로 사잇소리 현상을 표기에 반영하지 않는 것이다. 사잇소리 현상을 표기에 반영하기 위해서는 합성어의 구성 요소 중 하나 이상이 고유어이고 선행 요소가 모음으로 끝나야 한다.

48. ⑤

정답 설명

[A]에서는 중세 국어의 관형격 조사 'ㅅ'이 선행 요소의 음운 환경에 따라 나타난다고 하면서, 이 음운 환경이 오늘날 사잇소리 현상의 음운론적 조건과 같다고 하였다. '앓+기와'의 경우 선행 요소가 'ㅎ'으로 끝나고, 후행 요소가 'ㄱ'으로 시작하므로 제시된 사잇소리 현상의 음운론적 조건에 해당하지 않는다. '암키와'는 'ㅎ' 종성 체언이 다른 체언과 결합하여 합성어를 형성할 때 거센소리가 되는 걸 보여 주는 사례이다. 따라서 '앓+기와'는 [A]를 설명할 때 활용할 수 있는 사례로 적절하지 않다.

오답 설명

① '비+믈'은 선행 요소가 울림소리 'ㅣ'로 끝나고 후행 요소가 'ㅁ'으로 시작하므로 관형격 조사 'ㅅ'을 표기하여 '빗믈'로 적는 것이 적절하다.

② '발+둥'은 선행 요소가 울림소리 'ㄹ'로 끝나고 뒤의 안울림 예사소리가 된소리로 변하므로 관형격 조사 'ㅅ'을 표기하여 '밠둥'으로 적는 것이 적절하다.

③ '믈+새'는 선행 요소가 울림소리 'ㄹ'로 끝나고 뒤의 안울림 예사소리가 된소리로 변하므로 관형격 조사 'ㅅ'을 표기하여 '믌새'로 적는 것이 적절하다.

④ '뫼+기슭'은 선행 요소가 울림소리 'ㅚ'로 끝나고 뒤의 안울림 예사소리가 된소리로 변하므로 관형격 조사 'ㅅ'을 표기하여 '묏기슭'으로 적는 것이 적절하다.

49. ③

정답 설명

'할아버지께서는 귀가 밝으시다.'는 높여야 할 대상인 '할아버지'의 신체 부분인

'귀'를 선어말 어미 '-(으)시-'로 높임으로써 결과적으로 주체 '할아버지'를 간접적으로 높이고 있다.

오답 설명

① 서술어에 '계시다'라는 높임의 어휘를 사용하고, 주체에 해당하는 말에 접미사 '-님'을 붙여 '선생님'으로 표현하며, 높임의 주격 조사 '께서'를 사용하여 주체인 '선생님'을 직접적으로 높이고 있다.

② 서술어에 주체 높임 선어말 어미 '-시-'를 결합하고, 주체에 해당하는 말에 접미사 '-님'을 붙여 '교장 선생님'으로 표현하며, 높임의 주격 조사 '께서'를 사용하여 주체인 '교장 선생님'을 직접적으로 높이고 있다.

④ 서술어에 '드리다'라는 높임의 어휘를 사용하고, 높임의 부사격 조사 '께'를 사용하여 객체인 '어머니'를 높이고 있다.

⑤ 서술어에 '모시다'라는 높임의 어휘를 사용하여 객체인 '아버지'를 높이고 있다.

50. ③

정답 설명

'닙고'는 어간 '닙-'의 끝소리가 'ㅂ'이고 자음 어미 '-고' 앞이므로 객체 높임 선어말 어미로 '-ᅀᆞ-'이 들어가야 한다. 따라서 ⓐ에 들어갈 말은 '닙ᅀᆞ고'가 된다. 'ᄀᆞ초아'는 어간 'ᄀᆞ초-'의 끝소리가 모음이고 모음 어미 '-아' 앞이므로, 객체 높임 선어말 어미 '-ᅀᆞᇦ-'이 이어 적기 형태로 들어가야 한다. 따라서 ⓑ에 들어갈 어휘는 'ᄀᆞ초ᅀᆞᄫᅡ'가 된다.

51. ③

정답 설명

ㄴ. '높이'의 접사 '-이'는 형용사 '높다'의 어근 '높-'에 결합하여 품사를 명사 혹은 부사로 바꾸어 새말을 만들었다.

ㄷ. '잘'과 '생기다'가 결합한 '잘생기다'는 부사어+서술어 관계로 이루어진 합성어이므로 통사적 합성어에 해당한다.

ㄹ. '덮-'과 '밥'이 결합한 '덮밥'은 용언 '덮다'의 어간이 관형사형 전성 어미 없이 명사에 바로 결합하여 이루어진 합성어이므로 비통사적 합성어에 해당한다.

오답 설명

ㄱ. '소나무'는 '솔'과 '나무'가 결합하는 과정에서 'ㄹ'이 탈락하는 변동을 겪은 단어이다. '솔'과 '나무'는 모두 명사(어근)이므로, 파생어가 아닌 합성어이다.

ㅁ. '척척박사'는 '척척'과 '박사'가 결합한 것이 맞으나, 부사 '척척'이 체언 '박사'를 수식하는 관계로 이루어져 있으므로 비통사적 합성어에 해당한다.

52. ②

정답 설명

해당 문장의 '돌다리'는 '돌로 만든 다리'라는 의미로, '돌'이 '다리'를 수식하는 관계로 이루어진 종속 합성어에 해당한다.

오답 설명

① 해당 문장에서 '밤낮'은 '밤과 낮'이라는 의미가 아닌, '밤과 낮을 가리지 않고 늘'의 의미로 쓰였으므로 융합 합성어의 예로 적절하다.

③ 해당 문장에서 '춘추'는 '봄과 가을'이라는 의미가 아닌, '어른의 나이를 높여 이르는 말'로 쓰였으므로 융합 합성어의 예로 적절하다.

④ 해당 문장에서 '쥐뿔'은 '쥐의 뿔'이라는 의미가 아닌, '아주 보잘것없거나 규모

가 작은 것'을 이르는 말로 쓰였으므로 융합 합성어의 예로 적절하다.

⑤ 해당 문장에서 '피땀'은 '피와 땀'이라는 의미가 아닌, '무엇을 이루기 위하여 애 쓰는 노력과 정성'을 이르는 말로 쓰였으므로 융합 합성어의 예로 적절하다.

53. ⑤

정답 설명

'첫눈(첫+눈)'은 '관형사+체언'의 구성 방식이고, '빛나다(빛+나다)'는 '체언+용언'의 구성 방식이다.

오답 설명

① '새집(새+집)'은 '관형사+체언'의 구성 방식이고, '이것저것(이것+저것)'은 '체언+체언'의 구성 방식이다.

② '큰집(큰+집)'은 '용언의 관형사형+체언'의 구성 방식이고, '짊어지다(짊어+지다)'는 '용언의 연결형+용언'의 구성 방식이다.

③ '땅콩(땅+콩)'은 '체언+체언'의 구성 방식이고, '힘쓰다(힘+쓰다)'는 '체언+용언'의 구성 방식이다.

④ '젊은이(젊은+이)'는 '용언의 관형사형+체언'의 구성 방식이고, '돌아오다(돌아+오다)'는 '용언의 연결형+용언'의 구성 방식이다.

54. ⑤

정답 설명

'접칼'은 용언 '접다'와 체언 '칼'이 결합하는 과정에서 용언의 어간이 관형사형 전성 어미를 취하지 않고 체언 앞에 바로 결합한 경우이다.

오답 설명

① '우짖다'는 선행 용언 '울다'의 어간 '울-'이 연결 어미를 취하지 않고 뒤 용언 인 '짖다'에 바로 결합하였으므로 비통사적 합성어에 해당한다.

② '덮밥'은 용언 '덮다'와 체언 '밥'이 결합하는 과정에서 용언의 어간이 관형사형 전성 어미를 취하지 않고 체언 앞에 바로 결합한 경우로, 비통사적 합성어에 해당한다.

③ '산들바람'은 부사 '산들'이 체언 '바람'을 수식하는 양상을 보이고 있다. 부사 가 체언을 수식하는 것은 일반적인 통사 구조에 어긋나므로 비통사적 합성어 에 해당한다. '척척박사' 역시 부사 '척척'이 체언 '박사'를 수식하는 양상을 보 이고 있으므로, 비통사적 합성어에 해당한다.

④ '보살피다'는 선행 용언 '보다'의 어간 '보-'가 연결 어미를 취하지 않고 뒤 용 언인 '살피다'에 바로 결합하였으므로 비통사적 합성어에 해당한다.

55. ③

정답 설명

ㄱ의 '있다'는 '사람이 어떤 직장에 계속 다니다.'라는 의미를 지닌 단어로, 명령형 종결 어미 '-어라'와 결합하였으므로 동사임을 알 수 있다. 한편, ㄴ의 '있다'는 '어 떤 상태를 계속 유지하다.'라는 의미를 지닌 단어로, '약을 먹고 조금 있어라.'와 같이 명령형 종결 어미 '-어라'와 결합하여 사용 가능하다. 따라서 ㄴ의 '있다' 역 시 동사임을 알 수 있다.

오답 설명

① ㄱ의 '밝다'는 '밤이 지나고 환해지며 새날이 오다.'의 의미를 지닌 단어로, 현 재 시제 선어말 어미 '-는-'과 결합하였으므로 동사임을 알 수 있다. ㄴ의 '밝

다'는 '불빛 따위가 환하다.'의 의미를 지닌 단어로, '해가 매우 밝는다.'라는 문장이 성립되지 않으므로 형용사임을 알 수 있다.

② ㄱ의 '크다'는 '길이가 자라다.'의 의미를 지닌 단어로, 현재 시제를 나타내는 관 형사형 전성 어미로 '-는'을 취하였으므로 동사임을 알 수 있다. ㄴ의 '크다'는 대상의 외형적 길이가 보통 정도를 넘는다는 의미를 지닌 단어로, 현재 시제를 나타내는 관형사형 전성 어미로 '-ㄴ'을 취하였으므로 형용사임을 알 수 있다.

④ ㄱ의 '막다'는 의도를 나타내는 어미 '-(으)려고'와 결합하였으므로 동사임을 알 수 있다. ㄴ의 '크려고'에 쓰인 '-(으)려고'는 의도나 목적을 나타내는 어미 가 아니라 의심과 반문을 나타내는 어미이다. '가구가 방보다 큰다.', '방보다 크는 가구' 등과 같이 현재 시제 선어말 어미 '-ㄴ-'이나 현재 시제를 나타내 는 관형사형 전성 어미 '-는'과 결합할 수 없으므로 이때의 '크다'는 동사가 아닌 형용사임을 알 수 있다.

⑤ ㄱ의 '자라다'는 감탄형 종결 어미로 '-는구나'를 취하였으므로 동사임을 알 수 있다. ㄴ의 '아름답다'는 감탄형 종결 어미로 '-구나'를 취하였으므로 형용사임 을 알 수 있다.

56. ②

정답 설명

'의사인'은 체언 '의사'에 서술격 조사 '이다'가 결합한 '의사이다'에 관형사형 전성 어미(어말 어미) '-ㄴ'이 붙어 체언 '현지'를 수식하는 관형어가 된 것이다. 현재 시제 선어말 어미 '-ㄴ-'을 취한 형태가 아니므로 선지의 설명은 적절하지 않다.

오답 설명

① 형용사에 청유형 종결 어미가 결합할 수 없듯, 서술격 조사 '이다' 역시 형용 사처럼 청유형 종결 어미 '-자'가 결합할 수 없음을 알 수 있다.

③ 형용사에 명령형 종결 어미가 결합할 수 없듯, 서술격 조사 '이다' 역시 형용 사처럼 명령형 종결 어미 '-어라'가 결합할 수 없음을 알 수 있다.

④ 2문단에 따르면 동사는 감탄형 종결 어미로 '-는구나'를 취하지만 형용사는 '-구나'를 취한다고 하였다. '네가 벌써 대학생이구나.'에서 확인할 수 있듯 '이 다'는 '-는구나'가 아니라 '-구나'를 취하므로 형용사와 같은 특성을 지님을 알 수 있다.

⑤ 형용사에 현재 시제 선어말 어미가 결합할 수 없듯, 서술격 조사 '이다' 역시 형용사처럼 현재 시제 선어말 어미 '-ㄴ-'이 결합할 수 없음을 알 수 있다.

57. ②

정답 설명

3문단의 "현대 국어의 높임의 주격 조사 '께서'에 해당하는 격 조사는 존재하지 않았지만, 높임의 부사격 조사 '께'에 해당하는 말로 '끠'가 사용되었다. '끠'는 관 형격 조사 'ㅅ'과 부사성 의존 명사 '긔'가 결합한 말이다."를 통해, 중세 국어에는 현대 국어와 달리 높임의 주격 조사가 존재하지 않았으며, 부사격 조사 '께'에 해 당하는 말로 '끠'가 쓰였음을 알 수 있다.

오답 설명

① 4문단에 따르면 존경의 자질을 부여하는 접미사 '-님'은 현대 국어뿐만 아니 라 중세 국어에도 쓰였음을 확인할 수 있다.

③ 3문단에 따르면 중세 국어에서는 관형격 조사 'ㅅ'을 사용하여 그 앞에 놓인 체언을 높였다.

④ 2문단을 통해 현대 국어에는 주체 높임 선어말 어미 '-(으)시-'가 존재하지만, 객체 높임 선어말 어미는 존재하지 않음을 알 수 있다.

⑤ 마지막 문단에 따르면 '드리다, 뵈다'는 현대 국어뿐만 아니라 중세 국어에서도 객체를 높이는 어휘로 사용되었음을 확인할 수 있다.

58. ⑤

정답 설명

ⓒ의 '겨신(겨시다)'과 ⓒ의 '뵈ᅀᆞᆸ(뵈시다)'는 모두 '如來(여래)'를 높이는 높임의 어휘들이다. 이를 사용하여 ⓒ에서는 주체 높임을 실현하고 ⓒ에서는 객체 높임을 실현하고 있으므로 선지의 설명은 적절하지 않다. 한편 ⓒ에서는 높임의 어휘가 아닌 객체 높임 선어말 어미 '-ᅀᆸ-'을 사용해(모ᄅᆞᅀᆞᄫᅡ이다) 객체 높임을 실현하고 있다.

오답 설명

① ㉠에서는 선어말 어미 '-ᄋᆞ시-'를 사용하여 '님금 일'을 높이고 있다. 이는 '일'을 높여 표현함으로써 실제 높임의 대상인 '님금'을 간접적으로 높이고 있는 것이다. '선생님께서는 시간이 없으시다.'에서도 이와 마찬가지로 '-으시-'를 사용하여 '시간'을 높여 표현함으로써 실제 높임의 대상인 '선생님'을 간접적으로 높이고 있다.

② ㉡에서는 호격 조사 '하'를 사용하여 '大王(대왕)'을, 주체 높임의 어휘 '겨신(겨시다)'을 사용하여 '如來(여래)'를 높이고 있다.

③ ㉢에서는 객체 높임의 어휘 '뵈ᅀᆞᆸ(뵈시다)'를 통해 객체인 '如來(여래)'를, '가시는(가시다)'에 쓰인 주체 높임 선어말 어미 '-시-'를 통해 주체인 '聖人(성인)'을 높이고 있다. '삼촌께서 할머니께 약을 드리셨다.'에서도 이와 마찬가지로 주격 조사 '께서'와 선어말 어미 '-시-'를 통해 주체인 '삼촌'을, 부사격 조사 '께'와 높임의 어휘 '드리다'를 통해 객체인 '할머니'를 높이고 있다.

④ ㉠에서는 관형격 조사 'ㅅ'을 사용하여 선행 체언 '님금'을, ㉡에서는 호격 조사 '하'를 사용하여 선행 체언 '大王(대왕)'을 높이고 있다.

59. ③

정답 설명

2문단에서 형태 음소적 원리는 '단어의 형태를 고정하여 항상 동일한 형태로 표기하는' 것이라고 하였다. 〈보기〉의 ⓒ가 이 원리를 따랐다면 어간의 원형 '됴-'과 같은 형태가 표기에 그대로 반영되어 있어야 한다. 그러나 어간 '됴-'에 어미 '-고'가 함께 발음할 때 소리 나는 대로의 음절 단위인 [됴코]를 그대로 밝혀 적고 있으므로, ⓒ는 형태 음소적 원리에 따른 표기가 아닌 음절적 원리에 따른 표기로 볼 수 있다.

오답 설명

① 1문단에서 음절적 원리는 '개별 음소들을 실제 소리 나는 음절 단위로 모아서 나타내는 원리'이며, 이어 적기 표기는 '음절적 원리를 따른 표기'라고 하였다. 따라서 어간 '깊-'에 어미 '-은'이 함께 발음할 때 소리 나는 대로의 음절 단위인 [기픈]을 그대로 밝혀 적은 ⓐ는 음절적 원리에 따른 표기로 볼 수 있다.

② ⓑ는 체언 '부룸'을 뒤에 이어진 조사 '애'와 함께 발음할 때 소리 나는 [부루매] 그대로 이어 적기를 한 것으로 볼 수 있다.

④ 체언 '봄'에 조사 '이'가 함께 발음할 때 소리 나는 대로의 음절 단위인 [보미]를 그대로 밝혀 적은 ⓓ는 음절적 원리에 따른 표기로 볼 수 있다.

⑤ ⓔ는 체언 '플'를 뒤에 이어진 조사 '와'와 함께 발음할 때 소리 나는 [프뢔] 그대로 표기하지 않고 원형인 '플'과 '와' 각각을 밝혀 적었으므로 끊어 적기를 한 것으로 볼 수 있다.

60. ③

정답 설명

'뻐드렁니'는 '밖으로 벋은 앞니'라는 의미를 나타내는 합성어로, '뻐드렁+니'로 분석된다. '뻐드렁'의 경우 동사 '뻗다'에서 파생된 것으로, 어간 '뻗-'의 뜻과 멀어진 말이 아니다. '뻐드렁'에서 어간의 원형 '뻗-'을 밝혀 적지 않는 이유는 어간에 '-이'나 '-음' 이외의 모음으로 시작된 접미사('-으렁')가 결합하여 다른 품사로 바뀐 것은 그 어간의 원형을 밝히어 적지 아니한다는 제19항의 [붙임]에 따른 것이다.

오답 설명

① '익히'는 '익다'의 어간 '익-'에 '-히'가 붙어서 부사가 된 것으로, 제19항에 따라 그 어간의 원형을 밝혀 적는다.

② '넓이'는 '넓다'의 어간 '넓-'에 '-이'가 붙어서 명사가 된 것으로, 제19항에 따라 그 어간의 원형을 밝혀 적는다.

④ '마중'은 '맞다'의 어간 '맞-'에 접미사 '-웅'이 붙어서 된 것으로, 제19항 [붙임]에 따라 그 어간의 원형을 밝혀 적지 않는다.

⑤ '틈틈이'는 명사 '틈'이 중복으로 사용된 어근 '틈틈' 뒤에 '-이'가 붙어서 부사가 된 것으로, 제20항에 따라 그 명사의 원형을 밝혀 적는다.

NOTE

문법
N제

프리미엄 언매 문제집